金岳霖全集

第三卷 下

人民出版社

《金岳霖全集》编辑委员会

第 三 卷

（下）

第十二章　因　果

一、区别几句关于因果的话

A.因必有果果必有因

1.日常生活中常说的关于因果的话。从前谈因果的时候,我常常听见这样的话:“我们要知道因必有果、果必有因,所以因果是不能逃的,一切都有因果关系,甲因必有乙果,乙果必有甲因。”这样的话现在也许不大容易听见了。虽然如此,也许有人还有这几句话所表示的意见。这几个命题底意义都不一样,我们得分别它们底意义。尤其重要的是表示它们没有以上所说的蕴涵关系。这几个命题既不相等也不蕴涵。以上那样的话是没有根据的,可是,说到相当长的时候,习惯成自然,也许慢慢地人们就以为这几个命题有彼此相等或其中有蕴涵的关系。本节要区别这几个命题,免得把它们底问题混乱起来。

2.事必有因不能由因必有果、果必有因推论出来。有人谈到事实受因果支配的时候,说因必有果、果必有因。当前的某某事实也许是有因的,可是,说这句话或肯定这一命题的人所要表示的是既然因必有果、果必有因,当前的某某事实一定

是有因的。只承认因必有果、果必有因这一命题，并不能担保当前的事实一定是有因的。当前的事究竟有没有因是另外一问题，也许它是没有因的。可是，即令我们承认它的的确确是有因的，我们底意见或信仰也不是由因必有果、果必有因推出来的。

3.因果是两极辞端。因必有果、果必有因这样的话，只表示一种两极辞端（polar terms）或两相对辞端底引用。我们可以用另外方法表示这两名词底引用，我们可以说如果 X 是 Y 底因，则 Y 必是 X 底果。显而易见照此说法，X 究竟是不是 Y 底因，与因果之为因果毫无关系，X 也许不是 Y 底因，如果不是，Y 当然也不是 X 底果；X 也许是 Y 底因，如果是的，Y 当然也是 X 底果。可是，无论 X 是不是 Y 底因，如 X 是 Y 底因，Y 是 X 底果。这就是说，X 虽不必有 Y 果，而因仍必有果，Y 虽不必是 X 底果，而果必有因。显而易见，无果者决不能是因，无因者决不能是果。假如 X 不是 Y 底因也不是任何事体底因，这只是说 X 不是因而已，这当然不是说因不是因，假如 Y 不是 X 底果，也不是任何事体底果，这也只是说 Y 不是果而已，这当然也不是说果不是果。

4.举别的例以明此理。也许我们把别的类似的话提出作为例，以上所说的也许容易明白一点。我们可以说有东必有西，有左必有右，有上必有下，有南必有北……，或上必有下，下必有上，东必有西，西必有东，左必有右，右必有左，南必有北，北必有南……，如果 X 在 Y 底西边，Y 必在 X 底东边；如果 X 在 Y 底左边，Y 必在 X 底右边；如果 X 在 Y 底上面，Y 必在 X 底下面；……如果我的棉袍在桌子上面，桌子必在棉袍的下面。棉袍究竟在什么地方与上必有下不相干。棉袍也许在箱子里,果然如此,它也许不在桌子上面,这只表示棉袍不在桌子上面而已,这并不表示上可以无下。因必有果、果必有因和这些话一样,它只表示因与果之相对而已。这样的话表示因之所谓有果,果之所谓有因,它对于事实究竟如何毫无表示。

B.一切都各有其因果关系

1.这主张有便利处。一切都各有其因果关系表示任何一件事体都有它底因果关系,它有别的事体为它的因也有别的事体为它底果,这只是说没有无因无果的事体,而不是说一切都彼此有因果关系。后一思想也许没有人主张过,至少在知识论我们不必提出讨论。本段所谈的一切都各有因果关系,只是表示没有无因无果的事体而已。这也是一种一切被决定主义。本书也赞成此主张。有些人喜欢这主张,有些人不喜欢它。不喜欢这主张底理由是因为这主张把人类底动作也纳于因果支配之中,喜欢这主张的理由一部分也许是同样的理由。把人类底动作容纳于因果支配之中,人类自以为应得的尊严就有点难于说得过去。这一层我们不必多谈。这主张确有便当处。它使我们感觉到我们对于任何现象,都可以作因果的研究。我们用不着先证实它有因果然后才设法去发现它的因果是什么。这在研究的方法上是一比较地省事的主张。

2.这主张不是由因必有果、果必有因推论出来的。可是这主张不是从因必有果、果必有因那一命题推论出来的。有些人以为,我们既已承认因必有果、果必有因,所以一切都各

有因果关系,或因果是任何事体所不能逃的。这推论说不通。这实等于说,夫必有妻,妻必有夫,所以一切都各有夫妻关系;或上必有下,下必有上,所以一切都各有上下关系;或左必有右,右必有左,所以一切都各有左右关系。对于日常生活中所习惯的名称或意念我们不作如是的推论,我们知道这推论说不通。即令有说得通的关系,或有某关系,对于它这推论是说得通的,我们仍不能一概而论,马上就把推论引用到因果上去,对于因果这推论总是说不通的。

3.这主张是一假设。从知识论着想,这种一切被决定主义是一假设。这意思是说,在此假设之下,我们可以作某种某类事物底研究,或作某种某类的推论,而不是说,这主张本身是引用某某方法所得到的知识。也许我们要说,它是一种前提,不是结论,它是求知历程中各方法或一部分的方法所隐含的前提,而不是引用方法之后所得到的结论。就假设说,它是假设中的"assumption",不是"hypothesis";它是接受它的人所认为是真的,而不必在观察或试验上求证实的假设,不是暂且承认以待将来去证实的假设。这假设在从前是根深蒂固的,现在也许动摇了。究竟动摇与否也许值得详细地讨论,但是在现在我们不作如是的讨论。

4.它不能证实。我们说,从知识论着想,一切被决定主义是一假设。其所以如此说者,因为一切都各有因果关系是不能证实的命题。证实和证明不一样,和否认也不一样。所谓证明了的命题是用某一套前提及某一套推论方式去推论到的结论。证明是意念范围之内的命题的正确性的表示。就证明说,我们也许可以找到一套相当的命题,利用逻辑的推论方式推出一切都被决定这一主张来。这也许办得到。究竟办得到与否我们不敢说。无论如何,这是证明的问题。能证明的命题不必能证实。一切都各有因果这一主张也许是真的,也许是可以证明的,但是,证实起来就麻烦多了。要证实这一主张和要证实归纳原则相似,这问题牵扯到的问题相当的多,我们不预备提出讨论。就证实这一方面说,一切都各有因果关系这一主张是一假设,这一假设是一方法上的假设。从求知底方法及工具说,这一假设甚为重要。本书赞成此主张,但是,这和因必有果果必有因不相干,和下段底问题也不相干。我们对于因果之间的问题究竟如何看法,有一部分和这一假设相干,但是,那是以后的问题,现在不必谈到。

C.甲因必有乙果

1.这句话和因必有果、果必有因两样。这里的甲、乙当然是任指词,这无非要表示什么是什么底因或什么是什么底果,或某某是因某某是果而已。这就是普通归纳法所谈的因果,也就是本节所要讨论的题材。一部分的问题是对于甲因必有乙果这样的话才有的,对于因必有果那样的话是没有的,即以所谓"必"而论,它就有这里所说的分别。"必"在从前是一非常之麻烦的问题,本章以后也要提出讨论,现在只作为例而已。我们现在所要表示的是因必有果、果必有因这句话里面的"必"是一件事,甲因必有乙果这句话里面的"必"是另外一件事。前者是逻辑的必,后者不是;前者是意义上的必,后者不是。显而易见,无因的不是果,无果的不是因,可是假如甲发生之后没有乙发生,甲只不是乙因而已,它仍是甲。照此说法，因虽不能无果，而甲可以无乙，可见因必有果的“必”和甲因必有乙果的“必”完全两样。由此我们也已经表示了甲因必有乙果这样的话和因必有果果必有因那句话根本不同。

2.甲因必有乙果也不是从一切都各有其因果推论出来的。说甲因必有乙果也不是说一切都各有因果关系。一切可以都各有因果关系，任何事体都可以有它的来因去果，可是，一切也不必都各有因果关系。即令一切都各有因果关系，而甲因仍不必有乙果。照一切都各有因果底说法，甲有它底因，也有它底果，然而它底果不必是乙，乙当然也有它底因、它底果，然而它底因不必是甲。反过来，甲可以是乙底因，而一切不因此就都各有其因果关系，甲虽是乙底因，然而也许有无因无果的事体。这也表示甲因必有乙果，这样的话和一切都各有因果那样的话根本不同。也许有人以为甲乙既是任指词，则甲因必有乙果这样的话同时也表示一切都必有因必有果。其实不然。甲乙虽是任指词，然而甲仍只是甲，乙仍只是乙，而甲乙之外，尚有丙、丁等等。所谓任指词所指的是任何，不是一切。

3.甲因必有乙果这样的命题是可以证实的。在上段我们谈到一切都各有其因果这样的命题底证实问题。我们曾表示这一命题是不能证实的。甲因必有乙果，这样的话是可以证实的。这句话也许有点透支，有些问题我们在本阶段根本没有提出，而提出之后，也许有困难，也许甲因必有乙果这样的话底证实有问题。我们现在不讨论这些，我们现在认为这样的话是可以证实的。果然如此，甲乙当然有因果关系。假如我们把这样的因果关系搜集起来（证实的因果关系），我们仍不能证实一切都各有因果关系，在相信一切都各有因果关系的人们，这证实是用不着的；在不相信一切都各有因果关系的人们，探讨甲、乙、丙、丁等等的因果关系也许很有益处，也许在某方面有很好的结果，但是他不能因此就以为一切都各有因果关系这一命题已经证实了。

4.把一部分不讨论的问题撇开。本章不讨论多因复因、多果复果底问题。我们只承认有这些问题而已。这些问题对于一正在研究某某学问的人，也许非常之重要。也许单因单果是例外，而复因复果是正常，本书也认为后者比较地正常。无论如何，这问题在理论上，在研究因果意念上，不甚重要。从因之所谓或果之所谓这一方面着想，单因单果底问题也比较单纯，也比较地容易表现关于因果的理论。本章也不讨论所谓探讨因果底方法。逻辑教科书谈归纳的那一部分，都有所谓 Mill 的寻求因果底方法。这些方法当然牵扯到许多的问题，这些问题也许值得讨论，但是，我们也不提出讨论。方法不是因果，虽然这些方法是寻求因果底方法，然而它们本身不是因果关系。我们现在所要讨论的，是因果意念中的许多问题。

D.特别的因果关联

1.A——B、C——D、E——F 等特别的因果关系。以上所说的甲因必有乙果，实在是说某某因有某某果。甲乙所指的是任何，而不是所有，从所有这一方面着想，我们不能不分别此一因果与彼一因果，兹以 A——B、C——D、E——F 等等表示因果关系。这些因果关系彼此都不同，A——B 不是 C——

D,C——D 也不是 E——F,虽然它们都是因果关系。本段所谓特别的因果关系,就是这些因果关系。特别的因果关系不是特殊的因果关系,这一点非常之重要。在本书底术语中,特别与特殊是有分别的,这分别前此已经提出过。照本书底用字法,我们不能讨论特殊的因果关系,至少我们所讨论的题材不是特殊的因果关系。罗素好像曾用过“特殊的因果关系”这样的字眼,这在他是否有问题,我们不敢说,也不必说,但在本书,我们不用这名称。

2.所讨论的因果关系不能是特殊的。显而易见,因果关系不能是特殊的。它如果是特殊的,它毫无用处。试从特殊的事体如 X、Y 着想。它们既是特殊的,则 X 当然不只是 X 而已,它实在是 Xt_1s_1,这就是说,它实在是在 t_1 时间与 s_1 空间的 X;Y 也不是 Y 而已,它实在是 Yt_2s_2,这就是说,它实在是在 t_2 时间与 s_2 空间的 Y。它们都是一去不复返的,不但已往没有 Xt_1s_1、Xt_2s_2,而且从此以后也不会有。说特殊的事体底特殊的因果关系,是毫无用处的,我们不能利用它作为应付经验的工具。显而易见,官觉或经验了这特殊的关系之后,我们从此不会碰见它。从一方面说,这一套议论是用不着提出的,因为无论我们说什么,它都有本段所说的情形。我们谈桌子,所谈的也不是某特殊的桌子,即令我们谈特别的桌子如书桌或八仙桌子,所谈的也不是某特殊的书桌或某特殊的八仙桌子。这情形虽一样,然而在别的问题上面,我们或者不至于忽略,或者就是忽略了也没有多大的问题,对于因果,这情形不能忽略,忽略这情形,困难问题就多而且麻烦了。

3.归纳所要得到的因果。本章所论的因果是研究学问所欲得到的因果,或归纳法所谈的因果。这样的因果,总是由观察试验而来,或者说总根据于经验。从经验中得来的因果关系总牵扯到特殊的。我们总是由 At_1s_1——Bt_2s_2、At_3s_3——Bt_4s_4、At_5s_5——Bt_6s_6……而得到 A——B 这一因果关联。我们称普遍的为因果关联。前面的例证总是特殊的,数目的多少,当然可以发生种种问题,但是,这与本段底问题不相干。现在所注意的是 A——B 这一因果关联虽牵扯到特殊的例证,然而它本身是普遍的。所谓普遍无非是独立于特殊的时间与空间,这当然就是说独立于以上所说的 t_1s_1,t_2s_2,t_3s_3……。A——B 的确是普遍的,可是,同时它的确是特别的,它决不是 C——D,也不是 E——F……。A——B 这样的因果关联,虽普遍而无伤于特别,或虽特别而无伤于普遍。

4.普遍的才有用。我们所以谈因果关联,是就其为接受方式而提出的。接受所与是因果关联底用处。我们所谈的因果关系,实在是因果关联,它要是普遍的共相底关联才有用处。上面已经表示,特殊的关系毫无用处,因为它不重复,我们所谓用处是推论底用处。要重复我们才能以之应付经验,我们才能有推论,才能在不同的时间 t_n,或不同的地方 s_n,碰见 At_ns_n,就推论到 Bt_ms_m。只有普遍的才能重复,既然要重复地实现,因果才有用,当然要普遍的关联才行。

5.把引用到历史上的事实的因果底困难撇开。以上的说法引用到历史上去也许有困难。假如我们说,曹操要刺董卓,"因为"董卓在镜子里看见了他,"所以"他改变了计划……。这里的"因为"视为因果关系颇有困难问题。曹操是特殊的人,董卓也是,而且从此以后,决不能再那特殊地去见董卓,董卓也从此以后绝不能那特殊地再看那镜子。整个的特殊的场合是没有重复的可能的。既然如此，照以上的说法，这话里所谓因为决不是因果关联。可是，如果这因为所表示的不是因果关联，何以又说“所以”呢？说所以似乎是根据普遍的命题，承认这一命题所要求的条件之后，就承认此条件之下的情形的“所以”。从“所以”说，“因为”似又应该表示因果关联，可是，我们找不出恰恰适合的因果关联。我们决不能普遍地说：“如果刺客，在行刺的时候，被所要刺的人看见，他就要中止行刺。”如果我们能够引用这样的命题，曹操、董卓……都是例子，而“因为”和“所以”都说得通。但是，这样的普遍命题是无法肯定的，而本条开始所说的那句话里所说的“因为”、“所以”，就不容易解释了。我们对于历史上的事实，常常用这样的方式表示，这方式究竟应该如何表示，我们不预备研究。即令所引用的根据是因果关联，它也不是我们在本章所要讨论的。

二、因果的居间问题及空间问题

A.无 间 说

1.居间问题和空间问题联合讨论。因果有所谓有间无间问题。本节所说的居间问题，就是这有间或无间问题。居间底分别，或所居底间的分别，就是时间与空间。在本段我们暂不分别时空，暂以时空为一整的连续。如此办法的理由有二，一是时间与空间底问题不同，空间底问题比较地简单，它不牵扯到秩序问题，只有距离问题而已，时间问题复杂；在本节我们附带提空间问题,时间问题非专节讨论不可。二是有间无间本身是一问题,无论这间是时间或是空间。本节底主题是有间或无间本身问题,而不是所居的间究竟是如何的间。

2.居间问题底提出。居间问题是因果关联底现实底问题,或因果关系底问题。假如 A——B 是一因果关联,则 At_1s_1 与 Bt_2s_2 有因果关系。问题不是 A、B 底问题,而是 At_1s_1、Bt_2s_2 底问题。A——B 既是普遍的,A、B 之间没有间隔问题。有间隔问题的只是 At_1s_1 与 Bt_2s_2 或 Xt_ns_n 与 Yt_ms_m。虽然如此,我们所要讨论的,也不是特殊的间隔,而是普遍的间隔。问题是 At_1s_1、Bt_2s_2、Ct_1s_1、Dt_2s_2、Et_1s_1、Ft_2s_2……Xt_ns_n,Yt_ms_m 等等底间隔问题,所以仍是普遍的问题。这间隔虽不是普遍者(例如 A、B、C、D 等)底间隔,然而是普遍的间隔。我们以 At_1s_1 与 Bt_2s_2 为例,二者之间有间呢?还是无间呢?有间有困难,这困难下段即提出,本段假设无间。可是,如果 At_1s_1 与 Bt_2s_2 没有间,何以前者是 A,后者是 B,它们何以又是两件事体呢?我这个人从早到晚没有间断,就没有间断的我说,我是一件事体或一个东西,我们似乎不能说我是我底因,或你是你底因。照我们所习惯的因果说,这说法是说不通的。

3.要求有因果的是两件事或两类事。我们所习惯的因果,就特殊的一方面说,要求有因果关系的是两件事体。此所以有 At_1s_1 与 Bt_2s_2。在"我是我底因"这样的话里面,无间的我只是一件事体或一个东西,这已经不合我们所习惯的因果底要求。就普遍的说,因果关联照以上符号所表示的,如 A——B、C——D、E——F……是两类事体(或多类事体底复杂的综合)的关联,而不只是一类事体在它所现实的例子上底绵延或继续。以上的符号表示 A 是 B 底因,不表示 A 是 A 底因。因果果真无间,则前后或者是一件事体,或是一类事体。无论如何总是不行。也许有人说这样的话,“早晨的我是晚上的我的因”,我这个人虽没有间断,然而早晨的我和晚上的我有间断,无论这话说得通否,它所引起的反感和“我是我底因”不同,我们对于后一种话的确认为不通。至少就本章所讨论的因果而论。

4.要求居间的事体与因果不相干。两件事体之间也许无间,而所谓无间不是两件事体底相接,而是有无量数的别的事体夹杂其间,以为媒介。这就是说,At_1s_1 与 Bt_2s_2 之间,有无量数的事体,如 X、Y、Z 等等,使 At_1s_1 经 X、Y、Z……到 At_2s_2 成为一无量的连续。我们在这里说无量数的事体,因为如果是有量数的事体,则 At_1s_1 与 Bt_2s_2 之间,仍可以不是无间的。说 X、Y、Z 等等是无量数的事体,也就是表示 At_1s_1,与 Bt_2s_2 为无间。这样的无间没有以上(2)、(3)两条的问题,At_1s_1 与 Bt_2s_2 仍是两件事和两类事。但是因果之间有以后所要提出的背景问题。我们怎样知道 X、Y、Z 等等无量数事体之中,没有与 At_1s_1、Bt_2s_2 的因果相干的事体呢? A——B 虽可以重复地现实,而 At_1s_1……X、Y、Z……Bt_2s_2 不重复。假如历史不重复,居间事体虽在某一次与 At_1s_1、Bt_2s_2 底关系不相干,而在某一次也许相干,果然如此,因果无从说起,因为即令 A、B 可以重复现实,而它们底关联也许不重复地现实。我们相信历史是不会重演的,这就是说,At_1s_1 与 Bt_2s_2 之间的无量数的事体,也是不会重演的,它们与 At_1s_1、Bt_2s_2 的关系相干与否,我们无从知道，既然如此，因果就说不通。

5.如此又回到因果之间有间。以上表示 At_1s_1 与 Bt_2s_2 底居间的无量数的事体，与 At_1s_1、Bt_2s_2 底关系，老是不相干的。这就是说，要因果说得通，我们不但要求这些事体一次不相干，而且要求它们在任何次都不相干。显而易见，如果它们相干，它们就可以干涉因果底现实或阻止因果底现实，而 A——B 这一因果关联似乎就说不通。我们说“似乎”的理由，以后也许会弄清楚。以后我们要表示因果，有时现实有时不现实，现实与否无伤于因果，可是现在我们不从这一方面立论。无论如何，如果居间事体老是相干的事体，因果说不通。我们现在所要表示的是这些事体如果老是不相干也不行。如果它们老是不相干的，则它们虽发生于 At_1s_1、Bt_2s_2 之间，而实在等于没有发生。这等于说它们不是媒介，既然如此，居间事体与 At_1s_1、Bt_2s_2 毫不相干也不行。因果之间果然无间，因果底说法似乎是说不通的，至少是有非常之大的困难的。

B.有 间 说

1.所谓有间。无间说既有困难，并且这困难还不容易克服，那么我们是不是应该承认因果之间有间呢？我们似乎先要解释一下有间底所谓。假如 At_1s_1、Bt_2s_2 之间有空的时间或空的空间，则 At_1s_1、Bt_2s_2 是有间的。这里只说有间，没有说有无别的事体居间。At_1s_1 与 Bt_2s_2 之间也许有别的事体如 X，可是假如 At_1s_1 与 X 或 X 与 Bt_2s_2 之间有空的时间或空的空间，则 At_1s_1 与 Bt_2s_2 之间仍为有间。假如 At_1s_1 与 Bt_2s_2 之间，不仅有一件事体，而且有许多的事体，问题依然一样。有

间与上面所说的无间是相对的，上面所说的无间是说 At_1s_1……X、Y、Z……Bt_2s_2 成一无量的连续，本段的有间就是没有这样的连续性的间隔。

2.假如有间，因何以致果？因果之间难免“致”这一意念，因致果是常常听见的，恐怕大多数人谈到因果，就有这因致果底思想。休谟曾表示“致”有困难，照他的说法，致的确是难于说得通。照我们底说法，“致”是否有困难，我们在这里不必讨论。我们可以假设因致果。说因致果就是说因影响到果的发生，或因使果发生。要因能够影响到果发生，总得要因底影响能够达到以果见称的那件事体发生底时间和地点；既然如此，“致”总要所以致底工具。东西可以动，事体根本无所谓动。如果所谓因都是事体，它根本没有走动问题，除非它是一件本身牵扯到动的事体，例如小孩扔石子而打破我底玻璃。无论如何，因的影响总要达到才行。达到与否总牵扯到工具。如果因果是有间的，这影响如何能达呢？要影响能达，总得要有别的居间的事体，以为传达底工具。可是，这些居间事体也要有居间事体才行，不然影响仍不能达。这其实就是说，因果之间不能有间，假如有间，则影响不能达，而因就没有法可以致果。

3.真空不能传达影响，有间说也说不通。真空非传达影响的工具。这一原则，就是要避免我们承认，有真空间隔的事体，能够互相影响。果然两件事体之间有真空以为间隔，它们不能互相影响，因为彼此的影响无由传达。这原则在方法上，在研究的方法上，似乎是应该采取的原则。如果我们不采取这一原则，科学家也许要胡思乱想，科学的一部分的假设也许要推翻,而最要紧的是,科学的方法也不是必要的方法,也不是必要的标准了。这一原则至少是方法上的重要原则。从前所谓以太就是为满足这一原则而假设的。光线从老远的地方达到地球,而光线的动是一种波纹的动,为满足此原则的要求,我们需要一种使光线能够波动的工具,星与地球之间大部分是没有空气的,我们不能以空气为传达的工具或媒介,此所以从前的人假设以太。这样简单的说法,决不能代表物理学家的看法,但这简单的说法已经表示问题之所在。从这一方面着想,因果有间说也有困难。

4.无间的解释。假如因致果,则因果之间一定要有所以致的工具或媒介。假如因果有间,则所谓间一定是真正的空的空间或真正的空的时间。时间问题可以撇开。真正的空的空间不是传达影响的工具或媒介。如果我们要维持(3)条所论的原则,我们非要求因果之间的空间是有事体或充满着事体的空间不可。这就是说,我们所要求的空间要是居据的空间才行。这样一来,我们就是承认因果有间说不行。我们似乎要回到因果无间说。无间说的困难上段已经提出。也许我们能够把所需要的无间解释一下,所谓无间是物理式的无间,不是数理式的无间。这样的无间所牵扯的连续是物理式的连续,不是数理式的连续。这里所谓无间,是因果之间,无论若何的近,总有别的事体或东西,而所谓别的事体不一定是因之后方生,果之前已灭的事体。这实在只是说,因果之间的空间,是充满着事体与东西的空间或居据的空间。换句话说,我们所需要的无间是事实上没有空隙的空间。在事实上没有空隙的空间在事实上够传达影响。这就是说,只要有这样的无

间，因就可以致果。可是请注意，这不是说因与果是一件事，它们仍是两件事体或两类事体，说它们无间不是说它们彼此成为一件事体。它们之间的事体是别的事体。它们之间有别的事体，它们当然仍是两件事体或两类事体，这些别的东西是不是与因果相干呢？它们有时相干，有时不相干，有些相干，有些不相干。相干与否的问题，是我们以后所要提出的背景问题，而背景问题和有间无间的问题本来不是一问题。

C.空间问题

1.何以暂不论时间问题。空间问题一部分已经说过。上面讨论有间无间的时候，我们已经表示时间空间问题都有，所谓有间或无间，可以是时间上的有间或无间，也可以是空间上的有间或无间。在我们的讨论中，我们的确注重空间问题，的确撇开时间问题。其所以如此者，一方面因为时间的问题比空间要复杂得多，我们不能不专节讨论，另一方面，时间大都没有空隙问题，或对于大多数的人，时间不发生这样的问题，而空间有这样的问题。有间无间问题与时间的关系小，与空间的关系大，此所以讨论有间无间问题，同时也是讨论空间问题，而不是讨论时间问题。可是，空间有另一套问题而这一套问题，不只是有间无间而已。

2.不接连说。从前有人要求因果在时间空间上有接连。休谟就有这一要求。所谓接连颇不容易解释。时间上的问题，我们既不讨论，时间上的接连问题我们也撇开。所谓接连似乎不能作为一种算学式的连续，所谓算学式的连续，是说在此连续中的甲乙两项目，无论相隔如何的近，总有无量数的居间项目，此所以对于任何项目，都没有最近的次一项目。所谓接连，似乎是说如果甲乙相接近，甲乙是彼此的最近的次一项目，果然如此，它决不是算学式的连续。可是，如果这说法不错的话，因果在空间上要求接连，就是要求它们彼此是彼此的最近项目，这就是说，所要求的一方面是有间，另一方面，又没有别的事体居据其间。照这说法，只有相接连的事体才是货真价实的因果，不相接连的事体没有直接的因果关系，如果说它们有因果关系，这只是说，它们可以分析成一串的事体，而这一串之中，彼此的最近的次一事体有因果关系而已。我们不赞成此说法，我们要求因果无间，而这说法要求因果有间，我们要求因果之间有别的事体，而这一说法要求因果之间没有别的事体。

3.接连说可以避免远近问题。可是，假如我们接受这接连说，有一问题可以免除。如果因果是要相接连的，它们虽有空间上的距离问题，没有远近问题。距离一定要近，可是，近到如何程度就难说了。无论如何，距离不能近到零，只是非常之近而已。这非常之近，当然是不能划界限的。就这一方面着想，距离问题，也是麻烦。我们既不接受这距离说，我们不仅有近的问题而且还有远的问题。因果之间既可以隔着许多别的事体而不必隔着许多别的事体，彼此之间的远近都发生问题。两件事体要相隔多么近，才有因果，或相隔多么远才不成为因果。因果之间是否有距离上的限制呢？这问题也牵扯到背景问题，背景问题我们现在不讨论。我们在这里只说，如果距离的远近是毫无限制的，则宇宙间任何事体都可以发生因果关系，而所谓一因果关系也许牵扯到整个的宇宙。为避

免这一可能起见，我们似乎不能不说，距离太大的事体不能有因果关系。可是，所谓“太大”应该怎样说呢？

4.远近问题在现在无困难。这问题在从前相当的麻烦，在现在我们可以有一简单的说法。我们可以把时间上的距离和空间上的距离连在一块，成为一问题，以彼决此，以此决彼。大致说来，时间上的距离长，空间上的距离也长；时间上的距离短，空间上的距离也短。这里所谈的距离是可能的距离。时间上的距离决定后，空间上的可能的距离也就决定。二者联系靠光线的速度。如果时间上的距离不到一秒钟，空间上的可能的距离不能超过十八万六千英里，如果时间上的距离是两年，空间上的距离不能超过两光年。反过来在空间上相隔有两光年的事体，在一年之内绝不能有因果关系，相隔有二十万英里的事体，在一秒钟之内绝不能有因果关系。在可能的距离范围之内的事体是否有因果关系，是另外一件事体。我们现在的问题是可能的距离或不可能的距离，而不是某某因果之间距离究竟多少。

三、因果间的时间问题

A.因果的先后

1.时间有一唯一的方向，先后问题不能免。因果间的时间问题比空间问题麻烦得多。在空间方面只有有间无间及远近问题，没有左右、前后、东南、西北问题。空间有方向，方向非常之多，可是，空间的方向没有一种不对称的问题。这就是说，假设 $At_n s_n$ 是因，$Bt_m s_m$ 是果，而 $At_n s_n$ 在 $Bt_m s_m$ 之东，At_{n+1}

s_{n+1}是因，$Bt_{m+1}s_{m+1}$是果，而$At_{n+1}s_{n+1}$可以在$Bt_{m+1}s_{m+1}$之西。是因的那件事体，和是果的那件事体，没有一定的空间方向上的要求。从常识及大多数的人看来，时间是有唯一的方向的，这方向就是由前到后。是因的那件事体，和是果的那件事体，有先后问题。先后问题又有时间上的先后问题和所谓理论上的先后问题。这二者的确不同，有时在事实上分开，有时在事实上连合起来。虽然如此，我们仍然不能不分别讨论。这二者的分别，前此已经提出过，现在不重复。

2.是因是果的那些件事体的先后。所谓因果也许蕴涵时间意念，例如所谓因也许蕴涵是因的那件事体在它的果之前，所谓果也蕴涵是果的那件事体在它的因之后。究竟是否如此，我们可以暂且不问。无论如何，这只是因果意念，这不是说所谓因果本身在时间中，而且有时间上的先后。无论从因必有果说，或一切都各有因果说，或甲因必有乙果说，所谓因都无所谓在果之先或后。它们都是普遍的，而普遍的无论就共相及共相的关联，或就概念及概念的关联说，都是超特殊的时空的，也许最容易发生先后问题，是甲因必有乙果这样的话里面的甲和乙。但是即就甲因必有乙果说，甲乙也没有时间上的先后，只有甲t_ns_n和乙t_ms_m才有时间上的先后，就意念或概念说，甲乙无所谓时间上的先后，就意念或概念所表示的对象说，甲乙两共相也无所谓时间上的先后。只有甲t_ns_n和乙t_ms_m这两件事体在时间中，只有它们有时间上的先后。

3.不但特殊而且先后是某因先于它的果，某果后于它的因。因果的时间上的先后问题，不只是特殊的是因的事体和特殊的是果的事体的时间上的先后问题而已。我们决不至于

说，所有的是因的事体都在任何是果的事体之前，也许有人以为这是废话，根本用不着提及。虽然如此，我们还是提及。假如有 A——B、C——D、E——F 等等因果，这句话等于说，At…s…、Ct…s…、Et…s…在时间上都在 Bt…s…、Ft…s…、Bt…s…之先。后面这一句话显而易见是废话。即令我们把范围缩小，把问题限制到 A——B，我们也绝不至于说所有的 A 因都在 B 果之前，这也等于说，At_1s_1、At_2s_2、At_3s_3……都在 Bt_ns_n、Bt_{n+1}、Bt_{n+1}……之先，而后一说法也就是废话。时间上的先后不仅是限制到特殊的事体而已，并且还是限制到是因的事体与它的果，说因在果之先是说是因的那件事体在它的果（也是一件事体）之先；假如 At_1s_1 与 Bt_2s_2 有因果关系，说是因的那件事体在时间上在先，是说 At_1s_1 在 Bt_2s_2 之先。

一直到这里，我们只是解释问题而已。我们没有说，是因的事体非在它的果之先不可。它们可以有因先果后，因后果先，因果同时，这许多看法。我们先论因果同时问题。

B.因果不能同时说

1.不能同时的理论。有一说是说因果不能同时。假如同时的话则因果不可能，变也不可能。变既不可能，时间，川流的时间也打住。这是一古怪的说法。原来的理论有点像这样：假如甲因有乙果，而甲乙同时，则甲的因 A 与甲也同时，乙的果 B 与乙也同时，既然甲乙同时，A、B 也同时；A 的因 C 与 A 同时，B 的果 D 与 B 也同时，既然如此，则 C、D 也同时；由此类推所有的因果都同时。照此说法，因果只有空间上的间隔，没有时间上的间隔。所有的因果既然同时，时间当然打住,因为一切都没有时间上的间隔。时间打住,变当然不可能,因为变总是在时间中的。

2.对以上的讨论。读者也许会觉得我们不必提出以上的理论,这理论的毛病很多,并且似乎容易指出。我们所以提出者,一方面是要讨论因果是否可以同时,另一方面是要表示因果不能同时说说不过去。以上的说法也许很显明地不能成立,现在也许根本就没有人相信它,但是因果不能同时的说法,我们不妨提出讨论。对于此说有好几点可以提出讨论。第一,以上的说法假设一切都彼此有因果关系。请注意,这一假设,与前此所说的一切都各有其因果关系,或一切都有因有果,大不相同。前此在这一节 B 段所论的那一句话,只表示一切都有因有果而已,没有说彼此之间都是因果。现在所论的假设,的确说所有一切彼此之间都是因果。照前说,任何两件事体 X、Y,虽各有其因果关系,然而彼此之间不必有因果关系,照后说,它们不仅各有其因果关系而已,彼此之间也有因果关系。以上的理论有一切都彼此有因果关系这一假设。没有这一假设,则我们可以承认有彼此之间没有因果关系的事体(这当然不是说它们是无因无果的,这只是说它们彼此没有因果关系而已)。这些彼此之间没有因果关系的事体当然不必同时,即令我们假设因果非同时不可。因果非同时不可这一假设以后再论,现在不提。彼此之间没有因果关系的事体既可以不同时,那么它们彼此之间仍有时间上的先后,时间上既仍有先后,当然不至于打住。时间既未打住,变更当然也不因此受影响。总而言之,以上(1)条的理论非有“一切都彼此有因果关系”这一假设不可,不然的话,以上的理论就不

成其为理论。可是，(1)条的说法没有明白地表示这样一假设，持以上的理论的人不见得赞成此假设，假如此假设得到明文的表示。这一假设似乎是没有法子可以赞成的。这一假设等于说，一切都彼此有内在关系。假如一切都彼此有内在关系，知识不可能。这一点我们不预备讨论，详见《清华学报》内在关系论。如果所有一切都彼此有因果关系，我们绝不能发现任何因果关系，因为以后所要提到的不相干的背景在此假设下一笔勾销。本书当然不赞成此假设。

3.对(1)条的讨论。以上(1)条的理论所要表示的，是因果不能同时。与这一思想针锋相对的，是因果可以同时。说因果可以同时，只是说有因果同时这可能，至于有没有同时的因果完全是另外一回事，也许大多数的因果都不是同时的，也许事实上所有的因果都是不同时的；无论如何，说因果可以同时，不是说所有的是因是果的事体都是同时的。后面这一命题，和因果不能同时这一命题，不是互相矛盾的命题。我们要建立因果不能同时说，并且从反面立论，我们应该从因果可以同时立论，不应该从所有是因是果的事体都是同时的这一命题立论。如果我们能够表示“因果可以同时”这一命题不能成立，我们的确表示了或建立了因果不能同时说；可是，如果我们只表示所有的是因是果的事体都是同时的，这一命题，不能成立，我们并没有建立因果不能同时说。以上(1)条的理论，的确是要从所有是因是果的事体都是同时的这一命题的不能成立，去建立因果不能同时说。不然的话，即令我们假设甲因和乙果同时，我们也不能就认为甲底因 A 和甲一定是同时的，假如不假设所有是因是果的事体都是同时的，我们虽假设甲因和乙果同时，而甲底因 A 和甲不一定同时。这当然也就是说，乙果和 B 也不一定同时，而 C、D 和甲、乙更不必同时，而(1)条底理论也说不通。(1)条的理论不仅假设(一)"一切都彼此有因果关系"；而且假设(二)"所有是因是果的事体都是同时的"。前面这一假设根本不能成立。后面这一假设也不能成立，但是表示后面这一假设不能成立，并没有建立因果不能同时说。我们可以说(1)条底理论是无法成立的，无论所谓同时是如何样的同时。

4.完全从经验着想因果可以同时。在 A 段我们已经表示所谓因果间底时间问题是 At_ns_n、Bt_ms_m 的问题而不是 A、B 底时间问题。说因果不能同时是说 At_ns_n 和 Bt_ms_m 不能同时。先后虽不必是时间上的先后而同时总是时间上的同时。我们现在暂且不从(1)条底理论着想。我们只从 At_ns_n 和 Bt_ms_m 是否有同时的时候着想。这里所谓同时是事实上的同时。事实上的同时，可以分直接经验到的同时和间接推论到的同时。就前一方面说，我们可以经验到在时间上没有先后的因果，例如手不小心，东西掉了。在这因果中，我们不至于先经验手不小心，然后经验东西掉了。专就经验说，我们决不至于说，手不小心在经验中为先，而东西掉了在经验中为后。这两件事体，在官觉或感觉上，不见得有一分钟或一秒钟的隔离。在直接经验中，我们似乎不能承认这两件事体是同时的。我们知道我们还是会说这两件事体有先后，我们会用这样的话表示：如果我们底手小心，东西就不会掉，东西掉了是因为我们手不小心，可见手不小心，还是在东西掉了之前。可是，这样的话并不表示有直接经验，它实在是说，手不小心和东西掉了有因

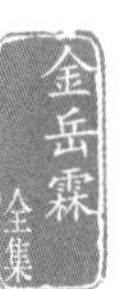

果关系，而是因的事体在是果的事体之前，手不小心既是因，所以一定在东西掉了之先已经发生了。如果它们相隔不到一分钟，它们相隔也许有一秒钟，如果它们相隔不到一秒钟，它们相隔也许有十分之一秒，或百分之一秒钟……它们在时间上总有间隔。这间隔可不是直接经验得到的。完全从直接经验着想，因果可以同时。说因果不能同时不是从直接经验着想的。所谓同时底时间也不是直接经验中的时间。所谓因果不能同时是间接推论得来的，而推论的根据仍是因先果后说。

C.果可以先于因说

1.在经验上果可以先于因。上面既经提到经验，我们不妨从经验说起。在直接经验中，我们不仅可以经验到因果同时而且可以经验到果先因后。假如太阳上有某某事体发生而影响达到地球之后，就有某某结果，我们大概会先经验地球上的果，然后经验太阳上的因。医生看病大都是由果得因。我们这里说的是看病，不是研究医理，研究医理不必有这里所说的先后问题。可是在看病底经验中，医生确是由果到因。病人所说的病是果，如果医生底诊断不错的话，他所诊断的病是因。在直接经验中，这类的果先因后的例子非常之多。

2.在“事实上”不是如此的。但是，这样的直接经验中的因果的先后，是否就是所谓客观的事实的先后呢？我们大约会说不是。在常识上，我们会说，事实上因在前果在后，不过我们有时先经验因后经验果，有时先经验果后经验因，有时同时经验因果而已。我们同时经验因果，不表示因果是同时的，我们先经验果后经验因，也不是表示果在先而因在后，既然如此,我们虽有时先经验因后经验果,然而这也不表示因在前而果在后。这至少表示所谓事实上因在前而果在后,根本不是经验上的先后,后谓因先果后虽不见得和直接经验不相干,然而不见得是直抄直接经验。所谓事实,以后专章讨论,现在不讨论。现在只说,所谓事实本来是有理论的。专就这一点而论,第六章已经表示。所谓事实本来就是以意念去接受了的所与,所以本来就有意念上的秩序。所谓事实上的先后,当然不只是直接经验中的时间上的先后而已。问题是有没有理由使我们要说因先果后,或果不能先于因呢? 有一部分的人也许感觉到,我们没有什么理由须坚持果必不先于因。罗素就曾有果可以先于因底意见。

3.果可以先干因说。罗素究竟如何说法,身边无书,不能转述。照我所记得的(也许我根本就记错了),他似乎是说,所谓因果是一种粗疏的关系上的说法,是我们知识不够的时候所引用的一种临时的办法。果然知识进步,我们也许会发现精确的至当不移的自然律。我们得到自然律的时候,我们就可以用精确的自然律去代替粗疏的因果关系。自然律差不多是一种纯公式所表示的,根本不必牵扯到特殊的时间上的先后问题。如果因果关系是根据于自然律的,因果也不必牵扯到时间。说因致果或说果致因没有多大的分别;说已往致将来固可,说将来致已往也不见得不可;说因先于果固可,说果先于因也未见得不可。罗素是否曾有此意见,我不敢说,也许以上的说法根本不能代表他底意见。虽然如此,这意见是一看法,即令罗素没有此意见,别的人也许有,我们仍不妨讨论一下。

4.以上说法根本不注重川流的时间。对于此说法，我们可以从两方面着想，一方面我们可以说，这说法把时间差不多看成公式中的架子时间的意念，没有注重到实在的川流的时间。表示自然律的公式中的时间意念，大部分表示架子的时间或度量的时间，在这种场合的时间意念，表示静的时间，本来就不注重方向。显而易见，假如我们说，光的速度是在一秒钟行十八万六千英里，这所谓一秒钟没有它本身底方向，由前至后固行，由后到前也行。这所谓一秒钟只是一单位而已，它差不多和里丈、尺、寸一样。对于一里路我们不理会它是由东到西或由南到北，对于这样的话里的时间，我们也不计较方向。也许大都的自然律所牵扯到的时间，有这种情形。虽然如此，不一定所有的自然律都是如此的。我们已经表示有架子的时间，有川流的时间，而普通所谓时间二者兼有。有些自然律虽只需引用架子的时间，有些也许不能不注重川流的时间。也许我们从 entropy 或从 thermo-dynamics 着想，我们会发现这一方面的自然律，非注重川流的时间不可。注重川流底时间，也就是注重时间底方向。时间底方向是由已往到将来，并且是不回头的，一去不复返的。照此说法，不仅科学底对象中有川流的时间，而且科学的内容中不只有架子的时间底意念，而且有川流的时间底意念。我们不能以前者为例或标准，以抹杀后者。我们根本不能抹杀时间底方向。这方向总是由已往到将来的，或更简单一点地说，时间的方向是不回头的。

5.在川流的时间中因致果和果致因不一样。另一方面，说已往致将来和说将来致已往没有多大的分别，或者说因致果和果致因没有多大的分别，就是忽略了时间的方面而说的话。时间果真没有方向，说将来致已往和说已往致将来，的确没有多大的分别。所谓致就是决定一方向，因为所谓致总有"由——到"这一意念成分，虽然不止于这一成分。说甲致乙总逃不了由甲至乙这一成分，虽然它不就只是这一成分而已。空间本身没有固定的不回头的方向，说东边的甲因致西边的乙果，虽表示由甲到乙的方向在空间上是由东到西，而空间不因此就由东到西；这南边的 A 因致北边的 B 果，虽表示由 A 到 B 底方向是在空间上由南到北，而空间不因此就由南到北。时间本来是有方向的，这已往致将来只是根据于时间固有的方向而说的话，说因致果也是根据于时间底方向而说的话。说东边的甲因致西边的乙果虽没有表示空间底方向，然而的确表示了时间的方向。由甲到乙在时间上确是由前到后。时间既不回头，我们也没有法子把因果倒转过来。如果我们一定要倒转过来，我们只是把字的意义改变而已。如果我们一定要说果致因，我们所谓"果"与"因"仍是前此所谓"因"与"果"而已；如果我们一定要说将来致已往，我们所谓"将来"和"已往"就是前此所谓"已往"和"将来"；字眼虽改而意义仍旧。以上的讨论表示果先于因是说不通的，假如所谓先后是事实上的先后，而不是直接经验中的先后。

D.先后的不同的意义

1.事实上和经验上的先后的不同。先后有不同的意义，前此已经提出过，在这里不妨再提出一下。有时间上的先后，有所谓理论上的先后。时间上的先后也有应该分别的地方。

一是直接经验中的时间上的先后，一是所谓事实上的时间上的先后。这二者底分别上段已经谈到。从直接经验着想，我们可以先经验果，后经验因，然而从事实着想，照以上的说法，果不能在因之先。直接经验中的先后，实在是对于事体的经验底先后，而不是所经验的事体底先后。我们可以先感觉到房子热，而后发现蒸汽管里有蒸气。我们的经验底先后是一件事，所经验的事体底先后是另外一件事。在B段论因果不能同时的时候，我们曾举手不小心而东西掉了的例子，我们说在直接经验中这两件事体同时。照现在的说法，我们也可以说我们底经验同时，这就是说，我们经验手不小心和经验东西掉了底经验是同时的。可是，这两件事体在事实上并不是同时的。

2.事实总有理的成分。事实上的时间上的先后，不只是事体相承而已，它兼有理论上的先后。我们可以仍以手不小心而东西掉了为例。我们对于这两件事体底经验虽是同时的，而这两件事体不是同时的，不但不同时，而且我们要说手不小心这件事体在前，东西掉了这件事体在后，假如我们要问下去：我们何以知道是如此的呢？我们也许会说“手果然小心，东西怎样会掉下去”。我们不至于说我们看见前一件事体在前，后一件事体在后，我们不至于以官觉为证据或根据；我们会以“理”为根据说“手果然小心，东西不会掉下去”。可是，我们所引用的理是什么样的理呢？对于本条所引用的例子，我们所根据的理就是“如果手不小心手里的东西会掉”这样一普遍命题所表示的理。根据这样的理，我们说手不小心这件事体在前，而东西掉了这件事体在后。承认或知道这理的人,会以此理去接受当前的事体。以此理去接受当前的事体之后(我们假设这一命题的确表示理),事实上就是手不小心在前,东西掉了在后。我们在这里所要表示的,是所谓事实上的先后本来就夹杂着理论上的先后。所谓事实本来就是以意念去接受了的所与,而以意念去接受了的所与,假如我们没有错的话,就是以理去接受了的所与。事实本来是有理的。

3.以必要或充分条件来表示先后。所谓理论上的先后一方面是意念上的,一方面是意念底对象上的。从意念上说,容易表示一点。普通所谓理论上的先后是就意念说的。就意念说,有两种不同的说法,而且是两种完全相反的说法。一是以必要条件为先以充分条件为后的先后,一是以充分条件为先以必要条件为后的先后。从前人底文章帽子常有这样的话"夫必有不忍人之心,然后有不忍人之政"。从老百姓底感觉说,也许他们先感觉到不忍人之政,然后才感觉到不忍人之心。可是,说这句话的人所要表示的,是不忍人之心在先而不忍人之政在后,这所谓先后,就是以必要条件为先,以充分条件为后的先后。普通我们用反面的话表示:没有不忍人之心,也没有不忍人之政。这就是说不忍人之心是不忍人之政底必要条件,不忍人之政是不忍人之心底充分条件。这是以必要条件为先,以充分条件为后的先后。与此先后恰恰相反的就是普通所谓系统底先后。就演绎系统说,有基本命题,有推出来的命题,普通以基本命题为先,以推出来的命题为后,而基本命题实亦即前提,推出来的命题实亦即结论,而此推论底历程是以由充分条件到必要条件底历程,所以系统的先后是以充分条件为先,以必要条件为后底先后。所谓理论上底先后,

就意念说，以上二者都有；可是比较普通一点的说法是以必要条件为先底说法。这样的先后不必是时间上的先后，更不必是直接经验上的时间上的先后。

4.理底先后和理论上的先后。不从意念着想而从意念所表示的对象或共相底关联着想，所谓先后也有以上两种。我们暂且称(3)条之所论为理论上的先后，本条所说为理上的先后。从一方面说理上的先后，问题简单，这先后可以说是至当不移的，理论上的先后不一定是至当不移的。我们在理论上的先后也许有错误，我们所认为是思议的结构的也许只是我们所得的图案；假如我们弄错了，我们认为有理论上的先后的不必有理上的先后，我们可以用"一"与"多"两字表示这里的意思，说理上的先后"一"而理论上的先后"多"。从另一方面说，问题复杂，无论在什么时候，我们都没有法子坚决地表示，我们所得的理论上的先后，代表至当不移的理上的先后。我们当然可以建立许多标准，引用许多方法，说合乎此标准、此方法的理论上的先后，也就表理上的先后；可是，这不过是把问题移到标准与方法上去而已。理上的先后也大都是以必要条件为先以充分条件为后的先后。这先后也不必是时间上的先后。单就理说，情形是如此的。只有现实的理的特殊的表现才有时间上的先后，而这特殊的表现的先后就是以上所说的事实上的先后。

E.因先果后说

1.就 A——B 这一因果说，A、B 没有时间问题。以上 B 段表示因果不能同时，C 段表示果不能先于因，D 段表示所谓先后有理论上的先后和事实上时间的先后。因果底先后问题,只余下因先果后说,而先后既有两根本不同的意义,所谓因先果后有两套不同的说法。说 A——B 为因果,有 A 和 B 的先后问题,也有 At_ns_n 和 Bt_ms_m 问题。从时间的先后说,我们已经表示 At_ns_n 和 Bt_ms_m 不能同时,这就是说,t_n 不就是 t_m;我们也已经表示 At_ns_n 不能在 Bt_ms_m 之后,这就是说,t_m 不能先于 t_n。从事实上的时间说,只有余下的一个可能,这就是 At_ns_n 先于 Bt_ms_m。A、B 不在时间中,它们都是普遍的,这当然就是说,它们是超特殊的时空的(当然就是超 t_n 和 t_m 的),如果 A、B 有先后问题,这先后不是时间上的先后。至少从 A——B 这一因果说。

2.无论就概念说或就共相说,A、B 无史。就意念说 A、B 是意念或概念,就意念或概念的对象说,A、B 是共相。共相和共相下的类是有分别的。共相相当于概念,共相下的类相当于一概念之下的东西。共相虽是现实了的可能,然而可能无史,只有现实才有史。这也就是说,只有类才有史。所谓自然史中有一类生而另一类灭底事迹。恐龙从前有而现在没有了,长牙虎从前有,而现在没有了。至于鸡狗马牛等类中,新种生而旧种灭底情形,什么人都知道。随人类而生的类从前有而现在没有的,或从前没有而现在有的,更是非常之多,就这一方面说,我们的确可以说,在某某时期内,某类的生灭在前,某类的生灭在后。可是一类的生灭不是共相的生灭。类虽有自然史的史,而 A——B 因果中的 A、B,就共相说,都没有史,都不在时间中,所以都不能有时间上孰先孰后的问题。

3.单就 A——B 说,充分条件为先必要条件为后。如果

我们只谈 A、B，不谈 At_ns_n 和 Bt_ms_m，我们所谈的先后不是时间上的先后，只是理论上的先后或理上的先后。我们现在不注重意念，只注重共相。我们所谈的先后只是理上的先后。就理上的先后说，也许我们比较地习惯于以必要条件为先以充分条件为后的先后，可是，因果底先后是以充分条件为先以必要条件为后的先后。可是，这是单就 A、B 或 A——B 说，这一点非常之重要。如果我们分现实为理与势，以共相的关联为理，以殊相底生灭为势，则理虽有固然而势仍无必至，理只是势底必要条件而已。这是理与势之间的情形，而不是 A——B 中的情形。就 A——B 这一因果说，A 仍是 B 底充分条件。说 A 在 B 之先，所谓先后仍是以充分条件为先以必要条件为后的先后，而单就 A、B 说，先后只是这样的先后。从 A、B 两共相底关联着想，问题比较地简单。

4.以 A——B 底先后去衡 At_ns_n 与 Bt_ms_m 即为事实上的先后。从 At_ns_n 和 Bt_ms_m 着想，问题就复杂起来了。我们虽承认 A——B，虽在事实上 At_ns_n 发生，我们不能担保 Bt_ms_m 发生。这情形与问题以下两节要讨论。我们在这里只表示有此情形而已。既有此情形，显而易见，At_ns_n 不是 Bt_ms_m 底充分条件。假如 At_ns_n 发生之后，Bt_ms_m 不发生，它们当然没有先后问题，At_ns_n 显而易见无所谓先于或后于一件未发生的事体 Bt_ms_m。Bt_ms_m 不发生，我们虽有另一方面的问题，然而 At_ns_n 和 Bt_ms_m 之间没有先后问题。假如 At_ns_n 发生而且 Bt_ms_m 发生，照以上的说法，它们不能同时，Bt_ms_m 也不能在 At_ns_n 之前；无论直接经验如何，我们会说 At_ns_n 在前而 Bt_ms_m 在后。其所以如此者，我们实在是以 A——B 这一因果意念去接受在 t_ns_n 和

$t_m s_m$ 所发生的事体。这是就意念说。若就共相底关联说,我们会认 A——B 这理在 $t_n s_n$ 和 $t_m s_m$ 现实,而 A、B 有理上的先后,A 先于 B,所以 $At_n s_n$ 先于 $Bt_m s_m$。此所以在直接经验,我们虽有时同时经验 $At_n s_n$ 与 $Bt_m s_m$,或竟先经验 $Bt_m s_m$ 而后经验 $At_n s_n$,然而我们仍说在事实上 $At_n s_n$ 先于 $At_m s_m$。这实在是把 A、B 中的先后引用于所与,或在所与中见 A、B 的先后而成为 $At_n s_n$ 和 $Bt_m s_m$ 底事实上的先后。事实本来是有理的,事实上的先后本来是有理上的先后的。

四、因果底背景问题

A.问题所在

1.因果底现实要靠别的事体帮忙。因果底现实要靠别的事体帮忙,A——B 这一因果底现实,这就是说,$At_n s_n$ 发生之后,$Bt_m s_m$ 底发生要别的事体的帮助。假如冬天房子冷,我要它热,我生起火来,房子是不是会热呢? 房子也许不会热,或热不到我所要得到的温度,因为火虽生,窗子与门都没有关,热的空气都走了。要房子热不仅要升火而已,而且要别的事体来帮忙。上节最后一段说 $At_n s_n$ 不是 $Bt_m s_m$ 底充分条件,就是表示这样的情形。生火不是房子增加温度底充分条件。没有因果关系本身是自足的。瓶中安着电铃,把瓶中的空气抽出,虽按电铃而声音仍听不见。这样的例子非常之多,可是,举出一两个已经足够表示 $At_n s_n$ 发生,而 $Bt_m s_m$ 不一定发生。$Bt_m s_m$ 不发生或者是条件不足,或者是有另外的事体发生出而干涉因果底现实。

2.要求“别的情形相等”。特殊的事体综错杂呈，千头万绪，一方面我们没有法子担保，在不同的时间不同的地点，所有的一切都各完全一样，另一方面我们又可以说，它们不会一样，不能一样。在这情形下，我们谈因果关系，我们不能不说“别的情形相等”这样的话，或者要求一 isolated System。所谓别的情形相等，有两方面的问题，一是积极的条件底满足，一是消极的条件底满足。所谓积极的条件底满足，就是要求一套必要条件底产生，这些条件不满足，果不会现实；所谓消极的条件底满足，是要别的发生的事体不干涉因果底现实。所谓 Isolated System 也就是别的情形相等的环境。这样的环境，是因果在理论上的要求。不如此要求，即令我们承认 A、B 是因果，即令我们承认 A——B，而 At_ns_n 和 Bt_ms_m、$At_{n+1}s_{n+1}$ 和 $Bt_{m+1}s_{m+1}$、$At_{n+1}s_{n+1}$ 和 $Bt_{m+1}s_{m+1}$……也许根本就不会出现；而 A——B 也就完全是空的。

3.情形相等的小环境。事实上有比较近乎情形相等的小环境，这就是试验室。试验的结果比较地靠得住，一部分的理由也就是试验室是一情形相等的小环境，试验底小环境受我们底支配。也许我们不容易完全支配，可是，因为划分出来的环境相当的小，我们差不多可以完全支配这小的环境。所谓支配这小的环境，就是把可以干涉试验的事体都给免除。这些事体免除之后，所余的环境当然是比较纯净的环境。这就是说，在此环境中，别的情形差不多相等，但是，谈因果底环境大都没有试验室那样美满。在事实上，我们常常不知道环境中别的事体是否相等。大致说来，它们不相等。试验室的纯净的环境是人工造出来的，没有人工加入去支配小环境，环境不至于相等。如果我们没有法子支配环境，我们也没有法子试验。天文总是试验少而观察多的学问。不能试验，我们所得到的结果就不大靠得住。大多数的因果关系难免这靠不住的问题。

4.可是大自然底情形不同。假如我们把试验室的小环境撇开，回到自然的大世界，我们会感觉到，这大世界是不会在不同的时间而重复的。我们这里说的，不只是特殊的情形不会特殊地重复，而且是就普遍地说，在不同时间，世界不会一样。试验室底环境相同是人工所产生的。自然的大世界不是我们所能支配的，至少不都是我们所能支配的。我们在这样的自然的大世界中，要求别的情形相同，我们所要求的是与自然的大世界相反的世界。所要求的条件决不会满足。结果是我们要求别的情形相等，我们实在就是要求一近乎抽象的环境。在一近乎抽象的环境，A——B 也许没有问题，可是 At_ns_n 和 Bt_ms_m 呢？A、B、A——B 本来是普遍的，就意念说，本来是抽象的。At_ns_n 和 Bt_ms_m 可不是抽象的，它们是那综错杂呈的自然界的事体，它们不会在环境相同的世界中产生，而它们既经产生，我们也不能推论到产生它们底环境因此相同。要求环境完全相同，等于要求世界完全不变，这当然不行，因为世界不至于不变，可是，不要求环境完全相同，At_ns_n 发生之后，Bt_ms_m 会不会发生呢？我们在这里用环境两字，其实所谓环境就是本节所谓背景，而环境问题，实在就是背景问题。背景两字似乎范围小一点，相对的意味充分一点。我们现在暂不用背景两字。

B.因果关系底可靠性与用处

1.At_ns_n 发生了，Bt_ms_m 发生与否有环境问题。根据以上的说法，说 A 是 B 的因，而 At_ns_n 发生了，Bt_ms_m 会不会发生有环境问题。也许 At_ns_n 与 Bt_ms_m 之间要有 X、Y 等等为积极的条件，而 X、Y 又有积极的条件 W、Z……，W、Z……也有它们底积极条件……，除积极的条件之外，尚有消极的条件。说 At_ns_n 是 Bt_ms_m 底因，实在是说，整个的一直到 At_ns_n 为止的世界是因，而 At_ns_n 发生之后，整个的一直到 Bt_ms_m 发生为止的世界为果。简单一点地说，这实在是说，t_n 以前而止于 t_n 的整个的世界为因而 t_n 以后止于 t_m 底整个的世界为果。照此说法，任何因果问题都牵扯到整个的世界底问题。如果我们举例来说，我们也许会感觉到牵扯太远。说房间里生火而房子热否要牵扯到整个的世界，的确使人不相信。可是，照以上的说法，积极和消极的条件确又会牵扯到整个的世界。

2.如果环境牵扯到整个的世界，则 A——B 根本取消。我们暂且不论这说法说得通否。假如说得通，所谓因果底意义完全改变。A——B 可以说是根本取消。就意会说，所谓 A、B 仍是普遍的，仍不受时间与空间的限制。就意念底对象说，A、B 两共相就有很困难的问题。共相是可以重复地现实的。说 A 可以重复地现实，就是说，A 可以有 At_n、At_{n+1}、At_{n+2}……。说 A——B 是可以重复地现实的，也就是说，A——B 可以有 At_n——Bt_m、At_{n+1}——Bt_{n+1}、At_{n+2}——Bt_{n+2}……。可是，说有 At_n、At_{n+1}、At_{n+2}……”是说有 X、Y、Z……而它们都是 A，虽然它们在不同的时间发生；不是说有 X、Y、Z，发生时底整个世界。说 X、Y、Z……都是 A，也是说它们各自是 A;X 发生之后,X 实现了 A,Y 发生时,Y 重复地实现 A,Z 发生时,Z 也重复地实现 A……在此情形下,A 才真正地是共相。至 X、Y、Z……发生时的整个的世界只重复地现实所谓“世界”而已,这世界底内容不都是相同的。如果 X 不能离环境而单独的是 A,我们当然不能谈 XA 或 At_n,只能谈 At_n 时底世界,而 t_n 底世界不会重复,除重复地现实所谓“世界”外,绝不能重复地现实 A,它根本就不是 A。A、B 取消,A——B 也取消。结果是我们不能谈 A 因 B 果,我们只能谈 t_n 时的整个的世界为因,而 t_m 时的整个的世界为果。

3.百分的靠得住,可是完全无用。说 t_n 时底整个的世界是 t_m 时底整个的世界的因,或 t_m 时底整个的世界是 t_n 时底整个的世界底果,是完全靠得住的话。无论以后的世界如何,我们无法推翻这一命题。因果底意义不是我们本章所论底因果底意义,可是,对于 t_n 的和 t_m 底整个的世界,我们的确可以说,有 t_n 底世界,就有 t_m 底世界;或没有 t_n 底世界,不会有 t_m 底世界,只要我们承认一种历史上的延续性,这样一命题是无法推翻的。一靠得住的特殊的命题当然有它的本身底价值。但是,从用处说,从推论说,从因有知识而得到的驾驭世界底能力说,这百分的靠得住的话可以说是毫无用处。世界既不重复,以后不能有 t_n 及 t_m 底世界。从此以后,我们不会碰见这两世界。我们不能利用对于这两世界的经验以为根据而作任何推论,我们也不能对于这两世界的经验以为驾驭将来底工具。以后或将来的所与,我们仍得应付,但是我们不能利用这样的因果关系去应付它。

4.有用的因果,不一定靠得住。有用的因果关系仍是

At_ns_n——Bt_ms_m 或 A——B 这样的因果。说 A 是 B 底因的确有用。假如在将来的所与中，我们遇见 X 所与，而 X 所与是 At_ns_n，我们可以盼望 Bt_ms_m；或者如果我们要求 Bt_ms_m 发生，而 At_ns_n 又是我们能力所能办到的，我们可以进行 At_ns_n，而在 At_ns_n 发生之后，盼望 Bt_ms_m 发生。治病的方式就是如此的，普通所谓征服自然的方式也是如此的。我们可以利用 A——B 这样的工具去应付将来的所与。问题是 A——B 靠得住否？所谓靠得住否就是问，假如 At_ns_n 发生之后，Bt_ms_m 是不是靠得住会发生。我们在前面已经表示 Bt_ms_m 不一定发生。Bt_ms_m 发生与否不只是靠 At_ns_n 而已。它们二者之间有许多的条件问题，而许多条件不一定满足。其结果是这样一问题，如果因果是靠得住的，它毫无用处，如(3)条所说；如果它是有用处的，它可靠不住，如本条所说。这样的问题底理论上的理由，就是 A 段所论的环境问题，及本段所说的环境牵到整个的世界这一理论。因果虽然有环境问题，然而是不是就一定要牵扯到整个的世界呢？

C.背景不是整个的世界

1.不牵扯到整个世界。因果的确靠别的东西或事体底帮助，这一点以上已经讨论过。但是，以上 B 段(1)(2)两条所说的，At_ns_n 和 Bt_ms_m 之间有它们底必要条件……，而由此类推 At_ns_n 和 Bt_ms_m 牵扯到整个的世界底理论，实在是说不通的。无论如何的牵扯法，都牵扯不到整个的世界。头一点我们可以说，我们决不必牵扯到 At_ns_n 发生之前的种种。At_ns_n 既然发生，它底必要条件一定满足。问题是 At_ns_n 发生之后与

Bt_ms_m 发生之前底必要的条件。这些条件的确牵扯到别的条件,并且牵扯的也许很多,但是决不至于牵扯到整个的世界。

2.时空距离彼此限制。因果之间虽牵扯到别的东西与事体,然而不牵扯到整个的世界底理由,就是二节 C 段所说的,因果之间,有时间与空间彼此互相限制的情形。如果因果之间底时间上的间隔是一秒钟,则空间上十八万六千英里范围之外的事体与此因果不相干;如果两件事体之间在空间上的间隔是十八万六千英里,则在半秒钟之内它们不能有因果关系。这就是所谓时间与空间彼此互相限制的情形。如果我们把这情形引用到本问题上,我们只要加入时间上的限制,我们就可以决定空间上的可能的范围。假如 At_ns_n 发生之后,在半秒钟之内,可能的空间范围只是十八万六千英里,在这范围之外的事体,根本不能够影响到 Bt_ms_m 发生与否。在一秒钟之内,可能的空间范围,只是三十七万二千英里为直径底范围,在此范围之外的事体,根本不能够影响到 Bt_ms_m 底发生与否。时间愈长,范围愈大,可是范围虽大,仍不就是整个的世界。我们可以把整个的世界分作两部分,一部分是可能影响到 At_ns_n 和 Bt_ms_m 的,一部分是不可能的。前者我们叫作可能的背景。

3.在可能的背景中,有相干与不相干问题。就是在可能的背景中,仍有相干或不相干的问题。一方面我们要回到外在和内在关系底讨论。我们前此已经表示,所有的关系,不都是内在的,也不都是外在的。对于 At_ns_n 和 Bt_ms_m 有性质上的影响底关系,对于它们为内在关系,对它们没有性质上的影响的关系是外在关系。不但对于整个的世界,我们可以说,所有

的关系不都是内在的，而且在可能的背景范围之内，对于 At_ns_n 和 Bt_ms_m，我们也可以说，所有的关系不都是内在的。这当然就是说，即在可能的背景范围之内，有些事体对于 At_ns_n 和 Bt_ms_m 只有外在关系。对于 At_ns_n 和 Bt_ms_m 有外在关系的事体都不影响到 At_ns_n 和 Bt_ms_m，它们都是不相干的事体。邻家厨房烧饭，我在书房写字，这两件事体虽在可能的范围或背景之内，然而它们是彼此不相干的事体，在可能的背景范围之内不相干的事体也许非常之多，也许相当的少；多少也许不可一概而论，然而不相干的事体一定是有的，并且大致说来，比相干的事体要多。我们可以在可能的背景中划分出相干的背景来，叫它作相干的背景。

4.在相干的背景中，相干的事体不同样地相干。就是在相干的背景中，也不是所有的相干的事体都同样地相干。有些事体，就普遍的说，是相干的事体，就特殊的说，是不相干的事体。生火与风是相干的，可是在房子内生火，而房子又不透风，房子以外的风和房子以内的生火就不相干。这也可以说，有好些相干的事体底相干性被另外一些相干的事体底相干性所取消，使原来的相干的事体成为不相干。有好些相干的事体底相干性非常之小，有好些事体底相干性大，有好些相干性发作得慢，有好些相干性发作得快。凡此等等都表示相干的事体并不同样地相干。(3)条所说的背景可以称为大背景，我们又可以在这大背景中划出一背景来称为小背景。这里所谓划出，当然只是理论上的说法而已，这只是说，在相干的背景中，仍有实际上不相干或不必相干者在。我们谈因果底背景，当然只能谈到可能的背景，这可能的背景决不是整个的世界。可能的背景之中有相干的背景，可是相干的事体不同样地相干，有彼此干涉，而成为不相干的，我们又可以在相干的背景中提出小的相干的背景来。

D.所谓同样的背景

1.别的情形相等，只是有必要条件无阻碍条件。谈因果有别的情形相等这一要求，就环境说，这一要求就成为同样环境底要求。如果环境是整个的世界，整个的世界，在不同的时间，决不会同样；我们所说的决不至于是整个的世界。如果环境是可能的背景，我们也不会有内容同样的可能的背景。所谓环境同样，也不会是大的相干的背景同样，这背景也不会同样。就是所谓小的背景也不会同样，假如所谓同样是这小背景中的事体与东西上的内容是相同的。At_ns_n 和 Bt_ms_m 底小背景也是特殊的，它不会和 At_ns_n 和 Bt_ms_m 底小背景同样。小背景既是特殊的，当然也不会重复。问题只是就普遍的说，At_ns_n、Bt_ms_m、$At_{n+1}s_{n+1}$、$Bt_{m+1}s_{n+1}$……底小背景底内容，是否相同。我们似乎不大容易要求它们相同。好在我们也不必要求它们相同。我们从因果着想，我们只要求小背景中有必要的条件无阻碍条件已经够了。我们要求别的情形相等，所谓别的情形相等，照本条底说法是事实上可以现实的，只要在小背景中有必要条件无阻碍条件，我们就可以说是别的情形相等了。别的情形相等，因果是靠得住的。

2.隔出来的小环境。有时我们可以相当的支配环境，引用许多因果及自然律把相干的必要条件保留，相干的阻碍条件淘汰，隔出一等于创作的背景出来，这隔出来的小背景就是

我们底试验室。试验普通认为比观察靠得住，最大的或最基本的理由，就是因为在前者我们相当能够控制环境，而在后者大都不能。其结果是试验室是一必要条件具备而阻碍条件又淘汰了的小背景。试验室中的背景差不多是抽象的，它是在杂乱无章的环境中提出来的背景，应该要的都有，不应该要的都淘汰了。如果纯净的水近乎抽象的 H_2O，试验室也近乎抽象的小背景。试验出来的结果当然靠得住，因为试验最能满足所谓"别的情形相等"底条件，比较地是从综错杂呈的环境中抽出来的现象。以试验室为小的背景，每次试验底背景差不多同样。试验出来的因果实在是以试验室为背景的因果。这样的因果一方面比较地靠得住，另一方面我们也习惯于要求背景底条件底满足，条件不满足，我们不盼望这样的因果现实，而这样的因果不现实，我们会认为条件未满足。

3.在另一情形下只好假设同样背景。但是有时我们不能支配环境，在这样情形之下，严格地说，我们不能试验，只能观察。天文学底对象有好些就是我们所无法试验的。近代天文学的进步似乎靠物理学的地方不少，这当然也就是部分地利用物理学方面的试验，天文学本身底对象大都是不能试验的。在社会科学这一方面，试验更是困难。在我们不能支配环境底情形之下，我们没有法子造成一种小的同样的背景，我们只能假设别的情形相等作为因果说法底理论上的基础。事实上既无法试验，这假设满足与否，我们无从知道，而因果靠得住与否就成问题了。可是，虽然如此，我们仍不能不作如此假设，仍不能不提出同样的背景以为条件。事实上虽难于得到同样的背景，而理论上非要求这条件的满足不可。

4.同样的背景不一定没有。果然背景同样，因果是靠得住的。靠得住与否底问题，以后再论。在这里有另一点我们得提出一下。所谓名言世界就是分开来说的世界，不是综错杂呈视听所及而又无见无闻的世界。对于这综错杂呈的世界，我们要分开来说，我们得分别地条理，要分别地条理这世界，我们只有假设别的情形相等底局面。能做试验的，就是我们能够把这情形在实际上现实的，不能做试验的就是我们不能把这情形在实际上现实的。可是，无论我们能够现实或不能够现实别的情形相等底条件，只要我们以上所说的缩小背景底说法说得通，这综错杂呈的世界本身亦能供给别的情形或差不多相等的背景。我们要表示就在这综错杂呈的世界，同样的小背景并不是一定没有的。在这里我们又不能不提到时间。这样的背景底有或无靠因果之间的时间距离的长短。时间相隔愈长，因果之间愈难免夜长梦多的情形。其所以如此者，当然是因为时间愈长，同样的小背景（意念如（1）条所说）愈不易得，时间愈短，同样的小背景愈容易得到。时间长，干涉的条件愈容易发生，时间短，这样的条件愈不容易发生。普通我们说因果之间的时间愈长，因果愈靠不住，时间愈短，因果愈靠得住。照本条的说法，因果之间的时间愈短，同样的小背景的机会愈多，时间愈长，同样的小背景的机会愈少。无论如何，即令我们不能试验，同样的小背景不一定就没有。因果之间没有那“靠得住就无用，有用就靠不住”的情形。

五、因果间底必然问题

A.问题所在

1.普通而靠不住的推论撇开。有些人盼望因果成为一串铁链子似的关系。其所以如此盼望者理由很多。别的理由我们暂且不提，有一部分的理由是受因必有果、果必有因这样的话底影响，或者一切都各有其因果这样的话底影响。因既必有果，甲因当然必有乙果，甲因既必有乙果，甲 $t_n s_n$ 因当然必有乙 $t_m s_m$ 果。照我们底看法，我们根本不能这样地说。在本章的一节我们已经分别几句不同的话。这一方面的问题，我们不再讨论。现在我们只说，我们不能以为因必有果，所以甲因必有乙果；也不能以为甲因必有乙果，所以甲 $t_n s_n$ 因必有乙 $t_m s_m$ 果。既有一节的讨论，这一方面的问题可以撇开。

2.所牵扯到的别的问题。以上的盼望有另外的理由。有人要求因果关系成为一串铁链子似的关系以为定命主义底基础。有些人有一种恰恰相反的情感，他们要维持自由意志底学说，要推翻普遍的定命主义。这双方意见的不同，情感的成分非常之重。可是除情感问题外，当然有许多理性方面的问题。不承认意志自由，道德如何说法，以法治人的根据何在？从这些方面着想，我们似乎应该承认意志自由，可是，如果意志自由，因果或者不是铁链子似的，或者不是普有的。别的人也许根本不注重道德问题，也许虽注重道德问题，然而觉得与因果无关，也许有旁的理由使他们只感觉到自由意念这一意思的讨厌。这一方面的问题，讨论起来，非长篇大论不可，本书不注重这一方面的问题,根本不预备讨论它。

3.因果关联或关系是否必然的。我们底问题只是因果关系是不是必然的。休谟在他底知识论碰着了这一问题。他费了一百多页底讨论,找不出因果之间的必然关系来。找不出必然的关系来是否就表示没有必然的关系呢?因果不必然是否就是世界没有秩序呢?世界没有秩序,科学是否就推翻,或者就不可能呢?世界有没有秩序牵扯到怎样的秩序,世界可以有某种秩序而科学仍不可能,可以没有某另一种秩序而科学仍可能。无论如何,因果不必然,世界不一定没有秩序,而我们找不着必然的关系,也不一定就没有必然的关系。我们从知识论着想,只讨论因果之间是否有必然的关系。这问题当然不是因必有果、果必有因底问题,也不是一件事体是否必有其因、必有其果的问题。我们底问题是甲因是否必有乙果底问题,或 A 因是否必有 B 果底问题,而这一问题又牵扯到 At_ns_n 因是否必有 Bt_ms_m 果底问题。假如因果之间有必然的关系,我们是否因此懂得自然,也容易驾驭自然,假如因果之间没有必然的关系,我们是否能够应付环境。本书对于这一问题底兴趣是知识论方面的。

B.因果底现实与它靠得住与否底问题

1.靠得住与否的问题。我们暂且不用必然两字,这两字底问题,我们在下段讨论。靠得住与否的问题,大约可以用以下方式表示:A——B 这一因果关系靠得住,如果 At_ns_n 这件事体发生之后,Bt_ms_m 一定发生。结果是假如 At_ns_n 发生之后,而 Bt_ms_m 这件事体不发生,或不必发生,则 A——B 这一

因果靠不住。这当然是表示靠得住与否底意义。从前论因果之间是否有必然的关系，问题在此。我们虽暂不提出必然两字，然而仍不能不从这问题着手。

2.靠得住与否和 A——B 底现实与否。这样的靠得住与否底问题实在就是现实与否底问题。这里所谓现实是普遍的底现实，而普遍的底现实就是普遍的在特殊中显现出来。假如 At_ns_n 发生，这就是特殊中显现了 A 这一共相；假如 Bt_ms_m 发生，这也是在特殊中显现了 B 这一共相；假如 At_ns_n 发生之后，Bt_ms_m 因此发生，这也是在特殊中显现了 A——B 这一普遍的因果。普遍的因果是一件事，它现实与否又是一件事。我们现在不必从因果着想，我们可以从别的普遍的思想着想。我们说恐龙是如何如何的，可是，恐龙不必有或不必存在，恐龙存在与否是一件事，而恐龙如何如何是另外一件事。恐龙从前存在过，现在不存在了。就特殊的实在说，这分别很大，就普遍的状态说，恐龙如何如何依然一样。普遍的因果和它的特殊的现实也是两件事，既然如此，前者所有的情形，后者不必有，后者所有的情形，前者也不必有。可是，普通我们以为 A——B 这一普遍的因果底靠得住与否底标准，就是 At_ns_n 发生之后，At_ns_n——Bt_ms_m 发生与否。如果发生，则 A——B 靠得住，如果不发生，则 A——B 靠不住。

3.看法很自然。其所以引用这样的标准当然有很好的理由。我们底问题既不是因必有果、果必有因那样的问题而是 A 因必有 B 果这样的问题，我们当然要设法在呈现或所与或事实中去证实。在呈现或所与或事实中去证实，就是看普遍的因果是否现实于特殊的之中。对于 A——B 底靠得住与否底问题，我们会自然地看 At_ns_n 发生之后，At_ns_n——Bt_ms_m 是否发生。在求知底历程中，我们应该怀疑到普遍的、抽象的、理论的，有没有特殊的、具体的、事体的、事实的表现。我们绝不能空空洞洞地在理论上去推 A 是否为 B 底因，也绝不能单独地在理论上表示 A 因必有 B 果。我们免不了有事实上的标准，而事实上的标准当然就是看 At_ns_n 发生之后，At_ns_n——Bt_ms_m 是否发生。这一特殊的关系发生，我们很自然地以为 A——B 靠得住，不然我们也很自然地以为 A——B 靠不住。

4.A——B 本身靠得住否和它底现实靠得住否是两不同的问题。休谟曾表示他找不出因果之间靠得住的关系来。他所说的靠不住的关系，实在就是我们这里所说的 At_ns_n 发生之后 Bt_ms_m 不一定发生，或 At_ns_n——Bt_ms_m 不一定发生。At_ns_n——Bt_ms_m 既不必发生，他就以为 A——B 靠不住。A——B 靠不住问题相当的严重。说 A——B 靠不住，当然就是说普遍的因果靠不住。普遍的因果靠不住，一方面表示事实上没有因果那样的秩序，另一方面我们也不能利用因果，以为应付所与底工具，与征服自然底工具。这二者都非常之重要，无论就日常生活说，或就将来的生活的进步底可能说。休谟也感觉到问题底重要，他碰着这一困难之后，他觉得不能打住，绕了一个大弯之后，把这问题移到心理和习惯上去。我们不能引用他底办法，也没有他所有的问题。我们要把靠得住与否的问题分成两部分，一是 A——B 本身底问题，一是它底现实底问题。就前一方面说，我们要提出必然与固然。

C.必然与固然

1.“一定”与“必然”。前此也许已经提到过，本书把必然两字限制到逻辑上去，照本书底用法，只有逻辑底关系是必然的。必然两字，前此论思想律时已经提到，此处不赘。我们现在暂从常识着想。必然两字既有此特别的用法，这两字是不能引用到因果上去的。我们也许可以设想一大堆的因果联合起来的必然情形，假如（一）我们承认一切都有因有果，（二）A——B，C——D，E——F……代表所有的可能的因果（不仅是我们所知道的或一时所现实的），那一件一件事体发生之后，A——B，或者 C——D，或者 E——F，……之中一定有一因果现实，这“一定”等于“必然”。可是，这没有说究竟哪一因果现实，因此也没有说什么样的事体会发生。我们底问题不是这样的。我们底问题仍是 At_ns_n 发生之后，Bt_ms_m 是否一定发生。

2.问题与以上（一）（二）两点不相干。对于这一问题，以上（1）条所说的（一）（二）两点不相干。即令我们承认（一）（二）两点，我们也不能说 At_ns_n 发生之后，Bt_ms_m 必然地发生。即令我们承认 A——B，At_ns_n 之后，Bt_ms_m 发生与否仍不必然。在别的条件满足底情形下，我们会说 Bt_ms_m 一定会发生。这个一定可不是必然。假如我们以 p 表示 At_ns_n 底发生，以 q 表示所有的条件都满足，以 r 表示 Bt_ms_m 底发生，p · q · 和 r 与 p 和 r 显而易见都不是一逻辑命题。这就是说 p · q 与 r 之间或 p 与 r 之间没有必然的关系。这两命题虽不是一逻辑命题，然而在它们都表示固然的理底条件之下，它们都是真底命题。也许有人以为我们底问题是 p 和 r：p · q：和 r，而这是一逻辑命题，p 和 r：p·q 与 r 之间有必然的关系。可是，请注意这不是因果之间的问题，它只是一普遍的推论而已。我们底问题是 p·q 与 r 或 p 与 r 之间的问题。这二者的分别是，前者把条件包括在内，后者不把条件包括在内，把条件包括在内，At_ns_n 发生之后，Bt_ms_m 一定会发生，不把条件包括在内，At_ns_n 发生之后，Bt_ms_m 不一定发生。后者就是 A——B 这因果关联。说因果关联表示固然的理，或就是固然的理底说法就是把条件包括在内底说法，而事实上 At_ns_n 发生之后，Bt_ms_m 不一定发生底说法就是不把条件包括在内底说法。前一说法表示固然，而固然不是必然。

3.固然的理一定靠得住。因为名言世界是分开来说的世界，我们思想到因果关系的时候，我们也就常常只是思想到 A——B 或者 p 和 r 这样的情形上去。所谓靠得住与否的问题只是 A——B 或 p 和 r 底问题，不是 p·q·和 r 底问题，只是前者现实与否底问题，不是后者有无例外底问题。我们说 At_ns_n 发生之后，如果其他的条件满足，则 Bt_ms_m 一定发生，问题当然只 q 满足与否。q 满足与否，有时我们知道，有时我们不知道，有时我们可以试验，有时我们不能试验，我们底注重点既在 A——B，难免有靠得住与否底问题。照我们底说法，这实在是弄错了，A——B 既真正地是因果关联它没有靠得住与否底问题，只有现实与否底问题。果然 At_ns_n 发生之后，Bt_ms_m 不发生，这并不表示 A——B 靠不住，只表示 q 未满足，而 A——B 未现实而已。我们根本不应该盼望在 q 未满足底情形下，A——B 仍然现实。果然它在任何情形下都现实，则它只是一逻辑命题而已。它虽有现实与否底问题，没有靠得

住与否底问题。它即是固然的理，在条件满足而 At_ns_n 又发生情形下，我们知道 Bt_ms_m 一定会发生。

4.因果关联一方面不是必然的，另一方面也无例外。理虽有固然而势本身无必至，固然的理本身仍只是固然。这就是说 At_ns_n、Ct_ns_n、Dt_ns_n、Et_ns_n……就殊相底生灭说，没有必至，就共相的关联说，理有固然。可是固然的理，A——B，不是必然的。关于势，以下 E 段尚要讨论，此处不谈。A——B 果然真正地是因果，它就是固然的理，这就是说，它没有例外，At_ns_n 发生之后，在条件满足这一情形之下（即 Ct_ns_n、Dt_ns_n，Et_ns_n……），Bt_ms_m 一定发生。这就是 Bt_ms_m 一定会发生说。至于它特殊地如何如何（严格地说，对于特殊，我们无法说它特殊地如何如何），那是另外一件事，这在 E 段会讨论。在现在我们要表示 A——B 一方面不是必然的，另一方面也没有例外。表示固然的理底命题不是逻辑命题，它是普遍的真的命题或自然律而已。关于这一点，（2）条已经表示。遵守固然的理的命题的，只是事实；遵守必然的理的命题，任何情形都行，凡可以思议的，都遵守必然的理。虽然如此，固然的理仍无例外，这在以上也已经说明。

D.背景与因果底靠得住

1.同样的背景不一定不重复。讨论背景时，我们曾讨论背景底重要。说 A 是 B 底因，B 是 A 底果，只是简单的说法，同样的背景底有或无，根本没有谈到。在同样的背景之下，A 那样的事体，即 At_ns_n 发生，B 那样的事体，即 Bt_ms_m 一定就会发生。可是，背景不一定同样，所以 A 那样的事体，At_ns_n 发生之后,B 那样的事体 Bt_ms_m 也不一定发生。所谓同样,前此已经提出过,在这里我们不妨再提一下。世界既老在变动中,我们不能盼望任何背景完全同样,无论从特殊的说或从普遍的说。从特殊的说,根本就没有特殊的相同的背景,即试验室也不是例外。从普遍的说,也没有一切都相同的背景。在一试验室底桌子也许是榆木做的,在另一试验室底桌子也许是红木做的。好在我们所要求的背景底同样不是完全的同样。我们只要求必要条件都备,而又没有阻碍的事体发生。这样的背景在试验室比较地容易重复,而在试验室之外,比较地不容易重复。可是,虽然不容易重复,然而不一定就不重复。

2.因果关联底现实也是背景底事实。因果不现实不是因果有例外,是背景不一样。也许在背景中,必要的条件虽满足,而阻碍因果关系底事体也发生;也许阻碍的事体虽没有发生而必要的关系不备;也许二者都没有满足。因果底现实与否不只是关系现实而已,而且是同样的背景或小背景底现实。因果底现实与否不是它靠得住与否的标准。在同样背景之下因果底现实与否才是它靠得住与否底标准。我吃了毒药,我会死,但是,假如医生给我泻药与吐药吃,我在毒药未发作前,大吐大泻起来。我也许不死。这里有两不同的因果,一是吃某毒药人会死,一是吃另一种药人会大吐大泻,而在大吐大泻中,毒药会吐出来或泻出来。这样地说,问题当然是比较地简单化,我们在这里所要提出的是这简单化的情形。在这情形中,一因果不现实就是另一因果底现实。这不是因果靠不住底问题。头一因果没有被第二因果推翻,假如没有现实第二因果,头一因果也许会现实,假如头一因果现实,第二因果也

没有推翻。假如我吃毒药死了，我底朋友也许会说，可惜没有医生在旁相救。假如我为医生所救，我们也不会说毒药无害于人。因果底现实与否不是它靠得住与否底标准。它虽不现实然而只要同样的条件满足，它仍靠得住。

3.的确有因果关联时，决不至于因现实、背景现实，而果不现实。可是，有时因果不现实而条件又满足。也许在试验室中，在我们底能力所及，我们知道背景同样，然而我们所盼望的因果不现实，这是不是表示因果靠不住呢？这实在只表示我们所认为是因果者根本不是因果。这只是说，我们所相信的表示某一因果的命题是假的，而不是说这一命题虽真而它所肯定的对象是靠不住的。假如我们所盼望的是 C——D，而在同样的背景底条件之下，At_ns_n 发生之后，Bt_ms_m 并不发生，我们不能说 C——D 这一因果靠不住，我们只能说它根本不是因果。在求知底历程中，我们常常有错误，我们所错认为因果当然靠不住，可是，这不是因果靠不住。因果是固然的理，它是毫无例外的。

E.特殊的现实底或然

1.因果底现实是或然的。因果虽固然，而它底现实确是或然的。或然有程度高低底不同，有些高到使我们感觉到一定，有些则低到使我们只感觉到大约而已。这程度问题，我们根本不讨论。A——B 这一因果虽是固然的理，而 At_ns_n 发生之后，Bt_ms_m 底发生只是或然的。假如 Bt_ms_m 不发生，我们会去找理由，也许找得出，也许找不出。无论找出或找不出，理由总是有的。所谓有理由，就是说一件事体底发生有它的固然的理。固然的理是事物之无可逃的。找不着理由既不表示没有理由,找得着理由也不表示有理由,理由总是有的,一件事体底发生与否不是固然的理底问题。这也就是表示虽有固然的理,而不因此就有当然的势。

2.固然的理不决势之必至,当然也不决事之必至。假如我们所盼望的果不发生,我们去找理由,我们也许找着了。所谓找着就是发现背景中有阻碍 Bt_ms_m 发生底事体。背景中有阻碍 Bt_ms_m 发生的事体,此背景就不是 A——B 这一因果所要求的背景。既然如此,A——B 当然不现实。可是,也许我们找不着理由。所谓找不着理由,就是没有发现阻碍 Bt_ms_m 发生底事体。在这情形之下,我们也许说有理由而我们没有发现,或者说原来所认为是因果的根本不是因果,或者说我们重行试验,再行观察。无论如何,我们绝不能说,也决不至于说,A——B 是因果而 At_ns_n 发生之后,Bt_ms_m 不发生是没有理由的。所谓理由就是事体底理底根据。说事体有理由就是说它有理的根据,那么理是不是就决定事呢? 我们底意思,前此已经表示过,理虽有固然而势无必至。这就是说,理不能决势的至。

3.势的至或不至不只是因果发生与否而已。势的至不只是 Bt_ms_m 底发生或不发生而已。从 Bt_ms_m 说,有必要条件,有相干条件,有不相干的事体;这许许多多的事体,就特殊的说,它们都只是那么特殊地发生而已,我们可以在官觉或直接经验上和它们接触,可是,我们没有法子说它们。我们根本没有理由说它们特殊地如何如何,而就特殊的说,它们也无所谓如何如何。势是殊相底生灭,它只是生生相承、灭灭相继,不但 At_ns_n 发生之后,Bt_ms_m 究竟发生与否,与如何特殊地发生,我

们无从知道，即任何别的特殊的事体也是如此。假如我们是永恒的神，我们曾经直接经验了所有的以前的特殊的事体，我们也无法决定 $Bt_m s_m$ 如何特殊地发生。如果我们不从 $Bt_m s_m$ 这件事体着想，而从 $Xt_m s_m$ 这所与着想，我们的意思也许容易表达一点。$Bt_m s_m$ 实在是我们以“B”方式去接受的 $Xt_m s_m$，我们已经是从普遍的着想，说它是 $Bt_m s_m$，如果我们不从普遍的着想，$Xt_m s_m$ 只是一特殊地如此如此而已。对于 $Xt_m s_m$，我们无话可说。我们说 $At_n s_n$ 发生之后，$Bt_m s_m$ 一定发生，实在只是说 $At_n s_n$ 发生之后，一定有 $Xt_m s_m$ 或 $Yt_m s_m$ 或 $Xt_m s_m$ 等等，而我们可以用 B 去接受。这就是说，我们只能说有 B 那样的事体发生，而不说 $Xt_m s_m$、$Yt_m s_m$、$Zt_m s_m$……之中究竟何者发生。一件特殊的事体 $Bt_m s_m$ 有这样的问题，任何其他的特殊的事体都有这样的问题。$Bt_m s_m$ 底条件 $Ct_n s_n$、$Dt_n s_n$、$Et_n s_n$……也有这样的问题，而它们底条件也有。由此类推，理虽有固然而势无必至。这是从永恒的神着想，若从我们自己着想，$Bt_m s_m$ 底条件这些都是能以 B 去接受的所与 $Ct_n s_n$、$Dt_n s_n$、$Et_n s_n$ 等等发生与否，我们也许不知道，不仅 $Xt_m s_m$、$Yt_m s_m$、$Zt_m s_m$……之中何者发生，我们无从说起，就是有它们与否，我们也无从知道，这就是说，$Bt_m s_m$ 发生与否我们也无从知道。我们说 $Bt_m s_m$ 底发生是或然的。

4.预知底可能仍决于理。以上所说的或然，表面上看起来，似乎有两层的或然。一是相对于知识的，一是不相对于知识的。其实这与我们的问题不相干。人不知道所有一切。如果连 $Bt_m s_m$ 底条件发生与否都不知道，$Bt_m s_m$ 底发生与否总是或然的：$Bt_m s_m$ 底或然也许是相对于知识的。我们当然可以如此说。可是，如果我们从另外一方面着想，我们假设人虽不知道所有一切，然而知道 Bt_ms_m 底条件满足，那么，他也知道 Bt_ms_m 一定会发生。他虽知道 Bt_ms_m 一定会发生，然而他仍不知道 Xt_ms_m、Yt_ms_m、Zt_ms_m……之中何者会发生。这就是说，他虽然知道 Bt_ms_m 一定会发生，然而他仍不知道它如何特殊地发生。照我们底说法，他所知道的是理，不是势。所谓知道 Bt_ms_m 一定会发生，仍是从理有固然说，而不是就势说，势仍没有必至，仍不是相对于知识的。我们已经说一定有 Bt_ms_m 发生，只是说一定有 Xt_ms_m，或 Yt_ms_m，或 Zt_ms_m，或……发生，而发生之后，我们能以 B 意念去接受。说 Bt_ms_m 一定发生，仍是说 A——B 是固然的理而已。这就是说，说 Bt_ms_m 一定会发生，仍不是就特殊的事体而说的。就特殊的事体说，它底发生总是或然的。

5.特殊的事体底或然性与因果底一定性是两件事。特殊的事体底或然性，与因果底靠得住与否，是两件事。因果总是靠得住的，不过现实与否则不一定。因果底现实与否，要看条件满足与否，而条件满足与否，一部分要看或然的势。势既没有必至，特殊的世界既不重复，则某一因果底条件在一时虽满足，在另一时也许不满足；如果不满足，则该因果就不会现实。我们不要把因果的现实与否当作它靠得住与否。就靠得住与否说，因果既靠得住，它与自然律无异。它与自然律一样都是固然的理。因为如此，我们才可以利用因果去征服自然。也因为如此，我们底因果意念才是有效的接受方式。当然我们在寻求因果中，也许我们有错误，错误是很难免的，但是我们不要把我们底错误视为因果本身底靠不住。

第十三章　度　量

一、度量问题

A.何以论度量

1.度量的重量。在知识论谈度量的似乎不多,可是就意念的摹状与规律说,度量是很好的例子。它的摹状成分明显,规律成分也明显。就我们对于意念底说法说,我们应该提出度量来讨论。可是,度量底重要不止于此;它本身也是值得特别提出讨论的。度量对于人生的影响非常之大。有人以为剖斗折衡而民不争。对于这一思想,有几方面的话好说,可是我们在这里不预备讨论。不能度量时间,我们不能表示时间有多少,我们只能说很久很久的时候,不能度量空间,不能表示地方有多远,我们只能说很远很远的地方。在贸迁有无情况之下,度量更是重要,无论钱币制度发明以前或发明以后,在贸迁底程序中,我们总得要引用度量,钱币本身就是度量。

2.对知识的重要。度量对于知识的影响更是重大。权然后知轻重,度然后知长短,就表示度量对于知识底重要。我们要知道轻重,要知道长短我们不能不利用度量。从前是这样,现在仍是这样,并且更是这样。从前也许只是轻重长短问题,现在则气压、温度、雨量……光声速度，……物理学、化学、心理学等等中底种种现象，都可以因度量而使我们得到精细的靠得住的知识。科学是离不了度量的。这就是说，纯粹的学问离不了度量，而纯粹的知识也离不了度量。对于实际生活中的知识，轻重长短度量固然重要，可是对于纯粹知识，度量更是重要。

3.度量系统横贯各门科学。度量自成一系统。关于这一点，以后当要提出讨论，在这里我们只注重度量之为一整的系统而已。它四通八达，本身差不多成一门学问，虽然注意它的人们似乎还不多。近十年来，有人注意到它，但是大多数的人似乎还没有感觉到它底重要性。科学虽分门别类，然而所引用的度量制度、度量方法、度量工具，横贯各门科学。即在别的方面没有多大关联的学问，在度量方法上，仍有关联，其结果当然是仍有贯通的地方。科学愈进步，度量也愈进步，度量可以因科学之所发现而益精。度量愈进步，科学也愈进步，科学可以利用精细的度量，而得前此所不能得到的发现。科学不发达而要量光的速度，似乎是办不到的，可是度量了光底速度之后，物理学又可根据此量度去作进一步的发现。不但物理学受影响，别的学问也受影响。寒暑表就其为知识说，也许是一门学问的发现，就其为度量说，不但许多门学问可以利用，即日常生活也受其惠。论度量不就是谈引用度量的学问，它本身是一系统，是一题目，而就知识论或本书所认为是知识论的知识论说，它是一重要的问题。

4.度量最能表示本书主旨。从本书底立场说，度量非常之重要，它与因果差不多有同样的情形，可是，也许比因果更

足以表示本书底主旨。本书底主旨是以经验之所得还治经验，或以得自官觉者还治官觉。知识者实在是以所与摹状所与，在多数所与中抽出意念以为标准，然后引用此标准于将来的所与，以为接受将来的所与底方式。度量底理论就包括这样的程序，它也是以得自所与的意念去接受所与，不过它有一特点，它虽同样地是以意念去接受所与，然而它不止于以意念去接受所与而已；它所牵扯到的意念有具体的表现以为代表。例如一尺不只是一普通的意念而已。不仅是一普通所谓"尺"而已，而且有一具体的东西，在所与中与别的所与同场呈现。以尺量布，一方面是以所与量所与，另一方面是以意念去接受所与。也许有人以为这与别的情形同样。因为别的意念也有具体的表现，例如笔。别的意念有好些的确有具体的表现，这的确不错；但是别的意念底具体的表现不同时是接受底工具。度量底单位的具体底表现本身是接受工具。这一特点值得我们注意。度量之所以给我们以比较精确的知识，就是因为它有具体的标准。

B.度量所牵扯的

1.量。度量所牵扯的头一点当然就是量。量是一非常之麻烦的意念。对于这意念我们自愧没有一种满意的看法或说法。同时量这一意念又是无法避免的问题，量度总得要量为度，既谈度量，自应谈量。可是，我们实在没有满意的说法。也许我们可以模模糊糊地说，"量"是单位与数目联合起来，对于任何东西所表示的情形。如果我们说一师兵、五张桌子、一百担米、三十个橘子、一尺布、两百斤煤，我们都表示量。

师、担、尺、斤，都是单位，似乎不发生问题，但是其所以没有问题者，也许是因为它们不只是单位，而且是标准的单位；用它们去表示量，也就是用度量去表示量。桌子与橘子也应该是单位，但是把它们视为单位也许就有问题。一百斤煤可以说是表示煤底量，五张桌子不大容易说是表示桌子底量，三十个橘子情形相似。对于这些，与其说桌子和橘子是单位，不如说“张”和“个”是单位，并且与其说“张”和“个”是单位，不如说“一张桌子”和“一个橘子”是单位。由此类推，问题就不小了。本章只假设量而已，不提出讨论。

2.数目和单位。“量”、“数”（动词）和度量都不同，虽然它们都牵扯到数目。它不但都牵扯到数目而且也都牵扯到单位。数目问题也相当的复杂，本书不讨论。单位问题下段即论，本条也不讨论。量不是动作，数（动词）和度量都是。后者虽然都是动作，然而分别很大。就单位说，数牵扯到自然的单位，度量牵扯到标准的单位。所谓自然单位就是一类东西底个体。数牵扯到一类东西的个体，例如二十个人、五张桌子、三十个橘子。就人说，只要我们是数人的多少，我们说二十个人，我们不管胖的、瘦的、高的、矮的；就橘子说，只要我们是数橘子底多少，我们也不管橘子底大小、生熟等等，数是表示个体与数目底一一相应的动作。度量则不然，它不是表示个体与数目底一一相应的动作，而是表示标准单位与数目底一一相应底动作。米可以数，也可以量，数米底结果也许是几万或几十万粒；量米底结果也许是几升或几斛。二者都牵扯到量与数目，然而前者没有加入标准的单位，而后者非有标准的单位不可。

3.积量。除量外尚有积量。中文中这两名词都有量字，反使我们把量和积量混乱起来。其实他们是不同的。在(1)条我们已经表示量是不容易说的。积量也是不容易说的。五张桌子表示量，一张桌子五尺长表示积量。量可以是某时某地某类东西底数目，积量是一件东西与一标准单位在某某方面的比率。所说的某某方面就是长短、宽窄、厚薄、轻重等等。普通说一件东西底大小如何，或长短如何，或轻重如何都是就积量说的。度量所度的也许是量，也许是积量：如果量米，所量的是量；如果量桌子底长短所量的是积量。我们对于量没有满意的说法，对于积量也没有满意的说法。

4.度量底结果或对象。有一说法是说量和积量都是度量底结果或度量底对象。这说法与一部分流行的习惯很接近。把物视为物理学所研究底对象，把空间视为几何学所研究底对象，在某一时期内是一非常之流行的说法。这说法是否仍流行我不敢说。这说法似乎表示学者比较地与思想接近，比较地与经验不接近。在物理学和几何学相当发达之后，对于习于这两门学问的人们，这说法也许可以引用到他们经验中的"物"和"空间"上去。在这两门学问尚未发达的时候，对于不习于这两门学问的人们，这说法似乎不行，他们经验中有物也有空间，他们所需要的是独立于这两门学问的说法。量和积量都是度量底结果这一说法似乎有毛病。显而易见，量和积量也是度量底对象。量和积量都是度量底对象这一说法也有方才所说的问题。但是，除此说法之外，我们不知道比这说法更满意的说法，此所以我们只假设量与积量而已。

C.单位与标准单位

1.自然的和非自然的。以上曾说度量总牵扯到单位。现在暂且以标准的单位为单位。这就是说,不是标准的单位,例如一个人、一支笔,我们暂且不视为单位。标准也有不同的意义。X要满足人底标准才是人,虽然X底大小胖瘦与这标准不相干;Y要满足笔底标准才是笔,虽然Y底长短粗细不相干。我们现在所谈的标准虽有这意义,然而不只有这意义。我们所要的标准是但、斛、尺、斤的标准,是各单位在具体底表现上满足度量底要求底标准。标准的单位也有自然与非自然两种。有好些的单位是自然的、本来就有的,不是我们所创作的,例如一年一月一日;有好些不是自然的、不是本来就有的,例如一分钟一秒钟。在从前也许自然的单位多,在现在的确是非自然的单位多。非自然的单位之为单位似乎没有问题。自然的单位也许有人以为根本不是单位。这似乎是错误。单位不因其为自然的东西或事体就中止其为单位。只要我们能够利用它以为比率的工具,合乎度量的要求,它就是单位。

2.创作成分。非自然的单位使人一下子就想到创作。非自然的单位的确有创作成分。创作总有那自人作始底意思。非自然的单位总难免那自人(或创作者)作始的意思。可是请注意以下这一句相当麻烦的话:所创作的是一件东西或事体之为单位,而不必是该单位之为东西或事体。一尺那样的棍子是一尺,可以当一尺用,它本没有那用处,它底用处是我们所创作的;它底长度不是我们所创作的,可是,以它那样长的长度为一尺是我们所创作的。我们这里只说一单位之为东西或事体不必是我们所创作的。当然也可以是我们所创作

的。在度量衡底制造厂里，我们可以说是从整块木头里产生一大批的尺。大致说来，愈精巧的单位之为东西或事体，我们底创作成分愈多。但是，就这些东西或事体之为单位说，创作成分同样。这问题以后谈武断成分时再谈，现在就此打住。

3.以坚固和变更少的为宜。单位最好是一件比较坚固的东西。是事体的单位底问题也许麻烦一点，但主旨同样。这问题与经济学书中所谈的关于钱币底问题相似。这是实际问题。我们用以为单位的东西最好能坚固，不然的话，常常更换，既不方便，也不经济。单位最好也不甚变更。所谓概念底单位既无所谓变更，也无所谓坚固与否。有变更问题与坚固问题的，只是那是东西的具体的单位。我们可以说没有不变的东西，是单位的东西也变。求单位之不变似乎办不到，问题似乎只在变底多少及有无秩序而已。以变更多的东西为单位不如以变更少的东西为单位，以变更没有秩序的东西为单位不如以变更有秩序的东西为单位。竹、木、铁、石等等都是随天气的冷热而变的，虽然它们底变的大小不相等。巴黎有白金米达，其所以用白金者，因为它底变更非常之小，以它为标准又可以量到别的东西底变更。

4.易于流行问题。除此之外，单位有易于流行的问题。有好些单位也许没有这问题，有好些的确有这问题。这问题是单位本身底问题也是单位的问题。一尺是那么长，也许那么长的尺不方便。说不方便就是说通行时有阻碍。也许改长一点或改短一点要方便得多。与别的度量制度底单位一致也许方便，也许不方便。以木为尺也许方便，虽然就材料底变更说，也许不如以钢为尺。这一类的问题非常之多，并且大都是常识方面的问题,在这里我们只提及而已。

D.运用单位的方法

1.单位不能离运用方法。度量免不了有运用单位底方法或运用工具底方法。以尺量布所运用的是单位,以寒暑表量温度所运用的是工具。无论所运用的是工具或单位,运用总有方法或方式或标准底问题。单位也可以说是活的,置而不用它就死了,差不多不成其为单位了。活的单位不能与用法分开。就是布店里量一匹布也是就布底沿边成一近乎直线地量下去,不是用尺在布匹上乱比一阵。市上用秤常常发生运用方法问题,买东西与卖东西底利害不同,彼此都有时不守正常的或标准的运用方法。在这种情形之下,结果靠不住。从交易方面说,有利此害彼的情形,从知识方面说,这不遵方式的动作根本不是度量。

2.无分于简单与复杂。运用方法底重要,也许是从复杂的度量方面着想,更为容易明白。试验室中量光的速度是一比较复杂的度量底例子。这度量有意念上的设计,有事实上的安排,所用的工具是非常之精巧的,用工具的人要有高深的知识、有成熟的训练,并且要特别小心,才有相当的结果,不然的话,真是差之毫厘,谬以千里。其所以如此者,当然是因为所设计的所安排的场合,所引用的工具有理论上的要求,有事实上的条件,有运用的方法;度量者只能如此如彼地进行度量,不能随随便便地进行。复杂的度量如此,简单的度量也是如此。复杂的度量所牵扯的情形复杂,简单的度量所牵扯的情形简单,至于需要遵守运用方法,不因复杂与简单而有两样

的标准。别的不说，即以量病人的体温而论，也有比较简单的运用方法，不照此方法而乱用寒暑表，所得的结果不一定表示病人的温度。

3.方法底理。所谓运用方法，就是所运用的单位或工具，及所量底对象，二者之间所牵扯的理。这理当然也是固然的理。寒暑表底理显而易见，主要部分是水银因温度底高低而涨缩。在平衡状态之下，这涨缩是有规矩的。要运用寒暑表就得维持这平衡的状态，让固然的理在近乎标准的条件之下现实。无论度量如何的复杂或简单，它总得遵守单位或工具与对象二者之间底理。复杂的度量所牵扯到的理也许多，简单的度量所牵扯到的理也许少，但是理之须要遵守总是一样。我们说过理是固然的理。说理是固然的理，表示（一）它不是我们所创作的。寒暑表虽是我们所创作的，然而水银和温度的关系不是我们所创作的。（二）它是非遵守不可的。不遵守它，我们不能得我们所要得到的结果。（三）它不是随我们底便的。以后我们要讨论度量的武断问题。这里所说的运用方法底重要，与那一问题有密切关系。

二、时空底度量

A.时底度量

1.川流的时间。这里所谈的时间是川流的时间，是《论道》书中几与数合称为时的时间。川流的时间才是度量底对象。川流的时间老是川流的。要度量它，似乎是不容易的事。好在关于川流的度量，我们幸运得很，有我们所习惯的年、月、日。这里说我们所习惯的年、月、日,因为这样的年、月、日是相对于我们底地点的。在北极情形就不是这样的。据说艾斯奇莫人谈到相当时候以前是没有办法的,我们所习惯的年、月、日而以为非常之自然的,在他们就不能引用。同时他们底文化水准又只有那么高,非自然的单位不容易发明,他们从前谈以往,只好用非常之久,或很久以前,或不久以前,这样的话,他们没有法子说多少月前或多少日前。这情形是否事实,我们不敢说,但是如果我们想象他们所居的地点,这情形也许是有的。无论如何,这样的自然的单位底引用是相对于地点的。有此相当的地点,才有此幸运。

2.时间架子。对于大多数人底地点,自然的单位是可以引用的。在知识论,我们固然不必提到这种偶然的情形,也不必一定不谈到这种偶然的情形。有这样的单位引用,当然是一件幸运的事。普通一点地说,我们不必提到年、月、日,我们只谈到自然的单位就行。自然的单位底引用还是要有数目意念才行。数目有两个用法:一是表示秩序的用法,一是不表示秩序而只注意到多少底用法。在中文,前者加第字,后者不加。以自然的单位或非自然的单位引用到时间上去,而又加上表示秩序的数目字,例如第一天、第二天,或第一点钟或第二点种等等,就成为架子时间的表示。我们可以设立一武断的出发点,例如耶稣诞生或民初底黄帝纪元。从此出发点,加上有秩序的单位,无论往前或往后排列起来,这排列就是事实上我们所引用的时间架子。这架子非常之有用,它有点像图书馆底书架子;任何事体发生,它总在这架子中,有它底时间上的位置,好像任何图书馆底书都在书架子上有它底位置

一样。

3.不是架子的单位底引用。同时自然或非自然的单位有另外一用法，这就是只度量川流而不必牵扯到架子或秩序。上次欧战底前一年或后一年既是单位又是架子或秩序。模糊一点地说，前者是一九一三年，后者是一九一九年。可是"一年"只是一单位，它不过只是那样长的时候而已，它根本无所谓大战之前或大战之后。一年是多么长呢？我们会说十二个月或者三百六十五天。我们知道对于没有经验过所谓或一月一天者，这句话等于一算学公式而已，可是对于曾经经验过月和天的，这句话就有经验上的意义。说一本三十万言的书要一年才能写成，这与纪元前或纪元后毫不相干，与去年明年也不相干。说一件衣服要半月才能做好或某一封信要写两天，这只是以月、日为单位，表示所说的事体底完成，要费那么多的时候而已。这是就自然的单位说的。非自然的单位发明之后，度量底痕迹更显明。从前曾以水池载水，底下留一小洞让水流出去，全池的水流尽就是一时间底单位。从前的人也许会说："某件事体颇费工夫，非流三池水不行。"所谓 Hour glass 也是这一类的单位。这些单位都可以引用，都是度量底单位。但是，它们都没有法子排成秩序，所以与时间架子不相干。就非自然的单位说，要等到钟表发明之后，度量与秩序二者底用处才合一。自然的单位本来就是二者合一的。也许因为如此，这不同的用处需要特别的表示一下。

4.时间架子仍是以度量为本。本章底主题是度量，就度量说(3)条所说的比(2)条重要。单位总是度量底单位。要有这样的单位，我们才能把它排列起来成为秩序。我们要时间架子或秩序，我们也要度量川流的单位。不是度量单位的事体有先后、有始终、有继承，我们可以把它们排列起来，可是，这样的排列并不足以表示时间架子或时间秩序。这样的事体虽有先后、有始终、有继承，然而长短太不一样，我们虽然可以把这些事体排列起来，我们不能在此排列中找出“世之相去”究竟有多少时候。从时间架子说，所要的是单位，或度量底单位，无论该单位是自然的或非自然的。从这一方面说单位底用处，度量比秩序更为重要。在事实上哪个用处在先，哪个在后，我们不敢说，也无须乎有所表示。

B.空间底度量

1.居据底度量。时的度量是川流底度量，空间底度量是居据底度量。最好而又最浅近的例子是游记中的“由某某寺出发，西行三十里达某某山，南行四十里达某某河，沿河西行又三十里达某某庙……”空间底度量所要得的总是居据底距离的长短或远近。居据底距离的远近总是某一居据和另一居据的距离的远近。以上的寺、山、水、庙都是居据，而三十里或四十里都是这些居据之间的距离。空间底度量都是居据底度量。我们不要以为居据底度量不是空间底度量。

2.自然的单位不满意。对于空间底度量，我们没有对于时间底度量那样的幸运。我们没有自然的单位，除非我们把我们自己底脚步当作单位。事实上我们常常用它，但是这一单位赶不上时间方面的自然单位。脚步有大有小，视为单位本身就不成其为标准。手与脚都可以做单位，不满意的理由同样。同时以自己底筋肉动作为度量，以自己底身体底某一部分为单位是非常之自然的事体。在非自然的单位未发现之前，我们只好利用这种办法。这还是从距离小的方面着想，在距离小的方面上，这种办法可以实行。若从距离大的空间着想，这办法根本不适用。对于空间不但没有好的自然单位，而且这不满意的单位底引用也有限制。

3.架子和度量。空间也有空间架子与度量底问题。我们可以由一点出发，向 X、Y、Z 三不同的方向度量下去，以之表示立体的空间。地球上（至少在地图中的地球上），已经有经纬度的划分，这经纬度既表示空间架子，也表示空间底度量。实在的地球上虽然没有划出这样的界线，然而航海的船有表示经纬底工具，结果是等于界线的划分。假如船在海中失事，发出求救底信号，只要船上的人表示他们底经纬度，附近的船不但知道失事的船底所在地，而且知道失事的船离他们有多远。这就表示经纬不但成为空间或居据架子，而且是空间或居据底度量。对于地球，我们可以这样地办，对于宇宙，我们也可以这样办，问题也许复杂得多，然而结果是一样的。

4.二者底引用单位是一样的。架子与居据虽有不同的地方，然而引用单位是一样的，在时间方面我们可以说："那篇文章要写一个月"，也可以说："那篇文章要下月十五才能写完，今日已经是十四了"。我们可以说："从龙头村进城要走二十里路"，也可以说："龙头村离城有二十里路"。里这一单位和一个月那一单位一样，它不仅可以表示距离的度量而且可以表示居据底地点。川流的时间有方向，并且只有一方向。就这一点说，时间底问题也许因此简单一点。居据本身无所谓方向，可是，它可以说至少有三积量，问题也许因此要复杂一点。时间架子似乎是很容易想到的。空间架子不大容易想到。空间底度量和时间底度量一样,似乎是很容易想到的。单位底用处在度量方面比架子方面重要。

C.其他的度量

1.时空度量底基本。时空的度量非常之重要。其他度量大都牵扯到时空底度量,不牵扯到川流底度量,就牵扯到居据底度量。彼此之间那一基本颇难说,也不必研究。现在用的表虽量川流,然而要利用空间居据底度量,表上划出一格一格的空间出来,也就是表示利用居据底度量,以为川流的度量。可是从前的 Hour glass 虽占空间而不牵扯到居据底度量。从空间底度量说,有时牵扯到时间底度量,例如天文学里说的多少光年,有时不牵扯到时间底度量,例如量李庄到昆明底远近。时与空二者底度量虽有时牵扯到彼此,然而不必牵扯到彼此。

2.其余的度量大都牵扯到时空底度量。可是,除最简单的度量,例如量一匹布,不牵扯到时空底度量外,其余的稍微精细一点的度量总难免牵扯到时空底度量。普通量房间温度的寒暑表不牵扯到时间,可是,的确牵扯到空间底度量,寒暑表本身(即工具本身)即须有一格一格的空间表示度数。量体温的寒暑表,除本身牵扯到空间底度量外,尚需时间度量底要求。量一分钟也许不够,量到两分钟或三分钟才能有结果。看护量温度常常要看手表者在此。单位或工具本身常常牵扯到时空底度量,即令引用底方式不牵扯到时空底度量,然而假如所用的单位或工具本身就牵扯到时空底度量,就整个的度

量说，时空的度量仍未能免。时空底度量的基本于此可见。

3.动底度量。动是非常之麻烦的意念，动的东西也是非常之难于应付的东西。量静的东西似乎容易一点，量动的东西似乎就难得多。量动的东西的动本身就非牵扯到时空底度量不可。我们这里所说的是度量，不是比较而已。比较比较地容易。我们可以用动比动而得到快慢感。在钟表未发明以前，我们早就可以彼此赛跑以决定谁快谁慢。可是，在那种情形之下，除非聚世界英雄于一场，我们无法谈世界最高纪录。量动不只是以动比动而已，它非有标准单位不行。假如我们说，某某走路走得很快或者再快没有，这句话也许有根据，在经验上他也许是所向无敌。但是，没有和他走过的人仍然不知道他走路底速度。假如我们说他一点钟走三十里路，情形就不同了。没有看见过这位先生走路的人也知道他走路底速度。其所以如此者当然就是因为后一句话里举出两标准单位，一是一点钟，一是一里路。量动总得要量时间与空间。从这一点说，时空底度量更是显而易见。

4.度量愈复杂牵扯到时空处愈多。简单的度量有好些已经牵扯到时空底度量，复杂的度量更是难免。复杂的度量不仅是工具底引用而且有意念上的设计、事实上的安排。不但工具本身难免牵扯到时空底度量，设计上及安排上也不容易避免时空底度量。在复杂的度量中，工具本身就难免复杂。复杂的工具难免利用间接的单位以为标准，而间接的单位难免利用时空底单应。设计与安排情形同样，大致说来，度量愈复杂，牵扯到时空底度量的地方也愈多。度量的特点是有具体的特殊的接受方式，不仅有意念上的接受方式而已，其结果是就摹状说,度量是比较精细的摹状;就规律说,它也是比较精细的规律。我们已经说过科学离不了度量,而在科学中的度量又大都是精细而又复杂的。在科学中的度量更是离不了时空底度量。本知识论是以常识所谓知识及科学那样的知识为知识的知识论,度量对于这样的知识既如此重要,它对于本知识论当然重要。度量既然重要,时空底度量底重要,更是无法否认。

三、质量问题

A.质与量

1.对于质的不满意感。质在经验上有时很容易分别,有时又似乎很难。红与绿普通叫作质,它们似乎很容易分别,我们也许会说它们的分别大。红与黄情形同样。可是,假如我们让黄深到金黄,同时又让红向橘红底方向改变,我们会有两不同而又不容易分别的颜色,我们会说它们底分别小。质有时分别大,有时分别小。对于分别大的质,我们靠官觉似乎就能够得到很清楚的印象,对于分别小的质,我们难免感觉到模糊。看落霞清楚的感觉固然有,模糊的感觉也有。例子可举的非常之多。就是分别很大的质有时也给我们以一种困难。以上说的红与黄底分别总算显明,然而如果我们把它们彼此之间的居间色按秩序排列起来,在此排列中的红与黄和单独的红与黄就不一样,它们单独地所有的显明的分别可以在此排列中消失。至于由经验中的质而推到致此质的原因,例如看病,问题似乎更复杂。别的不说,本条所举的种种,已经足够表示我们对于质，难免有一种不满意的感觉，我们也许要说："质不客观。"在本条我们不预备讨论这句话有何解释，或说得过去与说不过去，我们只表示我们对于质难免有这样的感觉。

2.对于量底不同的感。我们对于量感觉不同，我们大都觉得它比质"客观"或者"靠得住"。我们有此感觉，此感觉也是有理由的。在本条我们暂不谈理由。单就量说，我们实在没有感觉到与质在客观上，或在靠得住上，有什么不同的地方。假如我们看见一大堆的米，我们也不容易说出多少来，我们也许感觉到多，也许感觉到少。即以另外一堆米来做比较，我们也有对于质所有的同样的问题；如果多少太悬殊，我们当然容易感觉到谁多谁少，如果多少相差不远，我们不容易感觉到谁多谁少。前者相当于质方面底分别显明，后者相当于质方面底分别不显明。相当于红黄底排列，我们也可以把量排列起来，我们也可以把相差很远的量底居间量排列起来，使成一渐次由小到大或由大到小的秩序，在此秩序中，不邻近的量虽可以有很大的分别，而邻近的量就没有多大的分别。结果是单独的量底分别也许很大，而在此排列中的量底分别，我们也许不感觉其大。总而言之，单就量说，我们并不见得真的感觉它比质来得"客观"或"靠得住"。

3.客观感是从度量得来的。可是对于量我们的确有一种客观感或可靠感。这感觉是有理由的或有根据的，虽然这理由或根据不是从量本身得来的。我们的客观感或实在感是从度量得来的。度量了之后的量，的确给我们以实在感或客观感。假如对于上条所说的大小相差不远的两堆米，我们用量米的器具去度量它们,我们也许会发现一堆是一担零五升,另一堆是一担零三升。果然如此,我们会觉得前一堆米多于后一堆米。如果度量底结果和我们的感觉不一致,我们会惊异,可是虽然惊异,然而仍然会说"原来还是这一堆多"。如果度量底结果和我们底感觉一致,我们会说,"究竟这一堆米比那一堆多"。量所给我们底实在感或客观感是从度量得来的而不是量本身所有的。其所以如此者,当然是因为度量本身牵扯到对于官觉者为中立的标准。这标准底引用也靠我们底官感。即以那一担零五升的米而论,第二次量也许只有一担零四升半,第三次量也许又是一担零五升而有余。标准底引用当然逃不了官感,可是虽然如此,而标准底中立性并不因此抹杀。不是量本身比质客观,而是有度量的量,比无度量的质,能够给我们以客观感。这客观感底根据就是单位底中立性。

4.引用度量于质。度量既可以量量,既有中立性,既因此客观,既因此给我们以靠得住的感觉,何以不引用到质上去呢?如果我们能够引用度量于质上去,质岂不同样地也能够给我们以客观或靠得住的感觉吗?在知识不够发达的时候,这办法也许是办不到的。在知识够发达的时候,这办法是行得通的。现在的确有引用度量去形容质的办法。这办法在科学上早已实行。但是这办法引起一套理论。有些人以为我们既能引用度量于质,我们就能够化质为量。另外一班人又在另一方面主张化量为质。对于所谓化量为质,本书用不着谈到,它根本就不是知识论底问题。对于化质为量,以后就要讨论。但是在未讨论这一点之前,我们得表示一下所谓以度量去形容性质。

B.以度量形容性质

1.引用度量于颜色。颜色无疑地是普通所谓性质,也就是本节与量并提的质。是否所有的颜色都可以用度量底方式去形容,我们不敢说,有些颜色的确可以用度量底方式去形容。颜色可以分析成某些条件之下的光线的颤动。光有颤动,颤动底次数有多有少。在我们底官觉上成为某某颜色的,在此分析上可以说是颤动底次数是如何如何的。如此我们在官觉上所得到的颜色,与光的颤动底多少,一一相应起来。颤动底多少当然可以用数目表示。这就是说颜色可以用数目表示。光线的颤动底次数的多少是由度量得来的,这就是说,我们可以用度量底结果去形容颜色。对于好些颜色(也许所有的颜色)这办法已经办到。有此办法以后,我们对于一些颜色,例如所谓红,也许感觉到有一比较地准确的说法。虽然在官觉上我们不因此就得到比较准确的官觉。

2.别的方面的引用。这样的办法现在慢慢地增加。前面已经提到体温。发烧是一状态,但是在发烧者的经验中,它可以说是性质,或从从前的人底眼光看来,它是一性质。可是,现在我们可以把发烧底温度和水银底膨胀一一相应起来,利用水银底膨胀以量温度。现在我们可以说多少度的烧,而不必说,很烧或非常之烧或烧得受不了这样的话。又如房间里的灯有些亮,有些不亮。在可以量亮这一条件之下,我们可以说出几种量光亮底单位,以数目表示光亮底大小,而不必说灯光很亮或非常之亮这一类的话。这样的例子非常之多。现在可以量气压,量温度,量空气底厚薄,量光线底速度,量电流,量力量,量记忆,量情感,有些也许简单,有些也许复杂,无论如何,有好些是以度量底方式或结果去形容质。这方法的确使我们对于质也得到一种客观感。

3.引用底根据。以度量底方式或结果去形容质不止牵扯到普通的度量而已。它还牵扯到一等式(equation)。这等式总是有根据的,它是已经发现的知识。这表示等式的根据总是普遍的共相底关联,而我们能够引用普遍的现象,当然也表示我们有可靠的知识。仍以体温为例,在体温增加这一现象中,多少体温等于水银某程度底膨胀。有好几点可以注意。第一,体温底增加或减少与水银底膨胀有联系。第二,此联系是有规则的,不是乱来的。第三,工具底制造要满足种种条件,才能让以上的情形毫无阻碍地实现。第四,这等式之所表示的情形是分析的、客观的。病人可以在三十七度五的热度之下,比在三十七度六的热度之下,感到更"难过"。但是,这"难过"是一综合的感觉。与水银膨胀相等的不是这综合的感觉,而是单独地提出来的病人底温度。水银底膨胀与别的不相干。

4.要求正常。上条已经说这等式底根据是共相底关联。这一点非常之重要。量体温当然是某时某地的动作,这动作是特殊的,所量的对象也是某人在某时某地的体温,这对象也是特殊的。可是,如果度量只有这特殊的情形,度量底意义完全消灭。以度量底方式或结果去形容性质也就毫无意义了。度量总牵扯到普遍的标准,而此普遍的标准总牵扯到一所谓"正常"。量温度总有所谓正常的体温,三十六度六总是正常的三十六度六。如果一寒暑表上的三十六度六不是正常的三十六度六,那个寒暑表就不能引用。一个人也许是非常的人,也许就一个一个的人说，根本就没有正常的人，然而只要他底体温是三十六度六，他在体温上就是正常的人。也许就一个一个的寒暑表来说根本没有正常的寒暑表（有些也许有刻上去的花纹，有些也许没有等等），然而只要水银底膨胀是正常的，度数是正常的，它就是一正常的寒暑表。要正常的度量才能形容正常的性质。以度量的方式结果去形容性质也就是以普遍的方式去决定所形容的性质的所谓。

C.结果或影响

1.容纳质于度量系统。以度量底方式去形容性质当然有很重要的结果或影响。在这办法实行后的情形之下，所形容的性质也就容纳于度量系统之内。所形容的性质与别的性质及关系底联系，在这办法未引用之前所得不到的，在此办法既行之后，就可以得到了。为此联系底工具的当然就是上段（3）条所说的等式。所谓度量系统是指种种单位、种种工具、种种运用方法，而所谓容纳于度量系统之内就是说能够以度量系统去应付。以前我们曾说过度量系统是整个的、四通八达的、横贯各门科学的。它是应付底工具，也是知识的工具。容纳于度量系统之内的对象也就是能以度量底方法去研究的对象。前此我们也表示过度量是一有中立性的接受方式，以度量底方式或结果去形容的性质也得到这种中立性，因此也给我们以比较的客观感或实在感。

2.不同世界底联系。能以度量引用到光线底颤动，用此度量底方式或结果去形容颜色，当然也就是把颜色容纳于度量光线底系统之中，而研究颜色底学问也就是研究光线底学问的一部分。这不过是以颜色为例而已,其余能以此方式引用的性质,情形同样。我们可以把直接经验中的现象推广到直接经验范围之外。上面已经提到这样的话:“我们底手摆在桌子上,这在表面似乎是简单的事体,其实与手相接触的那一部分的桌子是一大堆的电子往上迎,在桌子的手是一堆的电子往下压。”所谓“手摆在桌子上”是直接经验范围之内的事,而上迎下压的电子并不是直接经验范围之内的事。颜色与光线底情形同样。颜色是直接经验中的事,而光线底颤动的速度不是,它是所谓细微世界的事。我们把世界分而为三:(一)天文世界;(二)直接经验的世界;(三)细微世界。不但(二)与(三)可通,(一)与(二)也可以通。因知识的进步,这三个世界可以联系起来。作它们联系底工具之一的,就是以度量底方式或结果去形容性质这办法。

3.使经验上脱节的在理论上打成一片。这一点在科学上非常之重要。科学日精月细底结果常常使对象与内容脱节。有些对象是日常生活中的现象,在日常生活中我们对于它有一套相当的反应,一套相当的实在感。科学发达之后,它底内容所描写的现象和在日常生活中所经验的脱节。在引用度量底方式或结果于性质这一办法实行之后,我们会习惯于这办法实行后所得到的联系。习惯于这联系之后,不但经验中的比较模糊的现象得到一种比较精确的理解,而且细微世界的现象也得到一种实在感。病菌学说,对于有相当教育的人,已经是习惯了的学说,这些人不但可以用病菌去理解病况,而且可以把病况所有的实在感转移到病菌上去。后者也许比较地困难。年老的中国人在理论上也许接受病菌学说,而在习惯

上也许感觉不到病菌底实在。直接经验的世界与细微世界底沟通愈多，这习惯愈容易形成，而非直接的经验底范围也因此推广。

D.无所谓化质为量

1.化质为量底说法。有人以为以度量底方式或结果去形容性质就是所谓化质为量。所谓化质为量究竟有如何的说法，我们没有十分想过。持此说的人也许只求表示 B、C 两段之所说而已。果然如此，我们当然也承认所谓化质为量。可是，有另外的说法是我们所不能承认的。一说是说质被量化掉了或淘汰了。这一说如此表示也许是说得过分一点，如此说法，也许根本就没有持此说的人。间接地表示这思想似乎是有的，相信所有一切都是数目的人无形之中也许持此说。另一说是质既化为量，则质所有的麻烦问题都没有了。我们对于质有那不实在、不客观感，而量有实在感或客观感。既然质化为量，质的麻烦问题就免除了。持后说的人也许比较地多一点。如果所谓化质为量不只是以 B、C 两段所说，而是本条所说的二者之一，我们都不赞成。本段所谓无所谓化质为量就是否认本条所提出的说法。

2.对于质的感觉未改变。请注意以上 B、C 两段所说的。如果那说法靠得住，量与质底联系是共相底关联，它是分析的、普遍的、抽象的，不是综合的、特殊的、具体的。它是分析地相等，不是综合地相同，是抽象地相通，不是具体地一样。根据这一点，我们可以说，我们虽引用度量于性质，而官觉上的情形没有改变。联系既是分析的，形容质的量不能综合地、特殊地、具体地，代替所形容的官觉中所觉的质。三十九度的烧不就是某某在病中所经验的“烧得难过”，虽然量起来，它是三十九度。某某在病中所感觉的“烧得难过”是一种综合的综错杂呈的感觉，而不只是三十九度的烧而已。假如病人底病是流行感冒，他也许感觉到头痛，四肢无力等等；他不能把这许多的感觉和烧的感觉分开，虽然他也许可以说这样的话：“要是头不痛，也许好过一点儿。”另外一病人也许同样地有三十九度的烧，然而他底感觉不见得与前一病人一样。所谓三十九度的烧只就烧说而已，它不就是有此烧度的病人所有的综合的感觉。

3.联系只是共相底关联。质与量在度量之下的联系是共相底关联。共相底关联决不只是所与或呈现中的形形色色、这这那那。我们虽然说所与或呈现显示共相底关联，然而它们本身也不只是共相底关联而已。有的时候质与量在度量之下的联系虽是共相底关联，然而这联系的两端都显示在所与或呈现之中。以上所说的烧得难过，和寒暑表上的三十九度，都显示在所与或呈现之中。病人不但感觉到烧得难过，而且可以看见寒暑表上的三十九度。但是，有的时候情形虽如此，有的时候情形不是如此的。有的时候质与量在度量之下的联系只是共相底关联而已，此关联没有所与或呈现中的显示，因为此联系底两端之中只有一端在所与或呈现中。假如我们不谈三十九度的烧而说烧是许多的病菌和白血球打仗，那么病人只感觉到烧得难过而已，他感觉不到、官觉不到、经验不到病菌和白血球打仗。在此情形下，这联系只是共相底关联而不是所与或呈现中的特殊的关系。

4.没有(1)条所说的化质为量。照以上的说法,我们虽有以量形容质的办法,然而的确没有(1)条所说的化质为量的结果。就(1)条所说的第一说法说,量虽形容质,而质没有化掉。我们尽可以寒暑表量温度,烧不因此就退,原来所有的难过的感觉也不因此就去掉了。就(1)条所说的第二说法说,质底问题如果原来本是麻烦的,依然麻烦。不容易分别的性质依然不容易分别。我们虽可以利用度量以光线底颤动底速度去形容颜色,然而在我们的官觉中,我们仍只看见颜色,而看不见光线底颤动底速度,也看不见数目。既然如此,原来在官觉中不容易分别的颜色,不因为光线颤动底速度底差别而变为容易分别了。如果原来不容易分别的颜色在官觉上给我们以麻烦的问题。这麻烦的问题依然保存。以度量底方式或结果去形容质这一办法底影响,只是C段所述的各点而已,根本没有(1)条所说的那样的化质为量。至化质为量尚有别的说法与否,我们不必提到。

四、度量底精确问题

A.度量底中立与客观

1.中立性。上面已经谈到度量底客观性。所谓客观也是前所讨论的客观,详见第一章。最初所求于度量的是中立性。中立性不一定是客观性。中立性虽不必是客观性,而客观性总有中立性。求中立很容易成为求客观。如果我们从引用度量底目的着想,我们很容易想到所求于度量的是中立性。一种目的是生活方面的便利,一种是知识上的可靠。前一目的在历史上也许在前，也是大多数人所以引用度量的目的。生活上的便利一大部分是交换上的便利。为求交换上有便利显而易见需要度量，并且所需要的是度量中的中立性。贸易总有两方面，总有两方面的官觉者。两方面的官觉者底官觉也许不一致，因为利害不同更不容易一致。与其找中立人不如找中立标准。度量底引用就可以供给这中立的标准。

2.对于多数感觉者中立性更是重要。在三节A段，我们已经表示，单就量而言，我们官觉到量和质，我们同样地感觉到靠不住。一官觉者有此问题，两官觉者更是免不了有此问题。如果这两官觉者是彼此交换底对方，他们的利害也许有冲突、彼此更靠不住彼此底官觉，在官觉者各非其非、各是其是底情形下，假如没有中立者或具中立性的标准，交换会失败。交换不必牵扯到量，不必以量为标准，然而大都不免牵扯到量。即以璧换城也牵扯到量。璧与城虽牵扯到量，然而它们底量不至于给我们以困难。量有时给我们以靠不住的感觉，我们已经表示过，不加度量的量和质有同样的情形。不引用度量的量仍然从直接的官觉得来，假如直接的官觉有靠不住的问题，对于量的官觉也有这问题。不同的官觉者对于量的官觉依然要求有中立性的标准。

3.中立性不是知识所要求的。这种具中立性的标准是实际生活所要求的，不是知识之所要求的。严格地说，具中立性的标准不一定是可靠的。它是交换者或官觉者之间要求得到彼此底同意的工具，原来不同意的官觉者或交换者，可以借有中立性的标准，以得到同意，以成交换。对于有中立性的标准所要求的不是量方面底正确表示。假如各交换者各用自己的

度量单位，连这中立性都不容易办到。在事实上各用各的单位也是常有的事。实际生活所需要的中立性不一定就是知识所需要的。知识所需要的是有客观性的中立性。求知者对于所官觉的量所要求的是究竟多少。究竟多少总离不了客观的多少。客观是类观。这就是说，如果我们引用我们所共同承认的单位，所共同承认的引用方法，我们所得的不得不如此或不得不如彼的多少就是客观的多少。显而易见，求知者所要求的中立性，是有这样的客观性的中立性。度量不止于借给我们以中立性而已而且可以给我们以客观性。中立性底问题比较地简单，客观性的问题比较底复杂。客观问题牵扯到准确问题。

B.度量底准确

1.准确与精切。我们先介绍两名称：一是准确，一是精切。度量有两方面的问题，一是度量动作合乎标准与否的问题，一是度量底结果和所度量的对象是否完全符合的问题。前者是准确与否底问题，后者是精切与否底问题。精切底标准是符合。精切底极限是完全符合。完全符合也许是办不到的。我们可以把接近完全符合的为程度高的符合，不接近的为程度低的符合。如此精切有程度问题。度量可以非常之精切，也可以不甚精切。准确不是结果和对象的符合方面的问题，而是度量本身上的问题。准确的度量是典型化的度量，准确的度量结果是典型化的度量底结果。所谓典型化的度量是有正常的单位，运用正常的方法而没有错误的度量。典型化的度量所得的结果就是准确的结果。简单地说，精切是度量与对象两方面的符合,而准确是度量本身底正常。这二者底关系,以后再谈,现在我们只注意到它们底分别而已。

2.准确的度量。我们先论准确。假如我们量一匹布,小心谨慎地量、遵守方式地量,结果也许是三十尺零一寸。假如我们再量一次,同样地小心谨慎,同样地遵守方式,结果也许是三十尺零半寸。照以上所说的用字方式,这两次的度量不能同样地精切,然而我们可以说它们同样地准确。假如我们不但量两次而且量好几次,并且都小心谨慎地遵守方式地量,结果也许是三十尺零一寸、三十尺零半寸、二十九尺零八寸、三十尺零一寸、三十尺等等。我们也许要说这匹布三十尺长。说它三十尺长只表示它不短于二十九尺九寸也不长于三十尺零一寸而已。照这个说法,说那匹布三十尺长并不表示它究竟是否那么长,只表示它的长度在二十九尺九寸与三十尺零一寸之间而已。如果我们用更精细的工具,更没有出入的量法,更小心地量下去,我们也许说这匹布三十尺零一分长,而说它三十尺零一分长,并不表示它究竟是否那么长,只是说它底长度在三十尺与三十尺零二分之间而已。如果我们有方法表示我们底度量没有毛病,度量底结果是准确的结果。也许表示度量没有毛病底方法是相当难找的,也许我们要用别的度量去表示原来的度量没有毛病。如此说来,有无毛病的标准本身仍是度量问题,而其结果就是独立的标准谈不到。这一方面的困难,我们现在不预备讨论。

3.准确不够,还要精切。这样的准确没有完全符合底问题,可是有比较地接近完全符合底问题。它虽然没有精切底极限是否达到底问题,然而仍有比较地精切或比较地不精切

底问题。头一点我们要注意的，是准确这一标准不够，我们还要精切这一标准。没有精切这一标准，准确只是动作之合乎条件法则而已。它只是动作者或度量者这一方面或单方面的问题，在理论上它不一定表示所度量的对象如何。可是度量的确要表示对象如何，度量底意义就在表示对象如何。第二点我们应当注意的，所量的对象非有某一定的情形不可。所谓某一定的情形就是某某长度，或某某宽度，或某某重量等等。度量底意义就是要表示这种一定的情形，度量底结果要接近这种一定的情形。即以上面所说的那匹布而说，它也许是三十尺长，也许是三十尺零一分长，也许是三十尺零半分长。它不能三者都是，虽然它可以三者都不是。假如它三者都不是，它仍然有某一定的长度。我们也许不知道某一定的长度如何地长，可是如果我们不承认有此某一定的长度，度量根本没有意义。即令我们底度量正常，我们只能说我们底动作没有错误而已，我们不能说度量底结果表示所量的东西底情形如何。我们可以回到那匹布上去。假如那匹布没有一定的长度，我们只能表示我们好几次的度量都正常，也能说度量底结果准确，可是，没有法子说那匹布三十尺长。要能说那一匹布三十尺长，就得承认它有某一定的长度，而正常的度量底结果接近此长度。

4.所谓“一定的量”。以上“一定”两字不妥，它们会引起误会。我们想不到别的好字眼，我们只能把可能的误会提出解释。“一定”两字会给人们以“不变”底印象。有些读者看见“一定的长度”几个字之后，会发生这样的疑问，会说“难道东西的长短、宽窄、轻重……都不变吗”？其实所谓某一定的情形和变与不变这一问题毫不相干。所谓一定是相对于度量而说的,说对象有某一定的情形就是说对象不受度量底影响,它不因度量而加长或因度量而减轻。我们可以利用类似外在关系底理论,表示度量与所度量的对象底关系,是彼此相互外在的。对象底量尽可以变。上条所说的那一匹布也许未洗之前长,既洗之后短,夏天里长,冬天里短,伸直的时候长,卷起来的时候短。它底长短可以改变。可是,我们虽然承认它底长短可以改变;然而我们仍不能不承认,我们所以能说那匹布底长短可以改变,就是因为我们承认有某一定的情形。那匹布在未洗之前要有一定的长度,才能够因洗而变短,要在冬天里有一定的长度,它才能在夏天里变长,要在夏天有一定的长度,在冬天里才能变短。第三点我们要注意的,就是度量不改变所量的对象。这句话当然笼统。稍微精细一点地说,我们应该说,度量不能无法则地更改所量的对象。如果度量改变对象,可是有法则地改变(假如量体温底动作无论何时何地都增加病人底温度一度,度量仍可以照常进行),则我们所要求的情形仍然达到。这一方面所牵扯的问题多,但是,在这里我们不必一一讨论。

5.非假设此一定的情形不可。此种一定的情形从另外一方面看来也非假设不可。有时我们怕一次的度量靠不住,因此作数次的度量,而以数次度量的平均结果为结果,例如(2)条所云。在(2)条我们曾假设度量底结果如下:三十尺零一寸、三十尺零半寸、二十九尺零八寸、三十尺零一寸、三十尺等等,也许我们的平均是三十尺零一寸,我们说那匹布是三十尺零一寸。假如我们几次度量之中有一次底结果是二十九尺,我们也许会把这一次的度量撇开。我们所以能如此办法者，从度量这一方面着想，也许我们说这一次的度量不正常。说这句话底理由大致是它的结果离平均的结果太远。所谓平均的结果是多数次度量底平均结果，它表示多数度量底趋势，而多数度量底共同的趋势比一次度量底结果靠得住些。我们可以利用这趋势以为标准，把离此标准太远的度量撇开，说它不正常。可是在这多数次度量之中，每一次的度量都不能作标准，何以联合起来的趋势又能作标准呢？单独地说，只要度量者没有感觉到不正常，每一次的度量和另一次的度量都同样地正常，何以对于结果离平均太远的度量，我们又说它不正常呢？这问题发生之后，在理论上，我们不能不承认离平均愈近的度量愈正常，其结果愈准确。在这句话上打住而不往下再寻求理由的人们会以这么一句话为原则（方法上的原则）。不谈究竟的人们会在这原则上打住，说他们在这原则上打住，就是说他们不再寻求这一原则底理论上的根据。可是我们的确可以问何以离平均结果愈近的结果也愈准确呢？如果发生这一问题，我们只能说，平均的结果最接近对象或对象底某种一定的情形。这当然就是说平均的结果之所以准确，因为它比较地精切。这是我们要注意的第四点。

6.精确底程度底高低问题。精确（精切与准确合一）有程度问题。大致说来，我们所承认的度量底工具愈精细、运用的方法愈严密、度量者底训练愈高明，精确底程度愈高。反过来，工具愈粗、运用的方法愈含糊、度量者底训练愈幼稚，精确底程度愈低。照此说法，精确底程度不是和度量正常与否相联系的。在（2）条我们已经设有两套度量，每一套每一次的度量都是正常的。可是一套底工具比较地粗疏，另一套的工具比较地精细，一套的方法比较地含糊，另一套的方法比较地严密。这两套度量底分别不在正常与否，而在严密与含糊、精细与粗疏。假如粗疏度量的结果，一匹布是三十尺，而比较精细的度量底结果是三十尺零一分，我们也要说后一结果比较地精确。可是我们何以能如此说呢？照(2)条底说法，说一匹布三十尺长，我们实在只表示它不短于二十九尺九寸，也不长于三十尺零一寸。同样地说法，说一匹布三十尺零一分长，我们实在只表示它不短于三十尺零九厘，也不长于三十尺零一分一厘，前者底分别大，后者底分别小。前者两极端之间有量的居间数多，后者两极端之间有量的居间数少。前者两端底距离宽，后者两端底距离窄。可是为什么我们可以说后者比较地精确？二者都是正常的，所以也都是准确的。如果我们发生这样的问题我们又免不了回到精切上去。程度底高低实在是精切问题。显而易见，距离宽的和距离窄的同样地准确，因为对象底长度都在这两套不同的两端之间。可是它们不同样地精切，距离窄的两端把对象底长度夹在相差比较地小的数目之间，所以比较地精切。所谓精确不只是准确而已，而且是精切。本节底题目是度量的精确，而照我们的说法，精确有两成分，一是准确，一是精切。

7.求精确有绕圈子的情形。上面说精确底程度有高低，程度底高低靠工具底精细与否、方法的严密与否。这二者都需要标准。标准底引用在实际上是绕圈子的。木尺底长度也许很有出入，也许有张家尺长李家尺短底问题。对于这样的问题，也许我们可以承认一标准木尺以为标准，而决定张李之间那一根尺比较地合乎标准。这一方面的问题是生活上的问题。标准木尺本身也有问题，它也许变更它的长度，也许我们要知道它底变更多少。如果如此，我们也许要利用银尺以为标准，看那根木尺的变更多少。银尺本身也有变更问题，我们也许要利用金尺以为标准，看银尺底变更有多少。由此类推，我们也许利用白金尺与光线底浪波。可是，到了白金和光线底浪波，我们也许要回头，又回到金尺、银尺、木尺上面去。实际上我们要知道一标准单位靠得住与否，我们只有这绕圈子的办法。这绕圈子底办法在理论上相当的麻烦，最初使人想到的是标准既要回头，我们没有一至当不移的根据以为理论上底出发点。其实圈子虽绕而我们并不因此就回到原来的地方。所绕的圈子不是面上的圆圈而是螺旋式的往上升的圈子。每一圈的过程增加精细严密底程度，不过增加底速度不是同等的速度而已。有一点我们得承认：理想的精细严密或绝对的精细严密不仅在实际上达不到，即在理论上也只是极限。虽然如此，在实际上这圈子绕的非常之有用。我们绕了这么的圈子，度量工具的确因此要精细的多，方法的确要严密的多，而这二者的确可增加度量底精确程度。事实上度量底精确程度比两百年或一百年前高得多。

C.武断成分

1.度量中的武断成分。实际上的度量达不到理想上的精切。这情形许多人认为是度量底不满处。其实这是一普遍的情形之下的情形。我们对于这普遍的情形不愿有所论列。度量确有这样的情形。也许有人以为度量之所以有这情形是因为度量本身是武断的。我们要表示度量虽有武断成分，然而度量不因此就武断。假如度量根本不武断，则度量底精切不能达到理想的或绝对的精切程度，理由和武断成分之有无不相干。本段论度量中的武断成分。度量中的确有武断成分。自然没有尺寸也没有斤两。这些都是我们所介绍的。简单的单位如此，复杂的单位也难免如此。同时尺有所短，寸有所长。就尺有所短说，我们也许觉得尺不应该那么短。其余的单位都有类似的问题。这类问题，都不免使人感觉到度量中有武断成分。尺不必那么长，斤也不必那么重。除约定俗成底理由外，我们似乎找不着别的理由表示尺非那么长不可，或斤非那么重不可。

2.自然的单位底便利处。上面已经说过，自然界没有本来的尺寸斤两。尺寸斤两都是前此所说的非自然的单位。自然的单位的确有一种便利处或好处。十个梨绝对地是十个梨，不多不少；从精切着想，十个梨绝对地精切，既然数得不错，也绝对地准确。十天的情形就稍微差一点，因为头一天底开始和最后一天底终了，发生准确与精切底问题。但是十天也有点像十个梨。自然的单位跟着自然跑，只要我们数得不错，它没有上段(3)条、(6)条底问题。说桌子上有十个梨，而这句话果然是真的，它决不至于等于说桌子上有9.9与10.1之间的梨。以个体为单位，我们感觉到一种至当不移的情形。只要我们数得不错，结果如何，量底多少也就直截了当地那样。我们当然有另一种不清楚的问题，例如数天上的星多少或数头上的头发多少，或请一不识柳树的人数院子里的柳树多少，但是这种含糊的情形和我们底本题不相干。这只表示

或者我们数不下去，或者即令我们数得下去，而我们大概会有错误而已，它只表示精切的结果难得，而不表示精切有程度的问题。

3.非自然的单位底武断成分。度量中的非自然的单位才有上段(3)、(6)两条所说的情形。说一匹布是三十尺，我们实是说它不短于二十九尺九寸，也不长于三十尺零一寸；布底长度在这两长度之间。非自然的单位也有它的好处或便利处。街上卖梨的人情愿论斤出卖而不愿论个出卖。假如论个出卖，大的好的一下子就卖完，而小的坏的卖不出去。非自然的单位虽有此好处，然而逃不了以上所说的含糊的情形。这含糊的情形，使人想到这种单位底不自然，或这种单位底武断成分。自然界本来没有尺寸斤两，以尺寸斤两为单位总有武断的地方。这些单位有点像语言文字或符号。就历史说，语言文字当然有它们底来踪去迹，可是我们的确找不出别的理由去表示它非那样不可。如果我们不谈语言文字而谈符号，我们也许容易感觉符号底引用是武断的。度量中的非自然的单位是我们引用的，我们引用它们没有自然界本身的理由，只有我们历史风俗习惯方面的理由，而从自然界底现象着想总免不了武断成分。

4.定某某为单位底武断。这里所谓武断成分不是单位既定之后的问题，也不是单位未定之前的问题，而是定底问题。只有定某单位为单位才有武断成分。单位既定之后，约已定、俗已成，引用单位并没有什么武断。未定之前，“尺”只是那么长的长度，“斤”只是那么重的重量而已，也无所谓武断成分。也许有人会说，未定尺以为标准单位之前，无所谓尺，也没有尺那样长的长度,未定斤以为标准单位之前,无所谓斤,也没有斤那样重的重量。我们的意思是,未定尺以为单位之前,仍有尺那样长的长度,未定斤以为单位之前,仍有斤那样重的重量。这一点非常之重要,以后也许还要提到。无论如何,尺那样的长度虽有,然而那样的长度不必是一"尺",斤那样的重量虽有,然而那样的重量不必是一"斤"。定那样长的长度为一尺有武断成分,定那样重的重量为一斤也有武断成分。

D.度量不武断

1.用单位不武断。定单位,即以某某为单位,例如斤尺磅码,虽有武断成分,而度量不因此就武断。度量虽免不了要单位,然而不就是单位。别的暂且不说,定单位虽武断,用单位不因此也就武断。即以上面所说的量布而论,以尺那样长的长度为一尺虽有武断成分,而用尺去量布底量法(即以布底边沿成直线式地量下去),并没有武断成分。我们所要因度量而得到的既然是布底长度,我们当然就长底方面去量。如果我们从一匹布底中心去量,我们底动作相当的不方便,为方便起见,我们从一匹布底边沿量下去。如果我们不沿一直线量下去,而沿一曲线量下去,我们所得的结果会彼此相差到一非常之大的程度。曲线底曲度太没有标准,而沿边的直线有布匹本身底边沿以为标准。可见以尺那样长的长度为标准单位虽有武断成分,而运用尺的方法并不武断。量体温情形同样,华氏和摄氏底度数不同,就彼此底单位说,它们既可以不同,当然没有至当不移的理由非那样不可,可是,单位虽不同

而运用底方法不因单位的不同而有差别。至少从运用底方法说，定单位虽有武断成分，而度量不因此就武断。

2.以某长度为尺虽有武断成分而该长度无所谓武断成分。我们这里所谈的单位有两方面。即以尺而论，一方面是尺底所谓，十寸为尺的尺，或一丈底十分之一为尺的尺；另一方面是代表一尺的那根竹棍或木板。在度量我们不仅是以意念（即前一方面的尺的所谓）去接受所与，而且是把一具体的东西（即后一方面的竹棍或木板）与所要量的东西作具体的比较。照着后一方面的结果如何，我们在前一方面也就如何地去接受所与，此所以量布的结果（也许是平均结果）是三十尺，我们说那匹布三十尺长。定那样长的长度为一尺虽有武断成分，而那样长的长度没有武断成分，或根本无所谓武断成分。所以那根竹棍或木板无所谓武断或不武断，而它与那匹布的长度底比率也无所谓武断。那根竹棍或木板虽然是尺，然而也是所与，就它为所与说，它与布同样的是所与；那根竹棍或木板虽然是尺，然而也是东西，就它是东西说，它与布同样的是东西；它与布底比率也是所与或东西底关系。以那根竹棍或木板底长度为尺虽有武断成分，而它与布底比率无所谓武断成分。度量所要得的是这比率，这比率是度量底中坚成分，这比率不武断，度量也不武断。

3.用单位底方法的根据。运用单位或工具底方法大部分是根据自然律的。引用寒暑表底方法就是遵守自然律的。病人吃过饭后不马上就量体温，因为吃饭之后体温增加，这时的体温不能代表病人底体温。仅仅量了半分钟的寒暑表底度数不能代表病人底体温，因为寒暑表本来是凉的，要克服它本身底凉度非有相当的时间不行,半分钟也许不够。寒暑表本身之所以能为量温度底工具就靠水银底膨胀和温度底高低有那一一相应的情形,而这情形也是遵守自然律的。至于量电光底大小,量自来水底多少,量光的速度等等都有同样的情形。说运用单位的方法大部分是要遵守自然律的,就是说这些方法不是我们所能随便选择的,即有选择,我们底选择也不是自由的。这也就是说,运用方法大部分不是武断的。而不武断底理由是因为它们大部分是遵守自然律的。

4.不以精切底极限为目标度量不至于不满意。以上已经够表示度量不武断。度量的结果虽有 B 段(3)、(6)两条所说的情形,而此情形并不是因为度量武断。度量根本就不武断。可是 B 段(3)、(6)两条所说的情形给我们以不满意的感觉。这不满意底感觉的根源,我们也许这样地表示:度量底结果也许准确而不精切。假如量一匹布底结果是三十尺,而照以上的说法,这等于说这匹布不短于二十九尺九寸,也不长于三十尺零一寸,但是该匹布究竟有多么长呢? 也许它恰恰是三十尺长,但是,它也许不是。如果它不是三十尺的话,我们会感觉到虽然它不是三十尺,而照度量我们应该说它是三十尺,这就给我们以武断的感觉。其实这是以精切的极限为目标而得来的感觉。不以此达不到的极限为目标,我们不会有此感觉。不以精切的极限为目标,我们不会盼望度量底结果和布匹底长度完全符合。我们只盼望前者接近后者而已。如果我们只盼望前者接近后者,我们不会有那不满意的感觉。同时意念与对象不完全符合这一现象不限于度量,任何意念都有同样的问题。“四方”这一意念如彼,当前的所与所呈现的四方是

否与意念完全符合，我们也没有法子决定。意念上的相等是有传递质的，而官觉上所感觉的相等不必是有传递质的或没有传递质的；在意念上假如 A＝B、B＝C、C＝D，……X＝Y、Y＝Z，则 A＝Z，而在官觉上，在同样的情形之下，A 也许不等于 Z。其所以如此者，当然是因为官觉上的相等只是差不多的相等而已，我们没有法子决定官觉上的相等和意念上的相等完全符合。可是，我们既不以精切的极限为目标，我们不盼望官觉上的四方与四方底定义完全符合，也不盼望官觉上的相等和意念上的相等完全符合。以精切底极限为目标，度量当然不满意，不以精切底极限为目标，我们不至于有不满意底感觉。这情形是普有的情形，不限于度量，而度量之有这情形并不是表示度量武断。我们底意见以为度量根本不武断。

五、约俗学说底理论

A.问　题

1.约定俗成成分。对于度量有一看法，我们现在译为约俗学说，这就是英文所说的 Conventionalism。我们译为约俗学说无非是表示约定俗成底意义。度量之有约定俗成底成分毫无问题。上节所论的武断成分也就是约定俗成底成分。我们既然承认定尺那样长的长度，或斤那样重的重量，以为单位，有武断成分，我们也就是承认，没有固然的理由，非引用这样的单位不可。引用的理由只是历史风俗习惯上的理由，这当然就是说，引用这样的单位有约定俗成的成分。假如所谓约俗学说就在这一点上打住，我们根本不必提出讨论，以上的讨论已经够表示我们底意见。约俗学说不止于要求我们承认这一点而已，它还要求我们承认离开度量根本无所谓宽长厚，不止于无所谓多少尺长、多少尺宽、多少寸厚而已。离开以尺寸为单位的度量，的确无所谓几尺长、几尺宽、几寸厚，这我们当然承认；可是问题是，离开度量，是否也无所谓宽、长、厚呢？

2.从前的笔墨官司。问题的发生似乎还曾经有一次笔墨官司。有一位先生，似乎是罗素，说了一句这样的话："伦敦到多维底距离比伦敦到巴黎底距离短"，或类似这样的话。在这位先生，这也许是一句非常之平凡的话，以为假如一个人由伦敦旅行到巴黎经过多维时，他只走了一小半路底光景。话虽平凡，然而这是一实在主义者无形之中所说的话。无论说这话的人在当时想起这话所引起或所能引起的困难与否，在常识上和实在主义者底立场上，这样的话是可以说的。本书认为常识虽可以批评，虽有时非批评不可，然而常识不能抹杀，批评常识仍得以常识为出发点。照常识说，这样一句话也许有意义不清楚底毛病，然而不是根本不能说的话。可是，这样的话是约俗主义者所不能承认的话。

3.约俗学说底说法。卜荫加雷是一约俗主义者，他对于以上的话当然不赞成。他是以上所说的笔墨官司的主角。他究竟如何说法，我不知道。无论如何，他底主要点是说，离开度量无所谓长短。这一方面的议论不是无中生有，它有它底理论。即以北平到徐州和北平到南京而论，究竟距离哪一近哪一远呢？从常识着想，这问题似乎太幼稚，我们会说，当然是北平到南京比北平到徐州底距离长。可是显而易见，这说

法不是没有条件的说法。头一点要注意的是方向。假如我们底方向不是由北到南，而是先向北经北极而冲过西半球，然后经南极而回到东半球，再由南向北，我们会感觉到由北平到南京比由北平到徐州距离近。第二是行动的路线，这可以说是第一点底一部分的问题。假如我们不单从方向着想而且从路线着想，以上的问题也就不那么简单。我们可以由北平先到汉口，由汉口到南京，然后再由南京到徐州，果然如此，徐州离北平比南京远。第三是地形，假如山东一带全是高山峻岭，上下起伏，则由北平遵海而南到南京比由北平直达徐州为近也是可能的。这类的理由不必再举，以上所举的已经足够表示距离底远近不是简单的事，它相对于许多的条件。可是，这一套理论和说离开度量无所谓长短、轻重等等是两件事。约俗主义者不仅说长短、轻重等等是相对的，而且说它们是不能离开度量的。

4.本节底问题：离开度量有没有长短、轻重等等。说离开度量无所谓长短、轻重不只是说任何单独的东西无所谓长短、轻重等等。假如宇宙间只有一件东西，这东西的确没有长短、轻重等等，因为显而易见所谓长短、轻重等等都是靠关系来形成的，而在宇宙间只有一件东西这一条件之下，根本没有多数东西底关系。说离开度量无所谓长短、轻重等等，照我们底说法，也不只是说离开度量我们没有精确的知识，所以我们不知长短、轻重等等。长短、轻重等等是一件事，而我们知道长短、轻重等等又是一件事。本节底问题就是约俗主义者的主张，我们要讨论的就是离开度量有没有长短、轻重等等。

B.这问题与手术论

1.相应于一意念或概念的手术。手术论,在论时空那一章已经提出过。在那一章我们没有从详讨论手术论,在本段我们也不预备作详细的讨论。我们只提出约俗学说和手术论底关系而已。约俗主义的推广或延长就是手术论,而手术论底主旨也就是约俗主义底根据。手术论底主旨就是说每一意念是一套相当的手术。照这说法,没有相当手术的当然就不是意念或概念。在日常生活中,没有相当的手术的意念非常之多,在科学,特别是在物理学,有相当的手术的意念也许不少。度量底动作也是手术,而一部分的意念,有度量方面的动作,以为它们相当的手术。照此说法,所谓长短、轻重等等不但有相当的手术,而且是某某套相应的手术。没有相应的手术的,根本不成其为意念或概念;没有相应的度量方面的动作的也不是度量方面的意念。这就是说,离开度量无所谓长短、轻重等。

2.长短、轻重概念有相应的度量上的手术。就度量说,所引用的单位也许不同,所运用的方法也许彼此互异,根据上面的说法,手术也不同;手术既不同,相当于这些不同的手术的意念也不同,即令我们表示这些意念底名词也许一样。Bridgman 教授曾说过这样的话:以某种器具底引用而推算出来的长度和以尺量出来的长度是两种不同的长度,因为所引用的手术是两种不同的手术。相当于两种不同的手术的是不同的意念,所以说一件东西多么长,其所谓长要看手术如何。也许说一件东西多么长是一套手术,说另一件东西多么长是另一套手术。既然如此,则对于前一东西的所谓长和对于后一东

西底所谓长是两不同的意念,虽然我们都用“长”字表示。我们也许要问这两不同的意念是否有共同的地方。在不持手术论的人们,答案大约是肯定的,他们会说手术虽不同而所谓长是一样的,不同点只在度量上的手术而已。在持手术论的人们,答案一定是否定的,他们会说,两套不同的手术既然没有共同的手术,当然没有共同的意念。两不同的手术只是两不同的意念而已。

3.手术论之下的约俗学说。在接受手术论底条件之下,不同的手术是不同的意念;既然如此,不仅离开度量无所谓长短、轻重等等,离开某某度量制度也无所谓与此制度相应的意念。前者已经提到度量所引用的单位或工具可以不同,所运用的方法也可以彼此互异,这就是说,有不同制度的度量。不同制度的度量总难免牵扯到不同的动作或不同的手术。这就是说,相当于不同的度量制度的长短、轻重等等的意念也是不同的意念。照此说法,当然是离开某某度量制度即无所谓相当于该度量制度的长短、轻重,不止于说离开度量无所谓长短、轻重而已。约俗主义者大约免不了是手术论者,在理论上它似乎应该是手术论者;他的主张不仅是说离开度量,而且是说离开度量某某制度,即无所谓某某所谓长短、轻重等等。照此说法,伦敦到多维和伦敦到巴黎孰短孰长,当然要靠度量,而离开度量,它们本身无所谓长短了。

C.度量底根据

1.度量和别的接受方式底不同。说一匹布三十尺长的确牵扯到尺,而自然界无所谓尺。可是我们已经表示过好几次,度量虽是一接受方式而与寻常的接受方式不一样。寻常的接受方式只是意念,而意念底引用是直接的,没有工具以为媒介的。度量中的意念底引用不是这样直接的。度量中有单位意念例如一尺一寸,一天一年。就意念说,我们是以所谓一尺、所谓一寸、所谓一天、所谓一年,去接受所与。单位有自然与非自然底分别,单位意念也有。非自然的单位有武断成分,非自然的单位意念,例如所谓尺、所谓寸,也有武断成分。以有武断成分的意念去接受所与,这接受似乎也有武断成分。假如度量是寻常的接受方式,我们似乎不能不承认这一点。对于别的意念,我们说它们是得自所与还治所与的工具。对于度量上的单位意念,我们不太容易说它们是得自所与。它们是还治所与的工具,然而还治底历程不是直接的。对于别的意念,例如对于树意念或桌子意念,我们也许会说前一意念不是我们创作的,没有武断成分;后一意念是我们创作的,有武断成分;引用桌子这一意念于所与,这武断成分也许浸入桌子那样的东西。这就是说,指一所与说它是桌子,这也许有武断成分,好像指出一块木板说它是尺一样。自然界本来没有尺,定尺那样长的长度为“一尺”有武断成分,原始时代本来没有桌子,制造桌子那样的东西以为“桌子”,也许有武断成分,但是,这与度量是两件不同的事。

2.有具体的表现的意念。在度量,我们不仅有单位意念而且有相应于这些意念的具体的东西,以为这些意念的表现。这就是说,我们不仅有所谓尺寸斤两……而且有表现它们底具体的工具。仍以量布而论,我们实在是以尺与布两相比较,看它们底比率如何。所谓以尺与布两相比较,不只是以所谓

尺这一意念直接地引用到布上去——例如看一看布。说它是多少尺——而是以一具体的东西与另一具体的东西，两相比较，一方面是一匹布，另一方面是一根竹棍或一木板。以尺那样长的长度为尺和认那根竹棍或那块木板为尺虽有武断成分；而那样长的长度和那根竹棍或那块木板无所谓有武断成分或无武断成分。两具体的东西的长短上的比较无所谓有武断成分。那匹布与那根竹棍或那块木板底长短上的比率无所谓武断成分，这比率只是所与而已。这一点非常之重要。单就那匹布，那根竹棍或那块木板说，它们都只是呈现或所与而已；它们在长短上的比例也只是呈现或所与而已。

3.两件东西的比率，或单位和被量的东西底比率。问题是度量是尺与布底比率呢？还是一根竹棍或一块木板和一匹布底比率呢？前一比率我们称为“前者”，后一比率我们称为“后者”。假如那匹布是三十尺长，说它是三十尺长也就是说它与尺底比率是三十与一底比率。可是因为尺底具体的表现是一根竹棍或一块木板，说那匹布是三十尺长，同时也就是说那匹布与某根竹棍或某块木板底比率是三十与一的比率。有“前者”即有“后者”，有尺与布底比率就有某根竹棍或某块木板和布底比率；可是，有“后者”不必有“前者”。显而易见，那根竹棍或那块木板不一定是一根尺。假如它不是一根尺，说一匹布和它底长短上的比率是三十与一，我们当然不能说该匹布有三十尺长，我们根本不知道它有多长。可见“后者”本身不一定是度量。假如是的，经过这次比较手续之后，我们应该知道该匹布多么长。要我们知道该匹布有多么长，我们得先知道该根竹棍或该块木板是一根尺。这也就是说，只有

"前者"是度量。只有"前者"才有引用度度量单位于所与的情形,后者没有。

4.度量底根据是东西或事体底比率。在第(3)条我们只表示只有"前者"是度量,"后者"不是。在第(2)条我们也曾表示过"后者"只是所与而已。"后者"虽只是所与,然而它是"前者"底根据。问尺与布底比率靠得住与否,就是问某根竹棍或某块木板和布底比率如何呈现,并且问该根竹棍或该块木板是否为尺。某根竹棍或某块木板和布底比率虽只是所与或呈现,然而这比率不因此就不重要。它非常之重要,因为它是度量底根据。既然"后者"不是度量,既然只有"前者"才是度量,离开度量仍有长短、轻重等等。显而易见该匹布比该根竹棍或该块木板长,这两所与之间仍有长短。假如我们坚持离开度量就没有长短这一主张,我们会有两个结果,而这两结果都是持此主张者所不赞成的。一是度量有时会不能交通,非亲量者有时会不知道所量的结果如何。单说一匹布与一根竹棍或一块木板底比率是三十与一的比率,而不表示前者为尺,当时不在场的人们不知道该匹布多么长,这就是所谓度量有时会不能交通。第二结果是,照此说法,度量根本不必有约定俗成的成分(convention)。如果度量非有约俗成分不可,则离开度量有所谓长短、轻重等等;如果离开度量无所谓长短、轻重等等,则度量不必有约俗成分。本书既承认度量有约俗成分,所以也坚持离开度量有长短、轻重等等。

D.不同的度量制度

1.不同的度量制度即为不同的度量说。约俗主义者除主

张离开度量没有长短、轻重等等外，还要主张不同的度量制度即为不同样的度量。这主张本书也不赞成。本书承认度量有约俗成分，也承认度量有武断成分。度量底单位可以不同，计算也可以不同，制度也可以不同。我们之有不同的度量制度，我们承认。英法底度量制度就不同，这两制度和中国从前的制度也可以说不同。英国的尺不是法国的米达。英国的单位意念有以十二进位为定义的，以十二进位为定义的单位意念和以十进位为单位意念底计算也不同。除单位与计算外，有时还有手术底不同。以脚步量远近和以测量量远近，这二者底手术也不同。这种情形我们承认。问题是这种度量制度底不同是否表示度量底不同。

2.不同制度的度量不是不同的度量。本书认为度量底单位虽不同、计算虽不同、手术虽不同，然而我们并不因此就有不同样的度量。单位底不同、计算底不同，都属于约俗不同底范围之内。约俗底不同当然有武断的成分在内，可是，我们前此已经表示过，这种武断成分，就单位说，在于单位底建立，而不在于单位底引用。就计算说，情形相同。这种武断成分并不影响到度量。显而易见，单位虽不同、计算虽不同，度量底结果并不因此就不同。这就是说它们不因此就是不同样的度量。手术底不同不属于约俗不同底范围之内。手术牵扯到运用方法而运用方法不是随便的或自由的。所量的对象和所引用底工具都影响到“应有”某种手术。手术既然有“应该”与否底问题，当然就不是武断的。因此也不只是约定俗成的而已。手术影响到度量，我们也许要说手术不同的度量是不同样的度量。

3.结果可以相等。即令手术不同,度量是不同样的度量,我们也不能跟着就说不同样的度量底结果不同。假如甲乙是两不同样的度量,甲度量底典型结果是甲’,乙度量底典型结果是乙’,而甲’、乙’又彼此不同,那么甲乙两度量根本没有相通的地方,它们不止于不同样而已。可是假如甲乙两不同样的度量底典型的结果是相同的,或者说翻译起来是相等的,那么甲乙两度量虽不同样而它们底结果仍彼此可以对译。在这种情形之下,不同样的度量底不同点,除手术外,仍只是表示或引用底工具不同而已。以测量量远近和以脚步量远近的确牵扯到不同的手术,可是,如果结果是典型的结果,无论我们以里计或以丈计,它们或者相等,或者虽不相等而相差不远。不仅单位不同、计算不同,不影响到度量底结果。即手术不同也不影响到度量底结果。

4.结果可以彼此对译。以上所说的单位不同、计算不同、手术不同都可以简称之为制度不同。我们虽承认度量有制度底不同,然而我们不承认度量因此就有结果底不同。我们说结果总是彼此可以对译的。但是何以能对译呢?一方面度量是有根据的,这根据就是C段所说的。它可以说就是度量所要量的对象。它就是上段所说的离开度量而依然健在的长短、轻重等等。度量不就是这对象。另一方面,度量中的单位、计算、手术等等都不影响这对象。假如度量影响到对象,假如对象因度量底不同而不同,那么不同的度量当然会有不同的结果。约俗主义者或者认为离开度量根本无所谓长短、轻重等等,或者认为虽有长短、轻重等等而这些都因受不同的度量底不同的影响而不同起来了。这两看法都是本书所不敢

赞同的，本书当然也不赞成约俗主义。

E.度量成一系统

1.度量自成一系统。在第一节我们曾说度量自成一系统。在这一点上我们要说几句话。我们承认度量有制度底不同，例如各地方有各地方、各时代有各时代底度量制度。我们也承认度量有精粗底分别，例如量光底速度和量一匹布有多长，这二者底精粗上的分别非常之大。我们当然也承认各门学问底对象不同，所要量的对象也不同，因此所用的工具和所用的方法不同，例如在心理试实室量反感和在农场量谷子的确不同。我们也承认度量中有武断成分和约俗成分，可是，我们还是说度量自成一系统。

2.以标准单位去接受所与。度量之自成一系统，因为度量总是利用标准单位以为我们接受所与的工具。单位虽不同，而要求单位底引用，则在任何度量都是一样的。度量之自成一系统，因为度量总要利用相当于对象底要求的方式。对象虽不同、方式虽不同，而方式之相当于对象则在任何度量总是一样的。度量之自成一系统，因为最基本的度量总是时空底度量。度量也许有非常之精的，也许有非常之粗的，然而都和时间或空间底度量相通或相牵连。在动作上，不同的度量牵扯到不同的手术，可是，在意念上不同的单位成一四通八达的意念图案。不同的引用方式，也在这意念图案范围之内。

3.摹状与规律底作用。本章提出度量问题，一方面因为它本身重要，另一方面也因为它表示摹状与规律底作用。度量中的单位意念最足以表示这二者。说房门有两尺半宽，一方面摹状房门，可是，另一方面我们的确是以两尺半去规律房门那样宽的宽度。说度量最足以表示摹状与规律作用，也就是说它最足以表示，在知识经验中，我们实在是以得自官觉者（虽然有约俗成分）还治官觉。度量既成一系统，我们可以用它作为一整套的接受方式看待。这一套接受方式和别的接受方式一样，也化所与为事实。此所以由龙头村经金殿到昆明城，事实上有十一公里。

第十四章　事　实

一、自然与事实

A.自然底类型性

1.自然是相对于一官觉类的特别世界。论自然的那一章已经表示自然是有观的本然,所谓有观是一类官觉者底观,自然是相对于一官觉类底观感的本然。这里所谓类型性不是离开官觉类的本然性质,而是在可能的官觉中相当于官觉类的关系质。我们在这里说关系质,意思是表示本然的现实,在可能的官觉关系中,因此关系而得到的质。关系质不必是性质,也可以是性质。有关系质的本然不必与无此关系质的本然不同,他们当然也不见得一样。无论如何,相当于不同的官觉类的本然确是不同的自然。可是,虽然如此,相当于一官觉类的不同的官觉者的本然不一定就是不同的自然;各官觉者底所得也许相同,也许不相同。这要看他们底官觉关系是外在的,还是内在的,或者说这要看他们官觉是客观的,还是非客观的。如果一官觉者底官觉是客观的,他在官觉中之所得,就是相对于他所属的那一类的官觉者的自然,或者说他所得的就是相对于该类的特别世界底项目。

2.以“如果——则”方式去表示自然。自然底类型性可以用“如果——则”的命题表示，设以 U 表示本然的现实，S_1，S_2，S_3……表示不同的官觉类，而 N 表示自然，自然底类型性可以以下的方式表示：如果 U 为 S_1^1，S_1^2，S_1^3 等客观地所觉（S_1^1，S_1^2，S_1^3 是 S_1 类中不同的官觉者），则 U 为 Ns_1；如果 U 为 S_2^1，S_2^2，S_2^3 等等客观地所觉，则 U 为 Ns_2；如果 U 为 S_3^1，S_3^2，S_3^3 等等客观地所觉。则 U 为 Ns_3……Ns_1，Ns_2，Ns_3……是相对于 S_1，S_2，S_3……的自然，他们不只是 N 而已，它们是 Ns_1，Ns_2，Ns_3……这后者就表示自然底类型性。

3.普遍的相对性。请注意，我们用“如果——则”的命题表示自然底类型性，也就是表示它底相对性。这既不表示 S_1，S_2，S_3……底有无，也不表示 U 是否真在官觉关系中。S_1，S_2，S_3……底有或无和以上的说法不相干，有 S_1，S_2，S_3……也有 Ns_1，Ns_2，Ns_3……；没有前者，也没有后者；可是无论有没有前者，后者总是有相对性的。U 是否真在官觉中也同样地不相干。照我们底说法，自然之所以为自然总是有相对性的，这相对并不靠事实如何。这也就是说自然不必是事实。自然只是相对于官觉类的本然而已。一自然界中的项目是否为某类中的某官觉者所觉，完全是另外一回事。

4.自然没有“已经”或“既成”或“正在”成分。上面所说的非常之重要。他表示自然与事实底分别。自然只是有以上所说的类型性的本然而已，它不必有普通所谓“已经”，或“既成”，或“正在”底成分。事实总有这成分。我们现在只好利用常识。从常识着想，我们对于自然，的确不要求自然是已经成为自然的自然，或正在进行的自然。我们对于事实，的确有某一种的时间上要求，某种经验上的要求，我们要求它在时间上或经验上已经发生或者正在发生。常识上的要求有好些是有困难的，我们以后会提出一部分的困难来讨论，现在不注意这一方面的问题。我们现在表示我们对于自然和事实底看法有和常识的看法相同的地方。就这看法说，自然和事实虽然都牵扯到官觉，然而不是一样的。此所以讨论了自然之后，我们还要讨论事实。

B.自然与时空

1.自然界有普遍的。自然之有普遍的是毫无可疑的。自然是有观的本然，本然既有普遍的，自然不因有观而失去本来就有的普遍的。自然界底普遍的就是前此已经讨论过的自然律或自然律所表示的对象。有普遍的"有"，对于大多数的人，也许是奇怪的有，好些人根本不承认这样的"有"。这一问题前此似乎也已经讨论，此处不再讨论。有普遍的"有"和有特殊的"有"底确不同，只要我们不根据后者以概前者，自然界之有普遍不成问题。

2.自然界有特殊的。自然界不但有普遍的，更显而易见地有特殊的。论自然的那章不仅谈到种种等等，而且谈到这这那那、形形色色。形形色色、这这那那就是自然界的特殊的。各不同的自然界有共同世界，这就是自然底普遍的，各自然界有它底特别的世界，这不同的特别的世界就是不同的形形色色、这这那那。形形色色、这这那那的分别当然是特殊的。有普遍底"有"也许是许多人之所不承认的，有特殊底"有"似乎没有人不承认。

3.自然界有自然的时空。自然界有自然的时空,这在从前一章已经提出讨论过。自然界有川流、有居据,也有二者底架子。对于官觉者,这川流与居据及架子都在呈现或所与中呈现出来。说自然界之有普遍的也就是说自然界有超时空的;说自然界之有特殊的,也就是说自然界有在时空中的。这也就是说自然界有时空。自然既有时空,它本身不在自然界的时空中,只有自然的项目在自然的时空中而已。我们这里当然是说自然的时空,不是说我们引用时空意念于呈现或所与之后的时空。简单地说,后者就是事实上的时空。这二者底分别,我们可用比喻的方式表示:设有 X 所与,我们以甲方式或意念去接受(例如我们看 X 而见树),自然的时空是属于 X 方面的,而事实上的时空是属于树方面的。自然界底类型性既如 A 段所述,自然的时空也只是相对于官觉类的本然的时空而已,它不限于任何现在。事实上的时空总限于某一现在。

4.自然和事实不同。以上(1)(2)(3)诸条也表示自然和事实不一样。自然有普遍的,事实没有普遍的,这一点以后会再提出讨论,现在不谈。自然界虽有特殊的而它底形形色色、这这那那不必是事实。自然界与事实界都有时空。自然界不在自然的时空中,而事实界在自然的时空中。事实界和事实上的时空同终始,它当然不在事实上的时空中。自然界和自然的时空范围或外延相同,自然界也不在自然的时空中。我们这里所谈的自然是普通所谓大自然,这就是说,不把人方面的事体自别于自然范围之外。照以上的用法,不但牛马四足是自然而且络马首、穿牛鼻也是自然,自然界虽不在自然的时

空中，事实确在自然的时空中。这又表示自然界和事实界不一样。

C.事实与自然的时空

1.事实在自然的时空中。事实是在自然时空中的项目。我们谈归纳的时候曾经说归纳原则是接受总则，而归纳就是以种种方式去接受所与或呈现。接受底最基本方式就是把所与安排在时空架子中间。这同时也是把事实上的时空套在自然的时空上去。时空意念是非常之基本的接受方式。这当然不是说他们可以单独地为我们所引用，我们引用时空意念底时候同时也引用许多别的接受方式。现在的主要点是表示，引用任何别的接受方式，同时也引用时空两方式。引用时空方式去接受自然，就是把事实上的时空，套在自然的时空上去。不但事实在自然的时空中，就是事实上的时空也在自然的时空中，它们本来就是自然的时空的一部分。事实不但在事实上的时空中，而且在自然的时空中。

2.用比喻说明。如果我们用比喻说法说，我们可以说，自然界有点像图书馆，自然的时空有点像书架子，所与有点像未曾整理的书，接受方式有点像分门别类的节目。接受了的所与就是引用节目之后的整理了的书，而整理了的书总是安排在某某架子上的书。有书安排在其上的架子有点像有事实安排在其中的时空。在这情形之下，我们不但以架子安排书而且以书安排架子，显而易见不但书因此安排是在某某架子上的书，而且架子因此安排就是有某某书的架子。可是，有书的架子仍是原来的架子。比喻总有不妥的地方，读者也许一下子就可以想到,在许多方面,图书馆不足为例。我们没有意思表示所举的比喻在种种方面都能表示实在的情形。如果我们能够借比喻以达意,我们并不苛求。有一点我们得注意,图书馆中安排在某某架子上的书是有条理的书:它是文学方面的书,或是哲学方面的书,或是政治方面的书……。事实的确有点像图书馆中的书,事实的确是有条理的。接受与安排就是使所与事实化,事实总是有接受与安排底条理的。

3.比喻底不妥处。上面已经说过比喻总有不妥的地方。图书馆的架子是我们安排的,而自然的时空不是我们安排的。我们安排书架子很有自由,而我们对于自然的时空毫无自由。这我们也承认。可是我们不要因此就以为书是随便摆的。就书底安排说,目录室的人的确要看书是什么书,是政治方面的书,他们才摆在政治书的架子上,是文学方面的书,他们才摆在文学书架子上……就图书馆说,我们安排架子虽有自由,而我们安排书没有自由;就自然的时空说,不但我们安排事实上的项目——这件事实与那件事实——我们没有自由,而且我们安排时空也没有自由。图书馆的书是在目录室里分了种类、挂上了符号、安排好了的书,事实也是接受了的、分了种类、安排好了的所与。上面曾说事实总有既经和正在底成分,事实既是我们所接受了的所与,或安排了的所与,我们当然或者接受了安排了它,或者正在接受或安排它。

4.重要的是时空中的接受和安排。就事实论事实,我们注重接受与安排,最重要的接受与安排就是时空上的安排。别的接受方式,我们在这里可以不必提到,无论我们如何接受,所接受的总已经安排在时空中,即以这间房子里有一个

"橘子"而论,这是一件事实,或这一命题所肯定的是一件事实。这件事实表面上看来没有标出时间空间,其实当然是有时间空间上的安排的。我们在日常经验中用许多"这"字,我们利用经验者所在地底前前后后的情形,就知道所谓"这"底所指是什么。假如我们不在当时的经验场中,我们不知道所谓"这"底所指。要间接地表示这间房子是那一间房子我们要利用特殊的空间或地点。同时那间房子也不老是一间房子,而当它是房子的时候,也不老是有橘子的。这就是说,它本身占特殊的时间而那间房子之有一个橘子也占特殊的时间。如果我们不用"这"这样的字眼去表示事实,我们非用特殊的时间与空间去安排它不可。我们所用的时空,直接地是事实上的时空,可是间接地仍是自然的时空。

D.事实与判断

1.事实是接受了的或安排了的所与。事实既是接受了或安排了的所与,当然牵扯到对于所与有所接受有所安排;执任何事实甲以为例,它总牵扯到以某方式甲去接受某所与 X。头一点请注意,我们这里所谈的是所与。我们常常谈呈现或所与,现在只谈所与者,就是要把非所与的呈现撇开。这限制不是抹杀非所与的呈现。我们前此已经表示过,非所与的呈现仍可以在所与中呈现出来,例如某甲有非所与的呈现,他的呈现虽非所与,可是,他之有此非所与的呈现可以在某乙底所与中呈现出来。我们把事实限制到所与,例如乙底所与,并不是抹杀呈现,例如甲底非所与的呈现。这里的限制只是要求事实的材料是客观的呈现或所与而已。事实总是客观的,它底材料总是所与。

2.事实牵扯到判断。在化所与为事实底程序中总有官觉经验,不仅有官能而且有正觉。这就是说,在化所与为事实底程序中,不仅有官能而且有化所与为东西或事体底部分。后者就是以普通的接受方式去接受所与,例如以桌子去接受 X 所与,以午饭去接受 Y 所与。这接受当然有判断夹杂其间。判断这一题目,以后要提出讨论,现在不就判断论判断,只表示事实上牵扯到判断而已。判断底材料虽是所与,例如上面所说的 X,而判断底对象仍是事实,例如"X"是"桌子"所表示的事实。我们底意思是说,既有官觉,就有判断,既有对的判断,就有事实。我们可以叫这种官觉中判断底对象为官觉底事实,或接受底事实。在日常生活中,我们也许不承认我们接受所与有判断夹杂其间。在大多数时间,我们的确不意识到,在接受程序中,我们同时也是在那里判断。我们以桌子去接受 X,以椅子去接受 Y,的确只说"这张桌子"或"那张椅子",而不必肯定"这是一张桌子"或"那是一张椅子"。这种语言文字上的习惯也就表示接受方面底实在情形。在我们所习惯的环境中,我们虽有官觉,然而我们并不意识到我们以种种方式去接受所与。不但我们不意识到判断,而且可以不意识到接受。

3.接受底错误是接受中判断底错误。我们不意识到接受并不表示我们没有接受,我们不意识到判断也不表示我们没有判断。显而易见,接受有错误,而接受中的错误总是判断底错误。(2)条所说的不自觉的情形,差不多都是在没有错误这一条件之下的情形。一旦错误发生,我们很自然地会说这

样的话："我以为如何如何，原来……"或者"我根本没有看清楚"，……这里说的是错误，不是呈现的不客观。接受底对错是一件事，呈现底客观与否是另外一件事。后者是官能方面的问题，它只有客观或不客观、类型或非类型底分别，没有错误底问题；客观的呈现无所谓对，非客观的呈现也无所谓错。专就耳目说，呈现客观与否是听与看方面底问题，不是闻与见方面底问题。听与看无所谓错误。(1)条把事实限制到所与，已经把客观与否底问题撇开了。本条所谈的错误是闻与见方面底问题。说到闻与见就是说到接受，看某一所与而见桌子就是以桌子去接受所与。错误是觉方面底错误。

4.注意规律成分。接受方式都是意念。意念一方面是摹状，一方面是规律。把意念视为接受方式，我们所注重的是规律成分。就规律说，意念是标准。合乎某一意念底标准的所与，我们才能以某一意念去接受它。可是，有时对于不合乎某一意念底标准的所与，我们也以某一意念去接受它，这就是错误。有官能活动，不必有正觉，有正觉总有接受或应付。有时虽有正觉、有应付、有接受，然而我们不是自觉地去接受或应付，因此我们也不自觉地判断。同时如果我们底接受没有错误，我们大都不自觉我们在那里接受。所谓接受没有错误，就是在接受中，我们底判断是对的；反过来，接受有错误，就是在接受中，我们底判断是错的。不发生问题的接受，不是无所谓错误的接受，而是没有错误的接受。即令我们在接受上不发生问题，我们不因此就没有判断。在化所与为事实底历程中，我们离不开判断。事实既是接受了的、安排了的所与，事实中总有判断成分。自然没有判断成分。就这一点说，自然和事实底分别也很大。

5.事实是所与和意念底混合物。本节的讨论用意在从各方面表示事实与自然底不同。自然虽有类型性,然而它只是与官觉类或知识类相对而已,它不只是一种混合物。事实是一种混合物,它是意念与所与底混合物,我们既可以说它是套上意念的所与,也可以说是填入所与的意念。这是用分析的方式表示。在我们底感觉中,我们并不感觉到事实是混合的,反过来我们很习惯于它底单纯性。可是就本书底说法,事实确是混合物。本书底头五章注重所与,六、七、八章注重意念,十、十一、十二、十三章讨论几种接受底总方式。接受了的所与就是本章所讨论的事实。关于事实的问题尚多,以下分节讨论。

二、事实与东西和事体

A.事实与东西

1.事实和东西在表示上的分别。肯定事实的是命题,而表示命题的是陈述句子;在语言上我们要表示事实,我们得用陈述句子。在语言上表示东西的是名词或名字。事实和东西都不必有语言上的表示,就东西说,显而易见,我们可以用手指出东西。可是如果我们要表示事实和东西,对于前者我们得用陈述句子,对于后者我们可以只用名词或名字。这分别的确是有的而同时也是相当基本的。下段我们要论事实与事体底分别。这分别我们现在不谈,但是我们可以说,在这一点上,事实与事体一致或相像,与东西不相像。单就这一点说,

东西与事体底分别也就是东西与事实底分别。当然我们有这样的话"第一次欧战是事实"。这实是简单的话，是事实的欧战仍不是东西，虽然我们用名字表示（或名词）。

2.东西底主要成分是空间上的居据。一件东西不就是一件事实。这句话底意思是说，如果我们不分析一件东西所包含的成分，不管它和别的东西的关系，一件东西只是一件东西而已。东西两字似乎与春秋两字相同。四时中取第一、第三两字表示时间上的绵延，四方向中取第一、第三两字表示空间上的居据。照此说法，对于东西，我们所特别注重的是空间上的居据。就东西之为东西说，情形似乎是如此。谈到东西的时候，我们很容易忽略它在时间上的位置。单说一件东西是东西，不是一"十分具体"的说法，因为这也许只就其有空间居据而已，而事实不只有空间居据的。比较具体的说法是把时空上的位置都表示出来。

3.一件东西是一大堆的事实。假如解析两字可以引用到东西上去，我们可以把一件东西解析一下。我们也许会发现许许多多的事实，我们也许要说，一件东西是一大堆的事实的简单的所在底枢纽。即以我这张书桌子而论，我们可以说，这块平面板在四个洋油箱上，桌脚就是四个洋油箱子，桌面没有漆，桌子没有抽屉等等。这些命题都表示事实。所有的东西都可以如此形容。可见这张桌子是一大堆的事实底简单所在地底枢纽。可是虽然如此，是东西的桌子，可以用手指的书桌子本身不是一件事实。我们在日常生活中不会指出一书桌子而说"这件事实"。一件事实也可以解析成一大堆的事实，就这一点说，东西与事实有相同点。可是，反过来，一大堆的事实不一定可以凝固成为东西。东西有一种特别的完整性,而这种完整性是事实所没有的。

4.就东西和其他的东西底关系说,一东西也牵扯到许多事实。如果我们注重一件东西与其他东西的关系,我们也会发现许多的事实。仍以上面所说的书桌子而论,我们可以说它在窗子下、它在床底西边、它在衣橱底南边……。这些命题也表示事实。不但一件东西本身是一大堆事实的简单所在地底枢纽,而就它和别的东西底关系说,它也牵扯到另一堆的事实。这另一堆的事实也不是一件东西。我们可以利用这样的事实去表示某一件东西是那一件东西,例如利用这些事实去表示一件东西底所在地,或者表示它在时间上的位置。可是,这些事实只能慢慢地把某件东西挤进它底所在地点,所占时间,它们也不是该件东西本身。方才所说的许多话虽然可以表示书桌在那里,或所谈的书桌是那一书桌,然而决不表示该书桌本身。

5.动的东西。对于东西,我们虽然特别注重空间上的位置,然而它不一定占某一位置,或者老是占着某一位置。虽然有好些东西是不能移动的(相对的不能移动),然而许许多多的东西是可以搬来搬去的。寻常的搬家虽然表示某所房子没有搬走,然而的确表示家具等等的搬走。事实似乎是没有法子搬走的。假如我们搬到另一所房子里去,而搬了之后,我的书桌仍摆在床底西边,我们虽然搬了我底书桌与我底床,然而对于书桌在床底西边这一件事实,我不能说我搬了这件事实。搬家之后,新房子里的东西仍是那些东西。从这一点着想,我们对于东西底意见非常之坚决。对于事实,问题就大不相同

了。我们底意见至少不至于那样坚决。我们虽然搬了房子，然而对于书桌子底摆法，我也许只能说，在从前书桌子在床底西边，在现在仍是事实，无论如何，我不能说，这件事实也搬到房子里来了。对于这情形之下的事实，我们究竟应该说它是一件事实或者两件事实颇有问题，可是，事实之没有法子搬动似乎没有问题。

6.东西总是特殊的而事实可以是“普通的”。东西虽然可以叠起来成另一东西，例如把八个洋油箱叠成一书桌，或二十个洋油箱叠成一书架，然而多数的洋油箱堆起来不会成为一个洋油箱。如果能够叠成一个洋油箱，原来的洋油箱似乎就不是一个一个的了。假如我们把四张桌子摆成一张大桌子，就全体之为一张大桌子说，它的成分已经不是“四张”桌子，就部分之为四张桌子说，全体不是“一张”大桌子。就这一方面着想，东西与事实也有不同的地方。我的知识论班上底学生的头发是黑的是事实，不仅这班上的张三底头发是黑的是事实、李四底头发是黑的是事实，……而已。也许我们应该用另外方式表示，也许我们应该说一件东西总是特殊的，无论形成它的部分底数目多少及其性质如何；一件事实可以是“普通的”。这里所谓“普通”不是寻常，不是平凡；它底意思是介乎特殊与普通之间的某情形，例如上面所说的我底知识论班上底学生底头发是黑的这件事实。这事实不是普遍的，因为它是限于特殊的时间与空间的，可是，它虽限于特殊的时间与空间，然而它不是特殊的，如张三底头发是黑的那件事实那样的特殊。东西虽有寻常与否或平凡与否底分别，然而照这里“普通”两字底用法，东西没有普通的。我们决不会有介乎普遍与特殊之间的东西,东西只是特殊的东西而已。

7.东西总要存在,事实可以存而不在。东西与事实另外有一分别,而这一分别也非常之重要。假如孔夫子有一张桌子,那桌子在孔夫子有它底时候或者在它底终始之间,是一件东西;可是现在不是东西,或者说现在的世界没有那件东西。东西只能存在,不能存而不在。事实则不然。如果"孔夫子有那张桌子"在那时候是事实,在现在它仍是事实。这件事实虽然不是现在存在的事实,然而在现在它仍是事实。可见执任何时间以为现在,在那一现在的事实总不只是当时存在的事实。事实可以存而不在。我们也可以从命题方面说,"孔夫子有那一张桌子"是一真的命题,而这一真的命题在现在仍然是真的,所以在现在它仍然肯定一件事实。可是,"现在有孔夫子所有的那一张桌子"是一假命题,它所肯定的不是事实,这就是说,现在没有孔夫子底桌子那一件东西。在我们底假设之下,孔夫子有某一张桌子在现在虽仍是事实,而那一张桌子在现在不是一件东西。事实之可以存而不在也就解释这样的命题:"事实上诸葛武侯不是一个老道样子的人"。在研究历史上,发现古物,和发现历史上的事实,可以是两件非常之不同的事体。所谓古物总是现在存在的。历史上的事实虽仍是事实,然而既可以存而不在,我们与它也许就无法发生直接关系了。

B.事实与事体

1.就表示说事实和事体相同。事实与事体比较地相近,有好些地方相同。这二者中间都有"事"底成分,都与时间有特别的关系。第一点就是表示它们底语言。表示事实的直接地是命题，间接地是陈述句子，表示事体的也是大都如此，虽然对于事体，我们也常常用名词表示。就这一点说，事实或事体都异于东西。表示一情形之为事实，总要用命题或陈述句子，表示一情形之为事体或东西，也要用命题或陈述句子，这是判断而判断总离不了肯定或否定，所以总离不开命题。已经承认的事体我们常常可以用名词表示，例如“今天底早饭”。虽然如此，有些事体我们用句子表示。这一方面表示东西与事体不一样，另一方面也表示事体与事实也不完全一样。

2.不同时地的似乎不是一件事体。事体可以堆起来成一件事体。欧战这一件复杂事体是许多事体堆积起来的事体，中日战争也是。事实也可以是许多事实堆集起来的事实。这一点也相似。可是关于事体，有些情形特别。张三、李四同在一起吃饭；张三吃饭是一件事体，李四吃饭是一件事体，而张三、李四吃饭也是一件事体。但是，假如他们在不同的地方吃饭，则他们吃饭似乎不是一件事体，虽然彼此单独地都是事体。如果这说法说得过去，我们所假设的命题，即“他们在不同的地方吃饭”只肯定一件事实，而不表示一件事体。

3.事体也不好搬动。不但事实搬不动，而且事体也搬不动。在一个地方发生的事体我们不能够搬到另一个地方发生。也许有人以为我们可以在一间房子里吃早饭，没有吃完，又搬到另一间屋子里去吃，也许这是所谓事体搬家底例子。其实这不能说是事体搬家，如果我们注意这两房间子底不同或地点底改变，我们实在是想两件事体；如果我们所注重的是，两间不同的房子里进行的，都是某一天的早饭，我们所想的实在是一件事体，它底地点为一，不过它开始与完毕底地点不同而已。早饭的确可以搬家，可是，早饭不一定是事体，明天的早饭就不是事体。我们可以计划明天的演戏在某处举行，临时又换地方。这显而易见不是事体底搬家，因为在换地方之前，演戏不是事体。事体在某地方发生，它就在某地方发生，如果它在另一地方打住，它也就只在该地方打住。就这一点说，事体和事实一样，和东西两样。

4.事体可以解析成许多事体。上段论东西与事实底分别时，我们曾说一件东西可以解析成许多事实。事体也可以如是解析。一件事体也可以解析成许多的事体，不仅可以解析成许多事实而已。事实虽不必是事体，然而事体就其为句子所表示这一方面说，总是事实。一件事体既可以解析成许多事体，当然也可以解析成许多事实。一件东西可以与别的东西（或事体）发生关系，一件事体也可以与别的事体（或东西）发生关系。这些关系结合也是事体或事实。就这一点说，东西和事体相似，而二者和事实底关系都密切。

5.事体和东西一样要存在不能存而不在。有一点事实与事体大不相同。以上（1）（2）（3）条大都表示事实与事体底相似，本条表示它们二者底不同。事体总要当其时才是事体，过时就不是事体。在这一点上事体和东西相似。我们的确常常说这样的话："前一天有一件事体发生"。这一命题肯定一件事实，它明明白白地说事体是前天底事体，它没有说前天底事体在今天仍是事体。这命题和"我从前有一件皮袍"相似。我从前有一件皮袍在现在仍是事实，可是，我从前所有的是皮

袍的那一件东西现在已经没有了。假如“张飞在某时在长坂坡大吼一声”是一真的命题，那么张飞在某时在长坂桥大吼一声是事实，而在该时该地他大吼一声是一件事体；可是现在没有张飞这一个人，也没有他在长坂桥大吼一声这一件事体。事体往则不返，从前是事体的现在已经不是。事体和东西一样，它可以存在，不能存而不在，事实既可以存在也可以存而不在。

6.事体虽在时空中而某件事体之在某时某地是事实不是事体。事体和东西当然都是在时空中的，可是某件事体或某件东西之在某时间某地点不是事体或东西，而是事实。这张桌子是一件东西，但是，“这张桌子在书房里”所肯定的不是东西，是事实；今天街子上有两人打架，两人打架是一件事体，但是“今天街子上有两人打架”所肯定的不是事体，是事实。这一点很重要。所谓某件东西就是以某某方式去接受的所与，所谓某件事体也是以某某方式去接受的所与。但是，我们所用的方式不只是某某方式而已，我们也同时把所与安排在特殊的时空中。在日常生活中，我们也许不感觉到我们有这种安排，因为经验中的这这那那底所指，我们都不必有语言文字上的表现。有时也许要用手指，就是用手指，我们也不感觉到时间空间上的安排。等到我们利用时空上的位置去表示这这那那底所指底时候，我们才感觉到所谓接受已经有时空上的安排。这时空上的安排是事实底最基本的成分，事体虽都在时空中，然而它们之在某时某地只是事实，不是事体或东西。这也就是说所要安排的虽可以是事体或东西，而它们底安排不是。

三、事实与普遍

A.问题之所以发生

1.某种倒过来的说法。大多数的人都有事实感,有事实感的人也许不能说出事实究竟是怎样一回事。事实感很容易得到,说明事实似乎不是一件容易的事。对于不容易说的东西,有一种很流行的办法,例如对于物理,我们不容易说它是怎样一回事,我们用一简单的方法,说它是物理学所研究的对象,或对于心理,我们感觉到我们不容易说它是怎么样的东西,我们简单地说,它是心理学所研究的对象。这是一种倒过来的说法。原先物理学是研究物底理底学问,心理学是研究心底理底学问。而这种倒过来的说法利用物理学去表示物理,利用心理学去说明心理。原先的物理学底对象底根据是物理感,心理学底对象底根据是心理感。这种倒过来的说法,使关于物理学底解释和物理感分家,关于心理学底说明和心理感脱节。

2.这种说法底好处。这办法当然有它底好处。我们虽然有物感或物理感,然而我们底感只是感而已矣。"感"也有许多感觉方面的活泼灵敏,分别等等,然而在知识底立场上,它也许是混沌的。显而易见,我们有活泼灵敏的感觉的时候,不必就是我们有清楚明白的思想的时候。我们也许有很活泼的物理感然而我们仍不知道物理如何如何。要知道物理如何如何我们得研究物理。要研究物理,我们才能慢慢地有物理学,要有相当靠得住的物理学,我们才相当地知道物理。要我们相当地知道物理，我们才能说物理是怎样一回事。别的学问也有同样的情形。这种倒过来的说法有它底好处，它使我们对于某某对象的说法底根据，由“感”转移到“知”。我们在经验中有所得时，此所得虽然是由感而得，然而的确是由研究而明。

3.引用此办法于事实。关于事实，我们有时引用同样办法。大多数的人都有事实感，可是我们不大容易说事实是什么。这种倒过来的办法也可以引用到事实上去。根据我们底事实感，在日常生活中，我们大都会说真命题是表示事实的。可是如果我们对于事实感觉到不容易说，我们会倒过来说，事实是真命题之所肯定或表示的。有时我们的确感到命题容易说事实难说，与其由事实说到命题，不如由命题说到事实。其实命题也是不容易说的，我们现在不讨论命题，以后专章讨论。我们现在承认我们有时的确感觉到由命题说到事实，比由事实说到命题，容易一点。问题是引用这方法之后，另外有问题发生。

B.普遍的命题之所表示

1.某些类的普遍命题和事实不相干。普遍的命题有好几种。照本书底说法，有逻辑命题、有本然命题、自然律或表示自然律的命题。除此之外本人尚承认一种所谓本然陈述，这也是普遍的，可是，本人不承认它是命题。逻辑命题的确普遍，可是，是否命题颇成问题，本人虽承认它是命题，的确有人不承认它是命题。本然命题也是普遍的，的确也是命题，《论道》书中有这样的命题，本书没有。这些普遍的命题都和一件一件的事实不相干,或者不直接相干,或者说虽相干而与其他的普遍的命题和事实底不相干不一样。这一类的命题没有肯定事实的问题。它们是真的命题,然而它们不和别的真命题一样地肯定事实。以这类的命题去说明事实总是不行的。我们可以把这一类的命题撇开。无论如何,真命题所表示的不一定是事实。

2.根据于事实的普遍命题和事实底关系密切。我们所注重的普遍命题是根据于事实的普遍命题或表示自然律的命题。这些命题虽然不必是由一件一件的事实总结起来,或由对于事实底直接经验得来,然而它总是直接间接地根据事实。显而易见,这一类的命题有在事实上求证据或得证据的问题。假如事实否证这样一命题,这一命题就是假的;假如这一命题得到事实上的证据,即令我们认为这一命题是真的,我们也不能就肯定它是真的。在普通所谓求知识的程序中,我们所盼望能发现的普遍的真命题,是这类的命题,不是(1)条所说的那一类的命题。这一类的命题如果是真的和(1)条所说的那一类的命题大不一样。这一类的命题和事实底关系非常之密切。

3.这类命题不肯定事实。这一类的命题的确是普遍的,它所肯定的或表示的的确是超特殊的时空的。我们讨论它的时候,我们也不能说什么时候它是真的或假的。可是,命题虽是普遍的,所表示或肯定的虽也是普遍的,然而不是普遍的事实。这一类的命题牵扯到事实的地方很多,如果谈根据,它有特殊的事实以为根据,可是虽然如此,它不表示或肯定特殊的事实。如果我们有作对联的趋势,我们也许会说特殊的命题

表示或肯定特殊的事实，普遍的命题肯定或表示普遍的事实。现在要注意的是前一句话虽可说，后一句话不能说。真的普遍的命题[(1)条所说的除外]虽有事实上的根据，而肯定的不是普遍的事实。

4.肯定固然的理。普遍的命题[限制到(2)条所说]，如果是真的，表示自然律，或者利用我们在《论道》书中所用的术语，它表示或肯定固然的理。固然的理不是一件普遍的事实。显而易见理不是事。理可以为我们所发现，它本身无所谓发生。事实是可以发生的。特殊的东西和事体虽然表现理，然而理没有特殊的。理有虚实。我们虽然可以利用一件一件的事实去发现实理，然而实理不就是这一件事实或那一件事实，也不是这一群事实或那一群事实。虚理更不就是事实。在求知识的程序中，我们所要发现的大都是实理。实理既不是一件一件的事实或一群一群的事实，普遍的真的命题之所表示或肯定当然不是事实，也不是普遍的事实。

5.普遍命题靠例证但不肯定例证。普遍的命题底证实有时需多数的事实，有时只要一事实即够。需要多数事实就是需要多数次证实，需要一事实就是只需要一次证实。大致说来，在只能观察不能试验的范围之内，一普遍命题底证实次数要多；在可以做试验的范围之内，一命题底证实只有一次即够。一命题虽需要多数次的证实，而每一次的证实虽都引用不同的事实，然而该命题既是普遍的，决不肯定或表示这一大堆的事实。一命题有时虽只需一次证实而这一次的证实虽只引用一件事实，然而该命题既是普遍的也不肯定或表示该件事实。证实既以次数表示，当然是我们的举动或行为。这些举动或行为总是在某时某地底事体。每一次的证实是特殊的，每一次证实所引用的事实也是特殊的。特殊的事实，无论数目若何地多，总不会因此就成为普遍。即令我们从证实底例证着想，普遍的命题虽需要这些例证以证实其为真，然而不肯定或表示这些例证。

6.事实类不是事实。我们可以把我们对于东西和事实所引用的方法引用到事实上去。对于东西与事体我们分门别类，例如桌子有桌子类，打架有打架类，前者是一类东西，后者是一类事体。事实似乎也可以分类。在日常生活中我们有时的确说“这一类的事实常常碰见”这样的话。我们的确可以说，这办法没有什么可以批评的地方。但是，即令我们引用这方法，我们不能因此解决本段底问题。我们要知道桌子类不是一张桌子，它本身不是一件东西，打架类不是某一次的回合，它本身不是一件事体。把这办法引用到事实上去，我们的确可以说这一类事实和那一类事实。但是，同样的一类事实不是一件事实，它本身不是事实。即令普遍命题肯定或表示一类的事实，它不因此就肯定或表示一件一件的事实。

C.普遍命题之所肯定

1.普遍命题或历史总结。普遍两字在本章底用法很特别，这用法在第一节已经提出过。也许这两字不妥，也许我们可以叫这一类的命题为历史结合的命题。这类的命题不是普遍的命题，同时也和特殊的命题不一样。我们可以看看“清朝人有发辫”这一命题，这命题当然不是普遍的，因为我们一直到现在似乎没有法子给清朝人下定义。如果有人要打破砂

锅璺到底，我们似乎只能以特殊的时间与地点来表示清朝。作者本人在另外的立场不必作如此看法，但是，在知识论底立场我们似乎不能不作如此看法。如此看法“清朝人”不是一概念，它所表示的对象也不是共相。“清朝人有发辫”当然不是一普遍的命题。这一命题和“恐龙有长尾巴”那一命题不一样，虽然，至少在地球上恐龙只是限于某一时期的动物。我们谈恐龙只表示它是怎么样的动物已经够了，不必表示它所生存的时期，这就是说，我们不必以特殊的时期来表示恐龙之为恐龙。后一命题是一普遍的命题。前一命题虽不是一普遍的命题，也不是一特殊的命题，显而易见，它不只是说清朝人中的张三有发辫，也不只是说清朝人中的李四有发辫。它是介乎普遍与特殊之间的命题。它是历史上特殊的事实底结合，本段叫它做普通命题。

2.这类命题底真当然有事实上的根据。这类的命题如果是真的，当然也有事实上的根据。历史学及社会科学底一部分是这类命题所组织成的。历史学所能得到的一部分就是这类命题，社会科学所要得到的应该是普遍的命题，事实上它所得到的大部分是这一类的命题。也许一部分的新兴的而又尚未十分发展的自然科学底内容，也大部分是这类命题所组织成的。这类的命题不少。它所表示的是一时一地的普遍的或流行的事实，时期也许非常之长，地域也许非常之广，可是长的时期仍是特殊的时期，广大的地域仍是特殊的地方。这类命题所根据的事实不是某时期某地域范围之外的事实，是该范围之内的事实；它所表示或肯定的当然不是普遍的事实。

3.它们事实上的根据和普遍命题底不一样。所谓有事实上的根据与普遍的命题之有事实上的根据有相似处,也有不相似处。就事实底根据说,这类命题底根据是某时期某地点底事实,普遍命题底根据不是。就证实说,普遍的命题差不多无论何时何地都可以证实,所要求的是设备及试验或观察所要求的条件底满足而已。普遍的命题(即本段所谈的命题),有时空底限制,在该限制范围之内也随时随地可以证实,例如"清朝人有发辫"这一命题,在清朝时候可以随时证实,在清朝版图之内也可以随地证实,虽然我们可以想出例外,然而这一命题底证实大致可以如此说。可是,在该限制范围之外,这类命题底证实就发生了问题,我们不能随时随地证实这类命题。这类命题底证实,在这情形之下,是历史学家底问题。这问题也许简单,也许复杂。如果要证实时的时间离原来的时间近,问题比较简单;如果要证实时的时间离原来的时间远,问题就比较地复杂。这问题也许容易,也许困难;有实物有记载以为证实底工具,问题容易;没有实物和记载,问题就困难。就证实说,本段所讨论的这一类的命题和普遍的命题也不一样。这类的命题和普遍的命题两相比较,似乎与事实比较地接近些。

4. 它们不肯定一件一件的事实。这类命题虽比普遍的命题接近事实些,然而它既不表示普遍的事实,也不肯定一件一件的特殊的事实。这样的普遍命题实在是历史的总结。也许我们要用"普遍事实"这一名词,说这类命题所肯定的是普遍事实。我们要记得我们没有不限于时空的普遍事实,也没有限于时空的普遍事实。所谓普遍事实仍是限于时地的。虽然如此,它仍不肯定一件一件的特殊的事实。照此说法,只有一结果，所谓普遍事实只是一时期一地域中的某样的流行的事实而已。一时期一地域中的某样流行的事实本身不是一件特殊的事实。这类的命题也不表示或肯定普遍的事实。

D.没有普遍的事实

1.没有普遍的事实。上面的讨论已经表示普遍命题不表示或肯定普遍的事实，普遍命题也不表示或肯定普遍的事实。在讨论底历程中，我们已经利用没有普遍事实这一思想，不过我们没有明白地肯定而已。在本段我们肯定地说：根本没有普遍事实。普遍命题对于事实有点像概念或意念对于个体。概念或意念不表示一个体，它本身也不是一个体。它更不能表示普遍的个体，显而易见根本就没有普遍的个体，因为普遍的个体是一矛盾。是个体的就不是普遍的，是普遍的就不是个体的。普遍的个体既是矛盾当然没有普遍的个体。所谓普遍的事实有同样情形。

2.事实底成分。事实不但有所与成分，而且有接受成分、安排成分。既有接受成分，当然总有既经和正在成分。这就是说，事实总是既经发生或正在发生，这当然也就是说，事实总牵扯到特殊的时间或空间。既然如此，事实和个体，东西或事体相似。就它可以存而不在说，它和别的特殊不一样，但是就它只在某时某地说，它和别的特殊一样。这当然就是说，事实不能是普遍的。普遍的事实和普遍的个体在本书是矛盾的名词。我们既不能有普遍的个体，也不能有普遍的事实。假如我们引用普遍的事实这一名词，事实底已经与正在成分非取消不可。可是本书之所谓事实非有这成分不可。在这一点上，本书之所谓事实和常识中之所谓事实一致，不过就常识说，我们也许不意识到事实之不能有普遍而已。

3.事实是真的特殊命题之所肯定的。回到我们原来的出发点，我们应该说事实是特殊的真命题之所表示或肯定的。事实决不是任何普遍的真命题之所表示或肯定。不但事实不是逻辑命题或本然命题之所表示或肯定，即表示或肯定固然的理的命题也不表示或肯定事实。我们根本就不能有普遍的事实。

四、事实与正负

A.真的正负命题之所表示或肯定

1.事实底正负问题。上节所讨论的问题与该问题所引起的方式不仅牵扯到普遍的事实问题，而且也发生正负事实问题。说真命题之所表示或肯定的是事实，不但真的正命题之所表示或肯定的是事实，而且真的负命题之所表示或肯定的也是事实。如果真的正命题之所表示或肯定的，我们叫作正事实，则真的负命题之所表示或肯定的，我们应该叫作负事实。命题的确有正负，而在习惯上我们也说这样的话“事实上玉兰不是球根花”。这就是事实底正负问题。

2.正的真的特殊命题不发生这问题。逻辑命题本然命题（算学命题也许在内）都没有问题，这在上节已经提出过，理由同样，这类命题根本不表示或肯定事实。正的普遍的命题，专就普遍说，上面已经讨论，在这里我们不必重提。正的特殊的命题似乎也没有问题。它既是特殊的命题，当然表示或肯

定特殊的事实，它不致发生普遍事实底问题，它既是正的命题所肯定的或所表示的，它当然是事实，而就正这一方面说，负事实底问题不至于发生。

3.有无负事实呢？真的负命题，无论普遍或普通或特殊都有问题。上面已经表示普遍的真命题（上节B段（2）条所提出的普遍命题），表示或肯定固然的理，普遍的负命题是否表示或肯定负的固然的理呢？普通的命题如果是真的正的，表示或肯定某时或某地域底流行事实中的某一样的事实，真的负的普通命题是否表示某时期某地域中的某一样的负事实呢？我们已经表示特殊的正的真命题没有问题，它表示或肯定事实。但是它是否肯定正的事实呢？如果它肯定或表示正的事实，负的特殊的真命题应该表示或肯定负的事实。有没有负事实呢？如果根本没有负事实，事实又何谓“正”呢？

4.真的负命题和事实底关系总有问题。这类问题我们没有法子逃避。如果我们说真命题之所表示是事实，如果我们注重证实，如果我们注重试验，注重试验与观察等等，而我们又不能不注意这些，真假命题的标准总牵扯到事实；负命题与事实底关系总得要讨论。

B.真的负的普遍命题

1.真的负的普遍命题之所肯定。真的正的普遍命题表示或肯定固然的理，真的负的普遍的命题表示或肯定什么呢？负的普遍命题我们可以暂以A、E、I、O中E那样的命题为代表。如果E是真的，它表示或肯定什么呢？消极地说，它表示I命题是假的，而说I命题是假的表示I命题之所肯定的不是事实。我们大概不至于发生所谓“假事实”底问题，大概不至于说假命题肯定假事实，我们说假命题之所肯定的根本不是事实。消极地说，真的E命题表示I命题是假的，可是积极地说，它表示什么呢？我们是否可以说它表示消极的固然的理呢？固然的理本身虽不是事实，然而只要是实理就有事实上的表现。普遍的命题虽不肯定事实，然而不能与事实不相干。

2.以传统逻辑学里的“E”命题形式为例。无论如何，所谓消极的固然的理没有积极的事实以为表现，或没有事实以为积极的表现。负的真的普遍命题和正的真的普遍命题，在这一点上，总不一样。可是消极的固然的理虽没有一套与此理一一相应的事实，可是也许有别的事实以为表现，或者有别的事实可以证实这一负的命题。所谓别的事实，既然以别的相称，总直接地，或积极地表现别的固然的理，或证实别的普遍的命题。每一真的正的普遍命题都表示或肯定一固然的理，而此固然的理只要是实理总有一套事实以为表现。真的负的普遍的命题没有一套与它相应而又可以直接地证实它的事实。如果我们说真的E这样的命题有事实上的根据，我们似乎只能与主词或宾词相干的事实中去找，例如“没有人是植物”底事实上的根据，只能在关于人与植物的事实中去找。

3.间接证实它的事实。照以上的说法，整套的关于主谓词的事实中有可以间接证实真的负的普遍命题的事实。我们非说间接地证实不可。这许多事实中的任何事实都表现固然的理，都可以直接地证实真的正的命题，如果它证实一真的负的普遍的命题，它只能直接地证实正的命题，因此间接地证实

负的命题。这一真的负的普遍命题肯定固然的理似乎只是说积极的固然的理中没有某理。也许我们可以根据固然的理以证明一负的普遍命题之为真，也许我们可以利用真的正的命题以证明这一负的普遍命题之为真。但是，这是证明方面的问题。从证明这一方面着想，我们所根据所利用的都是固然的理或普遍命题，我们用不着牵扯到事实。从证实这一方面着想，我们不能不牵扯到事实，而牵扯到事实，我们找不着与负的真的普遍命题直接地相应的事实。

4.问题转移到负的特殊的命题上去了。以上似乎是从笼统一方面着想，如果我们分析一真的负的普遍命题，我们可以作以下看法。假如负的普遍命题是具$(\chi)\sim(\varphi\chi\cdot\sim\psi\chi)$我们可以分析成$\sim(\varphi\chi_1\cdot\psi\chi_1)$且$\sim(\varphi\chi_2\cdot\psi\chi_2)$且$\sim(\varphi\chi_3\cdot\psi\chi_3)$。照此说来，负的普遍的命题是许多的负的特殊的命题底集团。如果我们不从整个的集团着想，而从集团中的分子着想，我们把问题又移到负的特殊的命题上去了。负的普通的命题也可以作如此看法，问题也可以移到负的特殊的命题上去。

C.负的特殊的命题

1.以简单的负命题为例来讨论。为讨论的便利计，我们可以故意简单化，我们可以把负的特殊的命题限制到简单的“$\sim\varphi\chi$”。假如我们所谈的是α，$\sim\varphi\alpha$表示或肯定什么呢？照平常的说法，$\sim\varphi\alpha$既是真的，它表示或肯定事实。在日常生活中，我们的确说这样的话：“事实上α不是学生”或“事实上他不是官”。这似乎说是“α不是学生”或“他不是官”这一命题既是真的,它表示或肯定一件事实。这样的话虽寻常,然而的确费解。请注意我们承认这样的命题是真的,或有这样的真命题。我们在这里不讨论命题底真或假,也不讨论所谓真是否表示事实;我们假设真底标准是与事实符合与否,而真的正的特殊的命题表示或肯定一件特殊的事实。

2.是否肯定负的事实呢?问题当然是一真的负的特殊的命题是否表示或肯定一件特殊的事实呢?如果是的,它似乎应该表示或肯定一件负的特殊的事实。顾名思义,负的事实应该是事实而又是负的。所谓负事实当然不是"非事实"或"不是事实"。我们现在的问题不是负的特殊的命题之所表示或肯定究竟是什么。我们既假设真的标准是与事实符合与否,而真的正的特殊命题表示或肯定一件特殊的事实。在接受这条件之下,我们不能说真的负的特殊命题不表示或肯定事实或所表示所肯定的不是事实。既然如此,真的负的特殊的命题只能表示或肯定一件事实。照这说法,命题何以有正负呢?命题底正负是否表示事实底正负呢?我们似乎应该承认负的特殊的事实而又坚持负的特殊的事实仍是事实,不过是负的而已。

3.事实如何负法呢?但是,事实怎样负法呢?一件一件的事实是可以官觉得到的或者间接地有官觉上的根据。后一方面的事实,即不能官觉而只能在间接的官觉上的根据的事实,我们现在不谈。为求简便起见,我们只谈可以官觉得到的事实。这张桌子在这床的西边就是这样的事实,我看见这张桌子,也看见这张床,也官觉到二者底关系。这特殊的事实毫无问题,至少没有什么麻烦的问题。负事实在官觉上就有麻

烦。假如“罗斯福不在昆明”是一真命题，照现在的说法，它表示或肯定一负事实。可是，我们不能说我们在昆明看见了非罗斯福。我知道读者也许会说这问题非常之简单，他也许会说，在昆明我们没有看见罗斯福或者我们在昆明所见的不是罗斯福。这两命题也许是真的，可是如果是真的，它们本身有我们这里所提出的同样的问题；并且即令是真的，它们也不表示“罗斯福不在昆明”是怎样的一件负事实。这件事实是没有法子官觉到的。如果我们在官觉上找这件事实，我们只能说我们在昆明看见非罗斯福。这显然不行，因为所谓非罗斯福的确滔滔者天下皆是也。我们似乎不能不说“我们在昆明看见非罗斯福”不是一件负事实。

4.肯定的不是一件负事实。如果我们不承认“我们在昆明看见非罗斯福”是一件负事实——显而易见，这样的“事实”不止一件，它只能是无量数件，而负的特殊的命题成为普通命题——那么“罗斯福不在昆明”这一命题何以是真的呢？这的确是一特殊的命题，的确也是负的，如果它是真的，它应当表示或肯定一件事实或者有事实上的根据。如果这一命题所表示的或肯定的不是一件负事实，我们仍得在别的事实中去找根据。

D.没有负事实

1.事实底官觉上的根据。我们不能不先表示事实不一定是可以直接官觉得到的。照现在许多人的说法，所谓事实包含细微世界中的情形，如“电子如何如何……”这种细微世界中的事实是不能直接官觉得到的。可是，它们虽不能直接官觉得到，然而假如我们承认“电子如何如何……”是事实，这件事实仍间接地——也许非常之间接地——有官觉上的根据。所谓试验给人“看”，就是给人以官觉上的根据。一件事实本身也许是不能直接官觉得到的，然而它不能没有间接的官觉上的根据。完全没有官觉上的根据的，我们不能叫作事实。

2.细微世界底事实底间接的官觉上的根据。普通所谈的事实是可以直接官觉得到的。所谓“负事实”是不能直接官觉得到的。可是，假如它是可以间接官觉得到的，如所谓细微世界中的事实，那么我们对于负事实也可以承认。所谓细微世界中的事实可以间接地官觉得到有两方面的情形。一是普遍的理。从耳闻眼见说，细微世界是推论出来的世界，它是由直接官觉利用一些普遍的理而得到的。另一方面是直接的官觉。所谓细微世界中的事实也得要我们底接受与安排，我们底接受与安排都是在试验室中举行的，而我们在试验室中所依靠的还是直接官觉；没有这一方面的直接官觉，我们不能说细微世界中有事实。在这里我们只有直接和间接底分别。在试验室中的官觉一方面是直接的，另一方面是间接的。就试验中的所与说，官觉是直接的；就细微世界底情形说，官觉是间接的。没有一方面的直接官觉，也没有另一方面的事实。由间接官觉所得到的事实依然有直接官觉以为根据。

3.直接或间接的根据都没有。负事实假如是细微世界中那样的事实，只能是间接的，而间接方式是以上所说的。可是，它既不是可以直接官觉得到的事实，也不是以上所说的那样的间接官觉可以得到的。我们现在所谈的是特殊的负的命

题，这样的命题不是由普遍的命题推论出来的命题。它既不牵扯到普遍命题，它也没有以上所说的直接和间接底分别；我们不是由直接官觉到某某所与，利用普遍命题而间接地承认某某事实。就“罗斯福不在昆明”说，我们所直接官觉的事实是“张三在昆明”、“李四在昆明”这样的事实；单就这样的一件一件的事实说，我们不能由任何一件推论到罗斯福不在昆明。不但从任何一件这样的事实，我们不能推到罗斯福不在昆明，就是从所有的这样的事实，也不能推到罗斯福不在昆明，除非我本来就在找罗斯福。不然的话，显而易见，我从这样的事实也可以推到丘吉尔不在昆明，或斯大林不在昆明等等。

4.真的负命题有事实上的根据，但是没有负事实。负的真的特殊的命题仍有事实上的根据。消极地说，与负的真的特殊的命题相矛盾的命题所表示或肯定的不是事实，这就是说它是假的。上面所说的“罗斯福不在昆明”这一命题是真的，表示“罗斯福在昆明”这一命题所肯定的不是事实。积极地说，负的真的特殊的命题底事实上的根据是某一件事实，例如“罗斯福不在昆明”底事实上的根据就是罗斯福在华盛顿这一件事实。这样的负的特殊的命题底真也许牵扯到逻辑，可是，不牵扯到其他的普遍命题。罗斯福不在昆明这一命题的确不肯定罗斯福在华盛顿这一件事实，然而它底真确是根据于这一件事实。照此说法，负的真的特殊的命题虽有事实上的根据，然而不肯定一件与命题相应的负事实。既然如此，我们也不承认负事实。负事实既然取消，所谓正事实当然也没有意义了。

五、事实与将来

A.关于未来底种种

1.未来本身总是未来。未来当然是指时间上的未来。未来之所以为未来总是相对于已往和现在。某一时间之为未来总是相对于某一现在而说的。头一点我们要分别未来与未来的东西和事体,我们暂且不提事实。未来的东西和事体也许将要来,也许会来,也许不久即来,假如我们所说的是我们所盼望的某某东西和某某事体。这就是说,这些所盼望的某某东西和事体也许会成为某一现在的东西或事体,也许不会。至于未来本身,它总是未来,它永远不会来的。就未来之所以为未来说,它根本不能来,这和所谓明天一样。

2.接受安排和所与都不是未来的。上面说未来的某某东西和事体可以来。可是,就其可以来说,它是可以成为某一现在的东西或事体;就其已来说,它是已经成为某一现在的东西和事体。就后一点说,它既经由未来而入于已来,它当然不依旧是未来的。未来没有跟着这些东西和事体而俱来。就某某东西和事体之为已来说,我们当然可以接受与安排,而接受与安排之后,此所谓某某东西和事体者,就是某某时候、某某地点、某某种、某某类的东西和事体。利用我们前此所常用的术语说,我们总可以利用我们底工具,意念上的工具,去接受和应付所与,可是,所与总是已来的,而已来的总不是未来的。

3.所谓"未来的东西或事体"底解释。未来的某某东西事体虽可以来,然而也可以不来。无论如何它们的确是未来的。

就它们是未来的说，严格地说，它们不是“东西”和“事体”。未来的东西和事体实在是所谓变词或任指词。变词或任指词当然有可能的“值”，但就未来说，它不能以某某东西和事体以为值。谈到未来的东西或事体的时候，实在的情形似乎是这样的：在n时候我们称n+m时候的可能的东西或事体为未来的东西和事体。严格地说，在n时候，只有n时候的东西和事体，n+m所能有的不是东西或事体。从n时候的立场说，n+m时候所能有的还没有分别，还没有彼此，仍然是混沌的；严格地说，它不是所与，显而易见，就n+m时候之为未来说，它还没有所与。我们可以引用从前关于自然所说的话，说自然界有时空架子，而此时空架子不是空的。未来的东西或事体，就未来说，似乎只表示时空之不空而已。

4.重提自然与事实底分别。就第一节所谈的自然界与事实界底分别说，说自然界的时空架子不空，不就是说它老有东西和事体。自然界是有类型性的和相对性的，本然世界，而不必有已经发生或正在发生成分。我们可以用“如果——则”命题表示自然界。自然界的确有未来的自然界，我们可以这样地表示未来的自然界：本然世界有未来，如果在未来有某知识类，也有相对于该知识类的未来的自然界。可是，我们虽然能说有未来的自然界，然而我们仍不能说有未来的事实。我们可以假设未来有知识类，然而我们仍不能肯定有某某未来的东西或事体，因为东西要呈现，事体要发生，而未来既为未来，它总无所谓呈现与发生。事实与东西和事体一样也有未来的事实问题。

B.以某特殊的现在为根据底将来

1.静的架子动的川流。设以 t_1 为现在，照自然界底时空架子与我们底时空意念的说法，有 t_2……t_3……t_4……t_n 时间。这是就时空架子说，这架子本身当然是不动的，好像钟表面上的数目字一样。假如所谓 t_1 是民国三十年正月十日，我们有时的确说民国三十年正月十日已经过去。它是固定的特殊的时间位置，时间底川流虽经过它，而它本身无所谓过去或不过去。可是，以它为现在，这现在的确随川流而渡到民国三十年正月十一日、十二日等等。等到"现在"到了十一日，我们说民国三十年正月十日已经过去了。这有点像从汉口坐船到上海，九江、芜湖、安庆虽本身相对地不动，然而的确依次过去。

2.以"现在"为变词，以 t_1……t_2……t_3……t_n 为它底值。时间川流也就是自然界在 t_1……t_2……t_3……t_n 经过。本然界底川流不停，自然界也不会在 t_1 或 t_2 或 t_3……或 t_n 上打住。这就是说，以 t_1 为现在，现在不会在 t_1 打住，现在既不会在 t_1 上打住，t_2，t_3，t_4……t_n 会来。从 t_1 这一现在说，t_2，t_3，t_4……t_n 都是将来。现在既不在 t_1 上打住，它和 t_1 不一样。将来也不在！t_2，t_3，t_4……t_n 上打住。我们可以把"现在"视为变词或任指词，如此看法，t_1，t_2，t_3……t_n 是它底值。将来也可以视为变词或任指词，如此看法，t_2，t_3，t_4……t_n 是它底值。将来当然只是将来，所谓将来也不会来；现在也只是现在，它不会是将来。可是从 t_1 这一现在说，将来虽不会来，而 t_2，t_3，……t_n 会来，它们都将要来。

3.将来不来而 t_n 会来。根据将来和 t_2，t_3，t_4……t_n 底分

别，有没有将来底事实，和有没有 t_2 或 t_3 或 t_4……底事实，不是一样的问题。问在 t_n 时有没有事实或有没有 t_n 底事实，有特殊的时间以为立场；问有没有将来的事实（如果我们把说话底时候的特殊立场撇开），没有特殊的时间以为立场。在 t_n 底立场，或以 t_n 为现在，t_n 当然有事实。问题是在 t_1 底立场，或以 t_1 为现在，我们能否说有 t_n 底事实。这问题与在 t_1 底立场上问有没有将来的事实，一方面一样，因为 t_n 和将来都是未来；另一方面问题不一样，因为将来不会来，而 t_n 会来。

4.以 t_n 为立场说关于 t_{n+m} 时的话。普通我们的确说这样的话："等将来的事实证实"，或"等你到二十一岁的时候"，后一句话很容易分析成为在 t_n 时候谈 t_{n+m} 底方式。在"等你到二十一岁的时候"中的"你"一定有多少岁，可是，没有二十一岁；说话时候假如为 t_n，则它二十一岁的时候就是 t_{n+m}；而说二十一岁的时候如何如何，就是在 t_n 的立场上，说 t_{n+m} 的时候如何如何。"等将来的事实证实"似乎笼统得多，但是，也可以作如是解释。这类的话虽然有，然而它们没有表示有将来的事实，也没有表示有 t_{n+m} 的事实。从将来的事实证实着想，问题也许不很显明，从"等你到二十一岁的时候"着想，问题显明得多。这句话中的"你"也许活不到二十一岁，而等到他二十一岁的时候的如何如何也许不至于发生，果然不发生，当然也不是事实。总而言之，在 t_n 的立场说 t_{n+m} 的话，只是谈可能而已。

C.将来的自然项目

1.所与不只是自然项目。如以前及本章所述，自然只有类型性或相对性,没有已经或正在成分。如果有将来的自然界,当然也有将来的自然项目,或在将来有将来的自然项目。川流不停,时间不会打住,只要有知识类,本然会成为自然,而在自然的时空架子中,不会没有可以安排在此架子中的项目。除非时间打住,这些项目总不至于打住。可是自然项目之有是以假言命题表示的。假如没有知识类,相对于该知识类的自然项目也没有。说有自然项目,当然假设某某知识类继续。要紧点是我们并不要求自然项目已经发生或正在呈现。所谓"所与"是要的的确确呈现的,它虽是自然项目,然而它不只是自然项目而已。

2.事实也不只是自然项目。在这一点上,事实和所与同样,事实也要的的确确存或在,这就是说,它总有已经或正在成分。它虽是自然项目,然而它不就是自然项目或只是自然项目。它是接受了的、安排了的所与,也就是接受了的,或安排了的,自然项目。如果我们从自然项目着想,我们会想到,它不一定是事实,虽然它可以是事实。现在的自然项目也许是事实,也许不是事实,这要看它是否为官觉者所官能得到,与是否为官觉者所接受与安排。如果它为官觉者所接受或安排,它是事实,不然,它只是自然的项目而已。至于将来的自然项目,它不是事实,只是事实底可能的材料而已。事实底材料不是事实,好像书店里的书,或图书馆目录室里的书,尚不是图书馆书架子上的书一样。

3.有将来的自然项目。从知识者设想,将来的自然项目确是有的;这不过表示时间不会中断,知识类继续存在而已。自然的川流不中断,时间不会打住,时间既不打住,"时间"这

一规律当然可以继续地引用。这也就是说，我们在事先已经知道时间这一规律可以继续引用，而不至于现在打住。所谓东西、事实、事体就不敢说了。这意思当然不是说东西类、事体类或“事实类”，而是说某某东西或某某事体或某某事实。我现在有这张桌子，我知道 t_n 会来，可是，等 t_n 来时我有没有桌子，我可不敢说了；我也许可以说十之八九在 t_n 来的时候我仍有桌子，但是，我不敢说我一定会有。究竟有没有，我仍然要等 t_n 降临。明天我有没有桌子虽要等待明天降临，然而我不必等明天（某年某月某日之第二天）降临，然后方知道有明天。

D.没有将来的事实

1.在 t_1 时我们的确可以说 t_2……t_3……t_n 底自然项目。B 段已经表示在 t_1 我们可以盼望 t_2，t_3，t_4……t_n 降临，可是，虽然如此，在 t_1 时，t_2，t_3，t_4……t_n 仍只是将来。将来有自然项目，在 t_1 时候，我们可以说 t_2，t_3，t_4……t_n 各有它们底自然项目。这些自然项目都是事实底材料。

2.可是，t_2……t_3……t_n 底自然项目不是事实。但是，它们都不就是事实。根据上面所说的及我们的常识，事实总是现在或已往的，或者正在呈现中，或者已经发生了。在 t_1 时而谈 t_2，t_3，t_4……t_n 底项目，我们只就其为项目而言；它们既不是在呈现中，或已经发生，它们虽可以是事实，然而不就是事实。事实或存或在。已往的事实是存而不在的项目，现在的事实是既存而又在的事实。对于 t_1，t_n 虽将要来，然而在 t_1 它仍未来。t_n 底自然项目既不存且不在。这些项目虽可以是将来的项目,然而不是事实,它们只是事实底材料而已。

3.这样的项目我们还没有接受或安排。事实牵扯到我们底接受和安排,当然也要求有所接受和安排的所与或所与底项目。在 t_1 而谈 t_n 底自然项目,我们只能表示它们之有而已,我们没有法子说它们如此如彼,因为它们根本还没有呈现如此如彼。我们至多把它们安排在时空架子之中,别的就无话可说了。如果再说下去,我们只是说了些透支的话,好像我们在银行里透支一样。事实既牵扯到我们底接受与安排,我们总得恭候所要接受和安排的所与降临,不然我们无从发现它们如此如彼,要我们发现它们如此如彼,我们才能作如此如彼的接受。这实在就是说,要我们能够接受和安排,我们非要求自然的项目是现在的项目不可。t_n 底项目不是所与,我们无法接受与安排。

4.计划虽是事实而所计划的不是。在日常生活中我们的确说"明天的早饭如何如何"。可是明天的早饭不是事实。我们虽可以计划明天的早饭如何如何,并且可以作种种预备,然而它究竟如何如何,我们无从说起。我们底计划是事实,我们所做的种种预备也是事实,然而我们所计划的不是事实,即令照我们底计算,它十之八九可以成为事实。在日常生活中,我们常常说些表示意志的话:例如"过几天我给你写一篇文章"。说这话的人也许很诚实,然而做文章不必是事实,而文章更不必写成。过几天的情形如何,总要等它到来才是事实,无论我们底信仰如何。

六、事实与知识

A.事实与经验

1.自然有观的观。自然有观，它是有观的本然。可是所谓自然有观的观是相对性、类型性，它是可以用假言命题表示的观。自然虽有观，而自然不必在事实上为我们所经验，此观不是我们底经验加给所与的关系质，我们不必引用直言命题表示此观。我们可以说假如有 K 知识类，则对于 K 的本然就是 K 底自然。事实则不只是这样的。

2.事实底观是经验所给予所与的关系质。事实当然也有观，可是，此观是知识者底经验加给所与的关系质。这说法对于习惯于本书底术语的人也许清楚，对于不习惯于本书底术语的人也许不清楚。最清楚的说法，也许还是利用事实两字，说自然不必在“事实上”为我们所经验始成其为自然，而事实一定要“在事实上”为我们所经验才能成为事实。事实底材料是自然或自然的项目，可是假如这项目不是实实在在地在经验中，它只是材料而已，我们不能承认其为事实。我们要求自然项目在经验中，我们才承认其为事实。

3.所谓事实在经验中。这里所谓在经验中是在所谓知识经验中。经验不是脑子，说事实在经验中，不是说事实在脑子中。如果所谓心是思想能力，说事实在经验中也不是说事实在心中。如果所谓心是思想能力的活动，而所谓在中又是曾经为，或现在正是，此活动底对象（这就是说不只是内容而已），则说事实在经验中，的确也是说事实在心中，虽然在心中的不一定是事实。知识经验不只是官能经验,它不只是官能中有所得,而且是以此所得还治所与。所谓经验也不只是直接的经验。所谓直接经验,就所得说,是没有推论的所得,就还治说,是没有推论的还治。另一方面,所谓直接经验是亲自经验,而所谓亲自经验。是一官觉者,在自己的立场上,认为独有的经验,不是同类中另一官觉者所有的经验。这里所谓经验不但有直接的而且包括有间接的经验。说事实在经验中也不是说所与在官能中。照我们底说法,所与是官能关系结合中的关系者,它既不是官能关系,也不属于官觉者。总而言之,说事实在经验中与“所与的存在即其被官觉”那一学说是另外一回事。

4.事实界和知识类底知识经验同领域。在本然的川流中和在自然的川流中,有事实界也有知识经验。事实和知识类底知识经验的对象同领域。执任何时间以为现在,事实界在该现在上打住。它在什么时候开始,就靠我们底天文、地理、历史等等学问告诉我们。这些学问愈发达,事实界在已往那一方面也许愈扩大范围。我们可以想象在几千万年前的情形,但是假如这些情形不在我们底知识经验中,我们虽可以想象这些情形,然而所想象的情形不是事实。我们也可以想象到几万光年以外的情形,但是这些情形不是我们底知识经验中的,我们也不能说它是事实。我们可以想象到细微世界中的情形如电子、原子等等,可是要这些情形在我们底经验中,我们才能说它是事实。上条已经说过所谓经验不限于直接经验,因为如此,事实界不限于耳闻目见的世界。事实界比官觉界要宽大得多。

B.无不知道的事实，从知识类说

1.知识类和知识者底知识的分别。有没有我们所不知道的事实呢？从一方面着想，我们似乎要说有我们所不知道的事实，我们一想就想到欧洲、亚洲有好些战事是我们所不知道的，而这些都是事实。从另一方面着想，我们既不知道这些战事，我们何以又知道它们是事实呢？对于这个问题，我们可以分两方面讨论，一方面从知识类讨论，另一方面从知识类中的某某知识者讨论。事实既如本章各节所讨论，则从一知识类着想，当然没有一知识类所不知道而又同时承认其为事实的事实。所谓一知识类不知道是该类中没有一知识者知道，所谓一知识类知道是说该类中至少有一知识者知道。一知识类可以有它所不知道而又承认为自然的自然。自然只有理论上可知而没有事实上已知的问题。对于事实，我们不能这样地说。

2.所谓一知识类之所不知道的。一知识类之所不知道的，当然也是该类中任何知识者所不知道的，这也就是说，这不知道的情形不在这类知道者底知识经验中。照以上的说法，不在一类知识者的知识经验中的，不是该知识类底或相对于该知识类的事实。从相对性着想，事实和自然相似，它也是相对于知识类的。不同点是事实要求已经或正在成分。说事实是可以为一类知识者所不知道而同时又是该知识者所承认为事实的事实，这实在是无法说得过去的。这等于说事实可以为一类知识者所不知道而又为该类知识者所知道。

3.没有相对于知识类而为该类所不知道的事实。从类方面说，显而易见，没有不知道的事实。这当然是说，没有相对于该知识类而为该类所不知道的事实。不相对于该类的事实底有无,根本不在讨论范围之内。假如我们以 K_n 表示某一知识类,以 K_m 表示某另一知识类,则有相对于 K_n 的自然,也有相对于 K_m 的自然,当然也有相对于 K_n 的事实,也有相对于 K_m 的事实。假如我们以 S_n 表示相对于 K_n 的事实,以 S_m 表示相对于 K_m 的事实,我们说显而易见没有 K_n 所不知道的 S_n。对于 K_n、S_m 底有无根本不在我们底讨论范围之内。所不知道的 S_n。对于 K_n、S_m 底有无根本不在我们底讨论范围之内。这里是说知道或不知道,不是说可以知道或不可以知道。可以知道而不知道的仍不是事实。

4.可以成为事实的材料当然不会都已经在知识类底经验中。说没有不知道的事实总给人以不良印象,以为我们已经登峰造极,我们无可再进步了。既然没有不知道的事实,当然所有的事实都已经在我们底知识经验中。这话也对。只是我们要注意,事实不是一可以有总结的集团,一件一件的事实底总数不是一固定的数目。同时知识也不是一在任何时间可以打住的活动。更要紧的是,求知不仅是被动地知道事实,而且是主动地发现事实,事实是可以增加的,并且无时不在增加。不但将来(t_2,t_3,t_4……t_n)成为现在,事实老在增加,而且历史上的事实也老在增加。说没有不知道的事实不是说我们已经登峰造极,这只是说事实增加我们底知识也增加,说事实增加,只是说可以成为事实的材料,由自然川流中的项目而入于事实界而已。说没有不知道的事实,也不是说,没有可以成为而尚未成为事实的材料。这些材料当然不会完全已经在我们底知识经验中。

5.事实界底膨胀。照上条底说法，事实界无时不在膨胀。如果我们以我们底事实界为世界，则世界的确是膨胀的。这和宇宙膨胀论不相干。宇宙膨胀论是物理学底学说，它靠得住与否完全是物理学范围之内的问题。我们这里所谈的只是事实界底膨胀。不但相对于一知识类的事实界膨胀即一知识者底事实界，只要他底知识增加，他底事实界也膨胀。人类底事实确是增加的，并且增加底速度也在增加。这当然不是说自然或本然界膨胀，本然与自然界完全是另外一回事。

C.有不知道的事实，从一类中任何一知识者说

1.从一类中任何知识者说，有他所不知道的事实。以上是从一知识类着想，若从一类中的任何一知识者着想，问题当然不同，也许有一类中大家所知道的事实或任何知识者所知道的事实，但大多数相对于一知识类的事实不是该类中所有的知识者都知道的。也许有只有一知识者所知道的事实，但大多数相对于一知识类的事实不是该类中某一知识者所独自知道的事实。大多数的事实是一类中一些知识者所知道的而另外一些知识者所不知道的。本书一向注重交通。经验和知识底交通性底重要于此更可以想见。有交换能力不仅可以交换意见而且可以交换知识与事实。这当然就是说事实不必是一知识者所亲自经验的，知识也不限于一知识者所亲自知道的。所谓教育一部分就是传达人所已知给未知的人们，传达人之所已知于未知的人们，从未知的人们说，所知总是间接的。从求知者这一方面说，总有他所未知而别的人已经知道的事实。从一类中的任何一官觉者说，他总得承认有他所不

知道的事实。

2.分门别类的知识。分门别类地研究学问,也就是分门别类地求增加知识,而分门别类地求增加知识,一部分的工作也就是分门别类地求增加事实。既然如此,各门各类有各门各类的事实。研究物理的人得到许多物理方面的事实。这些事实也许不是研究其他学问所知道的事实。研究历史的人得到许多历史方面或历史上的事实,这些事实也许不是研究其他学问所知道的事实。所谓"门外汉"不但是不懂某一门学问的人,也同时是不知道某一类或某一方面的事实的人。如此说法,当然就是承认一知识类中的某一知识者承认有他所不知道的事实。我们现在有时批评这种分门别类的求知方法,说这方法实行以后"通人"就少了。"通人"大约是各方面都能通的人,如亚里士多德。这些人也许是减少了。各方面都通的人不但是知道各门学问底学理的人而且是知道各门学问底一部分的事实的人。这种人减少就是知道各门各类的事实底人减少。果然如此,我们便不能不承认有我们所不知道的事实。

3.有些不知道只是彼此底不知道。从人类着想,上智的人和下愚的人底知识都有限,这就是说,和人类底知识比起来,就是上智的人,他底知识还是有限。我们在这里只是从量着想不是从质着想。从质着想,也许一个人底贡献非常之重要,也可以比许多人联合起来的贡献更为重要。从量着想,一个人底知识无论增加若何的多,对于人类的知识没有增加多少,也许根本没有增加。一知识类所有的知识总和起来非常之多,一知识者所有的知识非常之少。事实也是如此。你有你所不知道的事实，我有我所不知道的事实。我们可以说这样的话："你我虽不知道某一些事实，然而有人知道"。一类中一知识者虽不知道而同类中另一知识者知道。总而言之，我们有人类所有而我们所不知道的事实。两人谈话之间，一个说"有好些事实你不知道"。这当然是可以的，因为我们假设所谓你不知道的事实是说话的人或他所认识的人所知道的。这只表示某某不知道而已，我们不能以为这表示有人所不知道的事实。

4.有一类所知道而单个的知识者所不知道的事实。本段是从一类中单个的知识者说，有不知道的事实。可是我们底话要说回来。从一类知识者说，没有不知道的事实。我知道我们说这样的话："现在在俄国有好些事实发生"或"现在在美国有好些事实发生"或"现在有某人正在生小孩，可是我不知道这件事而已"。可是，这样的话只表示我们不知道而已，这决不表示没有人知道。总而言之，事实有知识者的接受与安排，它总在知识者的知识经验中。此所以事实有靠得住与否的问题，"某某情形是不是事实"？并不是没有意义的问题。这一方面的问题我们现在不讨论，以后讨论真假时也许再提到。我们现在只说从知识类着想，没有不知道的事实。

七、事实与理论

A.事实与意念图案

1.意念总有图案。事实既有我们底接受和安排，它总是我们引用意念于所与的结果。意念决不是完全单独的，也决不是完全简单的。这就是说,没有与别的意念无关联的意念,也没有不能分析成其他意念的意念。意念只有关联多少与成分多少的问题。成分少的意念我们说它简单,关联少的意念我们说它单独。意念总是有图案的。引用意念于所与也就是把所与容纳到一意念图案之中。以桌子去接受某 X 所与,也就同时把 X 容纳到某某高度、某某形式、某某颜色等等的图案范围之内;以平行铁轧去接受 Y,也就是把 Y 容纳到意像图案之内,一方面也许是物理化学方面的图案,另一方面是几何图案。前一例比较地简单,后一例比较地复杂。可是,简单与复杂底程度虽有不同,然而情形一样:引用意念于所与同时也就是把所与容纳到意念图案范围之内。图案与结构底分别在论思想的那一章已经讨论过,此处不赘。

2.意念底大小精粗的分别。所引用于所与的意念有浅与深及贫乏与丰富底分别。上条已经提到意念决不至于完全单独,也决不至于完全简单。说意念不至于完全简单,也就是说一意念总可以分析成其他的意念。不过分析成分有多有少而已。分析成分多的,我们叫作意义深的意念,分析成分少的,我们叫作意义浅的意念。说意念不至于完全单独,也就是说一意念与别的意念有关联,不过所关联的意念有多有少而已。关联多的意念,我们叫作丰富的意念;关联少的意念,我们叫作贫乏的意念。丰富而又意义深的意念,其图案大而且紧,贫乏而意义浅的意念,其图案小而且松。这里所说的都是从意念本身说,不是从思想者不根据于意念本身而得到的联想联思说;或者说,这里所说的都是从意念底图案或结构说,而不是从思想底历程说。图案或结构有大小、有精粗、有紧有松,

而引用于所与，此所与之所容纳的图案或结构当然也有大小、精粗、紧松的分别。

3.就用者说图案不必相同。以上是就意念本身说，可是意念本身底图案或结构不必为意念者所得。意念本身图案大的，对于某一意念者，图案或结构也许小；意念本身图案或结构精的，对于某一意念者，图案或结构也许粗。某甲研究中国历史，以“汉砖”引用于X所与，意念图案也许相当的大，某乙不懂中国历史，以“汉砖”引用于X所与，意念图案也许很小。某丙是研究物理的，以“力”引用于Y所与，他底意念图案相当的精；某丁不是研究物理的，他所谓“力”底图案大约是很粗的。普通我们会说某甲、某丙是在某某方面有知识的，而在该某某方面，某乙、某丁不是有知识的人。虽然如此，就是某乙、某丁也有相当于“汉砖”和“力”底图案，不过这图案也许小而且粗而已。以上的意念也许特别，可是，其为例并不特别。日常生活中的意念也有同样的情形。所谓“米”对于米商大致图案大，对于木器商大致图案小，而所谓“椅子”对于前者也许图案小，而对于后者大概图案大。

4.推论是意念者根据意念图案或结构而作的推论。引用意念于当前的所与，既然是把所与容纳到一意念图案范围之内，当然也有另外的结果。不仅当前的所与为一意念图案或结构所容纳，就是不在当前的项目也为一意念图案或结果所容纳。大江川流于前，不仅当前的是川流，而且某地底川流是上游，另有某项是所谓“泉源”。引用意念于当前的所与，也就是引用意念于当前所与之外。由当前的到当前以外总有所谓推论。这就是普通所谓由当前推论到当前之外去。关于这推论有正确问题,有相干与否底问题;这些问题我们现在都不讨论。所要注重的是这些推论是意念者在意念上的推论不是所与本身底呈现。显而易见,只有当前的所与有呈现,当前以外既不当前根本没有呈现。这一点非常之重要。推论是意念者根据意念底图案或结构而作的推论。此所以推论因意念者底不同而不同。如果推论底根据是所与,不同的意念者底推论应该是一样的;意念者底推论不是一样的,有些推论多而且准,有些推论少而不确。这不同处底根据,就是(3)条所说的,各意念者底意念图案或结构,有大小精粗紧松底分别。

B.理论与发现事实

1.注重对象上的理。意念和意念底图案或结构都是思想者在思想活动中的内容。就对象说,它们所表示的是理。意念和意思有正确与否底问题。意念者的意念也许不是概念,他底意念图案也许不是概念结构。果然如此,意念者虽有意念然而不因此就明理,引用意念于所与有对错问题,如果他引用的错了,他虽有意念与官能活动,然不因此达事。所谓理论,就意思底内容说,就是根据意念或概念的图案或结构以为推论;就思想底对象说,就是根据理以为推论。有时我们注重内容,有时我们注重对象。注重内容,所注重的是思想活动;注重对象,所注重的就是理本身。我们在这里注重理本身。所注重的是正确的概念底结构及其所表示的理。

2.归纳即事中求理。我们不但是能从事中发现理而且能从理中发现事。这就是说,我们也可以理论为工具去发现事实。意念愈简单愈单独,我们愈要事中求理。大致说来,所谓

归纳大都是事中求理，尤其逆来顺受的归纳。所谓逆来，是不跟着我们底盼望和要求而来的所与，所谓顺受，是跟着所与底来而接受的接受。在逆来顺受中，我们以事为根据，我们在事中求意念底关联；这当然也就是说，我们在事中求理。在事中求意念底关联，所得的关系才不至于落空。在我们求知底历程中，在事中求理或在事中求意念底办法，当然重要并且基本。在知识经验中，无论所与逆来与否，我们总得顺受。只要我们顺受，我们总是在事中求理。这一方面的情形，我们大都承认，所谓注重经验，所谓注重归纳，一部分的理由也就是要我们在事中求理。

3.也可以在理中求事。大多数的人所不甚注意的，是我们有时也在理中求事，并且常在理中发现事实，在日常生活中，我们有类似的情形，而且早就承认有这类情形。所谓料事如神，就是根据意念底图案或结构推到某某事体一定发生。从严格的理论着想，这推论也许有毛病，所以这种料事如神就不是我们这里所说的在理中发现事实。这是从正确与否着想，若从方式着想，情形相似。比较发达的科学，不仅是内容丰富的学问，而且是有意念结构的学问。在有意念底结构的科学中，我们已经有好些在理中发现事实的例子。约翰亚当士和一法国人差不多同时发现某行星；他们不是在天文台上去找这行星，他们根据学理推算到非有此行星不可；推算断定之后，在天文台上果然发现此行星。前多少年，爱因斯坦根据相对论底学理，断定光线经过 field of gravitation 会发生 deflection，不久以后，在日食时拍照，果然有此现象。这种例子，学科学的人也许可以举出好些个。我们在这里只举以上的例，表示我们可以在理中求事。

4.学问愈进步,理中求事底可能愈大。所谓学问进步,不但是所谓增加一条一条的知识,而且是增加有系统的知识。所谓有系统的知识,就是有意念图案,或者说有理论结构的知识。学问愈进步,在理中发现事实的情形愈多。或者说理论愈精,我们愈能以理论为工具去发现事实。这不是说,从事中发现理论愈少。我们在(2)条已经表示在事中求理底重要,只要我们在求知识,我们无时不在事中求理。我们说理中求事底增加,并无意思表示事中求理底减少。我们的思想可以如此表示:学问愈进步,理中得事底机会增加,而增加底速度也增加;事中得理底机会增加,而增加底速度也增加;不过前者底速度比后者底速度增加的更快而已。照此说法,学问愈进步,以理论为发现事实底工具的引用愈增加。学问不只是目标而已,它不只是生活底工具而且是学问底工具。此所以学问不发达则已,一经发达,则发达底速度愈大,知识不发达则已,一经发达,不但所知道的事实多而且因增加知识所发现的事实也多。知识不仅是接受事实底结果而且是发现事实底工具。

C.事实有秩序

1.事实总有意念图案底秩序。在讨论归纳原则的那一章,我们曾经提出秩序问题。我们曾表示将来绝不能推翻已往。在这里我们借论理论与事实底机会,从新表示事实本来是有秩序的,并且表示此秩序也绝不能推翻。事实虽是自然所呈现的所与,然而不只是自然所呈现的所与。事实有知识者底接受与安排。我们不但以意念去接受所与而且以时空意念去接受，这就是说，我们不但以意念去接受自然项目，而且以时空位置去安排项目。事实既有接受与安排，也有知识者所有的意念图案上的秩序。假如这意念图案是某概念结构（这假设是用不着的，我们如此说而已），事实本来是有理的，或本来是有理论上的结构的。我们可以暂且不管本然的秩序和自然的秩序，就知识者说，事实总是有秩序的，因为他底意念总是有图案的。无论事实有别的秩序与否，它总有意念图案上的秩序。这一点非常之重要。在无论什么时候，事实总有相当于知识类底意念图案底秩序。有时我们的确说有不可解的事实，可是这只是就某知识者说而已。所谓不可解的事实就是没有意念图案底秩序的事实。这样的事实对于某某知识者也许有，对于知识类没有；因为不合知识类底意念图案的情形，根本不是该类所承认的事实。

2.我们无法控制所与如何地呈现。这当然不是说所与有我们所盼望的秩序或有我们所要求的秩序。说事实有秩序并不限制所与如何呈现。无论所与如何来法，我们总有法子接受与安排。我们不以 A 意念去接受，就以 B 意念去接受。假如我们没有相当的正的方式去接受，也有负的方式去接受。就是没有旧的意念去接受，我们也可以用新的意念去接受。假如旧的意念之中，没有十分恰当的意念去接受所与，我们也可以改变我们底意念。这里所说的是我们改变我们底意念，不是意念本身底改变，意念本身无所谓改变。假如我们向来以 A 意念去接受某某所与，现在改用 B 意念去接受，这当然不是 A 意念变成了 B 意念，而只是我们改用而已。意念本身也无谓新旧,所谓新旧只是对于意念者而说的。就是意念者所谓新的意念也不会完全的新,十分的新。意念者改用他所谓新的意念也许他同时得改变他底意念图案,意念图案本身也无所谓变改,只是意念者改变他底图案而已。这就是说,无论所与如何地来,它总有意念图案所有的秩序。

3.所与底本来的秩序。所与当然是本来有秩序的。这可以说显而易见。意念及意念底图案是意念者在官觉经验中之所得。意念者也许弄错了,果然弄错,他底意念图案的秩序本来就不是所与所呈现的秩序。如果意念者没有弄错,他底意念图案底秩序本来就来自所与之所呈现的。果然如此,从前的所与本来就有意念图案底秩序。以后的所与(所与总是当前的,所谓以后的所与只是就可能而说的),也许没有意念者在某时所有的意念图案那样的秩序,可是照(2)条所说,它总是意念所能应付的所与。这就是说,以后所能有的所与也是有秩序的。本然界本来是有秩序的,自然界既是有类型性或相对性的本然界,也是有秩序的。说自然界有秩序也就是说自然界底项目本来是有秩序的。这秩序当然会在所与中呈现出来。所与本来是有秩序的,问题只是我们能否得到而已。假如知识者是无所不知的神,他根本不会有秩序问题。其所以发生秩序问题,就是因为知识者时常有改用意念图案底需要。意念图案底妙用,就在于无论知识者如何地更改,它总有它底秩序。从知识者说,事实总是有秩序的,问题只是某某是不是事实的问题。也许照某一图案说,某某是事实,照某另一图案说,某某不是事实;可是无论所引用的图案如何,秩序总是有的。总而言之,事实决不至于杂乱无章。

D.事实底硬性

1.事实虽有某种软性，然而与知识不相干。以上的说法也许使人想到事实是软性的。事实既有我们底接受与安排，我们是否可以随意接受或随意安排呢？如果我们能够随意接受、随意安排，事实当然是软性的。事实的确有某种软性。我们的确有“事在人为”这样的话。我们的确可以计划明天的事体，我们底计划有时的确成功。我们可以利用因果或既成事实或学理以为左右将来的工具。如果我们以这样的情形为创造事实，我们的确创造事实。我们既然能够这样地创造事实，事实当然有某种软性。假如事实连这软性都没有，所谓革命或改革或其他方面的修改现实都不可能。可是，这是意志行动方面的事体，不是知识方面的事体。就知识说，知道事实决不是创造事实。就知识说，事实只是如此如彼而已。

2.意念底硬性。事实虽有我们的接受与安排，然而决不是随便接受或随便安排。一方面我们对于所与不能随便，另一方面对于意念我们也不能随便。意念是非常之有硬性的。在日常生活中，也许我们不注意到这一点。其所以如此者，约有两方面的理由。一是从思想底历程着想。（一）在思想历程中，有时有某意念显现，忽来忽往，而来去又匆匆，我们要抓着它，它又似乎从手缝中逃出，等到我们决定放弃它的时候，它又来了。我们在这种经验中难免不因此感觉到意念底流动性，也不免以为意念是软性的。（二）在思想历程中，有时有意念显现一去就不复返，它确是昙花一现。有硬性的似乎不能如此生灭。（三）在思想底历程中，例如作文章，有时起初有某意念，后来以完全另外的意见来代替原来的意见。在这种情形之下，我们也容易得到意念之为软性的这一感觉。另一方面是从思想的结构着想。有些人有某某坚决的主张，过了相当时期之后，他改变了他底主张。这也使人想到意念是软性的。有时我们说这样的话："某某底思想这样解释也行，那样解释也行。"这样的话也使人想到意念是软性的。其实这些讨论都不相干。在思想历程中的是意念显现，漂泊流动情形是显现方面的，不是意念方面的。就思想底结构说，我们虽然改变我们底意念而意念本身根本无所谓改变。至于有不同解释的思想，或者我们解释错了，或它本身不成其为意念结构。总而言之，意念是非常之有硬性的。我们对于它，除舍此取彼或舍彼取此外，没有多大的办法。我们可以把原来摆在东边的东西摆在西边，可是，显而易见，我们没有法子使"东"这一意念成为"西"那一意念。

3.所与底硬性。在思想历程中，我们底取舍也许是非常之容易的事，在思想底结构中，我们只能对于前提有所取舍，对于结论毫无取舍，我们只能对于内容有所取舍，对于推论底工具毫无取舍。至于引用意念于所与，我们也不能随便有所取舍，这当然也就是说，我们不能随便引用。在 B 段我们已经提出逆来顺受，我们说，所谓逆来的所与，是不跟着我们底盼望或要求而来的所与，所谓顺受，是顺着所与底来而接受的接受。所与可以逆来，所以它所呈现的秩序，不必是我们所盼望或要求的秩序，虽然它仍有秩序；我们得顺着所与去接受就是表示我们不能随便接受，所与也是有硬性的。所与之有硬性，似乎是大多数的人所承认的。既然如此，所与之有硬性，我们不必从长讨论。

4.事实底硬性。事实虽是所与，然而不只是所与；事实虽有意念，然而不就是意念。它是以意念去接受了的所与，一方面它既有所与底秩序，也有意念底秩序；另一方面，它既有所与底硬性，也有意念底硬性。除了从这两方面着想外，事实之有硬性，是大多数人所承认的。事实是我们拿了没有办法的。事实是没有法子更改的。所谓修改现实，只是使将来与现在或已往异趣而已。事实总是既成或正在的，垂查或既成的事实，只是如此如彼的现实而已。不但从知识着想，就是从《论道》那一书中所谓现实着想，我们也得承认现实之如此如彼，是理所固然、数所当然、几所适然；只要一“然”，它就从此“然”了。对于事实之“然”，我们只有承认与接受，除此之外，毫无别的办法。

第十五章　语　言

一、字

A.官觉呈现

1.从同点说起。本章讨论语言,只提出某方面的问题。研究语言学的学者所认为语言学的重要问题,结构、发展等等,我们在这里都不讨论。一方面我们不能够讨论,我们没有专门知识;另一方面我们也不必讨论,我们的兴趣差不多完全在表示思想或命题这一点上。本节论字。字是复杂的东西。也许在讨论的历程上我们应该由字之所以为字,或字与其他的东西的异点说起,慢慢地达于字与其他东西的同点。现在的办法不是这样。我们先从字与其他东西的同点着想。设有看官的呈现如下:

对于这五个看官上的呈现,官觉者的反应也许不一样。习惯用某种杯碗的人们也许会说头一个样式是画出来的碗或杯。有这习惯而不懂中文的人也许会因此想到其余四个样式

都是画出来的东西，他也许会想到第二个是兵器。对于其余的，他也许没有办法。有用杯子习惯而又不懂中文的人也许会说这五个样式之中头一个是画出来的杯子样子，第三与第五个是中国字，其余的他不知道。

2.字也是样式。头一点，我们要注意的不但不懂中文的人看见五个样式，懂中文的人也看见五个样式；他们彼此的不同点，是前者看不出字来，而后者在五个样式之中看见两个中国字。我们要特别注重的是：是字的也是样式，它虽然不止于是样式，然而它不因为是字就中止其为样式。现在有一部分的人们习惯于就字论字，这当然很好；可是，他们有时忘记了字也是样式。忘记字是样式也就是忘记字与其他样式的共同点，忘记这共同点，也就是忘记了字也得要在官觉中呈现出来。我们在这里所要求的就是不要忘记字与样式的共同点。不懂中文的人和懂中文的人的分别不在前者在(1)条的呈现中看见五个样式，而后者看见三个样式两个字；他们都看见五个样式，不过在这五个样式之中，前者看不出中国字来，而后者看出两个中国字来。

3.字也是客观的所与。说看见五个样式也就是说这五个样式都是视觉现象。写出来的书是预备看的，我们只能利用视觉呈现以表达我们的意思。其实如果我们说话，我们可以说出几个声音方面的样式，而在几个声音上的样式之中，我们也可以说出两个中国字来。果然如此，这两个说出来的中国字同时是听觉呈现中的样式。我们特别注重字是样式，也就是注重它同时是官觉中的所与。在第一章我们论官觉所与的时候，我们特别费力地表示我们非假设有客观的所与不成。

我们不能忽略客观的所与的问题;假如我们想从反应上的一致来建设客观的知识,我们会失败。显而易见,假如没有客观的所与,我们的反应本身也不客观,因为它们都是官觉者彼此的所与。假如没有客观的所与,不但我们对所与的行动上的反应不能客观,就是语言文字上的反应也不能客观,而语言文字根本不可能。仍以(1)条所写出的五个样式而论,假如没有客观的所与,不论什么人们都没有共同的客观的所与,而在没有共同的所与这一条件之下,没有人能够在以上(1)条所写出的样式中看出字来,更不论中国字,因为字本身就得要是客观的所与才能成其为字。

4.字的最低限度的必要条件。我们谈字,很容易忘记字的最低限度的必要条件。此必要条件就是字本身是官觉中的呈现。我们对于必要条件之容易忽略者,就因为必要条件底性质是无之必不然而有之不必然。虽然无之必不然,然而有之不必然,此所以我们很容易忽略必要条件。是样式虽然是字底必要条件,然而不是字底充分条件,我们对于字大都注重于字之所以为字,这就是说,大都注重字之所以异于其他非字的样式,这也就是说,我们注重字底充分条件。我们注重这一方面,就很容易忘记字同时是样式,是官觉中的呈现,是客观的所与。并且这些都是必要条件,虽然这些条件满足的东西不必是字,然而这些条件不满足的东西根本不是字。本段谈官觉呈现就是要注重这必要条件。字不能独立于官觉,字本身是官觉呈现,并且它非是客观的所与不行。

B.样型和凭借底分别

1.对以下视官所与的反应。字当然不只是官觉呈现，假如它只是官觉呈现，它无以异于别的呈现中的样式。头一点就是所谓 type 和 token 底分别。设有以下：

人，人，人，人，人，

不懂中文的人看见以上，也许会说它们是五个样式，也许会说它们是五个一样的样式。懂中文的人一看就知道这是中国字，可是，他也许会说这里有五个字，也许会说这里有一个字。无论懂中文或不懂中文的人底说法都对。说这里有五个样式，所谓样式不是说这里有一个样式的所谓样式，说这里有五个字的所谓字，不是说这里有一个字底所谓字。

2.五个凭借。说这里有五个样式底所谓样式，是说这里有五个占据不同空间的官觉呈现或所与，而每一呈现或所与是一个样式；说这里有一个样式底所谓样式，是说占据不同空间的呈现或所与虽有五个，然而这五个都呈现一个一样的样式。说这里有五个字和说这里只有一个字底分别，也是如此的。我们先论这里有五个字底说法。这说法所注重的是五个占不同空间的呈现或所与，而每一个都是字。这所谓字是极普通的用法，例如我们说某某书洋洋数十万言。这里所谓数十万言，是从头到尾数下去或计算下去，不管重复与否，而数下去或计算下去的结果，是数十万占不同空间的呈现或所与，而每一呈现或所与都是字。说某篇文章每页有一千字，也就是这里所说的字。意思是说每页上有一千占不同空间位置的呈现或所与，而每一呈现或所与都是字。这说法所注重的，我们叫作 token。

3.一个样型。说(1)条所陈列的只有一个字也没有错。说在那里所陈列的是一个字,是说那里虽然有五个占不同空间位置的所与或呈现,然而它都只代表一个样型,而此一个样型是一个字;懂中文的人会说它是“人”字。这用法也很平常,例如我们说某人没有受过教育,他不过认识几个字而已。显而易见,这不是说他只认识几个占不同空间位置的呈现或所与,就这后一用法的字说,只要他认识一个字,他就可以认识几百几千占不同空间位置的呈现或所与。中国文字里有多少字底字,康熙字典里有多少字底字,千字文里有一千字底字,都是这里所说的字。(2)条所说的字是就token感凭借而说的,本条所谓字是就type或样型而说的。(1)条的陈列中,就token或凭借说有五个字,就type或样型说只有一个字。

4.凭借与样型交相为用。A段说字总同时是官觉呈现和所与,所说的字是就字底token或凭借而说的。每一凭借都是一官觉呈现或所与,无论是视觉或听觉或触觉。其所以提到触觉者,因为盲目的人底识字方式是用手去摸的。从事实从经验从交通着想,字的凭借非常之重要。这显而易见,以方块字教小孩也就是利用token或凭借以教小孩。可是,所与假如不呈现一type或样型,它也不是token或凭借,当然也不是字。A段(1)条所陈列的有五个呈现,其中有一个是画出来的杯子底像。就象征说,它也是符号,就它所象征的说(所象征的是杯子,是离该样式而独立的实物),它不是token。该陈列中另有两个呈现,它们既不是像,也不是某某type或样型底凭借,至少从现在的中文着想,它们不是字。其余的两个之中,一个是交字,一个是点字。说懂中文的人认识这两个

字，是说他们知道这两个 type。如果它们不呈现 type，懂中文的人也无从知道它们底 type，果然如此，它们当然也不是具某某 type 底凭借了。总而言之，样型与凭借彼此为用，无此亦无彼，有此才有彼。

C.样型与意义

1.有样型的不必是字。字是复杂底东西，有样型的呈现或所与不必是字。有样型的东西多得很，然而它们不都是字。由汉画凝固出来的图案，有 type 与 token，然而它们不是字。国旗有 type 与 token，然而国旗也不是字。在大量生产与统一生产方式之下的商业出品，具同样 type 的非常之多，然而这些都不是字，因此所谓 type 也不就是字方面的 type。字非有样型不可，它非有样型不成其为字，可是，有样型的不必是字。

2.主要条件是有意义。字底主要条件是有意义。字是有意义的样型，照我们底说法，非样型即不能有意义，非样型即不能是字。字底样型是意义的符号。说字是符号是就样型而说的，不是就凭借而说的。这里所说的意义是字所表示的意念。有好些字不只表示一意念，这是事实。可是，假如有某字它只表示一意念，该意念就是该字的唯一意义。字是可以有定义的，定字底义就是决定字所表示的意念，也就是决定字的意义。意义两字用得很泛。我们要稍微说几句关于此意义和别的意义底分别的话。我们有时说国旗有意义，可是，这所谓意义是系于国旗的情感，不是它所表示的意念；而且系于国旗的情感可以彼此互异。有时我们说某政策实行，意义重大，可是，这所谓意义是这政策实行之后的影响，不是政策本身表示任何意念。有时我们说兰花对于中国人和西洋人的意义不同,可是,这所谓意义,是风俗习惯历史所给予中国人和西洋人对于兰花的情感上的反应不一样,不是兰花本身表示任何意念。总而言之,字的意义和这些意义都不同,它就是字所表示的意念。字典就是说出字底意义的书。

3.字底意义和意念底意义底不同。字底意义和意念底意义是两件事。这在第六章已经提出。我们现在重复地说几句。字底意义不是字,虽然在字典中我们没有法子表示字底意义,只得用字来表示字底意义。意念的意义仍是意念。对于后者我们曾说,有逻辑的意义,有非逻辑的意义。这两意义底分别,前此已经讨论过,此处不赘。字的意义没有这分别。意念底意义是意念本身底关联,意念不是我们可以给它以定义的。字底意义不是自然的。就既成的用法说,字底意义是约定俗成的。字典中所列举的字底意义都可以说是在历史约定俗成底结果。就未成而正在引用说,字底意义也许自我作始。后者就是自由或自动的定义。大致说来,对于用字法,我们有自由权,我们可以从俗也可以离俗,不过要表示清楚而已。这和意念底意义大不一样。对于意念底意义,我们根本没有自由。此所以未定字底用法之前,我们有自由,我们可以随便引用,而在既定之后,我们没有自由,我们只能跟着意念底意义走。即以"和"而论,在未决定用这一符号之前,我们可以考虑我们是否愿意引用此符号这一类的问题;可是,在既经引用以表示实值蕴涵之后,它就表示实值蕴涵,而对于实值蕴涵这一意念,我们毫无自由可言。

4.字底三条件。字底意义虽从一方面说是约定俗成的,另一方面我们又可以自由引用，然而这并不减少意义对于字底重要。字底意念上的意义是字底第三必要条件。无意念上的意义的不是字。A 段与本段已经表示字底三个必要条件。第一，是字必要是官觉呈现，并且要是客观的所与；第二，字必要是样型与凭借；第三，字必要有意念上的意义。这里所讨论的是一种最低限度的情形。这种情形也许是研究语言文字者之所不谈的。我们也知道这不是语言文字本身底重要问题。可是，从知识论着想，这些条件非常之重要。头一点表示字非成为官觉上的材料不行，第二点表示字也有共殊问题，第三点表示字这样的官觉上的材料和别的材料不一样。

D.字与共相

1.共殊和样型与凭借底分别。上段提到字底样型与凭借，A 段又注重字是官觉呈现或所与。这使我们想到所与呈现特殊和显示普遍底问题。当前一呈现或所与我们叫作“山”，另一呈现或所与我们叫作“树”。普通我们不把当前呈现的山叫作凭借，不把山之为山叫作样型，不把当前呈现的树叫作凭借，不把树之为树叫作样型。普通我们说前者是特殊的，后者是普遍的，或前者是个体，后者是共相。对于字我们不说，就凭借说，字是个体，或就样型说，字是共相。别的东西有共殊，字也有共殊；它们虽同样地有共有殊，然而凭借与样型底共殊不是同样的共殊。

2.样型和共相底分别。读这本书的人也许以为共相是平凡的，它只是殊之所共而已。就殊之所共说，以上所讨论的样型也是殊之所共，至少是凭借之所共。虽然如此，样型不是共相。我们现在举出几点来表示二者底分别。头一点，我们要注意，照我们底说法，共相根本不是像。它虽然是某共相之下的个体之所共有的，然而它不是这类个体之所共有的像。它只是这类个体之所共同现实的可能而已。样型是像。仍以B段(1)条所写出五个“人”字而论，我们说它们呈现五个凭借，一个样型，而这一样型就是人字底像。除像外我们对于人字没有什么兴趣，除非我们研究中国文字底历史。其所以如此者，因为字底意义是约定俗成的，除此约定俗成的意义之外，它没有别的意义，它底样型根本不在共相关联之中。我们这里不是说人字没有共相，我们只是说样型不是字底共相。假如字有共相——字确有共相——它底共相也不是相。就样型是像说，它当然不是共相。

3.字有时为思议所寄托的像。共相是思议底对象，不是想象底对象；样式是想象底对象，不是思议底对象。这一点非常之重要。除研究语言文字学或研究书法的人外，字是工具。它是在思想中表示意念的工具。我们前此已经表示过，思想活动是综合的混成的活动，它不但有动有静，而且有思有想。虽然有些思想者思多而想少，另外有思想者思少而想多；然而大致说来，思想交相为用。现在我们不论想之利用思，只论思之利用想。说思利用想，就是说在思议中，我们所思的内容虽是意念或意思、概念或命题，然而我们仍得利用意象以为思议底帮助。大部分的思议底内容是有实物底像以为帮助的，这种情形大部或者是，思议底对象根本不是共相而只是可能，或者是，对象虽是共相，然而没有相当的像以为帮助思议的工具。在这种情形之下，我们常常利用文字以为帮助思议底工具。我们思无量，也许要利用“∞”这一样式底像以为工具，我们思无，也许要利用“无”或“0”这两个样式底像以为思议底工具。字底样式都是帮助思议的工具（我们在这里只谈字，其实句子也是帮助思议的工具，不过现在我们不谈句子而已）。不但思“无量”与“无”有这里所说的情形，就是所思的对象虽是共相，然而有时我们仍不能不利用实物或实事底像以为帮助，例如思“收税”、思“思议”等等。这些虽是实在的事实或事体，然而在思议中，我们所利用的像，也许不是实事底像，而是文字底样型像。

4.对于语言我们所注重的是工具。我们在这里当然是注重语言文字之为工具，我们底看法和讨论，完全是把它作工具底看法和讨论。语言文字不必为工具，它也可以是我们研究或思想底对象。这当然就是说，语言文字的样式底像，不但在思想历程中出现以为思议底帮助，语言文字底本身也可以是思议底对象。果然如此，是对象的不是字底样型而是语言文字底共相。在思议语言文字底历程中，我们当然仍得利用样型底像以为帮助思议的工具。在这情形下，语言文字既是对象也是工具；虽然如此，是对象的不就是工具，是工具的也不就是对象。我们在本章所注重的是工具，所说的大都是关于工具方面的话。

二、字的蕴藏

A.字底蕴藏

1.字的意义，一义多义。字非有意义不可。上面虽然没有说有意义的就是字，然而没有意义的的确不是字。我们并且要说，从意念上的意义说，理想的办法是只给一个字一个意义。照此说法，一个字只有一个意义。事实上我们现在有同样型而不同意义的字。有时我们说同样型而不同意义的不是一个字。我们的确可以说，“人其人”这一句话里面的两个“人”字，不是一个字，“道其所道”这句话中间的两个“道”字，也不是一个字。研究学问的人，大都意识到，普通所谓一字数义底情形。所谓一字数义就是样型同而意义不同。如果我们坚持一字一义底看法，我们似乎要坚持样型同而意义不同的，不是一个字，而是好些个字。

2.意义之外的蕴藏。以上是就字底意念上的意义而说的。字不只有意义而已，它还有我们在这里叫作蕴藏的种种等等。就字说，字有蕴藏，就用字者说，我们也许要说，我们有情感上的寄托。字在情感上起作用是毫无疑义的。情感上的寄托有好几种，这在以下三段里提出讨论。最无关紧要的是对样型发生情感，而不是对于字底意义连带地发生的情感。在中文有好些字使人喜欢，我个人就相当的喜欢某某字。也许在写的方面我们对于某字感觉到快感，或在看的方面我对于某字能够得到美感，无论如何，有时我们对于样型有情感，而此情感也左右我们底用字法。有时有两个字在某种情形下都可以引用，然而因为我们对于某一字底样型有好感，我们用某一字而舍另一字，例如佳与好有时可以同样地用，然而喜欢佳字样型的人也许取佳而舍好，喜欢好字样型的人也许取好而舍佳。这只是就喜欢样型而说，至于其他的情感上的问题，现在都不必谈到。

3.对于样型的情感。上条虽从字的样型着想，然而没有分别形态与声音，或者说没有分别视觉样型与听觉样型。样型既然可以引起情感，当然有意味。从样型所引起的意味说，听觉样型也许比视觉样型更为丰富。从一方面着想，这是显而易见的。从交换说，视觉样型可以说是"间接"的，听觉样型可以说是直接的；前者可以利用纸、笔、墨那样的中立工具，而后者直接地附带着说话者底情感。通信不如面谈，除详细外，还有直接引起情感的好处或坏处。我们在这里所注意的，尚只在这一点而已。有些字底写出来的样型，尚不如说出来的样型，来得动人。从研究哲学的人们着想，Logos 这字写出来的样型，似乎不如说出来的样型，来得高崇优越。对于崇拜民主政治的人，democracy 这一字，写出来不如说出来得动人情感。其所以如此的理由也许很多，本条所说的直接间接底分别也是理由之一。

4.时间地点所给的意味不同。除此之外，尚有时间与地点底问题。时间与地点底不同，对于字可以产生一介乎样型与情感之间的意味上的不同。从时间说，所谓父子、兄弟、夫妇底意念上的意义和从前一样，可是它们底意味和从前大不一样。这些字底意味和从前的不同，笼统地说，当然是因为现在和从前的生活不同，更笼统一点地说，就是时代不同。可见时代不同字底意味也可以不同。不但时代不同，字底意味可以不同，地点不同，字底意味也可以不同。lunch 与 tiffin 这两字底引用，似乎是以苏伊士运河或太平洋为界。从样型说，它们是两样型，从意念上的意义说，它们表示一意义，可是，从意味说，它们完全不同。这样的例子很多，我们不必一一提出讨论。

B.情感上的寄托(甲)

1.各种情感的寄托。上段表示字有蕴藏,并且把一部分的蕴藏提出。这方面的蕴藏,我们不预备从长讨论。本节所注重的蕴藏是情感上的寄托。有语言文字者不但有语言文字而已,也有历史、环境、风俗、习惯等等,而这些东西致使用语言文字者把情感寄托到语言文字上去。这种情感上的寄托,我们可以暂时分作三种:一种是哲意的,一种是诗意的,一种是普通的。本段讨论第一种,就哲学说,哲意的情感当然重要,情感上的寄托有公有私。公是一语言社会之所共有,私是一语言团体中某某之所独有。虽然谈情感我们不易谈公,然而本节我们论不及私。

2.字底哲意的情感。中国人对于道德、仁义、礼义、廉耻,英国人对于 Lord、God 大都有各自相应的情感。这里说的是对于字的情感,不是对于字所表示的意义的情感。假若只是后一方面的情感,则换一套字或样型之后,情感不受影响。换一套字之后,意义仍旧,而所寄托的情感可不一样。这些字——现在说的不是具这些字的句子,只是这些字本身——因为宗教、因为历史、因为先圣遗说深种于人心,人们对于它们总有景仰之心。这种情感隐微地或强烈地动于中,其结果或者是怡然自得,或者是推己及人以世道人心为己任。说一时代世衰道微,也许只是一看法,也许有别的方面的事实上的象征,使人感觉到世衰道微,可是,世果衰道果微,至少有一情形,而这情形就是人们对于这些字减少了景仰之心。

3.这种感情也是推动力或原动力。(2)条所说的情感是宗教式的、哲意的、精神的。这一方面的情感上的寄托是一种原动力或推动力。所谓原动力或推动力，是说有这种情感的人，如果有这种情感动于中，他们总难免不有形于外的行为或动作，因而影响到生活底各方面。社会上立德、立功、立言的人底成功，一部分要靠这些情感的帮助；他们底失败，一部分也是受这些情感底阻碍。别的理由当然非常之多；事实上的压迫，心理上别的方面的要求等等也是原动力、推动力，这我们并不否认；我们所要表示的，只是(2)条所说的情感也是原动力、推动力而已。

4.大致说来意义愈清楚的字这种情感愈少。这种情感虽然不只是寄托于意念上的意义，然而靠意念上的意义，虽然不只是寄托于样型然而也要靠样型。大致说来，样型同而意义不一的字，所蕴藏的情感多；一样型一意义的字，所蕴藏的情感少。意义愈清楚，情感的寄托愈贫乏，情感上的寄托愈丰富，意义愈不清楚。我们可以用近乎科学的方法去研究《圣经》，可是，用这种方法研究之后，《圣经》的面目改了；从研究者的眼光说，《圣经》就不是教义了。我们也可以用近乎科学的方法去研究中国底经学，可是研究了之后，经学的面目也改变了，它也许成为史料而不复是教义了。从知识说，中国底国学现在比任何以前时代都有进步，我们可以说，学者"懂"的比从前多得多。可是从原动力或推动力着想，居今之世而欲行古之道的人们，的确可以说世衰道微、国学式微，因为以经学为立身行道的工具的人们，或者以经学为教义的人们，的确比从前少了。好些的书，经过严格的理智上的整理后，意义清楚了；意义清楚之后，情感上的蕴藏就减少了。这是就书说，若就字说，情形同样。"道"字的情感上的蕴藏非常之丰富，

"四方"这两字没有多少情感上的蕴藏。

C.情感上的寄托(乙)

1.个人底经验为根据。上段所谈的是哲意的寄托,本段所要提出讨论的是诗意的寄托。作者是毫无诗意的人,更不是诗人,对于诗人底经验,我根本就不敢说半个字。我不能由创作者底经验去谈诗的创作;我只能由个人偶然念念诗时底情形,去谈谈情感上的寄托。我不敢以个人底经验概别人,但我也的确盼望我所说的不限于我个人而已。

2.诗歌底情感上的蕴藏或寄托。我个人有时因忧愁、有时因快乐、有时因孤单、有时因情绪没有着落,有时因四周环境底美景,使我脱离日常生活等等使我感觉到一种逼迫我找出路的情形。在这种情形之下,我有时要念念诗或者唱唱歌,就是没有词的调子,也可以哼哼。诗歌和调子都可以让我把积下来而化不了的情绪发泄出来。这实在是把诗歌和调子当作电线看,把情绪寄托在上面,让它流走。有的时候,这情绪是倒过来的;我可以因先念诗或唱歌,或哼调子,而引起一种无可奈何的情感。诗歌能发泄情感,也能引起情感;就既成事实说,而不就创作说,它们本身已经有情感上的蕴藏,或者是对于它们,我们已经有情感上的寄托。

3.整社会的人底情感上的寄托。大多数的人念诗,总是念别人底诗。作者的诗意,读者不一定能得到,大致说来,读者得不到。读者得不到作者底诗意,并不见得他念诗的时候,没有他自己所寄托的诗意,即令他自己没有诗意寄托到他所念的诗上去,诗对于他也不因此就没有用处。就我个人说,我

未尝不想“懂”一两首诗。所谓懂一两首诗，就是要明白这一两首诗底作者所要传达的诗意。我个人实在不懂诗。可是，我依然念诗，而且把一时的感觉或一时的情绪寄托到别人的诗上去，因念别人底诗而把感觉与情绪都发泄出来。大家所念的诗，都是经过多少人底赏鉴、多少年底淘汰，而仍能保存的，它们不但是个人而且是一社会的人底情感之所寄托的诗。假如这些诗没有情感上的蕴藏，或对于它们我们没有情感上的寄托，我们根本不能利用它们以为满足或发泄情感的工具。对于不懂诗的人，念新诗不如念旧诗，念不能唱或不能诵的诗，不如念能唱或能诵的诗。

4.不成为推动力的情感。没有字的调子除外，诗歌底情感上的蕴藏同时是字底情感上的蕴藏，它们所有的情感上的寄托，也是字底情感上的寄托。我们在这里不讨论究竟是因为句子引起情感所以字也引起情感，还是因为字引起情感所以句子也引起情感。无论如何，字能引起情感。中文中有大江、大地、青山、绿水、春雨、秋风、江南、塞北、他乡、故国等等。这些字所引起的情感，也许有人叫它作字底意义，可是，显而易见，它不是意念上的意义；试把这些字翻译出来，也许它们底情感上的寄托都没有了。同时这里所说的情感，也不是上段所说的情感。情感总难免有动于中即要求形于外的问题，可是所形于外者，不必求懂也不必有力行问题。这种情感不是立德、立言、立功的推动力量。我们叫它作诗意的情感，以别于上段所说的情感。要这样的情感能寄托到字上去，当然要靠历史、习惯、风俗等等。可是这种情感不是习惯、风俗上的情感，后者下段讨论。

D.情感上的寄托(丙)

1.另一种杂的情感上的寄托。以上两种也许是大多数人所注重的情感上的寄托,但是除以上之外,尚有一种杂的情感上的寄托。这种杂的情感上的寄托我们叫作风俗、习惯上的情感寄托。中国人在丧事用白,我们对于白至少在从前有一种特别的情感,其结果是我们对于"白马素车"有一种情感,这几个字本身似乎就能够引起一种忧愁或可惜的情感。办喜事用红,红字因此也能够给我们以欢欣的意味。至于"酒绿灯红"几个字,它们简直给我们以十足的繁华热闹底意味。

2.生活方式底影响。在农业社会,聚族而居,自给自足底情形下,离别是一件了不得的事,其结果是"别矣"两个字,给我们的意味,不止于在工业社会离别时所有的情感。因为离别是一件了不得的事体,就有"送君千里终须一别"那样的话,而"他乡故乡"这几个字,也使我们底情感油然而生。如果就字面上的意义,把"十里长亭"几个字翻译成英文,其结果一定是索然无味。社会制度当然也给字以各种不同的情感上的寄托。中国人对于"父子"两字所有的情感,决不是英美人对于"father and son"这几个字所有的。从前的中国人对于"君"字所有的情感,现在的中国人已经没有了,英国人对于"King"这一字的情感,美国人早就没有了,或者说,美国人根本就没有。制度不同,字所引起的情感上的意味有时也不同。可举的例子非常之多,我们不必再举。

3.节令底影响。节令在人生是非常之重要的事。日常生活,一方面为礼教(普遍的用法,不止于中国底礼教)所拘,有些情感不能自然流露;另一方面为事务所束,也不能随时发

泄。社会之有节令，可以说是给人民以解放底机会。各种各色的情感，得因节令而解放，所以人民对于节令本身也有情感。不但对于节令有情感，而且这情感也转移到表示节令的字上去。别的不说，"中秋"两字就给我们以一种美底感觉。中国留学生回到中国之后，产生许多奇怪的情形，这些我们都不必谈到。就本段底题目说，留学生对"耶稣圣诞节"，和对Christmas，这两名称底感觉就大不一样，对于前者没有情感，对于后者有情感，而这情感与相信耶稣教与否毫不相干。这情感仍是风俗习惯方面的情感。

4.就表示命题说，字或句子底情感上的寄托不相干。以上论字底情感上的寄托。也许句子底情感上的寄托更富，这一点我们不必顾虑到，我们所注重的，只是字与句子，都有种种不同的情感上的寄托而已。情感上的寄托，无论从字说或从句子说，都不是意念上的意义。我们在这里，对于语言文字的兴趣，在它表示命题，而就表示命题这一方面着想，字与句子底情感上的寄托都不相干。"大江"两字富有情感上的寄托，在"大江东去……"这几句话里，这情感非常之重要；可是，在"丁先生住在大江北岸"这一命题里，或这句子所表示的命题里，这情感不相干。小孩子念"二加二等于四"有时也有情感，并且某一种情感和命题底断定相干，例如"得到真理"底情感，可是，对于这类的命题，我们已经习惯于把不相干的情感撇开，所以很容易只见其在意念上表示命题而已。对于别的命题，情形也许复杂得多，也许我们不容易把不相干的情感撇开；虽然如此，我们仍得把它撇开才行。

三、语言文字文法

A.字底配合法

1.不同的用法的字。以上论字。可是，字不就是语言文字。无论在什么语言文字里，字总有不同种类的用法。这里说的是种种不同的用法，而不只是空泛的不同而已。从不同的用法着想，我们很容易想到名词底用法、动词底用法、形容词底用法等等。用法不同而样型相同的字，有时我们说是一字数义，严格地说，我们似乎只能说它们是不同的字。各语言文字不必有同样的用法底分类法，有些分类法也许复杂，有些也许简单。无论简单与复杂，用法底种类总是有的。谈字底用法，也就是谈字底配合法。字底配合法不仅是一个字和另一个字底配合法而已，也是不同用法的字底配合法。

2.配合法底不同。字底用法和字底配合法可以说是一件事。我们可以从配合法说起，表示配合法不同，某字在某配合之下，有某职责，这当然也就是说有某种用法。我们从用法说起，因为用法两字比较地近乎常识。字底用法不同也就是它的职责不同，这也就是说种类不同，而配合法也就是种类不同的字底配合法。字与字间底配合法可以无量，但事实上只有少数的配合法有用处，大多数的配合法毫无用处。我们可以举英文字母为例，字母底配合显而易见可以无量，可是有许多配合完全无用，例如 aaa 与 aaaa 彼此虽然不同，然而彼此都无用。大致说来，只有极少数的配合有用。从有用与无用着想，配合法大受限制。配合法不仅受有用无用底限制，可以有用的配合，也不必都用。除有用无用底限制外，还有别的限制。

3.配合法底约俗成分。不但理论上的配合法可以无量，理论上有用的配合法也非常之多。配合法不是理论所决定的。每一语言文字中底配合法都有约定俗成的成分。不但字是约定俗成的，配合法也是。这也是说，用法也是约定俗成的。这也就是说，在许多有用的配合法之中，只有一部分为约俗所选择。这不是说配合法是无理性的。它有理性的根据，它是可以理解的。它虽然是可以理解的，然而它不是必然的如逻辑，也不是固然的如自然律，也不是普通所谓"本来"就是那样的，如所与中的形形色色这这那那，而是这里所谓的约定俗成的。约定俗成的配合法就是普通所谓一语言文字底文法。

4.字底第四条件。我们现在到了字底第四必要条件。以前我们提到三个必要条件。必要条件虽然都各必要，然而联合起来还不足以形成字。国旗是官觉呈现，有 type 与 token 底分别，有意义与情感上的寄托，然而国旗不是字，它所缺乏的必要条件是字与字之间的配合法中的职责。或地位或功用。这就是说，它不是语言文字中的分子。字底第四条件就是它是语言文字中的分子。这样的说法也许是绕圈子的，但是绕圈子是非常之难免的，也不一定是有害的。这一点前此已经谈到。

B.文　法

1.可以理解的约定俗成的配合法。文法就是可以理解的约定俗成的字底配合法。如果我们不愿意绕圈子，我们可以说是符号底配合法，如此说法，在文法中的符号才是字。文法底重要于此可见。文法有简单，有复杂，有时由简单发展到复杂，有时由复杂回转到简单。有习惯成分比较多而规律成分比较少的，有习惯成分比较地少而规律成分比较地多的；有守法的成分比较地多而例外的成分比较地少的，也有守法的成分比较地少，而例外的成分比较地多的。凡此种种都是语言文字学家底问题，我们不能讨论也不必讨论。

2.约定俗成而又可以理解。每种语言文字都有它的文法。一方面文法是有理性的，可以理解的，另一方面它不是理论所决定的，它是约定俗成的。文法一方面是科学所研究的对象，另一面是历史或记载学所研究的对象。有人提出所谓普遍的文法底文法。这样的文法也许有，可是即令有，一直到现在我们似乎还没有发现。我们所发现的似乎只是各种语言文字底特别的文法。如果我们注重约定俗成的成分，这似乎是我们意料之中的事。约与俗虽各有原因和来由上的理解，然而不必有共同的法则。无论如何，我们不必从长讨论这问题。

3.句子与字底分别。不遵守文法的连串的字不成为句子。遵守文法的字也许仍不成为句子。这表示句子之为句子必须遵守文法。字与句子底分别，从一方面着想，非常之清楚。另一方面似乎有意念和命题的分别所有的问题。我们讨论意念的时候，曾经提出意念与命题底分别。那分别的确是非常之不容易说明的，二者纠缠在一块，无此无彼，无彼也就无此。字与句子似乎有类似的问题。但字与句子底分别似乎容易说多了。字无论说出来或写出来，总是在视觉上或听觉

上的简单的单位，而句子总是混合物。这从官觉着想，似乎没有多大的问题。有的时候，一个字也同时是一句句子，这就是说，有时一个字表示一命题，然而严格地说，表示命题的不只是一个字而已，从上下文着想，表示命题的是那一个字和未说出或写出的字联合起来的句子，而不只是字而已。字是在官觉上可以抓住的东西，它不至于在我们去抓的时候就分散了，它是官觉中的呈现。此所以我们特别提出它是官觉呈现那一点。意念不是官觉中的呈现，如果我们抓得太猛，它会分散成许多意思或命题。我们讨论意念与命题的时候，我们利用字与句子以为分别，其所以如此办者，也就是因为字与句子底分别比较地容易抓住。

4.要表达意思非句子不行。无论如何，依照文法去组织底集团而又能表示意思或命题的才是句子。如果从表示意义着想，字底用处大，句子底用处可以说是更大。根据上条，句子不只是一大堆的字而已。不照文法集起来的字不是句子。有不能表示命题的陈述句子，例如遵守文法而不遵守逻辑的句子就不能表示命题。我们现在不特别地注重命题，不是命题的意思，我们也得顾虑到。句子虽有时不能表示命题，然而大致说来，它总可以表示意思。我们所注重的就在句子表示意思。普通一个字是不能表示意思的。字当然有意义，可是，我们所谓意思是意念底关联而不止于一意念。意思不是字所能表达的，要表达它非有句子不行。

C.句　子

1.说出或写出的句子是所与。本段提出一些重复的问题。字与句子有同样的问题，对于字我们既然提出，对于句子也许不必提出。但是为避免读者忽略这些问题起见，本段特别重新提出一下。句子和字一样有官觉问题。不能说出来的句子不是交通工具，说出来或写出来的句子是官觉所与，前者是听觉所与，后者是视觉所与。意思底交换要靠句子，而句子底传达要靠它是官觉所与。不言而喻的情形当然有，但这总是利用形色状态，以为句子或意思底媒介。在这情形下，形色状态是符号，是官觉所与。要交换意思总得要利用官觉所与。我们用句子交换意思也要它是官觉所与。

2.也有样型与凭借底分别。句子也有凭借与样型底问题。我们也可以写出“这是桌子”、“这是桌子”、“这是桌子”。有些人，例如抄书的人，也许会说这里有三句句子，而另外的人也许只说这里只有一句句子。这话也对。在习惯上我们也会说有三句句子，可是，只有一句话。意思也许和我们所要说的不同。我们是从凭借与样型说的。说这里有三句句子是就凭借说的，说这里只有一句句子是就样型说的。在这一点上句子与字一样，凭借是样型底凭借，样型是凭借底样型。认识底对象是样型，官能底对象是凭借。写出来的中国字或中文句子，对于不懂中文的人，虽视而无所见，说出来的中国字或中文句子，对于不懂中文的人虽听而无所闻。

3.句子也有意义。句子和字一样也有意义。意义也是句子底必要条件。无意义的一串字，即令遵守文法，仍不是句子，好像无意义的样型不是字一样。在论字的时候，我们曾说有意义的不是或不直接地是凭借而是样型。这话也许有毛病。意思是说，只是官能呈现中的不能有意义，是样型的凭借

才有意义。这当然就是说，要是样型才有意义。字是这样，句子也是这样。字和句子底必要条件之一是有意义，可是从有意义这一方面着想，它底必要条件之一是样型。句子底意义是意思或命题。字底意义是意念或概念。意思或命题都是意念或概念底关联。关于这二者底分别，有困难问题，前此已经提到它，此处不赘。

4.情感上的寄托和意义有时相干有时不相干。句子和字一样也有情感上的意味，不止于有意念上的意义而已。句和字一样要遵守文法。有各种不同的用处的字，也有各种用处不同的句子。有些是表情的句子，有些是问话的句子，有些是达意的句子，有些是表示命题的句子。在某一点上，字与句子不一样。单就字说，意念上的意义，和情感上的寄托，无所谓相干不相干。例如"秋"字有意义也有情感上的寄托，单就字说，这二者彼此无所谓相干与否的问题。它们相干与否，要看包含"秋"字的句子是怎么样的句子。在"秋色冷潇湘烟雨"这"句子"里，情感上的意味和意念上的意义相干；而在"秋天从七月起"这句句子里，情感上的寄托和意念上的意义不相干。由此可以知道句子虽有情感上的寄托，然而对于某种句子，情感上的寄托与意念上的意义不相干。对于另外一些句子，也许情感上的寄托是主要因素。

D.表示命题底句子

1.语言与命题底关系。命题是思议底内容之一。它不是思议底对象，也不是语言。它底组合成分是意念或概念。从一方面说，它总是普遍的。对于特殊的命题，以后讨论命题时会特别地提出讨论,此处不提。普遍的意念上的组合不是情感,而组合底工具也不是情感;也许有情感寄托在这组合身上,这组合本身决不是情感。命题既是思议内容之一,当然不是想象底内容,也许有时我们须把命题寄托在想象上,我们才能思议到它。我们以后专章讨论命题,此处不多谈。本段底题材仍是语言,不过在这里我们要注重语言与命题底关系而已。

2.表示命题的句子不是它底情感上的寄托。上面曾说到句子有好几种。有表情的句子、有问话的句子、有达意的句子。在达意的句子之中,有陈述事实或理论的句子。这些句子也许都有情感上的寄托,有的也许寄托多,有的也许寄托少。但根据(1)条底讨论,命题既不是情感,它当然不是表示它的句子所有的情感上的寄托。这里不是说表示命题的句子没有情感上的寄托,我们在前面已经说过,即小孩念"二加二等于四",似乎也有情感上的寄托,我们只说表示命题的句子所表示的命题,不是这句子所有的情感上的寄托。命题既不是想象底内容,它也不是表示命题的句子所能引起的想象。结果是命题只能表示命题的句子所有的意念上的意义。或者说,只有句子底意念上的意义才能是命题,虽然它不一定是命题。

3.表示命题的是陈述句子。句子的种类虽多,只有陈述句子可以表示命题。显而易见表示情感的句子不足以表示命题,问话的句子也不能表示命题,表示意志的句子也不能。前二者不必再谈到。表示意志的句子则因其所表示的是意志,当然不表示命题,命题根本不是意志。只有陈述句子表示命

题。就对象说，这些句子表示事实或共相底关联，就思议底内容说，它们表示意思或命题。也许我们可以说，陈述句子间接地表示事实或共相底关联，直接地表示意思或命题。但是我们不如此说，我们只说陈述句子表示意思或命题，而它所表示的命题断定事实或者理论。

4.表示命题的句子底主要点就在该命题底表示。句子因种类不同不必表示命题，它虽然不必表示命题，然而它可以表示命题，而表示命题的句子其主要点即在所表示的命题。字的主要成分在意义，句子底主要成分在它所表示的意思。这句话无分于意念上的意义与情感上的寄托。表示情感的句子其主要点在所表示的情感，表示命题的句子其主要点就在所表示的命题。有的时候为行文起见，人们用某一句子表示某一命题而不用某另一句子，这表示人们对于句子有所选择。人们对于句子虽有所选择，对于语言文字虽注重，然而从表示命题这一点着想，主要点仍在命题。表示情感的句子主要点也在情感。在本书我们不注重情感，我们也不注重表示情感的句子；我们所注重的是命题，其所以论及语言，无非是我们对于命题有兴趣而已。

5.本章底兴趣完全在语言文字为表示命题底工具。既然如此，本章虽论语言文字，然而兴趣不在语言文字本身。此所以语言文字学家所研究的对象不只是我们这里所提出的这点点子的问题。也许我们这里所提出的问题对于他们毫无兴趣。我们底兴趣差不多完全把语言文字视为表示意思或命题底工具。就从这一方面着想，我们也不注重语言如何表示命题或意思，表示得恰当与否等等问题。我们根本没有提到任何某一种语言文字。我们对于某某语言文字底历史发展、结构等等也都没有谈到。

四、翻　译

A.情感上的寄托与意念上的意义

1.意义底清楚或情感上的寄托底多少底关系。字与句子既有情感上的寄托和意念上的意义,这二者当然有关系。我们在本条所注重的关系是它们底冲突。大致说来,意念上的意义愈清楚,情感上的寄托愈少;念上的意义愈不清楚,情感上的寄托愈容易丰富。说大致者当然就表示有例外。同时我们以字与句子为单位来讨论,没有提到段与篇。从段与篇着想,我们很可以因句句清楚而增加对于篇与段的情感。另一方面我们在这里所谈的也不是一字多义问题。果然有一符号,而此符号有不同的意义,它底情感上的寄托多的机会也比较地多。但是,这也可以说它实在是不同的字,每一字有它底情感上的寄托而不是一个字底情感上的寄托多。这也可以说是符号底意义多少问题而不是意义清楚与否底问题。一符号的意义多不必就是一字底意义不清楚。我们所注重的是意义清楚与否和情感上的寄托底多少这二者底关系。

2.字底综合的意味。以上所说的意义底清楚和多少是两件事。情形虽如此,而结果也许一样。如果我们不管以上的分别,我们也可以讨论意念上的意义与情感上的寄托问题。我们可以先从字说起。"青"字似乎就有问题。别人的反感如何我不敢说,我个人就感觉到青之为青就不容易思议,它究

竟是什么颜色，我就说不出来。但是妙处就在这里。如果我不去思议它，只让我所习惯的反感无阻碍地发展下去，我不但不感觉到不“懂”这个字，而且会情意怡然。又如“礼”字，这字非同小可。懂两国文字的人总会感觉到对于这个字没有办法。就我们这本书所谈的思议说，“礼”是不大容易思议的。从前的中国人也许“懂”这个字的多，想来也有不懂得它的；但是无论懂与不懂，礼字对于他们会引起恭敬景仰底意味。这样的字在各国文字都有，不仅是中国文字有这样的字而已。

3.句子底综合的意味。字有以上的情形，句子更是免不了。也许字有情感上的寄托其根据是句子有情感上的寄托；无论如何，句子有情感上的寄托。“礼禁未然之前”这句句子中的“礼”字决不只是仪式的礼，因为说仪式的礼禁未然之前就不容易满足我们理性上的要求，礼字底意义一定超过仪式的礼，我个人不懂这所谓礼是什么，虽然如此，我仍然接受它，并且念到这句话时，情感似乎非常之丰富。“大江流日夜”这句句子似乎不只是说一条大河一天到晚在那里流而已，它能够引起思古的幽情。“That which we call a rose by any other name would smell as sweet.”这样一句句子情感很丰富不只是有意念上的意义而已。

4.意义和寄托纠缠不清。字与句子底意义和其情感上的寄托既然纠缠在一块，要把它们分开来，有时容易，有时的确是很困难的。生活是综合的，在日常生活中，我们也许不会感觉到二者纠缠不清，因为我们根本就没有要求它们彼此分别清楚；有时我们简直要求它们混在一块，因为我们对于语言文字底欣赏大都是综合的。可是，有的时候我们的确要把这二者分别清楚。有的时候,我们要得到综合的欣赏而得不到,例如没有英国人底历史风俗习惯的人,要得到上条所说的那句话底丰富意味,就得不到。在用不同语言文字的人们,总有语言文字之间彼此隔膜的情形。普遍要免除此情形,须利用翻译。

B.翻 译

1.译意与译味底分别。翻译大致说来有两种,一种是译意,另一种是译味。这里所谓译味,是把句子所有的各种情感上的意味,用不同种的语言文字表示出来;而所谓译意,就是把字句底意念上的意义,用不同种的语言文字表示出来。相当于某一方面的文字也许显而易见要译意,相当于某另一方面的文字也许显而易见要译味。可是有的时候,我们也许有究竟应当译意或应当译味的问题。在这情形之下,假如我们决定译意,我们免不了忽略味,或者假如我们决定译味,我们难免忽略意,究竟注重何者,当然要看所译的字句与译者的注重点。这我们根本不讨论。至于权衡轻重何取何舍,那是翻译工作上的问题,与本文不相干,也不是本书作者所能讨论的问题。

2.译意底根据是同一的意念或概念意思或命题。意译底根据是意念或概念。这二者都是思议底内容。所思都是普遍的。普遍的意念无分于特殊的时空,当然也无分于不同的语言文字或引用不同语言文字的人。尽管所引用的语言文字不同而所思是一样的。如果不是一样的,则根本无所思,只有所想而已,这就是说,所牵扯的不是思议而是想象。单就思议底内容说，或单就意念或概念意思或命题说，不同的语言文字不影响到思议底内容。译意应该是比较容易的事。当然翻译者要懂得，真正懂得，两种语言文字，至少两种语言文字。语言文字虽不同种，然而各有各的结构，各遵守各底文法，表示意念或概念意思或命题。懂得两种语言文字的人，可以在该两种语言文字中，得到共同的意义。这也就是说，如果他在一语言文字中得到意念或意思，他可以用另一语言文字表示。这就是译意。也许意念不是用两种语言文字的人所共有的；在此情形下，或者是我们根本不能译，或者要译时非大绕其圈子不可。

3.正觉底所与是必要条件。可是懂两种不同的语言文字底必要条件是客观的官觉。我们在这里不必讨论字典。就日常的翻译说，字典当然重要，可是字典本身底成立底必要条件仍然是客观的官觉。这里所说的当然是两种（或几种）文字彼此对译的字典。这种字典是懂两种（或几种）语言文字的人底作品。而懂不同的语言文字底必要条件是客观的官觉。最初所要得到的是字底意义，而字底意义总是要从正觉方面所得的共同的所与（引用不同语言文字的人们底共同的所与）才能得到。两不同语言文字中的字底相等，最初总不是由语言文字中看出来的，而是他们同样地指示某种官觉呈现。由此我们又可以感觉到有客观的官觉呈现这一假设底重要。无此假设我们在理论上不能承认，引用不同语言文字的人，有懂得彼此的语言文字底可能。既然如此，翻译底必要条件也有此假设。虽然此假设满足之后翻译不一定成功，而无此假设，在理论上翻译是不可能的。

4.译味底困难。译味麻烦得多。味包括种种不同的趣味与情感,而这些又非习于一语言文字底结构而又同时习于引用此语言文字底历史、环境、风俗习惯的人根本得不到。得一语言文字所表示的意义是比较容易的事,得一语言文字所表示的味是比较困难的事。洋人之中也许有很好的汉学家,然而得到中国文字底意味的,恐怕是非常之少。在中国学习英文的人非常之多,然而得到英文意味的人恐怕并不很多。有一位英国文学家说“And the Lord said”这几个字神妙到不可言状,可是,就我个人说,我就得不到这神妙的味。这还是就一种语言文字底味说。如果我们要译味,我们不但要得到一种语言文字底味而且要得第二种语言文字底味才行。最简单的说法也许是说,要译味非习于双方最丰富的生活不行。习于双方最丰富生活的人也许不能译味,能译味的人一定是习于双方非常丰富的生活的人。

5.译味也许要重行创作。译意也许要艺术,译味则非有艺术不行。译意只要求达、求信。这不是容易的事,有时非常之困难,但是这困难可以说是一种技术上的困难。译味则不同。译味也许要重行创作。就一方面说,译味当然仍是译,也有达也有信的问题,可是,所欲达的和所求信的,不但是意义而且是意味。能够意与味二者得兼固然很好,有时二者不能得兼。在此情形之下,有时也许只好取味而舍意。从另一方面说,译味不只是翻译而已,因为要在味方面求达、求信起见,译者也许要重新创作。所谓重新创作是就原来的意味,不拘于原来的表示方式,而创作新的表示方式。

C.翻译与意义及情感

1.对于某些句子我们习惯于把情感撇开。本段以句子为限，讨论底范围不及字也不及段或篇。有些句子底翻译毫无问题，例如“二加二等四”。这样的句子不一定没有情感上的寄托。小孩背算学时，对于这类的句子，似乎有情感上的寄托。这情感也许是不大容易形容的，可是，小孩之有此情感似乎是事实。问题不在情感上的寄托之有无，而在成人之后，我们习惯于把这情感撇开。结果是这类句子可以译成英文、法文等等而不至于发生问题。就意念说，二之为二无分于不同的语言文字。据说张巡、许远庙有对联云：“国士无双双国士，忠臣不二二忠臣”，也许我们对于这对联中的“双”与“二”都有情感上的寄托，可是，这与“二加二等于四”这一句句子毫不相干。从前有人说，某地有未开化土人，其所谓“一”实在是“五”，结果是其所谓“二”也就是“十”。请注意这不是概念底不同而是符号底不同。从我们底立场说，这些人把五叫作“一”，而从他们底立场说，我们把一叫作“五”而已。并且二加二依然等于四。

2.另一些句子就麻烦得多。有好些句子就麻烦得多，“天命之谓性，率性之谓道，修道之谓教”这几句话就不容易翻译。就英文说，“性、命、道”这几个字似乎就没有相当的英文字。用比较相近的字去译它，译出来的句子也许没有这几句句子所有的意义。这还可以说是有不能或不易翻译的字。有些句子没有一个字是不能翻译或不容易翻译的。前面已经谈到“大江流日夜”，这句子里没有一个特别的字，然而翻译起来，并不因此容易。又如“杏花细雨江南”也没有不能翻译的字，翻译起来也非常之困难。有舜庙对联云“高山仰止景行行止，卿云烂兮纠缦缦兮”，这类句子何等庄严堂皇，念起来总不免悠然神往，可是，要翻译似乎就没有办法。这类的句子非常之多，而它们也不限于中文。A 段所引的那英文句子也有这情形。徐志摩先生曾把那句话译成中文，我现在记不得他如何译法，我的印象是他没有成功。

3.有时意味不能兼顾。在译意即不免失味，或译味则不免失意底情形之下，我们当然有取舍问题。这问题前此已经提到过，我们不预备提出。显而易见有些地方以译意为宜，有些又以译味为宜。诗歌也许要重味，普通所谓科学大都是要重意。重味则取味，重意则取意。有的时候也许二者可以得兼，例如“Vox populi，vox dei”可以译成“天视自我民视，天听自我民听”，这当然有不妥的地方，但大致说来，意与味都相当地兼顾到了。但能兼顾的似乎是少数，大部分的句子，在翻译时，似乎是意与味二者不能兼顾的。在这情形下，我们总得有取舍才行。

4.就知识底立场说，我们注重译意。在知识论底立场上，我们所注重的是命题。以后我们专章讨论命题。照我们的看法，所谓知识，就内容说，就是我们所能思议的一片有结构的或有系统的真命题。在知识论底立场上，我们既然注重命题，在语言文字方面我们当然注重陈述句子。既然如此，我们所注重的是意念上的意义，因此对于翻译，我们注重译意而不注重译味。在译意底立场上，我们如不得已而有所舍，则我们所舍的是味。严格地说，味与命题不相干。我们对“江南”也许有丰富的情感，然而就“南京在江南”这一句子所表示的命题说，与情感不相干。我们知道在日常综错杂陈的生活中，语言文字底意与味也是综错杂陈的。在意与味综错杂陈的语言文字中，我们取意舍味也许是非常之不容易的事。对于一些句子，我们这取舍也许根本就办不到，可是，不是所有的句子都是这样的。对于一些句子，取舍也许困难，对于另一些句子，取舍也许容易。并且即令所舍的味非常之可爱；我们也没有法子想，我们只得割爱。

D.文学哲学上的翻译

1.散文翻译底困难。文学是很难翻译的。这还是从小说、戏剧、论文方面着想。味是不容易传达的，有时简直就不能传达。懂两国语言文字的人用不着翻译。用得着翻译的人应该是不懂原文的人。不懂原文的人，对于用原文的人底生活习惯、环境等等，或者是没有认识，或者是没有经验，所以得不到引用原文的人对手该原文所有的意味。他们只能在译文中去求此意味，然而在译文中与原文意义相同的句子，不必有原文中所有的味道。重意的作品问题小，重味的作品问题大。有的时候，问题大到毫无翻译底用处。《红楼梦》似乎是没有多大问题的作品，然而有好些地方似乎是没有法子翻译的。我们不必从两国文字着想，我们从不同时代的中国人着想，我们也可以看出这困难，有好些地方是现在的青年人所不能体会的。这些地方要翻译起来，其麻烦可以想见。

2.诗差不多不能翻译。诗差不多是不能翻译的。诗之所重，即使不完全在味，也一大部分在味。即使有时我们注重意，我们也似乎是想因意得味。我们可以引用王静安先生底名词说，诗所要传达的是意境。所谓意境似乎不是意念上的意义，而是境界上的意味。这意境更是不能独立于历史、风俗、习惯、环境、山河、城市等等。没有这一方面的经验、意识、体会，意境是得不到的。还有更重要的一点，诗中的意境大都是“特殊”的。我不大愿意用这两字，可是，我想不到别的字。这本书里的特殊两字总牵扯到具体，或者说总牵扯到普通所谓东西或事体，而在本条特殊两字没有这意思。诗的意境当然可以用普遍的字眼去形容，但是念诗的人所得到的意味，并不寄托在这普遍的情形上面，而实在是寄托在诗对于他所引起的、他自己经验中所供给的、类似特殊的意像上面。即以“千山鸟飞绝”那首诗而论，每一字都有普遍的意义，如果我们根据普遍的意义去“思议”，对于这首诗所能有的意味就会跟着鸟而飞绝了。诗既有此特殊的意境，它的意味大都是不容易以言传的。用本国文去传达本国诗的意境已经是不容易的事，何况用别种文字去表示它。大致说来，译诗总牵扯到重复的创作。

3.哲学文字有容易译的有不容易译的。哲学可以分为两大部分，一部分差不多完全是理性的，另一部分不完全是理性的。前者靠分析靠批评，后者靠综合靠创作。前者近乎科学，后者近乎宗教。大多数不学哲学的人所注重的是后者，从前的中国人所注重的似乎也是后者。现在学哲学的人有注重前者而不注重后者，也有注重后者而不注重前者，也有二者都注重的。就翻译说，前者是容易翻译的，后者是不容易翻译的。知识论是比较容易翻译的，玄学或形上学是比较不容易翻译的。中国哲学的纯理成分少，所以也不容易翻译。中国人底

"道"字恰巧有希腊文中的logos，在别的文字如英文似乎就没有相当的字，其他如天、性、命、体、用、诚、仁、义、礼，都是意味深长而意义在别的文字中得不到相当的字眼去表示的。在这种情形下，翻译即令不是不可能的，也是非常之困难的。

4.即令能译，原动力也许仍得不到。这种困难不必是意义不清楚的困难。有的时候，因为字句底意义底多歧而有意味底丰富，如果翻译出来的字句底意义不是多歧的，而是限于某一方面的意义，原来字句底意味当然会有损失。有的时候，因为字句底意义虽可以翻译，然而翻译底字句没有原来字句底意味。假如我们能够把(3)条所举的中国字底意义，先用中文明白地表示出来，能够把它们彼此之间的意念上的关联，精细明白地组织成一意念上的结构，然后在另一文字，例如英文，创造相当的新字以表示此整个的结构，也许我们在意念上把原来的字句完全翻译出来了。在此情形下，原来的字句所表示的意念，就纯思说，或纯理说，已经是翻译成功了，然而就意味说，或就情感说，原来字句所能引起的情感译文中一点都没有。哲学字句底情感上的寄托有时是原动力，这种情感上的寄托翻译不出来，这种原动力也得不到。即令我们能从译文中懂得原文中的意义，我们也不见得能够受感动。《圣经》里有这么三锯话："太初有道，道与上帝同在，道就是上帝"。对于这三句话，现在的中国人底感想如何，我们不敢说，我们可以想到从前的中国人底感想。从前的读书人对于头一句话，会把中国人原有的情感寄托到它身上去，会想到天人合一的意味或味道体真的境界；可是对于第二句与第三句，难免经验到一种格格不相入的情形。这就是说，他大概得不到基督教徒底情感，而基督教徒底情感，也许是比较地寄托在第二句与第三句上面。从前的中国人得不到基督教徒底情感，也就得不到这情感上的推动力。从引起情感上的意味着想，头一句底翻译比较成功，第二句和第三句底翻译都失败了。然而从另一方面着想，头一句底翻译也是失败，因为所引起的意味不是所要传达的意味。请注意这三句话底意念上的意义问题并不十分困难。意念上不十分困难的翻译尚有这样的问题，意念上有困难的翻译，其问题更多了。

5.哲学文字底另一种困难。以上是就意义虽能由翻译传达而意味不能由翻译传达这一方面着想。这也许还不是普通的情形，也许普通的情形是意念上的意义也难于翻译。哲学有一种情形不是普通所谓科学所常有的。科学不常引用日常生活所引用的字，即不得已而引用，它也用种种方式表示意义底不同。哲学似乎常用日常生活所常引用的字，却不给它们以日常生活中所有的意义，而又引用日常生活中的语言以表示意思，其结果是我们很容易把日常生活中的情感及意义渗入非常的意义。这种情形不但无分于东西而且差不多无分于古今。差不多到最近的多少年内，哲学上的表示方式才有点技术化。在这种情形之下，不但翻译困难而且就是在所谓本国文字也有困难。在(3)条所举的中国字中似乎就有这里所谈的问题，“性命天道”一方面有哲学上的意义，一方面又有日常生活中的意义。中国哲学对于中国人本来就有不容易懂的问题(英国哲学对于英国人也有同样的问题……)。在本国文有这样的问题，翻译的问题更大。专就意念上的意义说，也许有思想因翻译而清楚的，但是，即令有这样的情形，它也少到可以不必顾虑的程度上去了。本段所讨论的问题引起思想与语言底问题，这我们在下节讨论。

五、思想与语言

A.独立与否底问题

1.所谓独立。有人主张思想是不能独立于语言文字的。这问题至少牵扯到所谓语言文字、所谓思想和所谓独立。所谓独立也许是说，思想与语言文字彼此底关系是外在的，或者说彼此均不互相影响。如果说思想虽不影响到语言文字，而语言文字影响到思想，或者说无论思想影响到语言文字与否，语言文字总影响到思想，则语言文字和思想不独立。如何影响法也是问题，这问题也许是非常之复杂的。至少有两种影响法，有充分的影响法，有必要的影响法。前一种影响法应该有这样的表示：如果有某种语言，就有某样式的思想。后一种影响应该有这样的表示：如果没有某种语言，就没有某种思想。所谓独立虽可以有各种不同的解释，我们不必一一都提出讨论，我们可以把所谓独立限于这两方面的影响之有无上。

2.支配似乎不是充分条件底支配。可是，这两方面的情形极不一样。主张思想不能独立于语言。或思想受语言文字底影响的人不一定就想到这二者底分别。我个人似乎没有碰见过以语言文字为思想底充分条件的人。这似乎是不容易主张的。以中国语言文字为中国人底思想的充分条件的人，实在是主张有中国语言文字，就有中国人底思想，这当然不是说，有中国语言文字，才有中国底思想。这样的主张不是主张思想受语言文字底支配的人所要表示的意见。反过来，这实在是说，没有中国底思想，就没有中国语言文字。这实在等于说，“先”有思想，然后才有语言文字，而这似乎是表示，在某种意义之下的“支配”，思想支配语言文字。可见，充分条件的影响不是主张思想不能独立于语言文字的人所谓语言文字底影响。

3.支配似乎是必要条件底支配。主张思想不能独立于语言文字的人似乎是主张语言文字支配思想。这主张是说，无某种语言文字，即无某种思想。这当然就是说，某种语言文字是某种思想底必要条件。在这里我们不得不开始对语言文字与思想说几句解释的话。就语言说，我们至少有两方面的问题。一是语言文字所包括的范围，一是任何语言文字与某种语言文字底分别。就前一方面说，语言文字有广泛与窄狭底范围问题。算学底符号也可以说是语言文字，虽然它不是日常生活中的语言文字。主张语言文字支配思想的人所说的语言文字似乎不包括算学底符号，因为算学底符号没有以上几段所讨论的问题。我们可以把算学底符号撇开。就后一方面说，说语言文字支配思想，是说思想不能独立于某种语言文字呢？还是说它不能独立于一种语言文字呢？说它不能独立于一种语言文字，似乎只是说思想非有表示方式不可，而这也似乎不是主张语言文字支配思想的人所要表示的意见。主张语言文字支配思想的人似乎是说，某种日常生活中引用的语言文字支配思想。我们底问题也就是这样的问题。罗素底算学原理原来是用英文写的，后来觉得英文不行，才改用符号。思想的确要有表示的工具；可是，假如英文支配罗素底思想，他

不应该有英文所不能或不容易表示的思想。我们底问题，不是思想是否独立于任何语言文字及符号，而是思想是否独立于某种日常生活中引用的语言文字。

4.所谓"思想"在本节只是思议而已。对于思想，我们也得重复地说几句。就历程说，思想活动是综合的活动；就内容说，思与想不一样。想象底内容是意象，思议底内容是意念、概念、意思、命题。本书所注重的是思议，所注重的内容是意念、概念、意思、命题。想象与思议既不同，想象与语言文字底关系是一件事，思议与语言文字底关系是另一件事。我们所注重的既然是意念、概念、意思与命题，我们在本节所注重的问题，是它们与语言文字底关系。上条对于语言文字有所限制，根据那限制，我们底问题是意念、概念、意思、命题是否独立于某种日常生活中引用的语言文字。

B.想象与语言文字

1.情感与想象中的意象相干。想象底内容是意象。意象是类似特殊的、类似具体的。意象是有情感的，有可喜可怒、可哀可乐……的意象。意象不但是有情感的，而且情感对于意象不是不相干的。也许从某一方面的立场说，某某情感是不相干的，可是，这不是说情感不相干而是说某某情感不相干，其所以要把某某情感撇开认为不相干者，实在是要特别地注重某另一方的情感，要它相干。英国油画馆里有一张画，画的是父亲看见小孩病倒或死去（我记不清楚），这可哀的情节动人怜悯，看的人似乎相当的多。从画家底立场说，这怜悯和那张画不相干；画家所要的是美感，如果那张画画得好，它能引起美感，画得不好，它不能引起美感；假如它不能引起美感，我们看者不应以怜悯感来代替美感。这例已经表示，从某某立场说，某某情感也许不相干，而某某另一情感相干，其结果当然仍是情感相干。语言文字也有情感上的寄托，这在上节已经讨论。在本段，我们不提到意念上的意义，因为那是思议方面的事。我们现在只注重情感上的寄托。字句底情感上的寄托，总有历史、环境、习惯、风俗成分，而这些不是长期引用是得不到的。我们不能临时地随便地把一套情感套在一个字或一句句子上去。我们总得要引用多时之后方能体会到字句底意味。字底情感上的寄托，对于字无所谓相干或不相干，要看包含此字的句子如何。句子底情感上的寄托，和句子有相干的，有不相干的。如果句子本来是表示情感的句子，它底寄托当然相干，如果一句句子本来是表示意象的，它底情感上的寄托也相干。字句底情感或意味，与想象情感或意味，关系非常之密切。

2.一语文底意味要靠习于引用该语文底生活环境。字句底情感不仅要长时期底引用才能得到，而且要习惯于同样环境，或同样社会底生活状况之下，才能得到。学外国语言文字不特要青年时学才容易好，而且要入其国、知其俗，才容易好。中年以后学外国文本来就不大行，即有时勉强成功，大都也不过是写出文法上没有问题的句子，或说出文法上没有错误的话而已。他也许懂得字句底意义，可是，他不容易得到字句底味道。在外国生长的人的确不同，他也许不懂该国语言底文法，可是，如果他的确习惯于该国底社会生活状况，他的确可以得到该国语言文字底情调。只懂本国语言文字的人底情

绪，为本国文字所包办，即令他到外国去，他依然是局外人，他总难免那自外于该国社会底趋势。他当然得不到该国文字底意味。只懂外国文字底意义的人，假如有这样的人，也就得不到该文字底意味。意象底意味也有同样的情形。不习于工厂生活的，当然可以有对于工厂生活的意象，这意象也许只有人声嘈杂的味道，也许是使他厌恶的，假如他是主张工业化的人，这意象也许使他喜欢；可是，他不容易得到习惯于工厂生活的人所有的对于工厂生活的意象的意味。能从工厂生活的意象得到诗意或画意的人，恐怕总是习惯于工厂生活的人。意象与字句底意味似乎是综合的生活所供给的。这意味也似乎只能在综合的生活中去求。

3.一社会的意象者的公共意味总是寓于语言文字中的。想象不必要语言文字底帮助。意象底来源的大本营是官觉经验和记忆。有此二者就可以有意象。至于意象者从他底意象中所得的意味可以分两方面说：一方面是一个意象者之所私，另一方面是一社会意象者之所共。前一方面是他所独有的，他所独有的意象底意味总是从他自己亲自经验中所得到的。后一方面的意味也许是他亲自经验中所得到的，也许是和别的意念者交换而来的。前一方面的意味，显而易见不必靠语言文字。意象中的组织成分都是经验所供给的，虽然整个的意象图案不必是经验所供给的。意象总免不了带着原来经验中所有的意味。这意味也因别的经验成分底保留而保留，它底保留也许靠文字，然而不必靠文字。可是一社会的意象者所有的公共的意味，则必须语言文字底帮助，才能感觉到。照此说法，意象底意味一部分虽不必靠语言文字底意味，另一部分是要靠语言文字底意味的。举例来说,假如一个人在乡下走路。目之所遇不过是某形某色,他也许得到相当的美感;也许他回到家里回想起来,那美感也就跟着他底意象而回来了。可是假如他是中国人,他想起"青山绿水"几个字,他也许还可以得到一部分中国人对于青山绿水所有的意味。假如一个人碰见一条大河,他也许感觉一种自然方面的伟大。如果他回想起来,他也许保存着那伟大的意味。如果他是中国人,他也许想到"大江流日夜",果然如此,他底意象不但有自然方面的伟大意味而且带着中国历史上的情感。假如他是德国人,在他底意象中,他也许会联想到"die wacht am Rhine";果然如此,则他底意象不但有自然方面的伟大意味而且也许有保卫祖国底雄心。

4.语言文字也许支配意象底意味。这种借语言文字而得的意象底意味,不习惯于一种语言文字的人不能得到。习惯于一种语言文字的人也大都是习惯于引用该语言文字底社会生活的人。假如一个中国人想象他在山中走路,又想到"空谷幽兰",他底想象有一种意味,是不懂中国语言文字的人所得不到的。"空谷"两字已经有许多意味,而这意味不是英文中的"empty valley"所能传达的。不仅如此,"兰"字表示兰花,而兰花对于中国人可以说是非同小可的花,它所引起的味道决不是英文中的"orchid"那一字所能引起的。上次欧战时,有一首罂花诗传诵一时,结果是"罂花遍地"能够引起英国人底无限感慨。前多年中国在报纸上碰到这几个字就有点使人头痛。我们习惯于把"rose"译成"玫瑰",可是这两名词底意味大不相同,英国对手"rose"的意象所有的意味,和中国人对于“玫瑰”的意象所得的意味,也不大相同。意象底意味有一大部分是靠语言文字的。假如我们不从历史背景、风俗、习惯等等着想,单从语言文字着想,我们似乎可以说某种语言文字支配想象,因为它支配意象底意味,而意象底意味和意象总是相干的。

C.思议与语言文字

1.思议底历程中也许有语言文字底意味渗入。思议底内容是意念、概念、意思与命题。在讨论思想的那一章里,我们曾表示,在思想底历程中,思议底内容也许要有所寄托。这也许是思议者底缺点。也许没有这种寄托,大多数的思议无法进行。思议底内容或者寄托于意象,或者寄托于文字或符号。在思议历程中思议到“红”,我们也许想到红,这就是说,所谓“红”这一意念也许寄托在红这一意象上面;思到无量也许要想到“无量”这两字或“∞”这一符号,这就是说,所谓“无量”这一意念也许要寄托在文字或符号上面。也许有用不着靠寄托而能思议的人,但我个人的意见觉得没有这样的人。利用寄托底程度似乎很有高低底不同。有些思议者也许不必多用这种寄托,有些则似乎非多用不行。寄托于意象的意念也许连带地渗入意象底意味于意念中。中国人所谓椅子也许寄托在椅子底意象上面,因此有时也许附带着太师椅底意味。寄托于文字与符号的意念也许连带地渗入文字与符号底意味于意念中,中国人思到道也许附带着“道”字所引起的意味。照此说法,上段所论的意象与字句底意味也许可以渗入到意念、概念、意思、命题中。因此,在思议底历程中,我们很可以连带地经验到意象与文字底意味。可是请注意,这是就思议底历程着想。

2.历程中有杂的成分。思议不但有历程,而且有所谓图案或结构。在历程中,我们思议到某一问题,也许有心猿意马底情形,可是这情形不至于在图案或结构中出现。费两点钟底工夫去写一篇汉高祖论,在那时间内,也许你会想到昆明底鸡是四十元一斤,可是大致说来,你不会把这思想加入汉高祖论那篇文章里去。历程和结构或图案根本是两件事。就历程着想,这意味与意念也许相干,就图案或结构说,它不相干。意味和意念底关系是一件事,意味与意象底关系又是一件事。意味和意象底关系不一致,前此已经提到。意象中的四方也许有意味,也许此意味无分于中文、英文或法文;意象中的兰花也有意味,而这意味在中文或英文底分别非常之大。无论如何,意味和意象不是不相干的;意味不同的意象可以说是不同的意象。这一点意思,就是上段所表示的。

3.意味和意念图案或结构不相干。意念与意味,从结构或图案说,都是不相干的。在历程中,意念、概念、意思、命题也许有寄托,也许因此寄托而得到不同的意味,意味也许有多有少,也许有些是我们所欣赏,也许有些是我们所厌恶的;无论如何,从图案或结构着想,是不相干的。所谓四方这一概念或意念,只是它本身而已,对于它,也许我们已经习惯于把意味撇开。其他的意念都是应该把意味撇开的。所谓兰花,也许因寄托而对于不同社会的人有不同的意味,也许我们不习惯于把此意味撇开,然而从图案或结构着想,它是应该撇开的。学植物学的人就把这意味撇开。就意念、概念、意思、命

题底结构说，它们与意味都是不相干的。事实上我们有能把意味撇开的意念、概念、意思、命题，例如前此已经提到的“二加二等于四”，也有我们不容易甚或至于不能把意味撇开的思议底内容，但这是我们底短处而已。总而言之，思议和语言底关系与想象和语言底关系不一样。想象也许受某种语言文字底支配，思议不受某种语言文字底支配；它也许不能离开一种语言文字，而它应该是可以离开某种语言文字的。

4.文法结构影响到意思或命题的表示。以上是就字句底意味说。可是，除意味外，还有文法或结构问题。结构问题差不多完全是句子底问题。有的时候，从字说，一句句子里的字都是另一语言文字所有的，然而这一句句子所表示的意思或命题，是第二种语言文字所不能表示的。我个人二十多年前碰到这样一句话：“Free will is the will that wills itself”，我想把它译成中文，至少那时候我个人办不到。现在中文欧化后，我们对于这句话也许稍微有点办法，究竟如何，我们在这里不必讨论。所谓一句句子在一语言文字中表示意思，或命题，而此意思或命题是在某另一语言文字中之所不能表示的，这一“不能”颇有许多解释底可能。有些不是我们不能，而是我们不愿意。“I love you”这一句句子，可以用“我爱你”这一句句子代替，意味不同的地方也许不少，可是，就意思说，我们似乎没有理由说后一句句子不能代替前一句，然而懂中英文而年纪又在四十以上的人们大都不愿用后一句句子。有些不能也不是文法结构上的不能而是习惯上的不便。“p · 和 · q 和 r ∶ 和 ∶ p · q · 和 · r”这一句句子，我们可以用“如果 p 蕴涵‘q 蕴涵 r’，那么 p 而 q 也蕴涵 r”代替。这两句句子意思一样,可是,后一句就有问题,说出来也许不容易听懂;我们不便如此说,虽然在文法上我们也许找不着理由不让我们如此说。这两句句子都还比较地简单,有些比它们复杂多了,有些复杂到一程度,简直无论说出来或写出来都使我们不容易懂,但是我们虽不容易懂,然而它们并不见得一定违背文法。这就是说,我们不用某种语言文字去表示某些意思,不必是某种语言文字不能表示那些意思,而是我们不便于引用某种语言文字去表示那些意思。前几年有所谓直译办法。直译的文字不免使我们感到"看不懂",或"读不通",或竟"根本不通",然而大致说来,恐怕是我们在心理上有一种拒绝接受的情形。这拒绝接受的情形当然是有理由的;可是,照本段底说法,违背文法不必是理由之一,虽然它可以是理由之一。语言文字究竟有约定俗成成分,既然既成的约俗也许使我们感觉到自然,方定方成的约俗也可以慢慢地使我们感觉到自然。前几年,我看见"虽然"两字摆在一句句子底后一部,就非常之难过,现在不但不觉得难过,而且也觉得自然了。

5.思议底内容,就图案或结构说,不受语言文字底支配。也许有没有句子的语言文字,也许这样的语言文字我们平常不叫它作语言文字。假如两种语言文字都是有句子的语言文字,并且句子里的字都一一对应,我疑心一语言文字所能表示的意思或命题不至于是另一种之所不能表示的。我知道除非我们创造新字,有好些句子是不能翻译的。我们已经提到过好些不能翻译的句子,这些句子或者是因为意味得不到,或是根本没有相当的意念(或相当的字),而不能翻译,不是因为一句句子底意思是另一语言文字底结构所不能接受的。事实上当然有一语言文字所有而另一语言文字所无的意念、概念、思思、命题，可是，这和语言文字的结构或文法不必相干。请注意，我们这里所谈的，是思议底内容，不是想象底内容，及意象底意味。后者与语言文字底关系，我们在B段已经讨论过了。现在的问题是思议底问题。就思议底内容说，本段的(1)、(2)、(3)三条表示它与语言文字底意味不相干，(4)、(5)两条表示它不受某种语言文字底结构底支配。我们在这里不是说思想不受某种语言文字底支配。思想的确受某种语言文字底支配，因为思想是一种混合的活动。我们只是说，思想中的思议底内容，就结构说，不受某种语言文字底支配。

D.命题与语言文字

1.命题当然是独立于某种语言文字的。语言文字与思想底关系既如以上两段所说，语言文字与命题底关系，我们不必多谈。命题既是思议底内容并且是属于思议底结构或图案的，它当然是独立于某种语言文字的，这就是说，它独立于甲种语言文字或乙种语言文字或丙种语言文字……。它既然独立于某一种语言文字，它当然不为某一种语言文字所包办或特殊地表示。翻译命题在理论上不成问题，虽然在事实上实行起来也许有问题，至少有时是不容易的。这是理论与实行底问题。科学、算学、逻辑方面的文章比较地容易翻译，哲学文章有时可以翻译，有时不能翻译，文学文章，尤其是创作方面的文章，大都不能翻译。前一方面的文章所翻译的是命题，后一方面的大都不是。这翻译问题不是本节底主要问题。

2.就思议底历程与寄托说，命题不独立于语言文字。命题虽独立于此种语言文字或彼种语言文字，然而它是否独立于语言文字或表示工具，仍是问题。我们在本章把语言文字限制到日常生活引用的语言文字，所谓语言文字是狭义的语言文字，既然如此，它不包括种种其他的表示工具例如算学或逻辑符号。我们现在的问题是，命题是否独立于语言文字，即令独立于语言文字，是否独立于表示工具。对于前一问题，当然要看思议底内容如何与思议者如何思议。所谓思议底内容如何，就是思议是属于哪一方面的。如果是属于算学逻辑，它大致是独立于语言文字的，如果内容是属于日常生活的，它大致是不能独立于语言文字的。我们前此已经表示过，思议的内容，就历程说，要寄托于意象或语言或符号。有些人也许需要寄托底程度高，有些人也许需要寄托底程度低。大致说来，寄托总是免不了的。寄托虽不限于语言文字，也不限于某种语言文字，然而只要有寄托，在语言文字上，命题总不能独立于语言文字。这是就有寄托于语言文字底思议说。

3.就思议底图案或结构说，命题虽独立于语言文字，然而不独立于表示工具。但是有无所谓寄托于语言文字的思议，例如逻辑和算学。这些思议虽不靠语言文字，然而仍不能独立于表示工具，例如符号。这类的命题也得要寄托在符号身上。在算学史上，“0”这一符号就非常之重要。没有这一符号或可以代替它的符号，一部分的算学上的思议也许就发展不出来。我个人对于复杂一点的逻辑命题，就得利用符号把它写出来，即不写出来还是要利用符号。别人的需要也许没有如此大，但是，不至于有没有此需要的人。我虽不懂算学，

然而我疑心算学上的命题有同样的情形。这类的命题即令它们独立于任何语言文字(不仅它独立于某种语言文字),也不独立于表示工具。我们在这里所要表示的思想是普通所谓“expressionism”一部分的思想。离开表示工具(照表示工具的宽义用法,语言文字也包括在内),我们不能思想。我们现在不谈比较宽泛的思想,只谈命题,因为我们底兴趣在命题。照(2)条底说法,我们底意思是说,没有独立于表示工具或语言文字的命题,虽然有独立于某种语言文字或某种表示工具的命题。

4.没有不能表示的命题。照(3)条底说法,我们得承认两结果:一是没有表示不出来的命题,二是不说出来的命题不是没有表示的命题。就头一点说,我们有时的确说“我有某种复杂的意见,可是,我不能表示”。这情形是实在的。在这情形中,我们似乎只有思议历程中的意思,这意思还没有凝固成命题,或者说还没有形成思议结构或图案中的命题。就意思说,它已经有表示,不过它所表示的不是所思的命题而已。这情形多半可以从思议者眉头一皱看得出来;有时尚不止于此,有时它先用几个表示方式,然后次第撇开,以求达到它所认为满意的表示为止。命题仍没有不能表示的,这实在也就是说,只要所思的是命题,它已经有表示了。就第二点说,不说出来的命题只是没有说出来而已,这只是说,它不是思议交流中的货币,而只是思议者所囤积的命题而已。这不是说,在思议者本身,这命题根本没有表示或者没有寄托在表示的工具上面。

总而言之,思议底内容,就结构说,独立于语言文字或那种语言文字,英文或中文,命题当然如此。可是,虽然如此,思议底内容不独立于表示工具。假如只有前者而无后者,我们在本书不必提到语言文字。命题虽不必用这种语言文字或那种语言文字表示,然而总得要有一种语言文字或一种表示工具去表示。这又回到最初所谈到的官觉问题。

第十六章　命题、证实和证明

一、导　言

A.定义与主词

1.思议内容之断定事实或道理者。论思想的那一章已经表示思议和想象不同,思议的内容也不同。论思议底内容时,我们曾提出四种不同的内容,一是意念,一是概念,一是意思,一是命题。前二者是字所表示的,后二者是句子所表示的。前二者虽重要,然而不是本章的问题,后二者之中,意思又与命题有别。意思可以是命题,然而不必是命题。凡是意念或概念底关联都是意思,可是这关联不必有所谓真假问题,例如有"?"或"!"的句子之所表示的句子。命题底定义就是思议内容之有真或假者,或意思内容中之肯定事实或道理者,或一句陈述句子之所表示而又断定事实或道理,因此而为有真假的思议底内容者。此处之所谓陈述句子相当于英文中的declarative sentence。不是陈述句子不能表示一命题。前章已经说过没有不能表示的命题,这已经把命题限制到能以表示工具去表示的意思。

2.命题的质量等问题。命题的种类颇多。最后一说法也使人感到空泛,可是,这空泛感也许正足以表示这说法底合式。命题底种类的确多,有所谓质量问题,有所谓简单与复杂底程度底高低底问题,就是从普遍命题这一类着想,也有好些种不同的命题。假如我们从简单与复杂这一方面着想,我们也有许多问题。最初就有究竟有没有最简单或最复杂的命题。最复杂的命题似乎比较地容易说是没有,因为显而易见我们可以提出一复杂命题,无论它如何复杂,提出之后,我们总可以根据此复杂的命题而提出一更复杂的命题。最简单的命题似乎也没有,因为就该命题底谓词所表示的意念说,它总牵扯到别的意念,意念总是四通八达的,根本就没有最简单的意念。这就是说,意念总可以分析成许多意念底关联,相当于一意念的意念底关联就是该意念底图案或结构。这一点前此已经提到过,此处不必多谈。

3.具“φχ”形式的命题。从命题底形式着想,我们可以把“φχ”视为简单的形式。这形式虽然是命题底形式,然而它本身不是命题,它是一类命题底共同形式。命题虽没有最简单的,然而它底形式仍可以有非常之简单的。我们现在暂且不管表示命题的语言。“这是桌子”这一命题可以分析成许多别的命题,而这许多命题之中有“这是家具”这一命题;就命题底分析说,后一命题比前一命题更简单,可是,就命题底共同的形式说,它们同属于“φχ”形式,或同属于具“φχ”这一形式的那一类的命题。这一类的命题可以说是非常之简单的。“φ(X,Y)”也可以说是简单的,不同点只在 X、Y 的数目而已。如果我们把数目计算在简单与复杂底程度之内,显而易见具“φχ”形式的命题是非常之简单的一类。

4.好些简单命题不属于此形式。以上所说的是以具“φχ”形式的命题为简单。普通所谓简单的命题不必是这样的命题。“这个人是学生”这一命题并不简单，它的形式不是“φχ”，而是“φχ · φχ”。我们可以暂且这样说，句子或表示命题的句子有时有主词和谓词，命题也有主体和谓念。我们现在要表示文法上的主词不必表示命题底主体。在“这个人是学生”这一句句子里，“人”或“这个人”是主词，而在命题里“人”并不是主体。这一句句子所表示的命题实在应该用这样的语言表示，“X 是人而且 X 是学生”。这一点子意思在别的地方似乎已经谈到，我们似乎曾经提出指鹿为马的问题。假如赵高指着鹿而肯定地说“这匹马跑得很快”，他说了一句假话或断定了一假命题。因为即令那东西跑得很快，然而它不是马，这就是说原来的命题是应该如此表示的，“X 是马而且 X 跑得很快”。X 既不是马，所以这命题是假的。单就“这匹马”这一主词说，它无所谓真假，要把它所表示的视为“X 是马”这一命题，它才有所谓真或假。从知识论着想，X 是说不得的，除手指目视，或其他直接的方法，及以“这”或“那”这种字眼去代替外，我们没有法子把它衬托出来。在未衬托出来之前，我们不能用普通所谓名词或形容词去表示它，它只是光溜溜的 X 而已。要在它已经衬托出来之后，名词或形容词才有用处。我们现在不从 X 说起而从文法上的主词说起。

B.特殊的命题

1.从文法上的主词说起。从文法上的主词说起有相当便利的地方，大多数的人习于普通的语言，不习于符号。我们仍以“这个人是学生”这一命题为例。“这个人”是这话底主词。这主词所表示的虽然有不简单的地方，然而就命题之所肯定的情形说，它总算是相当得简单。但是这个人之所以为“这”是没有法子离开一时一地的环境而能传达的。“这”字当然有意义，它所表示的意念是普遍的，任何一时一地的情形都可以用“这”这一意念去接受。既然任何一特殊的情形都可以用“这”去接受，“这”当然不表示某一情形。假如它能够表示某一情形，它一定有别的工具底帮助。它要求一当前的呈现，一特殊的所与而又是我们能够以目视手指那一类的方式衬托出来的东西。从文法上的主词之所表示的为一特殊着想，一句陈述句子之所表示的为一特殊命题。

2.主词不必有“这”和“那”字眼。文法上的主词不必有“这”和“那”字眼，它也许只有名字，例如张飞、关羽、第一次欧洲大战等等。有这些名字作文法上的主词的句子也表示一特殊命题。这些名字虽然不要求一当然的呈现或特殊的所与，然而它总牵扯到特殊的时间或地点，它也有“这”和“那”类似的问题。名字和名词大不一样。名词是可以望名生义，因而可以按名得实的。马、牛、羊、鸡、犬、豕都可以说是名词，它们都有意义，我们可以经由它们底意义，按名得实；说后院子里有一匹马，我们虽然说不上有什么特殊的马，然而我们的确想象得到有什么样的东西在后院子里。名字根本不是这样的，它没有意义，我们不能经由它底意义按名得实；说后院子里有“张国华”不一定给我们以任何印象。如果你认识张先生，那当然很好，但是，你所认识的是某一个人，不是一个就“张国华”三个字底意义说非我张国华不可的人。不认识张先生的人得不到任何印象。名字和“这”与“那”一样，它要求直接经验或官觉经验去把它所指示的衬托出来。

3.对于一特殊有所肯定或否定的命题。以上所说的无非是要求一特殊命题是一对于某一特殊有所肯定或否定的命题。就表示命题的句子说，特殊的命题要求这句子底主词指示一特殊的东西或事体。我们在这里用指示两字，只是表示，我们要利用文字以外的工具，去衬托某一特殊的东西或事体出来。单就文字说，“这是一本书”不表示一命题，它只表示一命题涵量；要利用文字以外的工具使“这”不但有意义而且有所指示，它才表示一命题。这是就句子的文法上的主词说，一句陈述句子底谓词有时有以上所说的问题，有时没有。说某一本书在某一间房里有以上的问题，说某一本书是哲学书没有以上的问题。大致说来，表示特殊命题的句子底谓词可以有以下三种情形。（一）它特殊地范围一特殊，例如“卢沟桥事变起于民国二十六年七月七日”，“民国二十六年七月七日”特殊地范围一特殊时间。（二）它表示一历史上的情形，例如“孔子殷人也”；殷朝是中国历史上的朝代，殷人或许可以说是历史上的民族。（三）它形容一特殊的，例如“这本书是红的”，红表示一普通的情形，以之形容一特殊。

4.表示特殊命题不在谓词而在主词。表示特殊命题的陈述句子底谓词既然有（3）条所说的情形，此所以表示一特殊命题不在谓词如何如何，而在主词如何如何。总而言之，如果一表示命题的句子底主词指示一特殊的东西或事体，则所表示的命题是一特殊的命题。论思议的时候，我们曾说，思议底内容有意念、有概念、有意思、有命题；严格地说，那时候所注重的是普遍的命题，我们以后所注重的也是普遍的命题，就知识论说，我们所注重的应该是普遍的命题。特殊的命题不是纯粹思议底内容，或者说不是思议底纯粹内容：它是思想底内容，它底一部分摆在前此所说的形形色色、这这那那底范围之内，另一部分摆在思议底范围之内。就思议说，它没有特殊的内容，只有普遍的内容，就特殊的命题之为一命题说，它也是样型的或普遍的，此所以它一部分是在思议底范围之内的；就它是特殊的命题或就它是一对于特殊的东西或事体有所肯定或否定说，它才是特殊的。就所对的特殊的东西或事体说，它们都不在思议底范围之内，就有所肯定或有所否定说，这肯定或否定都在思议范围之内。一句表示特殊命题的句子底主词之所表示的不是思议范围之内的，特殊的命题有一套普遍命题所没有的特别的问题。

C.有时代或地域底限制的普遍命题

1.历史总结主词不表示特殊。我们仍从文法上的主词着想。从这一方面着想，有些句子所表示的既不是以上所说的特殊命题，也不是以下所要提出的普遍命题。论归纳原则时所谈的历史总结就是这样的命题。“清朝人有发辫”这一句句子也表示这样一命题。清朝人不表示一个人，清虽是一朝代底名字而清朝人不是名字。我们也无法利用清朝人及其他的工具去指示某一个人。就这一点说，这一命题不是一特殊的命题。

2.主词也不表示类。清朝人虽多然而它也不是普通所谓类。“清朝人”一方面不表示一个体，另一方面也不表示一类。普通所谓类都有一所谓该类者在，至少就意念说，它是如此的，例如红类总有一所谓"红"，四方类总有一所谓"四方"。类固然不是个体，固然不是特殊的东西或事体，它也不是清朝人那样的集团。类是普遍的。所谓普遍就是超特殊的时间与空间。这就是说，我们谈类，我们不必谈到某时间或某时代，某地点或某区域。显而易见，谈到四方这一类，我们不必提汉朝或欧洲或亚洲。然而我们谈到清朝人，假如有人不懂我们所谈的是什么人的时候，我们只有说这是某时代某区域的人。就这一点说，清朝人不是普通所谓类。

3.主词不容易视为普遍名词。也许清朝人可以视为一现实过的综合的可能。如果我们不把我们底意见限制到知识论底范围之内，也许我们可以有此看法。也许我们可以说，清朝人也有所谓，不过我们不知道它底所谓而已。用英文的方式表示，也许清朝人也有"ness"或"ity"，果然如此，它当然有所谓。我们知道与否和这所谓的有无是两件事。我们当然可以有此看法，不过持此看法之后，我们有些不大容易支持的后果。(一)所谓清朝人在此看法之下有意义而此意义不必提到特殊的时代或区域就可以明白。(二)清朝人可以重复，也许在百年千年万年之后，清朝人就会重复起来好像山水草木一样。(三)说清朝人有发辫就等于说清朝人这一意念之中就有发辫这一意念。这些后果都是知识论之所不大容易接受的。这看法虽不是不可能的，然而以官觉及经验为根据，这看法的可能性并不大，并且我们还可以说是非常之小。这一看法我们可以撇开。

4.限于时地的命题。(3)条底说法撇开，我们只好认"清朝人有发辫”这样的命题为历史总结，这就是说，它是一有时地限制的普遍命题。一句对于一时一地的普通情形有所表白的话之所表示的，是一限于一时一地的普遍命题。这类命题对于研究历史的人们与在日常生活中都非常之重要。在知识底历程上，我们利用以为生活底向导的，一部分也是这样的命题，不过我们也许不感觉其为这类命题而已。例如“美国人直率”、“日本人机械”这类的话似乎表示这类的命题。这类命题有些有临时性，有些没有；有些是历史总结，有些不是。这类命题对于一时代的判断底对错关系大，它们本身底真假，颇不容易说。就玄学或元学说，(3)条底所说的看法，也许不容易撇开。

D.普遍命题

1.主词所表示的是普遍的。普遍的命题既不肯定或否定特殊的事实，也不肯定或否定限于时地的普通情形。表示普遍命题的句子底主词之所表示的是抽象的，就所思的内容说，它是意念，或概念，就所思的对象说，它是种类或共相。我们要懂这类的命题，我们可以从意念的图案或结构去懂它，而不必求助于手指目视。就思议的历程说，我们也许要求助于想象上的寄托，可是，想象上的寄托不必牵扯到手指目视，就我们理解这类的命题说，我们也许要求助于想象上的寄托，我们有时也许还要要求举例，可是，我们也用不着手指目视。另一方面，我们也用不着牵扯到特殊的时间与空间，才能思议到这类的命题，或懂这类的命题。这类的命题是意念或概念底关联。

2.统计式的普遍命题。普遍命题底种类很多，分类法的标准也不一样，这些我们现在都不讨论。表示必然的理、本然的理、固然的理的命题都是普遍命题，可是，它们都不一样。就普通所谓原则着想，有肯定实在的原则，也有在方法上引用的原则，原则不一样，命题也不一样，虽然它们都是普遍命题。在这里我们只稍微谈谈两种不同的普遍命题。一种是统计式的普遍命题，例如"人底生活十之八九是习惯"。对于这样的命题，总有人以为它不是普遍命题。既然人底生活十之八九是习惯，人底生活当然不都是习惯。这种命题的确不是传统逻辑学中的 A、E 那样的普遍命题，命题底谓念并不普及于主题。或者说，句子底谓词并不普及于主词。可是，显而易见，这类命题不是特殊命题，它没有对于任何特殊有所肯定或否定。另一方面，它也不是一有时地限制的普及命题，它没有说，清朝人或汉朝人或美国人底生活十之八九是习惯，它只肯定人底生活十之八九是习惯。同时如果我们承认这一命题是真的，我们也因此承认十之八九某人底生活也十之八九是习惯，即令某人底习惯成分非常之少，这一推论依然是对的。这类命题依然是普遍命题，不过它是统计式的命题而已。

3.非统计式的普遍命题。另一种普遍命题就是普通的货真价实的普遍命题。这就是说，命题底谓念普及于主题，或句子底谓词普及于主词。它不但对于特殊的无所肯定或否定，不但没有时空上的限制，而且它也不是统计式的普遍命题。就科学着想，我们习惯于以这类的命题为表示自然律的命题。近年来这一看法也许要修改。也许相对于大的世界、粗的世界，我们可以利用这样的命题以表示自然律，而相对于细微世界，我应该把这类的命题改成统计式的命题，才能表示自然律。这就是说，也许有固然的理，从粗大的世界着想，我们可以用非统计式的普遍命题表示，而从细微世界着想，非用统计式的普遍命题表示不可，这看法究竟如何，不是我们底事，它是科学上的问题。我们在这里所要表示的，只是普遍命题有统计式的和非统计式的，二者我们都承认，至于何者应该引用，不是我们的问题。

4.假言或直言。从表示普遍命题的句子说，它或者是直言的或者是假言的。如果是假言的，它底形式大约是这类的(X)·φχ 和 ψχ，虽然它不只是这类的。如果是直言的，它底形式也许是传统逻辑学中 A 和 E 那类的命题，虽然它不只是那类的。如果句子是直言的，它底主词表示意念或概念，而整个的句子表示命题或意念或概念底关联。就思议底内容说已经够了。就思议底对象说，命题所表示也许是共相底现实的关联，或共相底可能的关联，或可能底可能的关联。这类命题既然是普遍的，我们思议它或理解它都用不着手指目视，它虽然间接地牵扯到官觉，而直接地并不牵扯到官觉，我们只就意念或概念底图案或结构，就可以思议它或理解它。这当然只是就理解或思议说，这类命题底证实当然不只是结构或图案方面的事；证实总牵扯到经验、事实、观察、试验等等。

E.命题显现与命题

1.字句底样型和凭借。字、句都有样型与凭借底分别。这分别在论语言文字那一章已经提出，我们在本条重复地说说。大致说来，样型是凭借底样型，凭借是样型底凭借。在

“字”、“字”、“字”、“字”中，就凭借说，有四个字，就样型说，只有一个字。在“道不远人”、“道不远人”、“道不远人”、“道不远人”中，就凭借说，有四句句子，这样型说，只有一句句子。凭借与样型彼此相依，它们是分不开的。没有凭借，根本无所谓样型，没有样型，也根本无所谓凭借。虽然如此，它们底功用不一样。就官觉说，凭借重要；就意义说或就表示命题说，样型重要。

2.表示命题的是句子样型。表示命题的是句子样型不是句子凭借，虽然在日常生活中我们只说它是句子就够了。也许我们应该说，直接表示命题的是句子样型，而间接表示句子的是句子凭借。上面已经表示，样型与凭借二者是不能分的。从表示命题着想，二者也是不能分开的。上条也已经表示，就官觉说，凭借重要。就命题的传达说，凭借的重要可以想见。要传达命题，我们免不了要写出来或说出来，可是写出来或说出来的都是凭借，可见命题底传达要靠凭借。不但如此，在思议底历程中，我们底思议也许需要想象上的寄托或语言文字上的寄托，果然如此，思议所寄托的语言文字是语言文字底凭借。就是从表示命题着想，句子底凭借依然重要。虽然如此，直接表示命题的是句子样型，不是句子凭借。(1)条所列举的句子凭借有四个，可是，它们只表示一个命题。如果凭借表示命题，则因为四个凭借彼此都不同，它们应该表示四个命题。然而它们的确只表示一个命题，可见表示命题的，至少直接表示命题的，是样型而不是凭借。

3.命题与命题显现。命题也有类似以上凭借与样型底分别。这分别非常之重要。把分别提出后，它底重要自然会显明。相当于句子凭借的我们叫作命题显现,相当于句子样型的我们叫作命题本身或简单地说命题。这里说“相当”底意思并不是说,句子凭借表示命题显现而句子样型表示命题,这里说“相当”底意思,只是说命题显现和命题底分别,相当于句子凭借和句子样型底分别。命题显现有某时某地某环境底问题,它类似一件特殊的事体。我可以在前天即断定“一个人底最大仇敌就是他本人”,昨天也断定“一个人最大的仇敌就是他本人”,而今天又断定“一个人最大的仇敌就是他本人”,果然如此,在三天之中我有三个命题显现,然而我只断定一命题。命题显现对于命题确有句子凭借对于句子样型底关系。严格地说,在思议历程中的只是命题显现,在意念图案中或结构中的才是命题。命题显现和命题也是分不开的,可是,虽然如此,我们仍不能不分开来讨论。它是思议历程中类似事体的内容。它是类似特殊的和具体的,它在什么时候显现,它就只在那时候显现,它是一去不复返的。它是私的;两不同的思议者可以同思议一个命题,可是,他们不能够同思议一个命题显现,因为彼此之间至少有两个不同的命题显现。命题显现是无法交通的,要交通命题显现只得利用命题。思议者在思议历程中一部分的活动就是得命题显现公开化、客观化,使它成为命题。

4.命题普遍而命题显现特殊。照以上的说法,就命题显现说,它是命题底显现,而显现无所谓特殊或普遍,它总是特殊的;就命题说,它总是超特殊的时空和特殊的思议者的,从这一方面说,命题总是普遍的,它无所谓特殊。以上 B、C、D 三段讨论三种不同的命题,说命题有特殊的,有限于时地的普

遍命题，也有普遍的命题。这说法实在是就思议底对象说的。命题所肯定或否定的对象也许是特殊的事实或普遍的理，从这一方面说，它的确有特殊与普遍底分别。可是，从命题和命题显现底分别说。命题总是普遍的或类似普遍的，它没有特殊和普遍底分别；命题显现总是特殊的或类似特殊的，它没有特殊和普遍底分别。

二、事实语言命题

A.语言与命题

1.命题不是表示语言。命题不是语言，这就是说，命题不是表示它的语言。表示命题的虽是句子，然而句子不是命题。这一点上节 E 段已经提出过。"这是桌子"、"这是桌子"就凭借说，是两句句子，然而它们只表示一命题。也许有人以为这是就凭借说，若从这样型说，这里虽有两凭借然而只有一样型，而表示命题的既是一样型，表示命题的当然只有一句句子。可是，假如我们写以下两句句子，（一）"这是桌子"，（二）"this is a table"，这不只是就凭借说是两句句子，即就样型说，它们也是两句句子。它们虽是两句句子，然而它们仍只表示一命题。它们当然是不同样型的句子，因为它们是属于不同的语言文字的句子。显而易见，"2+2=4"、"二加二等于四"、"Two plus two is equalto four"都是不同样型的句子或表示工具，然而就它们所表示的命题说，它们只表示一命题。也许就一语言文字说，我们应该只有一唯一的句子样型去表示一命题，即令如此，这唯一的句子样型，也不是它所表示的命题。

2.命题不能独立于表示工具。命题虽不是表示它的语言或句子,然而命题仍不能独立于语言或表示工具。这一点论语言文字时已经谈到,此处不妨重复地说说。显而易见,从交换或传达着想,命题非求助于语言文字或表示工具不可,不然的话,命题无从传达。所谓命题底传达须求助于语言文字或表示工具,就是说它直接地须求助于句子或表示工具底样型;而间接地须求助于句子或表示工具底凭借。表示命题的是样型,而指示样型的是凭借。凭借无论从字或句子或表示工具着想,总是说出来的或写出来的,或刻出来的。说出来的是声音,它是听觉呈现或所与。写出来的是形式上的样子,它是视觉上的呈现或所与。刻出来的也是形式上的样子,它是视觉上的呈现或所与,有时也是触觉上的呈现或所与。我们一方面要记得它们都是呈现或所与,另一方面我们也要记得它们不是平常的呈现或所与,它们同时是符号。忘记前者,我们也忘记语言文字或表示工具之靠客观的呈现。以语言文字或表示工具去证实客观呈现之有,或不管客观呈现之有无,而只以语言文字上的反感为据的人,就是忘记了语言文字或表示工具本身是官觉呈现或所与的人。同时我们也不能忘记语言文字或表示工具不是平常的所与或呈现,忘记这一层也就忘记语言文字或表示工具有凭借与样型底分别。说命题要利用语言文字或表示工具以为传达底工具,也就是说它要利用凭借以为工具,而这又是说,它要利用官觉以为传达底工具。

3.不说出或不写出的命题依然是需要表示工具的。命题的传达,虽然要利用语言文字或其他表示工具,然而命题是不

必传达的，思议者很可心中藏之。果然如此，命题是不是就不必利用语言文字或其他的表示工具呢？所谓心中藏之就是不说出来或写出来。不说出来或不写出来的语言文字或其他的表示工具，的确没有听见或看见的问题，当然没有别人底官觉问题。可是，不说出来或不写出来的语言文字或其他的表示工具仍是语言文字或其他的表示工具，它们并不因不说出或不写出而失其本来的性质。命题虽可以心中藏之（其实应该是命题显现），然而它能否离开语言文字或其他的表示工具仍是问题。论语言文字那一章底最后几段就表示命题不能离开语言文字或其他的表示工具，虽然它不受某一种语言文字或某一种表示工具底支配。就是对于思议者，命题也有表示底需要，思议者所认为他思议到的而又没有表示的命题或不能表示的命题根本不是命题，只是意思而已。他也许寻求表示而没有得到表示，果然如此，他只有意思没有命题，不过他正在使意思凝固化，使它成为命题而已。命题是可以断定的，可是没有凝固化的意思，思议者无法断定。

4.命题总有寄托。命题是思议内容之一，这就是说，命题显现一定在思议历程中出现。我们已经说过，思议是不能离开寄托的。有些思议者离开想象的能力非常之大，有些思议者离开想象的能力比较的小。这当然也要看所思的内容如何。有些意念根本就没有相应的想象，例如“无”、“无量”。即令对于某一种意念，我们不能利用想象以为寄托，而我们仍不能离开寄托。即令有脱离想象的思议，也不会有脱离寄托的思议。不狃于当前的现实而又没有相应的想象的思议，总寄托于语言文字或其他的表示工具上。这寄托是寄托在样型上，或直接地寄托在样型上，然而就意象说，这寄托是寄托在凭借上或直接地寄托在凭借底意象上。能从事于纯思的人也许需要寄托的成分少，即令需要寄托的成分少，然而仍不能不需用寄托。总而言之，命题虽不受某一语言文字，或某一表示工具底支配，然而仍不能独立于语言文字或其他的表示工具。

B.命题与事实

1.命题有正负而事实没有。某思议者之断定某一命题虽然是事实，然而所断定的命题不是事实。这可以从好几方面说。第一，命题有正负，而事实无正负。真的特殊的正命题断定一与它相符的事实，真的特殊的负命题不断定一与它相符的事实。说相符也许有涉及真假学说的毛病。真假说法是下章要讨论的，本章不论。其所以要说符合者，实在是要借负命题以表示负命题虽真，它虽表示事实，然而它不断定一负事实。事实根本没有负的，这一点论事实时已经论过。真的负的特殊的命题之所以为真，确是因为与它相矛盾的命题所断定的不是事实。命题有正负而事实无正负。

2.命题有真假，而事实没有。第二，命题有真假，而事实无真假。命题之有真假，我们在这里不必多谈，事实之无真假，我们要稍微说说。有些人也许习惯于说假事实，可是假如问他们假事实究竟是什么样的事实，他们也许会说假事实根本不是事实。请注意，假命题的确是命题，命题不因其为假而中止其为命题。我们不但没有假事实，而且也没有假东西和假事体。假宋画的确是有的，可是，这不是说那东西是假的，也不是说它是一张宋画而它是假的宋画，这只是说“它是宋

画"这一命题是假的。有些人也习惯于说捏造事实，可是，事实也无捏造的，所谓捏造事实，或者是故意断定许多假命题，或者是在行为上发生许多事实，因以隐藏某一特殊的事实。在政治方面，人们的确常常推动事实底发生以求达到某某目的，但这也不是捏造事实。显而易见，在这情形之下，某事实的确发生，并不是捏造。总而言之，事实没有假的，而命题确有假的。

3.事实可以用不同的命题表示。第三，同一事实可以用不同的命题断定。从前有"人以为树在庙前，我独以为庙在树后"这样的笑话。从一方面说，这当然是笑话，从另一方面说这不是笑话。就命题说，这两命题虽然相等然而不是一命题，前一命题所注重的是树，后一命题所注重的是庙。前一命题答复树在什么地方这一问语，后一命题答复庙在什么地方这一问语。它们的确是两命题。可是，就它们所断定的事实说，它是一件事实。这件事实虽有注重树或庙底注重点不同，然而它仍只是一件事实，就事实界底一件一件的事实说，它只是一件事实，就思议范围之内的注重点说，我们可以有两不同的命题。由此可见，同一事实可以为不同的命题所断定。请注意，这里所说的是命题，不是表示命题的句子，若从后一方面着想，一件事实可以有许多甚而至于无量的句子去表示。

4.命题有普遍与特殊，事实没有。第四，命题有普遍与特殊的分别。普遍的真的正命题断定理，特殊的真的正命题断定事。这是就命题之所断定的说，关于这一点，上节已经讨论过，此处不赘。事实可没有普遍的。所谓普遍就是超特殊的时空。事实不但不超特殊的时空，而以特殊的时空为一必要成分。任何事实总是在某时或某地的事实。有些事实就是发生的事体,就事体说,显而易见,它是在某时某地发生的,它根本移动不得。即不是事体的事实也是限于时地的。我这一张桌子事实上在我底床底西边,这一件事实也是限于某一时期某一地点的。既然如此,事实当然无所谓普遍。论事实时这一点也已经谈到,在这里不过重复地说一下而已。

5.命题是可以重复显现的,事实不能。事实既只是特殊的,它当然是不能重复的。这一点一方面固然是用不着说的,另一方面为表示命题与事实底分别起见,我们也得说说。也许有人以为事实可以重复,我们有时说某某事实重演一次。请注意,这不是一件特殊的事实重演,而是两件特殊的事实同类。两件或无量数件的事实虽可以同类而一件特殊的事实绝不能重复。特殊之为特殊,一部分的意义,就是不能重复。命题是可以重复的,就命题说,它也无所谓重复,所谓重复是命题显现重行出现。我们在上节已经表示命题底普遍与特殊是就所断定的是理或事而说的,不是就命题本身而说的。命题本身是类似抽象的,类似普遍的。就这一点说,命题与事实也完全不同。

C.命题与事实底关系

1.命题底交换和传达总是要利用事实以为工具的。命题与事实底关系可以从三方面着想。一是从真的正命题所断定的事实着想,一是从命题底传达或交换与命题底显现着想,一是从知识上由事实发现命题与由命题发现事实着想。第一点有真假方面的问题,我们现在根本不谈,下章就讨论这一类的

问题。从命题底传达或交换着想，命题与事实总是互相牵扯的。命题底传达或交换总得求助于语言文字，语言文字虽不必是说出来或写出来的，然而大都是要说出来或写出来的才能成为交换或传达底工具。表示命题底直接工具虽然是语言文字底样型，然而间接工具总是语言文字底凭借。语言文字底凭借总是说出来的声音，或写出来的图样，或刻出来的线纹。这些总同时是事体或东西，所以都是在某时某地底事实。既然如此，命题的交换或传达总得利用事实以为工具。

2.思议到命题所连带发生的事实。以上是从表示工具着想，而从命题显现着想情形同样。命题显现在思议者底思议活动中出现。思议活动既是某思议者在某时某地的活动，当然是事体或事实。我们虽然不说某命题显现在某时某地发生，然而它的确在某时某地某思议者底思议活动中出现。普通我们只说某某“想到”某一命题。命题虽没有时地问题然而“想到”总有时地问题。所谓“想到”，照我们的说法，只是某一命题底显现出现而已。命题显现既然在某时某地出现，当然是事体或事实。我们知道命题显现不就是命题，命题也不就是命题显现。虽然如此，命题之于显现有样型与凭借底情形。它们彼此相依。命题总得要靠命题显现在思议活动中出现，才能成为思议者底思议图案中的成分。不但就表示工具说，即就命题显现说，命题与事实也互相牵扯。这两方面所牵扯的事实，与命题所断定的事实，完全是两套事实。显而易见，即令某命题是假的，它仍然牵扯到这两方面的事实。这两方面的事实是思议到命题连带发生的事实。

3.发现一事实总同时发现一命题。以上所说的第三点，表示我们可以由命题发现事实,也可以由事实发现命题,我们现在不必谈到真的普遍的命题。真的历史总结和真的特殊的命题总与所断定的事实直接有关。想到或意识到一普通命题或特殊命题,虽不必知道它所断定的是不是事实,然而知道一件事实,总同时也知道断定此一件事实的命题。这里当然有思议者运用语言与思想底本领问题。语言本领大的也许可以用不同的语言表示该命题,思议能力强的也许可以由该命题推论到许多别的命题。可是无论一思议者底语言和思想底本领如何的小,他决不至于知道某一件事实而不知道该一件事实的命题。他果然不知道该命题,该命题所断定的对于他绝不至于认为是事实。我们在这里所要表示的,只是发现事实总同时发现命题,发现命题不一定发现事实。我们对于空想玄想底不满意一部分的理由也许在此。有人甚至于说一斤理论比不上半两事实。

4.发现一命题有时也发现一事实。虽然如此,我们不但可以因发现事实而发现命题,也可以因发现命题而发现事实。由归纳着想,我们一下子就会想到前者,其实后者的例子也不少。关于后者,前此论事实的时候已经提到。我们已经表示过事实本来是有理论底结构的。既然如此,我们当然不止于能够在事中求理,也能够在理中求事。普通所谓推论出来的事实就是在理中得到的事实。在科学史上这样的例子不少,这样的例子前此已经举过,此处不再提出。所谓在理中得事,就是由知道命题与命题底关系而发现事实。在侦探小说里这种情形非常之多,在法庭里这种情形也不少。我们所注意的当然是在知识方面。在这一方面我们常说这么一句话:知识

愈进步，在理中得事的情形愈多，或由发现命题因而发现事实的情形愈多。这不必牵扯到由事中求理的情形慢慢地少起来了。我们可以这样地说，假如在 t_n 时候，由知道事实去发现命题底数目为 m，由知道命题去发现事实底数目为 n，知识果然有进步，不但 m 增加，n 也增加，知识愈进步，n 底增加比 m 底增加还快。这情形本身似乎是事实。理由也许不难找到。所谓知识愈进步，就思议者说，就是思议的内容底图案一方面范围愈广大，另一方面结构愈谨严，各部分彼此四通八达的路线不但愈多，而且愈靠得住。我们把这一意念图案去接受所与，不但把所与容纳在一整个的图案之中，而且把别的可能的相连的所与也容纳在此图案之中，而这当然就是发现事实。

D.事实、语言、命题底三角关系

1.所谓意识。本书直到现在没有提出英文所谓 consciousness 或 awareness 这一问题。前多少年的知识论把这问题当作非常之困难的问题。有人以为 consciousness 难于捉摸而代之以 awareness，其实问题同样，只不过前一名词在哲学史上含义多，而后一名词，因为在哲学史上用得少，含义比较地少一点而已。在这里我们叫作意识。意识的确是不容易捉摸的。本书底看法和原来的看法不一样。本书当然不敢说原来的问题可以在本书解决，可是，它也许在本书解散了。照本书底说法，意识是复杂的，它是命题或意思与语言事实底三角关系的现实。我们可以说，如果我们能够以语言（不限于说出或写出的）表示意思或命题以应付呈现或所与因而形成事实，我们对于该呈现或所与有意识。这里说的“能够”是实实在在的能力底运用,不只是可能而已。

2.所谓觉。这里的说法当然牵扯到耳闻目见。也许有人会说目虽视而不必见,耳虽听而不必闻。无闻无见也没有意识,有闻有见已经有了意识。这的确不错,我们也要如此说。目底所视是所与,是光溜溜的所与,所见已经是引用了意念于呈现的所与;耳底所听是光溜溜的所与,所闻已经是引用了意念于呈现的所与。视而不见,有官而无觉,听而不闻,有官而无觉。有"觉"才有意识,无觉亦无意识。可是,有"觉"就是运用意念于所与,一方面总牵扯到意思或命题及语言(无论说出或写出与否,姿态亦在内),另一方面总牵扯到事实,至少牵扯和意思或命题连带发生的事实。意识总是上条所说的三角关系底现实。如果某某意识到他底环境中的任何一项目,我们也许会简单地说他觉到了该项目。可是,如果我们再分析一下,我们会说,所谓他觉到了该项目,就是对于该项目他现实了以上所说的三角关系。

3.意识有宽义的语言来表示。普通要表示一官觉者对于环境有意识(杂的情感、语言、思想等等都在内),至少他要有宽义的语言。宽义的语言包括举动在内。一官觉者觉着痒时,当然不必说痒,只要他以手抓痒,他已经有宽义的语言上的表示。我们当然不能说所有的举动都是语言。举动要有意义才是语言。所谓有意义就是针对于刺激而有相当的反应的意思。有些动作或者根本不是反应,或者不是相当于刺激的反应;就刺激说,这些动作都不是有意义的举动。举动要有意义才是宽义的语言。这实在也就是表示语言是表示的工具。所表示的是思想底内容。思想底内容虽不限制到命题,然而

就举动是针对于刺激的反应说，总牵扯到命题或意思。意识不必有狭义的语言表示，可是，大都有宽义的语言表示。这似乎是把意识限制到有表示的意识。也许有人会说没有表示的意识也有，例如一个人正在冥思苦想的时候，他可以既无动作，也无语言。这的确不错。照(1)条底说法，这个人仍有意识，他也许能够表示，只是在事实上没有表示而已。不但如此，我们也没有法子表示他有意识。要表示一官觉者对于环境有意识，我们似乎仍得要求他至少有宽义的语言以为表示工具。

4.意识有程度问题。意识当然有程度及范围问题。有程度低的，而这也许是隐隐约约的觉，例如正在高谈阔论的时候，微微地以手去摸头发。也有程度高的，例如一个人在会议场中，不但懂得别人底正式发表的意见，而且明白别人底未正式发表的意见。有时意识只是以非常之简单的意念引用到所与上去，有时是以非常之复杂而又有严密组织的意念图案引用到所与上去，前者底意识程度低，而后者底意识程度高。程度与训练当然有关。对于一门学问有研究的人底意识，在该门学问范围之内，比对于该门学问没有研究的人底意识，大都要来得快利，来得高深。范围底大小也有很不同的地方。有些官觉者所意识到的可以五花八门，有些所意识到的也许只限于日常生活的形色。关于这一问题，我们不必往下讨论。程度范围底不同总牵扯到思想活动底能力和(1)条所说的三角关系底现实。在本章我们对于三者之中特别地注重命题，因为本章底题目是命题。

E.命题独立于任何官觉类底任何知识者

1.意像不独立于官觉类。命题是思议底内容之一。思议活动既在思想活动中,命题当然也是思想活动底内容。思想活动是综合的活动,它是综错杂呈的,它有思有想,有动有静。想这一成分牵扯到官觉。官觉有类与分子之间的官觉问题。这在第一章已经提出过。客观的所与是一官觉类所能有的类型的呈现。如果一官觉类的分子得到该类所能有的类型的呈现,他得到正觉上的呈现,这就是说,他得到了客观的所与。照此说法,所与是独立于一官觉类中任何一分子的,虽然它不是独立于官觉类的。非客观的呈现是不能直接形容或交换的。形容与交换都得利用根据于所与的普遍的意念。想这一内容底成分是意象,而意象的根据总是所与或呈现。无论是呈现或所与,想象总是限于官觉类的。不同的官觉类总有不同样的想象,因为意像是类似特殊的,类似具体的,它总是像,总脱离不了呈现或所与。即令意象底根据是所与,它仍然脱离不了官觉类。意象总是一官觉类所特别有的。

2.思议独立于官觉类。思想活动中的思这一成分和官觉底关系与(1)条所说的不一样。从思着想,就对象说,所思是共相,而共相一方面虽是共,另一方面不是特殊的像那样的像。共相是普遍的,根本不能是特殊的像那样的像。共相既不是特殊的像那样的像,它不是狃于一官觉类的,这就是说,它是独立于任何一官觉类的。就内容说,所思是概念、意念、命题、意思,而这些都是抽象的,如果我们要利用普遍与特殊这类字眼,我们要说它们是类似普遍的。就思议的纯内容而不就在思想活动中连带而来的种种寄托说,它们是独立于任何官觉类或知识类的。这就是说，假如有 A、B、C、D……知识类，他们各自有的意念、概念、意思、命题及所研究的对象，是独立于各知识类的。命题是这种内容之一，当然也是独立于知识类的。论自然的那章，我们曾表示所谓自然界一部分是普遍的，这是各知识类之所共的。命题是属于这一方面的。特殊的命题只是就所表示的是特殊的而已。命题本身不是特殊的，显而易见，它没有那一去不复返的情形。它同样地独立于知识类。

3.混合的思想内容不独立于官觉类。可是，思想底内容不是思议底纯内容。思须寄托于想，本节 A 段已经提及。也许对于大多数的人，思总是要靠想的，也许靠想的成分有时多有时少。其实我们根本不必如此说，只要承认大多数的意念都有后验成分，思总逃不了想方面的寄托。这也就是说，思议活动总不是单纯的活动，它总是在思想活动中出现的，而思想活动总是混合的综错杂呈的。单就思说，所思无论就内容或对象说，虽是独立于一知识类的，然而就思与想两相混合说，混合的内容不是独立于知识类的。各知识类虽有共同的思议内容，然而没有共同的想象内容。命题底意义或命题本身虽独立于各知识类，然而它所引起的意味、情感、寄托等，都不是独立于知识类的。

4.命题独立于官觉类中任何知识者。我们所特别注意的是命题独立于一官觉类或知识类中的任何官觉者或知识者。就人类说，（暂以它为一官觉类）命题是独立于张三、李四……的。命题总是要一类之间彼此能够交换的。在经验上我们的确有彼此不懂的情形。我们所注重的不是彼此究竟能懂得多少，而是彼此能懂。彼此之间能够交换至少有两条件。一是命题本身的同一。此本身的同一不受张三或李四底影响。不但张三在不同的时间，不同的地点，所断定的命题“二加二等于四”是一命题，而且张三、李四、王五、陈六等，所断定的“二加二等于四”是一命题。这里所说的当然是命题，而不是命题显现。第二条件是一官觉类或知识类有客观的呈现或所与，照第一章底说法，这假设是必要的。无此假设，命题根本不能交换。其他点根本不必提到。命题无论如何是独立于一类官觉者或知识者中的任何分子的。

三、命题与判断

A.判断不是命题

1.判断是事体。命题如以上所述。判断和命题根本不一样。命题不是事体而判断是事体。例如在大理到下关途中，我判断我所看见的白山是大雪山。显而易见这是一件事体。这就是说，这一件事体在某时某地发生，地点是大理到下关的途中，时间是民国二十八年。发生之前，别人也许有类似的判断，我没有，当发生时才有该判断，既发生之后我也不老在那里下这一判断。判断不但有始而且有终，既然有始有终，当然也有一时间恰恰是某一判断底时候。此所以我们能说，在某某地点，某某时间，某人有某判断。即以上面所举的例说，它是一件在民国二十九年一二月间，由大理到下关途中，所发生的事体。也许对于判断，我们不注重它底时地。但是，这并不表示它没有特殊时间和地点问题。我们也许不注重到它是事

体，然而它不因此就不是事体。

2.和别的事体一样是收不回的。判断这样的事体虽有时地问题，而某某之有某判断这样的事实，不随判断底打住而打住。假如某人在某一时间有某一判断，某一判断也许在某另一时间打住了，然而某人在某一时间有某一判断，这一件事实没有在某另一时间打住。此所以判断是收不回的，我们收不回以往的判断，我们只能以新判断去取消从前底判断。这一新判断也是一件事体，这一件事体没有法子抹杀从前的事体，这一判断是判断，它没有法子否认从前的判断之为判断，它只能以否认从前判断底对错的方式去取消从前的判断。一个人可以有一与从前不同或相反的判断，这只表示在现在这一判断中所断定的命题，与从前判断中所断定的命题，不同或相反而已，他没有法子收回从前的判断。从前的判断那一件事体是一去不返的，收不回来的。

3.判断者。判断这件事体中有一成分为判断者。照我们这里底用字法，命题没有所谓命题者。命题只有断定者，并且一命题底断定者可以非常之多。这一点也表示命题和判断不一样。判断既然是事体，判断者总是在时空、事体、东西、事实底关系网中，它是一官觉类中的一官觉个体，一知识类中的一知识分子。他有他底个性，他有他底特殊的生活环境，他底生活环境中有他底特别的历史背景，也有他底特殊的当前的情形。也许与他同类中的别的分子，在同样的环境中，也有他所有的判断，也许别的分子没有他所有的判断，而他有这些判断。判断既然免不了判断者，当然也难免染上的判断者所特有的彩色。

4.每一判断都有它底因果系。每一判断都有它底“因果系”。也许我们在这里不宜于引用因果两字,因果使人想到普遍,而我们这里所谈的是特殊的。我们昕要表示的不过是普遍因果之下的特殊的现实而已。每一判断既然都是一件事体,当然有它底一时一地使它发生的因素。我们仍以由大理到下关途中我看见一白山而判断它是大雪山为例。使此判断发生的因素非常之多。未到丽江之前,我根本不知道,在太理到下关底途中,我们可以看得见大雪山,所以在从下关到大理底途中,我根本就没有注意往北望。回来时,我们骑马,不是坐滑竿,我可以时常回头望。假如我不回头望或不常回头望,也许我不会看见那白山。那一天天气清朗,不然我或许看不见那白的山。那时候我底眼睛比现在好,现在我也许看不见那样远的山。这样的情形非常之多。它们可以阻止一判断发生,它们也可以使一判断发生。我们把这样的事体称为一判断底因果系中的事体。

B.判断底分析

1.有动机的动作或行为。上面只是说判断是事体,就它是事体说,它牵扯到判断者底性格,它有它的环境、历史,及一时一地底因果系中的特殊的事体,某一判断在某时某地发生,总有好些特殊的因素。但是判断不只是以上所述。它同时是一有动机的动作行为。我们固然不要以为判断有本段所提出的情形,就忘记它有A段所提出的情形,我们也不应因它有A段所提出的情形,就忘记它有本段所要提出的情形。有动机的动作或行为总不只是一件普通的事体而已。它牵扯到思

想。有时它只是思想上的活动，而没有语言或其他动作上的表现，有时不但是思想上的活动，而且有语言或其他行为上的表现。它有时是耳闻目见的事体，有时不是耳闻目见的事体。

2.官觉或想象的内容。判断既总是思想活动，当然有它底内容。思方面的内容暂且不论。除思外，尚可以有官觉底内容及想象中的意象。有时也许二者得兼，有时也许二者不兼。或者说有时有官觉底内容以为内容，有时没有官觉底内容以为内容。老远看 X 而认 X 为树就有判断，看 X 而见树也有判断。这或许是非常之简单与直接的判断，这也许是日常生活中最常遇着的判断。在这样的判断里，有官觉底内容以为内容。看 X 而见树，X 是判断中官觉方面的内容。有些判断没有这样的内容。关于已往的判断没有直接的官觉成分，关于逻辑的判断也许连间接的成分都没有。想象中的意象成分似乎总是难免的。判断总逃不了思，而照我们底说法，思难免有想象上的寄托。普通所谓抽象的思想，照我们底说法，也有想象上的寄托，判断既是思想活动，意象成分总是有的。这就是说，判断总有意象以为内容。

3.思议底内容、命题。思方面底内容当然有意念、概念、意思、及命题，（就显现说）而主要的是命题显现底发生。命题显现和命题底分别，前此已经谈到。后者相当于表示命题底句子底样型，而前者相当于表示命题底句子底凭借。命题显现底发生和命题及命题显现都不一样。它与命题底分别显而易见，前者是事体，而后者不是事体。它与命题显现底分别稍微麻烦一点：命题显现底发生是一件事依，就它是一件事体说，它也许是判断这一件事体中的主要的事体；但是它只是判断这件事体中的一部分的事体,不是判断内容中一部分的内容。命题显现是判断内容中一部分的内容,它不是显现底发生,而是所发生的显现。我们在这里所注重的是内容,所以注重的不是命题显现底发生,而是发生了的显现。命题显现也可以说是一件事体,可是主要点是它同时是判断底内容。别的思方面底内容,此处从略。意念或概念也许重要,就某某方面说,它们的确重要,可是我们在这里所注重的内容,不是意念或概念,而是命题。就显现说,我们所注重的也是命题显现。

4.判断底对象。判断不只有内容,而且有对象。主要的内容是思方面底内容,主要的对象也是思方面底对象,主要的思方面底内容是命题显现,主要的思方面底对象也是命题所表示的对象。我们现在不从显现说,从命题说。就命题说我们可以有特殊的命题,有限于一时一地的普及命题,也有普遍命题。这些命题所肯定的对象也就是判断底对象。我们在这里只能说对象,不能说特殊的事实或普通的情形或共相底关联或自然律或固然的理,因为这些都牵扯到判断底对错和命题的真假。我们既然没有谈对错及真假,当然只能谈对象,不能谈对象之为事实与否或普通情形与否或固然的理与否。对象可以是这些而不必是这些,我们不要以为它不是这些的时候,它就终止其为对象。判断总是有对象的,无论这对象是事实与否或是普通情形与否或是固然的理与否。在日常生活中我们对于判断所特别注重的也许是对象。

5.断定一命题之为真。可是,就我们在这里的分析说,我们不特别地注重对象,我们认为判断中主要的成分是断定一命题之为真。或者说间接的兴趣也许在对象，而直接的兴趣依然是在命题。并且对于此命题我们特别地注重断定这一成分。这一成分以后再说。对于判断我们特别地注重内容，对内容，我们特别地注重思方面底内容。其所以如此者因为我们特别地注重命题及命题底断定。命题也许要求助于想象、记忆、指示、语言等等，然而命题本身总是判断中的主要成分。可是命题总是抽象的，总是相当于表示命题的句子的样型，而不相当于句子底凭借，就是特殊的命题也是如此。命题总不只是命题显现而已。由判断中的命题显现到判断中所断定的命题总有相当的步骤底问题。

C.命题底断定

1.断定不就是判断。断定是一活动，它是判断中的主要活动。断定者就是判断者，可是，断定不就是判断。断定专指命题底断定而说的，视为活动，这活动只限于命题。判断则不然。照我们这里底用字法，它把环境、历史及因果系中许许多多的事体，都包括在内，所以视为活动，这活动不只是限于命题的。判断这一活动中，就所断定的命题说，也许有思考，有怀疑，有时也许没有思考，没有怀疑；有时也许在怀疑之后，才继之以断定。这些与判断相干，与断定不相干。其所以如此者，因为等到判断者断定一命题，他已经把怀疑思考一扫而空。这里谈断定，只就判定说，不就断定以前或断定以外底思想活动说。假如我们问某人为什么有某一断定，我们所问的不是关于断定的问题而是关于判断的问题。本段只就断定分析。

2.自称或自认成分及自我中心的情感。断定这一活动底主要成分之一是一种自称或自认,这自称或自认相当于英文字 C1aim。所自称或自认的是一命题显现底真。由怀疑或思考到自认总是突然的,它们所牵扯的心理状态根本不一样。思考或怀疑不必有以自我为中心的情感,而自称或自认有以自我为中心的情感。这以自我为中心的情感是断定底主要成分之二。在逻辑讲堂上,我们举许多命题以为例,对于这些命题,我们时常既不思考,也不怀疑,更不断定其为真。在知识论讲堂上,我们也提出许多的命题来讨论,对于它们,我们也许思考,也许怀疑,当我们思考或怀疑的时候,我们把它们视为"身外物"。等到我们断定它们为真,它们就不是断定者底"身外物"了。如果我们用英文表示,我们也许会说:The claiming subject identifies himself with the claim and the claimed propositional occurance。也许我们可以说,在断定活动中,断定者与它所自认的命题显现结合,它们发生亲密的关系,而命题显现就不是"身外物"了。有自称或自认成分,也就发生以自我为中心的情感。这情感是断定的主要成分之二。

3.赌博性和客观化。在自称或自认这一阶段上,所称所认的是命题显现。我们也许在这一阶段上打住。果然如此,我们底自称或自认是私的,不是公的。对于命题显现我们虽然有感情,然而关于它我们没有什么责任。断定不只是自认或自称而已,它牵扯到一种赌博性。这可以说是断定的主要成分之三。自认者或主张者对所主张的命题显现,不但有情感,而且把情感寄托在命题显现身上。把情感寄托在任何东西身上本来就冒一点险,所寄托的东西也许不接受你底情感

或不值得你底情感。把情感寄托到命题显现上还有另外的危险。断定者不只是有自认或自称或主张而已,他要把他底主张客观化或公开化。他不但断定命题显现对于他为真,而且由命题显现一跳就跳到命题,并且断定该命题为真。这客观化或公开化底情形,普通用提高了声音的"是"字表示,例如二加二"是"等于四。关于这一点,说话时情形容易表示一点,写字时难于表示。我们当然可以创立符号作为特别表示此情形底用处,但是在没有这符号的时候,我们只好想象断定命题的时候底状态,去体念这客观化或公开化底情形。就这情形说,赌博性更显而易见。这客观化是断定底主要成分之四。

4.判断和命题底主要枢纽就是断定。断定有以上所说的四成分。这四成分都是对于断定说的,不是对于命题说的。所断定的虽是命题,然而命题的真假仍是另外一件事。命题有真假,判断有对错,这二者不容相混。以上 A、B、C 三段底讨论,都可以说是判断的分析,本段不过是特别注重判断中的命题底断定而已。判断中虽有命题底断定而判断仍不是命题。命题底真假是一件事,判断底对错是另外一件事。虽然如此,它们有密切关系。这密切关系,颇不容易说出来;至少一重要枢纽就是这里所谈的断定。一判断中所断定的命题虽不必真,然而判断者在他底判断中总断定该命题之为真。断定一命题之为真总有理由有标准。判断底对错就是这理由及标准方面的问题。

D.判断底对错

1.注重点在判断是活动。判断是一件一件的事体。就它是事体说,它有它底特殊的环境,历史的背景,一时一地底因果系中的特殊的事体。判断也是有意识的活动,就它是一活动说,它有它底文化背景。文化背景所包含的成分非常之多,我们所特别注重的是证实、否证及对错底标准。判断既是事体与活动二者底综合,这两方面底背景它都逃不开。结果是它所牵扯的证实、否证,及对错底标准,也逃不出时地底限制。以某一种的环境及历史为背景,某一类的判断容易发生,这是就事体说。以某一文化为背景,一命题可以在某一时视为真的,或一判断在某一时视为对的,而在另一时该命题视为假的,或该判断视为错的。这是就判断之为活动说。请注意,我们在这里说"视一命题之为真或假"。视一命题之为真或假和一命题底真假是两件事。就判断之为活动说,判断有对错。我们对于判断所注重的不在它是事体,而在它是有标准有对错的活动。

2.对错不一定是真假。判断底对或错不一定就是所断定的命题底真或假。一真命题永远是真的,一对的判断不必永远是对的。在一对的判断中,断定一命题之为真或假,是有理由的、有根据的,或有标准的,然而这不就是该命题底真或假。其所以如此者,因为所说的理由、根据及标准,都是文化背景所供给的,而我们这里所说的文化背景,有时地底限制。所谓理由、根据及标准,都是对于断定命题之为真或假而说的,不是对于命题底真或假而说的。命题底真假没有时地底限制,而断定命题底真假有时地底限制。在这里我们只讨论断定命题底真或假。断定既有时地底限制,则根据一时一地底理由或标准,一命题可以被认或被断定为真,而根据另一时或另一

地底理由或标准，同一命题可以被认或被断定为假。一命题底被认或被断定为真或假，有相对于时地底问题，此所以我们说，它是有历史的。命题没有史，命题底真假也没有史。有些人认为命题有史，照我们底说法，只是命题底断定有史，或命题显现有史，而命题没有史；有些人认为命题底真假有史，照我们底说法，判断底对错有史，或断定命题底真或假有史，而命题底真假没有史。

3.时地性，以证实、证明为例。所谓理由、根据、标准，所包含的也许很多，我们不妨只就证明和证实着想。证明与证实不同，以后当分别讨论。我们现在所注意的是二者都有时地的限制。从前的人相信天圆地方，在那时候，想来有该时候所认为满意的证明或证实的方式。也许有些人还相信太阳绕着地球走，相信这说法的人，也许仍然相信他们有证明或证实底方式。就证实说，他可以说，一思想在耳闻目见上有根据，就有证实，而太阳绕着地球走，在耳闻目见上，确有根据。证明问题也许麻烦一点，他或者用以上的证实为证明，或者引用别的原则以为证明。在现在，大多数有教育的人，不承认这证实或证明底方式，可是从前似乎有一时期，很多的人相信这一方式。我们现在所认为是迷信的，在从前大都不是迷信，所谓迷信，不只是所信一方面底问题，而且是证明或证实底方式或工具方面底问题。不但是前一方面有史，后一方面也有史，后一方面更是重要。因为证实或证明底方式或工具不同，一命题在一时期被认为真，我们不能说当时底判断一定错了，该命题在现在被认为假，我们也不能说现在的判断一定错了。这两判断也许都对，而命题仍不因此就既真且假。判断底对错，是相对于一时一地底证明、证实底方式或工具的，而命题的真假不是。这是就前后两判断中所断定的是同一命题而说的。

4.两判断中表面上同一的命题不必是同一的。可是前后两判断中所断定的，有时表面看起来是同一命题，而其实不是同一命题，果然如此，这两判断根本就不是对于同一命题底断定。命题有表示底工具，而表示底工具在不同的时候，或不同的环境，或不同的系统，不必表示同一命题。表示底工具虽同，而在不同的情形中所表示的命题不一。这不是命题变了，也不一定是证实或证明底方式或工具改变，而是同一工具在不同的情形下有不同的意义。句子或陈述句子是表示命题底工具，同一陈述句子在不同的时代不必表示同一命题，“四海之内，皆兄弟也”，在从前和现在不必表示同一命题。不但不同的时代不同的地方有这问题，不同的思想结构也有。即以直线是两点间最短的距离而论，这一句句子，在不同的几何系统中，表示不同的命题。例如在一判断中我们肯定一句句子所表示的命题，而在另一判断中我们否定同一句子所表示的命题，这两判断也许都对，这不一定就是命题的真假演变，或者证明、证实底方式或工具改变，也许同一句子根本就不表示同一命题。

5.命题无史，判断有史。本段所注重的，一方面是判断有对错，对错有理由、有根据、有标准；另一方面我们表示，这理由、根据、标准，都是相对于时地的，所以判断与命题根本不一样，判断底对错有史，命题底真假没有史。假如有人主张真理在演变中，而所谓真是命题底真，我们不赞成；可是，假如所谓真是这里所说的判断底对，我们赞成。我们一方面要表示命

题没有史，另一方面要表示判断有史，或命题底断定有史。普通所谓思想史，照我们底说法，不是命题底史，也不是命题底真假史，也不是命题底结构史；它是判断史，是某某命题为某某所断定底史。动的思想有史，静的思想没有史，在动的思想中，命题显现有史，在静的思想中，命题没有史。普通所谓学术史，情形同样。一真的命题永远是真的，一对的判断不永远是对的。虽然如此，判断底对错的理由、根据、标准，都可以有进步，而这进步，从证实、证明底方式说，是说得通的。

四、命题底证实

A.判断底对象

1.判断底对象和实际上的有无。证实是承认某某命题为真底理由之一。所谓证实就是看实际上有没有判断底对象。假如实际上有某一判断底对象，普通我们说该判断证实。我们不分别判断底对象和实际上底有无。判断总是有对象的，问题不在判断有无对象，而在实际上有没有判断所有的对象。判断中所断定的命题，我们把它们分为三种：（一）特殊的命题；（二）普及于一时一地的命题；（三）普遍命题。所谓实际上的有无对象，就是该对象是否是（一）特殊的事实，（二）限于时地的普通情形，（三）固然的理。如果该对象是以上三者之一，则实际上有该对象，如果它不是以上三者之一，则实际上没有该对象。如果我们认为实际上有某一判断底对象，我们说该判断证实，如果我们认为实际上没有该判断底对象，我们说该判断为事实所否认。说证实底工具或方式有历史，也就是说这"认为"是限于时地的。可是,这一点本段不谈。本段先论判断底对象。

2.材料与论旨。判断底对象可以是逻辑方面的,也可以是本然的实在方面的,但是这样的对象我们在这里不讨论,我们底兴趣完全在上条所说的三种。以下的立论也就以这三种为限。无论对象是特殊的,或限于一时代一区域的普通的,或普遍的,它似乎都有材料与论旨的分别。有的时候,也许大多数的时候,材料和论旨在事实上合一,可是,这二者在抽象上的分别依然不能抹杀。有一瑞士的教育家去见拿破仑,别人问他看见拿破仑没有。事实上他没有见着。他可以回答说他没有看见拿破仑,也可以回答说拿破仑没有看见他;当别人问时,他底答语是后者,而不是前者。这两答语,就材料说,是一件事体,他和拿破仑没有碰着;可是,就论旨说,这两答语不同。在前一答语中,他也许会使他底朋友为他惜,而在后一答语中,他授意给他底朋友为拿破仑惜。笑话中的"树在庙前"和"庙在树后"底分别也许不重要,但不是没有分别。显而易见,"这张桌子这样高是三尺高"和"三尺高是这张桌子这样高"底论旨不同,虽然材料一样。前者底论旨是那张桌子底高度,而后者底论旨是三尺高底高度。判断的对象有材料与论旨底分别。

3.证实表示对象底材料是实际所有的。判断中的主要成分是命题底断定,判断底主要对象也是命题底对象。命题底对象,既有材料和论旨底分别,判断底对象也有,两命题相等当然不表示它们是同一命题。怎样相等法我们在这里不必讨论。有所谓直假值相等,有所谓意义相等,意义相等也许就是对象相等。可是，对象相等只是就材料说的，不是就论旨说的。就论旨说，两命题底对象不至于相等。两命题虽不相等，然而有时一命题蕴涵另一命题。我们现在所谈的蕴涵是第二命题可以由第一命题推论出来的蕴涵。在这情形下，它们底对象，无论就材料或论旨说，都不一样。证实是就命题或判断底对象底材料说的。如果两命题相等，证实一命题也就证实另一命题。所谓证实一命题就是说该命题底对象底材料是实际所有的，而这就是说，它或者是(1)特殊的事实；或者是(2)限于时地的普通情形；或者是(3)固然的理。如果两命题中p蕴涵q，证实p也就证实q。它们底对象的材料虽不同，然而前者蕴涵后者或前者之中有后者。

4.分别地或不分别地证实。在以上所论的情形中，我们不但能说证实，而且假如我们谈证明的话，我们也可以谈命题底证明。假如p、q两命题中p蕴涵q，而p证实，q不但证实而且也证明。我们在本段不谈证明，只谈证实。如果两命题既不相等，也没有蕴涵关系，它们底对象，无论就材料说或就论旨说，都不一样，不但如此，就材料说，一对象也不包括另一对象。这情形也许简单，也许复杂。如果p、q两命题都是特殊命题，也许p底证实就是q底证实，这要看有没有真的普遍的命题为前提。如果两命题都是限于时地的普及命题，情形相似。假如这两命题是普遍的命题，情形也相似。总而言之假如两命题既不相等，又没有蕴涵关系，而又没有普遍的真的命题以为媒介，或意念结构以为背景，则这两命题只能独立地证实。在此假设下，证实p不就证实q，证实q也不就证实p。以下分别讨论三种不同的命题的证实，但是，彼此总难免互相牵扯。

B.特殊命题底证实

1.表示当前的特殊命题底证实。特殊的命题可以分为两类,一为关于已往的事实,一为关于当前的事实的命题。对于将来,也有判断,例如对于一个人底前途等等,但是这样的判断所断定的命题底成分相当得复杂,我们把它撇开。以后论真假,我们也许要提到的成分相当得复杂,我们把它撇开。以后论真假,我们也许要提到一种有效说。单就证实说,我们只就以上两种的特殊的命题立论似乎已经够了。关于已往的特殊命题的证实,以后再谈,现在只就关于当前的特殊命题立论。这样的命题底证实,有需用特别工具及不需用特别工具底问题。后者只凭耳闻目见就够了,前者则耳闻目见不够。也许最早或最基本或最多的证实方式,是凭耳闻目见为标准的证实方式。假如我们断定某房间里有人,最直截了当的方式,就是去看看,或者去听听,该房间里有人没有。如果听见房子里有人,或看见房子里有人,这命题或这判断证实了。无论这方式是否用得最多或用得最早,就一方面说,它是最基本的方式,别的方式也是建筑在它身上。没有证实总是不行的。就是需要特别工具以为证实时,我们还是得用它。可是,只有这一方式证实不一定说得通。在现在理论发达的时候,有些耳所共闻目所共见的情形不是事实。虽然如此,耳闻目见依然是证实底基本工具或方式。

2.有时须用特别工具。有些关于当前的特殊的命题底证实是需要引用工具的。显而易见,我们断定某一池的水里有微生虫,我们需用显微镜。这显微镜就是这里所说的特别的工具。我们不说科学工具,因为科学两字引起问题。好些工

具根本不能称为科学工具。例如量时间的沙滴漏或水滴漏。方圆方面的判断需要规矩以为证实工具。现在所需要的工具似乎比从前所需用的多，而科学工具也增加。虽然如此，我们仍只表示证实有时需用工具。引用工具总是知识相当发达之后的事体。在知识相当发达之后，我们感觉到有的时候耳闻目见底证据靠不住，我们得利用所谓中立的工具以求靠得住的结果。工具底引用一方面固然表示耳闻目见的缺点，可是，另一方面也表示耳闻目见底必要。工具没有代替，也没取消耳闻目见。它不过是帮助耳闻目见而已。就是引用工具，我们仍然逃不了耳目底引用。

3.直接或间接的证实。证实有直接或间接问题。这里所谓直接或间接不是从有无工具着想，而是从有无推论着想。没有推论的，这里称为直接，有推论的称为间接。假如我判断"上面那箱子里有一块白布"，我只要开箱子找，假如找出一块白布来，这命题就证实了，假如找不出白布来，这命题就被否证了。无论证实或否证，这里都没有推论。所谓没有推论，就是说这命题无论证实或被否证，都不是我们的动作底结果底结论。我们说这证实和否证是直接的，因为这命题本身就表示或不表示这结果。有的时候，我们利用普通的情形或趋势以为媒介，来证实或否证一命题。例如某朋友每天骑马进城到某处上课，我断定他今天在某处上课，只要我看见他底马在某处，我也许就觉得我判断证实了。也许他的确在某处上课，果然如此，这证实只是间接的。也许有人会说这不是证实。这或者根本不赞成有间接的证实，或者只是说这例子不好。假如是后者，举出一好的例子就成。假如是前者，证实两字底用法也许就不同了。

4.媒介底利用不限于以上。上面所论的间接证实是利用普通的情形或趋势以为媒介。媒介当然不止是普通情形或趋势,固然的理也可以是证实底媒介或背景。假如我老远看见一座山,我断定山岩上有鸟巢。我不必上山岩上去。假如我在岩下看见有破的鸟蛋,岩边石头上有蛋质下流底痕迹,我可以说我底判断证实了。我没有上山岩,也没看见岩上的鸟巢,可是,我的确可以说“岩上有鸟巢”这一命题证实了。其所以如此者,因为我利用了许多的固然的理以为媒介或背景,就表示固然的理的命题说,我利用了它以为前提,加上岩下有破蛋,岩边石头上有蛋质下流底痕迹,我得到了岩上有鸟巢这一结论,这一结论就是原来所断定的命题。就形式而不就实质说,这证实之为间接和以上所说的一样。其所以我们特别地提出讨论者,因为本条所论的间接证实特别地重要。知识愈进步,特殊的命题底证实愈须求助于固然的理;因为知识推广之后,命题底对象离开耳闻目见底范围愈远,或者离耳闻目见底范围的命题愈多,一方面工具底引用增加,另一方面固然的理底引用也增加。

C.表示历史的特殊命题的证实

1.表示历史的特殊命题底证实。表示历史的特殊命题底证实,麻烦得多。命题底内容当然是在现在的,可是对象,至少就材料说,不是在现在的。如果实际上有那对象,那对象是一件已往的特殊的事实或事体,那件特殊的事实或事体既然是已往的,当然不能重现于现在。证实总是现在的,要证实一判断或一命题，我们总得要在现在去证实。我们怎样表示一命题底对象是一件已往的特殊事实或事体呢？头一点我会想到，证实一表示历史的特殊的命题，绝不能直接地证实，像B段所论的那样。这样的命题底证实总是间接的。它不但是间接的，而且间接底方式也不同。这方式牵扯到特别的工具如记载及古物，也牵扯到普通的工具如普遍的学理。这类命题底证实比B段所论的，要困难得多，也许有人会想到，这类命题底证实不大靠得住。一部分的证实也许有这一问题，但不是所有的证实都有这一问题。问题不是在证实底靠得住与否，而是在形成证实底困难，表示历史的特殊命题是不容易证实的。

2.记载。记载是特殊工具之一。关于已往一方面要靠记载，另一方面记载又不十分靠得住。假如当前有一件事体发生，有十个人把它记载下来，大致说来，这十个记载不会同样。一个人底记载总牵扯到一个人底看法。当前的情形如此，已往的情形也如此。记载不一定表示事实。彼此抄袭的记载不是独立的，无论抄袭多少次，它底证据价值并不因此增加。独立而又相同的记载底证据价值，的确很大，可是，要证实它们底独立性，也许本身是麻烦的事体。同时，这样的记载也许根本就不常见。独立的记载大都是不同的。对不同的记载，我们当然有所选择，有所取舍，有所比较。此比较、选择、取舍底标准，或者是一时代一区域底普通情形，或者是超时空的普遍的道理。取舍底标准不是记载本身所供给的，它总得要求助于旁的知识。同时即令我们引用旁的知识，对不同的记载有所取舍，然而这不同的记载仍有一齐都错底可能。对于记载，我们固然不能不信,也不能尽信。它底或然性有时也许很高,它底联合起来的或然性也许非常之高,但是单就一个一个的特殊的命题说,它底或然性不高。

3.古物。除记载之外,古物也是特别工具之一。把古物当作证据看,我们也许会感觉到它底证据价值比记载底要高。这感觉当然是有理由的。古物虽是古物,然而它是当前所有的古物。它有两个立场,一是古物,一是当前的所与。就它是当前的所与说,它是目所能见的东西。我们可以直接地官觉它,所以觉得它可靠。可是就它是古物说,问题不如此简单。我们指一当前的所与,说它是一古物,例如说它是汉砖,我们当然是把汉砖这一意念引用到当前的所与上去。这本身是一判断。要证实这一判断,我们才能利用它以为考古的证据。证实这一判断本身也许就是一件相当困难的事体。它本身就牵扯到普遍的学理或自然律及历史上的知识。假如这判断证实,当前的所与就的确是古物,它是古物,我们才能利用它作为相干的表示历史的特殊命题底证实工具,等到它是一证实工具的时候,它底证据价值的确是相当得大,单独地说,它底证据价值可以说是比记载底要大。可是,对于它,问题不在证实某所与之为古物之后,而在证实某所与之为古物之前。假如一表示历史的特殊命题,不但有记载上的证据,而且有古物上的证据,这一命题底证实和 B 段所谈的命题底证实同样可靠。虽然如此,证实底形成比 B 段所谈的要困难得多。

4.普遍的学理。证实一表示历史的特殊命题底工具之中,最容易忽视的,是普遍的学理及对于别的学问底知识。以上(2)(3)两条已经表示普遍的学理及旁的知识底重要。对

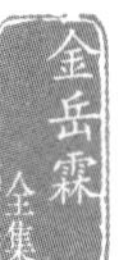

于记载底取舍，及对于证实一当前的所与为古物，我们都得利用普遍的学理及旁的知识。研究记载时，我们说“以理夺之”或“以情夺之”，我们都是利用普遍的情形或学理；研究记载时，有时我们也说“在当时如何如何”，说这样的话底时候，我们实在是利用我们已经有的关于一时代一区域的普通情形底知识。天文学、地理学、地质学底学说，常常可以利用以为证实表示历史的特殊命题。别的学问底进步，也影响到历史学，也可以使历史学进步。治历史学的人也许可以举出许多例子来，我们在这里只泛泛地说一下而已。普遍的学理及旁的知识底引用，无论就古物或记载说，都是免不了的。不但如此，利用证据，总同时利用论证，而利用论证时，普遍的推论方式也就引用了。利用普遍的推论方式也就是利用普遍的逻辑原则。这当然也就是利用普遍的学理。普遍的学理是最普通的工具。就在证实一表示历史的特殊命题，我们也不应忽视这一工具。

D.限于时地的普通命题底证实

1.肯定当前的或历史上的普通情形的命题。这类命题既不是特殊的，也不是普遍的。它既介乎二者之间，它底证实也许有二者所有的麻烦。它也可以分为两种，一肯定当前的普通情形，一肯定历史上的普通情形。有表示将来的普通情形的命题，这可以说是表示将来的趋势的命题。可是，对于将来，证实问题大不一样，我们在这里也不讨论表示将来的趋势的命题。证实视为一活动或一动作，总是现在的证实。对于表示将来的趋势的命题底证实，我们似乎只有两个办法：一是在现在证实这命题底或然性，一是等到将来的某一时期降临时，或所肯定的趋势现实时，再去证实原来的命题。前一办法，视为活动是现在的活动，可是它实在不是证实，它不是证实一命题底真，它只是证明一命题底或然性。我们可以证明一命题底或然性，这是一件事，该命题究竟是真是假是另外一件事。后一办法中的证实根本不是现在的事，那样的事绝不能在现在进行。就现在说，我们没有证实表示将来的趋势的命题。本段底讨论限制到以上所说的两种，一肯定当前的普通情形，一肯定历史上的普通情形。

2. 肯定当前的普通情形的命题有时很难于证实。一肯定当前的普通情形的命题底证实似乎是一件简单的事体。把它和一肯定历史上的普通情形的命题底证实两相比较，它似乎是一件容易的事。有好些肯定当前的普通情形的命题底证实确是容易，例如肯定衣冠服饰上的风俗习惯的命题。可是，这不可一概而论。另外好些就不容易证实。关于普通经济情形的命题底证实似乎就相当麻烦，关于普通信仰及思想的命题底证实简直就困难。有些社会科学要调查当前的真象，也就是要知道某一方面的普通情形。一方面我们要表示所得的命题或所认为真的命题不是普遍的命题，它们底推论并不丰富。从这一方面着想，社会科学近乎历史学，与自然科学相隔稍微远一点。另一方面我们也要表示肯定，当前的普通情形的命题底证实，或社会科学的命题的证实，也不是容易的事。证实一命题总是表示它底对象是实际上所有的。证实本条所讨论的命题也要求助于一件一件的事实，可是一件事实不能代表普通的情形。要表示一普通情形，我们需要多数的同样的事

实，并且需要统计学方面的学理及某一社会科学本身底学理。总而言之，本条所论的命题底证实，例如美国调查舆论底工作（这也许大部分是命题底发现而不只是命题底证实），似乎是非常之复杂的艰难的。

3. 肯定历史上的普通情形的命题底证实更困难。有些是肯定历史上的普通情形的命题。这样的命题既肯定历史上的事实或普通情形，不但有（2）条所说的困难，而且有关于已往的命题底证实所有的困难。这两方面的困难既兼而有之，这样的命题确是不容易证实的。这样的命题底证实当然也牵扯到记载、古物，而这种工具底引用不是简单的事。证实一表示历史的特殊的命题，这两样工具底引用已经复杂，何况要证实本条所论的命题。这样命题之中也有比较容易证实一点的，例如关于一时代的衣冠习惯方面的命题。另外有些关于社会风俗或经济情形的命题，例如碰巧有古物或类似档案的记载，也许是比较容易证实的，可是，困难点仍有，所说的情形如何普通法总是不容易证实的。假如这样的命题一方面是关于已往的，另一方面它底性质又是近乎社会科学底内容或对象的，它底证实底困难就非常之大。大致说来，证实底工具总不会完备。在（2）条所论的情形中，我们至少可以假设证实底工具完备，不过引用起来复杂麻烦而已。本条所论的情形，证实底工具即令有一部分保存，总难免大部分遗失。总而言之，这类命题底证实是非常之复杂、非常之困难的。

4. 总得要利用普遍的学理。证实一特殊的命题有时得利用普遍的命题，证实一表示历史的特殊命题免不了要引用普遍的学理，这当然也就是说，要利用普遍的命题。证实一表示一时代一区域的普及命题更是需要普遍命题。普遍的命题，就内容说，只是思议底内容；就对象说，就是普遍的理或固然的理。证实虽然是求实，证实一命题虽然是表示实际上有该命题底对象底材料，然而证实这一活动仍然不能逃于理。此所以证实一特殊的命题也牵扯到（无论直接或间接）普遍的命题。把普遍命题视为证实底工具，最容易为人所忽视。也许有人以为“实”无需乎“理”。在这里我们要表示一下“实”总是有“理”的。本书对于事实底说法就表示它本来是有理的。证实一命题当然也逃不出理。以后谈证明，我们很容易感觉到理底重要，现在表示理对于证实底重要。

E.普遍命题底证实

1.注重假设和概括论断两种。所要证实的普遍命题，大致说来，或是一概括论断，generalization 或者是一假设 hypothesis。别的普遍命题虽多，然而有好些可以撇开不论。逻辑命题根本就没查证实问题，本然命题也可以说没有证实问题。其他的普遍原则或者是 postulate 或者是 assumption，这些也许有证实问题，可是我们底兴趣似乎不在证实。还有许多流行的普遍命题，这些也许只是表示一时代的思想气候，有些也许只是表面上有命题底形式，而实际上不是命题，这些我们也可以撇开不论。所要论的只限于以上两种。证实既是表示实际上有某一命题底对象底材料，它总逃不了标出该命题之下的一件一件的事实。因为所要证实的命题是普遍的，单单标出一件一件的事实还是不够。所谓普遍就是超特殊的时空。我们得就一件一件的事实中，表示有某关系或某情形，是不受特

殊的时空底影响的，才能证实一普遍的命题。证实一普遍命题底办法之中，有两个我们要专条讨论的一是观察，一是试验。

2.对象有时可以强迫发生，有时不能。有些普遍命题底对象，就它特殊地发生说，是自然的，不受我们强迫的。假如一普遍命题底对象是与日食有关的，它底特殊地表现是在日食发生底时候，我们只能等候这对象发生，不能强迫它发生。在这情形下，我们只能观察。这就是说，我们只能等候这现象发生去观察，不能安排办法强迫它发生以为试验。这是第一点。因为我们不能强迫它发生，我们也没有法子控制它发生时底环境，这是第二点，而这一点非常之重要。我们不能控制环境，我们不能把相干的事体分开，而这也就是说，我们不能试验。我们既不能试验，我们只能继续观察，次数愈多愈好。我们在多数次观察中，把不同的例证互相比较，看什么特殊的事体相干，什么不相干。这是第三点。也许在多数次观察之后，我们可以把不相干的事体撇开不论，把相干的事体底影响估计清楚，慢慢地证实一普遍命题。观察原是发现一命题的，但也可以视为证实命题底工具。

3.试验和观察底分别。试验与观察不同。这不同点可以从命题底对象说起。有些普遍命题底对象和以上(2)条所说的不一样，我们不必被动地等候它发生，我们可以主动地强迫它发生。这是第一点。日食那样的事体，我们无法强迫它发生，可是老鼠觅食这样的事体，我们可以强迫它发生。不能强迫它发生的事体，我们也不能控制它发生时底环境，能够强迫它发生的事体，我们也能够设法控制它发生时底环境。这是第二点。这一点也非常之重要。我们能够控制环境，我们就能够安排妙计去试验，我们可以把环境更改，加入一相干的事体看影响如何，更换另外一相干的事体再看影响如何，我们可以翻来覆去地试验。我们能够试验，也就是说我们能够造成一现象发生时底条件相等。普通经济学书中所说的“别的条件相等”那一要求，在试验室内至少小规模地能办到。这是第三点。环境既然相等，相干的事体和不相干的事能够分开，我们试验底次数不必多，这又和观察不一样。这是第四点。就我们现在的问题说，最重要的一点是第五点。环境相等，现象或命题底对象重复地发生，正表示这对象不受特殊地时空底影响。这就是说，这对象是普遍的。一普遍命题可以经试验而证实。它当然也可以经试验而得否证。我们现在所注意的是试验可以证实一普遍命题。试验虽是发现命题底工具，但也是证实命题底工具。

4.二者都可以表示有无固然的理。以上是分开来的讨论，这只是讨论分开而已。实际上证实底工作也许观察与试验并用。有好些学问也许只是观察的学问，但是另外一些学问是观察与试验并用的，这二者视为证实工具，都可以说是证实普遍命题底工具。我们在二者中所求的及所得的，是固然的理或不变的一定的关联。我们不以固然的理为限于一时代或一区域底普通情形。这思想发生一有趣的问题，假如时空是两头有量的，或宇宙是有始有终的，所谓固然的理和限于时代区域的普通情形，就难有实际上的分别。在这情形之下，固然的也可以是限于宇宙的普通情形。理论上的区别也许还可以维持，实际上的分别也就取消。为维持它们底分别起见，我

们说时间是两头无量的，宇宙是无始无终的。后者根本不是一特殊的时期或区域。

五、命题底证明

A.概念底图案或理底结构

1.图案与结构。我们讨论思想底时候已经讨论过概念底图案。概念是有图案的，也许最好的例子是几何学中的概念，点、线、平面、长方、三角、四方等等成一四通八达互相关联的图案。就想象说，这图案有点像打鱼的网子、绸缎上的花纹、地图上的城市。一图案之中的概念彼此有内在的关联，把一概念改变，别的概念也得改变（概念是无法改变的，所谓改变一概念只是代以另一概念而已）。一概念之所以为某一概念要看图案中别的概念如何。有些改变底影响也许小，有些也许影响大。把"四方"这一概念改变（就是代以另一概念）这改变底影响也许小；把"平行"这一概念改变，这改变底影响大，整个的图案也许就可以因此不同。非欧几何和欧克里几何底分别，至少是"平行"概念底不同底影响。它们是不同的概念图案。概念有图案，也有结构。在思议活动中，我们所要得的是概念结构，而所得的也许只是概念图案，二者底分别在于图案是否正确。如果图案是正确的，它同时是概念结构；如果不正确，它只是图案而已。在思议活动中出现的概念底关联总是概念图案，它也许同时是概念结构，也许不是，究竟是否，当然有标准、有根据等等问题。可是，在这里我们都不讨论这问题。

2.理底结构。概念底关联,无论就图案说或就结构说,都是思议底内容。思议有对象,而思议底对象总是普遍的。如果思议底内容是概念结构,它底对象就是固然的理。概念底结构也就是理底结构。理底结构和概念底结构一样,也是四通八达的,也是互相关联的。理总是可以通的。这里所说的思议底内容或对象,当然不是说想象底内容或对象。思议也许需要求助于想象,但思议不是想象。想象底内容都是类似特殊的,类似具体的,都有类似特殊的时空底秩序,它们没有上条和本条所说的结构。想象是相对于知识类的。想象底材料总是官觉所供给的。思议底内容是意念、概念、意思、命题,这些内容本身都是抽象的,而抽象的,照本书的说法,根本不是像,它不相对于官觉类,也不相对于知识类。概念结构也不是相对于知识类的。这结构所表示的固然的理或理的结构也不是相对于知识类的。特殊的"实"是相对于知识类的,普遍的"理"不是相对于知识类的。

3.然和所以然。普通有知其然和知其所以然的分别,这分别非常之重要。在日常生活中,我们常有知道一事之然而不知道其所以然。所谓所以然当然有种类底不同,在日常生活中,它所指的也许大部分是事体之间的因果关系;但是它不限于这一种。我们很可以碰到这样的情形:我知道人是什么样的动物,可是我不知道人之所以为人;或我知道四方这样的东西,可是我不知道四方之所以为四方。就思议说,前者和后者都是一样的。知道所以然总是能够把所知的"然"容纳在一意念图案或结构中,我们把知其然叫作识,把知其所以然叫作懂。识是知某 X 之为什么,懂是知该什么之所以为什么。

识X之为φ，也许只能够分别C于非φ的Y、Z、W等等，懂φ之为φ，总兼是能够容纳φ这概念或意念，于ψθλ等等的意念或概念图案或结构中。知其所以然或懂有两方面。本条只就一方面说而已。本条只谈到意念或概念底图案或结构。图案不一定是结构，它也许只是我们思议活动中的意念底关联，而不是概念本身底结构。我们能够把一意念容纳于一意念底图案之中的时候，也许我们自以为懂，而我们实在没有明白该意念。

4.证明是求所以然底活动。另一方面的懂就是明白道理。假如我们底意念或概念图案同时是概念结构，则能够容纳一概念于概念结构之中，我们不但懂意而且明理，因为概念结构表示固然的理。概念结构既然表示理底结构，则在内容上我们能够容纳一概念于概念结构之中，也就同时是在对象上能够容纳事物于理底结构中，而这就是普通所谓能够理解事物。我们能够理解事物也就是知道事物之所以然。证实，照我们这里底说法，是求然底活动，证明是求所以然底活动；前者是求识底确切，后者是求懂底清楚；前者是求所识底实，后者是求所明底理。前此已经说过，证实是表示命题底对象底材料是实际上所有的。现在我们也可以说，证明是表示命题底对象，无论就材料或论旨说，是在理底结构中的。我们在这里分别地讨论证明和证实，因为它们的确是两件事，但是这不是说，它们从来不牵扯在一块。我们前此已经提到过，有时证实也就是证明，所以从我们底活动说，有时证实活动也就是证明活动。也许在实际上这两种活动常常连在一块，即令如此，我们仍然要分别讨论。

B.证明底分析,普遍命题底证明

1.前提与方式。证明总有两套命题,一套是证明方式上的命题,一套是所要证明的命题底前提。前者是推论底方式,后者是所从推论的前提。这两套命题,就职责说,不是一样的。兹用以下方式表示,以大写字母表前者以小写字母表示后者。

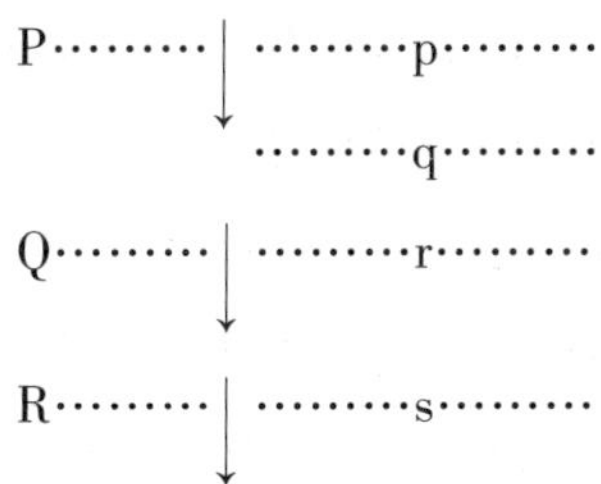

这里表示由 p 到 q 根据 P,由 q 到 r 根据 Q,由 r 到 s 根据 R。这当然是空泛的说法。实际上我们在一证明中也许只用一推论原则或两原则,也许我们不表明推论原则,有时甚而至于不意识到某原则底引用。可是推论总是有根据的,而它底根据就是这里所说的推论方式上的原则。比较起来,头一套命题容易为人忽视,第二套命题不容易。

2.推论方式底重要。在大多数的情形中,P、Q、R……和 p、q、r……是两套不同的命题。假如政治学底学说有须严格证明底必要,前提方面底命题也许是政治学本身所供给的,也许是伦理学或历史学或经济学或社会学所供给的,然而推论方式这一方面的命题大致不是这些学问所供给的。欧克里几何中的证明也许是大家所习惯的,可是,照作者小时所读的几何书看来,只有点、线、三角、四方等等是有明文介绍的,而"如果——则"、"所以"没有。这表示前一方面的概念是几何学所供给的，后一方面的概念不是。普通我们认为供给后一方面的概念及命题的学问是逻辑学，此所以好些人说逻辑学根本，此所以学堂里有逻辑这一课程。它可以说是给别的学问底推论方式的学问。在逻辑学本身（也许纯算学也是如此）（1）条所说的两套命题只是一套，不过它底用法有两套而已。这就是说，在逻辑学本身，p 和 P 可以是一命题，不过它有 p 和 P 两用法而已。这两用法底分别仍然重要。就证明说，推论方式比较重要些，因为它是普遍的工具。一门学问也许有它自己所供给的特别的推论方式，但大致说来，推论方式总是逻辑学（或纯算学）所供给的。我们在第四章谈思议底结构底时候，曾说逻辑是此结构底脉络，也就是表示它是组织此结构底中坚成分。证明一命题既是表示该命题之在一概念结构中，而概念结构底主要脉络也是推论方式，推论方式对于证明重要自不必再多所讨论了。

3.非形式的成分底重要。（1）条所说的 p、q、r 等等是另外一回事。它们可以是任何的命题。这至少可以就两方面说。一方面它们之中可以有普遍命题、特殊命题，也可以有限于时地的普及命题，但主要的是普遍命题。另一方面，p、q、r 等等可以是各种不同的学问中的命题，或日常生活中的命题，照（2）条底讨论，它们当然也可以是逻辑命题或纯算学命题，不过在泛论的程序中，我们不注意这两方面底前提。无论 p、q、r 等等是如何的命题，在一证明中，我们要求断定它们是真的。我们断定它们是真的，才能证明所要证明的命题。P、Q、R……之中，有些也许只是我们底办法或规则，但大致说来，它们既然大都是逻辑所供给的，我们也承认它们是真的。对于它们,主要的问题似乎不在这一方面,而在证明者的的确确承认由 p 到 q 底根据是 P,由 q 到 r 底根据是 Q……。假如由 p 到 q 底根据是 P,而证明者并不的的确确地承认它是 P,证明者就不能由 p 推 q。这是证明中的非形式成分或事实成分。这成分非常之重要。要有这一成分,证明者才能真正说懂,或真正说明。把证明视为一活动,这活动的事实成分是在历史演变中的。这就是说,在某一时间,证明者可以认为某一 P 为证明或推论方式,而在另一期间,证明者发现该 P 根本不是一证明或推论方式。此所以我们有时说这样的话:“前此认为某命题已经证明了,其实它根本没有被我们证明。”此所以我们要分图案与结构。图案不必是结构,然而在任何时地都可以被认为结构或误认为结构。我们现在所注重的是证明底形式成分,我们只从结构着想。

4.能证明就是能知所以然。本段所要论的是普遍命题底证明。这就是说 p、q、r 到 s 都是普遍的命题。我们已经说过,一命题底证明就是表示该命题是在某一概念结构中的。一普遍命题底证明当然也是如此的。概念结构可以完全是虚的。我们现在所注重的是实的结构。表示一命题容纳在一实的概念结构之中,该命题不但证明,而且,也大都证实。这就是说,不但命题底内容已经容纳在一概念结构中,而且一命题底对象也被容纳到固然的理底结构之中。表不一命题容纳在一概念结构之中,也就是表示一命题在一概念结构中底关联脉络;表示一普遍命题底对象容纳到固然的理底结构之中,也就表示该对象与固然的理底贯通。能够如此表示,就内容说,就是懂得一命题;就对象说就是明理。就事物说,我们不仅知

其然，而且知其所以然。这二者底分别非常之大，只知其然底知识在某一阶段上打住，知所以然底知识并不在一阶段上打住。

C.证明底分析，特殊命题底证明

1.普遍和特殊的命题并用。在本段我们要讨论特殊命题底证明。在上段我们所要证明的 s 是普遍命题，所以 p、q、r……都是普遍命题。在本段我们只表示 s 是特殊的命题，只表示所要证明的命题是特殊的，我们不能因此就说 p、q、r……都是特殊的。这些命题之中，一定有些是普遍的，不过不都是普遍的而已。P、Q、R……仍旧。如果我们要证明一特殊命题，所利用的前提中非有特殊命题不可，此所以 p、q、r……中非有特殊命题不可。可是假如 p、q、r……都是特殊命题，则根本没有推论，所以也不能证明 s。

2.谈普遍命题底证明显现不重要。上段有一问题，我们根本没有谈到。命题总是有命题显现跟着的，可是我们谈命题底证明，根本没有谈到跟着命题底命题显现。其所以如此者，因为我们所谈的是普遍命题。就普遍命题说，我们的确不必提及命题显现。第一，普遍命题底显现是在思议活动中的，它也许免不了有想象上的寄托，然而不必靠想象上的寄托才能使我们懂得它。命题显现底重要是属于想象方面的，普遍命题既不必靠想象上的寄托才能使我们懂得它，对于它显现也不重要。第二，我们谈证明所注重的，是形式成分，不是上段(3)条所谈的事实成分。命题显现对于后者也许重要，对于前者不重要。第三，在证明的程序上，P、Q、R 底显现，无论就形式说或就事实说都重要，可是这不单是就证明普遍命题如此，证明特殊的命题也是如此。p、q、r 底显现问题，就是上段(3)条所谈的事实成分的问题。事实成分虽然重要，然而在我们底讨论中我们并不注重它。上段所讨论的既然是普遍命题底证明，我们不必提到命题显现。

3.谈特殊的命题底证明，显现重要。在本段我们似乎不能不谈到命题显现。本段讨论特殊命题底证明，特殊命题总牵扯到非思议或非概念的成分，例如想象、官觉、记忆等等。这些在思想活动中出现时，总同时是命题显现、出现时。一特殊命题底证明免不了是一命题显现在意象、官觉或记忆……底环绕中活跃。一普遍命题底证明有时也许也是这样，但它不必是这样，至少我们不必注意这一方面。

4.一特殊命题底证明也是该命题底证实。一特殊命题底证明同时也是该命题底证实。前此已经说过，所谓证明是把一命题容纳在一概念结构中。我们一方面利用 P、Q、R……另一方面利用 p、q、r……，后者为证明 s 底前提。能利用 p、q、r……为前提去证明 s 这一特殊命题，则前提中一定有真的特殊的命题在。一真的特殊的命题断定一事实。利用此真的特殊命题以证明的特殊命题也断定事实。此所以一特殊命题底证明也就是该命题底证实。也许有人发生以下的问题：特殊命题无所谓证明，它是可以有据而不能有证的。这说法实在是把“证”限制到普遍命题。本书既分别证明与证实，“证”当然不限到普遍命题。本书中“证”字底用法似乎也是日常生活底用法。法庭及巡警局的工作大部分要靠这里所说的证明。历史学中的证明似乎也是这种证明。这里说的证实不只是证实而已，仅有据的证实只是证实而已。它只表示然，而不表示所以然。既证明又证实不但表示然而且表示所以然。

D.证明的所得

1.结论是否新的知识问题。证明对于我们有什么益处呢？这当然要看所谓益处是什么样的益处。从前对于证明曾发生过样的问题：在证明中有没有新的知识？如果有什么是新的知识？所谓新知识似乎是集中在证明底程序中。在这程序中去找“新”的知识，的确有相当麻烦的问题。而在整个的程序中也许有人特别地注重结论（就证明说，即所要证明的命题）。结论是不是“新”的知识呢？关于“新”，我们可以从形式上和实质上着想。就形式说，如果我们能由前提推到结论，则结论已经在前提中，既然如此，结论当然不新。如果我们能够用某一套前提去证明某一命题，则该命题当然隐寓于该一套命题之中，该命题当然不是新的知识。就实质说，问题完全是事实问题。有时结论对于某证明者是新的，而对于某另一证明者不是。

2.题材或论旨上的新。我们还可以命题底题材和论旨及相等的命题和不相等的命题，二者联合起来底观点，来讨论这新旧问题。如果在证明中所有的命题都是相等的，则结论也许只能有论旨上的新的成分。命题既都相等，结论与前提也相等，相等的命题只有论旨上的分别没有题材上的分别。就题材说，在此情形下，没有题材上的新成分。如果有新成分的话，只有论旨上的新成分，如果在证明程序中，有些命题不是相等的，则论旨上或题材上的分别都有。既然如此，题材上或论旨上的新的成分也许都有。至于这新的成分是否新的知识就很难说,也许是的,也许不是。所谓新也是对于证明者而说的。这还是就结论或所证明的命题而说的。

3.目的不在得新的知识。但是我们底问题是证明供给我们些什么,这问题不只是结论底新旧问题。结论对于证明者大致说来新的成分很少;证明者要证明一命题,大致说来,他已经知道该命题。也许在先他不知道该命题是真的,经证明之后,他才知道该命题是真的;这样的情形的确有的。可是,另外的情形也有,证明者有时知道一命题底真然而还设法去证明它。可见证明中的结论底新旧和证明是两件事。我们所求于证明的根本不在得到代表"新"知识的结论。问题仍是在证明程序中我们所得者是什么。

4.表示不得不然。证明底贡献在命题底概念图案,或概念结构或理底结构,它所要表示的是一命题不能不在一整个的概念结构中。理的结构是四通八达的,概念底结构也是四通八达的。如果我们能够表示在一概念结构中不能不有某一命题,我们不但承认该命题,而且非承认它不可。这就是说,我们不但知道它底然,而且知道它底不得不然。我们不但"知道"而已,我们"懂"得该命题或"明白"该命题底道理。这二者底分别非常之大。"然"是一件事体,"所以然"或"不得不然"是另外一事体。证明所供给我们的就是这不得不然底感觉。的确,在证明中我们所求的是真,可是,不只是真而已。果然所求的只是真,我们不必要证明,只要有证实已经够了。如果在证实之后,我们还要更进一步去求证明,我们所求的不只是真而且是不得不真。得到证明,我们才能恍然大悟

说“懂了”。

5.证明中的事实成分在历史中。还有一点,我们得附带地提及一下,懂或明白总是证明者或读者或听者底懂或明白。证明本身一方面是一种形式的概念底关联底排列,它是可以懂,可以明白地排列;至于我们懂得它或明白它与否是证明底另一方面底成分,它是事实成分;这一成分我们虽然没有从长讨论,然而它非常之重要。显而易见,没有它,一种概念底关联的排列不是证明。这是证明底非形式的成分,既有这一成分,证明中的命题总牵扯到命题显现。就证明者或读者或听者说,命题总牵扯到他们底命题显现。不但证明中的p、q、r……牵扯到命题显现,P、Q、R……也牵扯到命题显现,后者也许更为重要。用本书前此所用的术语,证明不但是静的思议底结构,而且是动的思议底历程。所谓懂或明白也就在这历程中出现。

第十七章　真　假

一、不同的真假说

A.融 洽 说

1.不同的说法。上章论命题,最后谈到命题的证实或证明。证实或证明一命题就是要表示该命题是真的,可是在上章我们没有谈到真假。本书提到真假的地方当然非常之多,但是一直到现在我们没有提出一真假论。本书所要求于"真"的,前此已经说过,例如真是独立的,真只能发现、不能创作,真不能随事物底变而变。要求这些条件的满足,已经表示本书底真假说是属于某一种的。但是究竟如何说法,我们总得要提出讨论。同时照本书底看法,论知识就是论真,本章底讨论也是本书底结束。真假的说法非常之多,有好些我们根本不提出。我们所要提出的只有以下四种:(一)融洽说;(二)有效说;(三)一致说;(四)符合说。可是有两点我们得声明。头一点,本书底讨论不是考证式的讨论;究竟有没有人主张以下说法的融洽说或有效说或一致说,我们并不追究;也许主张融洽说的人底所谓融洽根本就不是以下所提出的,也许根本就没有主张以下所提出的说法的人。第二点,我们所

以提出以下的说法，因为我们要容纳它们底一部分的意见。至于如何容纳法，以后会有比较详细的讨论。

2.融洽说。此说以真为综合的或经验上的融洽。所谓融洽颇不易说，我们也许可以用调和两字来代替融洽，但是这不见得有多大的益处。无论融洽或调和，总牵扯到不同的成分，并且这成分的数目不止是一命题一事实而已。所要求的调和或融洽是综合的调和或融洽，因为它是多数不同的成分底融洽。所谓融洽不但是牵扯到多数不同的成分，而且牵扯到成分底结构，使某 X 成分或者为其他的成分容纳进去或者为它拒绝出来。经验两字非常之麻烦，前此已经提到过好几次。在这里，我们利用经验两字来表示感觉者在他感觉中的综合。融洽总是经验上的融洽。经验可以简单，也可以很复杂，可以范围大，也可以范围小，在复杂而又范围大的经验中的融洽是一件事，在简单而范围又小的经验中的融洽又是一件事。以一时代所感觉到的融洽为标准是一件事，以另一时候所感觉到的融洽为标准又是一件事，这类的问题我们都不提到。现在只注意一点，我们的确有经验上融洽与否底问题。

3.申引下去的特点。以上只是融洽，融洽说不只是以上所说而已。申引下去它有许多特点。我们所注意的只是以下两点。一是融洽感要求完整，以融洽为真，真也要有完整感。究竟所谓完整应该如何说法颇为麻烦。也许所谓完整是以后所要提到的思想底结构或图案底四通八达；果然如此，我们以后还会提到，不然我们以后不必再提。一是融洽要求全体，片面的真总是不够的。就这一方面着想，所谓真也有两点我们要注意，一即真假有程度问题。照此说法，对于好些命题我们也许可以说它们虽“真”，然而它们不十分真。这程度问题究竟如何说法也不必提到。一即真不是单独地真。所谓不是单独地真也不容易说。两相等的命题不单独地真，但是这种不单独地真不是融洽说所要求的。融洽说所要求的是全体的真，任何部分不十分真也不单独地真。这说法是本书所不能赞成的，以后会提到关于它们底批评。现在只提到这一类的意见而已。

4.彼此融洽的命题集团。以上所谈的真似乎不限制到命题。假如我们把所谓真硬引用到命题上去，也许我们可以说，真就是彼此融洽的全体的命题集团。此集团似乎是有机的集团。这就是说，部分似乎靠全体之为全体。就真假说，要合真才能分真。合真像一致，能分真又不是一致。就此集团底合真说，也许它就是大写的真，英文中的 truth。在此合真底条件下，才有分真，就彼此分真的命题说也许它是小写的真，或英文中的 truth。我们不能把这集团限制到命题上，其所以本条把它限制到命题上去，无非是要看看引用到命题上去之后，融洽说是否合于命题底要求。从命题真假说，或从以真假为命题底真假说，融洽说总有不大对题的情形。本书既是论日常知识的书，所发生兴趣的所谓真假是命题底真。融洽说底玄学趣味重，对于本书底主旨不免扞格不通。

B.有 效 说

1.与实验主义底关系。提到有效说，一想就想到实验主义。实验主义者底学说不一定一样，即有共同点，这共同点也不必就是以下所提出的有效说。虽然如此，有效说总是近乎实验主义者底主张。实验主义或类似的主义大致是以自我或

人类为中心的，它似乎特别地注重生活及生活中的要求和它们底满足。它注重尝试，注重试验。这试验不求之于离我或离人的实，而求之于相对于要求的有效或无效。实验主义或类似的思想似乎特别地注重修改现实。大致说来，富于修改现实的思想的人也是不容易狃于现实底凝固性的人。不狃于现实底凝固性的人，大致说来，会把世界看成活的。不但人是活的，世界也不是呆板的，所注重或所要求的真也不是呆板的无时间性的真，而是在时间上有效的真。从经验或主客合一的经验着想，有效是行得通。行得通免不了有阻力大或阻力小底问题。毫无阻力的行得通根本无所谓，有阻力的行得通是否只是有效颇是问题。

2.特别地注重用。有效说似乎特别地注重用。这一点也许是一些实验主义者所不赞成的。在明文的表示上，用也许不那么重要，可是在骨子里，用的确重要。所谓“用”当然是普遍的概念，可是，我们决不至于有普遍地有用的东西。没有对于任何要求都有用，也没有随时随地皆可用的东西。把真和用联系起来，真总得受用底影响。也许真的命题都有用，但是有用的不必都真。用相对于要求，真是不是也相对于要求？用不是随时随地底用，真是不是随时随地底真？重用就不重永恒，没有随地有用的东西，也没有永恒地真。如此，则真总是相对于时间的：一时有用，另一时不必有用；一时真的，另一时不必真。重用也免不了以人类为中心或以自我为中心；以这二者为中心，免不了特别地注重意志。把意志和真联系起来，真又和我们底意志相对待。顺于意志的信仰是不是真的呢？逆于意志的命题是不是假的呢？特别地注重意志也就免不了要注重选择。真假是不是相待于选择呢？这类的疑问也许有点对不起有效说，但是假如真和用联系起来，这类问题会引起困难。

3.特别地注重预测。实验主义者特别地注重预测，有效说既与实验主义有那么密切关系，它和预测也有。持有效说的人大都富于修改现实的精神，不狃于现实底凝固性；可是，正在的或当前的现实无法修改；所能修改的是使当前的不至于在未来继续地现实。注重将来就注重对于将来的预测或假设。事实上没有多少人注重"这是桌子"这样的命题，它虽然有真假问题，然而我们不注重它底真假，也不容易发生理解它所谓真所谓假底问题。另一种情形虽寻常，然而问题就不一样。假如甲问乙要钱，乙说东厢房书桌底抽屉里有，甲听了这句话之后，直向东厢房飞奔而去。这就是说，甲根据这句话有所行动。事实上抽屉里果然有钱，甲没有白跑而乙所说的那句话有效；不然的话，那句话无效。乙说话的时候，钱不在甲底当前，他底行动要靠他对于那句话底信仰。对于将来有所行动，这行动底根据，就命题说，总是现在断定的命题，而这些命题对于将来有有效或无效问题。对于将来的相当长时期的趋势有所断定的命题，更免不了有此有效或无效问题。我们可以把这一方面的情形加以分析，所得到的思想也可以引用到"这是桌子"那样的命题上去。这简单的命题也可以说是行动底根据或经验的预测，它告诉我们说我们能够在"这"所指的那东西上面开饭、下棋、吃点心等等；只要这些行动没有阻碍，或者这些经验能够继续下去，这命题有效或者它是真的。好些命题底真假的确可以作如是解释。

4.与时间相对待。有效说，无论它和用联系起来或它不和用联系起来，都有与时间地点相对待的问题。显而易见，一时行得通的，另一时不必行得通，一时真的，另一时不必真。真假既是相对于一时一地底环境，当然受该环境底限制。对于一时一地为真的，在该环境之外，我们不能盼望其为真。这就是说，真假是在历史中的或跟着历史演变的。这说法底困难非常之大，非常之多。普遍命题，历史上的特殊的命题底真都有困难。关于非常之短的时间中的事体底陈述，如果该事体没有超过该时间的实际上的影响；该陈述也没有什么效用。关于以后的预测，如果它是有根据的、靠得住的，它底形成也许在所预测的事体发生之后，这类的困难，我们不一一提出。无论如何，本书所要求的所谓真，有效说不能满足。虽然如此，有效说依然有可取的地方。

C.一 致 说

1.有效说和一致说之所以产生。有效说是对于普通所谓符合说有所不满而产生的，一致说也是。这两学说有共同点，虽然它们本身非常之不同。一是不问普通所谓客观的实在。所谓客观的实在本来是一麻烦的问题。有些旧式的科学家很早就以感官所得为不实在，感官所得的形色状态不是他们研究底对象，感官所得的时空也不是他们所研究的时空；另外一班人又似乎以感官为唯一的实在。因为客观的实在问题麻烦，所谓真最好不牵扯到实在。不牵扯到实在的真虽有便利的地方，然而仍逃不了难于立说底困难。另一点是所谓符合底困难。符合总有主客或人物的分别。既然分了之后，合就困难。这一方面的困难,我们在这里提不出讨论。既有合底困难,有些人就认为与其求真于主客二者底合,不如求真于主。有效说是求之于主的说法,一致说也是。

2.形容主义。主张一致说者不见得少。有些人也许不自觉他们对于真假的看法是一致说的看法。前些时有所谓形容主义,主张此说者大都为当时的科学家。这主张似乎有所谓"无知主义"成分,或至少有极端的怀疑成分。主张此说者认为科学(别的学问也许同样)不知究竟,也不求知究竟,所求的只是形容感觉或自然。"所谓""形容"是就感官之所得,以彼衡此,以此衡彼。只要表示彼此的关联底命题一致,我们已经得到相对的真理。所谓真是命题与命题底一致,而不是命题与"事实"或"实在"或"究竟"底符合。这所谓命题也许不只是寻常语言所表示的命题,或者不只是寻常所谓意念所组织成的命题,它大概是以手术论为主张之下的命题。结果是所谓一致也许不只是普通所谓一致,它不但有意念或概念图案中的一致,而且有许多手术之间的融洽。从后一方面着想,一致牵扯到经验。虽然如此,一致仍是命题底一致。

3.一致和不一致底影响。一致和不一致底影响不同。两命题不一致的确有一种坚决的表示:二者联合起来总有毛病。假如我们认 p、q 为属于同一意念图案范围之内的,而它们不一致,它们彼此相排除,二者之中总得有所取舍才行。相对于一图案 s,p 与 s 中的命题一致,q 和它们不一致,我们舍 q 取 p。可是 p 和 q 底不一致也许是因为它们根本不属于一意念图案,果然如此,则所谓"不一致"或者根本无所谓不一致,或者所谓"不一致"只是属于不同的意念图案而已。假如两命

题的的确确不一致而二者之中有一命题是真的，另一命题的确是假的。不一致的确有坚决的影响。一致可没有同样的影响。这里所谈的一致或不一致只是或单是命题底一致或不一致而已。在兼以手术论为主张之下的命题，一致也没有积极的影响或意义，但是那完全是另外一回事。假如我们把这情形分析一下，它一定有别的成分，或不单是一致的成分，夹杂在里面。我们现在不作此分析，我们只表示，单是命题一致底一致，没有积极的意义。至少就真假说，它是如此。

4.形上与形下。有一点我们得注意。一致有形上与形下底分别，或合与分底分别。假如我们所论的是玄学或元学，对象是宇宙底全，所有的命题联合起来都一致，我们也许要承认它就是真。宇宙底全总是它本身，说它是心或说它是物没有分别；所有的可能的命题底全底总的一致和它底总的真也没有分别。这是形上的说法。这说法是否说得通，不是我们所要讨论的问题。现在所论的一致是形下的一致。我们所论的是常识中的知识，所发生兴趣的真假是常识中的真假。兴趣既不是形上的，我们不能以形上的说法来解释一致和真假底关系。从这一点着想，一致说和融洽说底分别很大。融洽说虽有形下方面的申引然而中坚成分似乎是形上的。一致说虽有形上的说法，然而主张一致说的人对于所谓究竟根本没有兴趣，所以不注意形上的说法。相干于我们底讨论的，也不是形上的说法。

D.符合说

1.虽近常识而所谓符合有困难。符合说最近常识，在日常生活中,我们的确以真为命题和事实或实在底符合。即主张别的说法的人,无形之中,也许仍持符合说。所谓“事实”或“实在”在常识上也许没有明白的解释,而这更影响到所谓符合底困难。即把“事实”和“实在”底问题撇开,所谓符合有它本身的困难。最容易想到的符合是照相式的符合,可是这样的符合说说不通的地方颇多。第一点,命题根本不是照片。想象也许可以说是的,但是命题不是。命题本身既不是照片,符合怎能是照片式的符合呢?特殊的命题也许引起它底想象上底寄托,此想象也许可说是照相式的,可是想象只是寄托而已,不是该命题本身,普遍命题也有想象上的寄托,可是想象没有普遍的,它决不寄托于相对于它的普遍命题,该命题既是普遍的,它决不是照相式的。如果符合是照相式的符合,总得要命题是照相式的命题方行。

2.实际上的困难。假如符合是照相式的符合,当然有照片和底本彼此对照底问题。要在实际上或行动上彼此对照,最基本的条件就是要照片和底本或原物同在经验中。这一条件不满足,对照根本不可能;对照既不可能,符合与否无从知道。就真假说,原物或的本就是“事实”或“实在”。问题是“事实”或“实在”和命题是不是同样地或平行地在经验中。如果它们是的,则二者都在主或都在人,不在客或不在物,而符合只是主或人方面的情形,或者说只是我们这一方面的情形。如果“事实”和命题不是同样地或平行地在经验中,这就是说,命题在“内”,“事实”在外;那么我们怎样知道在“内”的命题和在“外”的“事实”符合不符合呢?我们没有法子把它们对照,因为相当于原物或底本的“事实”是在“外”的。所

谓“在内在外”颇不容易说。在一些意义之下的“内外”，以上的说法并不是必然的理论，如果我们承认以上的理论，所谓“内外”要有一种特别的说法才行。我们现在不必追究这种说法是如何的说法，我们只注意有此说法，而此说法是一些人反对符合说底理由。

3.符合说不易取消。符合说确有困难。即令困难不是以上所说的，它还有别的类似的困难。问题是我们是否因为它有困难就舍而不用。主张一致说或有效说或融洽说的人大都以符合说有困难而放弃它。本书认为符合说不容易放弃，而在本书底立场上说，不应放弃。它不容易放弃，因为放弃它的人常常无形之中仍然保留它；放弃也许只是在明文的表示上放弃，而保留是非正式的骨子里的保留。主张别的学说的人，例如主张有效说或一致说的人，也许会感觉到甚而至于表示他们底主张与各方面的情形都“符合”。这样的思想不一定有矛盾，也许没有矛盾；作如此思想的人也许会说，对于真假说的主张本身无所谓真假，说他们底主张和各方面的情形“符合”，并不表示这些主张是真的，它也许只表示这些主张说得通而已。如此说法，矛盾的确可以避免。但是，这仍是就明文的表示着想。我们在本条所注意的，不是明文的表示，而是骨子里的实在情形。我们认为如此说法的人非正式地无形地仍以符合为真假底标准。大致说来，一个人不至于承认他自己没有放弃的主张是“假”的，或无所谓“真或假”的。在某一层次上，一个人也许放弃符合说，可是在另一层次上，无形之中，他也许又回到符合说。理论上他不必如此，事实上他不容易不如此。

4.符合说不应取消。本书是就常识中的知识立论,不但承认常识中有知识,而且认此知识为科学知识或哲学知识底大本营。常识底任何部分都是可以批评的,一大部分也许是可以放弃的,但是它决不是可以完全推翻的。常识完全推翻,任何学问都无从开始。一门学问可以放弃常识上的思想,研究该门学问的人可以站在该门学问范围之外;哲学(视为许多部门底总和)不能完全放弃常识,因为哲学家不能自外于他底哲学;完全放弃常识一定会和他别的思想冲突。知识论虽可以放弃常识,然而假如它和别的哲学部门有调和融洽底问题,它也得要顾虑到一部分的常识;不然的话,知识论虽自成一致的系统的思想,然而持此知识论的哲学家没有贯通的哲学。哲学家既不能完全放弃常识,他也不能放弃常识中所承认的知识,他的确可以利用科学知识来修改一部分常识中的知识,但是他决逃不了要承认,所谓科学知识底最原始的基础,就是另一部分的常识中的知识。这就是说,修改常识底最后根据依然是常识。既然如此,我们不应该放弃符合说,因为符合说是最原始的真假说法。所谓原始的说法,是说一方面在思想及工具未发达的时候,我们只有此说法;另一方面,别的说法都根据于此说法。可是,这说法有困难。我们底问题是如何解决这困难。

二、真假学说所要注意点

A.形上与形下底分别

1.形上形下所注重的点不同。以上已经表示融洽说和一致说不一样，融洽说兼是形上的说法，一致说虽可以是形上的，然而大都不是形上的。形上与形下底分别非常之大，在某些方面我们也许不能不特别地注重形上，但是我们现在不从这些方面着想。我们所要提出的是形上重合，形下重分，对于分所能说的话，对于合也许不能说；对于合所能说的话，对于分也许不能说。传统逻辑学里有这一例"三角形之角等于两直角"，这里所谓角如果是联合起来的总和，这句话行；如果是分开来个别的角，这句话不行。例子当然不好，不过我们可以利用它以表示分合底分别。注重形上的说法就特别地注重合，注重形下的说法就特别地注重分，就真假说，前者是注重合的真，后者是注重分的真。

2.引用于大全的分合。普通所谓形上学，大致说来，总是对于本体有所陈述的。对于本体是否能有陈述，的确是一非常之重要的问题，但是在这里我们根本不讨论这一问题。也许我们认为本体是说不得的，因此就不说了；也许我们认为它虽说不得，然而我们仍可以就其说不得而说之。我们所注意的是对于大全的分合。大全唯一，决不能有彼此。即令从不同方面看来它有不同的所谓，这些不同的所谓在外延上都是一样的。即令引用到大全上去的 φ、ψ、θ……底所谓不一样，引用上去之后的 φ、ψ、θ……东西都是一样，因为它们都是大全。假如有人认为价与值是一样的，而它所说的不是这件东西底价或值或那件东西底价或值，而是所有的货币（钱也在内）集在一起的集团底价或值，他毫无错误，因为该集团底价是该集团本身，该集团底值也是该集团本身，该集团本身既同一，价与值当然是一样的。可是，分开来说，可不行了。显而易见，一件东西底价不必就是该件东西底值。至于对于该货币集团，说它有价有值是否有意义，那是另一命题，对于该问题，前此已经说过，我们现在不讨论。

3.不注重合的说法底理由。本书不注重合的说法。一方面我们这里所论的是真假，不是别的。视为价值或三大价值之一，我们所论的是真假这两价值，不是好坏或美丑。如果我们接受形上底说法，我们可以把这三大价值混合起来。所谓真所谓善，所谓美虽不同，然而本书的作者在《论道》那本书里曾说，"太极至真至善至美至如"，可见就太极说，真的、美的、善的都没有所指上的分别。可是，话要说回来，虽然就太极说真善美集于一体，然而不就太极说或不就大全式的整体说，它们各自不同。真的命题说它美似乎是废话，善的行为说它真似乎也是废话，这些意念根本不是对于同一现象所能引用的。完全说分析的话，我们可以说，用于命题的真不是用于太极的真；字一样意念不一样。但是完全说分析的话仍是把真限制到分的说法。不把真限制到分真，问题就两样了。英国诗人 Keats 曾说，"真是美，美是真"。就名言世界的分真说，这应该是废话，但是读诗的人显然不把它当作废话看待。在本章我们所注重的是真假，我们不愿意让它们和别的东西相混。

4.注重个别的真之所以为真。本书所论的知识是平平常常的知识。就意念或概念说，所要求的是按名而能得实，不但对于所谓有兴趣，对于所指也有兴趣。这就是说，不但对于φ、ψ、θ……底所谓有兴趣，而且对于是是φ、是ψ、是θ……的东西有兴趣。就命题说，不但对于命题有兴趣，而且对于命题

底真假有兴趣。就真假说，不但对于命题集团中的命题底真假有兴趣，而且对于单独的、一个一个的命题底真假有兴趣。知识总是日积月累的，即令所积所累不完全是单独的命题之所表示的，然而大致说来，总是单独的或一小组一小组的命题之所表示的。平平常常的知识所发生兴趣的总是名言世界，而名言世界是能以名言去区别的世界。它所注重的不是宇宙底整体或大全，而是彼此有分别的这这那那、种种等等。对于这些有所知道总是分开来有所知道，对于这些有所表示总是分开来有所表示。分开来有所表示的真假才是本书所发生兴趣的真假。这真假当然不是形上说法所论的真假。治哲学的人难免有形上的兴趣，本书底作者认为他们应该有形上的兴趣；但就本书底题材说，所发生兴趣的真假不是形上说法所应付的。

B.程度问题

1.条件底满足与否，不应有程度问题。我们现在尚且不谈真假底所谓。本书是要维持符合说的。既然如此，本书会把真假视为关系质，此关系质，是命题与它所断定的对象底关系所给予命题的。此关系质底有无须有某种条件底满足。条件底满足总是真假学说所要研究的。即令我们不维持符合说，我们仍然逃不了条件问题。我们现在不必论真假底所谓，而只谈条件底满足。本书认为条件底满足没有程度问题。这也就是说，真假没有程度问题。以条件底满足为有程度问题底说法，本书认为是说不通的。这样的说法当然有，不过本书不赞成它，所以也不接受它。本书认为条件或者满足或者不满足,关系或者有或者没有,命题或者真或者不真。如果它是真的,它就是真的,它不能够百分之六十或七十是真的;它不能够非常之真或不那么真,它没有程度问题。

2.从别的方面着想命题当然有程度上的差别。从别的方面着想命题与命题之间,两相比较,当然有程度上的差别。单就命题说,有些命题含义多,有些含义少;就它所断定的对象说,前者丰富而后者比较地贫乏;如果前者是真的,它底消息多,如果后者是真的,它的消息少。显而易见,说“某某是中国人”,假如它是真的的话,它所给我们的消息决不如“某某是湖南人”,假如后一命题也是真的。此命题又比不上“某某是长沙人”这一命题所给我们的消息,假如最后这一命题也是真的。说 X 在时空中,假如它是真的的话,也给我们以一点点子消息,但是消息非常之少。可是,假如事实上“X 是晋朝底诗人,”这命题底消息就相当的多了。这不过是就一方面说而已,别的方面也有类似的情形,而有类似情形的方面并不见得少,有些真命题底情感丰富,有些贫乏,“大江东去”,比“这支笔用不得了”,在情感上也许有很大的分别。有些真命题可以说是“重要”,有些比较地不“重要”,就政治说,“纳粹的德国已经打倒了”,比“杜乐门到南美洲去过”,要重要得多。

3.这些程度上的差别和真假不相干。这些程度上的差别和命题底真假不相干。我们绝不能因为一个命题底消息多就说它是真的。一个假的含义多的命题并没有多少消息,要它消息多,先得要它真。我们绝不能说一命题的含义多,它就是真的。真是消息多底条件;要真,含义多的命题才成为消息多的命题，消息多不是真底条件。如果它是的，我们免不了一种非常奇怪的情形：消息非常之多的命题非常之真，消息非常之少的命题有一点点子真而已。果然如此，逻辑命题非常之糟。照现在一种常识的说法，逻辑命题是毫无积极性的；它之所以必真而不能假，是因为它以任何可能为可能而不以任何可能为事实；这仍只是说它毫无积极性。可是，所谓毫无积极性也可以解释成“不给我以任何消息”。如此说法，逻辑命题非假不可，或者其真非等于零不可。逻辑命题不是普通命题一样的命题，它底真假也不是普通命题所有的真假；有些人也许会说它根本不是命题，它根本无所谓真假。果然如此，当然没有以上的问题。另外的人也许会说，它是命题，而它不能不真。主张这一说法的人绝不能承认以消息底多少为真假。

4.程度说法会牵扯到形上的说法。以上是以消息底多少来决定真假底程度。我们表示这标准不行。但是，除此之外也许有别的标准。其实别的标准同样地不行，因为真假有程度说根本就不行。以上的讨论不但表示消息底多少不是真假度标准，而且也表示真假本身没有程度问题。本条要表示真假不能有程度。假如真假有程度的话，我们只能说甲比乙真些，乙比丙真些，我们没有法子说一命题百分的真。可是，甲比乙真些并不表示甲真，乙比丙真些也不表示乙真。如此类推没有一命题本身是真的，所谓真在任何时地都只是命题底比较而此比较用什么以为标准呢？无论我们用什么以为准，符合也好，一致也好，融洽也好，其他的标准也好，标准底引用总会申引到引用底范围底大小问题，和命题底集团问题；引用底范围愈大的命题愈真，或所属的集团愈大的命题也愈真。

如此一个一个的命题底真假程度,要靠它引用底范围或所属的集团。最大的范围无外,最大的集团无遗。如是只有形上的真才是真,因为只有无外、无遗的真才是真,而单独发现的形下的真只是享有综合的形上的真而已。这当然很好。但是我们所要的是形下的单独发现的一命题一命题底真,并且要求它随时随地都可以得到;这样的真不能有程度,说它有程度就是取消它底能够单独发现性,而一命题底真就不能随时随地可以得到了。第二点我们要注意的是真假没有程度。

C.真假不相对于特殊的时地

1.命题底样型性与真假底关系。我们这里所注意的是命题不是命题显现。后者是在特殊时间地点所发生的事体。命题不是。无论普遍或特殊,命题总是样型。在这里我们又要利用语言文字上的样型或凭借来表示。书店里的广告说"某书洋洋百万言"是就凭借说的,"康熙字典底字不多"是就样型说的。凭借占特殊的时空,样型不占特殊的时空,这里所写的"酱"字只在这里出现,它决不是上海墙上所写的任何一酱字,但是就样型说,它们是一个字。命题总是样型,这就是说,它不占特殊的时空。它不占特殊时空,所以不受特殊时空的影响。它本来就无所谓变或不变,它更不能随特殊的时空底影响而变。命题显现的确在特殊的时空中,的确在特殊时空底因果系统中,所以也的确受时空的影响。可是就真假说,我们所发生兴趣的是命题,真假是命题底真假。命题既是样型,它底真假受这样型性底影响。换一说法,命题既是样型,它底真假是样型底真假,而真假本身也是样型的。

2.无分于普遍与特殊的命题。命题之为样型无分于普遍与特殊。就普遍命题说，我们很容易感觉到它是样型；普遍命题总有普遍成分，而此普遍成分给我们以独立于特殊的时空的感觉。有此感觉，我们也以为普遍命题是样型。其实这感觉和命题是样型不相干。如果普遍命题的普遍成分是普遍命题之为样型底理由，特殊命题就不是样型了。普遍命题之为普遍是就它所断定的对象说的，它所断定的对象是普遍的；特殊命题之为特殊也是就它所断定的对象而说的，它所断定的对象是特殊的。命题无论就普遍或特殊说，总是思议底内容，总是意念或概念底关联或者容纳一呈现，或意象于一意念或概念范围之内。就命题本身说，不就它所断定的对象说，它总是样型。命题既是超特殊时空的，它超特殊时空是根据于它底样型性，而它底样型性又无分于普通与特殊的命题，不但普遍命题超时空，特殊命题也超时空。这也许使人感觉奇怪，可是情形的确如此。“孔子是周朝人”不但在唐、宋、元、明是命题，在民国也是；不但在中国是命题，在英、俄、法、美也是。

3.真假也是独立于特殊的时空的。命题既是超时空的，真假也是。上面(1)条已经表示命题底真假也是样型的，那已经表示它超特殊的时空。现在我们还要从命题底真暇不能不超时空着想。假如真假不超时空，则头一点须注意的就是根本没有真的普遍命题。一真的普遍命题是无论何时何地都真的命题，它既是普遍的命题，它所断定的对象是普遍的，这普遍的对象本身就是超时空的，一真的普遍命题底真当然是超时空的。假如它不是的话，这就是说，假如一普遍命题在一时一地是真的，而在另一时一地是假的，这命题当然不能普遍地真。既没有普遍真的命题,当然也没有真的普遍命题。第二点须注意的,不但没有真的普遍命题而且没有普遍命题。假如一命题底真是限于一时一地的,它底对象也只能限于该时该地,在该命题是假的的时候或地方,该命题底对象在该时该地或者没有或根本不是该命题之所断定。这当然就是说,对象根本不能是普遍的。一命题底对象既根本不能是普遍的,当然没有普遍的命题。为使命题可以普遍起见,我们不能不要求命题底真假是超时宅的。

4.特殊的命题情形同样。假如特殊的命题底真是跟着特殊的时空而变的,我们免不了一种非常之怪的情形。这情形就是真命题只有在一刹那或一瞬息才有。刹那或瞬息是无"间"的,在刹那或瞬息的真命题根本不在时间中,因为任何时候都是有间的。果然如此,在任何时地都没有真的特殊的命题,也没有特殊的命题。为什么呢?因为只要命题是随着特殊的时空而变的,它底真假也是。如果真假是随特殊的时空而变的,则无论在长时期也好,在短时间也好,它们总在变。无论时间若何的短,只要有间,它们总在变。命题也是如此。其结果在任何时间只有一串一串的命题,而这一串一串的命题当然彼此各有同异,而每一串之中的命题也彼此各有同异。各该命题底真假绝不能延长到刹那或瞬息范围之外。这情形已经够怪的了,可是,除此之外,还有更怪的。一方面对于已往的历史,或将来的推测,根本不能有所断定,因为根本不能有命题,当然更不能有真命题。另一方面,命题根本不能交换,因为出甲之口的不是入乙之耳的。显而易见,出甲之口的一出已经变了,等到入乙之耳,已经不是甲所断定的命题,因

为出入总是在时间中的事。既然如此，命题不能交换。可是命题是可以交换的，它不是限于刹那或瞬息的；真假情形同样，可见命题和真假都不是随特殊的时空而变的。

也许有人会提出特殊命题的困难。他们也许会说，断定关于孔子底事实的真的特殊的命题，在孔子诞生之后，固然从此永远是真的，但是在孔子诞生之前，这些真命题也是真的吗？他们所盼望的答案是否定这些命题底真，或者根本否定有这些命题。本书底答案是，它们都是真的。照本书底说法，命题不必有命题显现，不过要有命题显现，思议者才意识到它。命题底真假也不靠命题显现。断定关于孔子的事实的真的特殊的命题，在孔子诞生之前，也是真的，不过在那时候，相对于这些命题底命题显现，没有在人们的思议中出现而已。

关于真假我们要注意的第三点就是真假不随时空而变。

D.真假不相对于知识类

1.不同的知识者。知识类不是纯净的类。官觉者虽不必是知识者而知识者总是官觉者。是知识者的官觉者事实上不限于一种，理论上不必限于一种。这就是说，知识类中有不同的官觉种。知识者既有完全不同的官能，当然有完全不同的官觉，有完全不同的官觉，当然有完全不同的呈现，有完全不同的正觉，当然有完全不同的所与。特殊的呈现和所与既不同，根据于它们的想象也不同。在不同种的知识者之间，我们无法求官觉上或想象上的共同点；单从官觉或正觉着想，人无法见牛所见的“红”，牛也无法见人所见的“红”。这是毫无办法可想的事体。可是假如事情就在这上面打住，不同种的知识者虽各有它们底知识,然而它们绝不能有共同的知识。事情当然不在这上面打住。这些不同种的知识者只是官能不同,官觉和正觉不同,想象不同而已。它们都是知识者,知识不止是官能官觉想象而已,它有另外的成分夹杂在里面,它有抽象的意念或概念、意思与命题。问题是这些是否也相对于不同的官能或不同的想象。

2.只从命题着想。本章的题目是真假,真假是对于命题而说的,所以我们不必从意念、概念,或意思着想。我们只要从特殊的和普遍的命题着想,不必论到历史上的总结。我们已经提到特殊的命题虽特殊,然而就它是命题说,它仍是样型。样型既不相对于特殊的时空,也不相对于官能或正觉或想象,因为这些也都是特殊的或类似特殊的。根据 B 段底讨论,真假也是样型的,真假也不相对于特殊,所以也不相对于官能或正觉或想象。这就是说,真假不相对于不同种的知识者。也许有人以为如此说法有困难,因为特殊命题有所寄托,它寄托于呈现或所与或意象。我们要"懂"得一特殊命题,我们要有相应于该命题的寄托。果然如此,不同种的知识者也不"懂"彼此底特殊的命题。这里所谓懂也许是同情地"懂",也许只是抽象地"懂"。大致说来,我们不能同情于牛见"红"而怒,或跟着牛底怒而怒,假如"懂"是这样的懂,不同的知识者不懂彼此底特殊的命题。至于抽象的"懂"、懂抽象的意念底懂,不同的知识者不一定不懂彼此底特殊的命题。可是情形是否如此,我们不必多所讨论。懂是一件事,命题底真假又是一件事。即令"懂"靠官感或正觉或想象,而命题底真假仍不靠官觉或正觉或想象。特殊的命题如此,普遍的命题更是如此。

3.命题是抽象的意念或概念底关联。上段曾说命题是样型。它是样型底理由之一，就是它是意念或概念底关联。意念或概念都是抽象的，它们都不是像。这一点前此已经提出过许多次，现在不必重行讨论，但是在现在这一场合上它重要。意念或概念的确有所寄托；它本身就是直接或间接地从所与抽出来的；在思想历程中出现的时候，不免有意象伴着它，在实际引用的时候，它又还治所与；它总难免和特殊的呈现或所与或类似特殊的意象缠在一块。可是它本身不是像，不是特殊的，也不是类似特殊的；它完全是属于另一系统或另一范围的，即令知识者 K_n^m 要懂得它的时候，K_n^m 须求助于所与或意象，然而所懂仍是意念或概念的关联。桌子这一意念的确一下子就使人想象到某一张桌子，但是果然意念不能独立于想象中的意象，则“电子”这一意念就无法成立了。可见就意念本身说，它是独立于特殊的像的。意念或概念底关联也是如此的，我们现在可以补充上条底讨论。命题既是独立于特殊的或独立于像的，它当然是独立于不同官能的知识者的。这就是说，它不相对于不同种的知识者，它的真假也不相对于不同种的知识者。知识者虽有官能底不同，然而有共同的知识，有共同的真假。

4.真假不是虚妄构造。以上第一段表示，所谓真，无论如何说法，不是形上的真；第二段表示，命题从种种方面看来，虽有程度问题，然而从真假说，没有程度问题；第三段表示，真假不相对于特殊的时空，这就是说，真假不随着时空的改变而改变；第四段表示，真假不相对于不同的官能者。假如我们说真是绝对的真,我们的意思无非是说,它不是无对的、得不到的,它是有对的、可以得到的,它不能只是非常之真或不那么真;它不是在历史中演变的;它不是官觉类或官能类所私有的或主观的。常识中所谓真是这样的真。科学所谓真也是这样的真,哲学所谓真也是这样的真。不同的学问虽不同,然而所谓真仍就是这样的真,只是这样的真。也许我们现在所"认"为是真的命题,以后会发现没有一个是真的,在那时候我们会说,从前我们错了;也许一直到现在我们没有得到一个真命题,但是真命题仍不是得不到的。不是这样的真总难免是虚妄构造。这样的真不是虚妄构造。此所以它是一价值,此所以它是一原动力,此所以有人以求真为无上目标。不是这样的真,要人寤寐求之,可以说是毫无意义。常识中的真最为基本,也最为重要,因为就求真底历程说,别的真是建筑在它底上面的。

三、符合是真假底定义

A.真假说仍不能离开符合

1.无形中所承认的大都是符合说。前面已经提到我们在无形中常常是以符合与否为真假的;有时即令我们主张别的学说,骨子里我们依然忘不了符合。其所以如此底理由之一,就是常识虽可以为我们所批评,然而它不能为我们所完全推翻。有些人也许鄙视常识,它的确靠不住,它的确彼此有冲突,但是我们决不能忽视它。我们批评常识,或者根据于高深的知识,或者直接根据另一部的常识。如果批评的根据是高深的知识,我们可以问高深的知识底根据在哪里?这问题发

生之后，我们会发现，所谓高深的知识底根据依然在常识。其结果批评常识或者直接地或者间接地根据于常识。前此已经说过，本能的信仰是可以批评的，但是批评底根据依然是本能的信仰。常识虽有靠不住的，然而不都是靠不住的。高深的知识总是以靠得住的常识为起点。任何学问也都是如此。不然的话，则治一门学问底人所说的话，开始就没有别的人能懂。一门学问底出发，它的开宗明义，总有常识上约定俗成的谅解。符合说在常识上根深蒂固，不容易推翻，问题只是如何说法才说得通而已。

2.符合说底困难。符合说之有困难，前此已经提及，所以我们决不至于说它没有困难。严格地说，在符合说没有决定之前，我们不知道它底困难之所在。说它有某种困难，只是说某种说法的符合说有困难。某种说法的符合说有困难，当然也要看哲学上的主张；唯心论无法接受任何符合说，这也许是符合说底困难，也许是它底不相干。在不主张唯心论的人们看来，以上所说的情况，只表示符合说和唯心论不相干而已，并不表示它有困难。我们现在把一部分的相对的情形撇开，看在能够接受一部分常识的哲学主张之下，或在符合说相干的情形之下，它是否有困难。有些说法的符合说的确有困难，例如照相式的符合说，或命题与事实之间有鸿沟的符合说。这两说底困难，以下会分段讨论。也许除此之外，别的说法的符合说大都是有困难的。问题不是某某说法的符合说有无困难，而是否任何说法都有困难。本书认为符合说决不至于在任何说法之下都说不通。我们一方面承认符合说有困难，某种说法的符合说说不通，可是，另一方面，我们不因为它有困难就放弃它。

3.符合和别的标准不平行。符合和别的标准不是平行的。本书以后要利用融洽、有效及一致以为符合的标准,至少就本书底主张说,这些标准和符合不是平行的。以融洽为标准,所谓融洽是经验上的融洽,不是融洽说申引到极限的融洽。除融洽外,别的标准没有这问题。照本书底说法,我们对它有兴趣的融洽,是表示符合的融洽,不是不表示符合的融洽;对它有兴趣的有效,是表示符合的有效,不是不表示符合的有效;对它有兴趣的一致,是表示符合的一致,不是不表示符合的一致。下节就要讨论这些标准,这里不多谈。显而易见,照以上的说法,本书认为有不表示符合的融洽、有效和一致。这就是说,这些都不是真底充分的条件。它们彼此当然都有不同的地方,例如一致就和其他两标准不一样。融洽和有效都跟着时间演变;现在融洽的命题从前不必融洽,并且现在的不融洽,不能取消从前的融洽;现在有效的命题从前不必有效,并且现在的无效,不能取消从前的有效。符合不是如此的。一致虽同融洽与有效不一样,然而一致而不真的命题太多,我们也不能把它和符合比。在这里,我们一方面表示符合与这些标准不同,另一方面也表示它们不是平行的,因为这些标准都是符合底标准。

4.符合与否是真假底定义。符合和以上所谈的标准底主要不同点,在符合是“真”底所谓。如此简单地说,这句话毛病很多。显而易见,融洽说以融洽等于真,所谓真就是融洽,有效说以真为有效而所谓真就是有效,一致说以真为一致而所谓真也就是一致。本书所主张的即是符合说,所谓真当然

就是符合。现在的问题不是学说接受之后的问题，而是还没有得到学说之前的问题。在日常生活中，我们大都以符合与否为真假底定义，其所以如此者，因为常识接受一独立于知识者的客观的外界。命题对于那个外界有所陈述或有所断定，命题底真假不能与那个外界不相干；知识者不能要求那个外界迎合知识者底意趣，不能盼望那个外界来将就知识者底命题，他只能要求他底命题和那个外界中的情形符合。这是日常生活中的情形，这也是大道理。这情形在事实上我们不容易不接受，此所以主张别的真假学说的人们，一不小心，就回到符合说。这道理我们也不容易忽略。大致说来，不能忽略它底理由，和本书开头两章所提出，我们得维持朴素的实在主义底理由，差不多。关于这一点，详细地说，话未免太多，而且难免重复。无论如何，本书以符合为真的定义，所谓真就是符合，以后所要谈的标准只是符合的标准而已。

B.照相式的符合

1.从印象、记忆、想象着想。符合说虽不容易不接受，而有些符合底说法的确无法接受。本段讨论照相式的符合。这照相式的符合说也许可以说是非常之"自然"的说法。就朴素的思想说，所谓知识大部分是记忆。就记忆说，记忆底靠得住与否常常有照相式的符合。在后方时想到清华园，在记忆中，把各所房子底外表，和它们彼此之间的距离、位置，等等，显示出来，这显示出来的是一图画式的意象。当想象时，我们也许会觉得身历其境，事后我们也许会说，清华园如在目前。回到清华园之后，我们也许发现我们底想象错了，也许它不错。如果错了,那一定是当前的情形和想象中的意象不符合;如果不错,那一定就是当前的情形和想象中的意象符合。这符合的确是照相式的符合。想象式的记忆有这种照相式的符合与否的问题,我们很容易把这样的符合引用到别的事情上去。凡牵扯到像的,不谈符合则已,谈符合总可以把符合解释成照相式的符合。

2.引用到命题上去。照相式的符合是很容易就引用到命题上去的。思与想在常识上是连在一起的。如果我们把以上所说的整个的意象用语言表示出来,我们就可以说断定了好些的命题。那意象与当前的事实符合就是那些命题符合,前一符合是照相式的,后一符合我们很容易认为也是。其所以如此者,因为命题和意象本来就没有分开来。好些命题的确可以是如此解释的。假如在一家子人都在的场合之下,张先生送我一包烟,这些人都细细地看了那包烟底外表的形色状态,假如过了相当时候,我和这些人中之一位说:“张先生送我的烟在那个柜子里,请你拿给我。”假如事实上那包烟确在那柜子里,去取它的这位先生也许就把它拿过来,不然的话,即令柜子里有别的烟,他也许记得那不是所要的烟,因此也不拿来。在这里所假设的情形之下,命题和意象的确裹在一块,并且意象帮助命题。不然,取烟的人也许把别的烟取来。在一家人底日常生活中,这样的情形不少,而在这种情形之下,的确有意象方面的照相式的符合。问题是这照相式的符合是否与命题相干。

3.命题虽有意象上的寄托然它底真假独立于意象上的寄托。以上是有种种条件的例子,这些条件不满足,连照相式的

符合都没有。不但它与命题不相干而已。显而易见，我可以请一人到学堂里去借一张桌子来，而我心目中的桌子是绛色的，那位先生心目中的是油黄色的，我照我底意象请他去借，他照他底意象去借来，只要所借来的是桌子，我没有话说。我已经表示所谓桌子是一事，而对于桌子的意象又是一事。命题也是如此。它虽有时有直接的意象上的寄托，然而它底真假和那意象上的符合不相干。命题有正负，负命题也有真假，真的负命题不能有完全与它相应的意象，即令它所寄托的意象和实在有照相式的符合，它本身决没有照相式的符合。有些命题牵扯到无直接意象上的寄托的意念或概念，例如无、无量、无量小等等，这些命题也没有完全与它相应的意象以为寄托，即令意象上有照相式的符合，这些命题仍没有照相式的符合。抽象能力大的人也许用不着意象上的寄托，对于他们，意象上的照相上的符合毫不相干。总而言之，命题是思议底内容，它完全是抽象的，抽象无像，当然无所谓照相式的符合。

4.知识推广到细微世界命题更无照相式的符合问题。以上的讨论还是就日常生活中的情形立论。本书认为常识中所谓真和科学中所谓真，就真之为真说，本来一样，它们底不同点完全在别的方面。现在科学知识已经推广到细微世界，而细微世界底科学事物，根本没有意象可以表示它们。从前有人想把原子视为太阳系一样的东西，电子围绕犹如行星。这当然就是要利用意象去想象原子的结构，这办法似乎不久就取消。细微世界底事物愈来愈富于关系底结构成分，愈来愈不能以普通所谓“东西的性质”方式去形容；这也就是说，它愈来愈不能以图画方式去表达。对于这无像可想的细微世界，依然有断定它底状态的命题，而好些这样的命题是真的；这些命题底真仍是符合，但是这符合决不是照相式的符合。这是现在科学的事实。本书一方面接受这件事实，另一方面本书的立论并不狃于这件事实。也许科学家以后想象进步，也许以后对原子、电子的学说有所改变，也许那时候科学家又可以恢复对于细微世界的想象；即令如此，本书仍认为命题无所谓照相式的符合。命题本来就是抽象的、样型的，它虽可以有意象上的寄托，然而它不是意象上的寄托。本条不过是以细微世界底状态为例，以表示在没有意象上的寄托的情形下，命题仍有真假，仍有符合与否底问题，可见在此情形下的符合问题决不是照相式的符合。

C.符合说所牵扯的鸿沟

1.不可渡的鸿沟。符合说总牵扯到和命题符合的客观情形。普通叫此客观情形为事实。事实两字过于简单，但为方便起见，我们就叫此情形为事实。好些人把符合说撇开，因为他们认为命题与事实有渡不过去的鸿沟：命题在我，事实在客；命题在内，事实在外。所谓“我客内外”，当然有问题，但是我们现在不必提出。大致说来，用得着符合说的时候，事实一定在外在客，如果它不在客在外，我们用不着符合说；假如命题与事实同在我在内，则二者底关系是二者底融洽或二者底一致，根本无须乎符合。事实既非在客在外不可，符合说似乎不可能。如果事实在客在外，我们怎样知道它与命题符合与否呢？如果我们知道它，它又已经在内。真要坚持事实在外，则命题与事实之间有鸿沟一道，命题过不去，事实过不来，

而我们老在命题这一岸。这样的符合根本就没有实际上的意义。所贵乎符合的地方，就在它供给我们以决定真假底工具或标准，符合本身既得不到，符合说当然说不通。

2.鸿沟这一困难是学说所产生的。鸿沟这一困难不是本来有的，是学说所产生的。本书开头几章谈到的唯主学说当然有渡不过的鸿沟。唯主方式即只从官觉内容出发，根本得不到货真价实的对象，我们虽可以在内容中建立客观的对象或事实，然而所建立的对象或事实仍只是内容而已。在此情形下，客观的事实老在我们底经验范围之外，而命题与事实之间当然有不可渡过的鸿沟。如此说法的事实根本不能在我，不能在内。可是上条一部分的思想不只是唯主方式的影响而已，它说事实非在外不可，意思是说，不在外就不客观，或者就不是独立于我们的事实。这又牵扯到内在关系学说。所谓内在关系学说，不只是承认有内在关系而已，而且说所有的关系都是内在的。如果我们接受此学说，命题和事实非有鸿沟相隔不可，因为所有的关系既都是内在的，则在经验中的事实，我能把它和命题相比较的事实，一定和在经验之外的事实不同，此所以客观的事实只能在外；可是，这又是学说底影响。如果我们不接受内在关系学说，我们不至于有此结果。如果鸿沟是不可免的，它的确给符合说以致命的困难。但是鸿沟不是不可免的，它只是在接受某种学说之下的困难而已。

3.本书认为根本没有鸿沟。本书有经验之内的客观的事实。其所以如此者，主要点在本书以正觉为出发点。正觉所供给的所与本来就是客观的，它是客观的呈现。事实是以意念去接受了的所与，就所与说，它是在客的、在外的；就以意念去接受说，它是在我的、在内的。命题与事实本来就没有鸿沟。也许有人会说，命题与事实，与本书所谈的事实，虽没有鸿沟，然而命题与本然的实在有鸿沟，因为所与是相对于官能类的，它不就是本然的实在。也许他人之所谓“事实”相当于本书之所谓本然的实在；果然如此，则在一方面避免了的鸿沟在另一方面又出现了。我们认为情形不是如此的。所与虽是相对的，然而它底相对性是普遍的，本然的、实在底、特殊的形色状态虽不可觉，然而它底普遍情形的确可知。所觉只供给我们底像而已，意象与命题虽有密切的关系，然而它不就是命题。本然的实在既不可觉，它与意象确有鸿沟，我们的确没有法子谈意象与本然的实在二者符合与否。本然的实在只是不可觉而已，它是可知的。就它是可知的说，本然的实在和命题没有鸿沟，而二者之间有符合与否的问题。就命题说，无论所谈的对象是事实，或自然，或本然的实在，都没有渡不过的鸿沟。本书底理论根本不是产生鸿沟这一困难的学说。

4.符合说依然用得着。鸿沟说不但认为命题与事实有鸿沟，并且认为假如事实同时在经验中，则符合说根本用不着，因为在此情形下，命题与事实或者融洽或者一致。命题与事实的确有融洽与否底问题，这一点以后会讨论；命题对于事实的确有有效或无效底问题，这一点以后也会提出；但本书所谓一致是命题与命题底关系，命题与事实无法谈一致。这就是说，命题和事实虽同在经验中，然而我们不能因为它们同在经验中遂抹杀它们彼此底分别。照本书底说法，命题与事实底关系非常之密切，就特殊的命题说，发现一特殊的命题之为真也就发现一件事实，发现一件事实，也就是发现了一真的特殊

命题。关系虽如此密切，然而命题与事实的分别仍不能抹杀。既然如此，符合说依然用得着。符合是“真”底所谓，不止是表示真底工具或标准而已。融洽和有效都完全是经验中的事，经验很可以跟时间而变。这就是说，一时所认为融洽或有效的，另一时不必融洽或有效，它们都不必表示真。前此已经说过，在 n 时命题与事实底不融洽，或命题底无效，不能取消 n—m 时所有的融洽或有效；可是 n 时底不一致或不符合取消 n—m 时所有的一致或符合。其所以如此者，因为它们一方面虽在时间中，然而另一方面也是超时间的。总而言之，命题与事实间没有鸿沟，符合说依然用得着。有鸿沟，符合说的确不可能；无鸿沟，符合并不就用不着。

D.符合底说法

1.符合不必是照相式的符合。符合之所以很自然地成为照相式的底理由，在 B 段已经提到。照相式的符合说不通，别的符合说不必就说不通。命题既不是意象，符合更不能是照相式的符合。好在别的样子的符合并不少。榫头对榫，衣服合身，都是符合；提琴与钢琴合节也是符合。这些符合显然都不是照相式的符合。地图对于地域也是符合，但是中国地图决不是中国地域的照相。这所谓符合也许只是某一方面的，就好的地图说，或就与一地域符合的地图说，符合大都只是平面的省、市、城、区的空间上的关系在地图与地域有一种一一相应的情形。此一一相应的情形也许可以称为相似。此相似和照相式的相似不一样，照相式的相似总是多方面的而地图式的相似也许只是一方面的。虽然如此，这相似仍是相似,这符合依然是符合。地图式的符合仍有相似成分。

2.目录式的符合。地图式的符合虽不是照相式的,然而仍有相似成分。图书馆底目录,如果是完备的,与图书馆底书也符合。好的目录告诉我们什么样的书在什么地方,内容如何,每一卡片有一本相当的书,遵照卡片的指示,我们可以找到相当于它的书。这当然也是符合。目录不是书,然而它们之间有一种一一相应的情形,使我们照目录所指示的地方去找一本书,我们可以找到那本书,所找到的书底内容是目录上所说的那样的内容,等等。可是,目录虽与书符合,然而它决不是书底照相。它不但不是书底照相,它也不能与书有形色状态上的相似。这里的符合决不是照相,目录即令有像,它底像也决不是书底像;这里的符合也决不是图形底相似,目录根本不是图形。

3.符合底要求。以上一方面表示符合不必是照相式的,不必是图形式的,另一方面也表示符合有所谓一一相应的情形。这一一相应的情形是符合底主要要求,符合一定是一一相应的。请注意,照相不必符合,照相式的符合不是因为它是照相而是因为它与原本或原物有一一相应的情形;图形式的符合也是如此。一一相应可以只是关系的,不必是性质的。地图上的长沙不像长沙,地图上的岳州也不像岳州,可是只要二者在许多城市湖河底关系网中和地域底关系网中的长沙与岳州有一一相应的情形,湖南长岳一带底地图和湖南长岳一带符合。这里的一一相应是就平面上的距离说的,别的一一相应可以在别的关系上或者别的性质上。大致说来,一一相应总有 φ,说 X 和 Y 一一相应总是就某 φ 而说的,无论这 φ

是一关系或者是一性质。这 φ 虽可以单独地说，可不能单独地有，φ 总是在一关系网中的；此所以 φ 底相应总牵扯到 ψ、θ、λ 等等底相应，此所以此相应为一一相应。

4.命题与实在底符合。现在我们不用“事实”两字来表示与命题相符合与否的客观情形，前此引用“事实”两字只是为讨论底方便而已。客观的情形，照本书底说法，不只是事实而已。我们所发生兴趣的符合是命题和实在符合。一命题与它所断定的实在符合就是一命题有它底相应的实在，而该命题底命题图案有和它一一相应的实在。我们只谈普遍命题、特殊命题和历史总结。普遍命题底相应的实在是固然的理，它底真是和固然的理符合；就我们底经验说，它直接地和某一固然的理之下的事实符合，它是可以证实的；它间接地和固然的理符合，它是可以证明的。真的特殊的命题和它所断定的事实符合；任何一件事实都在一事实网中，而它本身也是许多事实结合起来的结构；特殊命题和特殊事实底符合牵扯到一事实网中有相应于一命题的事实，而该事实本身底结构相应于该命题底分析。真的历史总结和一限于时或地的普通情形相符合。这里的符合情形复杂，一方面它牵扯到限于某一时或某一地的许多的同样的特殊事实，另一方面又不牵扯到固然的理。可是，情形虽复杂，而所谓符合仍然一样。

5.符合本身底标准。符合与否是真假底定义，所谓真就是符合，如此说法有什么益处呢？如果求真困难，求符合似乎同样的困难。符合不是求真底工具，它是理解真底概念。以真为符合，真是关系质，它是命题与客观的实在底关系所予命题的关系质，不是命题本身底性质。如果真是命题本身底性质，它随命题而来，而我们也不用求诸命题之外就可以得到它。以真为符合，它也不是命题与命题之间底关系，它不是一致；一命题单独地无所谓一致，一命题单独地有所谓真；所谓单独地，是说我们可以单独地提出一命题而说它是真的，我们不能单独地提出一命题而说它一致。以真为符合，真不是我们底情感意志所能左右的。符合后来居上，以真为符合，前此所认为真而现在所认为假的命题，从现在的眼光观之，从来就没真过，真也不是随时间而演变的。以真为符合，真底客观性、独立性、超越性，都很明白地表示。可是符合本身不一定是一下子就可以经验得到的，要经验到符合，我们也许要利用许多标准。融洽有效和一致都是符合底标准，当然也是真底标准。所谓符合和这些标准不平行，就是说符合是真底所谓而这些标准才是真底标准。

四、符合底标准

A.融　洽

1.本段所论的融洽不是融洽说所论的融洽。融洽说所发生兴趣的融洽是申引到极端的融洽，申引到极端的融洽总难免成为形上的融洽。本段所论的融洽不是申引到极端的融洽，它是形下的，不是形上的；它是平平常常的，不是特别的；它是在一时一地的，不是整个的超时空的；它是日常生活所能经验得到的，不是一定要在经验之大成中才能有的。我们不敢说这里所谓融洽，或者一定是，或者一定不是，融洽说所论的融洽；也许引用的范围不一样，所以所谓融洽也就不同；也许引用的范围虽不同而所谓融洽仍然一样。无论所谓融洽是否一样，所引用的范围既然不同，能以融洽见称的东西或对象或经验，的确不同。显而易见，在小范围能以融洽见称的，在大范围不必能以融洽见称；假如我们以大范围底融洽为目标，在小范围之内事实上所感觉到的融洽，也许我们为理论所强迫，非否认它为融洽不可。本书不以大范围底融洽为目标，只以事实上所感觉到的融洽为标准，所以小范围底融洽，不至于为大范围底融洽所否认，一时所感到的融洽，不至于为另一时所推翻。我们所注意的是一时一地的感觉上的标准。

2.限制到我们所能直接感觉到的命题和它所断定的实在。融洽既如上所述，它当然是一时一地所感觉到的。在这里我们要注意到两方面的问题。一方面融洽可以是感觉的，也可以是所感觉的。我们称前者为融洽的感觉，称后者为所感觉的底融洽。这二者大致说来是联在一块的，可是有时它们并不一致。融洽的感觉并不一定表示所感觉的彼此融洽，所感觉的彼此融洽大致说来会有融洽的感觉。另一方面就命题说，我们要把讨论限制到断定当时的特殊书实或普通情形而又能直接证实的命题。我们要求讨论限制到特殊命题或历史总结，因为普遍命题底真和一时一地底经验的融洽不大相干。我们要求断定当时的特殊事实或普通情形的命题，因为这样一来，命题和它所断定的实在，可以同时经验到，或者可以直接地经验到。如果命题所断定的不是当前的，则命题虽在当前的思议中，而它所断定的实在不在。结果是推论免不了，而普遍的理，或古物，或记载这一类的问题都发生。这些问题发生之后，融洽当然还是免不了，可是它不是最纯粹的最简单的了。要把融洽限制到纯粹的、简单的融洽，我们要有本条底限制。

3.暂且把价值问题撇开。在综错杂陈的经验中，有些命题表示特观的价值，有些表示公观的性质。这在理论上区别或许容易，在实际上区别则难免麻烦。例如同房中三人中，有一人忙于打电话为人找事做，有一人在写文章，另有一人无所事事。写文章的也许会说“讨厌”，静坐的人也许只感觉到“他不过是打电话而已”。这两人对于一件事体的反感不同：写文章的人因为对于环境有一种特别的要求，对于打电话这件事体的反感也有特观的价值；无所事事的人只接受了公观的性质而已。“打电话”只描述一件事体而已，“讨厌”加上了价值成分。我们在这里没有意思主张，所有的价值都是特观的，我们只表示它有时是特观的。表示价值的也许是命题，也许不是，在这里我们不必提出讨论。这方面的问题，我们把它撇开。显而易见，我们所发生兴趣的融洽是就真假说的，关于价值也有感觉融洽与否底问题，而别的价值上的感觉融洽，和就真假而说的感觉融洽不相干。价值上的感觉融洽，在个人底经验中，也许是非常之重要的，普通所谓心绪大致与价值上的感觉融洽有密切关系，但是这并不表示它与知识有同样的密切关系。

4.简单的融洽底例子。最简单的例子也许是在浑然而又综错杂呈的经验中才有的。假如两个人在太阳下辩论，其中之一觉得热起来了，他慢慢地朝着屋子里走，而另一人等到走近屋子时又向远的一方走，走了几圈之后，头一个人说“进去吧，外面太冷了”，不但听的人而且说的人都会得到一种不称

的感觉。也许惊异的声音随着就发生，也许说话的人早就发现他说“错”了。这里所谓“错”就是感觉和感觉到的二者底不融洽。就感觉到的说，就是所感觉到的事实和命题不融洽。又如用水洗脚，把脚摆进去时忽然大叫一声，也许水太冷，也许太热，无论如何，这大叫一声就表示感觉不融洽。洗脚的人在大叫以前虽没有说什么，然而他的确以为水不太冷或不太热，他发现他底思想或命题和事实不融洽。在日常生活中，这样的融洽或不融洽是非常之基本的。一个人在每天的生活中，不知道要经验过多少次，也许他不感觉到这融洽是非常之基本的，别的融洽免不了要建筑在这样的融洽底基础上。

5.感觉融洽和所感觉的的融洽。可是感觉融洽有非常之靠不住的时候，有时感觉虽融洽而判断不一定对，命题不一定真。感觉上的融洽也许只是感觉者不感觉到有不融洽的情形而已，而不是感觉到或积极地感觉到融洽。我们一想就想到主观方面的种种问题：也许感觉者感觉迟钝，也许感觉虽不迟钝然而没有训练，也许感觉者既不迟钝，也不缺乏训练，不过当其时注意力完全集中在另一问题上面去了。这一类的情形的确可以形成消极的感觉融洽。这种消极的感觉融洽只是不感觉到有不融洽的情形，而不是积极地感觉到有融洽的情形。消极的感觉融洽当然不表示判断的对或命题底真。视为真假底标准底融洽是积极的融洽。在日常生活中我们不大容易辨别这两种不同的融洽，要辨别它们，我们得假设我们的或感觉者底注意力集中在真假问题上面；由此我们更觉得真假是要有所求然后能得的。

6.积极的融洽仍有相对的情形。积极的融洽不但是感觉融洽而且是所感觉的底融洽。此所以它是货真价实的标准。虽然如此,所感觉的的融洽仍有相对的情形。从前认拜神求医而病愈是很“自然”的事体。其所以把这样的事认为自然者,因为人们在从前相信神是可以医病的,病不会自己好的,而病底好是神底帮助所致。人们既相信这些命题,求神与病愈和他们行动与盼望所显示的思想当然融洽。在现在我们也许不承认这些命题为真,但是我们不能不承认它们形成一意念图案;从前的思想是此图案中的思想,这思想与事实融洽也就是一图案底理论和事实底融洽。这融洽是积极的,可是它相对于一时一地底意念图案。不接受此图案的人不至于感觉到这融洽。在后一时期我们也许会中止接受从前的意念图案,我们虽可以拒绝接受从前的意念图案,然而我们无法取消从前的人对于这图案的信仰;这显而易见也就是我们无法取消从前的人所感觉到的融洽。我们只好承认这融洽(积极的融洽)是相对于一时一地的。结果是现在谈融洽也只是相对于现在的融洽而已,它不能取消从前的融洽。

7.融洽底精粗问题。在日常生活中的积极的融洽和在试验室中的融洽,可以有很大的分别。这分别似乎与所谓融洽不相干,有分别的似乎是融洽底精粗。精粗牵扯到范围底大小和程度底高低。现在我们不从感觉着想,只从所感觉的着想。所谓范围是就所感觉的的成分的多少而说的,成分多的为范围大,成分少的为范围小。所感觉的的成分多而又彼此融洽的融洽比成分少底融洽要难能可贵得多。所谓程度是就所感觉的的某一方面而说的,例如温度。所感觉的的温度上的“差不多”比不上寒暑表上的温度“相等”,关于前者的融洽

程度低而关于后者的融洽程度高。融洽底精粗分别很大。精的融洽视为标准，比粗的融洽靠得住，虽然所谓融洽没有分别。此所以在日常生活中的融洽比不上试验室的融洽。虽然如此，试验室的融洽虽精。它的精虽牵扯到种种工具底引用，然而它仍逃不出感觉底融洽和所感觉底的融洽。此所以我们说，融洽底所谓仍然一样。

8.在演进中的融洽。融洽底精细是在历史上演进的。知识愈多、理论愈严，工具也愈精，而所感觉到的的融洽范围愈广、程度愈高。从前"太阳"从东边出来这一命题，也许只和太阳从东边出来那件事实在经验中的融洽而已；现在决不止于两方面底融洽而已，所牵扯到的有太阳系，有引力，有物理学底理论，有化学和数学底成分，有地球绕太阳底路线……问题，所得到的融洽感是接受了严格理论之后的融洽感。现在的人所得到的融洽感虽不取消从前的人底融洽感，然而就精细说，现在的融洽有好些比从前的融洽要精细得多。此所以本条表示融洽底精细是在演进中的。粗的融洽也许比较地靠不住，精的融洽也许比较地靠得住。融洽既有愈来愈精的情形，它也可以愈来愈靠得住。它虽然愈来愈靠得住，然而它仍不是充分的条件。融洽这一条件虽满足，而一命题不必就真。照本书底说法，命题底真不在历史演进中而融洽在历史演进中，后者决不能成为前者底充分条件。精的融洽虽比粗的融洽靠得住，然而粗的融洽仍然是融洽；比较靠不住的融洽决不能是真命题底充分条件。融洽既不是充分条件，我们不能不另找别的条件。同时融洽虽不是充分条件，然而它是必要条件；在经验中积极地不融洽的命题不是真的。

B.有 效

1.有些命题没有当断定时的融洽问题。有些命题是普通所称为假设的命题。在这里我们也统称为假设。假设可以是普遍的命题,可以是限于时地的普通命题,也可以是特殊命题。关于假设,一主要问题是时间。就普遍的假设说,命题本身当然没有时间问题,命题底断定和证实、证明都在时间中,都有时间问题。就限于时地的普通的假设说,命题本身有时间问题,它所断定的有时间上的限制;另一方面,命题底断定、证明及证实都是在时间中的,也都有时间问题。前一方面的时间不必是后一方面的时间;显而易见,我们可以在现在断定春秋时候底普通的经济状况是如何如何的。不但如此,我们所注意的尤其是断定底时间,和证实或否证底时间,也不是同时的。也许在 t_1 断定的命题,在 t_2 局部证实,在 t_3 证据增加,在 t_4 遇例外等等。特殊假设之有时间问题更是显然。特殊的假设所断定的或者是已往的事实,或者是将来的预计,或者是同时而不同地的情形;假设本身有时间问题,而就证明或证实说,它更离不了时间问题。对于这类的命题,我们不能在断定时马上就得到所感觉的的融洽或不融洽。

2.假设不只是一种。前此我们已经提到,假设不只一种。有些是英文所谓 postulate。这一种我们可以撇开不谈。有些是所谓 assumption,就假设它的人说,他们都认它为真;假设它的人或者认为它是不必证明或证实的,然而它总逃不出真假问题;它既有真假问题,当然也有这里所论的标准问题。有些是所谓 hypothesis,这些是有待于证实的,当然逃不出真假问题。也许我们比较地习惯于传统逻辑学中归纳那一部分所

谈的假设，那里所谈的假设，在无形之中，限制到研究学问上所有的假设。我们现在所谈的不限于研究学问方面的假设，它包括日常生活中行为或行动方面的假定。本段所提出的假设，范围非常之广，此所以它包含上条所说的不同的命题。可是，无论假设是哪一种假设，无论所假设的是哪一种命题，不同的假设有一共同点：假设者，或所假设的命题底断定者，虽以为该命题是真的，然而不知道它是真的。断定者不知道所断定的命题为真而又认它为真，此所以它是假设。一命题底成为假设，除命题本身外，总有许多别的因素。

3.一命题之所以成为假设底理由。一命题之所以成为假设的理由想来很多，我们在这里不预备讨论。有两个理由，我们得提出一下。一是选择。选择就是在某一标准上平行的可能中，例如就 A 说甲乙丙丁底可能中，我们以另一标准去取其一而舍其他，例如就 B 说我们取甲而放弃其他。选择当然牵扯到个人底性格，历史及环境。在同一客观的条件之下，一人之所选择不必是另一人之所选择(虽然我们常用“人”这一字，我们所注重的实在只是选择者，我们的讨论不限制到人)。选择不必是自由的。它虽然不必是主观的，然而特观的成分颇重。选择底理由虽不同，然而在生活中需要选择总是一样。一是信仰。信仰是非常之麻烦的问题。在这里我们不谈语言文字所表示的信仰，只谈行动或行为方面的信仰。生活既需要选择，影响选择的的主要成分是信仰。我们现在不谈信仰底来源，也不谈所信仰的后果，我们只表示信仰是普通假设底重要理由之一。我们在行为或行动上的信仰是我们所不容易逃出的。在日常生活中，我们不免根据我们底信仰

（叫作习惯也行），在综错杂陈的情形中，划分出一条生活底路线来，我们总不能不有假设。在任何时地，断定者所断定的命题中总有很大的一部分是假设。

4.所谓有效。这里的有效是相对于假设而说的。一假设在断定时没有所感觉的——命题和它所断定的实在——底融洽与否底问题，因为该实在还没有感觉到，或者如果它是属于将来的，它还没有发生。要谈融洽，我们只能谈断定时底感觉融洽。如果所假设的命题是素所习惯的，则断定它的时候，断定者大概能够经验到感觉融洽。不然的话，感觉融洽不一定能够得到。无论如何，在断定的实在未感觉到或未发生之前，没有所感觉的融洽问题。这时候虽没有所感觉到的融洽问题，然而断定者也许有在假设之下所应有的行为或思想。如果这行为没有事实上的障碍，或思想没有不一致的情形，这假设就暂时地或局部地有效。假如我有朋友到昆明，他要我去接他。火车常常误点，我预计它要慢到半点钟，所以照原来的钟点计算我迟去半点钟。假如在路上我看见平常客栈接客的车子还没有动，或路上碰见另一朋友而他说火车还没有到，这都表示我原来的假设暂时地或局部地有效。在所假设的实在还没有感觉到或还没有发生的时候，假设有有效或无效问题。一假设也许继续地有效，也许慢慢地无效，也许从来就无效。此中情形相当复杂，我们不必一一讨论。等到命题证实，假设完全有效。

5.研究学问方面的假设。在日常生活中所假设的命题大都是特殊的，一小部分也许是限于时地的普通命题。差不多没有普遍的命题。近乎宗教式的信仰虽在日常生活中有职责，然而我们不把它视为假设。假设一普遍命题大都不是日常生活中的事，大都是研究学问中的事。研究学问总逃不出假设，即所谓自然科学也仍然一样。除历史学外，所假设的大都是普遍命题。一对于一问题我们可以假设 p，在此假设之下，q、r、s 等等是真的，我们要从试验或观察中去发现 q、r、s 等等底真假。为达到此目的，也许我们需要另外的假设，如 X、Y、Z 等等。也许这些是马上可以设计去试验或观察的，如果它们证实，则原来的假设局部地有效。假如 q、r、s……等是假的，p 这一假设推翻；假如它们之中有些证实，则在该阶段上，p 有效；假如它们都证实，则无论以后的情形如何，在某一时期 p 总是有效。研究学问当然也有选择、信仰或习惯成分，但是一门学问总有它自己的方法、训练、工具，以为遵循。在研究学问底程序中，假设底选择所牵扯的主观或特观成分比较地少。这些成分还是有的，不然的话，独特的发现不至于产生。

6.有效与融洽。这里所说的有效是有临时性的。一假设完全证实，它当然依然有效，但是在此状况下，它不只是有效而已。只是有效的有效总带点子临时性。只是有效的假设，大都是我们以为将来也许会推翻的命题。等到这临时性取消，这有效不单是有效，同时也是一整套经验底融洽。这就是说，这命题一方面是我们在经验上所习惯了的命题，另一方面它也是在理论上我们所接受了的思想。后一方面牵扯到下段所要讨论的问题，在这里我们不讨论。单就前一方面说，我们又回到融洽问题。前此已经表示融洽是在时间上演进的，有效也是。即在同时间内，研究学问上的有效大都比日常生活中的有效来得精细,虽然所谓有效仍是一样。在不同的时期内,只要知识有进步,有效和融洽一样也成为范围加大、程度加高的有效。有效也有因知识增加而内容丰富的情形,它也是相对于时间的,在一时间认为有效的,在另一时间不必认为有效。有效是有临时性的,总有当其时在感觉上行得通的情形,即令后来的有效比前一时的有效来得精细、来得丰富,它仍不能取消前一时的有效。这就是说,以 t_n 底有效为标准,在 t_n 无效的命题在 t_{n-m} 不必无效,我们不能因 p 在 t_n 的无效,遂取消它在 t_{n-m} 的有效。显而易见,当其时行得通的感觉后来无法取消。

7.长期有效。有些假设也许是长期有效的,有些也许是长期融洽的。直到现在,"太阳从东边上升"是长期融洽的,虽然"太阳绕地球而行"早已不融洽了。归纳原则"至少"是长期有效的。本书底说法是以归纳原则为真的命题,但是好些人不赞成此说,有些人也许根本不认它为命题。虽然如此,此原则仍继续地引用,仍继续地有效。继续有效的命题底有效分量当然特别地高,继续融洽的命题底融洽分量也特别地大。直到 t_n 为止的长期有效或长期融洽的命题,虽然我们无法担保 t_n 以后的情形如何,然而就 t_n 说,它们对于真假底贡献比一时有效另一时无效,或一时融洽另一时不融洽的命题要大得多。在 t_n 我们认直到该时为止长期有效的命题为真,大致说来,总没有多大的问题。就融洽说,情形也是如此。虽然如此,然而单就有效说,它也不是真命题底充分条件。无效虽假,而有效不必真。单就有效说,它和融洽有一样的情形。

C.一 致

1.所谓一致。命题虽可以单独地提出或单独地断定，然而它决不能单独地有。一命题总牵扯到别的命题，它总逃不了它和别的命题底关系。一致是就命题与命题底关系而说的。以上所说的融洽和有效都不是就命题与命题底关系而说的。所谓一致就是多数命题底彼此无矛盾。我们可以分宽义与狭义的一致。宽义的一致是命题(多数)的无矛盾，狭义的一致是相干的命题底无矛盾。就真值蕴涵说，命题都是相干的。我们既谈命题彼此相干与否，我们只能引用别的工具以表示所谓相干。我们可以利用一类似 Moore 的 entailment 简单地叫它作蕴涵。如果 p、q 彼此不蕴涵此彼，或没有蕴涵关系，则 p、q 不相干，否则相干。直接和间接的蕴涵都计算在内。在本段我们所注意的不是宽义的一致，只是狭义的一致。我们底主要题目是真假底标准，而比较能用的工具是狭义的一致。

2.一致说底困难。用为标准的一致不是形上的一致，这一点前此已经提到，此处不赘。一致说我们也不赞成。一致说底困难就是一致不表示命题底真。真的命题的确一致，但一致的命题不一定真。不一致的命题有真有假，可是谁真谁假，显而易见不能靠一致去决定。我们一向就承认假的命题可以一致。不但假的命题可以一致，而且假如我们给一套命题加以范围把它们圈起来，假的命题还可以一致地假。本书只承认命题可以一致地假，可不承认有一致的“假”的逻辑。路易斯似乎曾有此主张，本书不赞成此主张。所谓假的命题可以一致，只是说 p、q、r 等等可以一致而又都是假的；所谓它们可以一致地假,只是说它们彼此有蕴涵关系,成一有系统的假的命题。这当然不是说有"假"的逻辑或"假"的一致。这一点有讨论的价值,但是在这里我们不讨论它。我们所论的命题是综合命题。综合命题之所以能一致地假者,因为它们在逻辑上的关系不靠它们底真或假。真的命题固有此关系,假的也有。既然如此,一致说当然不能接受。

3.一致说虽不能接受,一致仍是一标准。一致说虽不能接受,一致并不因此就毫无用处。与一命题一致的命题虽不必真,然而与一真命题一致的命题的确是真命题。这里所说的一致是狭义的或积极的一致。相干的命题与对象底符合的确牵扯到那些命题底一致。此所以一致说虽不行,然而一致仍是一标准。这一标准和以上两标准不一样。以上两标准都是求之或得之于命题范围之外的。融洽是命题和对象在感觉上的融洽,有效是命题在行为、动作或结果上的有效。一致不能求之或得之于命题范围之外,它只是就命题一方面而说的,不是就命题和它底对象底关系而说的。单方面的一致何以是符合的标准呢?照本书底说法,所与本来是有法有则的,事实既是接受了的所与,也本来是有理论结构的;理没有冲突,事与事之间也没有冲突,此所以与真命题相干而又一致的命题也是真的。相干的真命题既必然地一致地真,一致总是真底一成分。这就是说,它是符合底标准之一。我们只承认它是符合的标准之一,而不承认它就是符合或它就是真。

4.一致与一致感。上条已经表示一致和其他两标准不一样,可是除上条所说的不同点之外,还有一重要的不同点。融洽虽然有感觉的融洽和所感觉的融洽底分别,然而融洽仍逃不了感觉成分。融洽虽有普遍的所谓，然而感觉的和所感觉到底的融洽都是特殊的，都是一去不复返的；而特殊的融洽和特殊的感觉在经验上是分不开的，虽然它们是不同的分析成分。此所以对于现在不融洽的，我们不能说“它们”从来没有融洽过。就特殊的现实说，它们从前也许曾经融洽过，而当它们被感为融洽时，它们的确融洽。虽然就普遍方面说，融洽和融洽感是不同的分析成分，然而就特殊方面说，它们是分不开的。有效底情形同样。长期有效不一定是老是有效，长期无效也不一定无时有效；有效和有效感慨分不开，有效总有当时当地的情形夹杂在里面。一致没有这情形。它是命题与命题之间的关系。命题总是样型；命题显现虽在时间中出现，而命题不在时间中演变。对于命题我们没有某时某地底问题。命题底一致也是样型的，它也不是某时某地底一致。在某时某地我们也有一致感，可是这是对命题显现说的，不是对于命题说的。一致和一致感不但有不同的分析成分，而且因为所感是样型，它没有特殊时地底成分，它和某一时、某一地底特殊感可以分开。感和融洽之为融洽相干，感和有效之为有效也相干，但是感和一致之为一致不相干。一致不必在理论上为感觉者所感觉。

5.后来居上。在研究工作有进步或知识有进步这一条件之下，融洽和有效都可以日就精细，融洽感和有效感也因此细腻起来。就这两标准说，它们都后来居上。可是这后来居上是就纵的时间上由已往到现在而说的，不是把时间横切一片段而说的。从前认为融洽的，照现在的标准看来也许不融洽；从前认为有效的，照现在的标准看来也许无效；后来居上底意思是如此的。可是,从前认为融洽的,照从前的标准仍为融洽,虽然从前的标准没有现在的那么精细;从前认为有效的,照从前的标准仍为有效,虽然从前的标准没有现在的那么精细。此所以现在不融洽的或无效的,我们不能说它们从来没有融洽过或没有有效过。一致不然,它是样型,它不在时间演变中,它没有后来居上的情形;有此情形的不是一致而是一致感。一致感是在时间演变中的,后来的一致感比较地接近一致,它也比较地精致。一致本身是超时空的。一致感虽有进步,而一致无所谓进步。一致这一标准一方面是站在时间外的,另一方面是站在时间中的。它底后来居上的情形和其他两标准是不一样的;以现在的一致为标准,不一致的命题我们可以说它们从来没有一致过。现在的不融洽不能取消已往的融洽,现在的无效不能取消已往的有效;可是现在的不一致取消已往的一致。

6.符合底标准。本节所讨论的融洽、有效,和一致都是符合底标准。没有一标准是充分的,任何一标准都是必要的。这三标准也是符合在经验上的分析成分。符合说底毛病之一是照相式的符合,我们这里所谈的符合根本不是照相式的。符合说底第二毛病是我们不能经验到符合。照本书底说法,它没有这困难。命题所断定的对象本来就在经验中,而在经验中的对象没有因被经验而改变它的性质。把这里所论的标准视为符合成分,这些成分都是在经验中的,它们既都在经验中,符合或部分的符合也在经验中。假如这些标准不但分别地是符合底必要条件而且合起来是符合底充分条件,则它们在经验中也就是符合在经验中;假如这些标准合起来仍不是

充分条件，则它们虽在经验中而符合只是部分地在经验中。针对于这一点说，我们要分别符合和符合感。这些条件合起来是充分条件，但是符合感底充分条件不必就是符合感底条件。关于这一点，下节从长讨论。

在这里我们要说几句总结的话。本书不赞成融洽说、有效说或一致说，所采取的是符合说。本书以符合与否为真假底定义，以融洽、有效与一致，为符合底标准。如此说法的融洽不是融洽说所说的融洽，如此说法的有效也不是有效说所说的有效；所谓一致也许和普通所谓一致没有多大的出入，所谓符合一定和普通符合说底符合不同。下节继续讨论符合底时间性和超时间性。

五、符合感底时空性和超时空化性

A.对错真假与时间

1.命题与判断底分别。论命题底时候，我们已经表示判断和命题底分别。判断是事体，也是活动。在这件事体中，或在这一活动中，判断断定一命题为真。命题不是一件事体，也不是一活动。因为判断是事体，是活动，它是在某时某地发生的，它是相对于时地的；命题不是事体，也不是活动，它没有发生问题也不相对于时地。判断既相对于时地，当然是有史的，当然是在历史上演变的；命题既不相对于时地，当然是无史的，当然无所谓在历史上演变。判断与命题既有如此的分别，相当于判断的对错，和相当于命题的真假，也有分别。判断既是一有意识的活动，当然有对错问题，判断本身既是相对于时地的，对错也是。命题本身既不是相对于时地的，命题底真假也不是。证实、证明是表示对错和真假底工具，它们所表示的，就判断说，是对错或对错底意义；就命题说，是真假或真假底意义。对错和真假难道从来不碰头吗？果然它们从来不碰头，论真假就不必提到判断。

2.就所断定的命题说，判断总是以它为真。在一判断中，无论断定的命题究竟是真是假，判断者总以它为真。以一命题为真总是以为它与事实或固然的理或普通情形符合。对于判断，我们也是利用证实或证明以为表示符合底工具所表示的既是符合，当然也有符合底标准或分析成分。就一方面说，判断底对错和命题底真假底标准是一样的，它们都是融洽、有效和一致；从另一方面说，对错底标准和真假底标准不是一样的。判断中的符合是以为符合，是判断者所认为符合的符合，是判断所感觉到的符合，这符合是否究竟为符合，大有问题。判断中的符合既然是如此的，它底融洽是以为融洽，或认为融洽或感觉到的融洽，这感觉到的融洽究竟是否融洽也大有问题。有效和一致底情形同样。真假底标准是融洽，有效，和一致，不是所感觉到的融洽，有效，和一致而已。就前一方面说，标准一样，就后一方面说，它们不一样。判断既以所断定的命题为真，照本书底说法，当然也以此真为符合，既认为此命题与事实或普通的情形或固然的理符合，当然也认此符合为融洽，有效，和一致。现在我们分别符合与符合感。前者是对于“真”而说的，后者是对于“对”而说的。

3.对与真底合一问题。重要问题当然是对与真底合一与否。对于这一问题，有两不同的答案。主要点在时间。我们称川流的时间为纵的时间，称横切的片断的时间为横的时间。在任何横的时间，以证实或证明为工具，以表示的符合感，就是相当于该时间的符合。严格地说，既谈时间，就不能谈究竟，谈究竟就不能谈时间。可是，我们不能不在时间中谈究竟，而在时间中谈究竟，我们只能以相对地最后的时间为标准，以这样的时间为标准，就是在任何横的时间上，以该时间底标准为标准。我们自外于我们的感觉，在任何横的时间所感觉到符合就是该时间底符合。就任何一横的时间说，感觉到的融洽就是融洽，感觉到的有效就是有效，感觉到的一致就是一致。说在任何横的时间符合感就是符合，也就是说，在任何横的时间，符合感和符合合一。符合感和符合合一就是对与真合一。结果是就任何横的时间说，判断底对就是命题底真。这里所谓任何是的的确确的任何。它毫无例外。所要注意的是横的时间。这就是说，如果我们所谈的时间是 t_n，则我们所谈的只是 t_n，既不是 t_n 以前，也不是 t_n 以后。这就是说，任何判断者，在 t_n 时底任何判断中，以 t_n 时底证实或证明为工具，判断一命题为真，在 t_n 不但该判断对而且该命题真，这里说以 t_n 底证实或证明为工具，就是表示在 t_n 时，该判断者感觉到融洽、有效和一致。

4.就纵的时间说。就纵的时间说，情形大不相同。川流的时间不在任何现在上打住。现在只是由已往到将来底一个站而已。在这一站上看已往，它是最后的时间；而在这最后的时间上，融洽与有效都是后来居上的；一致虽不后来居上，一致感也是后来居上的，证明或证实也是后来居上的；符合感一方面也是后来居上的。符合感既一方面是后来居上的，则以现在的符合感为标准，则从前的判断在从前虽对而所断定的命题不必真，有些命题简直就是假的。假如我们把任何一现在视为一横切的时间，则该时间所认为真的命题就是真的命题。如果有以前认为真而在该时认为假的命题，则该命题从来没有真过。我们可以在现在这一站上往后看，情形就大不相同了，后之视今正如今之视昔。在现在所认为真的命题，将来不必认它为真，将来果不认为真的命题，即令它现在被认为真，它也从来没有真过。对于已往，现在虽后来居上，对于将来，现在可不后来居上了。就将来说，现在的判断虽对，所断定的命题，我们虽有理由断定其为真，在将来我们也许发现它是假的。这就是说，任何判断者在 t_n 时底判断中，以 t_n 时底证实或证明为工具判断一命题为真，在 t_{n+m} 我们也许发现该命题为假。就纵的时间说符合感和符合不必合一，这也就是说对与真不必合一。请注意，我们只是说它们不必合一，而不是说它们一定不合一。

B.标准底时间性

1.环境与历史底影响。任何时代、任何地域，都有它底环境与历史底影响。知识者在一时一地，总免不了要接受一些历史所传授给他的和环境所供给他的，种种等等。这些种种等等之中，只有小部分与知识相干；与知识相干的可以分知识工具、方法、习惯、信仰等等。这些接受下来的项目之中，有些是跟着地点不同而不同的，有些是跟着时间而变的。跟着时向而改变的之中，有些无所谓有无进步的，有些是有所谓有无进步的。无论如何，在任何一时期，有相当于该时期的方法、

工具、习惯、信仰等等。这些都是该时期底接受标准。所谓接受是接受所与的激刺，使接受与还治，成为知识经验。这些标准既有时间底限制，接受了底项目和还治底能力当然也同样地受时间限制。不但证明、证实这样的工具有与时间相对的情形，而且符合底标准也有。我们不能不注意到这些标准底时间性。

2.从融洽说起。融洽似乎最富于时地底彩色。一时一地所认为“自然”的，另一时或另一地也许认为“怪”。所谓“自然”一部分的意思就是感觉上的融洽，所谓“怪”一部分的意思就是感觉上的不融洽。相干于符合的融洽也有为时地所限的情形。以某一时代底方法、工具、习惯、信仰等为标准，天圆地方这一说法在感觉上是融洽的，天圆可以说是一目了然，就方向说，地也有不得不方者在。“水中有鬼”在某一时期也是与经验或感觉融洽的命题；你可以看得见他，可是你抓他不住，你和他表示好感，他也和你表示好感；你笑他也笑，可是你作要打他姿态，他也作要打你姿态，等等。开天辟地之说，在农业社会中，对于大多数的人似乎也有某一时期所有的融洽；这也许牵扯到以“比喻”为推论工具，这是一普通情形，但是在此情形下，农夫既免不了要辟地，这大地也很自然地非有辟者不行。在这里我们以时期划分标准，不过是要表示一种相对的情形而已，我们并不主张这不同标准的时期有一定的先后。今日的中国有二十世纪底人物，可是，从思想、情感、趣味、气质着想，也有宋元人物，这不同的人物底分类是以不同标准的时期为标准而分的。我们所注重的是标准底相对性，我们谈不同的时期或地点，只是简单地表示这相对情形中的所对而已。

3.有效底时间性。有效底例子在生活底各方面都有。上面说的“水中有鬼”那一思想，只要加以探讨，试验成分，就成为有效底例子。假如水中的景况头一个结果是使视觉者惊跑，惊跑之后有勇气的来“水中有鬼”这一假设，而来此假设之后，继之以探讨、试验，上条所说的情节都可以视为这一假设之下所应该有的情形，这些情形现实就表示这假设有效。现在有相当教育的人大都不承认此假设为有效，但是这不是从从前某一时期底信仰、习惯、方法、工具等着想，或者这不是从承认这假设为有效的人底态度着想；以他们底标准为标准，这假设当然有效。老妈子脖子转动不灵，并且在转动时发痛，她以面棍去敲门框以求止痛，过了相当时候，脖子好了。脖子底好是一件事实，对于有病者，这件事实也的确是她所盼望的结果。但是敲门框是否有效呢？对于好些人，敲门框与止痛毫不相干，可是对于相信这办法的人，这两件事体当然相干。不但就他们底信仰说，而且就他们底证实工具或方法说，敲门框可以止脖子痛是一证实了的思想。这样的例，我们会认为迷信，我们认它们为迷信当然是“有道理”的；可是所谓“有道理”只是我们引用我们底标准而已。我们在现在能够利用我们现在的标准，为什么从前的人不能利用当时所接受的标准呢？有效标准既有时间性，有效当然也有。

4.一致感底时间性。这里所说的是一致感。一致没有时间性，一致感有时间性。在这里我们不谈一致，只谈一致感。一致不靠感，而一致感不能不靠感。一致虽是样型，虽没有特殊成分，而一致感是事实，它有特殊成分。这特殊成分是一时

的感觉者之所有而后来的感觉者所无法取消的。这感觉当然也牵扯到一时一地底方、工具、信仰、习惯等。一致感和一致底关系似乎相当复杂。有不一致的而感觉者感觉它一致,霍布斯对于"四方了的圆"感觉到一致,当时的算学家虽可以表示他所感觉到的并不一致,然而他们没有法子否认他底一致感。有本来不一致的而感觉者虽没有积极地感觉它一致,也没有积极地感觉它不一致,只消极地不感觉到不一致而已。大部分的情形是经验不够丰富,知识不够广、不够精,意念图案不够细与宽,思议底能力不够大,使相对于一时间的命题,彼此之间,表面上一致而实在不一致。"太阳绕地球而行",相对于某一时期底经验、知识、意念图案、思议能力等等,表面上和别的命题是一致的;对于这样的命题底一致感是非常之"自然"的;可是等到情形改变,意念图案加大加精,前此的一致感就不能维持下去了。前一时期底一致感虽不必维持到后一时期,而后一时期的人只能说前一时期所感觉到的"一致"并不一致,不能说前一时期底"一致感"不是一致感。一致感也是有时间性的。

融洽、有效和一致感既有时间性,符合感也有时间性。判断底对错是有时间性的,一时认为真的命题,另一时,可以认为假,一时认为假的,另一时可以认为真。但是真假底情形不是如此的。

C.标准底超时空化

1.所谓超时空化。这里所谓超时空化不是脱离时空而是独立于特殊的时空。上条已经表示三个标准底时间性,它们既都有时空性，它们不能超时空，它们只能超时空化。所谓超时空化，最简单的说法，就是后来居上。后来居上只是就以前说而已。设以 t_n 为某现在，t_n 时的感觉者以 t_n 底标准为任何以前时间 t_{n-m} 底标准，这当然不是说 t_n 底感觉者要求 t_{n-m} 底感觉者接受 t_n 底标准，这只是说，t_n 底标准底准确性不限制到 t_n 而且超越 t_n 以前的任何时间，t_{n-m} 后来居上不是对以后说的。设以 t_{n+L} 为将来，t_{n+L} 的感觉者也以 t_{n+L} 底标准为任何以前的时间，如 t_n 或 t_{n-m}，底标准，这也不是说，t_{n+L} 底感觉者要求 t_n 或 t_{n-m}，底感觉者接受 t_{n+L} 底标准，这也只是 t_{n+L} 底标准底准确性或引用范围，不限制到 t_{n+L}，而超越 t_{n+L} 以前的任何时间，包括 t_n 和 t_{n-m} 在内。这就是所谓超时空化。我们不愿意利用感觉者底心理来表示这标准的超时空化，因为感觉者底心理也许只表示一部分的情形。假如感觉者的心理是以时间为打住在他底“现在”上，他会认他底标准为超时空的标准，他也许不意识到将来的可能的不同的标准。这里的超时空化不是就感觉者底心理说的，是就标准在时间上的改进说的。

2.融洽和有效底超时空化。融洽和有效都是横的时间底标准。它们虽可以是长时期的融洽或有效，它们仍是横的时间或时期底标准。普通我们会说，一时有效的另一时不必有效，或一时融洽的另一时不必融洽。同时我们也表示过，后一时的不融洽不能取消前一时的融洽，后一时的无效不能取消前一时的有效。设以 t_{n-1}，t_{n-2}，t_{n-3}……t_n 为横切的时间，它们都各有融洽和一致，单就横切的时间说，它们都各有各底标准，彼此无从比较，也无所谓后来居上。单就横切的时间说，标准不能后来居上，当然也不能有本段所谈的超时空化。要

一时底标准超时空化，根据前条所说，就是要以 t_n 底标准为 t_{n-1}，t_{n-2}，t_{n-3} 等等底标准；这虽然不是说，要 t_{n-1}，或 t_{n-2}，或 t_{n-3}，或……的感觉者接受 t_n 的标准然而它的确是说，要 t_n 的感觉者以 t_n 的标准为任何以前的时间底标准。这要求如何说得通呢？我们如何可以说，假如 t_{n-1} 底感觉者生在 t_n 时候，接受 t_n 底标准，他会放弃他在 t_{n-1} 时所承认的融洽或有效？这要求说得通与否底条件是知识有无进步。知识有进步，这要求就说得通。

3.融洽或有效的命题底数目增加。所谓知识有进步有宽限度的意义，也有狭限度的意义。知识底进步总牵扯到真命题或认以为真的命题底数目在思议中增加。狭义的知识是至当不移的知识，宽义的知识是知识者认为知识的知识，狭义的知识有进步是思议中的真命题底数目增加，宽义的知识有进步是思议中认以为真的命题底数目增加。无论照狭义或宽义说，知识总可以说是有进步的。知识有进步是简单的说法，在本段我们仍以命题底真假来表示知识有进步。设在 t_{n-m} 知识者发现若干真命题，而在 t_n 所发现的真命题底数目增加，则相对于 t_{n-m} 说，t_n 时的知识有进步。这是狭义的知识有进步，它牵扯到断定在求知底历程中的确有真命题底发现。这说法本书赞成，本书认为我们可以发现相对于 t_n 的真的特殊命题，而这些命题永远是真的。在 t_{n+m} 时，这样的命题底数目增加。可是我们不必如此说。我们以为真的命题虽不必真，真的命题虽不必是我们以为真的，然而所发现的真的命题总同时是我们以为真的命题。我们只承认宽义的知识有进步已经够了。设在 t_{n-m} 知识者认若干命题为真，而在 t_n 所认为真的命题底数目增加，则相对于 t_{n-m} 说，t_n 时的知识有进步。这说法并没有承认我们已经发现了任何真命题，假如我们发现了这样的命题的话，它们在表面上也只是长期融洽、有效和一致而已。可是，照此后一说法，出现于思议中的有效或融洽的命题的数目底确是可以增加的；承认宽义的知识有进步，就是承认这样的命题底数目增加。

4.一致感底重要性和周密性也增加。融洽或有效的命题底数目增加，单就融洽或有效说，并不足以帮助它们超时空化。融洽或有效仍只是横切的时间底融洽或有效而已。单就融洽或有效说，它们仍不能后来居上。它们所以能后来居上者，因为数目增加连带地增加了另一成分。命题数目和一致感有密切关系：命题底数目愈小，一致感愈不重要，数目愈大，一致感愈重要；融洽或有效的命题底数目增加，一致感底重要性也增加。大致说来，情形是如此的。其所以如此者，因为命题的数目增加，彼此相干与否底或然率也增加，这或然率增加，一致与否这一问题底重要性也增加。不但一致感底重要性增加，一致感底周密性也增加。这里所谓周密性所包括的情形非常之多。命题底数目小，一致感也许只是消极的，周密性增加，积极性也增加；命题底数目小，一致感也许只是对于少数命题的一致感，周密性增加，一致感底宽底也增加；其他的情形不必一一提出。所要注意的是周密性增加，一致感中所感的“一致”愈逼近一致。一致是样型，它不是在时间上演变的，它本来就是超时空的。愈接近一致的一致感愈超时空化。这一点非常之重要。我们现在不单谈融洽或有效而谈符合感。符合感中，这里所讨论的三个标准都有，符合感之所以

能超时空化，完全是因为其中的一致感超时空化。在符合感中的融洽是和一致感相连的融洽，它借一致感底超时空化而超时空化，在符合感中的有效也是和一致感相连的有效，它借一致感底超时空化而超时空化。有一致感底超时空化，融洽和有效都超时空化。

5.符合感底综合性。前此的说法大都是分析的，我们分别地提出融洽、有效和一致。现在我们要表示符合感底综合性。在符合感中，这三分析成分不是彼此独立的。这当然不是说它们不是我们所能单独讨论的，这只是说，它们彼此之间互有影响。显而易见，有效的命题和别的融洽的命题易于使我们感觉到一致，在符合感中，该有效的命题也给我们以融洽感，融洽的命题和别的融洽的命题一致，而就不在某一场合的感觉者说，他虽不感觉该命题融洽，然而他很容易感觉其为有效。这已经表示融洽、有效和一致底相互影响。但是，这样的影响不是本条所要特别提出的。本条所要特别提出的是另外一点。在真命题或我们认以为真的命题底数目增加之后，感觉者思议中所有的意念图案一方面范围加大，另一方面组织加精；而对于客观的实在，感觉者底辨别能力加大，使比较囫囵混沌的成为条理分明的。在此情形下，一致感这一成分增加，而融洽和有效不止是一命题底融洽或有效而已，它们都同时是一意念图案和客观的实在融洽，或一意念图案对客观的实在有效。一门学问是针对于客观的实在给我们以符合感的意念图案。意念图案愈组织化，愈理论化，符合感也愈综合化。

本段底主旨在表示，真假底标准虽在时空，然而它们是超时空化的。符合感中的一致感成分愈重，符合感中的分析成分愈综合化，这些成分愈综合化，符合感也愈超时空化。此所以在任何横的时间上符合感就是符合。

六、知识底进步和真理底完成

A.知识底进步

1.本知识论底对象。本书开始就说我们以日常生活中所认为知识那样的知识为对象。这样一来，好些问题撇开了。显而易见，我们没有知识可能或不可能底问题。假如有知识何以可能这一问题，它所要求的也只是分析知识是如何如何的事体或经验而已，它决不至于要求我们徘徊于可能与不可能之间，找出理由去证明知识不是不可能的。就本知识论说，知识是它底所与或与料。与料总是有的。在本书，知识之有或"有知识"不是一须要证明或证实的命题。碰巧我们现在有知识。这与本书底主旨不甚相干。在《论道》那本书里，我们已经表示过，现实历程中一定会有知识出现，它究竟何时出现不是《论道》那本书所须要讨论的问题。本书也不必讨论何时有知识，它所讨论的是知识底理。现在有知识只是一特殊情形而已。现实的历程中既有有知识的时候，我们对"有知识"这一命题不必费功夫去证明或证实它。

2.真命题底发现。前此论标准底超时空化的时候，我们只假设宽义的知识有进步。在那时候，我们只表示所谓超时空化底解释，我们用不着肯定知识有进步。现在我们不但肯定有宽义的知识而且肯定有狭义的知识。有狭义的知识就是

得到了或发现了真命题。真的普遍的命题得到了或发现了与否,也许是一相当复杂的问题。真的特殊的命题底发现不是。"中华民国三十六年十一月三十日那天北平天晴"是一真的命题。它底真是满足了标准的真。我就是断定它的人,它与当时的情形符合;它和我底别的方面的经验融洽;它本来用不着提到有效或无效,可是,假如这问题发生,我可以用许多方式表示它有效;它的确和别的同样真的命题一致。这样的真的命题之有,照本书底说法,是毫无可疑的。只要知识经验继续,这样的真的命题底数目底增加也是毫无可疑的。我们要意识到真命题永远是真的,新的发现底增加并不减少旧的发现。假如真命题不永远是真的,这日积月累的可能就不必现实,真命题既永远是真的,这日积月累的可能就成为事实。不但真的特殊的命题如此,真的历史总结也如此。"民国三十六到三十七那年清华大学逻辑甲组底学生没有一个有白头发的"就是一个例子。这样的真的命题底发现是毫无可疑的,它们底数目底增加也是毫无可疑的。

3.所发现的真命题中普遍命题底有无。以上所谈的限于真的特殊的命题和真的历史总结。除此之外,是不是根本就没有真的普遍的命题呢？本书认为所发现的真命题中有普遍的命题,或一定会有普遍的命题。普遍的命题确有麻烦处,我们认以为真可以被继续的经验所推翻。就是长时期不被推翻的命题,我们也不敢担保它们继续地不被推翻。可是,在知识达到某一阶段时,我们的确可以说,我们认以为真的普遍命题之中有些的确是真的。我们当然要注意到阶段,可是,我们虽注意到阶段,然而我们所谈的并不是特殊的情形。我们要注意的是，相对于某一阶段，知识者有普遍的真的命题底发现。就人类知识已经达到的这一阶段说，“凡人皆有死”这一命题是真的普遍的命题。其所以如此的理由下段要讨论，在本条我们只表示这样的真的普遍命题底发现而已。这当然不牵扯到其他的普遍命题。也许在任何阶段，大部分的普遍命题只是我们认以为真的命题，只是有刺探性的预备着推翻的命题，这类的命题底数目不因真的普遍命题底发现而减少。

4.知识底进步。我们现在要表示，只要有知识，只要知识经验继续，知识总是有进步的。有知识这点，我们不再讨论。知识经验继续这条件非常之重要。我们可以来一非常怪的假设，以表示知识经验的继续底重要。假如世界上的人把教育——不但学校教育，任何教育都在内——打住一百年，人类大致不至于灭绝，人类虽不至于灭绝，然而要知识重新达到现在这一阶段，也许要好几千年的功夫。原子弹消灭一两洲底影响，没有这假设底影响大。原子弹把美洲或欧洲消灭了，亚洲的人在一二百年内可以使知识恢复到现在所有的程度。知识经验底继续底重要如此可见。只要这经验继续，知识总会有进步。有知识就是有真命题底发现，知识经验底继续一方面是保存与整理已有的发现，另一方面是从事于新的发现，新的发现有时寓于旧的发现底整理之中。新的发现底多少虽无法决定，而新的发现之有，毫无可疑。别的东西是否有进步是另一问题，它们也不必随知识底进步而进步。这里所谈的进步，差不多只是就量方面说而已，因为我们所注重的是所发现的真的命题底数目底增加。知识的进步当然不止是真命题底数目增加而已。

B.各方面的意念图案

1.图案底形成。论意念和思想底时候，我们已经提到意念图案。在思想相当发达的时候，意念不但数目增加而且意义坚决。除逻辑上的关联我们不必提到外，任何意念总牵扯到许多别的意念，而它本身又可以分析成许多别的意念。任何意念本身就是小的图案。这小的图案来自所与也还治所与。这一意念与一些别的意念相干，与另外一些意念不相干。这相干的意念成为一方面的意念图案。这图案中有意念，有概念，有思想，有命题。意念图案是四通八达的，它的关联脉络就是意思与命题。它也是得自所与，也是能还治所与的。在这里我们可以分别低限度的“觉”和高限度的“懂”。对于X所与，我们能以蟋蟀去接受它，可是也只能以蟋蟀去接受它，我们只是低限度地“觉”其为蟋蟀而已。但是假如我们不但能以蟋蟀去接受它，而且能够把关于蟋蟀的意念图案去接受它，例如它底形色状态如何，动作如何，大致的大小比率如何，大致能斗与否，它应如何养，如何喂……则我们不仅有低限度的“觉”而已，我们还有相当高的限度的“懂”。这种“懂”，就思议说，就是意念图案底形成。这种图案中的关联脉络不只是逻辑的，而且是得自所与的，这图案中一定有真命题或我们认以为真的命题。

2.在图案中的真的普遍的命题底发现。在一方面的意念图案相当发达之后，我们不但有认以为真的命题而已，而且有真的普遍的命题。其所以如此者，因为在比较精确的图案中，有些意念已经凝固成一概念。这就是说，有些意念已经成为一四通八达的小图案。上段三条曾说，“凡人皆有死”是一真的普遍的命题。"人"这一意念虽没有成一完整的大图案,或在一完整的大图案中,然而就某某方面说,它已经凝固成一小的图案,而在此小图案中,它和"无死"是有冲突的,它和"有死"是凝结起来了的。假如以后有许多方面都像"人"而又长生不死的动物出现,假如同时有另外方面的理由让我们保留"人"这一概念,我们不会以"人"这一概念去接受这些动物,我们会说,它们虽长生不死,然而它们不是"人",所以它们没有推翻"凡人皆有死"这一命题。也许有人会说,如此说法我们只表示人不至于长生不死而已,这不等于表示"人"这一概念底继续引用。我们也许放弃旧概念,建立一新概念,而且用"人"字去表示这一新的概念,把这一新的概念引用到许多了方面像从前所谓"人"而又长生不死的动物上去,"人"就可以长生不死了。请注意,在此情形下,原来所谓"人"的动物仍然都是有死的,仍然都不能长生不死。意念底凝固化也就是真的普遍的命题底发现,而真的普遍的命题底发现也就是概念底形成。

3.在图案中的新的真命题底发现。前些时我们已经说过,知识进步,我们不但根据经验去发现真命题,并且还可以根据理论去发现新的事实。知识愈进步,后一种现象愈多。所谓根据理论去发现新的事实,就是根据一方面的意念图案,遵循它底意念底关联,某一命题非真不可;后命题既非真不可,则必有证实该命题底事实。该事实的发现当然又回头证实该命题之为真。这现象在科学史上已经是发生过多少次的事。一门科学,就思议说,就是一方面的意念图案,该门科学底理论就是该图案中的意念底关联,根据理论去发现新事实,就是根据该图案底意念底关联去发现新事实。有些发现是意外的，例如哥伦布发现了新大陆，而他所盼望的不是新大陆。有些发现完全是事先所盼望的，例如某行星的发现，这种发现直接地证实一命题之为真。这固然是发现新事实而同时也是新的真命题底发现。这些新命题之中有些是特殊的，有些是普遍的；但是无论是前者或是后者，它们的根据都是意念图案。意念图案底发现也就是这些真命题底发现。这里所说的意念图案一方面有内部的一致；假如这图案中有些命题是真的，则根据此图案底一致，我们说某一命题非真不可；另一方面又和客观的实在符合，根据此图案所断定的实在情形，我们可以证实某一命题之为真。

4.意念图案所给予认以为真的命题底真底或然率。本条底标题非常之敖牙，这在作者是不容易免掉的。有些命题我们有理由立有根据认它们为真，例如在 at_1——bt_1，at_2——bt_2，at_3——bt……at_n——bt_n 情形之下，我们认“A——B”这一普遍的命题为真。这些情形，直到 t_n 为止，可以说是证实这一普遍命题。但是“A——B”究竟是真的不是呢？它在 t_{n+m}时会不会推翻呢？一部分的问题，在论接受总则时已经提出，不再讨论。现在所注意的是“A——B”这一单独的命题（为讨论底方便计，我们假设有这样的命题）。和在一意念图案中的普遍命题底比较。二者都是我们认以为真的命题，问题是它们底真底或然率底大小。大致说来，我们会说，单独的命题底真底或然率比在一意念图案中的命题底真底或然率小。显而易见，推翻前者只推翻一命题而已，推翻后者则大部分或整套的意念图案都得推翻。对于一命题，我们弄错了，是比较容易的事，对于一整套的意念图案，我们弄错了，是比较地不容易的事。这还是就没有十分凝固的意念图案而说的，就十分凝固的图案而说，我们可以担保该图案中的命题不至于推翻，至多我们只能限制它底有效底范围而已。

C.意念图案底推翻、修改、凝固化与形成

1.图案底推翻。图案有大小。任何意念本身都是一图案，它总是多数意念底关联，而它又牵扯到别的图案。现在我们不谈这样小的图案，只论相当大的图案。小的图案，我们常常发现，我盼望它们能够引用的时候，它们不适合于所盼望的用途，我们会取新的意念以代之。例如“天鹅”这一意念从前和“白色”这一意念有某一种的关联，此关联即“所有的天鹅都是白的”这一命题之所表示。后来发现“黑的天鹅”。所谓发现“黑的天鹅”，一部分的意思就是，承认该命题之为假，而另一部分的意思就是，原来“天鹅”这一意念已经舍而不用。小意念图案底舍而不用就是本节所谓推翻。大意念图案也可以有如此的推翻。以地球为中心而日月星都绕地球而行底意念图案现在已经推翻。这种被推翻的意念图案一方面固然是和客观的实在不符合，另一方面也是因为意念图案本身不精紧。它底推翻不一定是该图案中所有的意念底放弃，也不一定是该图案中所有的命题底被否证。有些意念确被放弃，有些命题确被否证，而主要的仍是图案的推翻。可是一意念图案底推翻总不单是一意念图案底推翻而已，它总牵扯到另一图案底局部的出现。图案底接受或推翻就像意念底取舍，舍一意念必有另一意念继之而兴，推翻一图案也必有另一图案

相继地出现。

2.图案底修改。一意念图案有它底中心思想或主要脉络，以地球为中心的意念图案就以太阳绕地球而行为主要脉络之一。这种主要的脉络或中心思想底推翻就是该图案底推翻。一不紧凑意念图案不止有中心思想而已，它还有非中心的思想。这类非中心的思想大致是中心思想所申引出来的。这种申引当然不是逻辑的，而是联想的、经验的。这种由中心思想申引出来的思想或者和客观的实在不符合，或者和中心的思想不一致，或者和客观的实在符合，或者和中心思想一致。无论如何，这些非中心的思想可以推翻，而中心思想不必推翻。在这情形下，我们只好修改意念图案。修改一意念图案当然也可以说有新的图案出现，不过这新的图案中的中心思想仍是旧图案中的中心思想而已。此所以我们称此新的图案为旧的图案底修改。就思议底历程说，我们差不多无时不在图案底修改中。推翻图案比较地是少见的事，修改图案比较地是常见的事。现在的学问无时不在图案底修改中。图案底修改也像意念底修改，不过范围底大小不同而已。上条所谈的“天鹅”那一意念，就颜色方面的要求说，已经为“黑的天鹅”所推翻，可是就形式及别的方面说，新的意念是旧的意念底修改。新的意念不是旧的意念底改变，意念底修改只是我们底舍旧取新，其所以我们称这取舍为修改者，因为两意念中的主要分析成分是一样的而已。

3.图案底凝固化。意念总带点子探讨性、试用性；在探讨性或试用性未解除的时候，我们底取舍频繁，只要有不适合的情形,我们就放弃旧的意念,取新的意念以代之。可是意念本身是一小的图案,假如它能够继续地引用,它底分析成分底关联愈来愈精密,愈来愈紧凑,而它和别的意念底关联也同样地精密紧凑起来;在这情形下,这一意念凝固成一概念。凝固化的程序不必是各方面同时并进的,大致说来,它是由浅而深,由小而大的,这就是说,它可以在一方面概念化而在另一方面没有概念化。"人"这一意念,就和"有死"这一意念底关联说,已经概念化,而就别的方面说,还有许多没有概念化的。大的意念图案也可以凝固起来,也时常在凝固化底程序中。一意念图案底凝固化,就是该图案中一部分或一方面或多数方面的意念,已经凝固成概念,或一部分的或一方面或多数方面的命题,我们已经发现其为真命题。在求知底历程中,我们既志在修改图案,有些意念愈来愈凝固化,而凝固成概念的意念也愈来愈多。就图案本身说,愈修改愈凝固化。在这里我们只注重这历程。一门学问就是一方面的意念图案,它也有它底试验性、探讨性:愈研究,一方面所发现的事实愈多;另一方面,该门学问底各方面或各部分底关联也愈精密紧凑。一门学问愈进步,它愈系统化,而就意念图案说,一门学问底系统化,就是该学问底意念图案底凝固化。

4.意念图案底形成。以上论意念图案底凝固化。意念图案当然也可以完全凝固起来。意念可以完全凝固成概念,例如欧克里几何式的"四方"一意念图案,也可以完全凝固起来,形成至当不移的意念结构。这当然是从凝固化底极限而说的。这极限在事实上也许是达不到的,或非常之不容易达到的。这当然是就相当大的意念图案说的,小的图案可以简单到普通的意念，例如“今天”这一意念，这样的意念形成概念就是一小图案底形成。大的图案不容易形成为一至当不移的结构。也许欧克里几何是一近乎结构的图案。形成结构的图案一方面有和一部分的客观的实在符合底情形，另一方面有纯思议的演绎系统所有的结构。因为有前一方面的情形，这意念结构不是闭门造车，因为有后一方面的情形，它又出门合辙。它底引用底范围底大小，引用的时候底多少，我们都可以不必计较；我们可以把它束之高阁备而不用；可是，一旦有用，则它不至于不适合。其所以如此者，因为它是已经成为结构的图案，它已经有先验性。只要当前的实在是合乎此结构中任何一概念的实在，因为此结构中任何意念底关联都是至当不移的关联，此结构中任何其他的概念也就同时引用。一意念结构决不至于有一部分适用而全体不适用底可能。也许有人会问：假如一意念图案形成结构之后从此就不引用了，我们又如何办呢？请注意，这和该意念结构不相干。在此情形下，它不复规律或摹状实在而已，在思议底历程或结构中，它依然保留它规律思议底作用。这里所说的既是一方面的意念图案，结构也只是一方面的结构而已。

D.知识与真理

1.知识底极限。知识之有，本书根本不讨论。所谓有知识就是能够断定真命题。知识少的就是能够断定的真命题少，知识多的就是能够断定的真命题多。知识论总同时是一关于真假底学说。照本书的说法，真命题永远是真的，它是可以保留的，可以传给后代的。知识当然也是，在求知底历程中,知识日积月累,这当然也就是说,能断定的真命题愈来愈多。一类知识者底知识发达,不必是该类中每一知识者底知识同样地发达。应付环境固然是求知识底目标之一,但是知识丰富的知识者不一定单独地善于应付环境。知识丰富的知识类,的确是比较地善于应付环境。别的目标也许还不少,但是在这里我们都不必提到。目标不是极限,我们所要提出讨论的是极限。知识底极限是无可再求的止境,无可再求至少是所有的可能的真命题都已经发现;但是极限不止于真命题底总数而已,它还包括真命题底关联。后一方面的要求就是要得到无外的完整的意念结构。上面所论的是一方面的意念图案,即使此图案形成为结构,它也只是一方面的结构而已。现在所谈的是所有各方面的结构组织起来的总结构。此总结构果然得到,知识就到了极限。到了极限的知识一方面无所不包,另一方面它底精切准确底程度也达于极点。我们现在称此总结构为真理。

2.真理底性质。前此已经说过此总结构是至当不移的结构。真理当然至当不移。说它至当不移已经充分地表示它底性质。但是我们还是要特别地注重两点。头一点我们要注意,真理根本不能变或根本无所谓变。有些人喜欢把真命题或真理和历史联系起来,认为真命题随着事体底生灭而改变,真理随着历史而演变。如此说法的真命题只能在它真的时点上真,如此说法的真理也只能在它真的时点上真;时点既无量地短,它在有量时间上决不能现实;真命题既只能在时点上真则真命题根本得不到,真理既只是在时点上真它当然也不能是知识底极限。如此则日积月累底效果完全取消。我们在这里要表示，真命题是可以得到的，并且它是日积月累的；它底总结构是至当不移的，不是随历史演变的。第二点我们要注意的是真理的客观性。真命题是客观的，不是我们所创造的，也不是我们所能改变的；真理也是客观的，它反映概念和命题范围之外的整个的客观的实在，它也不是我们所能创造或修改或左右的。就它是客观的说，它当然也不是相对于人类的，更不是相对于个人的。如此的真理才是货真价实的真理，才是尊严崇高的真理。关于它还有很多别的点可以提出，但是在这里我们都不提出。其所以我们提出这两点者，因为就知识论底立场说，求知者求知底最基本的原动力就是真理在这两点上的性质。这两点不具备，求知者不会求知，而且即令他求，他也得不到任何结果。

3.真理得不到。请注意这里所谓真理和真命题不一样。真命题是一条一条的，或一丝一丝的，它是分开来说的，它不是真命题的总结构，它和真理不一样。真命题是可以得到的，有知识就是得到了真命题，同时当然也是得到了意念图案，可是有知识不是已经得到了真理。真理是概念或真命题底总结构。总结构底得到，要各方面的意念图案都要成结构，而且这无量数的结构联合起来成一总结构。这样的总结构总是得不到的。虽然如此，它不一定是我们所说不得或思议不得的。习哲学的人对于一条一条的真命题不见得有多大的兴趣，可是他们对真理或真命题底总结构底兴趣非常之大。习哲学就是求对于这真理有所见，而一个人底哲学就是他对于这真理的所见。上条论真理底性质已经是对于真理有所陈述，有所思议，若是一个人对于真理得到了一意念图案，该意念图案就是他底哲学。该意念图案决不会形成结构，所以哲学既不会终止，也不会至当不移。哲学总是继续地尝试，继续地探讨，不过它和别的学问不同，它是对于此总结构有所尝试，有所探讨而已。就真理之得不到说，它和别的学问底命运同样。

4.可是知识仍有进步。别的学问和哲学有大不一样的地方。真理或概念底总结构虽然得不到。然而真命题或一方面的概念结构是可以得到的。只要有知识，只要知识经验继续，真命题总会继续地发现，一方面的意念图案总会比较地接近该方面的概念结构，这当然就是说，知识有进步。知识既有进步，哲学方面的知识也有进步。任何一方面的概念结构，在现在也许尚且是没有已经得到的，但是在理论上它是可以得到的。只要知识经验继续下去，在相当的时候，有些学问一定会完成到决不至于为任何经验所推翻的程度上去。知识底极限虽达不到，知识底历程并不因此失去意义，这一点非常之重要。即令我们不谈用处，即令我们只谈为知识而知识，知识总有积累底效果、新异的发现。我们这里所谓知识，没有让科学或哲学和日常的知识分家；照本书底说法，科学或哲学底知识依然建筑在日常的知识上面。如何建筑法也许有枝节上的困难问题，但是没有分家之后而又要合起来所有的困难问题。

这一整本书可以说是正觉底分析，不过开头注重正，现在注重觉而已。说知识有进步，简单地说，就是不同的正觉有增加；说真理得不到，也就是说，知识老有进步，不同的正觉老有增加。本书可以说是始于正觉，终于正觉。假如我们对于其

他的觉有兴趣，我们可以回到其他的觉上去。果然如此，我们实在是在知识底立场上去论其他的觉。在那种场合下“官觉达它”也许是非常之有用的意念。

文章

外在关系(External Relation)*

一

我不知道关系是什么东西,什么一回事。关系或者太根本了,恐怕不能有定义,至少我不能给它下一定义。好在虽没有定义,我们知道是“左”、“右”、“前”、“后”一类的情形。它非常之普遍,所有一切都发生关系。所谓“没有关系”者,理论上虽未必有矛盾而事实上恐怕是不可能的。同时我们说甲乙没有关系时,我们的话的意义大都是说甲乙没有一种或数种、特别的、所盼望的关系。再进一步,我们可以说“没有关系”也是一种关系。结果是无论如何关系是万事万物所不能逃的。

有理论上的关系,也有事实上的关系。有许多关系因为性质不同只属于理论,也有许多关系仅存于事实。但是大多数的关系没有这样性质上的分别;发生在理论上就是理论上的关系,发生在事实上就是事实上的关系。前说是根据于关系的性质而分类,后说是根据于关系者的性质而分类。关系者是事实,就是事实关系;关系者不是事实就不是事实关系。

---

* 原刊于《哲学评论》第2卷第3期,1928年12月。——编者注

以后我们常用关系事实几个字，关系事实与事实关系是两件事。无论关系者的性质如何，发生关系时就成为关系事实，而事实关系仅表示关系者是事实而已。

关系者可以极抽象，可以极具体，可以虚也可以实。万事万物都可以作关系者，理论上的命题可以是关系者，关系事实也可以作关系者，只有关系不能作关系者（即有例外，亦是极少数）。“我比他高”可以是关系事实，“比……高”仅仅是关系；“我比他高所以我比你高”有意义，而“比……高所以比……高”没有意义；因为关系事实可以作关系者而关系不能作关系者，所以头一句话有意义而第二句话没有意义。以后讨论到白莱德烈的思想再提及这一层。

关系无所谓成功与否。我们似乎不能有关系成功与否的问题，只有关系事实发生与否的问题。如果甲乙发生前后的关系，如甲在乙前，我们就有“甲在乙前”的关系事实发生；如果甲乙没有前后的关系，我们就没有“甲在乙前”的关系事实。关系事实发生与否的问题不是关系成功与否的问题。如果有“甲在乙前”的关系事实，我们不能说“在前”的关系成功；如果没有这事实，我们也不能说“在前”的关系失败。“在前”是一种关系，无论甲乙的关系如何，它总是有的、总是在的，无所谓成功与不成功。问题不是甲乙间“在前”的关系是否成功，问题是甲乙有没有“在前”的关系。

二

在本节我们提出根本问题。

下列四种关系事实各有各的关系。

a.“这本书在桌上”

b.“水”,或者“氢气与氧气相结的关系事实”

c.“雨湿了衣”

d.“我知道这支笔”

前三种关系事实我们暂名之为(甲)、(乙)、(丙)关系事实。它们所包含的关系是不是一样的呢?如果是一样的,同时所有关系都是这一样,那么,第四种关系事实所包含的也就是这一样。如果前三种的关系不是一样的,同时所有的关系都不出以上三种,我们可以问第四种关系是哪一种呢?

从常识方面看来,以上的情形或者不发生问题,因为我们一看就能得许多模模糊糊的同点异点。但是如果我们稍微精确地讨论一下,这情形就发生困难问题。如果我假设(一)所有的关系都是内存的关系,而(二)内存的关系是(乙)种关系,知识就没有客观的标准。如果知识没有客观的标准,科学当然没有客观的标准。客观两字颇不易解,但是我们在正面虽不容易说什么,而在反面我们可以说几句话。如果在知识中的被知者因为被知所以改变它的性质,那么我们的知识就不客观。

在以上假设之下,知识之所以不能有客观的标准者理由如下。

a.如果所有的关系都是B段①所假设的内存关系,则知

① 原文如此,参见第5卷 *Internal and External Relations*,或第6卷《内在关系和外在关系》第二部分。——编者注。

与被知也是这种关系；既是这样关系则被知者在知识之中与在知识之外不同。既然如此，我们所知者是知识中的被知者，是受“知”的影响的东西，不是在知识外未受知的影响的东西。未受知的影响的东西或事实我们当然是不知道的，因为如果我们知道它们，它们就受影响了。在B段假设之下，我们只知道未受知的影响的东西与已受知的影响的东西不同，而我们不知道它们的不同的地方何在。

b.然而在B段假设之下，我们不能说未受知的影响的东西不是东西；因为知识是关系，受知识的影响的东西是关系者，关系者在未发生关系之前当然存在。如果我们以为这种未发生关系之前的东西是外物，那么，外物就是我们所不能知道的。一方面我们不能取消外物，再一方面我们又不能知道外物；我们没法想，只得步康德所走的路弄出不可知的本体来。这种不可知的本体在理论上的困难问题很多，此处不必讨论。

c.我们所知道的既然不是外物而是我们知识中的被知者，那么如果有人问我们的知识有标准否，我们似乎只能说知识的标准就是知识，因为我们“所知道的”充其量不过是“我们所知道的”。如果再问下去，我们至多只能说我们所知道的是“我们所知道的是‘我们所知道的’”。就是问千回百回，我们也只有这种答复。如果有人问我们怎样知道这本书是红的，我们不能说这本书本来是红的，我们只能说“我们知道我们知道这本书是红的”。如果知识是知识的标准，我们可以说知识没有标准。

d.不但我们不知道外物，我们也不能知道“知”。在B段假设之下“知”(指 faculty 而言)是关系者,在关系之中与在关系之外不同。我们只知道关系中的“知”而不知道关系外的知。“知”既是关系者,在未发生关系之前当然存在。“知”和外物一样,我们不能知道它也不能取消它。

以上是说在 B 段假设之下,知识无标准,知识外的东西我们不能知道,知识外的“知”我们也不知道,以下的讨论可以使我们觉得从另外一方面着想,在 B 段假设之下,知识也是没有客观的标准。

e.在 B 段假设之下,左右前后、东西南北都是内存关系。知者与被知者不但发生知识中的关系而且也发生空间的关系。这样说来,虽是一个桌子,而在我之东的桌子与在我之西的桌子就不同;虽然是我,而在桌子之西的我与在桌子之东的我也就不同。我在桌子之东的时候,对于桌子的知识是那时候的知识;等我到桌子之西的时候,以前的知识就不能引用了。

f.以上是从空间方面着想,从时间方面着想也有这种情形。时间上的关系,在 B 段假设之下,也是内存关系。甲时的桌子与乙时的桌子不同,甲时的我与乙时的我也不同,结果是甲时的知识与乙时的知识也不同。时间不停留,我们在时间上的关系一刻万变,一刹那的知识只能说是“那一刹那”的知识,而不能说是那刹那前后的知识。总而言之从时空的位置方面看来,我既然与时空发生内存的关系,我对于事物的知识限于时间上的一刹那与空间上的一点而不能引用到另一时与另一地。在有量时期内我们不能知道桌子。

g.同时事物无时不彼此发生关系,而自然界无时不有关

系上的变更。在B段假设之下，只要事物在关系上有变更，我们就不能知道事物。我的桌子与一万万光年外的一颗小星发生关系，只要那颗小星动了一寸一分，我的桌子就不完全是从前的桌子。我如果要知道我的桌子，我就要知道那颗小星以及埃及的金字塔、芝加哥的斯密斯先生等。我的桌子与万事万物，都发生关系，要知道桌子就要知道万事万物，那就是说要知道宇宙。如果我们不能知道宇宙，我们就不能知道桌子。然而在一种定义之下，我们可以说知道桌子而不知道宇宙。常识错了呢，还是B段假设错了呢？

h.在B段假设之下理论似乎要取消。理论之所以能范畴事物者，至少一部分的理由就是命题有意义，而命题之所以有意义者，似乎就是我们能说"A是A，不是$\bar{A}$（非A）；B是B，不是$\bar{B}$"这类的话。这类的话我们不能一定说是真的也不能一定说是假的。但是要我们承认它们之后，我们才能说话。如果我们可以证明这类的话根本就不能成立，根本就是假的，我们当然就不能说这些话了。在B段假设之下，仅仅在刹那间我们可以说A是A这类的话，而在有量时期中，这些话都是假话，都不能说了。这类的话既不能说，命题无意义而理论也就根本取消。不但理论取消，话也不能说。因此有一种滑稽情形发生：赞成B段假设的人不能说赞成B段假设的话（因为无论说什么话都是有量时期中的事），而说赞成B段假设的话的人就不是赞成B段假设的人。

总而言之，B段所说的话都表明在B段假设之下，我们不能知道外物，知识不可能，不但没有客观的标准而且根本就没有标准，同时理论亦可取消。

B段的假设是(一)所有的关系都是内存的关系,而(二)内存的关系是A段①中的(乙)种关系。赞成第一假设的人很多,但所谓内存关系者是否是(乙)种关系颇不易说。如果我们要否认B段所说的话,至少我们要打倒第一假设;要打倒第一假设我们似乎不能不讨论内存关系与外在关系的分别。两种关系的根本分别得到后,"有外在关系"这命题或者可以成立,这命题成立后,我们可以假设知识中的关系是这种关系,而B段所说的话就根本可以取消。在此处我们或者应有下列的表示。

a.本文的问题在常识中是否成问题,我们可以不管,我们只说

b.在哲学方面这问题是一个重要问题,因为有人相信所有的关系都是内存的关系;而

c.所谓内存关系者是一种什么关系,照我看来,很不清楚,如是乎

d.所谓外在关系者也就不容易明白是怎样一种关系。

三

本节先述 Bradley 的思想,后说 Spaulding 的思想。白莱得烈相信所有关系都是内在的关系,斯坡耳亭以为有许多关系是外在的关系。

---

① 原文如此,参见本全集第5卷 *Internal and External Relations*,或第6卷《内在关系和外在关系》第一部分。——编者注

白莱得烈的思想。

a.这位先生根本就不承认关系是可能的。他以为如果甲乙有关系，而关系能“成功”，则甲乙本来就有联合而无所用其关系；如果甲乙本来不能连起来的，则关系不能“成功”，如果一关系不能“成功”，千万以及无量数的关系都不能“成功”，因为甲乙之间，R 关系不能“成功”，则甲与 R^1 之间要有 R’，甲与 R^1 之间既要 R’，则甲与 R'^2 之间又要 R^2；由此一步一步地推下去没有止境。总而言之，甲乙如果本来有一种关系，不必“发生”那一种关系；如果本来没有那一种关系，不能“发生”那一种关系。我们或可以说，照白氏的意思看来，只有事实上本来有的关系，没有动词的关系。对于本条的思想我们似乎应该注意以下数点。

1.关系与关系事实相混。所谓“发生关系”者是发生关系事实，关系只有有无的问题，没有发生与不发生的问题。

2.关系既只有有无的问题则无所谓“成功”与不“成功”。

3.关系不能作关系者在一节已经说过，所以根本就不能有 R^1、R^2……R^n 等关系。

b.白氏相信所有的关系都给关系者一种影响。如果甲乙发生关系（“关系成功”），甲对于乙不是单独的甲，乙对于甲也不是单独的乙。我们似乎可以说甲直接受关系的影响，间接受乙的影响。乙亦如是，所以甲乙互相影响。但如果它们没有关系，或者不发生关系事实，则甲乙虽有互相影响的可能而没有互相影响的事实。这样说来甲乙之所以有互相影响是因为有关系作它们的媒介。甲乙彼此的影响是由关系而来，所以说关系给关系者一种影响。

c.既有以上情形则关系者在关系之中与在关系之外不同。甲乙没有关系时,甲不受关系的影响,也当然不受乙的影响,乙的情形也是一样。有关系时,或发生关系事实时,甲受影响乙也受影响。受一种影响的甲与不受那一种影响的甲当然不同;不然所谓影响者没有意义,如果影响二字有意义,而关系给关系者一种影响,则甲在关系之中与在关系之外不同。我们现在且不管所谓不同者何者。白氏及其门人似乎都用modify一字形容关系给关系者的影响。这一字或者可以用"改变"二字解释,但怎样改变法我们且不论。

d.甲乙发生关系事实时或者有关系时,则我们得一种不能分析的异于部分的总数的全体。以上已经说过,甲乙有关系时则甲对于乙不是单独的甲,乙对于甲也不是单独的乙。如果甲比乙高,有一种特别情形,不仅是单独的甲与乙与比……高的关系。把这三种东西作三种原料看待,它们结合的情形有八种,这八种之中有一种三种原料具备,而这一种又可以分作六种。这些种类的联合法,分析起来,都不过是三种原料而情形都不同,都是一种不能分析而同时异于部分的总数的全体。这种情形分析起来只有三种原料,而分析到原料,充其量也就不能得到这全体的特别的情形。

e.以上的理由使白氏得一种结论,那结论就是所有的关系都是内存的关系,内存云者大约就是关系者受关系的影响在关系之中与在关系之外(非关系者的时候)不同。所有的东西发生关系事实时,以其有关系故,就接受一种变迁,可以使我们说它们现在与从前不同了。以上的理由是否能成理由,我们可以暂且不管;如果能成理由,我们是否可以得以上

的结论，我们暂且也可以不问；但是如果我们得了以上的结论，知识中的关系当然也是内存关系，而照（二）节的讨论看来，知识就没有标准。

反对这思想的人很多，斯波耳亭不过是这群人中的一个。照我看来，他们要打破以上的思想的心思太切，所以他们的理论就不免有不充足的毛病。

最初应该说明的，所有反对白氏的人似乎都不是反对内存关系，都是反对以这种关系为普遍的关系。换句话说，都不是反对"有内存关系"这命题，都是反对"所有的关系都是内存关系"这命题。斯氏的思想也是这样，他不过相信除内存关系之外还有外在关系。既然如此，他当然不能承认白氏所说的情形是普遍的情形。他的思想有以下数端。

a.有许多关系不给关系者若何的影响。左右、前后、上下等都不给关系者任何影响。在桌子之东的我与不在桌子之东的我一样，我不因在桌子之东就受任何的影响。我比他高，我不因此就高半寸半分，我比他胖，我不因此就"胖"了。这类的关系就是外在的关系。甲乙发生外在关系时，它们就只有那种关系，除那种关系之外，我们没有别的话可以说。这情形与有机体的关系不同，我们不能不说机体关系是内存关系，但我们似乎也不能不承认以上的关系是外在关系。

b.既有许多关系不给关系者任何的影响，我们就可以推论到甲乙在此等关系之中与在此等关系之外一样。这种关系不能使关系者的甲异于非关系者的甲。甲乙虽发生此种关系事实而不因此就经过一种变迁。在此处我们应该注意：斯氏不仅说甲乙在关系之前与在关系之后一样，而且说甲乙在关系之中与在关系之外是一样。以后再提及这一层。

c.有以上的情形,斯氏就说在外在关系中甲乙彼此独立而同时对于关系彼此都独立。所谓独立者当然就是彼此不受影响,虽在关系之中与在关系之外一样。这样说来,独立不是断绝关系,也不是没有关系,而是外在关系中一种特别的情形。既有这情形,虽在关系之中而甲仍为甲,乙仍为乙;甲乙既互相独立,虽有关系亦不能得一不可分析异于部分的总数的全体。

d.有以上的情形,斯氏的结论就与白氏的结论相反。斯氏当然是说有外在关系,那就说所有的关系不都是内存关系。斯氏更进一层说知识中的关系是外在的关系。知识既是这类的关系事实,则(二)节中所举的困难都无形的消灭。那就是说知识有标准或者可以有标准。知识既有标准则科学也有标准。这个结论当然是斯氏的目标也是许多反对白氏的人的目标。

还有许多人赞成斯氏的目标而不赞成斯氏的理论,不赞成白氏的结论而觉得他的理论不能用斯氏的方法对付,因为斯氏的理论似乎太简单。进一步说恐怕斯氏的理论不但简单而且在理论上说不过去。罗素与 Moore 都是这一派。罗素的思想似乎没有特长。Moore 的思想极有价值。他的思想不容易了解,我也不敢说十分了解,但我读了他那篇文章已经有好几次,不免受他的影响,所以在此处说明。他那篇文章也有我不能赞成的地方,但在本文可以不必讨论。

以上 A、B 两段所讨论的情形可以差不多说是完全相反。哪一种思想通,哪一种不通呢?最初一步就是提出意义问题。

所谓“同”、“影响”、“变迁”等似乎都没有精确的意义。白氏与斯氏所用的名词的意义相同，他们的意见才能实实在在的相反；如果他们的名词的意义不相同，他们的意见表面虽相反而其实不必相反。以下一节的讨论一部分就在把名词的意义弄清楚。

四

在本节我们要回到（二）节所提出的（甲）、（乙）、（丙）三种关系，但先要说几句关于关系的共同点的话。

A.所有的关系的共同点

a.至少要有多数事物如A、B等，至少要有关系如R。

b.至少要发生关系事实ARB。仅有事物与关系不必成关系事实。专就我们这个世界说，我们或者可以说如果没有关系事实就没有关系。这话从事实方面着想或者可以说得过去，但从分析的理论上着想，关系在前关系事实在后。那就是说可以有关系而不必发生关系事实。同时ARB与A、R、B当然不同；前者的事物对于彼此有不可移的位置，而后者没有这种位置。

c.A、R、B是一种全体，但是一种积合的全体，等于部分的总数；ARB可不是积合的总数，它不仅是它的部分，它是一种发生特别关系的部分，它的部分可以与别的全体的部分在数学上相等，而它不与那个全体相等。我们可以说ARB是有特性而超过部分的总数的全体。

d.A与B在ARB关系事实中俱受影响。在此处我们可以引用 Moore 的名词。A 在 ARB 关系事实中得关系质 R B,B 在此关系事实中得关系质 R A。如果没有 ARB 的关系事实,虽有 A、R、B 而 A 与 B 均没有以上的关系质。我们可以说无论若何的关系在关系事实中都给关系者一种影响。

e.既有以上的情形则在关系中的 A 与在关系外的 A 不同。不在关系中的 A 是“非关系者”的 A,在关系中的 A 是“关系者”的 A;前者是没有一种特别关系质的 A,后者是有那种关系质的 A;不“同”的地方就在有没有那种关系质。A 在 ARB 关系事实之外可以有 R’C 的关系质,但这类关系质与本文不相干。我们在此处所注意的是如果 A 与 B 不发生关系事实则 A 没有 R B 的关系质。

f.以上都是所有的关系的共同点,照以上的情形看来,似乎白氏的理论很对,而斯氏的理论不对。如果所谓内存关系者的定义仅仅包含以上几条所述的情形,则所有的关系是内存关系。但寻常的内存关系似乎不是这样简单,似乎是(二)节中的(乙)种关系。我们要注意的是(乙)种关系虽有以上的情形而不限于以上的情形。不久我们就要讨论(甲)、(乙)、(丙)三种情形,但在未动手之前我们应该说。

1.斯氏的理论大约是不能成立的。斯氏的结论或者可以成立,但如果要它成立,我们似乎要找另外的理由而不能引用斯氏的理由。

2.白氏的思想在一特别范围内是不成立的,我们可以进一步说至少有一部分是不能不成立的。但白氏的结论似乎是不能成立的。如果我们引用他的思想,我们不能得到它的结论,而如果我们不要得他的结论,我们也用不着完全推翻他的

思想。我们很容易承认他的一部分的思想而同时打倒他的结论。

B.“同”字的意义与“同”的种类似乎都没有弄清楚。在此处我们用不着谈到完全的同与绝对的等。我们可以把同分成两类：一是关系的同或关系的不同，一是性质的同或不同。前者用“I”字代表，所以关系上的不同就可以用“Ī”代表；后者用“=”号代表，所以性质上的不同就可以用“≠”代表。关系的同与不同大约很容易清楚。如果我在前门之南，我对于中华门是一种关系，如果我走到中华门之北，我对于前门的关系就不同了。性质的同与不同或者有误会可以发生。这问题要看经验如何；如果我们经验到性质上不同的地方，我们才能说性质不同；如果我们没有经验到不同的地方，我们可以假设性质相同。“=”号在此处代表以标准为衡而找不出性质不同的地方的情形，而“≠”代表以标准为衡而能找得出性质上的不同的情形。简单地说，Ī 代表关系不同，而≠代表性质不同。这两种不同是以下讨论中的重要分子。

为免除误会起见，我们似乎也应该说明，关系与性质是否有精确的分别，我们现在还不知道。对于关系我们没有定义，对于性质我们也没有定义，但在常识中它们有分别，我们既没有定义，我们只得以常识中的分别当作它们的分别。以后还要提及这一层，现在且不讨论。

C.第二节所举的（甲）、（乙）、（丙）三种关系都有它们的特别情形，先讨论（甲）。

a.“这本书在桌上”（此处的“书”与“桌”指东西不指名称）。在这个关系事实中，书得了一种关系质，没有这关系事实时当然就没有此质。那就是说如果没有这本书在桌子上的事实,这本书自然不能得"在桌上"的关系质。请注意我们不能说有没有关系,"在……上"的关系是有的,只能说有没有关系事实。问题是有没有这本书在桌上的关系事实,如果有,这本书就得一种关系质。白氏所说的影响就是此关系质。

b.但是这本书虽然在桌子上,而它不因此就变了颜色,或者加了重量。它的颜色可以变,详细的说起来恐怕是要变,但是不是因为在桌子上就变;重量也可以加,但是不是因为桌子上就加。这里面有推论问题以后再要提及。

c.以上两种情形合起来,我你可以说在关系之中的书与在关系之外的那本书不同而所谓不同者是关系不同;在关系之中的那本书与在关系之外的那本书相等,所谓相等者是性质相同。

d.如果这本书在关系事实中不变更它的性质,则在关系事实未发生之前的这本书与关系事实终了后的这本书也就不必有性质上的改变。它可以变,然不因关系事实而改变。这里也有推论问题。至于未发生关系事实之前的这本书与关系事实终了后的这本书关系是否相同颇不易说。好在这问题与本文没有多大的关系我们可以不必讨论。

e.这本书在桌子上既然是关系事实,当然是事实。也就不能不是一种全体。所谓全体者是什么一回事颇不易说,种类也很多。十块钱是一种全体,"但这本书在桌子上"不是这种全体。国也是一种全体,但上述事实更不是这种全体。如果我们用 X 代表任何具结合质的全体我们可以消极地说"这本书在桌子上"不等于 X。

f.如果用符号表示以上的结果——“$\hat{R}$”代表这种关系，“ep”代表这种关系的关系质，“>”代表在前，“<”代表在后——我们可以得以下的情形。

（甲）$A\hat{R}B, A^{ep}, A^{ep}\bar{I}A, A^{ep}=A, A>(A\hat{R}B)=A<(A\hat{R}B)$，$A\hat{R}B\neq X$。

D.现在再看看（乙）种关系的情形。

a.水是氢氧二气的一种特别关系事实。在此关系事实中氢气得与氧气特别相结的关系质，没有此关系事实时当然彼此就没有此特别关系质。这情形与以上的一样。

b.但氢气得此关系质后，性质与从前不同。从前我们对于氢气所能说的话现在就不能说了。从前可以说轻，现在就不能说轻，从前可以说是气，现在就不能说是气了。

c.综合以上二者，我们可以说此特别关系事实中的氢气与在这事实外的氢气不但关系不同而且性质不同。

d.但在未发生此关系事实之前与关系事实终了后的氢气性质上没有什不同的地方。

e.这关系事实就是我们寻常日用的水，水是一种全体，是一种 X 一类的全体，我们可以说这关系事实等于 X。

f.如果我们用符号表示这种结果，用“$\overset{\rightarrow}{\underset{\leftarrow}{R}}$”代表这种关系，IP 代表它的关系质，我们可以得以下的情形。

（乙）$A\overset{\rightarrow}{\underset{\leftarrow}{R}}B, A^{IP}, A^{IP}\bar{I}A, A^{IP}\neq A, A>(A\overset{\rightarrow}{\underset{\leftarrow}{R}}B)=A<(A\overset{\rightarrow}{\underset{\leftarrow}{R}}B)$，$A\overset{\rightarrow}{\underset{\leftarrow}{R}}B=X$。

E.（丙）种关系有以下诸点：

a.“雨湿了衣”雨与衣均得关系质，而衣所得的更重要。假设那件衣是人造丝做的遇着水就缩，最初是在此关系事实中的衣与在此关系事实外的衣关系不同。

b.其次关系事实中的衣与关系事实外的衣性质不同。在关系事实中的是湿衣不在关系中的衣不是湿衣。

c.又其次是未发生关系事实前的衣与关系事实终了后的衣的性质也可以不同。未发生关系事实前的衣或者大些。

d.此关系事实也不等于 X。

e.如果我们用符号表示以上的结果,用“$\overrightarrow{\underleftarrow{R}}$”代表以上的关系,我们可以得以下的情形。

(丙)$A\overrightarrow{\underleftarrow{R}}B$,$A^{IP}$,$A^{IP}\bar{I}A$,$A^{IP}\neq A$,$A>(A\overrightarrow{\underleftarrow{R}}B)\neq A<(A\overrightarrow{\underleftarrow{R}}B)$,$A\overrightarrow{\underleftarrow{R}}B\neq X$。

五

本节所要讨论的问题是很困难的问题。最初要说几句声明的话。1.(甲)、(乙)、(丙)三种关系中都有 $A^{rp}\bar{I}A$(rp 代表关系质)的情形,这是共同的情形。但(甲)关系中有 $A^{ep}=A$ 的情形而(乙)与(丙)关系中适有相反的情形。我以为这是最重要的分别。2.其余的情形比较地不甚重要,本文也就不必提出讨论。3.(甲)、(乙)、(丙)三种关系可以分作两类,(甲)为一类,(乙)、(丙)为一类,以后只讨论(甲)与(乙)而不必讨论(丙)。至少在本文范围之内(乙)可以代表(丙)。本节的问题是这两种关系里的情形有没有连接起来的可能?那就是问 $A\hat{R}B$ 与 A^{ep}、$A^{ep}\bar{I}A$、$A^{ep}=A$ 有什么连带的关系没有?如果没有,我们对于它们所能说的话就有限,如果有,我们应该找它出来。在前节我们说过“这本书虽在桌子上而它不因

此就变了它的颜色”。这句话是不容易说的，因为这里面有推论问题。推论问题就是各种情形的连带关系。我们现在提出以下三种推论“＊”、“△”、“∴”。

A.关于这个问题我想最好是说几句关于命题的话。有许多命题可以完全当作假设命题，有许多命题可以完全当作事实命题，但也有许多命题可以作两种看法。在讨论自相矛盾的那篇文章里，我曾说过（A）命题“所有的甲都是乙”与（E）命题“没有一甲是乙”表面上似乎是不能同时成立。但其所以不能同时成立者是因为我们无形之中假设甲乙的存在。如果我们不假设甲乙的存在，这两个命题就可以同时成立。换句话说，这两命题之不能成立者是说世界上不能同时有这两句话所表示的事实，而不是说这两句话在理论上是不能同时成立的命题。

我们可以用 Venn 的方法来证明以上的结论。我们有下列两命题。

（A）“所有的人都是会死的”。

（E）“没有一人是会死”。

如果我们用 X 代表人，$\bar{X}$ 代表不是人；Y 代表会死的，$\bar{Y}$ 代表不会死的；以上两命题可以有以下的表示。

a.（A）命题就是 $X\bar{Y}=0$，那就是说没有是人而是不会死的。

b.（E）命题就是 $XY=0$，那就是说没有是人而是会死的。

c.（A）、（E）的关系可以用以下方法表示

这样看来（A）是说没有 $X\bar{Y}$，（E）是说没有 XY，两句话的结果就是没有 X。那就是说没有人。如果我们不假设人的存

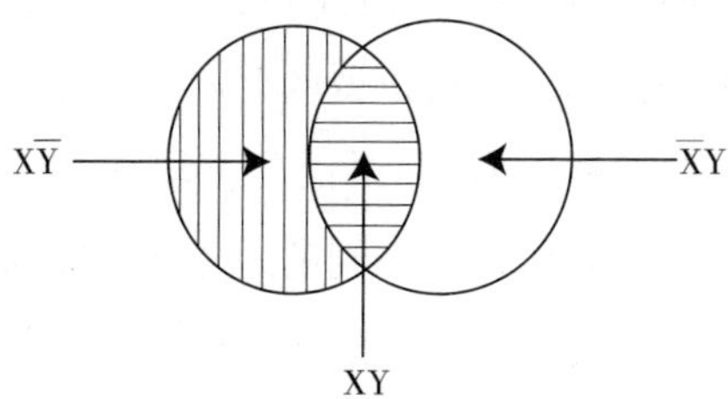

在,这两句话仅仅是说“没有人”,当然可以同时成立。如果我们假设世界上有人,而世界上又实在有人,那么这两句话就不能同时成立。专从两句话看来,它们不必不能同时成立,如果事实上有人,这句话与事实发生关系,它们就有冲突。可见命题的解释与它的理论上的关系发生关系。以下讨论曾经提出的三种推论。

B.“ * ”推论是完全理论上的推论,是命题的关系,而与事实不必发生任何的关系。它可以说是矛盾律的表现也可以说是完全理论上的直接推论的表现。以上曾说过,“所有的人都是会死的”可以有两个解释。如果我们的意思是说无论世上有人与否,如果一个东西是人,一定是会死的。这话是表明无论在哪种情形之下“人”与“会死的”是不能分开来的。其中所包含的关系就是 * 推论。照 Moore 的说法“X 是人是真的”与“X 是会死的是假的”不能同时成立。此中所含的命题是假设的命题与事实没有什么关系。无论世界上是否有 X 与 Y,无论 X 与 Y 代表任何事物,从“如果 X 比 Y 长”这个命题,我们就可以推论到“Y 比 X 短”的命题。如果我们以“>”代表长,以“<”代表短,我们可以得以下的表示。

(一)(X>Y) * (Y<X)(长短的意义当先假定)

C.但是我们也可以把“所有的人都是会死的”这命题当作对于世界上的人的一种可以说的普遍话。那么这句话就与事实发生关系。这样一来,如果世界上没有人这句话就不能说了。这句话与上段所说的不同的地方在具体的证实。我们一定要有“甲是人,甲是会死的,…… 乙是人,乙是会死的……”这类命题。如果这些命题都是真的,“X是人,X是会死的”这句话才能成立。我们可以举出几个例来,“一个人是湖南人,他就是中国人”,如果世界上根本就没有人,是湖南人而不是中国人就不见得冲突。“一本书是红的,它一定。是有颜色的”,若是世界上本来就没有红色,即令有那本书而它也不必是有颜色的。如果世界上有甲乙,甲比乙长,我们可以推论乙一定比甲短;我们可以得以下的表示。

(二)(甲>乙)△(乙<甲)

D.上面已经说过,*与△最容易相混。*可以说是在理论上命题与命题的关系,△可以说是在事实范围之内,命题与命题的关系。前者包含理论上的一定,后者包含事实上的一定;完全在理论上的一定是说在理论上不能有别的可能,事实上的一定是说事实没有别的可能而在理论上可以有别的可能。在本段先要把*与△弄得很清楚,至少要想法子弄清楚,再讨论它们的关系。

a.我们可以引用 Moore 的方法来找一例:

“甲比乙长,乙比丙长,所以甲比丙长”。这几个命题的关系可以有以下的表示:

(十)(甲>乙)△(乙>丙)*(甲>丙);但是我们不能有以下的表示:

(≠)(甲>乙)*((乙>丙)△(甲>丙))。在(+)表示中,只要甲真是比乙长,无论有丙与否,如果乙比丙长则甲不能不比丙长。(≠)表示不能成立,因为(乙>丙)△(甲>丙)是不能成立的。(乙>丙)与(甲>丙)两命题本来就是风马牛不相及,不能有△的推论。(≠)表示说“(甲>乙)是真的,(乙>丙)△(甲>丙)是假的”不能同时成立;(乙>丙)△(甲>丙)既明明白白的是假的,(甲>乙)也就不能是真的。可见*与△是两件事,不能相混,看看(+)、(≠)表示便知。

b.*与△的分别既如上述,现在的问题是它们有关系否。恐怕有*的时候,只要事实帮忙,就可以有△。那就是说如果P*Q,A是P类下代表事实的命题,B是Q类下代表事实的命题,我们大约是可以说A△B。就“所有的人都是会死的”一句话来说。如果我们可以说“无论有人与否,如果一个东西是人,那个东西就是会死的”,我们大约可以说“他是一个人,他一定是会死的”。最紧要的当然是要有“他”。只要事实帮忙,我们大约可以从*得到△。这话是否可以说得过去,我们可以暂且不管。

c.但是我们要知道从△的推论我们是不能得到*的。我们不能从“他是一个人,他是会死的”推论到“无论世上有人与否,如果X是人,X是会死的”。那就是说我们不能从A△B推论到X*Y。无论有*时是否能有△,有△时不能就有*。事实上有△情形,理论上不必有*情形,理论上有*情形,只要有相类的事实,事实上我们能得△情形。以下说法或者清楚一点。

(+)理论上有x*y,事实上有X有Y,X属于x,Y属于

y,我们可以得 X△Y。但

(≠)事实上有 X△Y,X 属于 x,Y 属于 y,我们似乎不能得 x * y。

E.现在谈"∴"推论。* 与△都是包含一定的推论而∴没有一定的情形在里面。所谓没有一定的情形者是说在经验找不出一定的关系出来。至多我们只能说在同等情形之下"如果有甲则一定有乙";但事实上情形不能完全相同,所以以上的说法,也就是一极抽象的说法。从心理方面说来,这个推论是盼望与不盼望的问题。如果一本书本来在桌子上,我把它拿到椅子上,我不盼望它的颜色改变,它的颜色或者改变,而我们不能因为它的空间的位置改变,就盼望它的颜色改变。我们不但不盼望它的颜色改变而且盼望它的颜色不改变。这当然不过是我们的盼望,事实上这本书的颜色有改变的可能。这种推论可以有以下的表示"如果甲大约就有乙":

(三)甲∴乙

∴与 * 完全不同,不会相混,但∴与△或者有问题发生,因为我们常常听见人说事实无"一定"。△包含事实上的一定,岂不是事实上又有一定吗?"事实无一定"这句话是说现在的事实与将来的事实没有一定的关系,已往的事实与现在的事实也没有一定的关系。△推论所包含的不是这类的一定;是红书一定是有颜色的书的"一定"。如果一本书(世上有那本书)是红的(世界有红色),不但理论上那本书是有颜色的,事实上它也一定是有颜色的。总而言之,天下雨不一定天凉,而红书一定是有颜色的书,此中一定不仅是事实的,也是理论的。

六

以上所说的关于推论的话是要引用到(甲)、(乙)、(丙)三种关系情形中去的。(丙)既可以由(乙)代表,用不着讨论它。(甲)、(乙)的情形在第四节已经说明,现在可以用种种不同的推论把各种情形联结起来。

A.我们可以说,“如果甲乙有‘$\hat{R}$’关系,甲乙就得 ep 关系质”。

这句怎样解释呢?这问题似乎是事实问题与“所有的人都是人,而世上有人”一样。甲乙的存在就包含在这句话里,因为如果没有甲乙则甲乙得关系质的话就没有意义。如果世上本来就没有龙,“龙从角听”这句话就不至与寻常事实发生冲突。既没有龙,所谓“龙”者说它从口听也好,说它从鼻听也好,说它能听也可以,说它不能听也可以;如果事实既没有龙理论上就没“不从角听”之必要。甲 $\hat{R}$ 乙与甲得 ep 关系质的问题是事实问题不过包含事实中的一定而已。我们可以得以下的结果:

(甲)$A\hat{R}B \triangle A^{ep}$;(乙)的情形相同,

(乙)$A\overset{\rightarrow}{\underset{\leftarrow}{R}}B \triangle A^{IP}$。

B.我们也可以说“如果甲得一种关系质;则得那种关系质的甲与未得那种关系质的甲关系不同”。这句话可以是事实问题而不必是事实问题,有甲与否不成问题,得那种关系质与否也不成问题。从“甲得一种关系质”的事实,我们固然可以推论到“得那种关系质的甲与未得那种关系质的甲的关系

不同”；但我们所应注意的就是从“如果甲得一种关系质”这句话，我们也可以推论到“得那种关系质的甲与未得那种关系质的甲的关系不同”的话。那就是无论有甲乙与否以上的推论可以成立。这种推论就是＊。（甲）、（乙）两种关系都有这情形。我们可以得以下的表示：

（甲）$A^{ep} * A^{ep}\bar{I}A$，

（乙）$A^{IP} * A^{IP}\bar{I}A$。

C.性质方面的问题情形就大不相同。在第四节已经说过，（甲）种关系有 $A^{ep}=A$ 的情形而（乙）种关系有 $A^{IP}\neq A$ 的情形。这是（甲）、（乙）两种关系的根本分别，也就是 IP 与 ep 两种关系质的根本分别。我们可以说“如果甲得了 ep 关系质，得此关系质的甲在性质上与未得此关系质的甲一样”。但话虽如此说，所包含的推论可不是△与＊。我们要注意（一）“性质相同”的话是一种权宜的话，而“性质不同”的话是切实的话。“性质相同”不过是说在经验中找不出性质上不同的地方来，不是说超乎经验之外没有性质上不同的地方。“性质不同”这句话可不是这样；只要在经验中找得出性质不同点，我们就可以说“有性质上的不同点”。（二）既然如此说性质相同的时候就有性质不同的可能。我们不能说事实上得 ep 关系质的甲一定与未得 ep 的甲性质相同，但我们可以说它们大约相同，或者说我们可以盼望它们性质一样。此中所包含的推论是大约的推论，而无论大约程度若何之高在经验中终不能变成一定。我们可以有以下的表示：

（甲）$A^{ep} \therefore A^{ep}=A$。

D.（乙）种关系的情形与以上的不同。不但 $A^{ep}=A$，而

$A^{IP} \neq A$,而且 A^{IP} 没有 B 段所说的情形。我们可以说“如果甲得了‘IP’关系质,得了此关系质的甲与未得此关系质的甲一定性质不同”。此中所包含的推论,一方面我们可以说不是 $*$,因为性质同否是经验问题,如果没有甲乙,在经验上根本就没有性质上的异同问题;再一方面也不是∴,因为这个推论包含一定的关系。(乙)种关系所包含的推论是△推论。那就是说“如果甲得了 IP 关系质”是事实,则“得了此关系质的甲与未得此关系质的甲的性质一定不同”也是事实。我们可以得以下的表示:

(乙) $A^{IP} \triangle A^{IP} \neq A$。

E.把以上数段情形集合起来我们可以得以下的表示:

(甲) $A\hat{R}B \triangle A^{ep}, A^{ep} * A^{ep}\bar{I}A, A^{ep} \therefore A^{ep} = A$;

(乙) $A\overrightarrow{\underleftarrow{R}}B \triangle A^{Ip}, A^{IP} * A^{IP}\bar{I}A, A^{IP} \triangle A^{IP} \neq A$。

由此可以知道(甲)、(乙)虽有相同的地方而根本就有分别,(甲)是 $A^{ep} \therefore A^{ep} = A$,(乙)是 $A^{IP} \triangle A^{IP} \neq A$。我们所谓外在关系者就是(甲),所谓内存关系者就是(乙)。“∴”与“△”根本不同;“∴”的推论,无论精密到若何程度,总是不能变成“△”的推论。同时经验中的“=”虽有变成“≠”的可能,而经验中的“≠”不能变成“=”。在经验上这两种关系都有。白莱得烈氏所说的所有的关系都是内存关系,关系就不能成立。关于白氏的思想我们或者可以有以下解释。

a.白氏所注重的是所有的关系的共同点,那就是 ARB $\triangle A^{rp}, A^{rp} * A^{rp}\bar{I}A$;①而似乎没有注意到(甲)种关系中的 A^{ep}

① 这里的 rp 似乎是代表 ep 或 IP。——编者注

$\therefore A^{ep}=A$；而他没有注重（甲）种关系的特别情形的缘故恐怕就是因为他把“不同”两字用得太混。他或者以为关系者与非关系者发生“$\bar{I}$”情形，一定也有“$\neq$”情形。如果他有这样的思想，照本文的讨论看起来，他错了。他或者以为“$\bar{I}$”包含“$\neq$”，“$\neq$”可以由“$\bar{I}$”推论出来；如果他有这种思想他又错了；我们虽然可以由“$\neq$”推论到“$\bar{I}$”，我们不能由“$\bar{I}$”推论到“$\neq$”。关于这一层，以后还要提及。因为白氏有这些不甚清楚的观念，他只看见所有的关系的共同点而没有找到外在关系的特点。同时如果他因为他没有找到外在关系的特点，就以为外在关系没有特点，他又错了；因为外在关系的特点是经验问题事实问题，如果相信经验，是不容否认的。

同时他对于（乙）种关系的思想也有混乱的地方。我们知道（乙）种关系的情形，$\bar{I}$ 与 $\neq$ 兼而有之，但 $\neq$ 的情形不是由 $\bar{I}$ 推论出来的。如果白氏以为 $A^{IP}\triangle A^{IP}\neq A$ 的情形是由 $A^{IP}*A^{IP}\bar{I}A$ 推论出来的，他又错了。由 $A^{IP}*A^{IP}\bar{I}A$ 可以推论到 $A^{IP}\triangle A^{IP}\bar{I}A$；由 $A^{IP}*A^{IP}\neq A$ 也可以推论到 $A^{IP}\triangle A^{IP}\neq A$；但是由 $A^{IP}*A^{IP}\bar{I}A$ 不能推论到 $A^{IP}\triangle A^{IP}\neq A$。如果由 $A^{IP}*A^{IP}\bar{I}A$ 可以推论到 $A^{IP}\triangle A^{IP}\neq A$，白氏的思想有根据而所有的关系也就是内存关系；但 $A^{IP}\triangle A^{IP}\neq A$ 之不能由 $A^{IP}*A^{IP}\bar{I}A$ 推论出来，理由是很容易明白的。一方面 $\triangle$ 虽有时可以由 $*$ 推论出来而 $\neq$ 不能由 $\bar{I}$ 推论出来，再一方面在外在关系事实中 $A^{ep}\bar{I}A$，$A^{ep}=A$ 同时是事实。

我们现在可以找出白氏理论的根本“毛病”如下：

1.“$\bar{I}$”与“$\neq$”没有分清楚。

2.或者以为由“$\neq$”可以推论到“$\bar{I}$”，他就相信由“$\bar{I}$”也可以推论到“$\neq$”。

3.他把内存关系中的 $A^{IP}\triangle A^{IP}\neq A$ 当作理论问题，不把它当作事实问题。

4.他或者以为在一种情形之下△可以从＊推论出来，他就以为 $A^{IP}\triangle A^{IP}\neq A$ 可以从 $A^{IP}*A^{IP}\bar{I}A$ 推论出来。

5.既有以上的情形，只要所有的关系都有 $A^{IP}*A^{IP}\bar{I}A$ 的情形，当然所有的关系也有 $A^{IP}\triangle A^{IP}\neq A$ 的情形。

6.结果是他不承认外在关系中的特别情形而以所有的关系为内存关系。

b.白氏与斯氏对于(甲)种都有误会。斯氏的思想或者容易对付一点。

1.“$\bar{I}$”与“$\neq$”也没有弄清楚。

2.他承认在经验上外在关系有“$A^{ep}\therefore A^{ep}=A$”的情形。

3.或者以为由“$\neq$”情形可以推论到“$\bar{I}$”的情形，他就以为由“=”情形也可以推论到“I”情形。

4.所以他既承认了 $A^{ep}\therefore A^{ep}=A$，他就以为他不能承认 $A^{ep}*A^{ep}\bar{I}A$，因为照他看来他可以从 $A^{ep}\therefore A^{ep}=A$ 推论到 $A^{ep}*A^{ep}IA$。

c.总而言之白氏承认 $A^{ep}\bar{I}A$ 而不承认 $A^{ep}=A$，因为照他的理论看来，既有前者则理论上不能有后者；斯氏承认 $A^{ep}=A$，而不承认 $A^{ep}\bar{I}A$，因为照他的理论看来，既有前者则不能有后者。根本错误似乎是“$\bar{I}$”、“$\neq$”、“＊”、“△”、“∴”等没有弄清楚。关于推论我们已经讨论过了，对于“$\bar{I}$”与“$\neq$”或者还有问题，我们可以在下节从长讨论。

F.但在未讨论“$\bar{I}$”“$\neq$”之前，我们要声明以下数点。

a.以上所讨论的都是个体关系事实，那就是关系事实中的 A 与 B 都是个体的 A 与 B。关系似乎无个体与类的分别，而关系者不能不有分别。如果关系是直觉的关系，关系者可以是个体的，但是如果关系是从经验中得来的，则关系者似乎不能不有类的性质。

b.以上我们差不多完全拿 A^{ep} 和 A 比较，这也不过是在讨论方面稍微便宜一点而已。我们也可以拿 A^{ep} 与 x 比，x 代表任何事物。如果拿 x 与 A^{ep} 比，（乙）种关系的情形与从前一样，而（甲）种关系的情形稍微不同。我们可以有以下的表示：

（甲）$A^{ep} * A^{ep}\bar{I}x, A^{ep}\overline{\therefore} A^{ep} \neq x$

（乙）$A^{Ip} * A^{Ip}\bar{I}x, A^{Ip} \triangle A^{Ip} \neq x$

“$A^{ep}\overline{\therefore} A^{ep} \neq x$”是说“如果 A 有 ep 关系质，而 x 无此质，我你不能盼望，或不能推论到，x 与有此关系质的 A 性质不同”。x 与 A^{ep} 比较也可以当作 X 类与 A^{ep} 类比较。

c.我们要注意我们仅说 $A^{ep}\overline{\therefore} A^{ep} \neq X$，没有说 $A^{ep} = X$ 也没有说 $A^{ep} = A^{ep} \cdots\cdots C^{ep} \cdots\cdots$ 的话；虽说 $A^{IP} \triangle A^{IP} \neq X$，而没有说 $A^{IP} \neq X^{IP}$ 的话。

七

在本节我们的问题是关系与性质的问题。世界上或者只有关系，没有性质；或者只有性质没有关系；或者两样都有而彼此截然两途，或者两样俱存而彼此没有精确的界限；或者所有性质都是关系，或者所有关系都是性质。我们曾说过对于关系与性质我们不容易下定义。它们究竟是怎么一回事,至少我个人承认不知道。好在我们现在所注意的不是它们的定义而是它们的关系。一方面我们可以假设它们(1)完全一样,(2)完全不一样,再一方面也可以假设(3)有时一样,有时不一样,或者(4)所有的关系不同都是性质不同,或者(5)所有的性质不同都是关系不同。

A.所有性质不同都包含关系不同似乎是不能否认。如果我们在经验中对于任何事物能找出性质上的不同点来,我们也就可以找到关系上的不同点。这样说来,所有的性质不同都是关系不同。如果我们用 Venn 的办法,以“$=0$”代表无,以“>0”代表有,我们可以能得如此表示:$(\neq)(\bar{I})=0$。既然如此则$\neq\triangle\bar{I}$ 当然可以成立。$\neq\triangle\bar{I}$ 成立之后(甲)种关系情形岂不是根本取消吗?既然$\neq\triangle\bar{I}$,我们能否免得了“$=\triangle I$”呢?如果免不了$=\triangle I$,(甲)情形中的($A^{ep}=A$)似乎包含 A^{ep} IA。但(甲)式中不仅有 $A^{ep}=A$ 的情形,而且有 $A^{ep}\bar{I}A$ 的情形,岂不是矛盾吗?这就是本节的问题。

B.关系不同与性质不同的关系可以用八个命题表示,四个从关系方面着想,四个从性质方面着想。

$(A)(\bar{I})(\overline{\neq})=0$　　$(A')(\neq)\overline{(\bar{I})}=0$

$(E)(\bar{I})(\neq)=0$　　$(E')(\neq)\overline{(\bar{I})}=0$

$(I)(\bar{I})(\neq)>0$　　$(I')(\neq)\overline{(\bar{I})}>0$

$(O)(\bar{I})(\overline{\neq})>0$　　$(O')(\neq)\overline{(\bar{I})}>0$

a.如果我们假设关系不同与性质不同是完全不能分别的,完全相等的,那么(A)、(A')两个命题都是真的。不但所有的性质不同都是关系不同而且所有的关系不同也都是性质

不同。既然如此，不仅 $\neq\triangle\bar{I}$，而且 $\bar{I}\triangle\neq$，不仅 $=\triangle I$ 而且 $I\triangle=$。（甲）种关系当然不能成立，而宇宙间不能有外在关系。

b.如果我们假设关系不同与性质不同完全是两件事，那么（E）与（E'）两命题是真的，与本文（甲）、（乙）两表示没有关系。可以不讨论。

c.现在假设关系不同与性质不同，不完全一样，也不绝对的不同。

a.所有的关系不同都是性质不同，那么以下三命题成立。（1）$\overline{(\bar{I})}(\overline{\neq})=0$，（2）$(\neq)\overline{(\bar{I})}>0$，（3）$(\neq)(\bar{I})>0$。照这个假设看来，我们既然能说 $(\bar{I})(\overline{\neq})=0$，我们当然可以说 $\bar{I}\triangle\neq$，但是同时 $(\neq)(\bar{I})>0$，所以 $\neq\triangle\bar{I}$ 的话就不能成立。既有 $\bar{I}\triangle\neq$ 的情形，我们就免不了 $(A^{ep}\bar{I}A)\triangle(A^{ep}\neq A)$ 的结果而（甲）种关系就不能成立，宇宙间就不能有外在关系。

b.所有的性质不同都是关系不同，那么以下三个命题可以成立。（1）$(\neq)\overline{(\bar{I})}=0$，（2）$(\bar{I})(\neq)>0$。（3）$(\bar{I})(\neq)>0$。照本条的情形看来我们既然能 $(\neq)(\bar{I})=0$，当然就有 $\neq\triangle\bar{I}$ 的情形；同时 $(\bar{I})(\overline{\neq})>0$ 可以成立，所以不能有 $\bar{I}\triangle\neq$ 的推论。既没有 $\bar{I}\triangle\neq$ 的推论，当然也不至于有 $(A^{ep}\bar{I}A)\triangle(A^{ep}\neq A)$ 的情形而（甲）种表示可以成立。同时 $I\triangle=$ 虽能成立，而 $=\triangle I$ 不能成立，所以也就不能有 $(A^{ep}=A)\triangle(A^{ep}IA)$。本条的假设不能否认（甲）种表示。外在关系当然可以成立。

c.关系不同可以是性质不同而不都是性质不同，性质不同可以是关系不同而不都是关系不同，那么以下的命题可以成立：（1）$(\bar{I})(\neq)>0$，（2）$(\bar{I})(\overline{\neq})>0$，（3）$(\neq)(\bar{I})>0$，（4）$(\neq)(\bar{I})>0$。这四个命题没有推论的关系与（甲）、（乙）两种表示都没有关系。

d.B 段的 b 条与 C 段的 b、c 两条都不能否认(甲)种表示。否认(甲)种表示的只有 B 段的 a 条与 C 段的 a 条;前者说$(\bar{I})(\neq)=0$,$(\neq)\overline{(\bar{I})}=0$;后者说$\overline{(\bar{I})}(\overline{\neq})=0$,$(\neq)\overline{(\bar{I})}>0$。这两条的重要命题是$\overline{(\bar{I})}(\neq)=0$。由此可以知道如果我们承认这个命题,(甲)种表示不能成立而世界上无所谓外在关系。但是$(\bar{I})(\overline{\neq})=0$ 能成立否呢?

a.先从经验方面着想。性质不同是经验问题。如果我们不承认这一层,我们对于科学就不免发生困难问题。经验所能得的“$\neq$”的情形都有“$\bar{I}$”情形,但经验中的“$\bar{I}$”情形不见得有“$\neq$”情形。那就是说经验所能证实的是$(\neq)\overline{(\bar{I})}=0$,所不能证实的是$(\bar{I})(\overline{\neq})=0$。此处所谓经验包括科学的实验。我们当然可以说经验粗疏,但我们不能以为它粗疏就不用它为根据。在经验范围之内,性质同与不同的问题不能有绝对的标准。一疋布在瑞蚨祥是三十尺,回到家里也是三十尺,在前门外是蓝的,回到家里也是蓝的。我们不能说在经验范围之外这疋布没有性质上的改变,而在经验中,只要我们找不出性质上的改变出来,我们就可以说它没有性质上的改变。

b.经验所不能证实的命题很多,我们不能都一一否认。如果在理论上有承认它们的理由,我们不能以经验否认它们。完全在命题方面着想,否认与承认$(\bar{I})(\overline{\neq})=0$ 处于同等地位。经验既不能证实这命题也不能否认它。那么完全在在理论方面我们是不是要承认$(\bar{I})(\overline{\neq})=0$ 呢? 我觉得我们不能承认它,理由如下。

1.我们不能不承认$(\neq)\overline{(\bar{I})}=0$,它所代表的情形是事实。

这事实是从经验来的,同时在经验方面找不出例外来。所谓找不出例外者当然是说从古到今没有找出例外来并不是说以后不能找出例外来。无论$\neq * \bar{I}$能成立否,$\neq \triangle \bar{I}$可以成立。

2.$(\neq)(\overline{\bar{I}})=0$既然不能否认,如果再承认$(\bar{I})(\overline{\neq})=0$,$\neq$与$\bar{I}$就完全一样了。然而$\bar{I}$与$\neq$是有分别的,我们虽然不容易说它们的分别在什么地方,我们不能说它们没有分别。而所以不能说没有分别的理由最显而易见的就是$\neq$与$\bar{I}$两名词中必有一名词没有意义,不是$\neq$没有意义就是$\bar{I}$没有意义。然而在常识中这两名词都有意义。

3.如果$\bar{I}$与$\neq$完全相同,照第二节的讨论看来,宇宙是我们所不能知道的,不但如此,即一事一物也是我们所不能知道的,那就是说我们不能知道任何事物。同时宇宙间万事万物均不受理论的范畴而理论也就根本取消。

4.既没有知识又取消理论当然没有科学;不但没有科学,也不能有哲学。最困难的问题是赞成$(\bar{I})(\overline{\neq})=0$这命题的人没有一句真话可说,他不说话则已,如果他要说话,他只能够当他的话做假话或者废话;如果他以为他所说的话是真话,他就免不了自相矛盾。

有以上的理由,无论从理论方面或是从经验方面,$(\mathrm{I})(\overline{\neq})=0$这命题是我们所不能承认的。在经验方面我们不能否认$(\neq)(\overline{\bar{I}})=0$,而在理论方面我们也没有理由可以使我们否认它。同时承认它后,(甲)、(乙)两表示仍然能成立。对于这一层我们在C段的b条已经说过,现在用不着再说。总而言之,从$\bar{I}$与$\neq$的种种关系看来,只要我们不承认(我不说"否认")$(\bar{I})(\overline{\neq})=0$,(甲)、(乙)两表示都能成立。这两个表可以总结如下：

(甲)$A\hat{R}B \triangle A^{ep}, A^{ep} * A^{ep}\bar{I}A, A^{ep} \therefore A^{ep} = A, A^{ep} \overline{\therefore} A^{ep} \neq X$：

(乙)$A\underleftarrow{\overrightarrow{R}}B \triangle A^{IP}, A^{IP} * A^{IP}\bar{I}A, A^{IP} \triangle A^{IP} \neq A, A^{IP} \triangle A^{IP} \neq X$。

八

我们现在要回到知识问题上去。知识中的关系问题经过以上的讨论或者容易对付一点。最初要说明的就是知识是一种极复杂的关系事实,内中所包含的关系不只一种;我们对于现象有许多关系,现象对于外物也有许多关系;但是我们可以把一种复杂关系事实简单地名之曰“知”,另外一种复杂关系事实简单地名之曰“外物”,这两种关系事实的关系是我们所要论的知识关系。

A.这样的知识关系是哪一种关系呢？是(甲)呢,还是(乙)呢？如果是(乙)则本文第二节所提出的困难问题就不能免。知识关系我们不能证明是什么关系;我们不能证明它是(甲)种关系,也不能证明它是(乙)种关系;既然如此我们也就不能否认它是(甲)种或(乙)种关系。

a.但是我们要知道如果“所有的关系都是(乙)种关系(内存关系)”,知识关系当然是(乙)种关系,因为根本它就没有是另外一种关系可能。

b.本文的讨论一方面在打倒“所有的关系都是内存关系”这命题,再一方面是要承认“有外在关系”这个命题。这样一来(甲)、(乙)两种命题都有。

c.世界上既两种关系兼而有之,知识关系就可以是(甲)

也可以是（乙）。在经验范围之中，我们不能证实它是（甲），也不能否认它是（甲），我们不能证明它是（乙），也不能否认它是（乙）。

d.如果我们说它是（甲），我们不过假设它是（甲），如果我们说它是（乙），我们也不过是假设它是（乙）。

B.但是何以要假设知识关系是（甲）而不是（乙）呢？

a.因为假设知识关系是（乙）的时候，我们就免不了本文第二节所提出的困难问题。

b.同时如果假设它是（甲）的时候，第二节所提出的困难问题都不至于发生。

c.所以要“假设”知识关系是（甲）种关系的理由就是我们不能证明它是（甲）种关系。而我们不能证明的理由极简单。我们所知的事物都是知识关系中的事物而不是知识关系外的事物；我们与事物既逃不了知识的范围，我们当然不能把在那范围外的事物与在那范围内的事物作我们的比较研究。如果我们作这种比较的研究时，所比较者当然已在知识范围之中。结果是我们不能证明知识关系是（甲）种关系。

d.知识外的外物既不能与知识内的现象相比较，我们当然也不能证明知识关系是（乙）种关系。

C.根本假设之成立与否与理论上的背景关系小而与事实上的结果关系大。就从本文的问题方面着想，假设知识关系是（甲）种与假设它是（乙）种在玄学或形而上学里面没有多大的分别，至多不过是弄出两种极不相同的哲学而已，然而在事实的结果上分别很大。我们不讨论哲学的时候，我们实实在在相信我们能够知道外物，实实在在相信科学，虽然你们不知道宇宙的全体,而我们实实在在相信我们知道宇宙的部分。在事实上,我们不必知道世界才知道中国,也不必知道中国才知道北平,也不必知道北平才知道石驸马后宅。如果我们假设知识中的关系是(乙)种关系我们就不能说我们知道任何事物。既不能知道任何事物,我们怎样可以说我们知道知识关系是(乙)种关系呢?

D.我们要引用到知识问题的就是“$A\hat{R}B \triangle A^{ep}, A^{ep} \therefore A^{ep} = A$”。如果 A 所代表的是“外物”,B 所代表的是“知”,$A\hat{R}B$ 就代表知识关系事实而 A^{ep} 就代表“被知者”。如果所谓外物者是我桌子上的“这本书”,在我知识中的“这本书”与在我知识外的“这本书”当然关系不同;因一在我们的知识之中,一在我的知识之外。但是 $A^{ep} \therefore A^{ep} = A$,那就是说“这本书”虽被我知道,而不因为它被我知道就与未被我知道的“这本书”性质不同。总而言之,“这本书”虽有被知与未被知的关系不同而没有性质上的分别。那就是说我们能够知道外物。

知觉现象*

一

A.本节所提出的问题是官觉问题。所谓官觉者就是五官的作用,即英文之 sensing。官觉现象(sense object)是官觉事实中所得到的对象。官觉事实是人们生活中包含五官作用的经验,是一件一件的,有始有终的,属于纯粹"自然"界的事体。如果以 X 代表任何外界的"事物成分",RS 代表官觉,则 XRS 代表官觉事实,在此事实中的 X,就是 Xs,代表官觉现象。

B.照以上说法,官觉事实是纯粹"自然"界的事实,不必在人们生活中才能发生;其他动物皆有之。植物如含羞草亦有之。既然如此,官觉事实是自然界因果系统中的事实,可以由物理、化学及生理学尽量研究而不必涉及心理学。

C.从人的方面说,我们可以有官觉事实而不必同时有知觉事实(perceptual event),但是如果有知觉事实则同时必有官觉事实。"视而不见,听而不闻",似乎可以代表有官觉事

---

* 原刊于《哲学评论》第3卷第2期,1930年3月。——编者注

实而没有知觉事实的情形。

1.关于以上的情形，意见很不一致。现在的趋势似乎是不承认知觉之外有官觉。但我个人意见还是官觉与知觉有别。

a.在一视线界内有甲、乙、丙、丁诸物，如果我们百分地注意甲，我们可以不看见（知觉）乙、丙、丁，但是乙、丙、丁既同在视线界内，我们似乎不能说我们没有乙、丙、丁的官觉，而我们实在没有乙、丙、丁的知觉。

b.熟视可以无睹，但是当我们无睹的时候，我们似乎不能说“视”也停止了。

c.我们向光线睡着，可以自动地以背向光，而不必知觉光。

2.以上的情形都不能证明知觉之外还有官觉。没有知觉的官觉似乎是不能直接证明的，但是如果我们观察自己或他人的行为，我们可以推论到没有知觉的官觉。至于我们不能得官觉的证据的理由显而易见，不必讨论。

3.有知觉事实的时候，一定有官觉事实。这一层似乎是大家都赞成的，也有直接的证据。

D.官觉现象由知觉事实而变为知觉现象。知觉事实也是自然界的事体，但它的因果系统不仅是物理学的、化学的、生理学的。

二

A.知觉事实除包含物理学的、化学的、生理学的、因果系统外,尚包括历史的、语言的、因果系统。以后两系统都包含以往的经验所以都包括记忆。我们用不着语言、历史才能使我们的眼得一种有颜色的官觉,但是如果我们看见一张“桌子”说那张桌子是“红”的,我们就表示语言、历史的影响。官觉事实是纯粹自然事实,所谓纯粹自然者是说它是完全在物理学、化学、生理学范围之内的事体;知觉事实不是纯粹的自然事实,因其于物理学、化学、生理学范围之外尚包含语言历史。语言、历史也是自然之一种,但它们根本即人事;与别的自然分别一下,或者便利一点。

B.知觉事实包含以下的因果系统:

1.自然界的因果系统:——由外物到官觉事实。此处请注意,我们不说由外物到官觉现象有因果关系,我们所说的是由外物到官觉事实有因果关系,换句话说,由 X 到 Xs 没有因果关系,由 X 到 XRS 有因果关系。“外物是因”是赞成知识关系是外在关系的人所能说的话,不赞成此说的人,不能说此话。

2.化学、生理学与心理学范围内的系统:——这是生物动物的演化历程;内分人类演化的历程与个人从生到死的历程。但这历程是生物学的材料而不必是社会学与历史学的材料。

3.语言、历史的因果系统:——这可以说是文化的历程,内分人类或人种的文化史与个人的教育(广义)及经验。

4.一时一地的因果系统:——这是不容易预先推定的系统,因为它是未成条例的系统。如果它是不成条例或不能成条例的系统,我们似乎不能说它是因果系统;但我们所说的是“未”成条例的系统;所以说“未”成条例者,是说在我们现在

的知识范围之内我们还不知道它的条例是什么。至于它本身是否有条例，我们不敢肯定地说，我们假设它有条例，所以暂时当它作因果系统。这系统的成分似乎比其余的都复杂。

5.照以上诸条看来，知觉事实是人们生活中的一件一件的事体，受许多因果系统的影响，外物也不过是群因中的一因。

C.知觉现象与知觉事实的分别。谈到它们的分别，最先就要说它们不是一件东西或一件事体。它们的混合在历史上或者有理由而事实上理论上似乎均无理由，它们的混合或者是因为有知觉事实时，就有知觉现象，有知觉现象时也就有知觉事实。这句话恐怕有以下的毛病。

1.我们暂以 X_{sp} 代表知觉现象类，x^{sp} 代表单个的知觉现象；RP 代表知觉类，rp 代表单个的一次一次的知觉，XsRP 代表知觉事实类，$X_s$rp 代表一件一件的知觉事实。我们用△代表事实上一种必然的推论。

a.Xsp△XsRP，XsRP△Xsp；从类方面说，知觉现象与知觉事实彼此可以互相推论。

b.我们要注意的就是 $X_s rp\ \bar{\triangle}\ Xsp$。从个体的知觉事实不能推论的知觉现象类。

2.个体的知觉事实不能推论到知觉现象类，它们不至于相混。知觉现象类与知觉事实类可以互相推论，所以容易混为一事，因为既可以互相推论，就相“等”，既相“等”就可以视为一事。但这种理论是不能成立的。

3.知觉事实（现在不分类与全体）是一种全体，而知觉现象是一种部分。除无量集合体外，部分断不等于全体。可见上条所说的相“等”(无论等的意义如何)不是“类”的相等而是说命题的相等,不是知觉现象类与知觉事实类相等,是说“有知觉现象”等于说“有知觉事实”。此处所说的命题包含它所代表的事实。

4.以上的讨论仅在说明知觉事实与知觉现象不是一件事,不能混乱起来。以下要提出知觉现象的特点而这些特点也是与知觉事实的不同点。

三

关于知觉现象请注意以下诸点。

A.知觉现象不是外物的果。

1.上节所说的是外物与其他种种为知觉事实之因,那就是说知觉事实是外物的果。现在要请注意的,就是知觉事实虽然是外物的果而知觉现象不是外物的果。X(外物)与其他种种是XsRP的因而不是Xsp的因。

2.知觉现象虽然是知觉事实的一部分,而它们根本是两件事,不但是两件事而且是两件不同的事。同时知觉事实虽然是一种全体而不是一种有机的全体,知觉现象虽是知觉事实的部分,而它的本身不必属于任何具体的知觉事实的因果系统。

3.至于知觉现象的因果系统究竟是什么,此处还不容易说,要看以下的讨论如何。

B.知觉现象是物观的、公开的。如果知觉现象是物观的,我们就可以说它是公开的,所以最初就有物观的问题。物观

两字极不容易说，以下的说法，或者不“物观”。

1.我们对于物观的普通思想大约如下：

a.“客观”。一说是客观，这似乎是说属于客的不是属于我的。如果有这样的意思，这话似乎说不通。只要有“观”，就有观者；至少对于那一“观”，观者不是客。

b.物观是属于物的，所谓物者似乎是说外物。但是从知识方面说我们与外物没有直接的关系。我们是有一种相当的“观”而推论到外物的性质不是由外物的性质而推论到一种相当的观；名之为物观。这说似乎也就不容易说通。

c.大家所公认的观。这可以说是投票式的物观。这样，如果有一个人，国人皆曰可杀，他就是“物观”的可杀。“恐惧流言日”的周公是“物观”的坏，而谦恭下士的王莽也就是“物观”的好。这似乎是说不通。

2.本文所主张的物观有以下诸点：

a.同样的经验与同样的行为。经验同样与否，离开行为是不容易知道的；但是如果行为相等，经验大约也相等。这是物观的出发点。行为的范围很广，语言也是其中之一，恐怕是行为中最重要的一部分。物观的重要条件是相等的行为，共同的语言。

b.同样的条例。这差不多是理论问题，虽然它包含武断及勉强的地方。如果我看见一个方桌，我说这桌子是方的；那就是说照某种条例，不但我，凡承认那种条例的人不能不说它是桌子；照另外一种条例不但我而且凡承认那种条例的人不能不说那桌子是方的。

c.同样的运用条例的方法。这种情形表现于语言计算的方面最多。如果我说这匹布是三十尺,那就说照某种条例与某种运用的方法,凡承认这种条例与这运用方法的人不能不说那匹布是三十尺。

3.这样的物观解释或者过于理论化。得当与否我不能说,但我觉得以上所举出的普通解释都说不通,所以暂用这说。可是有一件不便的事,照以上的说法,所有的价值判断都不能说是物观,因为我们对于价值问题到现在似乎还没有找出条例来。以后的情形如何当然没有人敢说。

C.知觉现象是物观的,所谓物观者就是以上所说的物观。但有人说知觉现象不是物观的。如果知觉现象不是物观的,好些困难问题都可以消灭,但有一困难问题不能消灭。那问题就是各人只有各个人的知觉现象,理论上就只有各个人的世界而无论想什么法子恐怕是永远不能推论到共同的世界。既然如此,结果不是解决问题而是取消问题。我觉得从这一方面看来,我们不能不把知觉现象当作物观的。但是为什么有人说它是主观的东西呢?我觉得至少有两个原因。

1.知觉现象与知觉事实混乱起来了。知觉事实是私的,所以有人就以为知觉现象也是私的。但是如果它们俩根本就是两件不同的事,这种思想当然不能成立。

2.如果我们说知觉现象是物观的我们有极大的困难问题。

a.各个人有各个人的知觉现象,而这些知觉现象又彼此不同。如果知觉现象是物观的何以不同呢?

b.不但各个人的知觉现象不同,一个人在不同的时地对于一件东西也有不同的现象。

c.如果现象不同,它所代表的外物也不同。如果外物仅在不同的时地变迁还不致有问题发生,但是在同时同地也有变迁我们就觉得有不妥的情形。我们寻常所谓外物,如桌子等,是一件一件的东西;如果是一件一件的东西,似乎就不应该有那些不同的,有时尚且矛盾的知觉现象。如果现象所代表的都是外物,那么所谓一件东西者就难免不变成无量数的东西。

以上的理由都使我们对于物观的知觉现象发生困难。有人或者因为有些许困难就坚决地说知觉现象不是物观的。本文的目的就在解决或消灭这些困难问题。

四

本节所要讨论的是观点论。观点论的主旨是把人与地点及时点分开,把一部分心理上的不一致的情形变成几何上的不一致的情形。

A.知觉者的位置或地点。

1.知觉者是有量的体,所占的位置当然不止一点,所占的位置既不止一点,则表面上在同样位置的知觉者实际上不必占同样位置;或者说经验上在同样位置的人理论上不必占同样位置。如果我们要精确的位置,我们似乎要把它弄成点才行。普通几何学中的点恐怕有以下的毛病。

a.知觉者既是有量的东西,则无论我们如何把它缩小,我们永远不能把它缩小到点。

b.即令能够缩小到点,点既是无量,则所盼望于位置的工作,点都不能担任。

c.即令能够缩小到点,到了点以后没法放大使它变成原来的位置。

2.欧克里的点既不能用,我们只得用怀体黑的点。怀氏的点是有量的,同时又够小,所以没有以上的困难而又能尽职。可是我们要知道怀氏的点不是寻常所称为点的点。它是一种从有形的东西为出发点一层一层地缩小以欧克里点为止境而永远不能达到欧克里点的历程。上面已经说过这样的"点"既够小而又有量所以能尽职。怎样的职呢?

a.我们所要的(一)是精确的位置。如果位置不缩小或者缩得不够小,则那位置的左右前后的关系不同,变化也就不一致。如果要精确的位置,不能不把位置缩小差不多到欧克里点的程度。

b.但是我们所要的(二)是可以有知觉事实发生的位置。如果位置缩小到欧克里的无量的点,有量的知觉事实不能发生;所以位置虽然要缩小而不能缩小到无量的点。(此处所谓不能,也有"不应该"的意义。至于有量的面积根本不能缩小到无量的点,上面已经说过。)

3.我们可以用怀体黑的方法得一怀氏的"点"代表知觉者的位置。

B.外物的位置。

1.外物的位置大半是直接由知觉现象而推定的。要直接推定外物位置大都不能仅用一种官觉,虽然不必五官全用而大都不一官独用。专门靠视觉而定外物的位置是不妥当的。就位置方面说,我们大半靠触觉。如果我们说桌子在那里,所

谓“那里”者就是如果我们用手去摸我们可以摸到桌子的地方。当然在日常生活中，我们并不手舞足蹈地“摸”，那是因为我们有生理上的推论习惯成了自然。

2.又有好些外物只能由一种官觉得到。如果我们要是这样外物的位置，不能不用推论与计算的方法。天文学里的外物的位置似乎都要用这种方法推论出来。

3.外物的位置推定后我们还是要用怀氏的方法，把位置缩小到怀氏的“点”。

C.观点。从外物的位置尽一欧克里直线到知觉者的位置，以这直线为半径成圆体形。

a.这条直线（即半径）有差不多到无量的怀氏点，所以有差不多到无量的观点。

b.每一圆体有差不多到无量数的怀氏点所以有差不多到无量数的位置。但一圆体是一观点。

c.直线的长短以能发生知觉事实为限。那就是说直线不能延长到一地点使知觉事实不能发生。

d.以知觉现象的位置为中心可以有无量的欧克里直线。

e.每一观点与外物的关系是内存关系。

f.每一观点中的位置与外物的关系是外在关系。

D.知觉者与他的位置。

a.知觉者与他的位置有外在关系。

b.外物与位置有外在关系，知觉现象的性质不因位置而变，也不因知觉者而变。

c.外物与观点有内存关系，知觉者在不同的观点应得（在经验上可以得而不必得）性质不同的知觉现象。

d.所以在同一观点中,无论在若何的位置上,知觉者与外物的关系是外在关系。只要知觉者有同样的官觉与知觉,在同一观点中,他们所得的知觉现象是同样的知觉现象。

e.这样说法,一大部分的知觉现象的不同的情形是由于观点的不同而发生,不是由知觉者性格、态度及其他心理上的分别而发生。

E.“人”(或者有同样官觉与知觉的人。换句话说,知觉者)。

a.以上是一种抽象的人,但是这种抽象的人不是由定义得来的,至少对于具体的东西不容易有严格的定义。“人”的思想恐怕是一种统计上的形容词。那就是说是从观察许多具体的人的共同性质而得来的。

b.以上这样的人,在一观点中,与外物发生外在关系,对于一外物只有同样的知觉现象。大多数具体的人与以上这样人大同小异,所得的现象也就大同小异。抽象的人既有统计性质,则具体的人所得到的知觉现象,虽有小异也无关紧要。

c.官觉、知觉性质不同的人,如色盲的人不在我们讨论范围之内。

d.我们现在可以修改 D 段(d)条所说的话:在同一观点中,无论在若何位置上,知觉者与外物在知觉事实中发生外在关系,只要知觉者是“人”,他们所得的现象是同样的知觉现象。

五

我们的对象还是知觉现象;对于知觉现象可以有横的分

析，或者空间的分析；也可以有直的分析，或者时间性的分析。以上的观点论似乎是专门从空间方面着想。其实知觉事实既不能离空间发生也不能离时间发生。所以我们讨论空间的知觉现象，我们仍然不能离开时间。

A.知觉事实是有量时期的事体。从经验方面或是从心理方面，我们可以找出一知觉事实所能发生的最短时期；这时期无论若何的短，总是时期而不是时点；那就是说它总是有始有终的。这种时期愈短愈好。这时期缩得够短的时候，本节所要说的话不会与下节所要说的话相混。

B.在一观点的知觉现象。

1.同。在短的时期内，我们可以感觉到知觉现象的前部与后部相同。在这种极短时期内所谓同者差不多是绝对的同。但既为时期，则终不能有绝对的同。虽然如此而我们可以感觉到在单位上知觉现象是一个知觉现象。

2.接续。在这短期内知觉现象大都有接续性。这是我们直接所感觉到的接续性，如果分析起来，可以给它现在大家所引用的数学化的意义。

3.以上是在最短时期的知觉事实中的情形；这时期可以无限的延长；但时期愈长，以上的情形愈靠不住。这就是我们的困难问题。短时期的情形长时不必有；我们可以由短期的情形推论到长时期的情形，但这种推论靠得住与否还是要看时期的长短。

C.在不同观点的知觉现象。

1.两不同的观点无论若何的近（距离不能是零，最好也不是无量）中间可以有一条线代表观点的接续地变迁。这条线代表接续变迁秩序。

2.在这历程中,知觉现象接续地相同而接续地有接续性。

3.在两不同观点上知觉现象虽然不同,而在观点变迁的秩序中它又接续地相同,我们觉得在单位上它是一个知觉现象。所谓同与不同当然是指性质与形式而言。

4.不同的观点的联络关键是接续性。那就是说我们对于观点变迁所要求的就是这些变迁须发生于一件知觉事实。如果观点变迁发生于多数知觉事实,各知觉事实之间变迁中断没有接续性,而知觉现象的性质与形式的同与不同就成了历史问题。历史问题下节再讨论。本节还有重要问题须讨论。

D.我们现把性质的同与不同当作等与不等。等与不等有两种:一是理论的等与不等,一是经验的等与不等;前者可以说是绝对的后者可以说是相对的;前者不包含位置问题后者包含位置问题。

1.绝对的等有以下情形:

a.如果 $X=Y=Z$,$X=Z$,这就欧克里几何所说的情形。

b.既有以上的情形就可以使我们说 $(X=Y=Z)\triangle(X=Z=Y)\triangle\cdots\cdots$;"$\triangle$"代表包含。

2.相对的等没有以上的情形:

a.如果 $X=Y=Z$,$X\neq Z$ 是可能的。

b.$(X=Y=Z)\bar{\triangle}(X=Z=Y)$;"$\bar{\triangle}$"代表不包含。

c.既有以上的情形我们可以说相对的等是注重位置的。如果 X 与 Y 相对的相等,我们不能或不应用"$X=Y$"表示,我们应用"$X=\cdots\cdots=Y$"表示。那就是说如果有一件东西彼此与最近的相等,X 与最前一部分相等 Y 与最后一部分相等,

则 X 与 Y 相对的相等。这种相对的相等离开一贯的接续的秩序没有意义。

3.有人说(卜应加雷曾说过)(2)条所说的情形有矛盾。我觉得这矛盾的情形不是相对相等本身的情形,是以绝对相等为唯一相等所推论出来的情形。那就是说如果我们同时承认两种不同的相等,彼此各有各的情形,那么相对的相等就没有矛盾的情形。

4.上面曾说过知觉现象在观点变迁的历程中接续地相同,那就是说在这一秩序中任何不同的现象都是相对的相等。

六

现在我们要从历史方面讨论知觉现象。谈到历史就逃不了距离很大的时间的关系,而在现在谈那样的时间关系,恐怕有许多因相对论而发生的复杂情形。相对的时间影响到知觉现象的情形是怎样一会事我不能说,所以只得置之不理。

A.除开时间问题,就是记忆问题。对于记忆我们采用行为心理学的主张把它根本地视为 conditioned reflex。“reflex”一字不知如何译才好,现在暂以回射两字译之。种种回射的结果使我们得种种习惯;有些习惯是初步的,我们把它当作身体的动作;有好些习惯是极复杂的,语言也是其中之一。好些习惯结合起来——我不知道如何结合法——成我们的记忆。记忆虽由回射习惯而来而它本身不能完全由回射习惯解释。恐怕我们不能完全赞成行为主义的主张。

有记忆则现在的经验可以提出以往的经验,因此语言文字及人类在历史所得的结果都可以应人之用帮他对付官觉现象。照本文的说法，知觉事实是在人类历史的因果系统中的事实，那就是说记忆是知觉事实的要素。两件官觉事实中间既经间断当然没有接续性；如果我们没有记忆力，则两官觉事实毫无联络，不但第五节所说的话不能引用，恐怕根本就没有知觉现象。

上节所说的同与接续性是一件知觉事实中所能直接得到的，但这两件事还不能使我们推论到外物的独立地继续地存在。对于一外物我们不但要在一知觉事实中感觉到各知觉现象相同（对象的性质相等）而且要在两件或多数件知觉事实中，感觉各知觉现象相同。对于第二层大多数学哲学的人以为知觉现象在历史上有融洽性与常性，而由这两性质我们可以推论到外物的独立存在。此处要请读者注意这个推论在理论上是不很靠得住的。

A.融洽性。

1.现在的知觉事实与以往的知觉事实比较，现在的知觉现象与以往的知觉现象比较，比较的结果如果是大同小异的程度能够使我们心理上不觉得奇异我们就可以说以往与现在的知觉现象彼此融洽。此处所说的不仅是事物的本身的问题，也包含它们彼此的关系。

2.我们大约不感觉融洽性，因为我们很自然的盼望它。有融洽性的时候我们大约不很注意，没有融洽性的时候，我们才觉得希奇因而注意到某种事物或者某种关系的变迁。

3.以上是说我们心理上实在盼望融洽性，至于理论上是否有理由使我们盼望这种融洽性简直是另外一个问题。从理论方面说，我们只能由一件知觉事实中的知觉现象接续的相同，推论到数件知觉事实中的知觉现象彼此融洽。这种推论靠得住与否以知觉事实中间的距离的长短为转移。距离愈短，推论比较的靠得住，距离愈长，推论愈靠不住。

4.如果我们缩短多数知觉事实的距离，则在一件知觉事实中所能感觉得到的接续性我们可以假设它没有中段。这种假设在理论上的位置不很坚固。

B.常性。

1.常性是融洽性的一部分。以上对于融洽性所能说的话对于常性都能说。但是稍微有点特别情形应该说说。

2.多数知觉事实中的知觉现象性质相同，我们说知觉现象有常性，但所谓常者怎样说法颇非易事。一方面知觉现象的性质是差不多的同，不是绝对的同。如果是绝对的同（经验没有这回事）我们可以说一个知觉现象虽然发生于多数知觉事实之中仍是一个知觉现象。但知觉现象在多数知觉事实中既不是绝对的相同，只是相对的相同，而我们说它有常性，则所谓常者不是绝对的不变。

3.所谓常者既不是绝对的不变而是相对的不变，那么在多数知觉事实中相对不变的知觉现象我们怎样可以说它在单位上是一个知觉现象呢？对于这问题我们似乎没有好的答案。我们只得用老法子把两件知觉事实在时间上的距离缩短。我们当然不能把它缩短到零度，因如果缩短到零度的时候，我们仅有一件知觉事实，而知觉现象的变与不变是直觉问题。我们所注意的是经验问题。既然如此，多数知觉事实在时间上的距离不能缩短到零度，所以我们的问题仍是推论的问题。

4.我们的问题也不是在一件知觉事实之中,知觉现象变与不变的问题,因为在一件知觉事实之中,在固定观点之下,我们可以直接感觉到知觉现象在单位上是一件东西,它可以变也可以不变。变与不变都有意义。我们的问题是在多数知觉事实中对于大同小异的知觉现象,我们根本就不能感觉到它在单位上是一件东西。既然如此变与不变似乎就没有意义。

5.对于这个问题我已经说过我们恐怕没有圆满的答案。我们在一件知觉事实所直觉的知觉现象与前一件知觉事实所得的知觉现象虽然大同小异,在理论上可以完全是两件事,毫不相关。我们对于这个问题似乎有两个办法,一是把两个知觉事实在时间上的距离缩小,把现象的同点增加而推论到单位上的一致。但这个推论是靠不住的。再一办法是假设单位上的一致然后观察知觉现象变与不变。但照这个办法,没有接续性的,单位上不一致的,而同时性质大同小异的知觉现象我简直没有法子对付。两种办法都不圆满。

6.但是常性与融洽性差不多,实际上的问题是心理上的盼望,我们所注意的不是常而是变。如果知觉现象变的程度不使我们得奇异的感觉,我们就以为它有常性。

C.在直觉方面我们既可以感觉到知觉现象的相同与接续,在经验方面又能感觉到它的融洽与有常,我们联想到知觉现象所代表的东西,就是外物,是独立地接续地存在的。

七

本节我们所要讨论的问题是由外物到知觉事实的历程与

其性质。这是由物理学上根本的到物理学上不根本的历程。对于这问题我们要注意以下诸点。

A.这历程中所发生的事一部分完全是物理上的事体。

1.外物所存在的地点（推定的方法前面已经说过）就是知觉事实的刺激的来源。它是知觉事实的因果系统中的一个起点。它十有九是我们寻常当作“物质”一类的东西；但所谓“物质”者是什么一类的东西颇不易说。恐怕靠得住一点的说法是说它是物理学化学与生理学等所研究的东西。

2.知觉事实把语言历史的成分除开就是官觉事实，官觉事实很显明的是物理化学生理学所研究的事实。

3.其他历程中所包含的东西如光，媒介品如空气等类都是物理学化学生理学所研究的事实。

B.由外物到知觉事实在自然界成因果系统。

1.在本文提到因果两字的时候不少，在此处要说几句关于因果关系的话。恐怕旧的因果思想都要取消。新的因果思想也不容易得到。最困难的问题是因果关系说得通的时候似乎没有什么用处，有用处的时候似乎又不容易说得通。如果A是前一时的宇宙，B是后一时的宇宙（除时间外，宇宙包括一切）A与B在时间上的距离非常之短，我们说A与B有因果关系，这句话似乎没有什么可批评的，但是这句话没有什么用处。如果A与B代表具体的事，说它们有因果关系的时候，这句话很有用，但是说不通。

2.因果关系或者要有两种说法，甲是严格背景的因果关系，乙是散漫背景的因果关系。

a.严格背景的因果关系似乎可以用数学式的公式表示。

A 与 B 可以代表极抽象的东西(entities)它们的关系可以用数目或数学式的符号表示;但因果关系既是事实上的关系,它的公式应有时空的成分,因此不能不受相对论的影响。科学愈进步这类的因果关系愈多。

b.但在现在情形之下,有许多因果关系只是散漫背景的因果关系,这类似乎就是米耳(Mill)所说的因果关系。A 与 B 大都是类的名词代表具体的一件一件的事体。背景既不严格,这种关系也不能十分严格。外物与知觉事实的因果关系恐怕是属于这类的。

3.但无论是哪种因果关系都给我们一种推论的可能,前一种的推论比较的靠得住。在相当背景之下,如果有外物"甲",我们可以推论到甲知觉事实。

4.如果 A,B,C,……是 X 的因,而 X 又包含 a,s,t……等,我们不能说 A 是 a 的因;因为它们在单位上可以是一件事。外物与知觉现象虽同在一个总因果系统之中,而彼此没有因果关系。

C.但是以上的推论不是十分靠得住的,因为(A)条所讨论的不过是知觉事实的因果系统中之一,还有别的因果系统。历史的因果系统与生理的因果系统似乎都没有什么问题。只有那一时一地的因果系统问题特别的大,这或者可以分作两类。

1.第一类我们暂且名为甲类,它与 X 因果系统结合起来是官觉事实的因。这类因果系统包含或有或无的物理学界的事实;或者普遍一点的说包含或有或无的纯粹自然界的事实。

2.乙类因果系统与其他所有的因果系统结合起来成知觉

事实的因。它包含或有或无的非纯粹自然界的事实。

3.这一时一地的因果系统，无论是甲类或是乙类，都不能给我们一种其他系统所能给我们的推论。理由似乎很简单，它既是一时一地的因果系统，则另一时一地它不靠得住发生。无论在它的系统本身范围之内，因果关系是否靠得住，（上面曾说它未成条例，能成因果系统与否颇是问题），而它不必与其他因果系统同时发生是我们日常经验得到的事。

D.从外物到知觉事实虽是因果关系，而从外物到知觉事实的推论不是十分严格的。上面两段所说的话都是这个结论的理由。但是我们要注意，知觉事实大部分是纯粹自然界的事实。

八

本节所要讨论的问题是从知觉现象到外物的历程，这是从心理上根本的到心理上不根本的历程。

A.本节的历程比上节的历程从历程方面着想简单得多。恐怕根本不是历程，它所包含的不过三步，就是知觉现象，官觉现象与外物。从本体方面说，认识方面的三件东西只是一件东西；从认识方面说本体方面的一件东西有三个表现。

1.从认识论方面说，我们是从知觉现象推论到外物，这就是认识论的根本问题。有知觉现象的时候我们就可以推论到官觉现象；这个推论是很靠得住的，一方面有直觉的证据，再一方面我们可也说知觉现象就是受历史语言文化的影响的官觉现象。

2.历史语言文化的影响是形容，那就是说未被形容的是官觉现象，已被形容的是知觉现象，它们的关系是未被形容的与已被形容的关系。大致说形容不改变被形容的性质，所以知觉现象与官觉现象不致因形容关系而改变性质。

3.形容的工具在这个世界上是符号，语言文字都是符号。以符号形容现象总有不“美满”的地方。所谓不“美满”者是符号不能尽量的形容，总有遗漏的地方，所以知觉现象与官觉现象不能完全相等。但照以前所说过的解释，它们虽不能完全相等，而可以相对的相等。

4.符号对于它所代表的东西都是名相。在知觉事实中恐怕只有官觉现象是单个的个体，其他历史语言的成分都是名相。但是这种名相不是概念，在知觉事实中的名相似乎都是统计的形容词。

5.这种统计的形容词至少一部分是用归纳方法得来的，所以知觉事实就包含归纳法的种种问题。

B.由知觉现象到外物的推论不根据于因果关系，那是说外物与知觉现象虽同在一个因果系统中而彼此没有因果关系。

1.外物不是官觉现象的因。外物虽是官觉事实的群因中之一因而不是官觉现象的因。外物就是官觉现象，不过它们俩关系不同而已。这一层以后再要提及。

2.外物也不是知觉现象的因。外物虽是知觉事实的群因中之一因，而不是知觉现象的因。

3.外物与知觉现象，或官觉现象，知觉现象与官觉现象均没有内存关系。官觉现象与知觉现象我们可以说没有内存关

系；外物与知觉现象或官觉现象我们仅能假设没有内存关系。既然如此它们不应有因果关系，因为因果关系是一种内存关系。

4.它们的关系是外在的关系，那就是说 $X=X_s$，$X=X_{sp}$，$X_s=X_{sp}$，结果是研究 X_{sp}，就是研究 X。

5.那么 X_{sp} 有因没有呢？它有因而它的群因中之一因是知觉事实，就是 X_sRP。我们要注意的是 X 虽是官觉事实群因中之一因，官觉事实虽又是知觉事实群因中之一因，知觉事实虽又是知觉现象的群因中之一因，而外物不是知觉现象的因。不特外物不是知觉现象的因，知觉者也不是知觉现象的因，同时所谓“心灵”者也不是它的因。

C.知觉事实的系统中有两个历程。

1.一是因果系统。因果的历程是由外物与其他因及“甲种”或有或无的成分，经官觉事实与历史语言文化诸因及“乙种”或有或无的成分到知觉事实的历程。这就是知觉事实的因果系统。

2.在这因果系统中有另外一历程，它是非因果的历程。它是由外物经官觉现象到知觉现象的历程。它是本节所讨论的问题，而上条所说的历程是第七节所讨论的历程。

3.这两历程很容易相混。相混起来，认识论中的许多困难问题因之发生。我们当然不敢说我们把它们分清楚后认识论就没有困难问题。那完全是另外一回事。

D.讨论到此处，我们可以说几句似乎总结的话。最初我们把官觉事实与知觉事实分开，其次把知觉事实分析到知觉现象，知觉，与知觉者。我们的根本问题是要由知觉现象我们能推论到外物的性质；但是如果要达到此目的，我们似乎不能不想法子一方面把知觉现象的公开的性质说明，因此提出观点论；再一方面我们想法子就知觉现象所表现的情形中提出几种可以使我们觉得知觉现象虽然是随知觉事实而出现，而外物有独立的存在。但知觉事实，知觉现象与外物有什么关系呢？这问题就是第七节与第八节所讨论的问题。讨论的结果，外物与知觉现象相等，那就是说它们的关系是外在关系，那就是说 X 与 X_{sp} 相等。但是这句话也是不容易说的；并且说出来有什么意义呢？下节要讨论这问题。

九

本节的问题既如上述，请注意以下诸点：

A.x_1 与 x_2^s 在经验上不相等，所以一件东西（X）在经验上变成多数的东西。

1.如果 x_1 与 x_2^s 在经验上不相等而 X_1 与 x_1^s 相等，x_2 与$^s_2$相等，则 x_1 与 x_2 不相等。由此推下去 X 与 X_n 不相等，那就是说一件东西变成了多数件的东西。（x_1，x_2，……x_n……代表观点不同的 X）

2.我们对于等与不等的问题，可以用以上曾经提出的办法对付。我们可以说 x_1 与 x_2 虽然不绝对相等，那就是说 $x_1 = x_2$ 虽然不能成立，而我们可以说它们相对的相等，那就是说，$x_1 = \cdots\cdots = x_2$。我们的问题是 x_1 与 x_2 既不绝对相等，则 x_1 是 x_1，x_2 是 x_2……；我们对于一外物不特可以有无量数的知觉现象，似乎也可以有无量数的外物。

3.这样一来，普通认为一件外物的，如我所用的这支笔，可以变成无量数件的外物。

4.这无量数件的外物，都是外物，那么外物太多；如果其中只有一件外物是唯一的外物，那么，哪一件是唯一的外物呢？

B.我们不能不把 $X=X_{s}=X_{sp}$ 的意义说一说。

1.X 有中心点其推定的方法在讨论观点论的时候，我们已经说过。

2.所谓 $X=X_{s}$ 者是说 $x_{1}=x_{1}^{s}, X_{1}=X_{2}^{s}\cdots\cdots$。那就是说在一观点的 x 外物等于那一观点的 x 官觉现象。

3.我们虽然能说 $x_{1}=\cdots\cdots=x_{2}=\cdots\cdots=x_{3}$，我们不能说 $x_{1}=x_{2}$，我们也不能说 x_{1} 就是 x_{2}，我们是有无量数的 x。不过我们要注意的是 x 虽可以代表外物，而 x 不是我们经验中所认为外物的一件一件的东西。那么我们所认为外物的一件一件的东西又是什么一回事呢？

C.具体的外物，寻常所认为东西的外物。

1.贯串的秩序。外物，官觉现象，知觉现象均有贯串的秩序。

a.$x_{1}\cdots x_{2}\cdots x_{3}\cdots x_{n}\cdots x_{n+1}$ 贯串的外物。

b.$x_{1}^{s}\cdots x_{2}^{s}\cdots x_{3}^{s}\cdots x_{n}^{s}\cdots ; x_{n}^{s+1}$ 贯串的官觉现象。

c.$x_{1}^{sp}\cdots x_{2}^{sp}\cdots x_{3}^{sp}\cdots x_{n}^{sp}\cdots x_{n}^{sp+1}$ 贯串的知觉现象。

2.以上可以代表空间上不同的观点，时间上不同的观点也可以用同样方式表示。

a.不同的时间观点与不同的空间观点相合起来得以下的方式：（前数目代表空间，后数目代表时间。）

1. $x_{1,1}, \cdots x_{2,2}, \cdots x_{n,n}, \cdots x_{n+1,n+1}, \cdots$

2. $x^{s}_{1,1}, \cdots x^{s}_{2,2}, \cdots x^{s}_{n,n}, \cdots x^{s}_{n+1,n+1},$

3. $x^{sp}_{1,1}, \cdots x^{sp}_{2,2}, \cdots x^{sp}_{n,n}, \cdots x^{sp}_{n+1,n+1},$

b.以上的(1)我们说是X,以上的(2)是Xs,以上的(3)是Xsp。“X”就是具体的,我们寻常所称为东西的外物;Xs是一种综合的官觉现象;Xsp是一种综合的知觉现象。

3.外物与知觉现象相等这句话的解释。

a. $X = X_s, X = X_{sp}, X_s = X_{sp}$。

b.
$$\begin{array}{l}
\left\{\begin{matrix} x_{1,1}, & = \cdots = x_{2,2}, & = \cdots = x_{n,n}, & = \cdots = x_{n+1,n+1}, & = \cdots \\ \| & \| & \| & \| & \end{matrix}\right\} = X \\
\qquad\qquad\qquad\qquad\qquad\qquad\qquad\qquad\qquad\qquad\qquad\qquad\qquad \| \\
\left\{\begin{matrix} x^{s}_{1,1}, & = \cdots = x^{s}_{2,2}, & = \cdots = x^{s}_{n,n}, & = \cdots = x^{s}_{n+1,n+1}, & = \cdots \\ \| & \| & \| & \| & \end{matrix}\right\} = X_S \\
\qquad\qquad\qquad\qquad\qquad\qquad\qquad\qquad\qquad\qquad\qquad\qquad\qquad \| \\
\{x^{sp}_{1,1}, = \cdots = x^{sp}_{2,2}, = \cdots = x^{sp}_{n,n}, = \cdots = x^{sp}_{n+1,n+1}, = \cdots\} = X_{sp}
\end{array}$$

4.我们寻常当作具体的外物不是一单个的东西,是很复杂的贯串的有秩序的事体,我们为便利起见称它为一件一件的东西,如这张桌子,这支笔等类。寻常语言中没有名字代表“$X_{1,1}$”,本文没法想也就糊里糊涂称它为外物。或者我们可以称它为“外物成分”。外物有起点,外物的起点是一外物成分;外物有中心点,外物的中心点也是一外物成分。

D.对于官觉现象与知觉现象还有几句话似乎应该说说。历史语言文化影响于官觉现象的地方我们已经说了不少的话,现在我们请读者注意的有以下诸点。

1.关于形容方面我们可以说大约以符号为工具,最普遍的就是语言文字。

a.语言文字须有固定的结构,用它的人才有所遵循。它

当然可以变，不过我们要知道它变。

b.语言文字要有意义，没有意义，或有意义而我们不知道它的意义的符号，对于我们不是语言文字。

c.语言文字是一种简单的形容词，但要有共同的被形容的东西才有共同的语言文字，才有共同的意义。

d.翻译的可能。有以上的情形才有翻译的可能。现在的翻译大都用字典，但根本的翻译还是共同的被形容的东西，那就是说共同的知觉现象，更进一层就是共同的官觉现象。

2.历史文化的影响，知觉现象既代表历史文化的影响，所以官觉现象虽然差不多完全是共同的东西，而知觉现象对于语言历史文化不同的人们不是十分共同的东西，所以翻译不容易是十分美满的事。

3."形容"是一种外在关系。

a.关于外在关系的种种，别的地方已经说了，所以不必再说。

b.根据以上所提出的情形我们有 $X_s = X_{sp}$ 的表示。

本节我们要提出几种例外情形。这些例外的情形都是知觉事实中的困难情形。它们似乎都是媒介质的影响。

A.例外情形。

1.不同的媒介质。

a.一半在水，一半在空气中的棍。

b.镜子里的像。

c.科学器具如显微镜望远镜等得来的对象。

2.例外的官觉者。

a.色盲的人或麻木的人。

b.临时的生理作用。

B.以下两种例外的情形可以说媒介质不同的情形。

1.在外的物理媒介;以上所说的水、镜、空气等均属之,化学作用在内。

2.在内的生理媒介,永久的或临时生理作用均属之,化学作用在内。

C.媒介质的集合有以下的情形。

1.生理媒介质相同而物理媒介质不同。用显微镜的官觉现象与不用显微镜的官觉现象不同。但只要生理媒介质相同,显微镜的影响一致。

2.物理媒介质相同生理媒介质不同。

a.生理媒介质的性质不同;永久的,如色盲人与非色盲人的生理媒介质不同,临时的,如醉酒的人与未醉酒的人生理媒介质不同。这都是生理媒介质的性质不同。

b.生理媒介质的程度不同;如两手同在水里,一手觉得冷一手觉得热。在这种情形之下,两手的冷热可以有 X=…=Y 的情形。

3.混合的物理媒介质与混合的生理媒介质;这种情形比较的不容易发生。

4.相同的物理媒介质与混合的生理媒介质;半边麻木的人就有这种情形。

5.相同的生理媒介质与混合的物理媒介质;如一半在水

一半在空气的棍子。

6.其他集合情形尚多但可以不提。

D.以上的集合法对于知觉现象都有影响而影响可以分为两类：一类使知觉现象的差等的分别，一类使知觉现象的性质的分别。

1.前一类没有多大的问题；前面已经说过，现象的分别既是程度问题则X程度与Y程度还是有X=…=Y的情形。既有这情形，则对于这类影响的问题，以前所说的话都可以应付。

2.后一类影响既可以使知觉现象得性质上的分别而同时X性质与Y性质又没有X=…=Y的情形，则性质上的分别不能由以前所讨论的方法对付，而只能说受这类影响的知觉现象代表具这类影响的知觉事实的因果系统及背景已经变了。

3.在受前一类影响情形之下，虽有经 $x_1 \neq x_2^{sp}$ 的情形，而同时有 $x = \cdots = x_2^{sp}$ 的情形，所以能有 $X = X_{sp}$ 的结论，但在后一类影响情形之下，或者在空间方面没有 $x_1 = \cdots = x_2^{sp}$ 的情形，或者在时间方面没有这情形，或者在时空两方面都没有这情形。既然如此我们对于X就发生问题。

4.在以一种媒介质为背景的情形之下，x_1 与 x_2 仅是相对的性质不同，所以我们能得共同的X；而在以多数混合媒介质为背景的情形之下，x_1 与 x_2 绝对的性质不同，我们不能得共同的X.我们可以有 x_1 与 x_2 及 x_n 等，但这些具体的外物不但对于我们有独立的存在而且对于彼此也有独立的存在。这样说来，我们寻常所谓“一件东西”者不但在知觉事实中可以给我们无量的知觉现象，而在纯粹自然界也可以是无量件的东西。这种说法似乎与常识相隔太远。同时,共同的独立存在的外物也无形取消。

5.对于一半在水,一半在空气中的棍子,我们寻常说"虽然看起来棍子不直",其实"是直的"。这话或者是说不通的。我们似乎可以说"在一种特殊情形之下棍子不直,但在普通情形之下,它是直的"。这样说法,当然注重在情形。至于离开情形,棍子直与不直是否有意义的问题颇难说了。对于这问题还有以下两点要讨论。

E.媒介质集合影响不一致;有的时候我们由经验或者由试验可以推论影响的性质。

1.有时媒介质仅影响到一官觉,如视觉,而不影响到其他官觉如触觉。上面所说的那棍子,我们看起来不直而摸起来是直的。视觉受影响而触觉不受影响。

2.有时媒介质的影响不均,我们可以由差等的不同而推论到哪一官觉所受的影响重哪一官觉所受的影响轻。

3.有时媒介质的影响不一致,我们可以推论到各官觉所受的影响性质不同。

4.有些媒介质的影响是外在的,有些是内存的;有些是可以直接观察出来的,有些不能。

5.在经验方面我们大都以普通媒介质中所得的官觉现象为实在的外物的表现,以这种官觉现象为标准推论到其他官觉现象是否受特殊媒介质的影响;凡受特殊影响的官觉现象我们大都以为是"不实"的。在事实方面,一群 X 之中,我们以普通媒介质中所得的 X 为实在的"X"而以其他为例外的。

F.相对实在的外物与绝对实在的外物。

1.我们现在把观点，媒介质，知觉事实之种种因果系统总称为背景。一种背景之下有绝对实在的外物。在另一种背景之下，前一种背景与它的绝对实在的外物仅是相对的实在。

2.在理论上外物可以离开背景，而在事实上外物不能离开背景；在事实上外物既不能离开背景；则“绝对实在”的外物当然不能离开背景，而我们所称为“绝对实在”的外物就是具人类所不能逃的背景的外物。

3.我们对于理论上离开背景的外物是否有本体问题现在且不管，但无论如何不会有认识问题。

4.在一背景之下既有绝对的实在，在一种背景之下有绝对的真假问题。

5.在人类知觉事实中，人与其他官觉者有共同的外物。在人类与其他任何一类官觉者的知觉事实中是否有共同的外物我们似乎无法知道。在人类知觉事实中，其他任何一类官觉者在它们的知觉事实中似乎有共同的外物。

G.我们再说几句关于相对实在的话。

1.实在有以下各种的相对。

a.物理的相对。以上所说的关于物理媒介质的话就是提出物理的相对问题。

b.生理的相对。以上所说的关于生理媒介质的话也就是提出一部分的生理相对问题。

c.几何的相对。观点论就是几何相对的一部分。观点论似乎可以不涉及存在的东西。

d.心理的相对。历史语言文化与生理交相作用所能得到的相对就是心理的相对。

2.实在有程度问题各种相对有它本身的实在的程度问题，各种相对既不同，一种实在在各种相对下程度也不同。

a.在物理相对下，科学事物(scientifie objecto)的实在程度高而知觉现象的实在程度低。

b.在心理相对下，知觉现象的实在程度高而科学事物的实在程度低。

c.其他的相对也有同样的实在的程度问题。

H.那么实在究竟是相对呢？绝对呢？对于这问题似乎是只能说以下的话。

1.在任何一背景之下有绝对的实在。

2.在多数背景之下，同时不用任何一种背景的眼光去观察实在，在这种情形之下恐怕只能说以下的话。

a.是否有绝对的实在，我们不能说，或者有绝对的实在，而我们不能说"有"；或者没有绝对的实在，而我们也没有理由说"没有"。

b.我们相信有绝对的实在，但这种信仰似乎是一种富于感情的反感，不是富于理性的结论。

3.以一种背景为主体，其他任何另一种背景之下的实在都视为相对的实在。

4.实在可以绝对也可以相对，不因它相对就不绝对，也不因它绝对就不相对。

5.我当然不敢说这样的实在论是对的，或者是说得通的，但我以为如果我们承认本文提出的知觉事实与知觉现象论，我们或者难逃与以上相类的实在论。

思　想*

一、心

A.心字的各种用法

1.心字在哲学上的重要似乎不必多说。大部分哲学上的笔墨官司,是为心字或物字而打的,这个字在哲学上重要,在知识论上似乎更是重要。普通所谓唯心论或唯物论常常是由知识论上的唯心或唯物而推到所谓唯心主义或唯物主义。在本段我们暂不讨论心究竟是什么,当然也不讨论心与物的关系。本段我们只谈心字的用法,详细地讨论心似乎非专书不可。

2.常识方面的用法颇不一致。最初就有一个心与一心的问题。"心"有时可以叫着一个,这似乎是把心当着具体的东西看待,好像是你有你底心,我有我底心,而这"个"心不是那"个"。同时又有"一心"和"齐心"的说法,能"一"能"齐"的就不能"个"。能一的"心"是"心"共相或"心"概念,而这本来就是一,根本就用不着齐。就这个心与那个心说,我们既不

---

* 原刊于《哲学评论》第9卷第1—2期,1944年5月、7月。——编者注

能一，也不能齐，好像就各人的耳目说，我们也没有法子齐耳、齐目或一耳一目一样。虽然，我们说“众口一声”，然而具体的口仍为众，具体的声也是众，所谓一者只是声的类型而已。所谓一心，似乎不是这看法，不是表示心的类型，因为果然如此，则不仅周的三千臣只有一心，即纣的亿万臣也只有一心。

3.其次常识中底“心”大都是意识、意思、意志等等的代名词。不遂“心”、有“心”人、违“心”事底“心”似乎代表意志的时候多。用“心”底“心”除致力于思想外，似乎连所有的七情都可以牵扯到。动“心”底心大都与欲或情欲有关，居“心”、留“心”、当“心”、费“心”，都代表意识、意思、意志等等。假如我们费些功夫去分析，总而言之，常识中许多心字的用法有些可以用意字代替，有些可用念字代替，有些可用愿望代替，有些可用神字代替……喜怒哀乐爱恶欲都可以做心。有时有未发的状态或情形，“心”里喜欢似乎就是未发的喜欢，心里明白似乎就是外表上没有表示的明白。

4.以上所说的心，都不容易说这个或那个。有很流行的办法，把心视为生理上具体的东西。这看法又可以分为两看法：一是以人身左边总管血流的那个东西为心。这显而易见不满意，不必讨论。另有一看法是说脑子是心。如果有人问心在哪里，我们可以指着头上的脑部，说心就在那里。这看法的确可以使我们说这个心、那个心，而每人有一个心。并且表面上还可以说相当的满意。因为照此看法，心比较地具体。可是有此看法的心，似乎不是我们所要说的心，或哲学上所说的心。以此为哲学上所说的心，有好些话成为废话。不仅如此，即日常生活中所谓“心里难过”之所谓心，也不是如此说法的心。不然这句话等于说某人有亚司必灵所能医治的头痛。

5.还有一个用法是“良心”。这大约可以说是伦理行为底主宰。是否就是同时知识经验的主宰,颇成问题。如果不是,我们可以在知识论上把它撇开。如果是的,我们一样仍然有研究什么是心的问题,或究竟如何主宰的问题。本条的意思无非是说,即以心为良心,而问题仍旧。

B.哲学上的心

1.哲学上也有好些不同的心。这些大都不是日常生活中所说的心,虽然我们不大容易说日常生活中所说的心,究竟是如何的心。范围最广的也许是万有皆心的“心”,这用法的心等于包罗万象的宇宙,与它对立的东西当然没有。这样的心,也许还是从日常生活中的心出发,慢慢地外延加广,意义减淡,广淡到与原来的日常生活中的心毫无关系。无论日常生活中的心是如何的心,无论积极的说法如何困难,而消极地说,它总与非心有分别,而在日常生活中,有非心是我们承认的。等于包罗万象的心,既然没有非心和它对立,当然不是日常生活中的心。

2.“上帝的心”或“帝心”也是一个说法的心。这看法的心与日常生活中的心有比喻上相似处。人各有心,人和上帝相像,上帝也有心。可是上帝究竟与人不同,上帝底心也与人底心不同,他底心没有人底心的限制。假如万有皆在上帝心中,则此心也差不多等于宇宙。说差不多者,因为上帝有心底“有”也许和人有心底“有”一样,人虽有心而不是心,如果上帝有心而同样地不是心，则万有虽在上帝心中，而上帝本身也许在心之外。所以心不等于宇宙，只差不多地等而已。可是也许上帝不仅有心而且是心，如此则假如万有皆在上帝心中，则不但此心是宇宙，而上帝也是宇宙。这样的心虽然也叫作心，然而决不是日常生活中自别于非心的心。在知识论所要讨论的心，仍是有别于非心的心。无论我们承认上帝的心也好，不承认也好，我们的问题仍然一样。

3.除以上之外，还有所谓“超心”。这“心”既不是A段所谈的各种用法的心字所表示的心，也不必就是本段(1)、(2)两条所论的心。这超心也可以说“个”或这个、那个，但是不是或不只是日常生活中所说的这个人的心，或那个人的心。因日常生活中的这个或那个心，决不能堆起来成整的心。超心可以堆起来成整的心，然而不是心之所以为心或心共相，或心概念。心共相或心概念本身不是一个心，好像所谓桌子不是一个桌子，所谓人不是一个人一样。与超心相象的似乎是时间、空间那样的东西，时空都可以说这说那，然而成千成万的这与那堆起来仍为整个的时间、整个的空间。这样的超心可以是(1)条、(2)条所说的心，它可以与物平行，也不必就是上帝的心。它不必承认上帝，即承认上帝，也可以只是此超心的一部分。

4.我们在这里并不以为哲学上对心的说法就只有几个说法。我们知道说法不止于这几个，并且也许没有一个说法是这样简单的话所能表示的。同时我们既不表示赞同，也不表示反对这样的说法。我们所注意是(1)、(2)、(3)这类的说法对于本书不相干。比较地近乎本书所需要的是思想之官的心，这我们要在下节提出讨论。可是有一点我们得在这里表示一下，本书所要陈述的知识论，决不会是唯心的，也决不会是唯物的。照本书的看法，以日常生活中所认为是知识的那样的知识的论，既不能谈唯心，也不能谈唯物。承认二者中之一，就是否认日常生活中所承认为知识的知识。这显然牵扯到心、物两字的用法。本篇以为无论我们对于心与物的看法如何困难，我们总得承认有非心与非物，然后在知识论上，心与物两字的用法才有解决知识论上的问题的用处。

C.思想的官的心

1.有一相当流行的说法是说心是思想的官。这说法把心的功用限制到思想，这样一来普通所说情感、意志、要求、欲望……，或者根本不是心底事，或者虽不能不牵扯到心、不能离开心，然而它们不是心的本分内的事体。这说法也许很旧也许有很长的历史，但我们不必讨论这一点。完全新的说法在历史上不是常有的事。知识论也许要讨论心，这要看心如何说法，知识论所不能不讨论的是思想，所以心是思想的官这一说法特别重要。

2.这说法有一种比喻上的简单性，使人易于捉摸。显而易见，这把心与耳目口鼻排在一起，由耳能听、目能视，……很容易想到心能思想。耳是听的工具，目是视的工具，……很容易使人接受心是思想的工具。这说法的确有便利处，心好像因此用法而容易懂得多，照此说法，“用心”、“留心”、“当心”，似乎都可得到相当的解释。所谓“记在心里”或“摆在心里”也可以有相当的解释。说耳膜在耳朵里和说声音在耳朵

里的“在里”本来是两件事。前者的确不在耳朵所占空间范围之外，后者只在听觉里而已，它可以在耳朵所占空间范围之外。如果我们引用后义，说“记在心里”，似乎没有什么问题。

3.可是，比喻虽有好处，亦有坏处，比喻的根据至多是数方面的相似，决不是各方面的相同。果然是各方面的相同，我们根本就无所用其比喻了。在比喻上注重一方面的相似，很容易抹杀它方面的不相同，而引起误会。即以（2）条所说的而论，心是思想底官，使人想到耳目口鼻。而想到之后，我们也会以为耳目口鼻是单独地可以指出来的东西，心也是可以单独地指出来的东西。我们可以指眼睛说这是眼睛，我们也可以要求指出一东西说这是心，可是这要求是非常之难于满足的，至多使人想到 A 段（4）条所说的脑子。脑子似乎不是简单的官能，而问题就因此复杂了。

4.脑子至少不是耳目口鼻那样的官能。耳目口鼻虽合作，然而的确有分工。由分工这一方面着想脑子可分的工似乎太多。当然脑子可以分好几部分，我们当然可以指出某某部分的责任是思想，例如前脑（从前似乎有此说法，现在有否不敢说），或脑中灰质。可是这也有问题。耳目口鼻都可以用生理学术语说明它们的结构，它们底所同及如何司法，似乎也可用生理学术语说明，如前脑或灰质或另外部分为思想的官，这些部分固然可以用生理学术语说明，而所司及如何司法就不大容易用生理学术语说明了，以后的情形如何，我们虽不敢说，但一直到现在，以生理学术语去说明思想的企图还没有满足。

5.一部分的困难可以如此表示，我们可以用眼睛为例，我们可以用生理学术语形容眼睛的构造,我们可以利用物理、化学等等的术语表示外界底形形色色如何“入”于眼睛而成为眼睛中的照片式的东西,由此我们可以用生理学术语继续形容下去。对于脑子是心或思想的这问题就不一样了。生理学上的脑子我们显然仍可用生理学术语去形容。可是思想无所谓入或出。一直到现在科学方面的术语,还不能形容思想,也不能以它们的术语所形容得出的加到思想上去。我们不能说它进入脑子,也不能提到别的可以用科学术语表示的东西说它进入脑子之后,就成了思想。即令我们能够提出这样的东西,如何成法,仍然是困难。如果我们以脑子为心,说思想在心中,就是在脑子中。可是思想在脑子中如何在法,大有问题。上段(2)条曾说耳膜在耳朵里和声音在耳朵里底“在里”根本不一样,它们的分别在那一条已经说过,此处不重提。这两不同的“在里”说法都不能引用到思想在脑子里上去。耳膜占空间,说它在耳朵里,占空间范围没有问题。“思想占空间”这句话有问题。假如我们根本不能说思想占空间,它当然不曾在脑子所占空间范围之内。它决不像耳膜在耳朵中那样地在脑子中,可是也不能和声音在听觉中那样地在脑子中,因为声音是物理学术语可能形容的,而思想一直到现在,还不是科学术语所能形容的。认它在脑子里底作用中,这句话不像声音在听觉中一样有科学的意义。以脑子为心,至少有许多的困难。这许多的困难也许可以克服。也许我们可以说脑子的某部分为心,果然如此,这样的讨论可以取消。但是在这说法未成立以前,我们不敢以脑子的某部为心。

D.心与思想

1.上面已经表示心是思想的官这一用法很易发生误会，且不容易说得过去。本书不作如此说法。本书根本不愿意用“心”这一个字。不用这一字似乎可以减少许多问题。同时不用这一字，物字的问题可以撇开。既然如此，哲学上的心物之战当然用不着讨论，这不但是省事，而且本书以为知识论根本用不着解决这个问题，它根本没有这样一个问题。如果有时为文字所迫用起心字来，所谓心就是思想能力，在官觉者的整个机构中，是否有一机构有此能力，我们不讨论。究竟什么机构有此能力我们也不管。知识者有思想是事实，能思想也是事实。虽然如此，思想能力不是一样东西。我们不能指出一样东西说它就是此能力，当然也不能指出一样东西，说它是心。也许以后我们会发现有此能力的机构，我们可以说心就是那机构底作用。那样固然很好，可是发现不出来也没有关系。也许以后会发现有此能力的官觉者或知识者的整个的机构。果然如此，那也很好，可是没有这样的发现也不要紧。

2.一类知识者在性质可以有同样的能力。即以人而论，从前有“人同此心，心同此理”底话。此中“心”与“理”的说法，我们虽不敢说究竟是如何的说法，然而照我们以上所说的心及以后所说之理，我们也可说人同此心，心同此理。心与理当然不必为人所独有或独得，然而人的确可说同此心，心也的确可说同此理，但是这似乎只是就性质而说的，至于此能力的大小精粗等等，它们的程度上的分别可以很大。这当然就是说一知识类中的知识者底能力底不同可以有很大、很小、很精细、很粗的分别。这种种程度上的不同与脑子有密切的关系，然而是否就是脑子的分别,颇不易说。这分别也许与眼耳鼻舌底能力的分别相似,但它是否就是眼耳鼻舌的能力的分别,也不易说。聪明二字在中文可以代替思想能力大,不必限制感觉灵敏,也许感觉灵敏的也是思想能力大的。这些我们都可以不论,我们所注意的既是思想,也是思想能力,我们所说的心当然是意义很狭的心。虽然从大小精粗说,我们有不同的心,而从性质说,我们有一样的心。

3.思想既重要,思想能力当然重要。我们在本章底主题本来就是思想,接着就要讨论思想要分别想象与思议,思议更是重要。没有思议根本没有知识,有思议才有知识。既然如此,思想能力当然重要。所谓心就是思想能力,它在本知识论非常之重要。可是这所谓心从内涵方面说,不见得比别的所谓心来得深。然而从外延方面说,的确比许多别的所谓心外延来得狭。照此用法的心,当然要求我们承认许许多多的非心底存在。我们既然承认非心的存在,当然不至于发生唯心的问题。既然承认有思想能力底心,也当然不至于发生唯物问题。可是虽然如此,本书仍以不谈心为原则。要谈思想能力的时候,我们只谈思想能力。心字无论如何用法,误会底机会总比较多。不独心字如此,物字也是如此,本书也以不谈物为原则,一点前此已经提过。对于这样的字不仅读者易误会,即作者亦容易忘记所谓,无形之中又回到所习惯的用法。

4.本书所注重的不在此能力之为能力而在此能力底致用,或此能力底活动,此所以(3)条所说容易办到。既然不注重能力,所以谈到能力的时候少,因此也无须乎常常提到心。能力是要活动去表现的,没有活动,当然不能表现能力。不注

重活动，所谓思想能力差不多是一空洞的意念。注重思想能力的活动，即注重思想。本章的主题为思想，以后不多谈能力，至少大部分关于能力底讨论限于本节。

二、思　想

A.思想能力的活动

1.有政治能力的人，其表现有这能力是政治活动；有经济能力的人，其表现有这能力是经济活动。思想能力的表现也是思想活动。能力也许可以分为隐潜能力和显表能力，前者也许要用假言命题去表示，例如：可惜某甲没有机会，如果他有机会，他很可以做些政治工作。这种潜在的能力很难肯定。仍从上例说，某甲既没有表现政治能力活动的机会，究竟有没有政治能力很难肯定地说。显表的能力是要有活动以为表现的，我们这里所谈的思想能力，不是隐潜的能力，而是显表的能力。如果我们从耳目口鼻着想，我们可以看出它们与心或思想能力的相同处，也可以看出它们彼此间的不同处。耳也许能听，目也许能视……可是不听见声音的耳朵，我们要说是失了听能的耳朵，看不见颜色的眼睛，我们也要说是失了视能的眼睛。这是与思想能力相同的，不能活动的能力就是没有能力。另一方面，这说法也表示心字的用法与耳目口鼻不同。听不见声音的耳朵仍为耳朵，看不见形色的眼睛仍为眼睛，它们都是不能的官而已。心字照我们的用法，根本不是官，只是思想能力。对于这样的能力我们尤其非注重活动不可。

2.上面已经说过，思想底能力有大小精粗等等问题。根据这种分别,活动范围及方式,也有相应的分别,就范围说,活动的方面可以多,也可以少;就方式说,在任何一方面的活动,可以深也可以浅。这活动底大小精粗当然与天赋的能力,与此能力的训练,与有此能力的习惯等,当然都有密切的关系。说天赋的能力是就遗传说,说能力的训练与有此能力者的习惯是就环境说,二者孰为重要,我们不能讨论,也不必讨论。我们在本条只说说引用底影响与方面的不同。一能力的发展要靠该能力的活动,活动得愈多,活动的能力愈大。思想能力也是这样,愈思想,愈有思想能力,或者说思想能力也愈大。就方面说,能力的活动虽有不同,此不同处是否根据遗传或环境,我们仍然不论。我们现在只表示有思想能力的活动底方面不同而已。有英文中所谓法律心,或是"逻辑心"或"算学心",至少表示思想活动的方面底不同,也许还表示思想能力底方面的不同。其所以谈引用与方面者,因为完全不引用,思想也许慢慢地没有思想能力,完全活动于一方面的思想能力也许慢慢地没有别的方面的思想能力。

3.思想活动有原料,有内容,有对象。原料是所与所供给的或者说是所与。前一说法是以所得为原料,后一说法是以所与为原料,虽然前一原料似乎没有后一原料来得那么"原",然而两说法都行。以前三章的讨论都可以说是对于原料及原料的搜集的讨论,本章分段讨论的时候,我们仍得提出原料问题。所谓原料,我们盼望以后会慢慢地清楚。内容与对象的分别前此也已经谈到。从前是从学问方面着想,我们曾说物理学的对象是物理,物理学的内容是一些概念、定理、原则等等。现在所说的分别依然是那种分别,我们可以利用

目之所视为例。视觉有对象与内容，日常生活似乎以看与见来表示对象与内容的分别。我们可以“看”西山，所看的西山是对象，看而能“见”，所见的西山是内容。普通以对象为外物，以内容为现象，以前者为在外，以后者为在内。本书的说法与这说法稍有不同。照本书的说法，对象是所与，内容是呈现，而客观的呈现在性质上就是所与。这问题在第一章已经讨论，此处不赘。说法可以不同，而对象与内容的分别仍然一样。假如我们把视觉两字总看与见二者之成，所视的有对象亦有内容。思想也有对象有内容，内容是思想活动中的所思，对象是思想活动外的所思。

4.所谓中外无非表示前者随思想活动而俱来，后者独立于思想活动。这句话也许过于简单，我们得引申一下。我们仍可以利用以上所说的视觉，在视觉中的“在中”有两不同的“在法”。就一“在中”说法，对象的西山和内容的西山都在视觉中。至于内容的西山当然在视觉中，本来就不会有问题。可是我们假如就视觉活动的生灭说，对象的西山和内容的西山根本不同。对象的西山不随我们的视觉的生而生。也不随我们的视觉的灭而灭。如果我们以随视觉的生灭而生灭的为在视觉中，那么照这说法的在中，内容的西山虽在视觉中，而对象的西山不在视觉中。这两种不同的在中说法，对于思想同样地引用。就前一说法，对象与内容都在思想活动中，就后一说法，只有内容在思想活动中，对象不在思想活动中。

B.思与想

1.思想两字本来综合用的，这是从两字的用法着想。思与想在事实上是分不开的,这是从事实着想。它们虽是分不开,然我们仍不能不分开来讨论。这样的情形很多,不止是思与想而已。分科治学所用的方法,就是这方法。在我这一个人身上有物理现象,有化学作用,有动物行动,有生理情形,有心理行为……这些都分不开,而我们不因为它们的分不开就中止分别地讨论它们。学问的能够进步,就靠分别地研究它们,分别地讨论它们。思与想的情形同样。思想者中间有善思而不善想的,有善想而不善思的,有二者兼善或者兼不善的。无论如何,它们有分别。而这分别在讨论知识论的问题上非常之重要。我们虽不能把思与想分开来,然而仍须分别的讨论。

2.思与想的分别何在呢?这分别最好从内容与对象着想。我们以后叫思为思议,叫想为想象,现在即可以分开这名称。想象的内容是象,即前此所说的意象。思议在内容是意念或概念。想象的对象是具体的、个体的、特殊的东西。思议的对象是普遍的,抽象的。特殊的具体的个体可觉,例如我们可以看见一张红桌子、也可以想象,例如闭上眼睛让那张红桌子的像照样呈现。可是那张红桌子我们无法思议。对于特殊的只有亲切的经验才能使我们得接触,我们不能以意念去形容。这当然就是说我们不能思议特殊的东西。普遍的、抽象的对象我们可以思议,不能觉,也不能想象。例如"八千万万"、"蕴涵",这都是可思议的,但是我们没法子去觉它们,也没有法子去想象它们。头一例也许不好,也许有人以为我们不能觉或不能想象"八千万万",是因为数目太大,其实不然,不仅"八千万万"不能觉、不能想象,就是"三"也不能觉不能想象,“三”个梨可觉可想,而“三”之为“三”仍不能觉、不能想。

对于思想我们仍不仅注重思而不注重想或注重想而不注重思,或注重想而忽略思。在从前确有承认想象而不承认思议的人,我们比较熟悉的是休谟,他的最大问题就在这一点上。我从前曾把他所谓“Edea”,译成意象,因为他实在没有我们这里所说的意念。意象是类似具体的,我们已经说过。休谟既只承认意象,当然不能承认有抽象的意念。他既不承认有抽象的意念,他所提出的一些问题在他毫无办法(例如无限小),而他的哲学说不通。他有哲学,他底哲学不能例外,当然也是以抽象的意念表示的。然而他的哲学的内容又不承认抽象的意念,其结果他实在以抽象的意念去表示没有抽象的意念。在这情形之下,如果他的表示工具不错的话,他的内容错了;如果他的思想内容不错的话,他得承认他没有工具可以表示那样的内容。我们不能抹杀思议而以思想为单独的想象而已。

3.根据以上所谈的,我们可以先说一句不妥当而容易懂的话:可以想象的都是可以思议的。凡金山银山、金城银城都是可以想象的,即欧战那样的大战在洋火盒子上展开也是可以想象的,可是这些都是可以思议的。我们想不出不可以思议的意象。以上那句话虽容易懂,然而的确不妥当。上面曾说特殊的、具体的东西是不可思的,何以又说任何意象都可以思的呢?显而易见,意象是类似具体的,具体的、特殊的既不可思,那么想象中金山银山、金城银城,应该是不可思议的。可见那句容易懂的话不应该那么说,它的意思实在是说:如果我们用思议的工具去表示想象的内容,凡可以想象的,我们在思议上都可以得到类似想象内容那样的思议内容。请注意这不是说想象底内容可以重现于思议的内容中,这不是说思议可以得到想象内容的照片。在思议所得的不是意象,是类似意象的思议内容,或者说所得的是形容此意象的意念。照此说法,任何可以想象的意象都可以用思议方式去得到相应的意念。

4.可是可以思议的意念,不都是可以用想象方式去得到相应的意象的。有些意念当然可以用想象方式去得到相应的意象的,也许大多数的意念是如此的。以上所说的金山银山、金城银城,当然属于这一类的。但是有些意念,是不能以想象方式去得到相应的意象的,例如"零"、"无量小"、"无量大"等等。这些意念或概念根本没有相当的或相应的意象。我们可想象房子无人,但是我们无法想象"无"。其他如无量、无量大、无量小,更是如此。现在所谓细微世界中的原子、电子,其困难问题就是大部分的情形是不能想象的。从前似乎还以原子比太阳系而因此间接地去想象原子的结构,现在似乎不行了。可是虽然如此,细微世界仍是可以思议的。不然我们对于这世界不会有知识。

5.上条所说的非常之重要,有一理论与它有密切关系。时常有人说:无量是不可以想象的,所以根本没有无量。或者说我们的"心"是有量的,所以不能想象无量。说"心"有量或无量,似乎无从谈起。即假设所谓心是有量,是否它就不能想象无量,也难于讨论。我们现在只论前一句话。假如前一句话说得通的时候,我们会发现冲突。一部分的问题当然是

"有"底问题，"有"可以当存在说，而存在是限于个体、具体的。而要无量存在才说它"有"，似乎是办不到、说不通的。我们现在暂且把"有"字底问题撇开，以后我们会回到有的问题上去。假如无量是不可以想象的，所以根本没有无量，我们何以想到无量是不可以想象的呢？我们果真想象到无量是不可想象的，则我们已经想到无量。无量如果真不可以想的，我们决不能想象它是不可以想象的。这样的弯我们可以多绕几句，但是以上已经足够表示问题的所在。思与想不分，以上的弯我们可以绕来绕去，而矛盾或冲突自不能免，思与想既分之后，以上的话毫无问题，不然我们的确不会指出它来，说它是不可以想象的。既然承认是不能想象的，在想象中，当然没有无量这一意象。就思议说，的确有无量这一意念或概念，就想象说，的确没有"无量"这一意象。

6.不可思议的都是不能在想象方面用想象工具可以得意象的，这点是非常之重要。金山银山虽可以想象，而无谷的山不可以想象。金山银山虽奇怪，然而的确是可以想象的，也的确是可以思议的，无谷的山是不可以思议的，因此也是不可以想象的。不可以思议的即逻辑上的不可能，这一层以后还要提及；所谓可以思议即为逻辑所允许，或无违于逻辑。逻辑上的不可能就是矛盾，矛盾的是不可以想象的。此所谓无谷的山是不可思议的，也是不可以想象的。无论山是想象的山或思议的山，它总有定义的，而它的定义总牵扯到有谷，无谷的山是一个矛盾。

C.动与静

1.思议与思想都有动与静的分别。在本段,我们要讨论动与静的分别。我们暂且不管思议与思想的分别,而综合地称为思想。动的思想我们普通用这话去表示:“这里有个困难问题,你去想想看。”或“我昨日想了一天”。静的思想也许用这样的话表示:“某某的哲学思想类似宋儒理学。”假如我们在国文班上作文,我们想了好久才把文章作出来,想的时候也许起了几个头,但是都不对,后来都放弃了,最后想到的都很顺利,费不了多少时候文章写成,先生或许批回“思路通畅”。文章也许做得不错,条理也清楚,从静的方面说,也许正如先生所说思路通畅。动的历程并不是静的条理。当然也可以偶然相合,真正下笔千言的人,也许可以动的思想凝成静的思想,并且很快地凝成,大多数的人也许不行。无论如何,思想的动与静总是不同的两方面。

2.这分别非常重要,我在这里想哲学问题,忽然听见警报,我想到轰炸……,我决不会把这思想当作哲学问题的一部分。我也许会想物价,想到饮食问题,可是假如我把所想的哲学问题做成文章,这些问题都不会在那篇文章里出现。假如我给报纸作一篇政治文章,写之前要想,想的时候也许“一心以为有鸿鹄将至”,但是写的时候你决不会把鸿鹄将至的思想写出来。请注意,这里所说的政治文章或哲学文章,假如是该天早晨的思想底经过,好像一种思想上的日记一样,那么题目本身就是陈述动的思想,凡那天所想到的都可以写出。不过这情形之下,文章的条理和思想的历程本来没有分别,其所以如此者,当然是因为题目本身所要的根本不是静的思想。

3.动的思想牵扯到时间。一方面时间不在思想中，另一方面时间是历程中的关系。假如十点钟想“无量”这一概念在哲学中有的作用，十点半想到康德，十一点钟又想到世界和平，由无量、康德到世界虽然有别的关系，然而也有时间的关系，而此关系就是以上所述的关系。可是虽然如此，时间不在以上的思想中。以上所说在十点钟想无量这一概念在哲学上的作用，却没有说在十点钟想十点钟，并且想无量在哲学上的作用，这就是说，时间虽是历程中的关系，然而不是思想的内容，也不是思想的对象。无论所谓在思想中是以前所讨论的两“在中”中间哪一个在中，时间都不在思想中（除非我们所想的是时间）。静的思想也有关系，而这些关系都在思想中。这也就是说，静的思想没有在思想外的关系。仍以时间而论，时间是动的思想历程中的关系，而不是静的思想的结构中的关系。也许我们可以写一篇文章，表示由无量这一概念底某方面或某一看法想到康德的看法，而这篇文章所表示的思想是有条理的，有条理就是有种种关系，可是这种种关系都在思想中，没有像时间那样既在历程中而又不在思想中那样的关系。动的思想的历程和静的思想的结构有很大的分别，前者无论思想本身的关系如何，总有时间上的关系，后者只有本身上的关系。

4.动静的分别既如上述，我们当然可以盼望有些话是对于静的思想可以说，而对于动的思想则不能说，有些话对于动的思想可以说，而对于静的思想不能说，思想的快慢似乎是对于动的思想说的，思想的谨严似乎是对于静的思想说的。“合乎逻辑”或“不合逻辑”是常用的字眼，但是这似乎是应该限制于静的思想的。动的思想无所谓合乎逻辑与否,一个人可以在前一分钟想他是好人,在后一分钟想他不是好人。虽然"他是好人"和"不是好人"是矛盾的命题,然而在前一分钟去想前一命题与在后一分钟想后一命题没有矛盾。如果这个人把他的思想历程写出来,读者会认为他的思想改变得快,他在后一分钟已经改变了前一分钟的思想,但如果此读者不乱用矛盾两字的话,他不会说作者的思想是矛盾。

5.动与静的分别无分于个人的思想或一时代的主要思想。亚里士多德和康德的思想,就静的方面说,就是普通所谓他们的哲学,就动的方面说,就是他们的思想生活。前一方面的思想依然尚在,后一方面的思想已经过去了。一时代的思想,也有动静的分别。19 世纪的下一段,可以说是天演学说时代,大多数有思想的人的思想总牵扯到天演学说。可是从静的方面说,天演学说即天演论思想的结构,而大多数人在思想历程中所思想的天演学说不是此结构,不过是此结构的成分入于他们的思想历程而已。

D.思想动静的混合

1.思想活动是综合的活动:一方面思议与想象分不开,另一方面是静的结构与动的历程也彼此不离。上面我们已经表示,我们从分析方面着想,思议与想象不能不分别讨论,静的结构和动的历程也是这样。可是从思想的进行活动着想,它们都是分不开的。本段讨论他们彼此相依的情形。虽然如此,本章以后的讨论仍分别地讨论。

2.想不能离思:我现在回想到南狱时代的生活,想到圣经

学院，想到衡山山顶，想到南狱庙，想到村镇等等，就想象说，以上都是象，差不多都是图画似的相片。但是从思想活动说，以上不仅是象而已，所牵扯的有山之为山、庙之为庙、村之为村，……有些记忆得清楚的，想象也活泼，也类似具体，也类似特殊，有些不清楚的，我们以普通的印象代替。而这难免不为意念所领导，大致说来，想象无思议也就缺乏条理，缺乏架格，如果我们把以上的话和有以上经验的人说，我们也许只是话旧，似乎没有多大的问题。然而只要我们想一想各人的经验不会完全相同，各人的想象无从交换，要比较时，仍得利用语言，利用意念，不然，有共同经验的人只好对坐而已。但是这还比较地容易办，我们只说"圣经学院"，我就可以引起我的意象，他也就引起他的意象。我们也许不必形容那所房子是如何的房子，除非彼此不接头的情形发生。如果我们和一个没有共同经验的人说南狱生活，问题就困难得多，他根本没有南狱生活的意象，要他得到相当的意味，我只能完全利用语言，完全利用意念。可是虽然如此，假如我能够利用语言恰到好处，我还是能够得到南狱生活的意味。完全在一个人的思想中，想象已经难于脱离思议，在两人的思想中，思与想更是不能分开。

3.思也不能离想：思红之为红，我们都要想象某一红色。思方之为方，我们要想象某一四方。说某一者，因为它们所要表示的是 a certain 不是 a particular。几何书上的画图，字典中的画像，都是利用想象去帮助思议的工具。也许有人会从上面 B 段（4）条着想，思也可以离想，因为可思的不必可想。其实这不过是说有些意念没有相应的意象而已。对于零、无量等等，我们没有在想象中的意象相当于思议中的意念。这些意念虽没有相应的意象,然而仍有所寄托。思红之为红,我们可以把思寄托到所说的红上,思零或无量,我们把所思寄托到相应的语言或符号上。有一位论算学史的先生说“0”底发现为世界史的大事,照本书的说法,得到“0”之后,我们可以把零的意念寄托到此符号上,利用此符号的意象去帮助对于零的思想。不利用语言文字或符号而又无相应的意象的意念,似乎是没有的,大多数的人不利用此等工具不能进行他们的思议。也许有例外的人可以静坐神思,不利用语言文字或符号,而条理仍井然,这样的人如果有的话,我们只能认他为超人,不仅是本知识论中的知识者而已。

4.动不能离静:动的思想的历程有点像电影片,无论整个的电影从头到尾是否成一有结构的故事,每一横断的片有它本身的结构或图案。此结构或图案也许有好坏,有对错等问题,然而此结构或图案之为一结构或图案,则不成问题。动的思想的历程也是如此。无论整个的历程是否成一意念结构,每一片断总有它本身的结构。假如我们由因果想到康德,由康德想到卢梭,由卢梭又想到民主政治,这历程从头到尾也许成一意念结构,也许不成一意念结构,然而想到因果时,有一因果思想底图案,想到康德也有,最后想到民主政治也有。这些结构或图案都是静的,此所以说动的思想不能离静的思想。

除以上之外,还有一种不能离静的说法。这说法是从规律方面着想,说某人“心猿意马”,是说他思想不集中,带点子批评的话。可是思想能力活动本来是很快的,心猿意马似乎是很好的事,何以有批评呢?又如“一心以为有鸿鹄将至”,它似乎很好,何以也有批评味呢?其实这都是从静的结构着想，心猿意马、鸿鹄与某结构为不相干，动的思想以静的结构为依归，无此依归则动的思想可以非常乱。逻辑学的一部分的用处就在使学者意识到静的思想底结构，使动的思想增加它的依归，本条上段表示动的思想事实上不能离开静的结构，而下一段又表示动的思想不应该离开静的结构。

5.反过来，静的思想也不能离开动的思想：静的思想也许有至当不移的结构，但是此至当不移的结构我们不必想到。所谓没有想到，也就是说没有在我们的思想活动中出现。要静的思想的结构在活动中出现，总要“去想”。可是“去想”就是表示要利用动的思想。静的思想的结构要在动的思想的历程中才能展开、才能发展。结构本身无所谓发展，只有从思想活动去说它才有所谓发展。也许有人说静的思想底结构既可至当不移，似乎没发展问题。也许静的思想的结构果然达到至当不移的程度，它就可以独立于动的思想。其所以需要动的思想者，就是因为此结构没有达到至当不移的程度。对于此说，我们要答复如下：我们现在所谈的结构是思想内容中的结构，不是对象的结构，如果我们用“理”字去表示此结构，我们所谈的不是独立于思想的理。思想内容中的理无论有种种的批评可说也好，是至当不移也好，总得要在思想活动中，这当然就是说不能离开动的思想。

三、想　象

A.想象中的关系与想象的时间关系

1.在第二章谈收容与应付的时候，我们曾讨论想象。在那时我们只把想象视为收容与应付的工具,在本节我们要提出另外的问题。本节的讨论虽然难免有重复的地方,可是我们仍盼望不至于有重复的地方。本节讨论是抽象的讨论,我们在综合的思想活动中提出想象。我们的讨论当然也是分析的讨论,我们不分析想象活动,而分析想象活动的内容。此内容可以分为关系者及其关系。我们以 A、B、C、D、E 代表关系者,这些关系者究竟是怎样的东西我们暂且不论。上面已经提到思想有两重关系,想象当然也有两重关系,以下两条提出这两关系。

2.动的想象我们可以用 A→B→C→D→E 表示,此中"→"当然表示关系,可是是什么关系呢?第一,"→"表示方向,我们很容易想到由 A 到 B 由 B 到 C 等等,因为我们所谈的是动的想象。第二,A、B、C、D、E 等等也许成一有图案的想象,而在此图案中不必有所谓方向。第三,我们会想到"→"虽是历程中的关系,然而不是图案中的关系,由此我们很容易想到"→"表示时间。以上的表示即表示 A 过去 B 才来,B 过去 C 才来,……或者说想象者由 A 想到 B,由 B 想到 C,……而此"由——到"表示 A、B、C、D、E,在时间上是相继的。上节已经表示这时间上的先后关系虽是历程中的关系,可不是想象中的关系。假如我们的想象是一所房子,A 也许代表客厅,B 代表书房,C 代表卧房,D 代表饭厅……我们可以先想象 A,次想象 B,又次想象 C,……然而在所想象的整个房子中,虽然有空间的关系,然而没有时间的关系,所想象的房子虽有 A、B、C、D、E……,然而不是 A→B→C→D→E……。时间只在想象的历程中,而不想象中。我虽先"想 A"然而不先

想“先想 A”。

3.静的想象我们可以用 A——B——C——D——E 表示，此中“——”表示想象中的关系。这关系麻烦得多，可是我们也会注意以下几点：第一，“——”没有方向问题，这符号本身就是不表示方向的。第二，“——”所能代表的关系非常之多，我们不大容易说它代表什么关系。第三，我们虽不能说“——”代表什么关系，然而它代表意象结构中的关系。假如上条所想象的房子中客厅在当中，卧房在东，饭厅在西，……那么“在中”、“在东”、“在西”都是“——”所代表的关系。假如我们所想的是一群学生进入教室，在想象中也有门，有窗，有椅子，有一群学生，整个的意象依然有左右前后等等，而这些也是“——”所表示的关系。不同的关系者有不同的关系，同样的关系者也可以有不同的关系。官觉的呈现如此，意象也如此，从关系者着想，有什么样的关系者就有某相当的结构，有些关系就相干，有些关系就不相干。这就是说我们虽不能决定“——”所表的关系是什么样的关系，然而只要我们知道 A、B、C、D、E 代表什么样的关系者，“——”所代表的关系也有范围。

4.照以上说法时间关系也是“——”所代表的关系，假如我们想先到银行去取钱，取了钱之后再到正义路去买东西，买了东西之后经华山南路及翠湖回到寄宿舍，这想象和以上对于房子的想象不一样。这想象本身中间就有时间，这时间和上文“→”所表的时间不一样，这里所想想的时间在想象中，而“→”所代表的时间不在想象中。显而易见，前者可以更改，后者无法更改，后者就是历史。我可以更改我的办法，我想象先回到宿舍去洗脸,次到银行去,取了钱之后就去吃饭……。想象中的时间不是"→"所表示的关系,而是"——"所表示的关系。总而言之,想象中的时间不是想象的时间,显而易见,我们可以在一分钟内想象到一万年。所想象的时间是一万年,而想象的时只有一分钟。想象中的时间可以倒过来,想象的时间当然是想象结构中的关系,是"——"所代表的,而不是"→"所代表的。

5.以上是分别两种不同的关系。我们先讨论关系,因为如果分析关系者,我们也会牵扯到以上所讨论的关系。即以前所说的 A 而论,它可以是客厅,客厅的意象中也有大小的问题,东西的墙相隔多少尺,南北的墙相隔多少尺,有陈设问题,桌子如何摆法,椅子如何摆法……在想的时候,我们也许先想大小后想陈设,……A 可以分成 x,y,z……,成分或关系者,这些成分或关系者也有两套关系:一即 x→y→z→……一即 x=y=z——。以上(2)条所说的即 x→y→z→……这一历程,而(3)、(4)两条所说的即 x=y=z=……这一结构。如果我们把 x 分析一下,我们也许发现有 s、t、u,……成分或关系者,而这些关系者又有 s→t→u→……与 s=t=u=……。这一分析程序没有无量的推延。想象的内容是意象,意象是类似具体的,以上的分析决不能分析到无量小的成分或关系者。因无量小的关系者不是具体的,不能有像。这分析历程总有打住的时候,这当然就是说,没有无量的推延。所谓打住的时候,就是关系者在事实上不能再加分析的时候,或者在想象时间,关系者是整体而不是能够再分别想象的关系者。这一点非常之重要,单就想象说,我们的想象的确不是可以无量分析

的，而我们对于无量或无量小或无量大的确没有意象。

B.想象与记忆的分别及想象的原料

1.想象的原料当然是我们从所与中所收容的所得。但是收容的工具很多，想象与它们的关系不是同样的密切。想象本身虽是一收容工具，然而它底运用一方面靠官能，另一方面靠记忆。想象靠官能和别的工具靠官能一样，想象靠记忆和别的工具靠记忆不一样。想象虽靠记忆，然而与记忆的分别很大，有一容易发生误会的说法是说记忆是遵照以往的经验的秩序，而想象不遵照以往的经验的秩序。记忆的内容不在以往而在现在，如果说已往的秩序，已往似乎是从对象说的，所谓遵照已往的秩序，似乎是说记忆的内容遵照对象的秩序。从想象说，对象根本不必是已往的，它很可以是未来的。从这方面说，它根本没有遵照已往的秩序与否的问题。这方面的问题暂且不提。所谓内容遵照秩序，一方面牵扯到关系，另一方面牵扯到关系者。如果我们暂且把关系者的问题撇开，单就关系着想，遵照秩序与否的问题只是“——”所代表的关系的问题，而不是“→”的问题。“→”所代表的关系既不在想象中，也不在记忆中，它是现在记忆的时间。这一点照前面的讨论应该明白，不必再事讨论。所谓内容遵照对象的秩序，只能有一意义，这就是记忆的内容 A = B = C——是已往经验过的对象，A = B = C——代表所经验过的事体或情形。这是说如果记忆不错的话。如果记忆有错误，根本没有以上所说的遵照。

2.在想象中的关系者——现在暂不分内容与对象——不

必是已往所经验的,也可以是已往所经验的。关系者底关系集合则不是已往所经验的。假如想象历程是 A→B→C→……,而想象的结构是 A=B=C——……,A、B、C 关系者不必是以往所经验的。我可以想象一客厅而我想象的客厅我从来没经验过。可是 A、B、C 关系者可以是已往所经验的,我可以想象到一只狗,而这只狗是我从前所看见过的。就想象说,关系者是否为从前所经验过的,与想象之为想象没有相干的关系。想象所要求的是 A=B=C=……这一关系集合的结构,不是从前曾经验过的。如果这是从前所经验过的事体或情形,则它不是想象的内容,而是记忆的内容。假如这整个的关系集合是从前所经验过的,则 A、B、C 也是,它当然只是记忆的内容。所谓记忆遵照以往的秩序,只有(1)条的说法,所谓想象不遵照以往的秩序,似乎只有本条的说法,对的记忆的内容 A=B=C=……是遵照已往所经验过的事体或情形的,而想象中的 A=B=C=……不是遵照已往所经验的事体或情形的。

3.在我们可以从比较具体方面着想:我们可以想象到一条血河,北有金山,南有银山,山上与岸边都有黄色的树,树上有蓝色的叶子,动物的颜色都是绿的,……这总算奇离古怪了。这不过是从颜色着想,其实从形式方面,我们也可以同样想到奇异的世界。可是对于这样的想象,我们一下子就可想到以下诸点:第一,整个的想象图案我们没有经验过,或者说在已往的官觉上我们没有官觉过这样的情形。第二,不但整个的图案我们没有经验过,即图案中的关系者我们也不一定经验过,这里所谓关系者,所指的是金山、银山、血河……其中

也许有为人所经验过的，但大致都是我们没有经验过的。第三，我们虽没有经验过整个的图案或此图案中的关系者，然而如果我们把图案中的关系及关系者的成分提出来研究一下，它们都是我们所经验过的。我们虽没有经验金山，然而经验过金色，经验过山。我们虽没有经验过血河，可是从一方面说，那是经验过的。已经验过的成分就是想象的原料。

4.想象的原料当然是经验所供给的，不过说经验供给原料，话说得稍微笼统一点。仍以上面所说的金山、血河而论，在想象中，它们都是意象，都是内容，说金山、血河都是经验供给的原料，不是从意象说的，而是从意象的根据说的。意象的根据，照以上所说，差不多可以限制到记忆所保留的所与，或记忆所保留的官能的所与。我们看见过金色，在记忆中保存了金色，看见过山，在记忆中保存了山形，看见过颜色等等。这当然还是从关系着想，如果我们从关系着想，情形同样。就原料说，关系者是记忆所保留的所与。我们只说记忆所保留的所与而不说记忆的所与。因为我们不一定记得这些所与，记忆和记忆之所得是两件事体。记忆是活动，因此活动而保留所得，不必老在记忆活动中。想象的原料虽为记忆所保留，然而不必老在记忆活动中。既然如此，想象与记忆活动的关系仍为密切，然而他们的分别仍大。此所以在（1）、（2）两条我花了一点时候讨论它们的分别。

C.想象的内容

1.所谓内容，如以上二节 A 段（3）条所说。想象的内容可以（一）有整个的“A = B = C = ……”意象，（二）有 A、B、

C,……意象,(三)有"——"所代表的关系意象。内容是在想象中的,在想象中的关系者意象及连带的关系意象,都可以有备式各样、各形各色,显而易见,这是没有限制的。可是想象的象字也许使火想到想象的原料完全来自视觉,视觉的原料限制到形色。如果想象的原料限制到视觉,想象中的意象当然也限制到形色。其实不然,我们可以想象黄油的味,我们可以想象到盖叫天的声音,可以想象到兰花的香气,也许我们的想象大都是视觉方面的想象,也许想到别的方面的意象的时候,我们依然要利用视觉方面的意象。视觉方面的意象也许比别的来得重要,但是无论如何,想象的原料决不限制到视觉。艺术的创作离不了想象,如果想象果然限制到视觉,音乐、雕刻、文学等等都不会有创作,也都不成其为艺术了。"像"字也许不如"相"字,但是我们既把相字用到共相上去,似乎还是保留像字为宜。本条表示它不限于视觉的像而已。

2.想象的内容可以从整个的图案着想,此即以上所说的A——B——C——……,也可以从部分着想,此即以上说的A、B、C,……。有思想能力就可以使经验所得的像重现于思想中,重现的方法无法决定。什么样的像为想象者保留,什么样的像与另外什么样的像发生关系,关系是什么,都没有法子预定。现在所注意的是意象,或就整体说,或部分说,或关系说,都是类似具体的,类似个体的,类似特殊的,关系我们也叫像。我们请读者想象一金山,我们不知道它如何像法,作者个人所想象的金山,金是黄色的,不是紫色的,形式与丽江所看见的雪山相似,不是与峨眉山相似的。没有到过丽江的人,不会有作者想象的金山,这也表示作者所想象的金山是类似特殊的。这形容词也许会发生误会，也许使人想到意象无以异于日常所谓实在的东西。其实类似特殊，类似具体，类似个体，一方面表示意象不是普遍的，抽象的，在以上所说的金山意象中，金不是普遍的金之为金，山也不是普遍的山之为山。

3.从性质方面着想，以上所说的也许不至于发生问题。说我们想象中的性质都类似特殊，似乎不至于有人反对。关系问题麻烦得多。想象中的关系有两方面的问题，一方面的前此已经讨论过，这就是想象中的关系，和想象的关系。这分别前此已讨论过，不必再提。可是就特殊这一点着想，想象中的关系是类似特殊的，而想象的关系是特殊的。想象中的时间是类似特殊的时间，想象的时间是特殊的时间。我们可以在中华民国三十年十一月二十二日九点钟到九点十分想象到从前住在北平的时候，所想象的时候是类似特殊的意象，可是前一想象和后一想象的相继是特殊的时间上的关系。另一方面的问题是有些人以为关系没有共殊的分别，一部分的理由也许是这样的：特殊的关系总实现于一关系集合，例如这一包烟在这张桌子上，这“在上”与这一关系集合分不开。我们把这包烟动一下，这“在上”关系就不等于从前的“在上”了。这很容易使人想到特殊的在上就是特殊的关系集合，因此也没有特殊的关系。特殊的关系是的确与特殊的关系集合分不开的，但是特殊的性质与有此特殊性质的个体也分不开，如果对于性质我们不因此抹杀共相与殊相的分别，对于关系我们也不能抹杀共相与殊相的分别。关系同样地有共有殊，在想象中的关系，意象是类似特殊的，不是普遍的。在想象中的“在上”是某 x 在某 y 上的“在上”，不是普遍的“在上”之为“在上”。

4.想象的内容就整个的图案或结构说有以下两点应注意:

(一)想象有时有错误问题:想象有创作的想象与非创作的想象底分别,前一种想象没有错误问题,这一种想象不是记忆它的对象,可以说是悬空的,不一定是已往的,也没有已往的时空限制。但非创作的想象却可以错误,我形容芒果的味道给一没有吃过芒果的味道的人听,使他想象到芒果的味道,他也许以后会吃芒果,吃的时候也许会感觉到他的想象错了,我们看文学作品容易对于不相识的作者得一意象,这意象也许对,也许不对,这里对错问题是想象的内容与想象的对象符合与否的问题,合就对,不合就错。

(二)想象有成分相干与否的问题:假如就整个的图案或结构说我们的意象是 A=B=C……,然而在意象历程中我们想到 E,这 E 意象也许和这图案相干,也许不相干。假如我们所想象的图案是一所房子,这房子是某甲所要盖的,可是在想象的历程中,我们想象到同和居的干蒸鲫鱼包括在内。相干与否的问题不是对象与内容符合与否的问题,而是内容与内容之间的问题。不仅创作的想象有这一问题,非创作的想象也有这问题。所谓心猿意马,从想象说,都是不相干的意象。

D.想象的对象

1.在二节我们已经分别想象的内容与对象,内容是随想象活动底生灭而生灭的,对象不是。以这一标准为在中与否底标准,内容是在想象活动中的,对象不是。我们也可以说内容是想象的工具,对象是想象的目标。可是这一说法也许有

毛病。无论如何，我们可以想象北平的玉泉山，从对象说，我们所想的是北平西郊颐和园附近的，许多人可以去游的，有一高塔的那一座山。就内容说，所想的是玉泉山，虽在意象的北平附近，可是我们不能说它是在什么地方，如果它是在想象者的地方，它应该在四川李庄，这例子也许不好，因为想象的对象是一实在的地方，可是我们现在所注重的不在例子的好坏，而在对象与内容的分别，这分别最容易用这样例子表示。上段所论的是内容，本段所讨论的是对象。

2.以上的分别非常重要，有时我们会说这样的话："我昨日想起玉泉山，玉泉山如在目前。"说玉泉山"如"在目前，当然有不在目前的意思。这就是说对象的玉泉山不在目前，它在北平的西郊，它既在北平的西郊，北平也许相隔很远，何以又如在目前呢？想象中的意象不容易说在任何地方，然而从意象者说，它在想象中，非常之亲切直接，他的确可说他的意象在他的目前，是意象或内容的玉泉山，既的确在想象者的目前，何以又如在目前呢？对象与意象不分或只承认前者而不承认后者，或分别地只承认后者而不承认前者，这样的小小问题都会给人以一种困难。二者承认之后，我们很容易解释：说想到玉泉山而玉泉山如在目前者，因为意象的玉泉山在目前，而意象的玉泉山差不多等于对象的玉泉山，所以对象的玉泉山虽不在目前，然而如在目前。也许有人以为这里（1）、（2）所谈的是记忆，其实不然，我们根本没有说何年何月何日何时所看见的玉泉山，是我们所想象的玉泉山，也没有说我们看见过玉泉山。

3.上面曾分想象为两种：一是创作想象，一是非创作想象。非创作想象有对错问题，创作的想象没有对错问题。它只有另外一套问题，我们可以叫美丑问题，或好坏问题。非创作的想象的对象或者是东西，或者是事体，或者是情形，或者是景致，大致说来，是实在的，就想象之为想象说，这实在也许是未曾经验过的，或者是经验过而不代表某次的经验的。所以说想象总有创作成分。但是既有实在的对象，想象直接或间接地总有实物上的遵循，未食过芒果的人，所想象的芒果多少总要根据实物。这样的想象，内容与对象很容易分别。在创作想象，内容与对象没有这样容易分别。想象既是创作的，它的对象不是实在的，可是我们不能因为对象不实在，而抹杀对象与内容的分别，或根本否认对象。事实上也许不容易有两想象者想到同一的对象，然而在理论上我们不能不承认两想象者想到同一的对象底可能。但是想象者既有两个，他们的想象的两件事体，或两个活动，随此活动而来的，当然是两套内容；就内容说，这两个活动绝不能同一。能同一的只有不随活动的生灭而生灭的对象，创作的想象仍有对象，不过对象不是实物而已。对象既不是实物，我们不容易捉摸它，然而也不能抹杀它。

4.创作想象的对象不是想象者因此想象而创作的作品。作品是对象底具体的表现，它也许恰当地差不多完全地表现对象，也许不完全地不恰当地表现对象。可是无论如何，它不是对象。如果它是对象，则没有作品的创作想象就发生问题。这样的创作想象或者我们不承认它为创作想象，或者虽承认它为创作想象，然而因为它是没有作品以相继的想象，它也是没有对象的创作想象。没有对象的创作想象有(3)条所说的困难，我们既然承认两想象者有想象同对象的可能，我们也得

承认这可能不因有无作品而取消，如果我们认作品为对象，那么没有作品就没有对象，没有对象的想象当然无所谓同一的对象，结果我们把同一的对象的可能限制到有作品的想象，这其实又是把想象限制到有作品的想象而无作品的想象就不成其为想象了。而问题又推回来了。在日常生活中有些想象，也许大部分的想象，是没有作品相继产生的。想象者不限制到作家，而作家的想象也不限制作品，从这点着想，一时代的生活的丰富，有非该时代的作品所能表现的。而美的或好的想象湮殁而无闻的不知道多少。

5.在上段，我们已经表示想象的内容不是普遍的、抽象的。这当然就是说想象中的意象不是普遍的、抽象的，它是类似特殊的，类似具体的，或类似个体的；想象的对象也有相似的情形，非创作的想象的对象是特殊的、具体的、个体的，不止于类似而已。创作的想象的对象既不是实物，只是类似特殊的、具体的、个体的。本条的注意点仍是消极的，想象的对象不是普遍的、抽象的。以任何普遍的命题为例，我们不能直接想象，它根本无象可想，我们至多只能把它寄托到想象上去。以任何意念或概念以为例，我们同样地不能直接地想象，它根本不是象，我们至多只能把它寄托在想象上去而已。有些命题有些意念尚且需要符号以为寄托。

四、思想底相联

A.所谓思想底相联

1.思想底相联有两大种：一是思议的相联，一是想象的相联。就想象说,如果所想象的意象附有连带而来的意象,而二者及其关系不表示记忆,这就是我们所说的想象的相联。就思议说,如果所思议的意念有连带而来的意念,而二者的关系不表示逻辑上的关联,这就是我们所说的思议的相联。本节所需讨论的相联,一方面不是历史,另一方面不是逻辑。就前一方面说,联想不代表已往的事实,它当然有事实上的根据或经验上的来源,它与事实或经验上的关系是想象本身与事实或经验的关系,这关系在上节已经讨论过,此处不重提。后一方面的问题与前一方面不同一点,思议的内容与对象都是普遍的,当然没有历史问题。在思议中的意念与意念的历程上的关系也许有习惯、训练等问题,可是它们的关系——我们前此已经把关系限制到个体或特殊上去,把关联引用到普遍或抽象上去,——决不会有历史的问题。可是虽没有历史问题,然而有逻辑问题。照我们相联两字的用法,逻辑的关联不算本条所说的思议的相联。

2.在本段我们的注重点不在联想与联思的分别,而在相联。假如我们官觉到当前的 x 而思想到 a,或者由 b 的意念或意象而想到 a,这里就有"由——到"底相联。上面说"由——到"的相联一方面虽根据于经验或历史,然而不是记忆,另一方面又不是逻辑上的关联。除此以外,似乎没有别的限制。我们可以由当前的呈现而联想,也可以由思想中的意念或意象而相联。今天有秋天的太阳,秋天的太阳常常使我忧愁,使我想到侄子的死。这是由当前的呈现而想到已往的事体,因此得到心绪。这联想有历史上的根据或经验上的根据,在这联想中有习惯,可是习惯是现在的,或者说是现在有

的，可是他不代表已往的事实。就以往的事体说，它只发生一次，而我这联想也许常有。我也可以由实验主义而思想到天演学说，然而前者与后者没有逻辑上的关联。

3.思想的相联当然也有“——”、“→”两关系底分别。假如我们由实验主义联想到天演学说，就“→”说，这联想或联思是实验主义→天演学说。假如我们由天演学说联想到实验主义，我们的联想或联思是天演学说→实验主义。可是就“——”说，牵扯到二者。一是时间上的“由——到”，一是意念或意象上的相联。我们所注重的是后者。如果从“——”说，我们不注重究竟由金山想到血河或是由血河想到金山，或由实验主义而思到天演学说，或由天演学说而思到实验主义。我们注重的是二者的相联。可是我们虽然注重到“——”关系或关联，然而所谓思想的相联既有以上说的限制，“——”所代表的既不是抄写历史，也不就是逻辑的关联。事实上某甲某乙的思想的主要部分之一总是某甲某乙的联想联思，事实上所有的思想都是尝试，都是综错杂呈的图案。其所以如此者，就是因为思想的主要部分之一是这套所谓联想联思。而这里所谈的联想联思，有本段已经论到的限制。

4.如果我们用“活”、“死”两字眼表示思想，我们可以说我们的思想是活的，不是死的。我们可以从好几方面表示死活的分别，和死活的理由。我们可以从上面所说的限制着想，思想的相联既不抄写经验或历史，它虽受经验或历史的影响，然而它不受经验或历史的支配。它不是死的历史的延长，而是活的活动。另一方面，思想的相联也不是逻辑。虽然在思想历程中思想者也许求合逻辑，然而它的思想的结构不是逻辑,这结构也不是死的逻辑,而是活的图案。思想是活的、有个性的。不然出一题与许多人作,所作的文章或者就是逻辑,因此是千篇一律的。或者是抄写经验,因此文章只有作者的幸与不幸,而没有文章的本身的好坏。这都是取消思想的个性的。思想的活的主要理由,就是联想联思的一方面不抄写经验,另一方面也不抄写逻辑的情形。

B.联想联思的原则

1.联想联思的原则最重要的是"相似"。我可以在昆明过年而想黄节先生逛厂甸。在这里,我是由昆明的过年想到北平的过年,由北平的过年想到琉璃厂的对联,由对联想到黄节先生。两地方的过年虽同为过年,而不是同一的过年。由这样的相似的节气引起另一时另一地底情形的意象。大凡由看见或听见或简单地说经验当前的呈现,而引起某某意象。当前的呈现和已经在另一地经验之所得的某情形的意象,或者相似,或者有以下所讨论的成分。所谓相似,当然不容易说。相似当然不是各方面的相同,只是一方面或数方面的相同。所谓方面不限制到性质,也可以是关系,它可以是数量,也可以是比率。如果相似的意义宽,以下所讨论也是相似范围之内;如果意义狭,以下所讨论不在相似范围之内。

2.时空上的相接也是联想的原则。去年这时候有许多人从龙头村搬家,今年又到这时候了,连带地想到去年这时候龙头村的情形。"这时候"表示去年与今年在阶段上的相似,但是去年在这一阶段上与另一事体在时间上是接连着的,这就是搬家,接连着的地点是龙头村。时空上的相接也是联想原

则。由当前的 x 我们可以想到 y，不但可以想到 y，而且可以想到与 y 同时发生的事体 w，或者在 y 发生的地点的情形 z，w 这件事体与 x 呈现不必相同，或狭义地相似，y 这情形与 x 呈现也不必相同或狭义地相似，然而我们仍可由 x 想到 w 或 z，其所以能如此想象者，照本条说法，就是因 w 与 y 和 z 在时空上有接连的情形。如果我们把我们的想象推敲一下，我们会发现本段(1)、(2)两条的原则是从想象着想的。从思议着想，情形或者复杂一点，以后再论。

3.从以往的经验着想，相似的不必使我们联想到。有时空上连接的，也不必使我们联想到。即以(2)条所说的搬家而论，我们说去年这时候搬家，今年又到这时候了。可是去年这时候所发生的事体非常之多，如果我们拼命地去记，我们也许可以得许多别的事体或情形。我们何以没有想到那些事体而只想到搬家呢？我们当然可以举出类似和大小轻重、重要或不重要等等标准以表示我们所以想到搬家。这些标准也对，它们的确影响到我们的联想。但是这些标准单独地计算起来，都不是充分的理由。我们不能说因为一件事重要，我们就会联想到它。重要的事，我们也不必联想得到。这些标准联合起来，也许是充分的理由，但是即令果然如此，我们依然无法分别它表示充分的理由的所在。反过来，我们似乎可以说没有相似处，我们不至于联想，没有时空上的接连，我们也不至于联想。相似与时空上的连接都是必要条件，不是充分条件。其他的标准似乎也是。有联想时，所联想到的一定满足以上的标准中之一，而满足以上标准之一的，不必联想得到。

4.上面所说的都是联想。时空上的接连不是对于意念所能说的。对于意念,我们是否能说相似,本身是一问题。从一方面说,意念无所谓相似,从另一方面说,意念可以说相似。这问题我们现在根本不谈。现在所表示的是时空上的接连和相似是联想原则,至少从直接的影响这一方面着想,它们是如此的。可是意象为意念所寄托,有时因意象的相联,我们有意念的相联。我们可以看见人家办喜事,由呈现的红,而想到美国人办喜事的新娘子所穿的白,由意象的白,我们可以思议到白之所以为白,又可以思议到坚白异同学说,此中不但有联思,而且有联想。并且大部分的联思是跟着联想而来的。只有由思白而联思到坚白异同的联思,不必根据于联想。这联思的根据是意义上的,可以是而不必是意象上的。我们在这里虽然承认有不根据联想的意义上的联思,然而大部分的联思是根据于联想的。照此说法,我们的思议图案仍间接地受习惯训练经验的影响。一个美国人思白,不见得会联思到坚白异同学说。

C.联想联思的符号化

1.联想联思的符号化也是联想联思的习惯化。我个人有一相当怪的联想:生平听古琴的机会不多,可是每听一次,总想象到一有相当多的古木的山,上面有小平地一块,在这块平地上,有石桌石椅,在桌上有香炉,炉中有烟上升,旁有带风帽穿古衣的老者坐在石椅上。这意象与所弹的调毫无关系。弹平沙落雁,我有这意象。弹高山流水,我也有这意象。我看我没有分别调子的能力。这意象从什么经验来的,我也说不清

楚，记不得了，也无从追根。也许年轻的时候看过这样的画，而这样的画中有人在弹琴。无论如何，我总有经验上的根据，不过我找不出而已。好在我的注重点不在这根据而在这联想，在这联想中，弹琴变成这意象底符号。弹琴对于我只有引起这张画的意味，根本谈不到欣赏音乐。可是这张画就是弹琴对于我的意义。这意义既然这么靠得住，弹琴实在就是这想象的符号。

2.这样的例子别人在他们的经验中也可以找出来，有些人也许多，有些人也许少。符号化的情形可以如下表示：例如有 x 呈现或有 a 意象，只要有 x 呈现或 a 意象，b 意象就随着而来，我们说 x 或 a 是 b 意象的符号。思议的情形同样。我们对于联想联思的符号化，难免不想到以下诸点：（一）符号是有意义的，这在上条已经提到。弹琴对于我有那张画的意义，对于别盼人也许有别的意义。（二）符号难免有武断成分，弹琴不一定引起那样的画的图案，它们没有普遍的理的根据。然而在事实上他们居然如此地相联起来。（三）联想联思的符号化有时可以找出原因。可是即令找出原因，我们也不过是提出已往的陈迹而已。

3.联想联思的符号化中的习惯成分，有些容易表示，有些不容易表示。“想到早饭就想到咖啡”，这联想中当然有欧美的习惯。而“想到早饭就想到稀饭”，这联想中有中国人的习惯。显而易见，风俗习惯不同的人，联想联思也不同。可是有些联想联思的习惯没有这样的显明。各思想者有他个人的习惯，例如我们人看见柿子就想到风，想到灰色的天气。就柿子本身的颜色说，也许我应该想到天朗气清，然而我想到风，想到灰色的天气,缘故也许是我在北平找事的时候,恰巧是我注意柿子的时间,也是刮风而又有灰色的天气的时间。也许那几次的经验的影响大使我得到这里所说的习惯。这还是可以找出原因的例子,还有些习惯连缘故都找不出。可是原因虽找不出,而习惯已成。

4.文学的欣赏,尤其是诗词歌赋,需要联想联思上的符号。欣赏文学要比欣赏逻辑或算学要复杂得多。后者只有意念的意义问题,只有所思的结构问题,前者除意念问题之外尚有意象问题。意象问题来了之后复杂情形就随着发生。意象与意象之间的相联,有习惯,有风俗,有环境,有历史背景,而最难得的是符号化的意象的意义。中国人的"小窗静坐",决不是铁纱窗里面坐着一位西服皮鞋的少年。这几个字所引起的意象,是茅屋一间,窗内坐着一位古衣古冠的老者。与此意象相联而来的,也许是屋旁疏竹几枝,屋后有高山,屋前有流水。这一意象也许是隐者的符号,而隐居也许有治乱不知、黜涉不闻、起居无时、随适之安底味道。这不过是就一可能立说而已,别的可能非常之多。现在所注意的不在可能的多少,而在意象联想中的符号。此符号成分在有某习惯风俗、某环境、某历史者,不必能得,而在无某习惯风俗、无某环境历史者,差不多没有法子得到。普通所谓想象丰富的意思,就是联想快而符号的成分多。

D.联想或联思力

1.联想联思有力量问题。而力量有大小,有精粗。这力量的大小,一部分是经验底丰富与否的问题。经验丰富与否

不是生活历程中的项目多少底问题。生活历程中的项目多，经验不一定丰富，项目少，经验也不一定不丰富。一个人饱食终日，无所用心，经验不会丰富。可是一个人一天到晚忙个不了，而所忙的事让他川流过去不留痕迹，不见得经验会丰富。经验丰富不仅要历程中的项目多而且要项目的影响大。没有影响的经过，不是经验，我们论收容与应付所与的时候，曾说有收容即能应付，能应付即有收容。有无收容，要以能否应付来表示。我们其所以这样地说者，就是影响问题。经验就是收容官能之所得以应付所与。收容对于官能者总有影响，不然，他不能以他所收容的去应付所与。收容多而应付的能力大，经验才丰富。这也就是说，项目多而项目的影响大，经验才丰富。

2.联想联思的力量也靠经验的深浅。而深浅也是影响问题的一部分。有些影响似乎是生理方面的，得到这影响的有生理上的应付能力。例如吃了某东西之后，身体难受，以后碰见该东西，就有恶感。这样的影响，不是多方面的。思想、要求、希望等等，不见得因此即有改变。我们不能不说这样的影响浅。有些影响不是这样的，有时候一个人得到一回经验使他感觉到极大的快乐，或者极大的忧愁，而这经验使他在生活上旁征博引，使他想，使他思，使他懂，使他在生活上发现某种意义。也许原来的经验是一方面，然而影响所及，也许是多方面的。从经验者着想，这经验深刻。

3.联想联思当然还有经验者的灵敏问题。以上是从经验着想，可以丰富，可以贫乏，可以深刻，可以肤浅。而这些也逃不了经验者的灵敏与否的问题。从这一点着想，也许我们要论灵敏才容易说得通。灵敏问题有麻烦的地方,普通所谓灵敏,一部分是联想的灵敏。联想联思灵敏的人的经验,大致说来,多半是丰富的,虽然不见得深刻。本段的主题既然是联想联思的能力,当然也要论到联想联思的灵敏。不过联想联思的灵敏是从灵敏的结果说,不是从原因说,是从枝叶说,不是从骨干说。我们还是要回到聪明两字上去。所要求的是视而灵于见,听而敏于闻等等。有官能的灵敏,有收容与应付上的灵敏,然后经验才能丰富,才能深刻,经验丰富或深刻,联思联想才灵敏,能力才大、才精,没有骨干上的灵敏,联想联思也不至于灵敏。

4.联想联思的力量有多、有敏、有锐。多就是范围广、方面多,敏就是来得快,锐就是尖锐。力量大也许是三者都有,也许是三者之中任何两项,或任何一项。如果三者得兼,那实在了不得。如果三者之中有其一,联想联思的能力也相当可观。联想联思也有训练问题。这要看经验者能否自己观察自己的特别点。有些人自己观察自己,发现很奇怪的现象。据说有一个德国的诗人要摆好些腐坏的苹果在他的书桌子上,他的诗意才丰富。据说有一个日本的作家要挂好些雨衣和大衣在他的书房里,他才能写作。这也许是齐东野人的话,可是我们不见得有理由否认这类情形。怀体黑教授曾说过,在他自己的经验中,他早晨洗澡出进澡盆的时候,也就是思想最丰富最快的时候。我们现在的问题不在这类情形的理解,而在这类情形的存在。这种情形究竟有什么根据,也许很难决定。可是假如一个人他自己的经验中发现这类特别的情形,他很可以利用这特别点以增加他的联想联思的能力。

E.联想联思的重要

1.联思联想虽根据经验，然而不抄写经验；虽遵守逻辑，而不就是逻辑。假如抄写经验的话，联想联思就没有用处，也不至于重要。它不抄写经验，所以它能够突出经验范围之外。经验的确重要，我们已经从种种方面表示经验的重要。即在想象本身，我们也表示过它非有经验上的根据不可。可是如果联想联思抄写经验，我们的思想即限于经验。如果我们的思想在各方面限于已经经验过的，我们在任何方面都没有进步。限于经验也就是狃于经验。如此，我只能继往，不能开来。联思联想虽遵守逻辑，然而不就是逻辑本身的展开。果然是后者，联思联想也毫无用处。完全是逻辑本身的发展的联思，只是逻辑而已。逻辑的性质以后会谈到，现在根本用不着提及。我们现在只说，如果联思只是逻辑，联思决不增加我们的知识。

2.联想联思在艺术上的重要，显而易见，尤其联想。各种艺术都有一共同点，这就是依照意象去创作实物。实物两字当然发生问题。一张山水画，从一方面看来是实物，从另一方面看来，不是实物。就画是可挂、可卷、可收藏的东西说，它当然是实物；就山水说，它不是实物。这还是从简单的画着想。若从戏剧音乐着想，问题复杂得多。一本戏剧书的情节可以说是戏剧家的想象，所要求的实物是那戏剧的出演，也可以说那戏剧家的想象。在这里，实物两字的问题更多。虽然如此，艺术总有发于中的想象与形于外的表现。前者既发生，后者的要求势不能免。实物就是形于外的表现。它就是艺术品。这艺术品的创造，总要以意象为依归。如果意象只抄写经验，则艺术品只是抄写自然的实物而已。要意象不抄写经验,也就是要联想不抄写经验。照我们的说法,联想本来是不抄写经验的。不抄写经验的意象的重要,就是联想的重要。

3.联想不仅在艺术重要,就是在日常生活中,联想也重要。无论是小的改革,大的革命,都是修改现实。前者也许是修改短时间内或小地方内的现实,后者也许是修改长期内的或大区域内的现实。然而都是修改现实。修改现实有两方面:一方面是对于现实有所不满。对于现实有所不满,也就是对于生活中的种种呈现有所不满。如果我们的联想只限于经验,狃于经验,我们只能接受生活中的种种呈现,而不能对于它们有所不满。如果我们对于它们能够有所不满,我们在思想上有不狃于经验的情形。另一方面修改现实,要创作的意象或意念。创作的意象决不是抄写经验的意象,创作的意念决不只是逻辑的本身。如果是的话,当然无所谓修改现实。因为根本就没有异于现实的意象与意念在日常生活中,不抄写经验的意思,不只是逻辑的意念,既是重要,联想联思当然重要。

4.但是在知识论的立场上,要关切的是联想联思对于研究学问的重要。学问的进步总要创作的想象与创作的思议。研究学问,决不是被动地等知识的降临,在求知的历程中,决不是被动地抄写经验。被动地抄写经验或机械地运用逻辑,只是活下去而已。别的学问暂且不说,研究历史,不是被动地抄写经验,研究逻辑,也不是机械地利用逻辑。在这两门学问,我们需要创作的意象与创作的意念,别的学问的需要可想而知。创作的意象不能不靠经验或不顾经验,而横冲直撞。

它只是不狃于经验不抄写经验而已。创作的意念也靠经验，同时也遵守逻辑。它也不能不顾逻辑而东扯西拉，它不过不就是逻辑而已。要这样的意象与意念，学问才有进步。这也就是说，有联想与联思，学问才有进步。（未完）

休谟知识论的批评*

（限于 *Treatise* 中的知识论）

一

在未讨论休氏哲学之前，我们似乎应该要提出讨论的问题作本文的纲领。

A.意象。“idea”一字的意义极不精确，有许多种类：中文中的“意思”亦复如是。以下几种不能说是包举无遗，但主要的种类可以说大概如是。

1.不在现象中的假设。此处所谓现象者，是五官所能发现的事物。在现象之外可以有假设，而这种假设，有时也名之曰意象。以“上帝”为讨论的根据，而后研究万事万物，我们可以说“上帝”是意象。

2.不在现象内的推论。如果我们不以“上帝”为讨论的根据，先研究万事万物，研究的结果，觉得非有“上帝”不能解释宇宙：这样的“上帝”可以说是不在现象内的推论。此条的

---

* 原刊于《哲学评论》第2卷第1期，1928年12月。*Treatise* 指休谟的 *A Treatise on Human Nature*，有中文本。——编者注

“上帝”也可以说是意象，而意义与上条的不同。

3.不在现象内的概念。寻常几何中的“点”、“直线”等类都可以说是不在现象内的概念。这种概念可以说是货真价实的概念，从历史方面着想，与事实风马牛不相及。这种概念有时也当作意象。

4.在现象内的概念。这种概念有人名之为名相。它与事实发生特别关系，根据事实而同时超越事实，可以说是一种统计上的形容词。一本“书”、一个“人”不是现象中的这本书，这个人，或者那本书，那个人；但所谓“书”者、“人”者实根于现象。这类的概念有时也叫意象，但与以上的意义都不同。

5.印象的意象。这本“书”、这个“人”此处的“书”与“人”都可以说是印象。在我看见这本书、这个人的时候，它们都是印象。在我们看不见它们的时候，想到它们，它们是意象。这种意象与以上四种都不同。

6.印象意象。这种意象与第五条的意象不同。第五条的意象与印象是两件事。无论若何相同，印象是印象，意象是意象，不能看作一件事。此条的意义就是印象，意象不过稍欠清楚而已。这是休氏的意象。

7.经验中的意象。这种意象或是印象，或者根据于自己的印象，或者根据于他人的印象，所以比第六条的意象范围较宽。历史上的人物的意象都是这种意象。这种意象包括第五与第六两种意象。

8.所有其他意象不在以上七种之中者都包括在这一条。休氏所谓复杂的意象，就属此类。

以上种类繁多，意义各有重大的分别。休氏所承认的极少。以后再讨论看休氏所承认的够用否。

B.实在。实在的意义也不精确，也有以下数种。但在本文所讨论的范围之内，不必多所分别，只列四大部分已经够了。

1.现象之外的存在的实在。这种实在是我们寻常的“东西”，是现象背后的根本。有人把它当作本体，有的说它是事物的本身；有的说我们可以知道它，有的说我们不能知道它。学哲学的人对于它的思想非常之不一致。

2.现象界的存在的实在。这种就是学哲学的人的“现象”。寻常所谓“东西”者也可以说是这类的现象，因为“东西”的意义不清楚，实包含两义。现象似乎没有人不承认的，但有的说它不存在，有的说是唯一的实在；有的说它常常存在，有的说它即时消灭。各人的意见也就很不一致，休氏的实在似乎是这一种。

3.现象之外的不存在的实在。以上的实在都是存在的，本条的实在是不存在的，如“上帝”、“点”、一个“人”的“人”等等。这类的实在（除“上帝”外）大都是承认为不存在的。虽不存在而大都承认它是实在。当然各人对于这种实在的意见也有大同小异的地方。也有人说它不实在。

4.现象界不存在的实在。这类是一种灰色的实在，分子非常之复杂。记忆中已往的事实、梦境中的情形，等等都可以摆在这类。这类实在，是否是实在，意见当然极不一致，而是否在现象界的范围之内也是一问题，现在且不讨论，以后或者用不着它亦未可知。

所谓实在者似应有一定义，而实在的定义也就不是容易的事。以上分类法包含一种定义，但要用字句表明这定义，或者有困难问题发生：好在在本文范围内用不着很精确的定义。以上分类法所包含的定义很宽，所以能有这许多不同的种类。如果定义狭的时候，有几种就丕能当作实在。有人对于这四类实在都承认，有的只承认一种而以其他为非实在。休氏的意象的范围很小，所以他的实在的范围也很小。

C.关系。现在注重关系的人极多，关于关系的思想很复杂，分类也因此很困难。有两种方法可用：一是根据关系的性质不同而分类，一是根据与关系者所受的影响不同而分类。前者可以得分类的简便，因为所有的关系，似乎都可以分为两类（此话能成立与否，现在不必讨论）；如果用第二法，我们可以有以下两种关系。

1.相凝的关系。关系者在这关系之中，得一种关系值，使凡无此值者在性质方面皆异于此关系者。我们可以换句话说：如果有关系名之日 R，有一 A 在 R 关系之中，得关系质，名之曰 X，举凡所有的 A 不在此关系之中，因此没有得 X 者其性质皆异于此 A，则 R 关系为相凝的关系。照这样说法，水中的氢气与空中的氢气的性质，我们可以说不同，如果不同，水中氢氧两气的关系是相凝的关系。化学中的凝结、有机体中的机体关系，似乎都是这类。因果关系似乎也是这一类。

2.不凝的关系。关系者在这种关系之中得一种关系质，使凡无此质者皆非关系者。如果有关系名之曰 R，F 有一 A 在 R 关系之中，得关系质名之曰 X，举凡所有的 A，不在此关系之中，因此没有得到 X 者，皆非此 A，则 R 关系为不凝的关系。那就是说，凡同类的东西在此关系之中与在此关系之外，没有性质上的不同,其不同之点仅限于是否有此关系质而已。时空的关系大都是这类的关系,长短、大小、轻重等等似乎都是这类的关系。休氏所举的关系大半是这类。

说明第一条的时候,用了"性质"二字,"性质"的意义很模糊,我们也不必一定用得着它,其所以要用的理由,不过是要把第一与第二两种关系的分别弄得特别的清楚而已。

以上的分类法是否得当,是否能成立,现在均不必讨论,大意是从 Moore 的书中得来的,但不能说是代表他的思想。

D.经验。经验的意义也极不一致,大约也可以分作两大类,而一类之中又可分作多种。

1.五官直觉的经验。这类的经验根据于五官的直觉而与理论玄想等无涉。似有以下数种。

a.根据于个人的五官直觉。这种经验非常之狭,仅仅相信这种经验的人非常之少。

b.根据于五官的直觉。不限于个人的经验,这种经验的范围也是很狭。

c.根据于五官的直觉,而所直觉者限于物质,这种经验的范围也很小。

d.根据于五官的直觉而所觉者不限于物质,这种经验比较地宽。

2.五官直觉之外,承认理论、意想、幻想等为经验之一部分。这类经验也可以分数种。有承认理论的,而不承认理论中的假设或推论,有承认梦想为经验的,有否认梦想为经验的。这种经验所包括的成分,各人有各人的意见。它的特点就是所经验的不限于五官的直觉。这是宽义的经验,相信它

的人或者比较的多。

E.理论与事实。在这项下，我们所注意的不是彼此自己盼分类问题，是彼此离合的关系问题。对于这问题，我们可以得以下三种办法：

1.把理论与事实当作完全两件事。这种办法是把理论当作绝对抽象的，把事实看作绝对具体的。这种办法的好处是理论可以独立，可以单独进步不受事实的牵制；它的坏处就是理论与事实既然完全两件事，它们的关系不免发生困难问题，它们没有接触的地方。

2.把理论与事实当作一件事。这种办法当然消灭彼此关系的困难问题，但理论受事实之牵制，不免减少了进步的可能（这话能成立否现在不管）；而理论不精，其组织与解释事实的能力就薄弱。

3.把理论与事实当作一源两流，来源接触，而去路分离。这种办法含有彼此分类的必要。一方面有极具体的事实、极抽象的理论，再一方面又有极具体的理论、抽象的事实：前者分离，后者接触。那就是说，理论有种类，事实也有种类，理论中最具体的差不多就是事实，事实中最抽象的差不多就是理论。还有一种办法与以上是一样，不过说法不同而已。理论与事实可以当作两种看法，一种质素，因质素的层次不同而分门别类，有的名为事实，有的称为理论。这种办法可以使理论与事实得部分的接触，同时得部分的分离。

以上三种办法当以各人对于理论与事实的定义为根据，它们的定义如何，他们的关系也因之而定。

A、B、C、D 与 E 所提出的问题或者可以帮助以下的讨论。

但能帮助与否,现在可不敢说。

二

休氏的认识论中的极根本同时极重要的一部分是他对于意象的思想。休氏对于意象的思想,虽有时不大贯通,而大致清楚。照他的意思看来,印象是活泼显明的意象,意象是模糊的印象,有时虽然把印象与意象当作两件事,说意象与印象符合,前者由后者得来,而追根起来,实为一事;新鲜时候是印象,模糊时候是意象。这世界是印象的世界,印象之外是否有物质,休氏不理,印象的背后是否有心质,休氏也就不管,这是他一刀两断,把“质”的观念打破的地方。这类意象的范围很小,似有以下数点使我们注意。

A.所谓“东西”者没有意义。

1.如果“东西”不是印象,而是印象的来源,那么,休氏虽然不能否认它,也不能承认它,所以这样的东西,在休氏哲学中没有意义。

2.如果“东西”是印象,它的意义与印象的意义没有分别,不但无引用它的必要而且不应该引用它。

3.印象与意象既然只有活泼显明与模糊的分别,所谓“东西”者当然也有活泼显明与模糊的分别,活泼显明的东西是什么样的东西,模糊的又是什么样的东西呢?

4.不但所有的东西都应该有以上的分别,而且以上的分别就是印象与意象的分别,那就是从极根本方面着想,“东西”只有一种,不过有时活泼,有时模糊而已。

5.这样看来，“东西”的性质，随我们的感觉而变迁，与寻常所谓东西者大不相同。

B.所谓东西的印象者似乎也没有意义。东西既没有意义，所谓东西的印象者似乎也没有意义。东西不是印象的来源，所以不能作为印象来源的道理，也禁止我们把它当作印象的结论。最容易的办法就是把它当作印象，但如果我们把它当作印象，我们似乎免不了好些困难问题。

1.桌子、椅子、地板等“的”印象，似乎都没有意义。如果桌子、椅子、地板，等等是印象范围之外的东西，或在印象范围之内而本身不是印象的东西，那么桌子等等“的”印象才有意义。如果所谓桌子者，不是离印象独立的东西，而是印象，那么桌子等等“的”印象当然没有意义。恐怕不但没有意义而且说不通。因为桌子如果是东西，东西是印象，那么，不但桌子是印象，而且桌子的印象等于印象的印象。

2.这样看来，似乎只有“桌子印象”，没有“桌子的印象”。休氏既然把离印象而独立的东西当作“怪力乱神”置之于讨论范围之外，那么所谓桌子者就是印象，所以“桌子印象”有意义，因为我们可以说，我们经验中有一种印象，那种印象叫作桌子。“桌子的印象”，即令有意义，意义也模糊。它的含义有与休氏的思想相冲突者，而它的意义也可以当作“桌子印象的印象”解，如作是解，牵扯出来的问题太多，而印象二字的意义也因此不一致。

3.休氏既然不能说“桌子的印象”，当然也就不能说“桌子的意象”。“桌子意象”也有意义，与桌子印象不同的地方，就是印象与意象不同的地方。照休氏的说法，意象不过是一种变体的印象,性质上没有他种不同的地方,所以如果他不能说“桌子的印象”,他也不能说“桌子的意象。”在此处我们所应注意的,是“桌子的意象”与桌子的概念,或名相,均没有关系。

C.休氏对于意象与印象,均有简单与复杂的分别。我们现在只注意简单的印象与意象。

1.照以上所提及的两句话看来,除显明与模糊之外,印象与意象是一件事。不但意象来自印象,而且印象之外没有意象。印象与意象可以说是相等。

2.但以上两句话中,——A 印象是活泼显明的意象,B 意象是模糊的印象——第一句与第二句没有理论上的关系,第二句不是从第一句直接或间接地推论出来的。那就是说,即令印象是活泼显明的意象,意象也不见得是模糊的印象。不但如此,即令印象是活泼显明的意象,活泼显明的意象也不必是印象。如果假设印象与意象相等,这两句话才有理论上的关系。我们也可以把这两句话当作两个前提而得印象与意象相等的结果。休氏对于这一层是否有特别的意见,我不知道;我现在所注意的仅仅是声明这两句话似乎包含两个不相关的意见,不是发表一个理论上相连接的思想。

3.印象是活泼显明的意象一句话,似乎注重在排除外界的物质,盖言印象不是离人类而独立存在的东西。这种思想与常识相近,同时又缩小“实在”的范围。哲学中的思想与常识相近的很多,没有什么要紧,但缩小“实在”的范围,排除独立存在的物质或者有困难问题发生。

4.意象是模糊的印象一句话,似乎注重在排除离印象世界而能运用自如的心灵，盖言意象者不是离印象而能单独发生的思想。这种思想当然缩小意象的范围。第一节 A 段中所提出的各种意象，至少前三种，不在现象中的假设、不在现象内的推论、不在现象内的概念，都是休氏所不能引用的意象。意象的范围小、种类少，就不免发生够用与否的问题。

本段所讨论的两句话，第一句话排除非意象的印象，第二句排除非印象的意象。这两句话包含两种主张，这两种主张在理论上没有关系，那就是说第二句话不是由第一句推论得来的。

D.有复杂印象，也有复杂意象，二者的关系也比较的复杂。这两件事相象，而不相同，有符合的地方，而从不绝对的符合。彼此的关系我们现在可以不必讨论，我们也不必注意到复杂的印象，我们仅说对于这类的印象，不能得一绝对相合的意象。复杂的意象可是另外一件事。对于这一层，我们似乎应该注意以下数点。

1.复杂的意象虽然从不与复杂印象绝对符合，而来源仍逃不出印象。所谓从不绝对符合者是指复杂的情形而定，不是说复杂的意象可以离印象而独立。

2.复杂的意象大约可以分析，分析之后，大约总可以得多数简单的意象，而所有的简单意象都各有各的相符合的印象。这可以说是复杂意象中的一种。我对于巴黎、伦敦、我的书房、前门大街等的意象，似乎都是这种意象，都很复杂，都可以分作简单的意象，而这种简单的意象，似乎都可以追根到简单的印象。休氏所谈的复杂意象大约是这一种。

3.但复杂的意象不限于以上一种，关系也是一种复杂的意象。休氏提出各种关系的时候,就说关系是复杂的意象。如果关系是复杂意象,它的复杂情形与以上所讨论的复杂情形不同。讨论关系的时候,再谈一谈这个问题,现在所注意的在指出不同点。第二条所说明的复杂意象大都可以分作多数的简单意象,而关系大都不可以分作多数的简单意象。关系虽然包含印象,或意象,而它不是印象或意象,虽然可以分,而有点不能分的东西在里面。

4.休氏虽然把关系当作复杂的意象,而不承认它是印象。它不是印象,它不过是秩序。这话对于时间与空间,或者说得过去,而对于普遍的关系,或者说不过去。究竟如何在此处可以不管。

E.普遍意象。这也是复杂意象的一种,但包含的问题与以上不同,所以另条讨论。我们可以把普遍的意象分作三种。

1.抽象的概念。这种意象,在现象范围之外,纯由定义凝结出来的,与印象不发生关系,这类的意象,休氏当然不能承认。

2.抽象的名相。这种意象休氏承认,但不承认它是离开单个印象的意象。所以它的抽象的性质减少。休氏的意思大约是说有共同的名词,可以代表许多相同的一个一个的印象,但共同名词的背后没有一个共同的印象,仅有单个的印象。这态度是休氏在理论上所不能逃的。但这共同名词,怎样产生的呢? 对于这一层,休氏的意见,似乎不甚圆满。这种共同名词是不是抽象的名相呢? 如果意象不必根据于印象,我们可以承认这共同的名词是抽象的意象,而不必追问它的背后是否有印象,更不必追究这印象是共同的还是单个的。休氏

之所以不能不追究者，因为它把所有的简单意象都根据于简单的印象。我们想到一共同名词的时候，是否想到单个的印象，我们想到一个人，我们心中是否一定想到这个人或者那个人是一个问题，但这个问题是心理问题，在理论上与抽象意象或抽象性质没有关系。那就是说，我们用共同名词的时候，即令我们免不了想到单个的印象，这个共同名词不仅包括那个单个印象而包括许多相类的印象。那就是说这共同名词，无论背后是共同印象或单个的印象，总免不了有抽象的性质。而这抽象性质怎样来的呢？似乎不仅仅是由单个印象得来的。

3.种类的意象。这种意象与以上一种或者不免大同小异，但也值得注意。它在历史上没有神乎其不可测的学说夹杂其间，所以对于它的问题或者简单一点。类的意象与共同名相的不同地方在它的统计性质。“人”与“人类”在统计方面的不同处最显明。关于“人”所能说的话，关于“人类”不必能说，而关于人类所能说的话，关于“人”也不必能说。“人”是一个人的普遍性，“人类”代表所有的人的全体。“自古皆有死，民无信不立”这两句话，头一句可以说是关于“人”的话，第二句可以说是关于“人类”的话。如果有甲、乙、丙、丁，名之曰A，使我们能说甲是A，乙是A等，我们也可以把它们称为一类，名之曰A类，而

甲有X、Y、Z、W等性质

乙有R、S、X、Y等性质

丙有X、Z、Y、W等性质

丁有S、X、Y、R等性质

我们可以说所有的A都有X,X可以说是A的普遍性。这情形时常使我们跳出范围之外,不但说无论那一个A都有X,而且说只要是A就有X。我们对于名相的玄妙思想,或者大部分是这样来的。关于A类,我们不但可以说有X,而且可以说四分之三有Y或者四分之二有R。A与A类不同的地方在这一方面最显明。类的印象也是复杂的意象。休氏或者说我们想到A类的时候,不想到A,因为没有A的意象,我们仅想到甲,或乙,或丙,或丁,而这些甲乙丙丁无论单个的是A与否,不能单个的是A类。类的意象似乎没有类的印象。这样看来复杂的意象虽然由印象发生而不是简简单单的印象。

F.还有许多复杂意象,如善恶美丑、正义等等,现在均不讨论。休氏对于复杂印象之所以有特别困难问题者,恐怕大部分根于他对于简单印象的态度。在B段已经说过,照休氏的印象论看起来,他不能说到桌子的意象,也不能说到桌子的印象,我们可以接续下去看他是否能承认,意象的印象,或者印象的意象。

1.印象的印象。这类印象休氏或者引用,而实在没有意义。这里有本书,我们可以说我有"书"的印象,我也可以追随休氏之后,仅认"书印象"。照前说,"书"是"书",印象是印象,我对于书有印象,对于印象也可以有印象,所以"书的印象"有意义。照后说,书是印象,印象是书,我对于"书印象"的印象仍是"书印象",根本我就不能说"书印象的印象"。所以印象的印象没有意义。

2.印象的意象。对于这一类的意象,我们可以问,是复杂呢还是简单呢?如果简单,那么它可以追根到一印象的印象;

如果印象的印象没有意义，它本身也没有意义。或者也可以追根到一个印象。如桌子的印象，那么那个印象既然就是桌子，那个印象的意象就等于桌子的意象，那就是桌子意象。如果印象的意象是复杂意象，是由许多印象得来的，那么照以上两段所讨论的结果，这种意象的背景不见得有印象，而以上两处所讨论的困难问题都发生。

3.意象的印象。这印象恐怕是不能有的。它不能是复杂的印象，因为如果复杂，即有许多的意象，而对于许多的意象，休氏恐怕不能承认它们有共同的印象。如果简单，没有意义，理由与第一条所说的差不多。

4.意象的意象。这种意象休氏自己也说过，也引用过。对于这种意象，很有堪注目的问题发生。一方面他似乎不能承认意象的意象，理由与第二条所举的差不多，再一方面他又不能不承认，因为他所说的关于意象的话都可以说是意象的意象。在休氏哲学中，意象的意象是偷偷摸摸跑进来的，没有相当的位置，然而用得着它的地方可不少。如果我们承认意象的意象，给它一个理论的根据，一方面对于复杂意象，或者可以减少困难，再一方面对于休氏的哲学或者可以免去一种特别的批评。他的认识论、他的哲学，都是意象的意象，复杂意象。如果这两种意象在理论上没有根据，或根基不坚固，那么休氏的认识论与哲学都没有根据，或者根基都不坚固。如果他以为他的哲学是真理的时候，他就不免自相矛盾。这种批评不见得确当，因为“自相矛盾”不是一个极稳健批评的工具。但为预防这种批评计，休氏似乎应该给意象的意象一种理论上极坚固的基础。

5.在第一节所举的意象共有八种,前三种是休氏所不能承认的,第四种似乎给休氏一困难问题,结果也就是给我们一个困难问题:休氏的态度似乎有点半推半就,而我们对于他的思想也就有点无所适从。对于第五种意象,休氏有时承认有时不能承认,他有时引用这种意象,而严格地说起来,似乎不能引用这种意象。对于第六、第七两种,休氏都承认。对于第七种或者发生问题,但我觉得没有问题。第八种意象既然是复杂的,休氏对于它的思想当然不能十分精确,也不能十分坚决。我们对于休氏的意象有以下的问题。

a.前三种意象既然不能承认,没有概念的可能,而经验外的假设与推论都不是理性的,这三种都是理论所不可少的。休氏既然不承认概念,他的根本思想当然不能完全由定义得来而不根据于印象。这样一来,休氏的问题与他人的大不相同。休氏虽然承认有“点”而不承认数学家的“点”,虽然承认有“直线”而不承认数学家的“直线”。意象既然不是离开现象的概念,自然是不能十分精确的。他的理论也就不是一种精确的工具。假设也是理论所必要的,不有假设,理论无从起首。推论是休氏所承认的,但不在现象内的推论,休氏似乎不能承认,理论的范围更加缩小。然而假设是不能免的。休氏的哲学开宗明义就有假设。理论上既不承认假设,所以他自己的假设都变成了非理性的。如果休氏的哲学有一种特别情形,他非常之注重理论,而同时他又觉得它的哲学是非理性的。他在理论上遇着困难问题的时候,他不增加假设,而以与理论毫不相干的“习惯”来解释他的困难问题。休氏的理论的特别情形现在且不讨论。

b.休氏既不承认概念与假设，他引用的思想也特别的少，如果他是德国人，或者用德文写出，他一定用不着多少“-heit”与“-keit”。从这一方面看来，休氏的哲学有一点好处：它非常之简单，就是我们手里拿一把屋干雉刀，恐怕也无用武之地。“以虚为实”是哲学家的普遍毛病之一，别人攻击学哲学的人恐怕一大部分就在这里；对于这一层，休氏可告无罪。但反面看看，休氏是不是能免以实为虚呢？意象的种类非常之多，实在的种类非常之多，关系的种类也非常之多；我们固然不能说休氏所未讨论到的休氏以为都不实在，但是我们可以说他所未讨论的不见得都没有讨论的价值。如果要讨论起来他的意象够不够呢？

c.照第一条所说的，休氏所承认的意象有限。就是从表面上看来，也可以觉得不够用。休氏的态度虽然是怀疑的态度，而他的哲学仍是理性的哲学：最前面逃不出印象以外的假设，而最后也逃不出印象以外的推论。专往普遍一方面着想也就觉得他所承认的意象不够。如果我们研究枝节问题，恐怕我们更觉得他的意象的种类有增加的必要。

三

在本节我们要讨论实在问题。在第一节我们曾提出四种不同的实在，其中第二与第四是休氏所承认的，第一与第三受休氏认识论的范围是他所不能承认的。先讨论休氏所承认的再讨论他所不承认的，因为后者发生的问题较多。

A.现象以内的存在的实在。在这一类至少可以分以下三种,或者还不止此数亦未可知。

1.外界的印象。如果实在有程度不同的可能,恐怕休氏所以为最实在的是这一种。这一种大约可以说我们常识所相信的“东西”,理论上或者有出入,但在此处我们可以不管。这一种实在,不仅是实在,而且是存在的东西。休氏是相信经验的人,所以存在的东西大约很容易当它作最实在的东西。如果我们用流行的哲学名词我们可以说这一类的实在是印象,或者就是现象。

2.内体的印象。休氏的印象本来有两种,一种是外界的,一种是内体的。所谓内体印象者,在常识中可以说是感觉一类的东西,如痛痒等等。这一种也实在,也存在,但不存在的感觉与存在的感觉或者不容易分别出来。这一层现在也不必讨论。我们应注意这两种印象不必代表哲学家所最喜欢的心与物,外界的印象既不必是“物”,内体的印象也不必是心。我们用现在的眼光来看看,或者要把印象分析一下,分析的结果或者是无论哪一种印象都有物,都有心,但休氏的意思或者不存在印象的成分而在两种印象的区别。头一种实在,第二种也实在。

3.意象。意象是否实在,颇不易说。如果我们专从意象是模糊的印象一句话着想,我们只得说所有的意象,至少可以说所有的简单意象都是实在的,并且都是存在的。但休氏所引用的意象颇不少,笼统地说它们都是实在,或者有困难亦未可知。或者我们可以把意象分作两种:一种是简单的意象,这一种都实在,不仅实在,而且存在;另外一种是其他的意象,有的存在,有的不存在。

B.现象内的不存在的实在。这种实在除记忆中的事实、梦境中的情景外，我现在仅想到两种，以后或者多找出几种来亦未可知。

1.关系。关系是实在的东西，休氏一定承认，因为在他的哲学中，关系是非常之要紧的一部分，如果关系不实在，他的哲学就有困难问题。但关系是否存在，是另一问题。休氏谈时空的时候，似乎很明白地给我们知道关系虽由印象得来而本身不是印象。时空都是关系，都不是印象，都是印象的秩序；所谓秩序者并不是神乎其神不可捉摸的东西，不过是多数印象发生的程序或方式。这种方式本身不是印象。至少休氏论时间空间的时候是这样说。但当他论关系的时候，他曾说过，关系是复杂的意象，复杂的意象是否是存在的东西，颇不易说，因为复杂的意象不必有百分相合的印象，如果没有，这类意象就不存在。从这两方面看来，休氏对于关系的存在与否，思想不甚一致，但前一说或者靠得住一点。那就是说，关系大约是不存在。至于实在与否，似乎不成问题，所以在本文我们把它当作不存在的实在。

2.共同名词。“存在”、“实在”、“白”、“红”、“四方”、“三角”等都可以算是这一类。“存在”不是印象，休氏的意思是有某种印象，那种印象就存在，想到一种意象，就想到那种意象的存在，但是印象虽存在，而“存在”没有印象。如果我们看见桌子，我们得一种桌子印象，同时我们知道那印象存在，但除桌子印象外，没有另外的印象可以使我们叫它作“存在”印象。“白”、“红”等，也是这样。这里一尺白布，那里一本白书，白布、白书都可以有印象，“白”没有印象，“红”也是如此。

"四方"、"三角"也都是如此。这种共同名词当然有复杂程度不同的分别,但无论若何的分别,都是不存在的。虽然不存在,而都是实在。

以上可以说休氏所承认的实在其中有存在的,有不存在的,但无论存在与不存在,都是实在,都是现象范围中。

C.现象外的存在的实在。这是休氏所不承认的。对于这一种实在,我们可以注重以下数点。

1."现象外"三字或者发生误会。这种实在,简单地说,就是常识所谓离开我们而能独立存在的东西。独立两字颇不容易说。如我们暂且把这种实在当作"物",把"五官"当作与物相对而得"官觉"的东西,把"官觉"当作物与五官发生的关系,那么官觉是关系,物与五官都是关系者。怎样可以说关系者彼此独立呢?对于这问题的意见颇不少,在此处可以不必讨论这种意见的得失,仅仅稍微说独立的意义。极简单的办法就是说如果甲与乙的关系是不凝的关系,甲与乙彼此独立。不凝的关系是怎样的关系,在一节已经说过,以后也要重提,所以在此处不必多谈。在本条我们所要说清楚的就是照以上独立的意义,常识中的东西,可以说是能离开我们而独立的东西。

2.外物在官觉关系之中得关系质。外物得此关系质者为现象或印象,未得此关系者非现象。我们在此处的问题不是知识论的问题,是本体论的问题,我们所要讨论的不是"外物是否一定要变成现象才能使我们知道它存在",我们的问题是"外物是否一定要变成现象才能存在",知识论的问题在此处比较的复杂,而本体论问题比较简单。我们可以用最简单的说法，说：如果现象存在，外物也存在，如果有“官觉”关系质的外物存在，没有官觉关系质的外物也存在。对于这一句话，理论上当然有枝节问题，但在此处我们可以不管。没有官觉关系质的外物，就是现象外存在的实在。“现象外”三字经以上两条的讨论或者不至于发生误会。

3.但何以要把外物摆在现象之外呢？这问题所包含的问题很多，不必一一讨论。外物与现象当然不同，但不同的地方，不必是性质不同，如果官觉是不凝的关系，外物不特与五官独立，而且与官觉关系质独立。那就是说，除有无官觉关系质外，外物与现象没有别的不同的地方。但外物是否有官觉关系质，是一个很要紧的问题，所以外物与现象应该分别，而分别起来，最容易的办法是把外物摆在现象之外，如果我们不把它们分别起来，我们或者逃不出困难问题。但分别之法不一：有的以为两者并存，而性质互异，有的以为二者并存而现象为知识之源，外物在知识之外，有的说外物存在而现象不存在，有的说现象存在而外物不存在。各种说法不同，我们也可以不必一一研究。

4.大家知道休氏不承认有外物，但他似乎也没有坚决地说没有外物，他的问题似乎是知识问题，他不知道有外物，他没有外物的印象，如果有人承认有外物，能够指出外物的印象，休氏或者可以承认有外物。但他有时似乎以为所有的存在都是印象，如果外物是在印象之外，外物当然不存在。实在的范围不仅限于印象，从理论方面着想休氏虽然不承认外物有存在，而可以承认外物实在。休氏对于外物至少有三个问题发生（一）外物实在问题，（二）外物存在问题，（三）知道外物存在问题。对于第一问题,我可以不必多说什么。外物似乎不在本节 B 段所举的实在之内,但实在的范围不甚清楚,休氏可以说它是实在,也可以说它不是实在。如果把它当作实在,只能说它虽然不是印象而是由印象得来的普遍名词;那就是说把它当作本节 B 段所举的第 2 条的实在。

5.在本段第二条,我已经说过,外物是否一定要变成现象才能使我们知道它存在,与外物是否一定要变成现象才能存在是两个问题,不能混作一问题。不但如此,知道外物存在,与外物存在也是两个问题。如果我们知道外物存在,我们可以推论到外物存在。但是如果我们不知道外物存在,我们不能推论到外物不存在。休氏只说他没有外物的印象,所以至多也不过说他不知道外物,所以也不知道它存在。他固然不能说外物一定存在,他也不能说外物一定不存在。如果他假设所有的存在都是印象,他才能说他没有外物的印象,"所以"外物不存在。有时休氏似乎相信所有的存在都是印象,但我不知道这是假设,还是不应得的理论上的推论。我疑心他这种思想是不应得的推论;他相信所有的印象都是存在的,不免推论到所有的存在都是印象,或者可以变成印象。单就他的信仰而言,他得不到如此的推论,他不应得如此的推论。如果不是推论,只好把它当作假设。如果没有这种假设,休氏在理论上似乎有相信外物存在的可能;但这个可能,可不是休氏的"可能",休氏的"可能",在印象、意象范围之内,而这种理论上的可能不必在休氏意象范围之内。在理论上凡不相矛盾者皆是可能,而休氏的可能既在印象、意象范围之内,它的范围当然也狭小。从休氏的根本主张着想,不能承认外物有存在的成分居多。

6.第三问题就是不知道外物存在的问题。对于这问题，休氏的主张不见得有困难问题。他仅说没有外物的印象，他不知道外物存在；如果我们把外物究竟存在与否的问题摆开，他这句话似乎无可批评。但在休氏的哲学里，这两个问题是连在一块的。他虽然可以说，他不知道外物，所以不知道外物的存在，而他不能说他不知道外物，所以他知道外物不存在。第二句话与康德的主张似乎有同样的毛病。康德的意思似乎是说他不知道外物，而知道外物是不能知道的：如果他不知道外物，他不能知道外物是不能知道的，如果他知道外物是不能知道的，就这一点而言，他就知道外物。如果休氏说他不知道外物，所以外物不存在，就等于说，他不知道外物，他知道外物是不存在的；如果他有这种思想的时候，他就有困难问题；如果他不知道外物，他就不能知道外物是不存在的，如果他知道外物是不存在的，就这一点而言，他就知道外物。这种批评不能说确当，理由见本刊第一卷第三期《自相矛盾》[1]，然而思想混沌之讥或者难免。

7.如果休氏仅说他不知道外物，所以他不知道它存在，同时不想方设法证明它不存在，休氏的主张似乎无可批评。我们可以假设休氏的意思是不知道外物存在，不是知道外物不存在。但这个假设仅能使休氏的哲学在理论上比较圆满，而不能使它的哲学得若何另外的帮助。那就是说，即令有这个假设，他的哲学仍不能引用外物的观念或思想，所以因承认外

① 指《哲学评论》第1卷第3期的《论自相矛盾》。——编者注

物存在而容易解决的问题,在休氏哲学里都不免发生困难。不但在意义方面,就是在实在方面,休氏所承认的种类也有够用不够用的问题。

D.现象外的不存在的实在。在这一项下我们至少应注意以下数点。

1.休氏所不承认的意象,在休氏哲学中都不是实在。这样一来,概念、假设等都不是实在。一方面这类东西,都不实在,再一方面休氏又不能完全不用它们;结果,就不免有以上曾经提及的情形,一方面休氏极力地提倡理论,做治哲学的工具,再一方面他又觉得他的哲学虽极力地引用理论,而终究难免成为非理性的哲学。在休氏的时候,几何大约可以算是一种极精确的科学,而休氏不承认它"精确"因为他不承认几何中的概念与假设,只承认他自己的意象。他的"精确"不是理论上的精确,是印象上、意象上的精确;他的哲学,如果可以说精确的时候也不过是这一类的精确,而不能得我们现在所能得到的理论上的精确。

2.理论层次上所谓得来的实在。这种实在,休氏似乎从未讨论。休氏虽时常提及到事实,然而对于事实应作何研究,似乎也没有致意。事实的种类非常之多,差不多可以说有完全印象的,有完全非印象的,有官觉的事实,有理论的事实。现在不论印象官觉范围内的事实,因为这一类差不多无论何人都承认的,我只举出几个理论上的事实来。(1)〔"甲"是一句假话〕,"甲"可以是真话,也可以是假话,如果"甲"是假话,"甲"虽然假,而〔"甲"是一句假话〕这一句就是真话。(2)〔他没有杀人〕,"他杀人"或者是事实,或者不是事实,如果

“他杀人”不是事实，〔他没有杀人〕这句话就代表事实。（3）如果他真杀了人，而〔他说他没有杀人〕，那么“他杀人”是事实，“他没有杀人”不是事实。（他说〔他没有杀人〕）是事实。“他杀人”如果不是事实，不能在现象范围之中，而〔他没有杀人〕是事实，也不在现象范围之中，总而言之，如果“甲”不是事实，则〔“甲”不是事实〕这句话所代表的是事实。这类事实是理论层次上所得来的实在。

3.承认以上这类的实在，可以使我们承认许多反面的实在。如果“上帝”不是事实，“上帝不是事实”所代表的情形是事实。如果“鬼”不存在，不在印象之中，“鬼不存在，不在印象之中”可以代表事实。如果休氏没有外物的印象，或意象，如果凡不在他的印象、意象范围中者，他都不承认为事实；那么我们可以问他是否有“没有外物的印象或意象”的意象。如果他说有，他逃不了困难问题，因为“没有外物的印象或意象”似乎不能代表印象，他只能把它当作复杂意象，而解释这复杂意象的意象，就不免愈弄愈复杂，结果，他或者说他没有“没有外物的印象或意象”的印象或意象，但是如果他说没有，照他自己的思想看来，“他没有外物的印象或意象”这句话就不能代表事实了。如果休氏承认第二条所讨论的实在，他可以说他没有“没有外物的印象或意象”的印象或意象，而“他没有外物的印象或意象”依然代表事实。我想休氏对于这一类的实在当然是承认的，不过没有讨论罢了。

4.再一方面如果我们承认第二条的实在，就是我们不承认某种实在而我们可以承认关于那种实在的假设或命题。如果我们谈上帝，我们不必相信上帝存在，然后相信它实在，也不必相信它实在然后相信关于它的命题实在。我们不必相信"以太"是实在,才相信"以太"的公式是实在,我们似乎可以否认前者而承认后者。我们不必相信完全相同是事实,才相信理论中的相同律是事实。对于这一层思想,我没有什么主张可说,在此处不过提及罢了,但我觉得理论之所以能极端抽象而仍能范畴事物者恐怕与这一层思想的关系非常之密切。无论如何,如果我们承认这种情形,假设的机会大、可能大,而我们的哲学功夫可以比较的活动些。

四

关系论在休氏哲学中是非常之根本的问题,研究他的认识论的人,总觉得他的大部分的思想是用种种关系来解释事物,尤其是相象、相连与因果三关系;他遇着困难问题的时候,大都是从这三种关系中找出一种办法来。找出的办法不见得对,而他引用关系做解释事物的工具,我们不能否认。这也是他的长处。照我个人的意见,他影响后人最大的地方,不在打倒物质与心质的观念,而在注重关系,不注重个体本性的研究。依我的成见(我说成见者,因为在此处我不愿意讨论这问题)研究关系是认识论的活路,研究个体的本性是认识论的死路。同时现代哲学似乎非常之注重关系,现代的论理学可以说是关系的论理学。关系之重要可想而知。

A.休氏对于关系似乎没有什么普遍的讨论,仅举出七种不同的关系,但我们可以注意以下数点。

1.关系是复杂的意象。复杂意象可以有相符的复杂印象

做张本，而不见得都有复杂印象做张本。休氏虽说关系是复杂的意象，他不必相信关系是复杂的印象。意象的复杂可以说是它背后的印象复杂，也可以说它有多数的意象。而追根起来所谓多数意象者，逃不出多数的简单意象，简单意象又发源于印象。这样看来关系是不能离印象的。

2.两意象可以使我们比较的时候，这两意象就发生关系。这意思休氏自已曾说过。这样一来，我们可以说关系有极根本的两大种类，一是没有关系的关系，一是有关系的关系。第一种是说如果甲与乙没有关系，那就是他们的关系。这种关系可以说是理论层次上推论出来的。理论的第一层，甲与乙是没有关系，理论的第二层甲与乙没有关系是实在情形，而它们的关系就是这没有关系的情形。第二种的关系是指理论第一层有关系的关系。我比他高，我与他就有这种关系。

3.谈到关系就不能不谈到关系者，照休氏的意见，关系者可以是印象也可以是意象。休氏所谓"理论"者就是意象的关系，那就是说在这种关系之中，关系者是意象。休氏之所谓事实，大约就是印象的关系，那就是说，在这种关系之中关系者是印象。关系者的性质可以不同而关系不因之而不同；"相象"与"相同"两方面均可引用，那就是说两印象"相同"，两意象"相同"关系者的性质虽不同而关系则一。换句话说，一种关系可以发生于理论与事实两方面，发生于理论方面的是理论关系，发生于事实方面的是事实关系。以后我们讨论理论与事实的时候再说明二者的分别很大。

4.关系者虽可以是印象，或者是意象，而关系不是印象。关系可以是意象，前面已经说过，但不是简单的意象。关系虽可以由印象得来而它不是印象，这一层休氏讨论时空的时候说得最明白。印象有时空的关系，而我们没有时空关系的印象；印象可以相同，而“相同”没有印象；那就是说，关系者可以是印象而关系本身不是印象。关系既不是印象，我们当然可以说它不是复杂的印象，但休氏是否有这种结论，颇不易说。

5.关系者不必是两个印象或意象，一印象或一意象可以与本身发生关系。昨天的我与今天的我就有这种关系。但一印象或一意象在一时一地或一范围之中似乎不能与自己发生关系。

6.关系可以从直觉得来，也可以从经验得来。从直觉得来的关系，休氏似乎不甚注意，他或者以为既是直觉，当然用不着特别的解释；从经验得来的关系，他非常之注意，他的认识论的一大部分就是解释从经验得来的关系。休氏的意思既然如此，那么关系是否是直觉的问题就成问题；我们先要看是哪种关系，有的可以直觉，有的要从经验得来，不能一概而论。

7.关系者可以发生关系也可以离开关系；休氏的思想不过是说关系者与关系不是一个整个的东西，如果是整个的东西，照休氏眼光看起来，它们或者就不能发生关系。如果甲与乙是关系者，甲乙在关系之中与甲乙在关系之外是否一样，如果不是一样，不同处在什么地方。这问题休氏似乎不曾讨论，或者不曾想到；而这个问题可又不是一个枝节问题。

B.休氏对于关系的普遍思想，大略如是；关于关系的最大问题似乎没有讨论，因之以下数点或者有讨论的价值。

1.我们可以把关系与关系者当作一种全体，名之日复杂

意象;休氏或者以为这复杂的意象等于它所包含的简单意象。他有时似乎说关系者的性质,在关系之中与关系之外,无所增减。至少他曾说,两印象发生关系的时候,我们仍只有两印象:意思大约是说没有另外新东西随关系而发生。这似乎是不承认发生关系的时候,除原有印象之外,有一种新事实。那就是说甲与乙发生关系时,休氏只承认甲与乙与关系而已。以上是否是休氏的思想,我不敢说,照我个人的意见他似乎有以上的思想。假设休氏有以上的思想,他的关系论或者太简单而不能对付困难问题。在别的地方全体是否是部分的总数,我们在此处可以不管;而在关系方面着想,似乎不仅仅是部分的总数。如果甲与乙发生关系是一种事实,这事实似乎不仅仅是甲乙与关系;那就是说如果我比他高是事实,这种事实所包括的不只“我”、“他”、“比……高”,还有一种新的东西夹在事实里面。所谓新者就是另外的意思。至于那另外的东西是什么,颇不易说。但是我们可以说如果我们有“我”、有“他”、有“比……高”的关系,我们仍不能得“我比他高”的事实。

2.以上的情形不是从关系的虚实得来的,虚关系与实关系的事实、具体关系与抽象关系的事实都有这种情形。如果甲与乙代表存在的,在某时某地的东西,X 与 Y 代表未经指定的无论什么东西,R 代表关系,那么甲 R 乙与 XRY 同有以上的情形。甲 R 乙不仅等于甲、R、乙;XRY 也不仅等于 X、R、Y。

3.以上的议论是从 G. Moore 书中得来的,他的意思似乎说甲与乙发生关系的时候,有一种另外的情形发生的,而这种情形至少是不容易分析的。他以为关系事实既有不便分析的情形发生,有许多哲学家就利用这机会说所有的关系事实都是不能分析的,因之都含有创造的作用,不是呆呆板板的事实,再一方面分析工作是理智工作,宇宙既不是分析工作所能穷其究竟,也就不是理智工作所能穷其究竟。

4.照本节第一条所讨论的看来,一关系发生,有一种另外的特别的情形发生;但这种情形不必是不能分析的,或者仅仅是我们现在所没有分析,或我们现在所不知道分析的情形。我们没有分析之前,似乎不能说它是不能分析的。Moore 所提出的“关系质”似乎就是分析工夫所得的一种良好的结果。

5.我自问对于关系事实,没有什么意见,可以供同好的研究;但我可以把它所包含的部分弄清楚一点,看可以得到什么结果否。如果“我比他高”是一种关系事实,大家所承认的是1.“我”,2.“他”,3.“比……高”,但就个人而论,“我”与“他”都不必有什么高低,而在这事实中,4.我可说“我高”。如果我说“我高”,至少有两种说法:我可以说有一标准,照那种标准看来,我可以算是高;我也可以说有一个人,我比那个人高。但在这事实中,只有第二义,没有第一义,所以 5.我可以说“我比 X 高”。“我比 X 高”有普通的意义,没有个体的意义,如果要有个体的意义,我们似乎要指出 X 是一个什么。在这事实之中。我们可以说 6.“X 是他”。在“我比他高”这关系事实中,“我”得了以下的关系质,a.“高”,b.“比 X 高”,c.“比他高”。这关系事实是否等于以上六部分,我不敢说,以上六部分是否包举无遗,我也不敢说;但我可以说,“我比他高”不仅等于“我”、“他”、“与比……高”。关系事实是否有不能分

析的情形，我不敢说，但我可以说它有超出前三部分的情形发生。休氏似乎相信关系者发生关系时，没有新情形发生，而照现在的眼光看来，如果所谓“新”情形者，是“关系者”与“关系”之外的情形，我们可以说关系者发生关系的时候，有新情形发生。

C.在本段我们研究关系者在关系中所得的关系质。或者我们由关系的性质不同，推论到关系所给予关系者的影响不同，再由影响不同的地方推论到关系的性质不同。在“我比他高”这关系事实中，“我”得了三种关系质，A.“高”，B.“比 X 高”，C.“比他高”。对于这几种关系质且作以下的讨论。

1.如果世界上只有一个人，那个人出来的时候，就是他现存这样一个人，那么所谓“高”者没有意义，说他“高”，他是这样一个人，说他不“高”，他也是这样一个人，他没有受什么影响。说他比 X“高”，此处的“高”有意义，因为如果这句话是事实，X 比他“高”的可能，他与 X 无高低分别的可能都不是事实。但他虽然比 X 高，而他不因为比 X 高就变了他本来的面目；那就是说他虽然得了一种关系质，而不必得到另外的性质。如果 X 是黄先生，而他比黄先生“高”是事实；此处的高也有意义，而此处的意义比以上的意义更浓厚。但他虽然比黄先生高，他不因为比黄先生高就得了另外的性质。

2.以上的话似乎可以说得过去。假定以上的话可以说得过去，我与他可以发生我比他高的关系，而发生关系时，我与他都受一种影响。只要有关系发生，关系者不能不受影响。如果这一句话可以说得过去，我与他在关系之中与在关系之外当然不同，因为在关系中，我有比他高的关系质，而在关系外我没有比他高的关系质。但照以上的道理说,我虽然得一种质,而故我依然没有变更。从“高”一方面着想,我虽然比他高,而我自己没有加高。那就是说,我虽然不能说在关系之中的我与在关系之外的我一样,而我可以说在未发生关系之前的我与关系发生终了后(如他死了)的我一样。这句话或者发生误会,我们可以更进一步说:我们可以把“我”分作三时期:(a)未发生关系时的我,(b)发生关系时的我,(c)关系终了时的我。我所要说的是(b)时的我与(a)时的我不同,与(c)时的我也不同,那就是说在关系中的我与关系外的我不同。但(a)时的我与(c)时的我可以相同,那就是说在未发生关系之前的我与关系终了后的我可以一样。

3.我们可以从另外一方面想。“我”所包含的,有无量的非我,“他”不过是非我之一;在我比他高的关系事实中,我仅与他发生关系,我与别的非我或者不发生关系,或者本有关系而关系仍旧。如果有这种情形,我们可以说,“我比他高”这关系中的“我”与其余的“非我”(“他”在外)的关系,不因这个关系而改变。“我”与其余的“非我”的关系可以改变,而不因这个关系事实发生而改变。其余的非我可以与“我比他高”关系中的“我”性质相同,不过不是这一个“我”而已;也可以性质不同,不过不是因为有这个关系才性质不同。我们可以说“比……高”这种关系所给予关系者的影响非常之小。这种关系是一节C段2条所提出的不凝关系。那就是说:有“比……高”关系,有“我”在此关系之中,得关系质“比他高”,凡不在此关系中,因而没有得到此关系质者皆非此“我”。“此”字非常之重要,它的意义至少有“这一类”与“这

一个”的分别。照我个人的意见，“我比他高”这样的关系不是类的关系，是直觉的关系、个体的关系。既然如此，“此”字当作“这一个”解；不然以上这句话没有意义。“皆非此我”这几个字仅表明单位的不同而不包含性质的不同。

4.仅有第二条所讨论的情形而没有三条所提出的情形我们仍不能得不凝的关系。如果ARB是一种关系事实，第二条所讨论的就是说A在关系中所得的关系质不能接续地影响到此关系完终后的A。但一种关系事实虽然有这种情形，而我们仍不能说它就是不凝的关系。如果他是不凝的关系，它一定还有第三条所讨论的情形。那就是说除以上情形外，在不凝的关系中的A所得的关系质，不能使A因此得另外若何的影响，或者因此经历另外若何的变更。第三条所讨论的情形比第二条所讨论的情形要紧。有第二条的情形不必有第三条的情形，有第三条的情形就有第二条的情形。我们似乎不能不把第三条所讨论的情形作为不凝关系的根本要求。

5.大、小、轻、重、高、低、左、右、前、后等等似乎都是不凝的关系。这一类的关系非常之重要，非常之根本。在理论上尤其是根本，因为他们大多数有极大的推论的可能。我们在此处不讨论这些关系的特性，我们仅指明它们都是不凝的关系。不凝关系的重要于斯可见。

6.我们可以说凡没有第三条所提出的情形的关系都是相凝的关系。相凝的关系大约可以分许多种类，至少有两种，一是具有第二条所讨论的情形，另一种没有这情形。前几天有电车撞破汽车的事。一撞当然不一定破，但也可以破。撞是一关系，撞破也可以算是一个关系。如果我们把撞破当作关系，电车与汽车是关系者，那么这关系事实就与以上的关系事实大不相同。电车受了影响与否我们不知道，汽车所受的影响就是破。不但在关系中的汽车与在关系外的车不同，就是在未发生关系以前的汽车与关系事实终了后的汽车也不同。换句话说，汽车在关系中所得的关系质接续地影响到关系完了后的汽车。这关系事实既然没有第二条所讨论的情形，当然不能有第三条所讨论的情形。那就是说汽车所得的关系质改变了汽车的性质，或者说汽车因为得了这关系质所以改变了它本来的面目。把撞破当作关系，它就是相凝的关系。

7.还有一种相凝的关系，有第二条的情形，没有第三条的情形。氢氧二气可以发生一种特别关系变成水。未加入水的成分的氢气我想可以与从水中出来的氢气一样，这句话化学家是否承认，我不知道；但假设这句话可说得过去的时候，在未发生关系之前的氢气与关系终了后的氢气相同。那就是说氢氧二气成水的关系有第二条的情形。但在水成分中的氢气与空气中的氢气不特有有无关系质的不同，而且有别的性质上的不同；我们差不多可以说在水成分中的氢气不是氢气，至少我们可以说关于空气中的氢气所能说的话不一定能引用到水成分中的氢气。这一条所带出的关系也是相凝关系，但与第六条所举出的不同。

D.以上的两类似乎很根本。休氏所举的七种关系中只有因果关系是相凝的关系。相凝的关系所给予关系者的影响比较大。休氏对于其他六种关系所发生的问题比较小而对于因果关系所发生的问题比较的大。我想休氏的意思大约以为关系事实似乎都没有新情形发生，如是不免觉得有新情形发生

的关系事实是特别出乎常轨的或者简直可以说是来路不明的事实。照当时普通的说法，因果关系似乎是有新思想夹杂在里面的。同时从休氏的印象论方面着想休氏对这个新的思想很不容易对付。他没有新思想的印象，这新思想又是从哪里来的呢？如果是从经验得来的，又是怎样得来的呢？如果休氏用以上的分类法把因果关系分在相凝的关系里面，这个问题或者简单一点。相凝的关系可以从经验得来，他的新情形也有经验上的根据。至于新的情形是一种什么情形以后讨论因果关系时候再讨论这问题，现在所应注意的有下三点。

1.即令我们承认休氏很狭小的印象与意象的范围，我们仍可以得到不凝的关系。这类关系休氏自己就举出很有几个，如果他把它们的普通情形分析一下，他不难想到它们的共同点，得了它们的共同点，它们就可以分成一类。

2.即令我们引用休氏印象与意象范围，我们或者也可以得到相凝的关系。休氏论因果关系引用了相象与相接两关系，如果他加用相同与不相象两关系，他似乎可以得到相凝的关系。

3.如果我们把 R 代表不凝的关系，RP 代表关系质，Y 代表所有的东西，x 代表“不是”，)-(代表包含，$>$代表在前，$<$代表在后，$\overline{RP}$代表没有关系质，那么不凝的关系事实有以下的情形。

ⓐARB，)-(ARP，BRP，而 $Y\ \overline{RP}xA$，$Y\ \overline{RP}xB$

ⓑARB)-($A>(ARB)=A<(ARB)$

但仅有ⓑ情形仍不能成不凝的关系，前面已经说过。休氏的印象与意象的范围虽小，而以上 RP、$\overline{RP}$、x、$>$、$=$、$<$等都

可以从他的印象范围中得来,所以 R 是他所能承认的。

4.如果我们用-○-代表相凝的关系,∍代表性质上的不同,A(-○-B)代表相凝中的 A,A $\overline{(\text{-○-R})}$代表在关系外的 A,那么相凝的关系事实有以下的情形:

ⓐA -○-B)(ARP 而 Y $\overline{\text{RP}}$∍ ARP

ⓑA(-○-B)∍ A $\overline{(\text{-○-R})}$

ⓒA>(A -○-B)∍ A<(A -○-B)

相凝关系事实情形是ⓐ种情形,内中有ⓑ情形ⓒ情形两种。具ⓑ种情形者不必有ⓒ种情形,而有ⓒ种情形者,有ⓑ情形。休氏的印象与意象范围虽小,而以上的∍可以从那范围中得来,所以-○-也是他所能承认的。

以上是从普通情形着想至各种重要关系以后当分节讨论。

五

关于经验我所要说的话不多仅有以下数端。

A.学哲学的常以官觉(此二字在本节包括感觉)为经验的大本营。最初以为官觉之外,没有什么经验,后来觉得官觉不够才把经验范围扩张,包括理论与想象等等。经验有宽狭的范围不同,狭的以官觉为范围,宽的则范围不定。从治哲学方面着想,狭义的经验大概总是不够用的,结果大概是要用宽义的经验。休氏也有这情形,他似乎宽狭两义并用。但他总不免觉得狭义的经验靠得住一点,而宽义的经验总不免有点来路不明的嫌疑。从这方面看来他的主意似乎没有拿定,但

从另一方面看来他似乎又把宽狭两义融洽起来，所以宽的意义也就根据于官觉。对于这一层我觉得休氏的工作不甚妥当，而不妥当的来由也就是他的印象与意象的范围太狭。

B.休氏承认官觉不够用，承认我们的经验除官觉之外还有理论与想象。但是他又觉得理论与想象摆在印象之外难免有危险，所以他又把理论与想象摆在印象范围中。这样一来宽狭两义的经验，都与官觉发生关系，但是他用怎样的方法可以得这样的结果呢？照我们的猜想，他把官觉的范围当作或有的范围，印象尤其是意象当作可能的范围，或有（probable）的范围小，可能的范围大，官觉的范围小而意象的范围大，意象与印象有密切的关系，印象与官觉有密切的关系，结果经验虽不止于官觉而仍以官觉为大本营。

C.对于或有与官觉、可能与意象我们似乎要讨论一下。

1.我想我们可以说或有的范围不止于官觉，而曾经官觉过的都入或有的范围，同时或有的范围是官觉的可能的范围。官觉的可能的范围不止于已往的官觉，但以以往的官觉为根据。我们在此可以不管或有的性质，我们仅指明曾经官觉过的或有的程度高，未经官觉过的或有的程度低。

2.可能与官觉的关系不密切。我们可以把可能分作三种，A.理论上无矛盾的可能，B.意象上的可能，C.官觉上的可能。我们所应注意的是休氏的可能限于B、C两义。休氏谈到可能的时候，有时是意象的可能有时是官觉的可能，但他不能承认我们所谓理论上没有矛盾的可能。这一种可能的范围非常之广，只要理论上没有矛盾就有可能性。这种可能不受休氏的意象或印象的限制。休氏所注意的似乎是B种。这一种的范围从一方面看来似乎不能说大,而从另外一方面看来似乎又不能说小。休氏的意象逃不出印象,印象的范围小,所以意象的范围也小,而意象的可能也就不能说大。但休氏承认复杂意象,复杂意象逃不出印象,而本身不必曾经是印象。这样一来意象的可能也可以说是差不多无限。印象的数目虽小,而印象可以有种种不同的联合,而这些不同的联合的数目非常之大。一种联合就可以得一个意象。如果世界上只有 10 个印象我们可以得 1024 个复杂意象。如果世界上有 10000 印象,我们就可以有 210000 个复杂意象。即令我们承认休氏的印象与意象的范围,意象的可能也就是非常之大。

3.休氏的经验除官觉之外有理论与想象,而理论与想象又逃不出印象与意象的范围。印象与官觉发生直接关系,所以意象与官觉发生间接关系,所以他虽然觉得仅有官觉不能成经验,而经验仍以官觉为主。休氏虽注重官觉而他的经验不能说狭,但我们知道他的意象可能虽大,而他意象的范围不大,所以他的经验的范围也不大。

D.休氏虽引用假设而不承认无印象的假设,结果就是他引用假设的时候,他有点觉得他引用非理性的思想。他常用习惯做一种思想上的媒人,如果思想本来可以接合,用不着媒人,如果本来不能接合,虽有媒人也没有致力的机会。这种情形的根本来源照我看来似乎是他的意象的范围太小,他虽然引用理论与想象做经验的工具,而意象的范围小,他的经验仍是狭义的经验。狭义的经验有它的好处,如果我们一心一意把我们思想根据在狭义的经验上,我们或者没有用屋干雉刀的机会,但是十有九它是不够的。宽义的经验够用而无确实

根据的思想容易发生。休氏的经验不是十分狭义的经验，也不是十分宽义的经验，他的思想似乎十有九有根据，而范围太小他的哲学不免过于简单。

六

休氏谈到理论与事实时，似乎把它们当作完全不同的东西，然就他的基本思想看来，他的理论与事实不是完全不同的东西。他的态度不必有矛盾，但不加修改或者不免发生误会。

A.如果理论与事实完全不同，它们的起点也就应该完全不同。如果起点相同，理论与事实似乎不能完全不同。

1.离事实而独立的理论，其起点大都为定义与假没。寻常论理书中的三大重要思想如同一律、矛盾律、排中律似乎都不必与经验发生若何关系。它们或者可以由经验得来——大多数的意思是不能——而它们不必由经验得来。最根本的名词都可以下定义。定义得当与否完全看以后应用的时候是否适用而与事实无关。根本名词的关系可以用命题发表；根本命题能成立与否，要看他们的推论力量如何，能适应与否，与经验亦不必发生若何关系。有这样的来源，理论才能与事实独立。所谓独立者，大意不过是说他不能被经验所否认；它可以与经验相符，而不必与经验相符；与经验相符固好，但不与经验相符也不要紧。此处所用经验二字，暂用休氏的意义。

2.有以上的情形，理论的范围，才能变成完全抽象的范围。有极精确的定义的名词，才有货真价实的概念。这类概念不但是抽象，而且可以说是离象，因它背后不必有印象，而大都没有印象。以上所提及的根本命题就是根本的假设,它本身不是从经验得来,或不必从经验中得来,所以从它推论得到的思想也就是抽象的命题。几何中的点,是否是我们所能意想得到的,在理论上不成问题;它是我们意想得到的固然很好,如果它是我们意想所不能得到的,它也可以尽职。理论中的同,是否是经验所能得到的也不成问题;如果它不是经验所能得到的,它也可以尽职。

3.有以上的情形才能有"必"的思想。此处的必是理论上的必,概念关系中的必,只有一条路的可能的必。此处的可能是无矛盾的可能。如果甲高于乙,乙高于丙,则甲必高于丙。世界上有甲、乙、丙与否我们可以不管,如果有甲、乙、丙,而甲是否高于乙,乙是否高于丙,我们可以置之不理。我们所注意的是甲、乙、丙的关系,如果甲、乙、丙有以上的关系,则甲与丙不能不存有结论中的关系。因为如果我们不承认它们有结论中的关系,我们就免不了得一种矛盾的情形。总而言之,世界上不必有甲、乙、丙,甲不必高于乙,乙也不必高于丙,这种必的思想完全是理论上的思想。

4.根据以上的情形看来,理论与事实不同的地方很多,此处也不必一一讨论。我们可以大略言之,理论是多数命题的关系;命题代表事实与否,与它们的关系没有影响。这样的理论才与事实完全不同,休氏的理论似乎不是这样的理论。

B.休氏的理论似乎是意象的关系。从表面上看起来这句话包括第四条所说的话,因为命题的关系也就可以说是意象的关系;但仔细想想,至少有两个问题发生。第一,我们可以说,多数命题的关系虽然都可以说是多数意象的关系,而多数

意象的关系,不必都是多数命题的关系。多数意象的关系或者仅成一命题;如果仅成一命题,照我看来,似乎没有理论可言。这或者是我的成见,但照这成见看来,如果世界上只有一个命题,那个命题既不能是理论的,又不能是非理论的。同时如果我们可以说是理论的,或者非理论的,我们就可以说,我们所直接承认的或间接包含的就不只一个命题。这样说来理论不仅是意象的关系还要是命题的关系。以上是一个大问题,但比较更重要的是第二问题,那就是"意象"的问题。

1.本文已经说过几次,休氏的意象范围太有限,印象外的假设与定义,他似乎都不承认;他既然不承认印象外的假设与定义,他对于上段所说的理论的要求,他就不能满足。他既不能满足以上的要求,他的理论就不能与事实完全不同,而不能完全不同的地方至少有以下数端。

2.休氏的理论不能十分抽象而他的事实也不见得十分的具体。事实不十分具体一句话或者发生问题,但我们可以不讨论。理论不能十分抽象差不多可以说是显而易见,因为休氏的意象就不是抽象的意象,他的意象虽有简单与复杂两种,而简单的意象不过是变态的印象当然不能抽象,复杂的意象虽不必与一种特别的印象符合,而不能逃出印象的范围,所以也就不能十分抽象,意象既不十分抽象,它的关系当然不十分抽象,那就是说理论不能十分的抽象。

3.由定义与假设得来的命题关系中才有"必",休氏的理论似乎不能有"必"的思想。由定义得来名词与经验无关,经验上的变迁不能更改它的意义;同时如意义更改了一毫一厘,就等于新名词发生老名词消灭。由定义得来的意象随定义而终始,这种意象的关系就可以说是它的定义的关系。定义的关系中有“必”,因为如果没有必要的时候,定义就不免改变了。在一种定义之下,我们可以说因“必”有果,因为无果之“因”不是因,而根据于印象或经验的意象没有这种“必”的关系。休氏不承认经验中有必,所以他对于因果律发生困难问题;但他似乎以为他理论中有“必”,然从他的意象论方面看来,他的理论既不是极端抽象的理论,所以也不能有“必”。

4.有以上的情形,休氏的理论不能说精确,不是关系不精确,是意象不精确。由印象得来的意象,不免是一种模模糊糊的东西,我们似乎只能形容它而不能定它的义。形容事物的命题与定义的命题,似乎根本就不同,定义似乎是种正反俱通的命题,如“直线是两点间最短的距离”这种命题,我们可以由反面说两点间最短的距离是直线。严格地说起来恐怕这种反面与正面俱说得通的命题才能算是定义的命题。形容事物的命题没有这种情形。形容词不能完全代表被形容者。休氏似乎只能形容他的意象而无论若何的形容,所有的形容词都不能代表那个意象。那就是说对于休氏的意象所能说的话都有遗漏的地方,都不能十分精确。更进一步说,休氏的理论不能十分精确。

在这一段所要说的话或者还多但我们可以不必十分深求;我们往下讨论休氏的理论与事实的不同点。

C.休氏的理论虽然不是极精确的极抽象的理论,而与事实也有极大的分别。

1.理论不必是经验过的,而事实似乎是经验过的。理论或者可以经验,或者不能经验,但不必一定要我们曾经经验过

才能成为理论。事实似乎一定要曾经经验过才能成为事实。对于这一层有许多意见不同的地方。有人以为休氏不承认旁人的经验为经验。我以为他是承认旁人的经验为经验的。但无论是旁人的经验或是自己的经验，都是人类的经验。至少我们可以说休氏的事实是人类曾经经验过的。

2.事实的范围小，理论的范围大。这是显而易见的。因为事实是印象或者印象的关系，而理论是意象的关系；意象的范围比印象的大，所以理论的范围比事实的大。另外方法说，凡属可能都有理论，但可能的不必是或有的；可能的范围比或有的大，所以理论的范围比事实的大。

3.从休氏的眼光看来理论应该模糊些事实应该活泼些。这也是显而易见的。因为事实既是印象或者是印象的关系，而理论是意象的关系；印象比意象活泼，所以事实应该比理论活泼。但现在所经验的事实才有这种情形，以往的事实不见得活泼。严格地说起，以往的事实也就是意象的关系；而与理论不同的地方，休氏似乎应该注意而未十分注意。理论与以往所经验的事实似乎应该有精确的界限，而休氏似乎没有这种界限。

照以上所讨论的分别，理论与事实有分别，而无多大的分别，休氏有时或者忘记自己的论理的特性而以他人的理论为理论，所以不知不觉间把理论与事实当作截然两途。

七

时间与空间的问题相同可以在本节同时讨论。

A.休氏的时空观念似有以下的数点。

1.时空本身均不是印象,均是印象来往进退的一种秩序,所以时空均可说是一种关系。可以说是普遍的情形而不是概念,本身既非印象,当然不是“东西”。

2.时空均不能离印象,或事实,而本身没有独立的存在。这样看来时空当然无所谓终始,无所谓界限。有多数事物才有时空问题,那么总而言之统而言之的宇宙当然没有终始。时空与事物没有事实上的先后问题,仅有理论上的先后问题与经验中意象发生的先后问题。

3.时空不是空架子可以让我们把事物当作一块一块的砖摆在这架子里来定它们的秩序。那就是说时空不是绝对的,本身既不是绝对,那么,绝对时空观的困难问题当然不会发生。

4.时空不是人类知识的工具,是事物给我们的材料。我们也可说他们是事物本来面目,不是我们的创作品。时空是由经验得来的。休氏有时似乎说它们可以由直觉得来,但从他讨论时空的语气看来,它们不是由直觉得来的。至于在经验中我们怎样得到时空的意象,我们可以不必讨论。

5.休氏的时空可以相合,所谓相合者是说时空不是彼此独立而是彼此相连的关系,可以使我们说凡有时者都有空。这情形是根据休氏的印象而发生的。他的印象不仅是物,也是事,只要有多数印象,不特有时间的关系也有空间的关系。

以上可以说是休氏时空论的要点。本想详细讨论,但本文已经太长,所以只得从略,但以下数点,似乎不能不简单地讨论一下。

B.因为休氏的印象与意象的范围太小，他能承认经验或感觉中的最短时期如心理学中的 specious present，而不能承认刹那；只能承认经验中的最小点，而不能承认几何中“点”，既有这情形就不免有以下的问题。

1.时空可以有两极的无量。这话或者可以当以下解。如果我们以两条直线代表时空，这两条直线的长度无论从那一方面都可以增加到无限。这不过是说，时空两头可以无限。不是说时空两头是无限，是说它们在休氏哲学中可以当作无限。那就是说如果休氏以为时无终始，他这思想可以与他的其余的思想不发生冲突；如果他以为空无边际，他这思想也可以与他的其余的思想不发生冲突。时空两头既然可以无量，两无量的中间似乎也可以无量，这两无量的中间是否可以无量暂且可以不论，但有量时期与空间中的分断均不是无量。那就是说，如果甲……乙代表时期，从甲往前可以到无量，由乙到后也可以无量，而甲……乙之间没有无量。

2.有量时空不能得无量的分段的理由大约有二：一是休氏的接续性不清楚，不精确；一是休氏的印象与意象论不能使他承认“刹那”与“点”。这两个理由可以说是一个理由，因为接续性不精确的地方，追根起来就是没有“刹那”与“点”。但表面看起来时空与接续性的关系密一点。如果时空没有精确的接续性，我们只能有各种各色的时空，而不能有一串的时空，如果没有一串的时空，恐怕前后左右的意义就不免受一极大的限制。它们的度量与推论都有困难问题发生。休氏承认它们连续，但严格地说起来，他的接续只能算是继续，不能算是接续，至少不能算是现在哲学中的接续。

3.休氏的接续性其所以不能精确者,一部分的理由就是没有“刹那”与“点”的意象。如果有“刹那”与“点”,间断的情形可以打消,同时再加一点别的思想就可以得一种精确的连续性。如果时空有接续性,本段所提出的问题就不至于有困难。但是休氏不能承认“刹那”与“点”,他的接续只能当作继续,所以他的时空只是继续的、间断的,不是接续的、一贯的。即令他在经验中能够得左右前后的关系,而这些关系不能连串起来,只能得个体的前后左右,而不能得共同的前后左右。从这一方面着想,他的时空论似乎有根本不圆满的地方。

关于时空或者还有别的问题发生,但讨论起来要说的话太多。本文只注重以上一点,因为照我看来这一点非常之重要。

八

因果问题是休氏认识论中最困难的问题。对于这问题我们不能不稍微说几句话。

A.休氏的因果论包括以下数点。

1.休氏的问题不是理论上因必有果,果必有因的问题,是事实上某事为因某事为果的问题。前一问题,休氏看起来不值讨论;后一问题是休氏的困难问题。它是经验问题,是从经验中得来的;但是经验中怎样可以找得出这样的关系呢?休氏所承认的经验不算很狭也不能算很宽;范围不能说是十分妥定,所以因果关系是否完全由经验得来也不易说。

2.因果所包含的关系如下 a.相象;b.相继;c.相接续;d.相

连;e.联想。甲与$甲^1$ $甲^2$……$甲^n$ 相象,乙与$乙^1$ $乙^2$……$乙^n$ 相象,甲、乙相继,$甲^1$ $乙^1$ 相继,……甲乙相接,$甲^1$ $乙^1$ 相接……甲乙无时不继且接,则甲乙两类相连,甲乙相连能使我们想到甲时就联想到乙,则甲乙两类有因果关系。

3.相象的用处非常之多,休氏时常用得着它。似乎有困难的时候,休氏总是要用它。它是直觉得来的。直觉两字在此不限于一时一地的官觉。以往的印象可以与现在的印象相象,那就是说,一时一地的官觉可以与另一时一地的官觉相比较。如果这一层不承认,则甲与$甲^1$ $甲^2$ 等不能相象,而以上因果关系的要求之中就有一点不能满足。

4.相继的关系当然是时间的先后关系。甲乙相继就是甲在前乙在后的意思。休氏认因果不能同时。对于这一层的思想似乎极不圆满。因果似乎可以同时,可以不同时,但因不能在果之后而已。统计地说,大多数的因在果之前。所谓前者当然是时间的前而不是理论上的前。在此处我所最应注意的是两事两物的前后关系,不是一事一物的前后关系。不然起首可以作为终了的因。

5.相接的意义不甚清楚。谈时空的时候已经说过,休氏的接续不是精义的接续,不能作为精义的接续,只能认为间断的继续?既然有此情形,甲乙相继相接问题,或者简单一点亦未可知,甲乙要相继,要相接,而继接的情形可以有两种不同的可能:一是在甲未终之前乙已起始,一是在甲已终之后乙才起始。前者甲乙结在一块,后者甲乙之间有非甲非乙或不甲不乙者在。同时我们可以说甲不能先始而后乙终,因为如果甲可以先乙始而后乙终,甲就不能算是在乙之前了。我们也可以说甲之终不是乙之始,因为如果甲之终是乙之始,甲乙就变成了一事一物而无所谓因果了。所以我们可以说甲乙相继相接的情形只有以上两个可能。但是如果休氏的接续是现在数学中的接续,情形似乎可要复杂一点;第二种可能不能成立只得取消,第一种可能或者不能满足接续的条件。

6.所谓甲乙相连者,就是说,甲乙在经验中无时不相继,无时不相接。休氏谈到相接时,他是说甲类与乙类相连。这相连的关系已经是经验中综合得来的关系。但是其所以有这种综合的关系,还是先有个体的甲与个体的乙发生相继相接的关系。这样看来,因果关系是普遍关系,不是个体关系。能重复循环的事物,才可以发生因果关系,而不能重复循环的事物,是否可以发生因果的关系,或者要看它们的个性能否归纳到普遍性的程度为何如(这一点是与朋友讨论后才想到的)。

7.寻常所谓因果关系似乎都有"必"的思想夹杂其间。理论上因必有果,所以不假思索想到事实上某事为因也就不必有某事为果。休氏百分坚决地说事实上没有"必"。甲乙在经验中虽无时不相连,而我们不能说它们"必"相连,因为它们可以不相连。同时经验中我们只能有本段第二条所列的各关系。休氏的结论是甲乙之间没有"必"而我们联想中有必。如果甲乙两类相连,我们想到甲时"必"定联想到乙。因果中的"必"是我们心里的"必",不是事物中的"必",这联想是我们思想上的习惯。

以上七条可以说是休氏因果论的大要。这个问题在哲学历史上似乎没有受很详细的讨论;休氏恐怕是注重这问题最深的一个人;他的议论是否可以得我们的赞同是另一问题,而在他讨论后我们对于这问题的种种困难情形比以前要了解多了。至少这一点是他的贡献。

B.休氏所注意的问题是因果中的“必”的问题，对于因果中旁的问题似乎没有特别的注意。因果是否应以宇宙为可分开的背景一问题，似乎是一重要问题，而休氏没有讨论过。一因一果，多因一果，一因多果，多因多果等复杂情形，休氏虽曾讨论，而似乎不甚十分注重。同时他也没有想出适用的方法可以使我们在经验中能寻因觅果。他所最注重的“必”的问题，他的结论就是上段所说的事物间无“必”而联想中有“必”。

1.事实间无“必”的话，我们或者很容易赞同。已往的经验是一事，将来的事实又一事；已往者情形不必重现于将来，所以因果关系也就不是必定的关系。至少我们不能说它是必定的关系。理论中有“必”的话，我们也很容易赞同，但休氏的论理中有“必”，则不容易赞同。我们讨论休氏的理论与事实的时候，就说过休氏的理论不能有必，理由在此处不赘。这样看来不特事实中无“必”，就是联想中也不能有“必”。前半的思想是休氏的思想，而后半的思想，休氏或者不赞成。他可以说，他的理论是否有“必”，我们可以不管，而联想中的“必”不是理论中的“必”，所以理论中有必与否与联想中有“必”与否是两个问题不能摆在一块。

2.联想中的“必”从那里来的呢？休氏的答复就是甲乙两类相联给我们一个内体的印象，那个印象就是“必”的印象或者必的意象。但是这话有困难问题发生。第一，我们要注意“必”的印象这几个字的意义。“必”的印象就是“必”印象，那个新印象就是“必”。第二,“给”字也就有困难,似有“致”的意思。休氏既说甲不能致乙,何以甲乙两类相连后又可以致一种新印象呢?如果甲因不能致乙果,甲乙无时不相连,即使是因也不能“致”一种新印象的果。甲乙两类相连我们是否得新印象,现在且不理,即令能得新印象,也不能说是甲乙相连所“致”的新印象。第三,印象背后的因,休氏早就承认是我们所不能知道的。那就是说休氏只能知道有印象,不能知何以有印象。而在此处他不仅说我们有“必”印象,而且说因为我们知道甲乙两类相连,所以有“必”印象。这样他的思想已经超过他的认识论范围之外了。照我看来以上的理由可以使我们怀疑他的主张。

3.事实上既没有“必”何以休氏要想方法找出一种“必”来呢?这问题不容易答复。他或者以为事实中虽找不出必来,而我们对于因果关系,心理上实在有“必”的思想,所以不能不想方法找出“必”来。他或者以为因果关系没有必的时候它的致用的地方就不免减少。或者在他的时候,科学与因果律的关系比现在密切。如果要巩固科学也就要巩固因果关系。因果关系之所以能致用者就在那“必”字上;如果因不必有果,以往的经验就不能十分地引用到将来,而因果关系之所以有用者似乎就是可以引用到将来。从这一方面着想我们不能不想到另外一个问题,在下段讨论。

C.这问题就是 a.因果关系 b.科学 c.归纳原则的关系。休谟虽然不谈科学,也没有十分注意归纳原则,而他对于因果关系所发表的议论与科学很有影响。

1.照现在的眼光看来,因果律不过是科学中的一个工具,

与科学本身虽有关系而没有多大的关系。恐怕最发达的科学最用不着因果律，而最不发达的科学最用得着因果律。在未得知识以前，我们或者要用因果律做探讨知识的工具。在既得知识之后，我们或者用不着因果律。我想物理学的精密可靠的知识或者都可以用数学意味很重的方程式发表，而用不着说某种事实为因某种事实为果。休氏或者把因果律看得太重，把它当作组织经验的唯一工具。既然如此，所谓科学也者不得不依靠因果律才能发达。休氏想到科学与否不得而知，而他注重因果律过甚，则才易否认。但是如果科学不一定依靠因果律关系，就是因果律不精密，或者竟不能成立，科学也就不因此而不精密或不能成立。总而言之，因果律能成立与否与科学或者没有多大的关系。

2.但是如果归纳原则推翻，则科学即能成立也就不是一个理性的东西。科学的最大前提就是归纳原则，承认此原则，科学在理论上的根基才固，不承认此原则，科学就有点说不过去。我们并不是不承认归纳原则就没有科学，就是不承认此原则我们还是可以有科学。只要我们能用归纳及其他科学方法，我们就可以有科学，而科学也就可以成立，也就可以发达。我们现在所注意的是理论上的根基，这个根基坚固与否要看我们对于归纳原则的态度如何。休氏讨论因果关系的时候，似乎把归纳原则当作一种非理性的习惯，果如是者科学在理论上的根基就动摇了。

3.归纳原则休氏认定是不能证明的，对于这一层我们似乎不能不赞成他的意见。如果我们想要证明归纳原则，我们似乎先要假设它做一种前提。假设它做前提，当然就不是证明它。同时也不能以统计方法给它一个大约的“或有”性。总而言之归纳原则似乎是前提不是结论，是起点不是终局，要证明它是不容易的。但是不能证明的命题都是非理性的吗?这也不见得。不能证明与不能否认的命题也不少，只要有旁的理由要用它们，而同时不能不引用它们，我们就可以把它们当作一种假设，而这种假设本来就是不能证明与反证的命题，就无所谓理性与非理性。那就是说即令我们不能证明归纳原则，归纳原则也就不因此是非理性的。

4.休氏似乎把归纳原则因果关系混在一块，如果我们不能证明因果必要关系，我们也不能证明归纳原理。如果因果间的必要是一种习惯，一种非理性的习惯，归纳原则也就是一种非理性的习惯。我以为因果关系是否是非理性的没有多大的关系；但是如果归纳原则是非理性的，则科学也是非理性的。休氏的哲学就发生了一个很重要的问题。科学的发达不免受影响。完全是经验的科学或者没有困难的问题。但现在的科学愈发达，愈成了理论的，愈成了数学的，愈成了推论的，这样的科学与理论的关系极深，如果它在理论上的根基不固，它本身就可以说是非理性的。

5.或者最妥当的办法还是承认归纳原则，把它当作理论上所不能证明，而事实上所需求的命题。如果我们承认理论的起点无所谓理性与非理性，这种命题也就无所谓理性与非理性；即令它不是理性的，它也不是非理性的。承认归纳原则以后，我们可以推论到因果关系，给它一种大约的“或有”性。如果因果关系在事实方面本来就是有“或有”的关系，那么因果之间本来就用不着必的关系，而不至于发生困难问题。心理上的感想用不着牵扯到这个问题上。我们虽然由甲因想到乙果，或由乙果想到甲因，而事实上甲发生时，以后不必有乙发生，乙发生时，以前不必有甲发生。那就是说，即令休氏给我们一种心理上的必而事实依然没有必。因果是事实关系，是经验中得来的关系，在经验中不能有“必”存乎其间，心理上是否有“必”似乎没有多大的关系。这样，因果关系是或有的关系：不是如果甲，就有乙，是如果甲，大约就有乙。这问题与“因必有果，果必有因”那句话，可以说是没有关系，那句话完全是定义上的关系，而我们所讨论的是事实上某因某果的关系。

因果关系的问题很多，似乎是特别的多，但详细地讨论起来，本文就无从收束了。

九

别的问题我不讨论了。本文就在本节收束吧。一方面我可以说几句总批评的话，再一方面我想说几句关于我个人兴趣的话。

A.我觉得休氏的哲学的最大的限制，就是他的印象与意象论。他的印象与意象的来源太有限，范围都太小，所以他的实在的种类不多；他所举的关系不是根本分别，不是根本的种类，他的理论与事实不能严格的分别，而他的理论也不能十分的精密，他的可能的范围也就太小，他的经验没有一定的范围，他的时间空间似乎不能贯串，他的因果关系发生种种困难问题。同时他的知识论也有问题。理论上的知识不能精密，而事实上的知识又似乎有别人的经验与自己的经验不同的问题。我的印象当然是印象,别人的印象不是我的印象,但是是印象吗?如果他人的印象对于我不是印象,他人的经验对于我也不是经验。同时“知”是一事,所以“知”又是一事,专就前者而言,问题或者简单,若再进求后者,问题就复杂。我们知道事物,不见得同时就知道所以知道的方法,对于一种事实我们可以不知道所以知道的方法,而知道那种事实。休氏有时似乎把两事混作一事,以为我们知道一事实时,我们就知道所以知道的途径与方法,而如果不知道所以知道的方法时,我们对于一事一物的知识就是非理性的知识,简直可以说不是知识。有以上的种种情形,休氏的哲学虽十分地求理性,而我们不免觉得脉氏自己以为他的哲学仍是非理性的哲学。

B.我个人对于休氏的哲学极有兴趣,而特别有兴趣的地方大约在以下数端。

1.休氏注重关系。我个人的成见,世界上种种都是关系事实,而所谓事实者不能离开关系而言。注意事实就要注重关系。我个人觉得所谓“东西”者,在哲学里差不多是不毛之地,虽极力研究它而终不能得到若何的结果。如果要在哲学里找出门径来,似乎非注重事实不可,而注重事实又非注重关系不可。

2.在休氏的哲学里,事物相对而不必研究整个的宇宙,个体可以绝对而不必推翻它彼此的相对。很有许多人以为事物果真相对之后,我们要知道整个的宇宙才能知道一事一物;同时个体绝对的时候,就非打倒它们的相对不可。我觉得这是迷途,而休氏的哲学没有这种迷途。从这一层着想,休氏似乎

不能不注重不凝的关系；要有不凝的关系，事物才可以相对，而不相凝，个体才可以绝对而不因此就与万物万事脱离关系。

3.印象之外，不必有心与物，如有，我们可以不理它们。如是绝对的心与物就没有问题。这样的思想是否便利，是否圆满，是另一问题，在此不讨论。我所要注意的是心与物虽可以成为哲学中心问题，而不必是哲学中心问题；我们可以不理这问题而接续地研究哲学，不必用终身的精力徘徊于心物之间。一方面觉鸡肋之磨人，再一方面对于其他哲学问题，又不能得相当的研究。

4.我觉得休氏的因果论，在建设方面或有不足的地方，在批评方面可以使后人知道内中的困难，不致根据于所谓因果律者而推论到不相干的思想。对于因果论，休氏的讨论，就在离他近二百年后的今日，我们似乎还是要特别的研究，特别的注意，因为我们对于这问题的普通态度，恐怕不但同样的有更正之必要，而且应该有同样的更正。

5.休氏的哲学以事物为主，以经验为出发点，不到拿得稳时不轻易从事推论，所以他的思想来源去迹很容易寻找，不至于玄之又玄使读者头昏颠倒而终莫明其妙。

有以上诸端我个人对于休氏的哲学非常之有兴趣。同时我觉得他是一个提出问题的人，不是解决问题的人。

归纳总则与将来*

一、休谟底问题与归纳原则

A.休谟底问题

1.休谟曾经提出过这样的问题:我们有没有把握保障将来会与已往相似?这问题提出之后休谟只表示这问题困难,他没有解决这问题,也没有设法解决。可是他曾说归纳原则不能帮助我们解决这问题,因为如果我们不能保障将来与已往相似,归纳原则本身也失其效用。此所以我们在本章把这问题和归纳原则一同讨论。本章底主题是归纳原则,我们以后要表示归纳原则永远是真的,这就是说它不会为将来所推翻。在本章我们借论归纳原则之便把休谟底问题提出来讨论一下,这问题的确麻烦,在休谟更是如此。如果我们遵照休谟底看法我们会想到我们的知识都是根据于经验的,这就是说我们底知识底根据是已往和现在的事体。假如将来与已往及现在不相似,则我们辛辛苦苦从以往及现在所得到的知识会一笔勾消。休谟似乎没有想到他不能解决这问题底理由也就

* 原刊于《哲学评论》第8卷第2期,1943年7月。——编者注

是他底知识论底缺点。这当然是不容易想到的，因为如果他要解决这问题他非放弃一部分的哲学思想不可。别的不说他对于意念的看法非放弃不可。他既没有放弃这些思想，对于这问题当然毫无办法。

2.我们可以把一部分的问题撇开。从语言文字方面着想，表示此问题底工具本身就有问题。何谓“把握”呢？怎样地“保障”呢？将来的什么与以往的什么相似呢？如何相似法呢？这一方面的问题我们撇开，提出讨论太费时间。这问题既不是我们底主题，我们不能多费工夫。可是有些问题我们虽然一样地撇开然而我们不能不提出一下，借此表示休谟底问题不是那样的问题。所谓将来与已往相似决不是历史底重演。休谟所提出的问题是知识论上的问题，而知识论对于历史底重演没有多大的兴趣，知识论对于知识有兴趣，它底对象是知识之所以为知识而不是历史的知识。历史继续下去也有如何才算重演，如何就不算底问题。重演底方式也有许多不同的看法。历史重演与将来和已往相似与否底问题本身是一问题。就程度说历史重演而将来与已往不必完全相似，历史不重演而将来与已往不见得完全不相似。同时休谟底问题不是将来和已往究竟相似与否底问题，而是在现在我们有无把握担保将来与已往相似。也许将来与已往会相似，而我们在现在仍没有把握担保它们相似。问题虽有关将来，然而不是将来的问题而是现在的问题。

3.用我们底术语，照我们底看法，我们可以说从特殊的事件着想，我们可以担保将来与已往不会相似，不能相似。特殊之所以为特殊，就因为它唯一无二。早饭可以重复，而今天的早饭——这一顿特殊的早饭——一去就从此不复返。不但以前没有这一顿特殊的早饭,而且以后也不能有这一顿特殊的早饭。如果所谈的已往是已经发生而又过去的特殊的事件,我们根本没有将来与已往相似与否底问题。假如这问题发生我们可以担保将来和已往不相似。休谟底问题不能如此直截了当地表示,因为他对于普遍与特殊没有如此的分法。他果然有此分别,他底问题不至那么困难。他既没有这样的分别,他底问题不能以上面的方式得到负的答案。虽然无形之下他一定也有此分别。因为如果他果然严格地不承认有普遍,他根本不至于发生这样的问题。他果然严格地只承认有特殊,他会只说几句话就解决了这问题。他底问题底困难一方面是因为他无形之中承认有普遍,而在他正式的哲学中又不承认有真正的普遍。他既没有真正否认普遍底便利,也没有真正承认普遍的便利。从本书底立场说,我们可以引用我们底方法表示这问题不是特殊的事件底问题。

大致说来休谟的问题是秩序问题。知识所要得到的是一种客观的秩序。这种秩序在休谟只能被动地从印象去领取。印象总是现在或已往的,被动地从印象领取的秩序是跟着现在和已往的。休谟既正式地提出没有真正的普遍,他也没有以后我们所要提出的真正的秩序。他只有跟着现在和已往的印象底秩序。既然如此,则假如将来推翻现在和已往,他辛辛苦苦所得到的秩序也就推翻。他可以执任何时间以为他底“现在”,而照他底说法,他也许可以说一直到那一“现在”,他所得到的秩序没有推翻,但是那一“现在”底将来,他怎样担保他所得到的秩序不会推翻呢？这问题在他的确是困难问

题。他对于因果问题底困难也就是这样底困难。本书底作者从前也感觉到这困难,在承认真正的普遍之后,在承认意念不仅摹状而且规律之后,这问题底困难才慢慢地解除。在本段我们只提出这问题而已,并不预备从长讨论。

B.归纳原则

1.归纳原则的重要我们不必讨论,这显而易见。归纳原则究竟应该如何表示,我们也不必讨论。讨论起来非数万言不可,而我们底兴趣根本不在那里。我们底主要问题是归纳原则之为接受总则,而不是我们如何归纳或我们在归纳所用的方法是如何的方法。对于实在引用归纳方法有兴趣的人,本节的讨论毫无贡献。我们以罗素所说的归纳原则为讨论底根据,他底说法如下:If in a great number of instances a thing of one kind is associated in a certain way with a thing of another kind,then it is probable that a thing of the first kind is always similarly associated with a thing of the second kind; and as the number of instances increases indefinitely,the probabilitv approaches to certainty。这说法似乎限于关系,其实不必限于关系。以下的讨论也许着重关系,可是不特别地从关系着想也行。

2.照此说法的归纳原则当然有很重要问题,此即 probability 问题。对这问题作者没有特别的研究,有好些方面根本不懂,所以也不能提出讨论。好在从本章底主题着想,我们也不必讨论。在引用归纳方法时,就事论事,大概当然有程度高低问题,有在什么情形之下程度高而在什么情形之下程度低底问题。未能引用大概推算(calculus of probability)之前先得有精细的安排，既引用大概推算之后，我们也许还要利用许多算学公式。这些问题都不是本章底问题。我们底主要问题是归纳原则是否永真，能否为将来所推翻，假如我们没有把握担保将来不会推翻已往，我们不能不承认将来也许会推翻归纳原则。此原则既可以为将来推翻，当然就不永真了。假如将来推翻已往，也推翻归纳原则，则大概推算问题根本不发生，因为，大概推算不经推算我们已经知道它等于零了。从别的方面着想大概问题也许重要，然而从本章的讨论着想，大概问题不重要。

3.大概所表示的可以说是例证与结论的关系性质。假如例证不十分代表普遍情形，则大概底程度低，假如例证十分代表普遍情形，则大概底程度高。大概所注重的是特殊的例证底代表性。特殊的代表性底根据就是我们假设整个的将来不会与已往完全不相似。假如我们不假设将来不会与已往完全不相似，则特殊的例证是否有代表性本身就成为问题。如果特殊的例证根本就没有代表性可说，大概这一意念在归纳原则上可以说是根本取消了。我们在本章底问题，就是此假设底问题。我们既然问将来是否会推翻已往，我们当然就是不假设将来不会与已往完全不相似。我们在本章底问题比大概底问题基本。我们可以说在我们底问题解决之后，大概问题才发生。显而易见，假如我们底答案是将来一定会推翻已往，一定会推翻归纳原则，则特殊的例证根本没有代表性，当然也无所用其“大概”了。这当然不是说“大概”这一意念不要紧，从引用归纳法底人着想，它当然重要，不过从本章的主题着想，它不重要而已。

4.对于归纳原则我们可以发生类似休谟所提出的问题，休谟本人也因此提出过。我们有没有把握担保将来不会推翻归纳原则呢？将来会不会变到一种局面或一种世界使归纳原则根本不能引用或竟是假的呢？上章已经提到过中国的成语天下无不变的事体。我们也常听见说世界老在变更中。变更这一类的事实我们没有法子否认。问题是世界会不会变到我们从以往所得的经验完全推翻，会不会变到归纳原则根本就不能引用？休谟底问题与我们所提的关于归纳原则底问题是一样的，此所以我们在本节谈休谟底问题。

C.二者底问题

1.假如我们发生休谟提出的问题，我们可以有种种办法。我们可以假设将来不会推翻已往。这当然是直截了当的办法。引用归纳原则方式而以之求知识工具的人也许引用此方法。他们当然可以引用此方法，因为他们对于归纳原则底兴趣是实际的，他们虽然发生这样的问题，然而对于这样底问题毫无兴趣，他们可以用不了底办法了之。这办法是一不了底办法。这假设有什么例证呢？提到例证问题就麻烦了。可能的例证都是在已往和现在的。这假设有何理由呢？纯逻辑的理由能不能担保将来不会推翻已往，或将来不会推翻归纳原则呢？我们现在先从后一方面表示一下。照上章所说逻辑命题完全是消极的。此所以它是先天的命题，此所以它不能担保经验底继续下去。它不能担保经验继续下去底理由也就表示它不能担保将来不会推翻已往或将来不会推翻归纳原则。纯理论既不能担保，夹杂经验底理论是不是能够担保呢？夹杂经验的理论总有经验上的根据？说有经验上的根据就是说根据已往及现在所与之所呈现。这又回到例证问题。我们说过所有的例证都是已往或现在的。

2.对于我们现在这一问题，已往或现在的例证都不能引用。这应该是显而易见。假如我们底问题是某一因果关系将来如何，我们也许可以根据已往以概将来，因为那是承认根据已往可以概将来底条件之下的理论。我们现在的问题根本不是那样的问题。我们底问题正是能否根据已往以概将来。我们当然不能假设这问题的答案去解决这问题。将来总还没有来，我们底问题正是尚没有来的事体或局面会不会推翻已往。也许有人会如此说：我十多年前就发生这问题，每年都注意，可是没有任何一年底将来曾经推翻过已往，没有任何一年底将来曾经推翻过归纳原则，所以他可以担保将来不会推翻已往也不会推翻归纳原则。这说法显而易见不行。去年底将来虽没有推翻去年底已往并不能表示从此以后的将来不会推翻已往。如果能有此表示，我们根本不至于有这问题，即有这问题，这问题也不至于困难。我们底问题是将来会不会推翻以往，我们有没有法子担保将来不会而不是去年的将来曾经推翻已往与否。

3.我们也可以从归纳原则着想讨论此问题，以上的说法实在是利用归纳原则以为工具。他实在是说某年底将来没有推翻已往，某次一年底将来没有……，某更次一年底将来没有……，所以将来不会推翻已往。这例证底数目可以增加到很大，也许原来就不很大。如果大结论也许靠得住些等等。这办法实在是以已往所经验的将来为例证，引用归纳原则以断定将来不至于推翻已往或归纳原则。从不推翻已往这一方面着想，我们也许不感觉到什么，可是从不推翻归纳原则着想我们会感觉到不妥。我们底问题本来是将来会不会推翻归纳原则，将来既没有来，我们不知道它会不会推翻归纳原则。归纳原则在已往虽能引用，然而我们绝不能以归纳原则为论证去证实归纳原则本身。显而易见，归纳原则决不是能以归纳方法去证实的。因为归纳方法底引用就蕴涵归纳原则底接受。我们接受了归纳原则或承认了此原则去证实归纳原则，当然仍只是承认归纳原则而已。我们并没有证实它。同样我们不能以已往的将来没有推翻已往为论证去证实将来不会推翻已往。显而易见能用以为例证的“已往底将来”总是已往，不然我们不能引用以为例证。其结果这办法只表示已往没有推翻已往而已。引用归纳原则去证实归纳原则至多表示已往没有推翻归纳原则而已，我们不能借此表示将来不会推翻归纳原则。

4.总而言之，以上一方面表示我们没有纯理论上的理由担保将来不会推翻已往或推翻归纳原则，也没有根据已往的事实以为理由作这类担保。这问题也许不应该发生，完全从引用归纳法以为求知工具底人们只引用归纳法而已，他们的确不必发生这样问题。可是问题发生了之后，我们免不了要满足我们理性上的要求得到相当的解决。本章以归纳原则为主题，讨论当然以这一方面为主，附及休谟底问题。本章底结论是以归纳原则为先验的永真的原则，只要经验继续，归纳原则总是真的。我们把这意思表示清楚之后，我们可以回到休谟底问题。对于后一问题我们有类似的理由或理论表示将来不会推翻已往，或者说我们有把握担保将来与已往相似。至于如何相似法，现在可以不提。

二、归纳原则与秩序

A.归纳原则底解释

1.罗素所说的归纳原则底说法不必是好的表示。所谓好与不好大都是针对于归纳方法而说的。也许针对于归纳方法这表示有不足的地方。果然如此我们也不必计较，我们没有更好的表示方法。我们底兴趣不在归纳方法，而在由例证到结论底过程。从这一方面说，罗素底说法可以作为我们底讨论底根据。instances 指特殊底例证，次数指例证发生底次数，a thing 指例证中的特殊的事体或东西，kind 指类。这原则说两(或多数)类不同的东西或事体，如果在多数例证中有某关联或情形，则大概它们“老有”“那样”的关联或情形。说“老有”就表示此关联或情形不限制到这些次数或这些已经验的次数，说“那样”就是表示此关联或情形不是例证中的特殊的关联或情形。这说法底后一部分说并且例证底次数增加或无限量地增加，则“大概”底程度可以接近“一定”。在本章我们对于后一部分毫无兴趣。我们前此已经说过我们对“大概”这一概念根本用不着讨论，不必讨论“大概”这一概念底理由也就是我们对此说法底后一部分毫无兴趣底理由。

2.我们可以用 a_1b_1、a_2b_2、a_3b_3……a_nb_n 表示特殊的东西或事体，用 a_1——b_1、a_2——b_2、a_3——b_3……a_n——b_n 表示例证，用 A、B 表类，用“——”表示关联或情形。以上的说法可

以如下表示：

如果　a_1——b_1

a_2——b_2

a_3——b_3

…　…

…　…

…　…

a_n——b_n

则（大概）A——B

以上当然只表示前一部分的原则。特殊事体或东西底时间地点我们都没有表示。地点我们以后根本不谈。时间是主要问题之一，我们以后会有表示。整原则以“如果——则”底方式表示，“如果——则”底问题，以后会谈，现在亦不必讨论。

3.此原则之所以为归纳原则，一方面是因为我们从 a_1b_1、a_2b_2、a_3b_3，说起。这里当然省掉了一部分的表示与讨论。从所与或呈现说当然无所谓 a_1b_1、a_2b_2、a_3b_3，等等。这些都是我们已经把所谓 A，所谓 B 引用到所与或呈现上去之后才有的，它们是我们用 A、B 两方式去接受了的所与。这一点我们在这里提及一下。我们不必用以上简单的表示，我们可以从接受说起。但问题底主要点既不在我们底接受，我们省去这一方面的问题。我们只从特殊的东西或事体说起。我们经验了它们，发现它们有“——”关系或情形。也许与其说经验了它们，不如说官觉了它们。无论如何 a_1b_1、a_2b_2、a_3b_3、……a_nb_n 既已曾在我们底经验或官觉中，都是已经发生的。例证总是已经发生的,未发生的不能为例证。例证底数目,我们以“n”表示。n可以大,也可以小。但是数目底大小我们可以不管。它与“大概”底关系大,与我们底问题关系小。我们既不讨论大概问题,当然可以忽略数目问题。

4.此原则之所以为归纳原则,另一方面因为它是普遍地从特殊的例子得到一普遍的命题。也许我们应该说,如果我们引用此原则,它可以使我们普遍地从特殊的例子得到一普遍的结论。从这一方面着想,我们可以忽略普遍的结论。如果我们研究科学,我们底兴趣也许在普遍的结论上。我们底兴趣不在结论上,我们底兴趣是在原则上。这原则是普遍地由特殊的例证到普遍的结论。我们底兴趣不在a_1b_1、a_2b_2、a_3b_3究竟是什么,也不在A、B究竟是什么。我们可以用c_1d_1、c_2d_2、c_3d_3代替,可以用C、D代表,而这原则不受影响。我们可以在各种不同的范围之内引用此原则,各种范围虽不同,而原则一样。这原则不但是由特殊到普遍,而且普遍地由特殊到普遍。它不只是一方面的归纳原则,而且是普遍的归纳原则。

B.“A——B”与历史总结

1.“A——B”既然是原则中如果——则底前后两件中的话件,当然是命题。A、B既然表示类,这一命题当然是普遍命题。普遍命题之所表示当然是一普遍情形。我们前此已经表示过真的普遍的命题表示共相的关联,但在此我们只说普遍情形。所谓普遍的情形是超特殊的时间和特殊的地点的情形。说“A——B”是普遍的命题者,一部分当然也是因为它是

引用归纳原则所得到的归纳方面的结论。这命题就例证说也许不是引用归纳原则所应得的结论，这就是说它也许不是结论。也许以它为结论方法错了，也许我们观察不完备，试验不精密，不然的话我们不至于有这结论。这一方面诚然可以有许多的问题，但是我们在这里不讨论这一方面的问题。这命题既是命题当然有真假，而它底真假有关于我们底讨论，但是那不是现在的事。命题底普遍与否，和命题底真假是两件事。命题不因其假而失其普遍性。一假的普遍命题仍为一普遍的命题。

2.上面曾说普遍命题表示普遍情形，而普遍的情形是超特殊的时间和特殊的地点的情形。普遍的情形不只是超特殊的时间而已。空间的问题虽重要，然而为省事起见我们只讨论时间方面的问题。一部分时间方面的问题也就是空间方面的问题，但是另一部分时间方面的问题不是空间方面的问题。就前一方面的问题着想。讨论时间上的问题，也就是讨论空间方面的问题，空间方面的问题可以省去；就后一方面说，讨论空间方面的问题不就是讨论时间方面的问题，时间方面的问题我们逃不了。

3.“A——B”决不是历史上的总结。这一点非常之重要。所谓历史上的总结，表示一时代一区域的普遍情形。如果我们说“所有清朝底男人除和尚道士外都有发辫”，或“所有底周朝的男人都穿裙子”。我们说了一句总结某时代某区域底普遍情形底话。这情形不是本书所谓特殊的。这显而易见，因为我们说所有清朝底男人除和尚道士外都有发辫，所有底周朝底男人都穿裙子，既谈到所有的情形，当然不会是特殊的。可是这二句话所表示的情形也不是普遍的。清朝、周朝都是代表某时代某区域底名字，这两名字所表示的本身不是超特殊时间特殊地点的。也许清朝底男人有好几万万，或几百万万，比“色盲人”多，这没有关系，后一名称所表示的是普遍的，而清朝底男人所表示的不是。所谓历史总结的话就是以上所说的那样的话，我们现在所注意的是历史总结不是普遍命题。“A——B”既是普遍命题当然不是历史总结。如果它是历史总结，一方面问题简单另一方面问题就麻烦了。

4.在引用归纳原则各种条件之下所得的“A——B”有对于已往我们认为真而对于将来我们又认为假的问题。如果对于将来为假，就是将来推翻“A——B”这一命题。如果将来果真推翻了这一命题，则它就推翻了，我们在已往虽认为它是真的，而它从来没有真过。如果它是历史总结，它就没有为将来所推翻底问题。这当然不是说历史总结没有真假，它当然有真假，如果它是真的，它不能为将来推翻。如果它是假的，它本来就是假的。如果“清朝的男人除和尚道士外都有发辫”这一命题是真的，它绝对不会为以后的事实所推翻。民国以来，我们把发辫剪掉了，可是，那命题没有因此就假。可是那一命题也许是假的，如果它是假的，那一定是因为有既非和尚又非道士而又没有发辫的男人如清朝末年的留学生那样。历史是不会为将来推翻的。别的不说，就是我打了人家一拳这样的小事也没有法子挽回的，我只能让人家打我一拳，或者我向人家赔礼。历史总结也是如此。假如在 t_n 时它是真的话，从此以后它就是真的。在这一点“A——B”有相似的地方，如果它是真的，从此以后它永远是真的。它与历史总结不同的

地方就是在 t_n 时我们虽有理由相信它是真的，说它是真的，然而在 t_{n+1} 时我们也许有理由又非相信它是假的说它是假的不可。在 t_{n+1} 时可以有事实推翻“A——B”这一命题，而在 t_{n+1} 时决不会有事实可以推翻一历史总结。推翻历史总结底事体总是在该总结所包括的时代及地点所发生的事体而不是该时代或该地点范围之外所发生的事体。

5.还有一点，历史总结不是结论，而引用归纳原则之后所得到的“A——B”是一结论。这一点也非常之重要。从前谈归纳法时常常承认有所谓完全的归纳，其实完全的归纳根本不是归纳。例如“民国三十年四月八日逻辑班上的学生都有黑头发”这样一句话也许是根据我们当时的观察，从头一排学生观察起，一直到最后一排的最后一位学生，而观察完了之后，肯定以上那一命题。但是那一命题不是结论，它没有推到观察范围之外去。严格地说它只是某时某地张三有黑头发、李四有黑头发等等底总结而已。这种总结有点像记账，它是总结历史底报告。它根本没有超出它所报告底情况之外。假如这报告不错的话，它不是推论没有错，结论没有错，它根本没有引用归纳原则，当然也没有根据那原则而推论到一结论。“A——B”是一引用归纳原则后的结论。假如我们在我们底经验中承认 a_1——b_1，a_2——b_2，a_3——b_3，……，a_n——b_n，而又引用归纳原则，我们可以说“所以”（大概）“A——B”。此结论既是普遍的，它不止总结 a_1——b_1，a_2——b_2，a_3——b_3，……，a_n——b_n 而已，假如它不但对而且真的话，它底效力普及于 a_{n+1}，b_{n+1}。历史总结不是推论出来的结论。它没有从特殊的情形跳到一普遍的命题，而“A——B”是这样有跳跃的推论的。

C."A——B"与自然律

1.问题是"A——B"是否就是自然律呢?显而易见自然律虽是普遍的命题或表示自然律虽是普遍的命题,然而普遍的命题不一定是自然律或不一定表示自然律。普遍的命题非常之多,逻辑命题是普遍的命题,许多科学的原则是普遍的命题,许多的假设是普遍的命题,算学上的公式也是普遍的命题,这普遍命题都不是自然律或都不表示自然律。只有一部分的普遍命题是自然律或表示自然律。在这里我们没有决定"自然律"三字底用法,究竟它们是表示固然的理呢?还是固然的理底本身呢?"自然律"三字表示共相底关联底命题呢?还是本身就是共相底关联呢?我们在这里可以暂且不决定者,因为本段底问题是真假问题,如果所谓自然律就是固然的理,或就是共相底关联,它无所谓真假;如果所谓自然律是表示固然的理或共相的关联底命题,则它不能假或不会假。从后一方面着想,如果它是假的,则它根本就不表示固然的理或共相的关联,因此根本就不是自然律。

2.我们可以用另一方式表示以上的意思。上面说自然律或者无所谓真假,或者不能假、不会假,无论如何它是不能推翻的。无所谓真假的当然是不能推翻的,不能假或不会假的当然也是不能推翻或不会推翻的。照此说法能推翻的或会推翻的当然不是自然律。上面曾表示引用归纳原则而得到的"A——B"是可以为 a_{n+1}、b_{n+1} 所推翻的。可以推翻不必就推翻,也不必就不推翻。就"A——B"之可以推翻说:它不必就

是自然律或表示自然律，如果它为 a_{n+1}、b_{n+1} 所推翻，“A——B”当然就不是自然律或不表示自然律，如果它不为 a_{n+1}、b_{n+1} 所推翻，它也许是自然律。“A——B”究竟是不是自然律或是不是表示自然律，是不容易答复的问题。从积极方面着想，问题非常之多且非常之困难。从消极方面着想问题似乎非常之简单。只要“A——B”为 a_{n+1}、b_{n+1} 所推翻，它就是假的，它不是自然律或不表示自然律。

3.在研究或归纳的历程中，我们盼望“A——B”是一自然律或表示一自然律（有时我们也许要否证一普遍的命题，果然如此，则我们盼望它不是自然律或不表示自然律，但这我们似乎可以说不是正常情形）。在“A——B”未推翻之前，我们也许以为它是自然律或表示自然律。也许我们有归纳上的理由或一门科学底理由使我们相信它是自然律或表示自然律。但是无论如何，无论我们底盼望如何，理由如何，我们所得到的“A——B”也许会推翻。推翻之后“A——B”是一假命题。它既是假命题当然不是自然律或表示自然律。但它虽是一假命题，然而它仍是一普遍命题。可是“A——B”也许不为 a_{n+1}、b_{n+1} 所推翻，不推翻，我们仍盼望它是自然律，并且如果从前有理由相信它是自然律或表示自然律，现在因为又得到新的例证，理由比从前更充实些了。

4.同时除“A——B”之外，我们还有“C——D“、“E——F”、“G——H”，……。对手这些我们也和对于“A——B”一样，我们盼望它们是自然律或表示自然律，我们也许有归纳上或科学上的理由使我们相信它们是自然律或表示自然律。即令“A——B”推翻，其余的许许多多的普遍的命题不因此都推翻,也不得推翻。“A——B”虽因推翻而不是自然律或不表示自然律,其余的普遍命题不因此就不表示自然律或不是自然律。大致说来,推翻“A——B”这一普遍命题并不影响到我们对于“C——D“、“E——F”、“G——H”…… 底盼望或信仰。我们前此已经假设整个的世界变了,我们依然可以作如此假设。我们可进一步假设所有的“A——B”、“C——D“、“E——F”、“G——H”,等等都被将来推翻,我们在S理上不知所措手足,我们也许发生有没有自然律底问题,也许发现我们从前以为得到了自然律完全是我们的错误,我们也许鼓着勇气,说从前种种比如昨日死,以后种种比如今日生,继续我们的研究工作,可是我们不能说自然律推翻了。能推翻的不是自然律。如果“A——B”、“C——D“、“E——F”、“G——H”,……都推翻,它们当然都不是自然律或都不表示自然律,自然律没有因此推翻。

D.所谓秩序

1.在一节谈休谟底问题底时候,我们已经提到秩序问题,我们曾说休谟底问题是一种秩序问题。秩序问题是一非常之麻烦的问题。何谓秩序?本书底作者自愧闹不清楚。各种不同的秩序可以差不多完全不同。程度的高低分别也非常之大。以一种秩序为标准,别的秩序可以说是毫无秩序,以另一种秩序为标准,我们似又可以说任何都有秩序。查理士迫耳士(Charles Peirce)从前曾说过这样的话:抓一把沙往地下一扔,沙可以说是乱极了,可是假如请一算学家去研究,只要给他以相当的时候,他会发现许多的秩序。他说这话的意思只

是要表示所谓“乱沙”只是从某某秩序着想，而不是毫无秩序。照此说法根本不会有毫无秩序的东西。此说法当然是一种说法，从算学或逻辑学或玄学着想，这秩序的说法，也许可以说得过去，但是从知识论着想，这样的说秩序的说法，似乎太泛。

2.无论如何，我们在这里所谈的秩序决不是乱沙所有的秩序。知识论有兴趣的秩序是在知识中所求的秩序。这样的秩序决不是乱沙所呈现的，或决不只是乱沙所呈现的。不仅如此，它也决不是历史上特殊的事体相继发生的秩序。对于这样的秩序，如果我们作一报告，这报告不过是日历年表那样的秩序而已。根据一节底讨论我们曾发生推翻秩序底问题。如果秩序有推翻底问题，所谓秩序当然不是日历年表底秩序。这样的秩序是没有法子推翻的。它是既成事实或已往的陈迹，无论将来如何，它决不会为将来所推翻。这一点在论历史总结时已经谈到，不必再从长讨论。

3.所说的秩序是不是A——B、C——D、E——F，……所组织成的秩序呢？A——B……是可以推翻的，它们虽可以是自然律而它们不必是自然律。它们既是可以推翻的，以它们去组织成的秩序也是可以推翻的。但是这些都可以只是我们底“以为”，它们也许是有理由的有根据的“以为”，可是如果它们都推翻，它们都只是我们底“以为”而已，它们都不是自然律，推翻它们所组织成的秩序，不是推翻客观的固有的秩序。显而易见，推翻我们以为是秩序的秩序，不是推翻自然界固有的秩序。推翻我们以为是秩序的秩序，只表示我们完全错了。我们底错误虽可以是有理由的有根据的，然而我们仍可以错。推翻我们以为是秩序的秩序,只证明我们底错误而已。证明我们底错误是一种消极地增加我们知识底方式。我们原来的问题决不是将来会不会表示我们已往有没有完全错误。即令我们已往完全错了,根据论规律与摹状那篇文章所说世界完全变更的假设底讨论,我们仍有办法去应付将来。并且我们能够求知底信心不必动摇,因为我们所要得的本来有的秩序,从前所要得而未得的秩序根本没有推翻。

4.所说的秩序是不是自然律底秩序呢?自然律或者本身是固然的理或者表示固然的理。如果把它视为本身就是固然的理,那么它本身就是共相底关联。共相底关联本身就是四通八达的,本来是有结构的,而此结构就是客观的本来就有的秩序。这样的自然律无所谓真假,而这样的自然律底秩序无所谓推翻。如果我们把自然律视为表示固然的理底命题。它们所表示的虽是共相底关联,而它们本身是命题,是意念底关联。这些命题表示固然的理底结构,而本身也有此结构。此结构也是四通八达的,并且代表客观的本来就有的秩序。可是这样看法的自然律是普遍的命题,它们既是命题当然有所谓真假。可是就它们是命题说,它们当然有所谓真假,然而就它们是自然律说,它们不能假、不会假;如果它们是假的命题,它们就不是自然律了。自然律确有秩序,但是自然律既不能推翻,自然律底秩序也不能推翻。自然律既不能推翻,当然不能或不会为将来所推翻。同时自然律是普遍的,无论本身就是固然的理也好,或表示固然的理也好。它既是普遍的,当然是超时空的,既然是超时空的当然无所谓已往或将来。自然律所组织成的秩序当然不是已往的秩序。原来的问题是有无把握保障将来不推翻已往，如果所说的已往牵扯到秩序，所说的秩序决不是自然律所组织成的秩序，因为这秩序根本不能推翻，也无所谓已往与将来。

5.可见秩序问题麻烦，所说的秩序，既不是自然律底秩序，也不是 A——B、C——D、E——F、G——H 等等底秩序。这一问题以后尚要谈到。等我们回到休谟底问题，我们会提出所牵扯到的秩序是如何的秩序，现在我们不再讨论此问题。本节底主旨在表示 A——B 等等底秩序不是休谟底问题所牵扯的秩序，它们虽可以是自然律，然而不必是自然律，我们虽有理由或根据认它们为自然律，然而它们不必是自然律，我们虽有理由认它们底秩序为自然律底秩序，而它们底秩序不必是自然律底秩序。同时推翻它们，或推翻它们底秩序，并没有因此推翻归纳原则。关于后一点，我们盼望在以下两节底讨论中表示清楚。

三、归纳原则与时间

A.归纳原则底分析

1.从表示归纳原则底方式着想，表示归纳原则的是一"如果——则"式的命题。如果我们仍旧利用罗素底说法，我们可以看出它是一"如果——则"的命题。"如果——则"式的命题不必牵扯到时间，虽然前件或后件本身可以表示时间上的关系，例如"你在十分钟之内动身，你可以赶到车站"或"如果你要吃早饭的话，你非在十分钟之内起来不可"。但是如果与则之间不必有时间关系。例如"如果你在三清阁，你可以看见整个的昆明湖”。逻辑命题有好些是以“如果——则”底方式表示的。而逻辑命题根本没有时间成分夹杂其间。可是在归纳原则时间问题特别重要，而时间与这一“如果——则”底关系非常之密切。我们要明白这关系，我们非先分析一下此原则本身不可。

2.原则底前件列举引用此原则者底经验，以上的符号已经表示我们在前件列举 A、B 方面的经验。这经验也许包括观察与试验，也许是很粗疏的经验，但是无论如何，这经验总有时间、有地点，有各时各地或同时同地的所与。对于引用此原则者已经呈现 a_1——b_1，a_2——b_2，a_3——b_3，a_n——b_n。我们已经表示地点问题可以撇开，把问题限制到时间上去。我们可以把以上的例证写成 at_1——bt_1，at_2——bt_2，at_3——bt_3，……，at_n——bt_n。但是经验总有一最后的时间而此最后的时间就是引用此原则者底最后底现在。根据以上的表示，此最后的现在就是 at_n，与 bt_n 底“t_n”。以 t_n 为他底现在，t_{n+1}，当然是他在 t_n 时的将来。可见引用归纳原则，前件就有时间成分在内。

3.原则底后件是一普遍命题，即 A——B。单从后件着想后件是一普遍命题。从引用此原则者着想 at_1——bt_1，at_2——bt_2，at_3——bt_3，……，at_n——bt_n 都是他已经承认的前提，而后件是他底结论。这实在就是把原则视为第一前提或推论方式把承认的例证视为前提，把 A——B 视为结论。从后件之为结论着想它是两前提或一前提一推论方式底结晶品。前提改变，结论也因此改变。如果结论错了，推论也许错了，可是这是引用归纳原则者底错处。如果结论是假的，而推

论又没有错，则或者两前提都是假的，或者两前提中之一是假的，或者它们都变了，或者它们中之一变了。在下面就要表示改变的不是原则，而是前件，现在暂不提到。

4.对于一“如果——则”的命题，我们说前件果真，后件亦真。归纳原则稍微麻烦一点，它的后件有“大概”问题。大概问题虽是重要问题，我们已经表示我们不讨论。也许有人以为普遍的“如果——则”命题只要前件真，后件即真，而归纳原则则以有“大概”意念夹杂在内，所以前件虽真而后件不一定真。这其实不然。这原则没有说“如果……大概则……”，它说的是“如果……则大概……”。如为前者则前件真，后件不一定真。即为后者，则前件真，后件也真，和普遍的“如果——则”命题完全一样。这原则底真假问题和普遍“如果——则”命题底真假一样，只要前件真而后件假这原则就是假的。在下节我们要表示这原则永远是真的，在本条我们不讨论这一点。可是我们要注意的是原则底真假和前件底真假完全是两件事。

5.前件当然有真假问题。at_1bt_1，at_2bt_2，at_3bt_3，at_nbt_n 之中也许有我们所错认的，这就是说所与所呈现的我们也许有时弄错了，我们也许不应该认 x 所与为 at_2 或 bt_3，或不应该认 y 所与为 at_1 或 bt_2 等等。这就是说也许我们自以为我们官觉了许多的 A、B，而实在我们没有经验这许多的 A、B。或者我们以为我们观察了许多的 at_1——bt_1，at_2——bt_2，at_3——bt_3，……，at_n——bt_n，而它们都不见得有“——”的关系或情形。总而言之，我们不但对于 at_1bt_1……可以有错误，对于 at_1——bt_1，也可以有错误。如果这方面有错误，前件就是假的。前件很可以假。可是前件底真假和原则底真假根本是两件事。我们在本章底讨论中对于前件的真假毫无兴趣,只对于原则底真假有兴趣。为便于讨论起见,我们假设前件毫无错处,我们可以假设引用原则者没有错用此原则,而来论此原则是否会假。这问题就是在满足归纳原则底条件之下,将来的局面,会不会发生前件真而后件假的情形。

B.现在与“t_n”

1.“现在”是时间上的“变词”或“任指词”。它所指的也许是t_1,t_2,t_3,……,t_n。就作者今天在这里写这几个字底“现在”说,从年着想是民国三十一年,从月着想是一月,从日着想是十一日。在去年一月十一日我们说“现在”,在明年底一月十一日我们依然会说“现在”。日子可以不同,月份也可以不同,时代及世纪也可以不同,然而都可以说是现在,而所谓现在底意义仍旧。就当其时的时候说,它和今天这个月一样,它所表示的是已来而未往的时候。它没有一定的长短,以日子计算,例如:“昨天”如何如何而现在如何如何,则所指的时间是很短的;以时代计算,例如:在上古时代如何如何,而“现在”如何如何,则所指的时间是相当长的。所谓已来而未往总有单位问题,总是就某某单位说,已来而未往的时间,即现在的时间。

2.一部分的问题我们在此根本不讨论。也许有人喜欢把现在推到不存在的时点。他们会说现在的时间,无论如何短法,总可以分成已往与将来。把已往与将来撇开之后,如果所余的时间仍是时间,当然仍可以照样分成已往与将来,如此一

步一步地下去，当然只有时点了。时点不能再分，可以说是货真价实的现在，但是它不存在，其结果是真正的现在是不存在的。由这一种说法我们当然又可以说我们根本没有现在，只有已往与将来。但是所谓将来总是未来，未来既根本没有来，所以只有已往了。所余下的已往又如何呢？所谓已往总是已经过去了的时间，已经过去了的时间当然是不存在的时间，如此则现在、将来、已往都取消了。这一套问题实在没有多大的问题，但是在这里我们不讨论这一套问题。我们所说的现在总是有某某时间上单位以为标准的。无论如何短，它短不到时点；无论如何长，它长不到一方面没有将来，另一方面没有已往。

3.现在既指时间，当然逃不了川流问题。前一分钟底现在已经不是现在了，后一分钟还没有来，所以根本不是现在，等到它来了的时候，这一分钟底现在已经过去了。我们底问题是现在在川流呢，还是时间在川流呢？我们可以说现在老在川流中而时间不动，我们也可以说时间老在川流中而现在不动。可是我们不能说二者都同样地在川流中。“现在”与“中华民国三十一年一月十二日”所尽的责任不同。一项是跟着时间往后退或往前进的，一项是跟着我们不动的。即令我们说二者都在川流中，它的方向也不一样。如果把它们同样看待，我们会感觉到很大的麻烦。假如所谓“现在”跟着“中华民国三十一年一月十二日”而长逝等到明天降临底时候，我们就没有现在了。最好底办法还是依照常识让时间川流，以现在为站口，让时间不断地由此站口穿过。这就是说把现在视为任指词，虽指时间而所指的时间不一。

4.照此说法现在与 t_1，t_2，t_3，……，t_n 根本是两件事。在 t_1 是现在的时候，它当然是现在，可是在 t_2 是现在的时候，t_1 已经不是现在了。由此类推，t_3，……，t_n 都可以是现在，都会成为现在，也都会终止其为现在。照此说法将来不来，现在老在，而已往长往。可是在这三站口的是来往的时间。假如以 t_n 为现在，则 t_{n+1} 为将来，将来虽不来，而 t_{n+1} 会来，现在虽老在，而 t_n 不是老在的。休谟底问题是将来会不会推翻已往底问题，是我们有没有把握保障将来不会推翻已往底问题。这问题引用到归纳原则情形同样。可是假如我们发生问题底时候是 t_n 的时候，那么 t_n 就是发生此问题者底现在。他底问题是将来会不会推翻已往呢？还是 t_{n+1} 会不会推翻已往呢？我们要记得将来虽老是将来，而 t_{n+1} 不老是将来。

C.前件底内容

1.引用归纳原则时，我们须列举所有的证据。这当然就是说在此原则的如果条件下，我们须列举所有的例证。从时间方面说，这就是说在任何时间，归纳原则底前件须包举一直到该时间为止所有的例证。如果我们以 t_n 为现在，则在 t_n 以前及在 t_n 底例证都得包举在前件。可能的 at_{n+1}，bt_{n+1} 当然不包括在内，因为它不是例证。我们可以把归纳原则写出如下：

$$
\begin{array}{ll}
\text{如果} & at_1 —— bt_1 \\
 & at_2 —— bt_2 \\
 & at_3 —— bt_3 \\
 & \vdots \qquad\ \ \vdots \\
\hline
\text{则（大概）} & A —— B
\end{array}
$$

2.“现在”所指的时间既不停流，“现在”当然不会在 t_n 上打住。将来虽不来，而 t_{n+1} 会来。等到它来了，它就是现在，等到它来了，at_{n+1}，bt_{n+1} 才能成为例证：它们才有与以前的例证相同或相异底问题。这就是说要它们不在将来，它们才有异同底问题，才有证实或否证问题。这一点非常之重要。能够推翻 A——B 这命题的，不是空洞的将来，而是 at_{n+1}，bt_{n+1}，也不是在尚未来的 at_{n+1}，bt_{n+1}，而是在 t_{n+1} 已来时的 at_{n+1}，bt_{n+1}。要它们已来，我们才能官觉到它们，才能说它们或者有“——”关系或情形，或者没有此关系或情形。要它们已来，我们才能经验它们，才能说它们是正的例证或负的例证。

3.上面已经说过，A——B 是一普遍命题。它所表示的不限于 t_n 也不限于 t_{n+1}，对于它我们没有时间上的表示。我们不能够在无形之中把它限制到 t_n。这就是说，我们不能把它列为前件，它永远是后件，现在暂且假设 at_{n+1}，bt_{n+1} 有“——”关系或情形，以下甲、乙两表示中甲是错的，乙是对的。

甲：如果 at_1——bt_1	乙：如果 at_1——bt_1
at_2——bt_2	at_2——bt_2
at_3——bt_3	at_3——bt_3
⋮　⋮	⋮　⋮
at_n——bt_n	at_n——bt_n
A——B	at_{n+1}——bt_{n+1}
则 at_{n+1}——bt_{n+1}	则　A——B

甲不是归纳原则。它或者以“A——B”为自然律或者以之为历史总结。如果 A——B 是历史总结，则前件与后件根本没有“如果——则”的关系。如果 A——B 是自然律则“如

果——则”的关系虽有，而甲实在是根据 A——B 以概 at_{n+1}，bt_{n+1}之必有“——”关系或情形，而不是以 at_{n+1}——bt_{n+1}为例以达于 A——B 这一普遍的命题。乙才是归纳原则。

4.可是，at_{n+1}、bt_{n+1}也许有“——”关系或情形，也许没有。这两可能可以表示如下：

甲：如果		乙：如果	
	at_1——bt_1		at_1——bt_1
	at_2——bt_2		at_2——bt_2
	at_3——bt_3		at_3——bt_3
	⋮　　⋮		⋮　　⋮
	at_n——bt_n		at_n——bt_n
	at_{n+1}——bt_{n+1}		at_{n+1}—/—bt_{n+1}
	则 A——B		则　A—/—B

以上是对的表示。它们都表示 A——B 是后件，一方面表示 A——B 不限制到 t_n 或 t_{n+1}，另一方面它们表示在 t_{n+1}底时候，at_{n+1}、bt_{n+1}成为例证，而成为例证之后，无论是正的或负的都包举在前件之内。如果 at_{n+1}“——”bt_{n+1}，这就是说 at_{n+1}，bt_{n+1}有“——”关系或情形，则 A——B 得到了有力的帮助；如果 at_{n+1}—\—bt_{n+1}，这就是说 at_{n+1}，bt_{n+1}，没有“——”关系或情形，则 A—\—B 而这就是说 A——B 被推翻了。我们暂不提到 A——B 推翻与否底问题，我们只注重前件底内容改变。在 t_n 时前件没有 at_{n+1}，bt_{n+1}以为例证，等到 t_{n+1}来了，前件才有 at_{n+1}，bt_{n+1}，以为例证。t_n 时底前件是本段(1)条所说的那样，而 t_{n+1}时底前件是本条所说的这样。总而言之，时间由 t_n 到 t n+1，而前件底内容已经由无 at_{n+1}，bt_{n+1}以为例证变到有 at_{n+1}，bt_{n+1}以为例证了。t_{n+1}时的前件已经不是 t_n 时的前件了。

D.后件底真假值

1.以上两表示中,头一表示有 at_{n+1}——bt_{n+1} 这就是说新的例证与以前的例证一样,它当然更增加 A——B 的大概性或可能性。这就是说 A——B 得到新的帮助。第二表示中有 at_{n+1}——bt_{n+1},这就是说新的例证与以前的例证都不一样,可是新的例证仍是例证,不过是负的例证而已。有负的例证在前件,原来的后件推翻。上面两表都是归纳原则,不同点即一为证实 A——B,而一为否证 A——B 而已。

2.我们现在不讨论以上所说的头一表示,只注重第二表示。在此第二表示中,我们假设 at_{n+1},bt_{n+1}没有"——"关系或情形。时间已经由 t_n 而进到 t_{n+1} 了。如果我们从引用归纳原则着想,则 C 段(1)条之所表示可以写成以下的甲,而 C 段(4)条第二表示可以写成以下的乙("大概"仍不提及):

甲:

$$
\begin{array}{l}
at_1\text{——}bt_1 \\
at_2\text{——}bt_2 \\
at_3\text{——}bt_3 \\
\vdots \qquad \vdots \\
at_n\text{——}bt_n \\
\hline
\text{所以}\quad A\text{——}B
\end{array}
$$

乙:

$$
\begin{array}{l}
at_1\text{——}bt_1 \\
at_2\text{——}bt_2 \\
at_3\text{——}bt_3 \\
\vdots \qquad \vdots \\
at_n\text{——}bt_n \\
at_{n+1}\text{—/—}bt_{n+1} \\
\hline
\text{所以}\quad A\text{—/—}B
\end{array}
$$

这里说"所以"当然表示推论,引用归纳原则去作归纳当然有这样的结论。甲推论以 C 段(1)条所表示的"如果——则"为一前提,或推论方式,以上面的例证为另一前提,而推论到 A——B。乙推论以 C 段(4)条第二表示所表示的"如果——则"为一前提,或推论方式,以上面的例证为一前提,而推论到 A—/—B。这两推论都没有错，推论一样而结论不同，结论不同，因为前提不同。

3.结论不同，前提不同，因前件底内容跟着时间改变了。由以 t_n 为现在的现在过渡到以 t_{n+1} 为现在的现在，归纳原则底前件底内容改变，所以推论底前提不是在 t_n 那时候的前提了；而其结果就是归纳原则底前件底真假值也就改变了，所以结论与在 t_n 时候底结论恰恰相反。我们在这里仍假设观察者底观察没有错误，我们只说前件的例证增加，内容改变，我们没有谈到前件底真假值。观察者在他底观察也许错了，如果错了前件也许是假的命题。前件是假的，也就表示前提是假的。在此情形下结论虽对，然而仍是假的命题。这一方面的问题我们不注重，我们仍假设观察者没有观察上的错误。我们注重的是时间由 t_n 川流到 t_{n+1}，新的例证可以推翻旧的结论。

4.注重 A、B 的人，或引用归纳原则到 A、B 的人，对于 A——B 底推翻，也许不快乐，不自在，也许他从前（在 t_n 时）盼望 A——B 成为自然律，而现在（在 t_{n+1}时）失望。他也许向来就不相信 A——B，他有种种理由不相信 A——B 是自然律，果然如此则现在（t_{n+1}）A——B 既经推翻，他非常之高兴。这是从注意 A——B 的人着想。他只引用归纳原则而已，对于此原则本身不必有兴趣。我们在知识论所注重的不是 A、B，不是 A——B 底真假。我们所注重的是归纳原则本身。就此原则本身说，A——B 虽可真可假，然而原则不因此就真就假。这一点以上已经有相当表示。在下节我们用另外方法表示。

四、归纳原则底永真

A.归纳原则底真假值

1.我们可以利用另外一套符号表示上节所说的那种情形。我们可以利用现在甚为流行的逻辑上的符号。我们可以把 A——B 写成以下的命题：

$$(a,b)\cdot\Phi(a,b) \qquad (一)$$

前件在 t_n 时是

$$\Phi(at_1,bt_1)\cdot\Phi(at_2,bt_2)\cdot\Phi(at_3,bt_3)\cdot\cdots\cdots\cdot\Phi(at_n,bt_n) \qquad (二)$$

可是$(a,b)\cdot\Phi(a,b)$实在等于

$$\Phi(at_1,bt_1)\cdot\Phi(at_2,bt_2)\cdot\Phi(at_3,bt_3)\cdot\cdots\cdots\cdot\Phi(at_n,bt_n)\cdot\Phi(at_{n+1},bt_{n+1})\cdot\cdots\cdots\cdot\Phi(at_\infty,bt_\infty) \qquad (三)$$

2.上节 C 段(1)条的表示，如果 at_1——bt_1、at_2——bt_2、at_3——bt_3、…… at_n——bt_n，则大概 A——B，实在是说如果(二)则大概(三)，或如果(二)则大概(一)。这就是说

$$\Phi(at_1,bt_1)\cdot\Phi(at_2,bt_2)\cdot\Phi(at_3,bt_3)\cdot\cdots\cdots\cdot\Phi(at_n,bt_n)\cdot\supset\cdot 大概(a,b)\cdot\Phi(a,b) \qquad (四)$$

或者

$$\Phi(at_1,bt_1)\cdot\Phi(at_2,bt_2)\cdot\Phi(at_3,bt_3)\cdot\cdots\cdots\cdot\Phi(at_n,bt_n)\cdot\supset\cdot(大概)\Phi(at_1,bt_1)\cdot\Phi(at_2,bt_2)\cdot\Phi(at_3,bt_3)\cdot\cdots\cdots\cdot\Phi(at_n,bt_n)\cdot\Phi(at_{n+1},bt_{n+1})\cdot\cdots\cdots\cdot\Phi(at_\infty,bt_\infty) \qquad (五)$$

(二)是(三)的一部分，部分真，全体虽不必真，然而可以

真。如果引用“大概”这一意念,我们的确可以说,如果部分真,则全体大概真。归纳原则就是这样的命题,它就是(五)。它当然不是一逻辑命题,然而我们可以说它是一真的命题,理由显而易见。

3.假如在 t_{n+1}”新的例证是 at_{n+1}——bt_{n+1},则(二)成为

$\Phi(at_1,bt_1)\cdot\Phi(at_2,bt_2)\cdot\Phi(at_3,bt_3)\cdot\cdots\cdots\cdot$

$\Phi(at_n,bt_n)\cdot\Phi(at_{n+1},bt_{n+1})$ （六）

而“如果(六)为真,则(大概)(一)为真”,或“如果(六)为真,则(大概)(三)为真”与以上(五)命题一样,不过因为例证增加,理由更充足一点就是。

4.可是假使在 t_{n+1} 新的例证是 at_{n+1}—/—bt_{n+1},情形如何呢?如此则(二)成为

$\Phi(at_1,bt_1)\cdot\Phi(at_2,bt_2)\cdot\Phi(at_3,bt_3)\cdot\cdots\cdots\cdot$

$\Phi(at_n,bt_n)\cdot\sim\Phi(at_{n+1},bt_{n+1})$ （七）

而(七)等于

$\sim(a,b)\cdot\Phi(a,b)$ （八）

既然如此,则“如果(七)则(八)一定是真的”这就是说

$\Phi(at_1,bt_1)\cdot\Phi(at_2,bt_2)\cdot\Phi(at_3,bt_3)\cdot\cdots\cdots\cdot$

$\Phi(at_n,bt_n)\cdot\sim\Phi(at_{n+1},bt_{n+1})\cdot\supset\cdot\sim$

$(a,b)\cdot\Phi(a,b)$ （九）

5.如果(七)则(八)或者(九),这一命题不但是归纳而且是演绎。归纳原则在 t_{n+1} 时底引用上不是“如果(六)则(三)”或“如果(六)则(一)”,就是“如果(七)则(八)”。这两命题都是归纳原则。无论是前者或是后者,归纳原则总是真的。这就是说,无论 at_{n+1},bt_{n+1} 有没有“——”关系或情形,

归纳原则总是真的。以 t_n 或 t_{n+1} 为现在，则 t_{n+1} 或 t_{n+2} 底可能底 a、b，虽可以推翻 A——B 这一普遍的命题或结论，而不能推翻归纳原则。这就是说，无论将来如何，这原则总是真的。

B.时间打住这一假设

1.我们现在来一个不容易设想的假设，假设时间打住。这一假设似乎是不能想象的。想象底内容既是类似具体的，想象总牵扯到空间，结果是直接或间接地牵扯到时间。既然如此我们不能想象时间打住。但是假设是可以思议的。所谓可以思议就是说它为逻辑所许可，不为矛盾所限制。此假设也许可以假设成许多假设，这些可能的解释，我们不必特别地提出。时间在现在打住，当然就没有以后，而世界就从此成为空无所有，或者虽有而化零为整，归别于全。也许时间打住，从此什么都不变，我当然也跟着不变不动。无论如何，在时间打住这一假设之下，我们不会有新的 a、b，因为根本就没有所与继续呈现。

2.假如时间在 t_n 上打住

$$\Phi(at_1,bt_1)\cdot\Phi(at_2,bt_2)\cdot\Phi(at_3,bt_3)\cdot\cdots\cdots\cdot\Phi(at_n,bt_n)$$

依然是一真的命题。在时间打住这一条件之下，也许没有普通的知识者认为此命题是真的。但是这一命题底真和有知识者认为它真是两件事。无论如何，我们可以假设一有知识的神，而从这神底眼光看来，这一命题是真的，因为时间虽打住而历史没有推翻。我们底假设是时间在 t_n 打住，不是在 t_n 以前取消。以前的历史仍是历史。历史既没有推翻，以上那命题当然仍是真的。

3.问题是后件的A——B。最初使人想到,就是把问题推到已往去。时间只在t_n打住而已,它底已往仍是无量。这就是说,它虽有终,并且终于t_n,然而它也许无始。A——B是否对于已往都是真的呢?照以上的说法它从t_1起就是真的,但是在t_1以前,它是不是真的呢?如果已往底意义不改变的话(我们底假设没有改变已往底意义),这问题是无法得答案的。但是,我们可以假设,从神底眼光看来,A——B即在任何已往都是真的,它从此就不会是假的。这显而易见,时间既在t_n上打住,A——B既在任何已往都是真的,自然没有时候使它假。也不会有at_{n+1}、bt_{n+1}足以使它假。可是,第三,我们会想到在此假设之下,A——B是一历史总结。在此假设下,它是A段(1)条所说的(二)公式,不是同条所说的(三)公式。它是

$$\cdots\Phi(at_1,bt_1)\cdot\Phi(at_2,bt_2)\cdot\Phi(at_3,bt_3)\cdot\cdots\cdots\cdot\Phi(at_n,bt_n)$$

不是

$$\cdots\Phi(at_1,bt_1)\cdot\Phi(at_2,bt_2)\cdot\Phi(at_3,bt_3)\cdot\cdots\cdots\cdot\Phi(at_n,bt_n)\cdot\Phi(at_{n+1},bt_{n+1})\cdot\cdots\cdots\cdot\Phi(at_m,bt_m)\cdot\cdots\cdots\cdot$$

(前面的点…无非表示在任何已往都真而已。)在此情形下,前件等于后件,后件不过是用简单的语言总前件之成而已。此所以我们说它是历史总结。

4.以上表示A——B在此情形下是历史总结。问题是它是不是自然律呢?也许有人说历史总结虽不必是自然律,然而也不必就不是自然律。我们底答案是A——B既是历史总

结就不是自然律。我们前此已经提到所谓完全的归纳不是归纳，它没有引用归纳原则，也没有引用此原则之后的推论。我们的确可以在民国三十年四月八日底逻辑班上观察那一班底所有的学生，而观察之后肯定“民国三十年四月八日西南联大底逻辑班上的学生都有黑头发”。假设观察不错的话，这一命题永远是真的。它是历史总结。可是，由观察到命题底肯定，我们根本没有引用归纳原则，因为这一命题等于说那一班上的赵某有黑头发、钱某有黑头发等等。这一命题没有肯定到观察范围之外去，而我们肯定这一命题也不是肯定一结论，它是总结，它根本没有推论。如果时间在 t_n 打住，A——B这一命题就是“民国三十年四月八日西南联大底逻辑班上的学生都有黑头发”那样的命题，它不是一普遍的命题，虽然它与历史同终始。引用归纳原则，所得的是超出例证范围之外的命题，所要得的是不仅超已往而且超将来的自然律。在我们所假设的情形之下，我们不会有异于历史总结的自然律或普遍命题。时间在 t_n 打住，绝对不能有超 t_n 的自然律或普遍命题。这里所谈的分别不是历史总结与自然律底定义上的分别，而是在实际上命题底异同。在定义上历史总结与自然律即有分别，而执 A——B 以为例，我们仍没有法子，从是前者的 A——B 分别出是后者的 A——B。这就是说，假如有自然律的话，它不但在历史上一定无时不真，而且它底内容不在 t_n 上打住，可是，它是历史总结的话，它底内容在 t_n 上打住。自然律是超时空的，它总是上条第二公式之所表示，它总有“…$\Phi(at_m, bt_m)$”那一尾巴，没有那一尾巴的不是自然律。可是，在时间打住在 t_n 这一假设之下，没有命题能有那一尾巴，所以也没有自然律，而“自然律”这一意念是空的意念。这一意念既是空的意念，A——B 当然不是自然律。上条表示，在时间打住这一假设之下，A——B 是历史总结，本条表示在同一假设之下，A——B 不是自然律。

5.上条底表示已经说明，时间打住这一假设也就同时取消自然律。在这假设下，既没有异于历史总结的自然律，也没有同于历史总结的自然律。同时归纳原则也就取消。在打住这一条件之下，我们只有普遍所谓“完全的归纳”，而普通所谓“完全的归纳”根本不是归纳。也许引用此法者，以为他是在作归纳工作，其实他不是。从原来以 A——B 为自然律着想，从引用归纳所要得到的是自然律或普遍命题着想，归纳原则简直是假的，因为在时间打住这一条件之下，归纳原则底前件虽真而后件不能不假。前件真而后件假，整个的原则当然是假的。

C.时间不会打住

1.时间会不会打住呢？时间是不会打住的。时间打住虽是可以思议的假设，然而决不会成为实在的事实。我们没有纯理论上的或必然的理由担保时间不会打住。这实在就是说，时间打住是可以思议的。假如我们有纯理论上的理由担保时间不会打住，我们底理由就是，时间打住这一假设本身是一矛盾。如果它本身是一矛盾，它当然是不可以思议的。它既是可以思议的，我们当然没有理论上的理由担保时间不会打住。可是，这一假设也只是可以思议的而已，我们没有任何理由表示时间会打住。我们在别的地方曾经表示过时间底重

要。在这里我们只表示时间是实在之所以为实在底最中坚的要素。在纯理论上我们不能担保它不打住，可是，在实际上我们可以担保它不打住。时间打住，不但自然律取消，而且整个的实在也没有了。

2.以上是表示时间在实际上不会打住。这说法没有参加知识类底观点。这不是从任何知识类底眼光中说出来的话。假如我们加上知识类底企求与盼望，问题不同了。如果我们一方面发生时间会不会打住底问题，可是另一方面又以某一知识类的观点说那一类的知识者继续引用归纳原则，我们当然可以说，我们可以担保时间不会打住，因为在此情形下，时间根本不能打住。如果我们假设有一知识类继续引用归纳原则，则我们已经假设时间没有打住，不然，他们不能继续引用归纳原则。他们既能引用归纳原则，则时间根本没有打住。此所以我们前此说，在时间打住这一条件下归纳原则根本没有引用。如果一方面假设时间打住，另一方面又假设归纳原则继续引用，我们实在假设了一个矛盾。换句话说，我们不能假设一知识类守着归纳法而又发生时间会不会打住底问题，看时间打住之后，它们如何办理。显而易见，如果时间果真打住，这知识类也打住了，如果它们没有打住，时间也没有打住，他们绝不能在时间打住之后，引用归纳原则。这就是说，如果时间在明天打住，任何知识类从明天起也就打住了他们底知识经验。如果知识经验没有打住，则时间也没有打住。上面已经表示只有在时间打住这一条件之下归纳原则才推翻，知识者既不能经验时间打住，当然不能经验到归纳原则底推翻。

3.时间既不会打住，从知识者说，知识者总靠得住有所与源源而来。这当然就是说,有 x、y、z……继续地、不断地、变更地呈现。这些所与之中,也许有 a、b 也许没有。如果没有,则所与之所呈现与 A、B 不相干。在试验方面,我们因能支配环境而强迫 a、b 呈现出来,在观察方面我们不能如此办理。假如所与之中有 a、b 呈现出来,则它们或者有"——"关系或情形,或者没有。这当然就是排中律底引用。如果 a、b 有"——"关系或情形,则

$\Phi(at_1,bt_1)\cdot\Phi(at_2,bt_2)\cdot\Phi(at_3,bt_3)\cdot\cdots\cdots\cdot\Phi(at_n,bt_n)\cdot\Phi(at_{n+1},bt_{n+1})\cdot$和$\cdot(a,b)\cdot\Phi(a,b)$

如果 a、b 没有"——"关系或情形,则

$\Phi(at_1,bt_1)\cdot\Phi(at_2,bt_2)\cdot\Phi(at_3,bt_3)\cdot\cdots\cdots\cdot\Phi(at_n,bt_n)\cdot\Phi(at_{n+1},bt_{n+1})\cdot$和$\cdot\sim(a,b)\cdot\Phi(a,b)$

无论 a、b 有没有"——"关系或情形,归纳原则不受影响。

4.以上表面上也许我们给读者以偏重 A、B 底印象,因为我们似乎以 A、B 为我们所研究对象。其实不然。以上的 A、B 都是普通所谓变词或任指词。A、B 代表任何类,这其实也就是说我们在表面上虽谈 A、B,其实我们是在谈任何类。既然如此,则 x、y、z,……所与之中不呈现 a、b 就呈现 c、d,不呈现 c、d 就呈现 e、f,……所与中有没有 a、b 没有多大的关系,假如没有 a、b,而有 c、d,也许例证"C——D"也许否认"C——D"。情形和对于 A——B 一样,证实与否证都不影响到归纳原则。就这一方面的思想着想,归纳原则实在是接受总则。

D.归纳原则为先验原则

1.先天与先验底分别，别的地方已经说过，归纳原则既如上述更足以表示先天与先验底分别。此原则之为先天或先验（我们暂不分先天与先验），早就有人承认。我们引用的说法是罗素的说法，罗素自己就说过归纳原则是 a priori 的，因为它不是从归纳推论出来的。这原则的确不是从归纳推论来的，因为只要我们假设它是从归纳推论出来的，它底根据就是归纳原则，这就是说它的根据就是它本身，这显而易见说不通。这是一种消极的说法。休谟在提出他那问题的时候也曾看到这一点。并且如果归纳原则是从归纳推论出来的，我们没有法子担保它永远是真的。归纳之所以建立者归纳也可以推翻。要归纳原则不为以后的归纳所推翻，它绝不能由归纳推论出来的。

2.可是说归纳原则不是从归纳得来的，并不就表示它是本文所说的先天或先验底原则。照以上的说法，我们似乎是说，凡不是从归纳得来的都是先天的或先验的原则。此说法问题颇多。一方面如果我们把归纳两字的意义推广使它与知识经验相等，也许我们要说没有不从归纳"得来"的原则。另一方面，如果我们把归纳限制到狭义的归纳，则不从归纳得来的原则，也许相当的多，而这些原则，并不一定就是先天的或先验的原则。我们所谓先天或先验原则与我们如何得到这些原则不相干。"得到"是知识者经验中的事体，它也许与知识者的天分有关，可是它与原则的性质没有相干的关系。我们这里所说的先天或先验原则，是就原则底性质和真假值而说的。先天的原则是所与底可能底必要条件，必承认它为真，然后所与才可能；先验原则是经验底可能底必要条件，必承认它为真，然后经验才可能。至于这样的原则何时得到，那完全是另外一件事。我们在这里所谈的先天或先验原则与何时得到毫不相干。我们承认这些原则都是从经验得来的。

3.照上面底说法，归纳原则清清楚楚不是先天的原则。我们可以思议出一种情形，而在此情形下，逻辑命题为真而归纳原则为假。这可见归纳原则不是先天的原则。如果它是先天的原则，它就是逻辑命题那样的命题，它就无往而不真，根本就不能假。我们不能思议到逻辑命题为假的世界，然而我们可以思议到归纳原则为假的世界。它不是先天的原则，也就是因为它不是任何可能的所与底必要条件。

4.归纳原则虽不是先天的原则，然而它是先验的原则。说它是先验原则，就是说它是经验底必要条件。说它是经验底必要条件就是说如果它是假的，世界虽有，然而是任何知识者所不能经验的。其结果当然就是无论在任何经验中，归纳原则是真的。我们可以思议的一种世界我们根本无从经验，然而我们不能想象到一种我们可以经验而同时归纳原则为假的世界。这就表示归纳原则是先验的而不是先天的。前此已经说过先天的原则总是先验的，先验的原则不一定是先天的。归纳原则只能是先验的而已。可是，说它是先验的，不是说它在时间上先经验而真，也不是说它在时间上先经验而得。一普遍命题底真，无所谓在何时为真，虽可以为经验者所得，决不能在时间上先于经验而得。

五、秩序问题

A.休谟问题中的秩序

1.我们现在又要回到休谟底问题。我们已经表示过休谟底问题和归纳原则底问题同样。归纳原则底讨论已经完毕，我们应当回到休谟底问题。我们已经充分地表示归纳原则不会为将来所推翻，根据同样的理由，我们也可以说已往不会为将来所推翻，我们有把握担保将来不会推翻已往。可是所谓已往是什么呢？在本章底第一节我们已经表示所谓已往是一种牵扯到秩序的已往，严格地说问题就是秩序底问题。可是我们已经表示所谈的秩序不是历史，不是特殊的事体，因为这都不至于重复，也不能推翻。所谈的秩序也不是自然律底秩序，因为自然律底秩序根本就是无法推翻的。休谟对自然律没有我们这样的看法，他底问题决不是我们这里所谓自然律底问题。也许比较最近的还是以上我们所提出的 A——B，C——D，E——F，G——H，……底秩序。这样的秩序推翻只表示我们弄错了而已，并不是推翻固有的或本来的秩序。从这一点着想，休谟问题中的秩序，也不应该是这样的秩序。

2.休谟底问题中的秩序，似乎是化所与为事实这一可能底最低限度的秩序。这秩序我们没有很好的名词去表示它。也许我们可以叫它为能觉的秩序，或事实底秩序。问题是将来会不会推翻已往世界所有的能觉性。假如能够推翻，事情当然很糟，假如我们没有理由担保将来不会推翻这秩序，我们在理论上也会感觉到立足不稳。可是这能觉底秩序就是所与顺着时间载在空间而来，有关系，有性质等等。这实在就是说归纳原则总可以引用，而无论所与如何逆来，我们总有接受方式去顺受。这也就是说无论所与如何逆来，这种能觉底秩序决不至于推翻。只有一情形可以推翻这秩序，那就是时间打住。时间打住这一假设我们不再讨论。我们已经表示时间决不会打住，而我们绝对不能经验时间底打住。时间既不会打住，能觉底秩序决不至于推翻。休谟底问题在他自己也许是不能得到答案的，可是我们是可以得到答案的。我们底答案是我们可以担保将来不会推翻已往。

3.我们要知道这能觉底秩序一方面是我们底秩序。我们说一方面者，因为它不完全是我们底秩序。我们底答案和康德底答案不一样，康德底先天形式似乎完全是我们底或完全是“与”底。如果所谓先天形式完全是我们底，我们至少有两方面的问题。一方面是闭门造车而出门不合辙底问题。这问题前此已经提到过。论逻辑命题之为先天的命题底时候，我们曾说视为形式，逻辑命题完全是消极的，此所以它能先天。任何有积极性的形式都不能是先天的，因为材料可以不接受此形式之所要求。任何有积极性的形式都有闭门造车而出门不合辙底问题。另一方面我们接受所与是以不变治变。我们底意念虽所谓变与不变，而因为我们是具体的，我们老是在那里变，如果形式完全属于我们，则形式会跟着我们底变而变，果然如此，则我们底形式不足以治变。所谓“心”也许是无所谓变或不变的。说这些形式完全是属于“心”底也许可以解决后一方面的问题，但是，仍不能解决前一方面的问题。总而言之，有积极性的意念或接受方式不能是完全属于我们底，能觉底秩序也不能只是我们底秩序。如果它是的，将来可以推翻它。我们在下段就要讨论所与底秩序，现在暂且不议。

4.能觉底秩序虽不只是我们底秩序，然而它仍是我们底秩序。就它是我们底秩序着想，显而易见，我们能很容易担保此秩序底维持。意念都摹状，也都规律。说意念规律也就是说意念是接受方式，说意念是接受方式，也就是说它是我们所决定了的办法。能觉底秩序一方面既是我们底秩序，它当然也是我们底办法，它既是我们底办法，只要我们维持我们底办法，我们当然也维持能觉底秩序。意念是无所谓变与不变的，从具体的东西底变更说，意念是不变的。可是意念虽不变，而我们可以改变我们底意念，这就是说对于意念我们可以有取舍。我们对于意念底取舍，影响到 A——B，C——D，E——F，……底秩序，可是影响至多是改变而已，决不是推翻。并且 A——B，C——D，E——F，……底秩序虽受影响而能觉底秩序没有受影响，即退一步着想，能觉底秩序也受影响，此影响仍只是此秩序为我们所改变而不是为将来所推翻。

B.所与底秩序

1.照以上的说法，问题不在我们底意念而在所与。假如所与以后不接受我们底接受方式，或意念底图案，而秩序仍不见得维持。我们其实已经表示过所与本来是有秩序的。现在不妨再简单地说说，也许普通谈归纳法时，所谈的“自然齐一”这一假设就是要假设我们这里所说的所与底秩序。所谓“齐一”非常之难于解释，我们根本不谈“齐一”，我们既然在秩序两字上费了许多时候，我们仍就秩序讨论。我们假设所谓自然齐一底问题，就是所与底秩序问题。所与有秩序和所与有什么样的秩序根本是两个问题。我们底问题是前者不是后者。后一问题是各种不同的科学底问题，而不是知识论底问题。从知识论着想，我们只要有理由承认所与是有秩序的，我们就可以担保意念上的秩序底维持而这也就是整个的秩序底维持。

2.头一点我们会想到所与不会没有秩序。所与底秩序是能觉底秩序。说所与不会没有能觉底秩序，就是说它不会呈现某状态而为我们所无法接受的。秩序底解释既如此，所与之有秩序是很容易表示的。前几节底讨论已表示了这一点。所与绝对不会有违背逻辑的呈现，这就是说我们底接受方式底引用总是可能的。所与也决不会有违背归纳原则的呈现，因为只有时间打住这一情形才取消归纳原则，而时间既不会打住，所与总源源而来，所与既源源而来，它当然不会违背归纳原则。这两点我们可以担保，虽然理由不同。这两点靠得住之后，这一所与与那一所与底接受，完全靠我们底意念底质与量。如果我们底意念既精又多，我们对于所与总有办法，即令我们底意念粗而，且少，我们也有办法。因为即在后一条件之下，我们总可以因新经验而增加我们底意念与应付能力。这当然就是说所与总有可以接受底秩序，而这就是能觉底秩序。

3.问题是将来的所与会不会推翻已往的所与所有的秩序呢？这问题我们已经分析过，这要看所谓已往的所与所有的秩序是如何的秩序。如果所说的秩序是历史或特殊的事实，则将来的所与既不能推翻那秩序，也不会复现那秩序。如果

所说的秩序是自然律的秩序，则此秩序既不是属于已往的，也不是属于将来的，并且根本也是不能推翻的。如果所说底秩序是牛有四足、马有一头、狗有一尾等等秩序，则我们所说的秩序是 A——B，C——D，E——F，……秩序；这种秩序是可以为将来的所与所推翻的。这种秩序底推翻只表示我们错了而已。假如所与呈现一五足的牛，我们不至于说自然弄错了，它推翻了它本来的秩序，我们会说我们从前以为“所有的牛都只有四足”是真的而现在才知道这一命题是假的。在此情形下我们对于“牛”意念有所取舍，我们决不会怪所与推翻了它原来所有的秩序。

4.无论如何将来的所与决不会推翻能觉底秩序。能觉底秩序既不会推翻，我们总可以引用意念于所与，至多我们要随着所与底变更，对于意念也要有所取舍而已。有时，意念底取舍都不牵扯到。在知识经验中，所与如何来，我们就如何受。前此我们曾说无论如何逆来，我们总可以顺受。其实完全从知识经验着想，所与无所谓逆来。说逆来只表示它底来不是我们从意志上，或感情上，或要求上，……盼望它来而已。从喜怒哀乐爱恶欲着想，所与也许有逆来，可是从纯粹知识着想，它无所谓逆来。所与只是源源地来而已。我们接受了所与，我们已经化所与为事实。

C.意念的结构与事实底秩序

1.在第四和第五两章我们都曾提及意念底图案或结构。我们把图案两字引用到思议历程中所凝结的样式，欲达而不必即达于结构的样式。我们把结构两字引用到意念本身所有的至当不移的格式或网子。任何意念都有结构,也都在一结构中,意念底结构当然是遵守逻辑的。这只是这结构底消极成分。意念底结构有积极成分,此所以此结构非彼结构。我们已经说过我们接受所与就是化所与为事实。而引用意念于所与而又引用未错底时候就是接受所与。可是,所谓事实一方面虽是所与而另一方面是我们底意念。事实一方面是意念,所以它有意念底结构。意念底结构也是一种秩序,事实既有这样的结构,当然也有这样的秩序。关于事实的问题很多,以后专章讨论。在这里我们只注意到一点,只要意念有结构,事实总是有秩序的。如果所谓"自然齐一"底"自然"是这里所说的事实,而"齐一"是这里所说的秩序,则自然当然是齐一的,不必把"自然齐一"视为假设。这就是说,照我们底说法,事实本来是有秩序的。经验中的空间当然是有几何底秩序的,不然的话或者见闻有错误,或者几何底引用须受限制。我们决不至于在见闻无错误而几何底引用又无限制底条件之下发现没有几何秩序的空间。其他的情形同样。这就是说,引用山水土木虫鱼鸟兽于所与情形同样。事实总是有秩序的。

2.事实既有意念底结构,事实当然是没有矛盾的。这句话须稍微解释一下。事实不是命题,本来就不应引用矛盾这一意念于事实上去。说事实没有矛盾。只是说没有两件事,如果我们用两命题表示它们底时候,这两命题是矛盾的命题。事实的确没有这样的矛盾或冲突。无论我们在事实中如何地找,我们找不出这样的矛盾来,读者可以试试。可是有一点我们得注意,矛盾两字非常之流行,它们底意义与原来逻辑学中

的意义可以说是毫不相干。现在常有人说资产阶级与劳动阶级彼此“矛盾”，这似乎只是说这两阶级互相斗争或互相冲突或甚至于互相打仗而已。打仗与逻辑上的矛盾完全是两件事。中日打仗已经打了差不多六年，我们绝不能说他们在逻辑上矛盾了六年。至于说生活“矛盾”，或情绪矛盾情形同样。这两字这样的用法的确很好，这用法的确是简单地形容一种状态，可是这所谓矛盾与逻辑上所谓矛盾毫不相干。字同而义异的情形非常之多，我们不要以为字同意义也就一定一样。回到本条的主题，我们说照以上所解释的矛盾的事实，事实至少有这种最低限度的秩序，或消极的秩序。

3.事实不但有这种消极的秩序而且有意念所有的积极的秩序。物理方面的事实有物理学底秩序，生理方面的事实，有生理学底秩序。这样的秩序都是积极的。这秩序一方面是意念的，一方面是所与的。事实底秩序也不是凭空的，这秩序也是所与之所呈现。表现于所与的是共相底关联或固然的理。事实底相继发生，就是所与源源而来，知识者继续接受。此源源而来的所与也表现固然的理。无论所与如何它总逃不出固然的理。既然如此，事实总是有秩序的，事实不仅是然而且有所以然。所以然就是知识所注重的秩序。这秩序当然不就是我们意志或情感或其他的要求所满意的秩序，它也许是的，也许不是。这一方面的满足与否，与知识是不相干的。我们对于人这样的动物也许不满，但是从知识着想事实上人是某样的，我们只好承认它是那样的。

自　　然*

一、呈现与本然底现实

A.呈现底观

1.在第三章我们以 S_n^m 符号表示 n 类底 m 官觉者,以 S_n^{m+1} 表示 n 类底 m+1 官觉者,以$O\overset{m}{\underset{n}{S}}_n$ 表示相对于 n 类底所与,以$O\overset{m}{\underset{n}{S}}{}_n^m$ 表示所与所呈现 n 类底 m 官觉者底呈现。以 $O\overset{m}{\underset{n}{S}}{}_n^{m+1}$ 表示所与所呈现于 n 类底 m+1 官觉者底呈现。我们用以下的方式表示所与与呈现底分别:

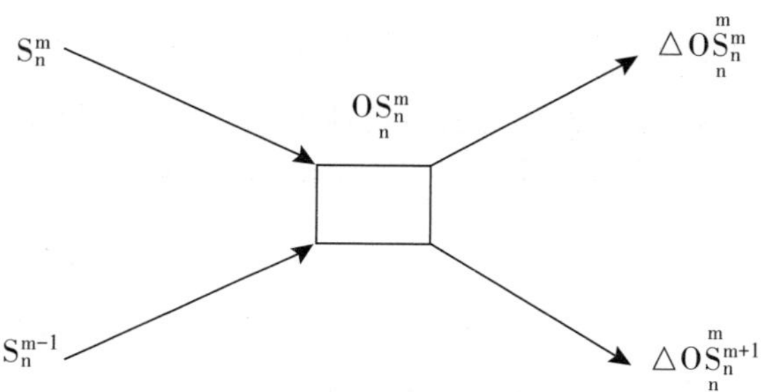

以上“□”表示所与,而“△”表示呈现。所与是官觉类底所

* 原刊于《哲学评论》第 8 卷第 4 期,1943 年 11 月。——编者注

与，而呈现是官觉者底呈现。$O\overset{m}{\underset{n}{S}}{}_{n}$ 是相对于 n 官觉类的，它是所与。$O\overset{m}{\underset{n}{S}}{}_{n}^{m}$ 不但是相对于 n 官觉类的，而且是相对于 m 官觉者的，$O\overset{m}{\underset{n}{S}}{}_{n}^{m+1}$，不但是相对于 n 类的，而且是相对于 m+1 官觉者的。

2.呈现既是相对于官觉者的，当然是有观的。所谓有观最低限度的说法就是相对。即以 $O\overset{m}{\underset{n}{S}}{}_{n}^{m}$ 而论，它是相对于 n 类的 m 官觉者，而不是相对于同类中 m+1 官觉者的。$O\overset{m}{\underset{n}{S}}{}_{n}^{m+1}$ 同样，它是相对于 n 类底 m+1 官觉者的，而不是相对于同类中 m 官觉者的。普通说我所看见的不就是你所看见的，或你所看见的不就是我所看见的。我底呈现有我底特殊的观，你底呈现有你底特殊的观。这特殊的观是免不了的。从特殊的观着想，不但不同的官觉者有不同的观，即同一官觉者在不同的时候、不同的地点，也有不同的特殊的观。可是这一方面的问题，我们根本不讨论，我们只说同类中不同的官觉者有不同的特殊的观。就特殊说，我们要记得没有任何而特殊的可以同一或完全相同。特殊的呈现当然不是例外。

3.特殊的呈现虽然总是特殊的，然而不一定就是私的。引用到个体，公对私和普遍对特殊不大一样。个体虽是特殊的，然而彼此之间仍可以有普遍者在，可是，如果个体是私的，则彼此之间就得有公的。我这里有六个洋火盒子，个别地说，它们都是行殊的，可是，这并不是阻碍它们之共为洋火盒子。可是，我所私有的衣服和你所私有的衣服虽是我们所共有的衣服而不是我们所公有的衣服。呈现虽特殊，然而不一定因此就是私的。甲、乙、丙官觉者底呈现虽因甲乙彼此特殊地不同而特殊地不同，然而也可以因甲乙之同属于人类而为人类所能公有的呈现。一官觉者底呈现有公私底分别。如果 n 类底 m 官觉者底某呈现是私的,则此呈现只是 m 所能有的,如果某呈现是公的,则此呈现是 n 类底任何官觉者所能有的。我们把私的呈现叫作主观的呈现,把公的呈现叫作客观的呈现。呈现虽特殊,然而可以客观。在第一章我们已经讨论客观的呈现。我们并且表示非假设有客观的呈现,知识论说不通。

4.呈现虽有主观客观底分别,然而无论主观也好客观也好,呈现总是有观的。我们前此曾把主观叫作个体观,把客观叫作类观。如果呈现是主观的,它有一官觉者所私有的观,如果呈现是客观的,它有一类官觉者所有的观。$O\underset{n}{\overset{m}{S}}{}_{n}^{m}$ 这一呈现或者是主观的或者是客观的。如果是前者,它只有 m+1 底观,如果是后者,它有 n 类底观。如果我们底呈现是主观的,它有我给它底彩色,如果它是客观的,它有人类所给它底彩色。呈现当然不会没有观。我们已经说过所说的观就是相对性。说呈现有观就是说呈现是相对的。

B.所与底观

1.呈现底观在第一章已经表示过,所与底观在第一章没有表示。我们可以利用类似的方式表示所与的观。兹以 S_n 与 S_m 表示两不同的官觉类,以 O_n^m 表示个体,以$O\underset{n}{\overset{m}{S}}{}_{n}$ 表示相对于 S_n 类底所与。以 $O\underset{n}{\overset{m}{S}}{}_{m}$ 表示相对于 S_m 类底所与。我们可以用同样的方式表示所与和个体的分别:

以上 O 代表个体,□仍旧代表所与。

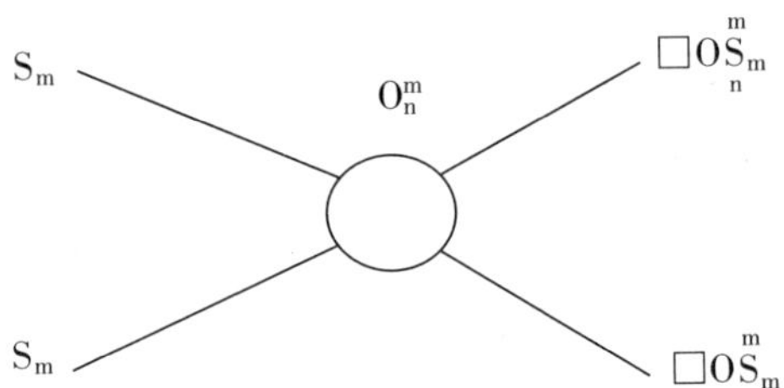

2.$O\overset{m}{\underset{n}{S}}_n$ 是相对于 S_n 官觉类底所与，$O\overset{m}{\underset{n}{S}}_m$ 是相对于 S_m 官觉类底所与。它们既都是相对的，当然也是有观的。如果我们从呈现着想，我们也可以表示所与底有观。所与就是公于一官觉类底任何正常官觉者底呈现。所与也是呈现。不过它是客观的呈现、类观的呈现而已。以上已经表示呈现总是有观的，无论它是主观的或客观的。客观的呈现既然有观，所与当然是有观的，不过它底观是类观而已。论呈现时我们曾说我底呈现不就是你底呈现，你底呈现不就是我底呈现。你与我既然是不同的特殊的官觉者，彼此底呈现也特殊地不同，不过不必为我们所私而已。官觉类有同样的情形。人底所与不是牛底所与，牛底所与也不是人底所与。人与牛既是不同类的官觉者，彼此底所与当然不同。普遍地说 S_n 与 S_m 既是不同的官觉类，$O\overset{m}{\underset{n}{S}}_n$ 与 $O\overset{m}{\underset{n}{S}}_m$ 当然是不同的所与。所与既是相对的，所与和呈现一样是有观的。

3.可是，所与底相对和呈现底相对有大不一样的地方。呈现有两层相对。一层是相对于单个的官觉者，一层是相对于官觉者所属的类。所与没有这两层的相对，只有后一层的相对。就头一层的相对说，呈现可以是主观的，可以不是主观的。如果呈现是主观的，它不是同类中的官觉者所能兼有的。

例如 S_n 类中的 S_n^m 官觉者与 S_n^{m+1} 官觉者底呈现是主观的，则不但 S_n^m 底呈现不是 S_n^{m+1} 底，或$_n^{m+1}$ 底呈现不是 S_n^m 底，而且它们没有共同的地方。可是假如这两个官觉者底呈现都是客观的，则 S_n^m 底呈现虽不是 S_n^{m+1} 底呈现或 S_n^{m+1} 底呈现不是 S_n^m 底呈现，然而它们有共同的地方。它们都是相对于 S_n 底所与。在此情形下，S_n^m 和 S_n^{m+1} 两官觉者可以交换他们底官觉。在第一章我们特殊注重这交换性。可是，这实在是从一类中不同的官觉分子说。类与类之间问题两样。不但 S_n 底所与不是 S_m 底所与，或 S_m 底所与不是 S_n 底所与，而且就所与说，它们没有共同的地方。它们没有主观客观底分别。我们应说它们都是客观的。仍从例说，不但人不能见牛之所见，牛不能见人之所见，牛与人没有共同的地方。我们也许会想到(1)条所说的个体，“O”这一符号所表示的个体或 O_n^m 这一符号所表示的个体，我们也许会说它是不同的所与底共同点。这说法也对，不过我们要知道(1)条所说的个体它没有观的。如果我们说它是不同的所与底共同点与所与之为不同的呈现底共同点不一样。以后会把(1)条所说的个体提出讨论，现在只注重到所与底相对和呈现的相对不一样，呈现有两层的相对，所与只有一层的相对。

4.所与底相对和呈现底相对不仅有以上的分别，还有一更重要的分别。呈现是有主观客观底分别的。如果它是主观的，它是有官觉者底个体观的，如果它是客观的，它是有官觉者底类观的。这就是说，呈现或者相对于官觉者这一个体或者是相对于官觉者所属的类。就前一方面的相对说，这相对是特殊的；就后一方面的相对说，这相对是普遍的。可是后一

方面的相对就是所与底相对。所以所与底相对是普遍的。前一方面的相对不是类型的，后一方面的相对是类型的。假如 $O\overset{m}{\underset{n}{S}}{}^{m}_{n}$ 这一呈现是主观的，它底相对性只是特殊的，如果它是客观的，它底相对性是普遍的。这当然不是说 $O\overset{m}{\underset{n}{S}}{}^{m}_{n}$ 本身是普遍的，我们说的是它底相对性。假如 O^{m}_{n} 是一个能以“红”去接受的个体，$O\overset{m}{\underset{n}{S}}{}^{m}_{n}$ 当然是特殊的，可是，如果它是人类的所与，或张三底客观的呈现，则它底红不只是张三所见的“红”而兼是人类中任何正常的人所能见的“红”。从意念的根据说，这人类中任何正常的人所能见的红就是“红”意念底根据。这当然不是说 $O^{m}_{红}$ 底红是普遍的红，这只是说它不只是张三所见的红而已，这红本身虽是特殊的，然而它不只是为一特殊的人所特殊地看见。它相对于人类而不相对于张三。这就是我们所谓所与底相对性是普遍的。本条头一句话就说这里所说的分别比上条所说的分别重要。其所以如此的理由，我们现在不从详讨论。我们现在只说所与底相对性既是普遍的，这相对性本身就表现一自然律。假如牛见了红就发气，就要打架——假如这一命题是真的，究竟是真的与否，我们不必管，——这只是说相对于牛的红所与是使牛类中正常的牛发气或打架的，或者说如果 x 是牛的红所与，x 是使牛类中正常的牛发气或打架的。如果这一命题是真的，或者它就是一自然律，或者它表示一自然律。如果我们把这情形转移到人身上来，我们也可以看得出，假如人看见了红有特别的反感，这反感也表示一自然律。现在的讨论只在这一点上打住。

C.本然的现实

1.上条已经谈到 O_n^m。这符号就是 n 类中的个体。这就是无观的个体。《论道》书中所谈的个体就是这样的个体，而这样的个体就是本然的现实。在《论道》书中我们虽表示现实是不能没有的。现实也不会不个体化、特殊化。本然的现实本来就有个体底变动。在个体底变动中有殊相的生灭，有生生，有灭灭。不过在《论道》书中我们所谈的殊相是无观的殊相，所谈的生灭是无观的生灭。本文的呈现是有观的呈现，本文底所与是有观的所与。本然的现实与呈现或所与显然有不同的地方，前者无观而后者有观。最初使人想到的就是无观的现实，我们何以能谈？所谓无观似乎不止于没有官觉而已。没有官觉的的确是可以谈的，例如电子、原子等等我们都不能官觉得到，然而我们能够谈到它们。其实我们能够谈到电子、原子等等，理由和我们能够谈到无观的现实一样。不同点当然是有的，可是，我们现在可以抹杀。最简单的说法是说本然的现实虽不能觉，然而可以知。

2.本然世界不仅有殊相底生灭而且有共相底关联。在《论道》书中我们曾说个体的变动理有固然。特殊的个体的现实或本然的现实本来是有条理的。有一部分的人喜欢把现实看作"黑漆一团糟"，让我们底理智来整理出条理来。我们底看法不是这样的。"天不生仲尼，万古常如夜"，这样的话，本文也可以赞成。照《论道》那本书的说法看来，现实的历程中虽不会没有官觉者产生，然而却不必在任何阶段上都有官觉者。即就我们底自然史而说，我们也得承认从前曾有没有官觉者底时候，以后也许还会有没有官觉者底时候。假如我

们想象现实底状态而又没有官觉者夹杂其间，我们也会感觉到“夜”或“黑”。这里所谓“夜”和“黑”只是不同而已。这只是说我们既然假设没有官觉者，当然没有官觉，既然没有官觉，当然没有呈现，既然没有呈现，当然没有呈现中的形形色色、这这那那。在这条件下，本然的现实当然没有官觉者所有的“明”，而不明我们总可以叫作“夜”或“黑”。在本然世界这样的“明”是随官觉者与知识者而俱来的，既假设没有官觉者，当然也不至于有“明”。

3.可是，“夜”或“黑”与一团糟是两件事。即在以上的假设下，本然世界至多是无“明”而已，不至于成为一团糟。如果本然的现实可以因无“明”而成为一团糟，则本然世界不止于无明而已，它简直不可以有明。所谓“明”是明其条理，如果本然的现实本来就是一团糟，则它根本就没有条理。假如本然的现实根本没有条理，我们当然无从明起，而本然的现实也就是不可以明的。除非所谓“明”不是明条理而是创作条理。照此说法，本然的现实当然可以没有条理，要我们明了之后，我们才创作条理，才给本然的现实以一种我们所加上去的条理。这样的条理不但我们可以推翻，而且如果本然的现实和我们淘起气来，它也可以推翻。根据以上三章的讨论，我们不能不承认条理决不是我们所能创造的。这当然就是说条理是本然的观实本来就有的。此所以我们在《论道》书中说个体底变动理有固然。固然的理就是本然的现实底条理。本然的现实也许可以“黑”，但是，既有条理决不至于一团糟。

4.照(1)条所说本然的现实有特殊的，照(2)条所说本然的现实有普遍。O_n^m 这符号表示 n 类中的 m 个体。这个体是无观的或不相对于任何官觉者的。我们已经发生"它既是无观的,我们何以能谈到它"一问题,对于此问题我们已经说过,它虽不能觉,然而可以知。它的不能觉显而易见。所谓能觉就是可以有官觉者去官觉它,可是,如果有官觉者去官觉它,则它已经不是本然的现实或不只是本然的现实而是呈现或所与。这就是说如果一官觉者去觉它,它就有观了。对于 O_n^m,我们不能官觉。如果官觉是我们所认为是直接的接触,我们和本然的现实没有直接的接触。结果当然只能有间接的接触。间接的接触还是有的,而间接接触底根据依然在本然的现实本身。这就是本然的现实的条理。O_n^m 这一个体虽不能觉,而 O_n^m 所现实的理可以知。请注意这完全是从知识或官觉着想,若不从这一方面着想,我们和 O_n^m 当然可以有别的方面的直接接触。回到本题上去,我们底问题是如何由普遍的理以求间接地达于 O_n^m。

D.呈现与本然的现实

1.呈现是有观的,本然的现实是无观的。二者底关系不易表示。我们从容易说的说起。$O\overset{m}{\underset{n}{S}}{}_n^m$ 这一呈现不就是 O_n^m。前者有观,它是相对于 n 类官觉者的与相对于 m 官觉者的。后者是无观的。可是,$O\overset{m}{\underset{n}{S}}{}_n^m$ 虽不就是 O_n^m,然而它也是实在的。所谓它是实在的,就是说它是本然世界中的项目,而这也就是说它是本然的现实。也许有人以为这是矛盾,因为这好像是说呈现既不是本然的现实而又是本然的现实。其实当然不是。我们所要说的是 $O\overset{m}{\underset{n}{S}}{}_n^m$ 这一呈现与相当于此呈现的 O_n^m 不同,后者是无观的,而前者是有观的 O_n^m。所谓前者有观是说

它是有观的 O^{m}_{n}。可是，若就 $O\overset{m}{\underset{n}{S}}{}^{m}_{n}$ 说，它本身也是无观的。这一点我们也许可以利用一假设表示出来。假如有 S^{m}_{n}，有 m 类的 m 官觉者能够官觉到 $O\overset{m}{\underset{n}{S}}{}^{m}_{n}$，则 S^{m}_{m} 底呈现，不是 $O\overset{m}{\underset{n}{S}}{}^{m}_{n}$ 而是 $(O\overset{m}{\underset{n}{S}}{}^{m}_{n})S^{m}_{m}$。在此情形下，$(O\overset{m}{\underset{n}{S}}{}^{m}_{n})S^{m}_{m}$ 与 $O\overset{m}{\underset{n}{S}}{}^{m}_{n}$ 底关系就是 $O\overset{m}{\underset{n}{S}}{}^{m}_{n}$ 与 O^{m}_{n} 底关系。如果在后一套关系中，O^{m}_{n} 无观，而 $O\overset{m}{\underset{n}{S}}{}^{m}_{n}$ 有观，则在前一套关系中，$O\overset{m}{\underset{n}{S}}{}^{m}_{n}$ 无观，而 $(O\overset{m}{\underset{n}{S}}{}^{m}_{n})S^{m}_{m}$ 有观。由此类推，$(O\overset{m}{\underset{n}{S}}{}^{m}_{n})S^{m}_{m}$ 也是本然的现实。我们可以利用某小说中的某教授为例，这一小说说当某教授到饭厅去吃早饭，好几位不同的教授也到了那一饭厅。假如饭厅中本来有乙、丙、丁三个人，当甲进来的时候，乙所看见的甲、丙所认识的甲、丁所以为如何如何的甲，和甲所自命的甲都跟着无观的甲进了饭厅。在饭厅中，无观的甲只有一个，而有观的甲有四个。也许这许多的甲彼此之间大同小异，然而即令大同而仍免不了小异。乙所看见的甲虽不就是无观的甲，然而它仍是实在的。假如有人要研究甲乙底关系，他所要研究的不仅是那无观的甲，而且是甲所自命的甲与乙所看见的甲。就本然的现实着想，在那间饭厅里，有五个不同的甲。我们可说这么一句话：呈现 $(O\overset{m}{\underset{n}{S}}{}^{m}_{n})$ 不就是它所呈现的本然 (O^{m}_{n})，然而它自己 $(O\overset{m}{\underset{n}{S}}{}^{m}_{n})$ 是一本然的现实。

2.以上是就呈现说，而就呈现说，我们不管它是主观的或是客观的。客观的呈现是实在的，主观的呈现也是实在的。主观的呈现只是不客观而已。客观的呈现既是实在的，所与当然也是实在的。所与和本然的关系，与上条所说的呈现与本然底关系差不多。$O\overset{m}{\underset{n}{S}}{}_{m}$ 这一所与不就是 O^{m}_{n}，然而它本身是本然的现实。可是，这两套关系有不同的地方。在 B 段(4)

条我们曾说所与的相对性是普遍的。$O^{m}_{n}S_{m}$ 这一所与底相对性既是普遍的，就它是一本然的现实着想，它现实共相的关联。这共相底关联可以用 $O_{n}\sim S_{m}$ 表示，这就是说 n 类的个体在 m 类的官觉者底类型官觉中，假如在此类型的官觉中有类型的反感 R_{h}（例如牛见红即发气），则 O_{n}——S_{m}——R_{h}，表示一固然的理。$O^{m}_{n}S_{m}$ 这一所与虽是特殊的本然的现实，然而它底相对性 O_{n}——S_{m} 不是特殊的，它所现实的固然的理 O_{n}——S_{m}——R_{h} 当然不是特殊的。就 O^{m}_{n} 说，$O^{m}_{n}S_{m}$ 虽是有关的，然而 $O^{m}_{n}S_{m}$ 本身是无观的。O_{n}——S_{m} 是无观的，O_{n}——S_{m}——R_{h} 也是无观的。

3.我们前此已经说过 O^{m}_{n} 这一本然的观实是无观的，它不可觉，可是它可以知。此所以它虽无观，然而我们能够谈到它。我们已经表示过这由不可觉到可知须要相当麻烦的解释。在解释过程中我们要说些承上接下的话。我们现在先说些承上的话。我们可以从 m 类的 m 官觉者 S^{m}_{m} 着想，我们假设他从 $O^{m-1}_{n}S^{m}_{m}$、$O^{m-2}_{n}S^{m}_{m}$、$O^{m-3}_{n}S^{m}_{m}$，……已经得到了“n”意念，他碰着了 O^{m}_{n} 之后，他以“n”意念去接受 $O^{m}_{n}S^{m}_{m}$。在这里，我们要回到前几章所说的话，看“n”意念是如何的。头一点我们会注意“n”是抽象的意念不是类似具体的意象，它是普遍的意念，不是类似特殊的意像。我们已经表示过抽象的意念，不是“象”，它不是抽出来的共同的“象”。如果它是抽出来的共同的象，这象虽可以是许多个体底所同，然而仍是类似具体的，也仍是类似特殊的，这当然就是说它不是普遍的抽象的。抽象的意念既是抽象的、普遍的，它虽是抽出来的，然而它不能是象。所以 S^{m}_{m} 官觉者底“n”已经是独立于 $O^{m}_{n}S^{m}_{m}$、$O^{m-1}_{n}S^{m}_{m}$、$O^{m-2}_{n}S^{m}_{m}$、$O^{m-3}_{n}S^{m}_{m}$，……的特殊的具体的象。这就是说，“n”这一意念既不

狃于任何一呈现底象，也不是它们底共同的象。也许 S_m^m 这一官觉者在思议中要利用想象，可是，“n”这一意念不是想象。我们现在当然假设“n”这一意念没有毛病，S_m^m 不必去掉它而代之以新的意念。既然如此，S_m^m 碰到 O_n^m，就见其为 $O\overset{m}{\underset{n}{S}}{}_m^m$ 或 n 类中之某东西。

4.可是，S_m^m 也许不止于是一官觉者而已。他也许对于 n 类的东西有研究，不但经验过许多的 $O\overset{m}{\underset{n}{S}}{}_m^m$、$O\overset{m-1}{\underset{n}{S}}{}_m^m$、$O\overset{m-2}{\underset{n}{S}}{}_m^m$、$O\overset{m-3}{\underset{n}{S}}{}_m^m$，……而已，而且观察过与这些东西有连带关系的许多东西。他不但是有“n”这一意念，而且有这一意念底结构。从一方面说“n”这一意念就是此结构，可是从有此意念的官觉者说，他不必得到了此结构。我们现在假设 S_m^m 有此意念结构。兹以 k——h——m——n——……等等表示此结构。如果 S_m^m 是知道“n”类的东西的，他也知道这类东西与别底东西的关系，不仅如此，他也知道这类东西与别的官觉类底关系。所以在此结构中，有 O_n——S_k——R_h，这就是说 S_m^m 知道“k”类的官觉者碰见 n 类的东西就有 h 类的反感。S_m^m 虽不能官觉 S_k 官觉者所能官觉的所与，即 $O\overset{m}{\underset{n}{S}}{}_k$，然而 S_m^m 仍可以知道 $O\overset{m}{\underset{n}{S}}{}_k$。不但如此，同样的方式也可以使他知道 O_n^m。O_n^m 所现实的固然的理或共相底关联就是 k——h——m——……所表示的理或共相底关联。如果 S_m^m 是对于 n 类的东西是有知识的官觉者，当 $O\overset{m}{\underset{n}{S}}{}_m^m$ 呈现时，他不止于官觉到 $O\overset{m}{\underset{n}{S}}{}_m^m$ 而已，他也知道 O_n^m 是什么样的个体。不过 S_m^m 不能谈该个体底殊相而已。既然如此，我们这里所谓知是间接的知，不是直接的知，这有点像我们知道电子、原子底知，而不像我们知道牛羊犬豕底知。我们能有这样的情形就是因为意念本来就是超特殊官觉的。

意念不仅是超特殊官觉的,也是超官觉的。

二、本然与自然

A.官觉类的共同世界

1.本段底问题同上段底问题差不多,不过注重点不同而已。上面注重在一类官觉者可以由直接地官觉而间接地知道现实,本段所注重的是各类官觉者底共同世界。在本段我们要注重真正的普遍是超各官觉类的。也许我们先从这一类的话着想,人所认为是“红”的东西,牛见了“讨厌”,猴子见了“欢喜”。这一命题有根据与否我不敢说,这一类的话不少。这一类的话总要有根据才行。可是,这一类的话显而易见是有问题的。人不能见牛之所见,牛不能见猴子之所见:我们何以知道三种不同的官觉者底反感有同一的来源?从官觉方面说,它们没有同一的来源,从这一方面着想刺激不一样,刺激既不一样,不同的反感,应该是意中事,何以又似乎值得说呢?可是这样的话是表示反感虽不同而来源同一。问题就是这同一的来源是什么。如果我们说同一的来源就是那个实在的红的东西。我们所说的是无观的现实的个体,而那一个体又是我们我所不能官觉得到的。这似乎表示所需要的共同的来源不是无观的本然的现实的个体。

2.我们所要表示的是说无观的本然的现实的个体是各不同的官觉类底共同的来源。为解释这一点起见,我们又要说一部分上面已经说过的话。在上节 D 段我们从 S^m_m 着想说 S^m_m 得到“n”意念,并且得到“n”意念底结构 k——h——m——

h——……，我们也曾说假如 S_m^m 没有错误的话，这意念的结构就是这无观的本然的现实的个体 O_m^m 所现实的理或共相底关联。同时我们又表示如果 S_m^m 底呈现是客观的，则此呈现的相对性是普遍的，这就是说 $O_n\overset{m}{S}{}_m^m$ 底相对性是普遍的，我们曾以 O_n——S_m 表示此相对性，此相对性也是共相底关联，也是理。S_m^m 虽不能直接官觉到 O_n^m 而间接地知道 O_n。所谓间接的知道 O_n 就是说他在 $O_n\overset{m}{S}{}_m^m$ 呈现时他就因……k——h——m——n——……这一意念结构而知道 O_n^m 所现实的是 O_n 底理，这理就是这意念结构所表示的。在上节 D 段，我们只从 S_m^m 着想而已。仅从 S_m^m 说，我们在 D 段只表示他能够由官觉到 $O_n\overset{m}{S}{}_m^m$ 而知道 O_n^m 所现实的理。

3.意念是抽象的普遍的，所以是超官觉者的。就 S_m 类说，"n"这意念是超 S_m^m、S_m^{m+1}、S_m^{m+2}、S_m^{m+3}，……官觉者的。这就是说"n"这一意念是 S_m 类中各官觉者之所共。可是一类中的各官觉者之所共同的不必是不同的官觉类之所共同的。假如 S_m^m、S_m^{m+1}、S_m^{m+2}、S_m^{m+3}，……有共同的或大同小异的意象，这意象也不过是 S_m 类中的各官觉者之所共同而已。它不能超 S_m 类。它不是别的官觉类所能有的，因为它虽是 S_m 类中各官觉者所共有的。然而它既是意象，它仍是象，它既是象，它就脱离不了官觉，当然也就脱离不了 S_m 官觉类。意念根本不是象，它所表示的共相也不是象（照我们底说法共相这一名词实在不妥，可是，我们为省事起见，名词仍旧）。它不但能够脱离 S_m 中的任何官觉者，而且可以脱离 S_m 类官觉者。这就是说，假如有 S_m、S_o、S_p、……官觉类，它不只是 S_m 类中各官觉者之所共，而且是各不同类的官觉者之所共。这句话听起来有点不近情,其实只要我们能抓住意念之为意念,它的确是超官觉类的,以此说为难于接受的人大都是把意念看成意象的人。把意念看成意象,这一句话当然不能成立。把意念视为无像而有结构的所谓着想,它当然是独立于官觉类的。

4.上面的意思既说明,我们仍回到 S_m^m 类所得的“n”意念。此意念我们以……k——h——m——n——……表示。说意念所表示的理或共相的关联是共同的。兹以 S_m、S_o、S_p,……表示不同的官觉类,相对于 S_m 底所与是 $O\overset{m}{\underset{n}{S}}{}_m$,相对于 S_o 的所与是 $O\overset{m}{\underset{n}{S}}{}_o$,相对于 S_p 底所与是 $O\overset{m}{\underset{n}{S}}{}_p$,……这些所与的确彼此不同,因为他所相对的官觉类不同。可是,所与虽特殊,然而它们的相对性是普遍的,O_n——S_m、O_n——S_o、O_n——S_p,……这些相对性都是普遍的。S_m^m 即 m 类中底 m 官觉者虽官觉不到 $O\overset{m}{\underset{n}{S}}{}_o$ 或 $O\overset{m}{\underset{n}{S}}{}_p$,然而在意念上他可以知道 O_n——S_o、O_n——S_p。假如 S_o^m 看见 $O\overset{m}{\underset{n}{S}}{}_o^m$ 就有 h 反感。S_p^m 看见 $O\overset{m}{\underset{n}{S}}{}_p^m$ 就有 h′反感,S_m^m 也会知道 O_n——S_o——R_h、O_n——S_p——R_h。“n”类的个体,即 O_n,所现实的理就是“n”意念所表示的“n”共相或共相的关联或理,而这又是……k——h——m——n——……所表示的。如果 S_m^m 真正懂得“n”,他的意念结构中……k——h——m——n……有 n——o,n——p,也有 n——o——h 与 n——p——h。如果 S_o^m 真正是有知识懂得“n”的,他也会知道同一的理。从例说假如牛见红果真生气,猴见红果真欢喜,则人如果真正知道“红”之所以为红,他不仅知道所谓红有光线如何,与黄紫的关系如何等等底意义,而且有牛见而怒,猴见而喜的意义。他所知道底是共相底关联,不是某牛所见的某红呈现或某猴子所见的某红呈现。特殊的呈现虽不同,而意念

同一。共相的关联或理是不同的官觉类底共同世界。

B.各官觉类底特殊世界

1.各官觉类彼此的不同当然是根据于各类底官能作用不同,而官能作用底不同当然是根据于官能机构底不同。官能底机构不同,呈现也不同。这里所谈的机构不同是类与类底不同,不是一类中各官觉者彼此之间的不同。所说的不是人类中张三和李四的官能机构不同而是人类和牛类底官能机构不同。相对于人类的官能机构有一套客观的呈现,这一套客观的呈现就是相对于人类的所与;相对于牛类的官能机构也有一套客观的呈现,这一套客观的呈现就是相对于牛类的所与。官觉类不同,所与也不同。人不能见牛之所见,牛不能见猴子之所见,猴子也不能见人之所见,它们各有各类底所与。我们已经说过所与虽特殊而它底相对性是普遍的。这就是说,假如有特殊的红的个体,对于人类,它是人红或属于人底红,对于牛类它是牛红或属于牛底红,对于猴类,它是猴红或属于猴的红。红既如此,其他的性质关系也莫不如此。这一类的所与就是该类底特别世界。

2.上面所说的是各类底共同世界。谈共同的世界我们所注重的是意念及意念之所表示,或者说概念与共相。以上实在是就意念之为意念说,或概念之为概念说,或就意念或概念及其对象说。意念或概念均有所谓,此所谓就内容说是意念或概念的结构,就对象说,它是共相底关联。各类底共同世界就是共相关联底世界。可是意念不仅有所谓而且有所指(有些意念是无所指的,例如“无”、“无量”,……或“鬼”等等。

但是这些可以说是少数)。意念或概念底所谓是普遍的,所指是特殊的,大多数的人要懂一意念或概念,也许要利用意象。普通要求举例以明义就是要求供给意象借此以明白意念。有的时候,意象尚且不够,还要举出普通所谓"具体的东西",这所谓具体的东西实在就是所与,或意念所指的所与。在这情形之下,举例以明义就是以所指去明所谓。意象虽不是特殊的然而是类似特殊的,虽不是具体的,然而是类似具体的。它底根据也是所与。我们无论举普通所谓具体的东西以明义,或供给意象以明义,我们都是利用所与。

3.就意念之为意念说,或就所谓说,意念非象,它是普遍的抽象的,所以它独立于官觉类。就意念底所指说,它或者是意象或者是所与。如果是意象,它间接地也是所与。所与是不能独立于官觉类的。我们仍可以用"红"为例。我们所有的"红"意念是不完全的,没有充分发展的。如果我们得到相当充实的"红"意念,我们也知道关于"红"底许多的真的命题。牛见而发气也许是这些真命题之一。当然我们还可以说出许多别的命题,例如关于"红"底光线的波动底速度等等。但是,"红"之所指就不同了。我们思想到"红",我们不必只思"红"底所谓,我们也许想到红,我们也许有某红意象(我个人想到红,就想到中国人所谓大红或洋人所谓中国红,而在意象中和很厚的绸子成一幅图画)。我们思想到红,在思想历程中的不只是红底所谓,而且是红的所指,这后者或者是当时的所与,或者是经验中的所与,或者是类似所与的意象。

4.请注意我们这里所说的是所与。就人类说,人思想红,

他不足是思红底所谓而且想红底所指，而此所指或者是当时的所与或者是经验中的所与，或者是类似所与的意象。其所以说所与者，就是要表示相对于人类而已。意念底所谓虽独立于人类，而对于人类意念的所指不能独立于人类。人思想红的时候，他可以思独立于人类的红意念，然而不能想独立于人类的所与，这就是说，他不能想牛所见的红，而只能想人所见的红。人类底世界有两部分：一部分就是各官觉类所有的共同的世界，这就是共相底关联底世界；另一部就是人类底特别的世界，这就是相对于人类底所与世界。各类官觉者都有这两部分的世界：一是各类之所共同；一是各类之所特别的世界。

C.各官觉者底特殊世界

1.特别不是特殊。习惯于英文的人也许会感觉到 particular 和 special 底分别。前者是我们这里所谓特殊，后者是我们这里所谓特别。是特殊的就不是普遍的，是特别的仍是普遍的，不过它所表示的有某一普遍以别于其他普遍而已。假如我谈因果关系，我们所注重的也许是 A——B，这一因果关联当然是普遍的，我们不能把它视为特殊的关系。如果它是特殊的关系，我们不能利用它以为推论。可是它虽不是特殊的，然而它是特别的，我们谈 A——B 这一因果关联底时候，我们既不是泛论因果，也不是谈 C——D、或 E——F，或……因果关联，我们所谈的是 A——B 这一特别的因果关联。

2.上面谈到特别的世界我们所谈的是所与，是相对于一官觉类底所与。我们虽说 $O\overset{m}{\underset{n}{S}}_{m}$ 这样的所与虽是特殊的，然而它底相对性是普遍的。O_n^m 虽然表示 n 类 m 个体，然而 $O\overset{m}{\underset{n}{S}}_{m}$ 底相对是 n 类的个体与 m 类的官觉者底相对。说相对性是普遍的也就表示出相对性是类型的。论所与就是从官觉类底观点去论呈现。我们曾说，呈现总是特殊的，可是，虽然老是特殊的，仍然有主观客观底分别。主观的呈现不是所与，客观的呈现才是所与。在第一章解释客观两字底时候，我们曾说如果呈现是类型的，它是客观的。客观的呈现才是所与，也就表示类型的呈现才是所与。各种的官觉者都有一套类型的所与。这一套类型的所与虽不是任何其他类的官觉者之所能兼，而是一类中任何官觉者之所共。一类官觉者的所与是该类底特别世界，而不是该类中的官觉者底特殊的世界。

3.呈现总是特殊的。一类中的任何官觉者，就它为官觉个体说，不就它为该类底分子说，它当然不是同类中任何其他分子；它底呈现也不就是其他任何分子底呈现。就人类说，张三既不是李四，张三底呈现不就是李四底呈现。我们暂且不谈主观客观底分别。一类中各官觉者底呈现，虽可以是类型的，然而总是特殊的。各官觉者总有它底特殊的世界。这特殊的世界一方面是由于官觉者有特殊的官能，另一方面也是由于官觉者有特别的态度等等，“人不堪其忧而回也不改其乐”的世界，不见得是世界有什么特殊，而是态度不同，看法不同的结果。这一方面的问题我们根本不谈。我们只表示官觉者既特殊，他底官能也特殊，官能特殊，呈现也特殊。就每一官觉者都有一套特殊的呈现说，他有他底特殊的世界。他也许是一类中正常的官觉者，也许不是。即令他是正常的官

觉者，他底呈现和同类中其他的官觉者底呈现也许大同，可是，虽大同而仍免不了小异。他的呈现底小异，也许是遵守自然律的，所以虽小异而仍不失其为客观。但虽客观而仍不失其为特殊。各官觉者底特殊世界，就是各官觉者所经验的形形色色、这这那那。这当然就是他所最感亲切的世界。

4.可是，一官觉者也许不是一类中的正常官觉者。假如他不是的，他的呈现不但是特殊的，而且是主观的，这就是说他底呈现不是类观的，所以不是所与。要知道一官觉者底呈现是主观的，我们非要求有客观的呈现不可，非以客观的呈现为标准不可。这一点在第一章已经讨论过在这里不必再提出讨论。我们只说有时一官觉者底呈现是主观的，我们其所以能知道它是主观的，因为有客观的呈现以为标准。在某一类各官觉者所有的特殊世界中，还有一些是主观的世界。主观的世界在别的方面也许重要，也许在艺术方面重要。无论如何，在知识方面不重要。知识总是客观的。知识底根据总是客观的呈现。假如一官觉类同时是一知识类，该类所能得的知识底根据总是该类底所与，这就是说总是该类各官觉底客观的呈现，而不是他们底主观的呈现。

D.本然与自然

1.以上表示有共同的世界、有特别的世界、有特殊的世界、有主观的世界。从知识论着想，我们可以把后二者撇开不论。兹以 S_m、S_o、S_p，…… 表示不同的官觉类，S_m^m、S_n^{m+1}、S_m^{m+2}，……，S_o^m、S_o^{m+1}、S_o^{m+2}，……S_p^m、S_p^{m+1}、S_p^{m+2}，……表示各类中的官觉分子，以 O_n^m 表示无观的 n 类的 m 个体，以 $O\overset{m}{S}{}_{n\,m}^{m}$、

$\underset{n}{\overset{m}{OS}}{}^{m+1}_{m}$、$\underset{n}{\overset{m}{OS}}{}^{m+2}_{m}$，……，$\underset{n}{\overset{m}{OS}}{}^{m}_{o}$、$\underset{n}{\overset{m}{OS}}{}^{m+1}_{o}$、$\underset{n}{\overset{m}{OS}}{}^{m+2}_{o}$，……，$\underset{n}{\overset{m}{OS}}{}^{m}_{p}$、$\underset{n}{\overset{m}{OS}}{}^{m+1}_{p}$、$\underset{n}{\overset{m}{OS}}{}^{m+2}_{p}$，……表示客观的呈现或所与，以 O_n——S_m、O_n——S_o、O_n——S_p……，表示所与的相对性。

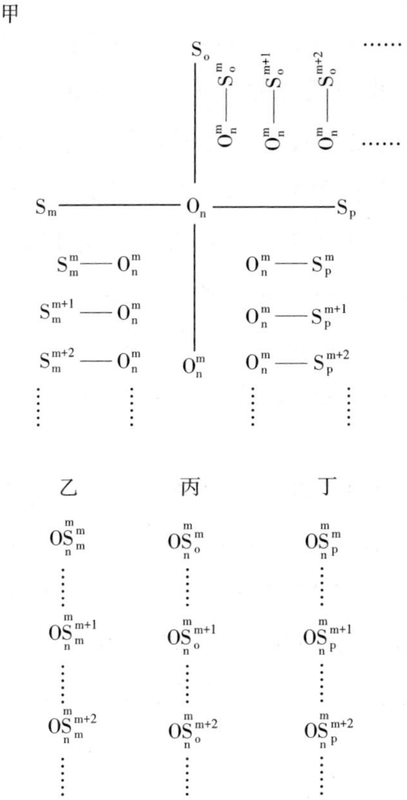

甲

S_o

O_n^m——S_o^m　O_n^m——S_o^{m+1}　O_n^m——S_o^{m+2}　……

S_m——O_n——S_p

S_m^m——O_n^m　　O_n^m——S_p^m

S_m^{m+1}——O_n^m　　O_n^m——S_p^{m+1}

S_m^{m+2}——O_n^m　O_n^m　O_n^m——S_p^{m+2}

⋮

乙	丙	丁
$\underset{n}{\overset{m}{OS}}{}^{m}_{m}$	$\underset{n}{\overset{m}{OS}}{}^{m}_{o}$	$\underset{n}{\overset{m}{OS}}{}^{m}_{p}$
⋮	⋮	⋮
$\underset{n}{\overset{m}{OS}}{}^{m+1}_{m}$	$\underset{n}{\overset{m}{OS}}{}^{m+1}_{o}$	$\underset{n}{\overset{m}{OS}}{}^{m+1}_{p}$
⋮	⋮	⋮
$\underset{n}{\overset{m}{OS}}{}^{m+2}_{m}$	$\underset{n}{\overset{m}{OS}}{}^{m+2}_{o}$	$\underset{n}{\overset{m}{OS}}{}^{m+2}_{p}$
⋮	⋮	⋮

2.以上表示各官觉类都有他底共同世界与特别世界。就 O_n^m 说，S_m 底共同世界是甲，它底特别世界是乙，S_o 底共同世界是甲，它底特别世界是丙，S_p 底共同世界是甲，它底特别世界是丁。每一类底官觉者都有它底共同世界与特别世界，这就是该类底自然界。自然界有普遍与特殊，普遍的是

各类官觉者之所共，特殊的是各类官觉者之所特别有的，所以前者是任何官觉类之所兼有，后者不是。就人类说，人类底自然界也这样，它有普遍的世界与特殊的世界，普遍的世界是各类官觉者之所共同的，特殊的世界是人类之所特别的。在日常生活中，我们也许不分别普遍与特殊，也许不分共同与特别。我们把种种等等、形形色色、这这那那，熔于一炉，称它为自然。从它不得不如此，或不得不如彼说，它当然是自然。我们习惯于我们底自然，也许更觉得它非常之“自然”。其实自然界虽有一部分不是相对于我们，然而有一部分是相对于我们的。假如牛是知识类，我们可以知牛之所知，可是不能觉牛之所觉。我们底自然界有我们所能觉的形形色色、这这那那，牛底自然界也有它们的形形色色、这这那那。

3.人类研究自然就是以自然为对象。自然界不仅有普遍，不仅有自然律，而且有特殊，有天地日月山川土木。就意念说，人类的意念有所谓，而且有所指。就所谓说意念有意义，就所指说意念有意味。这意味是由呈现或所与而来的。所与不同意味也不同。假如人牛猴对于红的东西有不同的反感，这当然也表示呈现或所与对于他们有不同的意味。人类习惯于他们所能得自呈现或所与的意味，感觉其为自然。根据他们底自然，他们得到一些真的命题。这些真的命题对于任何类都真，不过对于人有特别的意味而已。命题的真假是独立于各知识类的，命题底意味不是独立于知识类的。前者我们现在不必讨论，以后专章讨论。可是我们得说命题底真假牵扯到命题底意义，而不牵扯到命题底意味；此所以前者独立于任何官觉类，而后者不独立于某一官觉类。

4.有一点我们须注意。各自然界底特别世界也在本然世界范围之内。也许有人以为我们在本然底立场上，我们不能谈特别的世界，就以为各特别的世界就在本然世界底范围之外。其实任何特别的世界都在本然世界范围之内。我们可以从 S_m 底观点去表示。从 S_m 看来，不仅 O^m_n 是本然的，$O^m_nS^m_o$、$O^m_nS^{m+1}_o$、$O^m_nS^{m+2}_o$，……，$O^m_nS^m_p$、$O^m_nS^{m+1}_p$、$O^m_nS^{m+2}_p$，……都是本然的，它们系属于 $O^m_nS_o$ 类与 $O^m_nS_p$ 类，而分析起来，这两类就是 O_n——S_o、O_n——S_p 共相底关联。S^m_n 和 $O^m_nS^m_o$ 或 $O^m_nS^m_p$ 底关系和 S^m_m 和 O^m_n 一样，S^m_m 可以官觉到（$O^m_nS^m_o$）S^m_m 或（$O^m_nS^m_p$）S^m_m，好像他可以官觉到 $O^m_nS^m_m$ 一样，不同点只在 O^m_n 不是一关系，而 $O^m_nS^m_o$ 是 O^m_n 和 S^m_o 底关系，$O^m_nS^m_p$ 是 O^m_n 和 S^m_p 底关系，所以 $O^m_nS^m_m$ 是两端关系，而（$O^m_nS^m_o$）S^m_m 和（$O^m_nS^m_p$）S^m_m 是三端关系而已。$O^m_nS^m_o$，……，$O^m_nS^m_p$……，既在本然世界之中，$O^m_nS^m_n$ 当然也在。所有的特别世界都在本然世界范围之内。这是一件事，谈本然的现实的确又是一件事。在任何官觉类底立场上，我们不能谈其他类的所与因为我们得不到那样的所与。不在任何官觉者底立场上，我们不能谈任何所与，只能谈不是所与的本然的现实。在 S_m 底立场上我们不能谈 $O^m_nS^m_o$……或 $O^m_nS^m_p$……，我们只能谈 $O^m_nS^m_m$，或（$O^m_nS^m_o$）S^m_m，或……，或（$O^m_nS^m_p$）S^m_m，……。不在任何官觉类的立场上，我们当然不谈 $O^m_nS^m_m$……或 $O^m_nS^m_o$…… 或$O^m_nS^m_p$……而只谈 O^m_m 或 O_n——S_m、O_n——S_o、O_n——S_p，或 O^m_n——S^m_m、O^m_n——S^m_o、O^m_n——S^m_p。

三、自然与经验

A.经　验

1.经验两字用得非常之多，非常之杂。最宽泛的意义似乎就是生活。可是，生活有只是不死的生活也有不只是不死的生活。次宽泛的意义似乎是有意识的生活。可是有意识的生活也许只是满足情感、意志、愿望等等的生活，而不必兼是满足知识底生活。所意识的也许是本能的自觉例如“饿”。有意识的生活也许仍是太宽泛。本节所要谈的经验是知识经验。知识经验前此已经说过好几次，它就是以得自所与还治所与。如果我们说它是历程，这历程的结果也就是化本然为自然与化自然为事实。前者就是化本然的现实为自然的呈现或所与，后者就是化呈现或所与为事实。知识经验当然不必是别的方面的经验，虽然别的方面的经验夹杂有知识经验在内。一个研究学问的人在他所研究的范围之内，他的知识经验很丰富，可是，他也许不善于买东西，或不善于置产业等等。我们所注重的限制到知识经验。

2.以上我们说经验一方面是化本然的现实为自然的呈现或所与，另一方面化自然的呈现或所与为事实。这两种化不一样。所谓化本然的事实为自然，实在有两部分，一部是普遍的，一部分是特殊的。就普遍的那一部分说，本然的现实就是自然，它们都不是相对于官觉类的。只有特殊的一部分有“化”底问题。所谓化是使 O^{m}_{n} 这一个体成为 $O\overset{m}{\underset{n}{S}}{}^{m}_{m}$ 这一所与。可是 $O\overset{m}{\underset{n}{S}}{}^{m}_{m}$ 这一所与虽是特殊的，然而它底相对性是普遍的。

或者说 O_n——S_m 底相对是类型的。如果我们要表示这相对性，我们得利用普遍的命题。$O\overset{m}{\underset{n}{S}}{}^m_m$ 虽有时地问题，而 $O\overset{m}{\underset{n}{S}}{}^m_m$ 底相对性没有。经验总是在时间中的，它只能化 O^m_n 这一本然的个体为呈现或所与，即 $O\overset{m}{\underset{n}{S}}{}^m_m$，它无所谓笼统地化本然的现实为自然。显而易见，$O\overset{m}{\underset{n}{S}}{}^m_m$ 底相对性既是普遍的，当然不是时间中的经验所形成的。所谓化本然的现实为自然的呈现或所与就是化 O^m_n 为 $O\overset{m}{\underset{n}{S}}{}^m_m$，不是经验形成自然。化 O^m_n 为 $O\overset{m}{\underset{n}{S}}{}^m_m$ 严格地说只是官能底事而不是官觉底事。

3.经验还化自然的呈现或所与为事实。这里的问题实在就是上章第二节底问题。兹以 $O\overset{m}{\underset{n}{S}}{}^m_m$、$O\overset{m+1}{\underset{n}{S}}{}^m_m$、$O\overset{m+2}{\underset{n}{S}}{}^m_m$，……表示所与或客观的呈现。官觉者有经验的话，他能以得自所与者还治所与。这就是说，他可以用“n”这一接受方式去接受这些所与，而它们就是 n_1、n_2、n_3，……。同时他可以把 n_1、n_2、n_3，……安排在时空中成为相当于它们的事实。这其实就是上章所说的，我们有 x、y、z，……不同的呈现，我们可以用 A、B、C，……接受方式去接受，而其结果是 a、b、c…东西或事体，不过在本条我们把呈现限制到“n”类的东西而已。官能化 O^m_n 为 $O\overset{m}{\underset{n}{S}}{}^m_m$ 呈现或所与，而官觉化 $O\overset{m}{\underset{n}{S}}{}^m_m$ 呈现或所与为 n 东西或事体或事实。在这里我们暂且不讨论这三者底分别。

4.知识经验不限于纯粹的思想，我们可以把收容与应付都计算在内。经验中不仅有思议而且有想象、有记忆、有习惯等等。经验虽不必包含本能或本能作用底结果，也不必排除本能作用所能得到的结果。凡从所与底然求得所与底所以然所需的能力底致用或所需的工具底引用都在知识经验范围之内。凡以所得还治所与所需的能力底致用或工具底引用也都

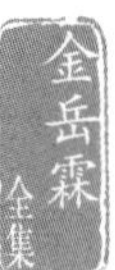

在知识经验范围之内。知识经验既有思议，当然有意念，既有意念，必有抽象，既有抽象，必有普遍。思议底内容既有抽象的意念，对象当然有普遍的共相。在经验中我们当然牵扯到普遍，我们当然与一部分的本然相牵扯定了，而所牵扯上的不仅是自然而且是超自然。可是知识经验底主要部分虽是抽象的，而大部是官觉记忆、习惯、想象等等，而在这些活动中所接触的不是普遍的而是特殊的。不注重知识经验而谈普通所说的无所不包的广泛的经验、特殊的重要，这是毫无疑义的。这样的经验底可贵在形形色色、这这那那，而这总逃不出特殊的。即令我们注重知识经验，我们也不能不注重特殊。普遍的无象，特殊的才有象，很特殊的世界才是那活泼泼的世界。

B.自然界在经验中

1.自然界是相对抗于知识类的，当然是相对于知识类底知识经验的。自然界与经验底关系如何呢？有一很“自然”的说法，或一极容易而顺便的说法，是说“自然界在经验中”。一方面从知识着想，知识者很容易狃于一观，另一方面说自然界在经验中，一知识类很容易把自己视为中心，而自外于自然界。就头一方面的情形说，我们可以表示官觉类虽不必就是知识类，然而知识类总是官觉类，而观是相对于官能的，只要知识类意识到各官觉类都有不同的所对，知识类不会狃于一观。后一方面的问题麻烦得多。一知识类有以自己为中心底要求。知识类不仅有求知底要求，而且有意志、有情感、有愿望，……。就意志、情感、愿望，……说，知识类当然以自己为中心。在这些上面，它自己是中心，它要求在知识上面它也是中心。无形之中它愿意以自然界为经验中的一部分,让经验去笼罩它形成它。这一方面的问题太多,我们在这里无法讨论,我们只讨论自然界是否在经验中这一点。

2.说自然界在经验中,当然牵扯到在中问题。这问题前此已经讨论过,在这里我们得重复地提出讨论。视为关系,有好些不同的在中。最显而易见的,是事物所占时空底关系。如果“这张桌子在这间房子中”所表示的是事实,它也表示一特殊的东西在另一特殊的东西底中间,而“在中”这一关系是个体底关系。我们也可以说这张桌子所占的空间是这间房子所占的空间的一部分。或者我们说“湘北三次会战是在中日战争中的战争,这里所说的“在中”虽不牵扯到普通所谓东西,可是,这命题所表示的是说湘北三次会战这三件特殊的事体是中日战争这件特殊的事体中间的事体。在这里“在中”这一关系虽是事体底关系,然而仍是特殊的事体底关系。我们也可以说湘北会战这三件特殊的事体,所占的时空是中日战争这一特殊的事体所占的时空底一部分。本条所谈的“在中”是特殊的东西或事体底关系,自然界既不是一件特殊的东西或事体,它与经验当然不能有这种“在中”关系。

3.另一说法是种与类的说法,例如“中国人在人类中”。这实在是说中国人这一类是人类中各类之一,推广地说,这里所谓“在中”是某类属于某另一类,或某类包含在某类底中间,所以这里所说的“在中”是类与类底关联而不是特殊的东西或事体底关系。自然界与经验都可以视为类,但它们虽都可以视为类,然而它们没有包含关联,所以也没有这里所说的“在中”。如果把自然界与经验视为类,经验可以视为一类事

体,而自然界不是。自然界与知识类是相对的,二者底结合在经验。可是,在结合中它们固然相对,不在结合中,它们仍相对。夫之所以为夫是和妻相对的,妻之所以为妻也是相对的;二者在结婚中结合,但是,显而易见夫类不在结婚中妻类也不在结婚中,虽然它们都在“结了婚的人”这一类中。自然界与经验有相似的情形。经验是事体,视为类,它也是事体类。自然界根本不是。把“在中”视为两类彼此之间的包含,自然界与经验也没有这样的“在中”。

4.根据 A 段所说,经验不笼统地化本然为自然,它只化本然的现实如 O_n^m 为自然的呈现或所与 $O\overset{m}{\underset{n}{S}}{}_m^m$。$O_n^m$ 是本然的现实,它是特殊的;$O\overset{m}{\underset{n}{S}}{}_m^m$ 是自然的,它是特殊的。可是,自然界不是特殊的,自然界虽有特殊的,然而自然之所以为自然是因为它有普遍的相对性。它底相对性既是普遍的,这相对性不是属于某时某地的。在这一点上,自然界和事实不一样。经验也化自然的呈现或所与为事实,这就是说,化 $O\overset{m}{\underset{n}{S}}{}_m^m$ 为某时某地的“n”这一东西。说某时某地的“n”这一东西在经验中,或说事实在经验中,这的确是可以的。自然界不同,它不是某时某地的,它是相对于知识类的本然。经验两字无论宽义或狭义都有已经或正在底意义。这一点非常之重要。“可能的经验”虽有意义,然而不是经验。就这一点说,它与事实相似,与自然不相似。可能的自然仍是自然,可能的自然界仍是自然界。

C.所 与 能

1.所谓自然界在经验中,也许有另一表示,我们也许会说这样的话:“如果 x 是自然界的东西,它一定是可以经验的东西。”可是,反过来,我们也不说这样的话:“如果 x 是可以经验的东西,它一定是自然界的东西。”这也许就是普通所谓自然界在经验中。可是,我们不说后一句话底理由,一方面是自然两字底用法,一方面是经验两字底用法。就头一方面说,我们可以经验到桌子、椅子,而桌子、椅子不是自然界的。这显而易见是把自然两字限制到非人类所创作的东西上去。这用法不是本书底用法。就后一方面说,我们可以经验饥饿,经验痛苦,然而所经验不大容易说是自然界的事体,这里除自然两字问题外,还有经验两字底问题。经验饥饿底经验不是知识经验,而本节所谈的经验,是知识经验。我们这里所说的自然界既然包含呈现或所与,当然有创作的东西在内,而经验两字只是知识经验而已。照我们底用字法,我们也可以说“如果 x 是可以经验的,x 是自然界的。”如果我们可以说自然界在经验中,我们也可以说经验在自然界中。这里的在中牵扯到两个问题,一是命题的蕴涵问题,一是所与能底相对待底问题。

2.命题底彼此蕴涵并不一定表示命题中所牵扯的类有包含底关系。何谓蕴涵这一问题,我们不必提出讨论,讨论时费工夫太多。单就不回头的蕴涵说,显而易见,如果天晴,我上西山,并不表示天晴属于上西山类,或天晴在上西山中,即回头的蕴涵也不必就表示两类底包含。x 是 y 底父母和 y 是 x 底子女有彼此蕴涵底关系,可是,x 与 y 这两特殊的个体没有上段(2)条所说的“在中”关系。x 既不占 y 所占的一部分的时空,y 也不占 x 所占的一部分的时空。同时父母类和子女类也没有彼此包含底关系,父母类并不属于子女类,子女类也

不属于父母类。从以类底包含为“在中”说，父母类既不在子女类中，子女类也不在父母类中。虽然如此，x 是 y 底父母的确蕴涵 y 是 x 底子女，而 y 是 x 底子女的确蕴涵 x 是 y 底父母。在这情形下，如果我们一定要引用“在中”意念，我们只能说“x 是 y 底父母”在“y 是 x 底子女”中已经表示。如此则“x 是自然界的”，在“x 是可以经验的”这句话或这一命题中已经表示了。可是，这并不表示自然界在经验中。即命它表示自然界在可能的经验中，它仍不表示自然界在经验中。显而易见，可能的经验不就是经验。

3.我们暂且把经验撇开，谈一谈自然界与官觉类底关系。它们之间有所能底关系。如果有 S_1、S_2、S_3，……官觉类，他们当然彼此不同，他们所能得到的呈现当然属于不同的自然界。设以 N_1、N_2、N_3，……表示不同的自然界，即 S_1、S_2、S_3，……与 N_1、N_2、N_3，有一一相应的情形，我们称 S 方为能，N 方为所，我们很容易感觉到二者底能所关系。能与所一方面固然是有限制的，S_1 这一官觉类只能有 N_1 这一自然界，N_1 是一特别的自然界，别的官觉类无法得到。这就是限制。在另一方面，能与所也表示类型，S_1 与 N_1 的相对是共相底关系。不是 S_1 不能得 N_1，不是 N_1 也不能为 S_1 所得。从这一点着想它们彼此是彼此底必要条件。不仅如此，是 S_1 就可以得 N_1，是 N_1 就可以为 S_1 所得。从这一点着想，它们彼此又是彼此底充分条件。据(2)条底讨论，所与能仍不是一件事。无能亦无所也许使我们感觉到所在能中，而无所亦不能，也应该使我们感觉到能在所中。

4.以上所说的所与能底相对是普遍的相对。就相对之为普遍说，所谓所、所谓能都不受时间底限制。我们虽不必谈可能的所或能，然而我们可以谈可能的所或能。假如我们谈可能的所或能，我们只表示它不是事实上的所或能而已，这并不影响到所之为所或能之为能。我们虽不必谈将来的所或能，然而我们可以谈将来的所或能。假如我们谈将来的所或能，我们只表示它不是现在的所或能而已，这并不影响到所之为所或能之为能。这和经验不大一样。经验总有已经或正在底意义，所以可能的经验不是经验，将来的经验也不是经证。即命所在能中，自然界也不在经验中，何况所根本不在能中。

D.自然与经验

1.自然界与经验不但没有那简单的“在中”关系而且关系复杂。前面已经说过自然界有普遍的世界，有特别的世界，前者是各官觉类底共同的世界，后者是一官觉类底特别世界。经验是官觉者收容与应付所与。它是事体。这样的事体一方面是官觉者底事体，另一方面是自然界中的事体。我们现在不讨论官觉者这一方面的问题。就自然界这一方面说，自然界有普遍的。就普遍的说，我们也许用牵扯两字，自然界有特殊的，就特殊的说，我们也许要用接触两字。其所以如此说者，因为我们在经验中虽可以经验到普遍与特殊，然而所经验到的普遍与特殊，和经验底关系不一样。

2.在经验中我们所经验的特殊的呈现或所与是东西、事体或事实。对于东西或事体或事实，以后会有讨论现在不必提出。自然界底相对性是普遍的、类型的。有此相对性的项目只有此相对性而已，不必同时是呈现或所与。这些自然界底项目当然是属于自然界的，可是，如果它们不同时是呈现或

所与，它们与官觉者没有接触，这就是说它们虽是自然界的项目，然而它们不必是东西或事体，或事实。东西或事体或事实可以说是在经验中的，自然界的项目既不必是东西或事体与事实，也不必在经验中。经验有已经或正在底意义，自然界没有此意义，可是，自然界虽没有这意义，然而自然的呈现或所与有此意义。呈现的确是在经验中的。在官能我们与个体接触，在官觉我们与呈现或所与接触。在经验我们总与特殊的接触。能接触就容易得到亲切味。大致说来说特殊的呈现或所与在经验中没有问题。

3.自然界有普遍，经验牵扯到普遍。普遍的在自然界中与普遍的在经验中大不一样。在自然界普遍的潜存于特殊项目之间，它就是共相底关联，它的的确确是"自然"，它无所谓"错"。经验不能和普遍的相接触，好像它能与特殊的相接触一样。经验只能牵扯到普遍，或涉及普遍，或与普遍的交叉。可是，就经验说，普遍的有两种。有普遍的对象，有普遍的内容。普遍的对象就是在自然界的普遍的。普遍的内容是意念、概念、意思命题等等，这些是在思议中的显现所代表的。我们现在暂且忽略两方面的问题。一是显现与意念、概念、意思、命题等等底关系，我们可以退一步着想，视显现为意念、概念、意思、命题。这就是说，我们暂且以意念、概念、意思、命题为思议底直接的内容。另一方面的问题是所谓普遍。我们在第一章已经表示过说意念普遍和说共相普遍不一样；严格地说，对于意念，我们最好只说抽象不说普遍。现在我已退一步着想说意念、概念、意思、命题都是普遍的思议内容。既然如此，我们可以说有普遍的内容。思议既有普遍的内容，经验也有普遍的内容。就内容说,我们可以说有普遍的在经验中。就这样的普遍的说,我们也许可以说我们在经验中也与普遍的内容相接触。

4.可是,普遍的内容不就是普遍的对象。普遍的内容也许表示普遍的对象,也许不表示普遍的对象。无论如何它不就是普遍的对象,如果经验中的普遍的内容没有错,则它表示普遍的对象,而所表示的就是自然界的共相底关联。假如普遍的内容有错,则它不表示它所要表示的普遍的对象,而所表示的不是共相底关联。表示不是所表示的。如果表示是一方面的,所表示的是另一方面的。如果表示是在经验中的,所表示的不因此也就是在经验中的。我们现在的问题不是经验中有没有普遍的而是自然界底普遍的是否在经验中。以上只表示自然界底普遍的不因普遍的内容之在经验中而就在经验中而已。现在我们要表示自然界底普遍的不在经验中。自然界底普遍的是货真价实的普遍,它是独立于特殊的时间与空间的。它与经验既无所谓个体与个体之间"在中"关系,也没有类与类之间的"在中"关系。经验只牵扯到或涉及自然界底普遍而已。它们也许交叉,这也只表示它们碰头而已。总之经验与自然界底关系复杂,自然界有普遍的,也有特殊的,经验与特殊的关系和经验与普遍的关系不一样。

四、自 然 律

A.自然律底解释

1.律字底意义可以分成两大类:一是表示意志的,相当于

罗马文底 lex；一是不表示意志的，相当于罗马文底 jus。这两大类又何以分成不同的种。前者可分为天底意志或神底意志，或上帝底意志与人底意志，人底意志又可以分为特别的人底意志或多数的普通的人底意志，专制君主国底法律代表前者，民主共和国底法律代表后者。不表示意志底“律”也可以分为有应该意念夹杂其间的和没有应该意念夹杂其间的。自然律底“律”字底用法是不表示意志而又没有应该意念夹杂其间的用法。自然律既与上帝底意志不相干，也没有应该遵守底问题夹杂在内。

2.自然律有表示与所表示的问题。表示有工具，而工具有两种：一是语言或符号工具；一是意念工具。语言或符号表示意念、概念、意思或命题的，语言就是普通的语言文字，符号是各门学问所用的符号。意念、概念、意思、命题（特殊的命题现在不讨论）是表示共相底关联或固然的理的。这两种工具不一样，因为它们所表示的不一样。我们利用语言文字或符号是表示意念或意思的，我们利用意念或意思是表示事或理的。所谓自然律有时是就表示说的，有时是就所表示的而说的，有时二者都有，所以自然律底意义有时不甚确切。“我们受自然律底支配”这样的话底注重点似乎是所表示的；“这不是自然律，或这是自然律”这样的话底注重点似乎是在表示。可是，虽然注重表示，所注重的仍是意念或意思而不是语言文字或符号。大致说来，以自然律为语言文字或符号的似乎没有。关于这一点我们不必特别讨论。

3.自然律当然是特别的。从意念上的表示说，这表示是一普遍的命题；从语言符号上的表示说，这表示是一句普遍的话;从所表示的话,所表示的是普遍的理。无论如何总逃不出普遍。关于普遍前此已经讨论过,在这里我们得再提一下。普遍的当然不是特殊的,这不必再说。这也不是一时代或一区域的普遍情形,例如“清朝人有辫子”所表示的不是普遍的情形,而只是普通的情形,所谓普遍不应与普通相混。普遍的是独立于特殊的时空的,也不能与大外延相混。我们不能因为动物类比人类底外延大,所以说动物类比人类更普遍。类底外延的确有大小,有等级或程度底分别。而所谓普遍根本没有等级程度底分别。普遍的只是独立于特殊的时空,就所谓动物与所谓人之为普遍说,它们同样地普遍。自然律无论就表示说或就所表示的说都是普遍的。它们底普遍性也许不一样,然而这普遍性和外延底大小不相干。万有引力律底外延也许比曼得耳定律的外延大,可是,同样的普遍。

4.自然律是属于名言世界范围之内的。就表示说,它或者是分别地说出来的话或分别地断定的命题。就所表示的说,它是一条一条的固然的理。所谓分别地说或分别地断定就是说所说的不是综合的情形。假如一个人研究唐朝底历史,“唐朝”综合地形容一时代一地域底综合的情形。假如一个人研究《红楼梦》,“林黛玉”三个字综合地形容一个人。这些都不是分别地说或分别地断定的。自然律是就理之分而说的或断定的,不是就理之全而说的或断定的。自然律既是名言世界的,当然离不开表示。可是上面已经说过表示有二:一是语言符号;一是意念。语言符号虽有达意与否或恰当与否底问题,然而对于自然律可以说是不相干。假如有不同的符号与语言系统,每一系统都有一恰当的方式表示自然律P,则

显而易见任何一语言符号中表示P这一自然律的句子都没有变更P底性质底影响,所以都不相干。自然律虽离不开表示,然而可以离开任何一语言文字符号上的表示。它所不能离开的表示是意念上的表示。自然律总牵扯到一命题,不过它是表示固然的理的真命题而已。它的确有表示与所表示的分别,就表示说,它是一真的普遍的命题,就所表示说,它是划分出来的固然的理。

B.固然的理底性质

1.固然的理这名词是把自然律的对象总起来说的或笼统地说的。固然的理有它底特别的性质。我们在这里说固然的理的性质也就是就一条一条的固然的理联合起来而表示其性质。《论道》书中说个体底变动理有固然,也就是总起来而说的话。在本篇我们既以自然律为主题,我们所注重的是自然律之所表示的,而自然律之所表示的固然的理是分开来说的固然的理,所以是一条一条的固然的理。我们在本段先表示我们何以谈一条一条的固然的理,然而表示何以称这一条一条的理为固然。

2.自然界为名言之所能达的世界。这能够重现种种等等、形形色色、这这那那。无论在何时何地,自然底项目都有彼此底分别,这就是说,它总有那是此即非彼,是彼即非此的情形。既然如此,则如果把自然界划分为时间地点,所有的一条一条的理决不能都在同时同地现实。这就是说个体底变动,虽理有固然,而一时一地底情形绝对不会现实所有的一条一条的理。理是普遍的,一条一条的也是普遍的,就它们本身说，它们没有冲突。可是在一时一地如果它们都现实起来，其结果当然是矛盾。一时一地的情形，也是此即非彼，是彼即非此底情形。有所是就表示它属于一理，有所非就表示它不属于另一理。理与理虽无冲突而在一时一地都现实起来就有冲突。我们很可以有这样的情形，根据甲理 x 非生不可，根据乙理 x 非死不可；甲乙两理虽没有冲突，而在 x 身上甲乙不同时现实。谈固然的理而又从一条一条的理着想，我们免不了这一条现实，就有另一条不现实底问题。

3.所谓现实与不现实意义如下：假如一个人有盲肠炎，不施手术，他会死，施手术，他会活。假如这一命题表示不同的两条理（从医学着想活决不会如此简单，但我们可以不管这一点），则无论那个人以未施手术而死或因施手术而活，他现实了这两条理中之一条，而不现实另一条。据上条的讨论，在一时一地只有一部分的理现实，或者反过来说一时一地底情形只遵守一部分的理。如果我们用支配两字，一时一地底情形只受一部分理的支配。就在这一部分之中，有可能而不会现实的理，有可能而会现实底程度小的理，有可能而同时会现实底程度大的理，也有终究现实的理。终究现实的理，总是这一部分中的极小部分而已。这一极小部分的现实的理底现实当然就是其余部分底不现实或未现实。在此情形下，我们日常大都不说某某条理现实，而只说某某事实发生。可是说某某事实发生，也就是说另外好些可能发生的都没有发生。由此也可以看出，事实一定是有条理的，因为它本身就现实一条理。事实决不会一团糟，它一定是名言之能达的世界，一定有名言的秩序。

4.自然律所表示的是理，但是，何以是固然的理呢？从一方着想，理总是固然，固然两字表示此理本来就是如此的，不是官觉者或知识者所创造的。《论道》书中有必然、本然、当然、固然字样，它们都有不同的地方，我们在这里不必一一讨论。可是我们要表示一下固然的理不是必然的。本然的理我们在这里不讨论，当然两字以后再论。上面曾说相对于一时一地只有一部分的理现实。兹以 P、Q、R，……表示此部分的理(实即一群普遍真的命题)，以 s、t、u，……表示相对于该时地的所有的一直到 t_n 的情形，这就是说 s、t、u，……表示该地底所有一切的历史上的情形，以 p、q、r，……表示该地在 t_n 时遵守 P、Q、R，……所发生的情形。问题是 s、t、u，……⊃p、q、r，…是不是一逻辑命题？如果这是一逻辑命题，理就是必然的理，如果不是，理就不是必然的理。我们认为 s、t、u，……⊃ p、q、r，……不是一逻辑命题。这命题是表示事实的命题，所以不是一逻辑命题，这命题是对于某地为真的命题，所以它不是一逻辑命题。既然如此，P、Q、R，……虽是固然的理而不是必然的理。

5.以上谈一时一地也许有难于分界底问题，我们可以把问题转到一时间底整个的世界上去。设以 s、t、u，……表示一时底世界所有历史上的情形，而该时为 t_n，以 p、q、r，……表示 t_n 世界所有的情形，而这些情形都遵守 P、Q、R，……诸理。我们可以同样地问 s、t、u，……⊃p、q、r，……是不是一逻辑命题。我们要知道 s、t、u，……这套特殊的命题只表示 t_n 以前的事实，并不表示所有的可能发生的情形，p、q、r，……同样，而在 P、Q、R，……仍是一部分的理而已。即令我们把问题推广到整个的世界,这一"如果——则"的命题仍只是表示事实的命题,仍只是相对于 t_n 的命题。它仍不是一逻辑命题。这就是说 P、Q、R,等等虽是固然的理,然而它们不是必然的理,我们没有逻辑上的理由担保 P、Q、R,……在 t_n 时必然地现实。

6.以上表示固然的理不是必然的。固然的理也不是《论道》书中所谓当然的。那一本书所说的当然是指事实究竟会如何发生或理究竟会如何现实而说的。它是对于数而说的。我们这里所说的理既不是必然的又无所谓当然,但是,何以又为固然呢?就理之全说,理的确是无可逃的,此所以我们说个体底变动理有固然。但是就一条一条的理说,在任何时地,它不必现实。这一点非常之重要。所谓征服自然实在就是利用固然的理去阻止另外的固然的理底现实,医病就是利用固然的理去阻止另外的固然的理底现实。一时一地底情形虽无所逃于固然的理,然而它可以现实此理而不现实彼理。一条一条的理底现实是要合乎该一条一条的理底现实底条件才能现实的,而一时一地底条件究竟如何是《论道》书中所谓数底问题而不是理底问题。自然律之所表示的就是一条一条的理,就理说,它是本来如此的,不是我们所创作的,也不是相对于官觉类或知识类的,它是固然的。可是从一条一条的理的现实说,非要求相合的条件不可。

C.自然律的发现与科学

1.归纳原则是接受总则,归纳是在总则之下的接受。在接受中我们可以发现许多条理。根据这些条理,我们可以更

精细地接受。这些条理就自然说也许是自然律，也许不是，我们可以把问题暂且简单化，假设它是自然律。无论如何，就接受说，这些条理是我们底接受方式。所谓科学方法即以自然律去接受自然，或以自然律为手段或工具去研究自然。这是非常之简单的说法。科学愈进步，自然律底发现愈多，而发现自然律底能力也愈大，其结果是科学更进步得快。科学方法，或者说自然科学底方法，不仅是以发现自然律为目标而且是以引用自然律为手段。此所以自然科学底进步，是几何式比率的进步。所谓利用自然律以为手段就是引用在试验观察中所用的方法背后的理以为手段或工具。在社会科学方面我们不大能够利用自然律以为工具或手段去研究社会现象。这至少是这些学问底进步赶不上自然科学底理由之一。

2.上条曾说我们由归纳可以得到许多条理，我们说就自然说，我们假设那些条理为自然律。这当然只是便利于以上的讨论而假设的。实际上在归纳或研究科学中所得的条理是普通所谓概括论断。这样的概括论断是由 a_1——b_1、a_2——b_2、a_3——b_3，……，a_n——b_n 而得的 A——B 那样的命题。这样的概括论断当然是普遍的命题，这是从表示着想。若从表示着想，所表示的是否为固然的理颇有问题。这就是说，这样的概括论断是否自然律颇有问题。也许我们根本就弄错了，也许我们以 A——B 是自然律而它不是。也许我们盼望它是自然律，有理由相信它是自然律，可是它究竟是自然律与否，我们不知道，我们只能说它大约是的或大概是的，有些底大约或大概程度高，有些的大约或大概程度低。如果这一类底论断彼此之间是没有联络的，大约或大概底程度不会如何地高，可是它们之间彼此有密切的关联使它们成为整个的图案,则大约或大概底程度非常之高。我们对于一段话论断容易弄错,对于有图案的整套的意念要我们完全都错就不容易了。

3.大约或大概不是概括论断中的意念成分,或者说不是概括论断中的部分。当然有些论断中有大约或大概成分,我暂且以 A——大约——B 表示之。在此情形下,大约是这一命题所断定或肯定的一部分,例如“他大约在一两天之内就到李庄”。这一命题本身就有大约意念在内,可是,断定或肯定这一命题的人不见得以为这一命题底真假只有大约性,或这一命题底真是大约地真,也许他断定这一命题的时候,他认为这一命题的确是真的,而不止于大约是真的而已。这样的命题当然同样地有真假问题,它们底真假也有大约问题。后一面的大约我们可以用“大约‘A——B’”表示。大约在此情形下不是“A——B”这一命题之所断定或肯定或表示的,而是形容这一命题底真假值的。它不是这一命题底一部分而是表示我们的信仰,或者根据某某计算表示我们何以相信底理由的。我们现在所注意的是命题外的大约,不是命题内的大约。这句话有毛病,也许我们应该回到概括论断上去说我们所注重不是概括论断本身中的大约,而是表示概括论断之为真底大约,或我们相信其为真底大约。

4.假如科学进步,我们所得到的概括论断也愈多。这些之中也许有好些的确是自然律,也许有好些的确不是。照本段底说法,说一概括论断是自然律是大约地是,说它不是,除有否证的例证外,也是大约地不是。我们在心理上也许对于某概括论断之为真有一定底感觉,也许我们在所引用的方法上有理由使我们相信此概括论断之为真，也许我们遵照一时代底标准有根据使我们相信此概括论断之为真。可是我们没有任何超时代的证据或任何理论上的理论表示某概括论断之一定为真或一定为自然律。这就是说对于 A——B、C——D、E——F，……概括论断，我们虽可以有种种理由相信其中有自然律，然而无论在何时何地，我们都没有纯理论上的理由保证我们相信为自然律的的的确确是自然律，我们只能说它们大约是自然律而已。大约有程度高低底问题，但是，无论如何高，大约仍为大约。

D.自然律底支配

1.我们已经说过好几次，个体底变动理有固然。我们也许要说自然界底种种等等、形形色色受自然律底支配。支配两字用得非常之多，意义如何颇不易说。我们常说受环境支配，或受时间支配，或学问受语言支配，或思想受语言支配等等。这些用法一一讨论起来，颇不容易且费时太多。我们在这里只谈两种支配，一是消极的，一是积极的。消极是必要条件式的，积极是充分条件式的。说 p 是 q 底必要条件，就是说非 p 则非 q，在此情形下我们说 p 消极地支配 q。其所以说有消极支配者因为假如 p 所表示的事体 p′发生之后，q 所表示的事体 q′发生，我们会说如果 p′不发生，q′不至于发生。积极的支配，是充分条件式的支配，说 p 是 q 的充分条件就是说如果 p 则 q，在此情形下，我们说 p 积极地支配 q。因为假如 p 所表示的事体 p′发生之后，q 所表示的事体 q′也发生，我们会说 p′既然发生，q′当然发生。这两种支配大不一样。p′消极

地支配 q',p'发生后 q'不一定发生,p'积极地支配 q',p'发生之后 q'一定发生。说“你既不发气我也不发气”并不表示你发气之后我一定要发气,不过事实上也许你发气之后,我也发气而已。说你发气我就发气的确表示你发气之后我一定发气。

2.自然律支配自然是消极的支配。这句话或这一命题也许很难得到大多数人底赞同。大多数的人也许要想到如此说法,自然律根本就不是一定的共相底关系。假如 A——B 是自然律,照此说法,也许有人以为 A、B,没有一定的“——”关联。我们底意思不是这样的。A——B 既是自然律,它们底关联仍是一定的。照我们底看法,问题不在 A、B 底关联,而在 a_n、b_n 底关系。问题根本不是 A 支配 B,而是 a_n 支配 b_n 或 A——B 支配 a_n、b_n。我们底意思是说 A——B 消极底支配 a_n、b_n 或 a_n 消极地支配 b_n,这就是说 a_n 发生,b_n 不至于发生。从一条一条的理着想或从一件一件的事着想,这情形也许容易看清楚。若从历史着想,也许我们容易感觉到与其说从前是那样所以现在是这样,不如说从前不是那样,现在不会是这样。或者从环境着想,环境支配个人也是消极地支配。如果我们知道一个人底环境,我们不一定就知道那一个人是如何的人,可是,如果环境不是那样的,那一个人不会是这样的。从事体底发展着想与其说因为董卓看见了曹操所以曹操没有刺他,不如说如果董卓没有看见曹操,曹操会刺他。这也就是说董卓看见了曹操消极地支配曹操底行为。自然律支配自然界也是消极地支配。自然界底项目综错杂呈,在两不相同的时间或地点,它们不会完全是一样的。这就是说现实一条一

条的固然的理底条件，在不同的时间或地点根本不同。自然界虽无所逃于自然律或固然的理，然而哪一自然律现实，我们无法决定。在试验室我们可以局部地决定，因为我们可以局部地支配环境；可是，我们可以如此办者，因为我们可以利用一部分的自然律去阻止另一部分的自然律底现实，而这也就是说后一部分的自然律不积极地支配自然界。假如所有的一条一条的固然的理都积极地支配自然界，我们根本没有设立试验室底可能，因为我们根本不能支配一部分的环境。前此已经说过，我们能够征服自然，因为我们能够利用自然律去征服自然，假如自然律积极地支配自然，我们无法利用自然律去征服自然。

3.我们虽表示势无必至，然而我们表示理有固然。我们可以从分与合底不同，表示理有固然和某某自然律底现实是两件事。分与合底分别，逻辑教科论错误一章总讨论到，此处不讨论。《论道》书曾举以下的例。假如：(一)“如果一个人吃砒霜，他在二十分钟之内会死”；(二)“如果一个人吃吐药把毒吐出来，他不曾死”；(三)“如果一个人底心为枪弹所穿，他即刻就死”。假如这三命题都是真的，而 x 又吃了砒霜，问题是他会不会死。这问题当然会牵扯到环境，我们现在假设环境是这三真命题所表示的情形都可以发生的环境。在此假设下，(一)x 可以在二十分钟内死去，(二)x 可以遇救，(三)x 可以被 y 打死。可是这三种情形不能都发生，如果是第一命题所表示的情形发生，其他的情形不会发生了，如果第二情形发生，其他的情形也就不发生了。上面(2)条的讨论表示究竟哪一情形发生，在 x 吃砒霜时，无从决定。另一方面，从 x

底死活着想,x 不现实某一固然的理。自然律也有分合问题,合而言,自然可以说是积极地支配自然界,分而言之,消极地支配自然界。但是,对于自然律,我们总是分开来说的,因为我们所说的自然界是名言世界。

4.我们可以继续以上的假设,假如 x 吃了砒霜,可是,吃了之后,y 医生在旁给他吐药吃,吃了之后,大部的砒霜吐出来了。可是,z 是 x 底仇人,他看见 x 又要活了,马上就照心部一枪打出而 X 跟着就死了。在此假设的情形下,y 利用自然律去阻止吃砒霜底结果发生,z 也利用自然律去致 x 于死地。我们现在当然是假设(3)条所说的三命题都是自然律。如果头一自然律积极地支配 x 底死活,y 就没有法子利用第二自然律去阻止头一自然律底支配。我们可以进一步说,假如所有的自然律都可积极地支配自然界,y 就没有法子执行医生底任务。这和以上所说的如果自然律积极地支配自然界,我们根本没有试验室底可能底道理一样。在我们底假设之下第二自然律现实了,可是,它底现实并不是头一自然律底推翻。头一自然律根本没有推翻。它只是在 x 底身上没有现实而已。z 利用第三自然律去打死 x,他也没有推翻第二自然律。从 x 着想,第二自然律虽现实,而他仍死了。从整个的文化着想,这里有一重要的问题。自然律可以善用也可以恶用,保存文化非善用自然律不可。这一问题虽重要,然而在知识论我们可以撇开不论。我们在这里只注重所谓征服自然要靠自然律支配自然界是消极的支配。

5.自然律支配自然界还有直接影响知识论底地方。我们说事物与官觉者底关系有类型的,或者说官觉者底呈现可以

第三卷（下）

是一官觉类底所与，或者说 $O\overset{m}{\underset{n}{S}}{}_{m}^{m}$ 底相对性是普遍的。这许多说话都表示官觉类与个体类底关系本身是自然律，官觉者与个体受自然律消极的支配，此所以官觉者底官觉可以不是客观的。客观的呈现就是现实自然律的呈现。这是一方面的问题，另一方面有科学方法上的问题。我们曾经提到过，科学底难能可贵不仅是以发现自然律为目标，而且是引用自然律为研究工具。我们能以自然律为研究工具当然是利用自然律底支配力量。有了力量我们才能局部地支配环境，才能试验，才能观察。大致说来，我们不谈知识底用处则已，谈用处，就不能忽略自然律底支配力。

论　事　实*

一、事实不是什么

既要论事实，则先要下一定义，至少要一临时的定义，所说的话才能容易清楚。比较起来事实不算很根本的，——关系比事实根本得多——临时的定义或者不十分难得。至于定义对与不对当然是另一问题。从正面看来定义要说事实是什么，从反面看来，定义要说事实不是什么。我们先从反面说起，把事实与他类似的东西或情形分别一下，然后再说它是什么样的东西。

A.事实与“东西”的分别

1.寻常所谓“东西”者大都是可以用数目计算而全体可以用整数表示的情形。十个同样的“东西”代表一个、两个、三个等等同样的东西。事实大都不是这样，例外的情形恐怕是难免的，但例外的情形很少。

2.寻常所谓“十个同样的东西”者总合起来大都不是一个

* 原刊于《哲学评论》第4卷第1期，1931年7月。——编者注

那样的东西，但十人十次所经验的同样的事实可以说是一件那样的事实。

3.寻常所谓“东西”者大都可以用化学的分析方法分成化学上的原子。事实大都有一部分不容易分析到化学上的原子。

4.抽象的东西，不是“东西”，而抽象的事实仍是事实。以上几种分别，已经可以使我们得到事实与东西的根本不同点。所以其他分别可以不必提及。

B.事实与事体及事素的分别

1.事实与事体的分别：

a.我们似乎可以说所有的事体都是事实，我们的确也可以说有些事实不是事体。

b.事体都发生时空关系，而事实不必发生时空关系。事体大都是具体的，事实不必是具体的。

c.形容事实的是科学，形容事体的是历史（历史是否是科学现在可以不必讨论，即令是科学也不是与自然科学相似的科学）。

2.事实与事素的分别：

怀体黑教授所讲的 event，从瞿菊农先生的译法，此处称为“事素”。

a.“事素”到现在似乎还是理论上的结构，本身是否是事实还不易肯定地说。

b.如果事素是事实，它也就是微妙的事体。以上所提出的分别也就是事素与事实的分别。

C.事实与存在的分别

1.寻常所谓“存在”大都是说占有时空的面积，而事实不必占时空的面积也不必有时空的位置。

2.寻常所谓“存在”或者本身是“东西”或者可以分析到“东西”，而事实虽包含东西而本身不必是“东西”。

3.普通的思想以为存在——至少大部分的存在——是不能永久的，而有些事实是可以永久的。

4.所有的存在都可以是事实的成分，而事实不仅有它的“存在”的成分。

5.现在不存在的东西也可以做事实的成分。这一层很值得注意。孔子现在已不存在，但“孔子是周末的人”这句话所代表的情形现在仍是事实。

D.事实与种种现象的分别

1.如果“现象”是科学家所经验或试验的情形，则那种情形可以是事实也可以不是事实，要看他们最后的结论如何。

2.如果“现象”是我们普通经验中现出来的象征，它可以是事实也可以不是事实，要看我们的解释与证据如何。

以上都是表明上述两种现象都不必是事实。

3.如果“现象”是康德哲学中的“现象”，它大都是事实但我们寻常所谓事实似乎不仅是现象，因为它包含康德所认为不可知的本体在内。

4.如果所谓现象者是官觉现象它不必是事实的成分。它当然可以成事实的成分，但如果它是事实的成分的时候，本身恐怕已经变成了知觉现象。

5.如果所谓现象者是知觉现象，则有以下的情形：

a.由知觉现象可以推论到知觉事实，所以有这种现象的时候，就有一种特殊的事实。

b.现象本身可以是事实也可以不是事实，但大都是事实的成分。

c.知觉现象是事实的大来源，也是事实的重要成分之一。

E.事实与命题的分别

寻常大都把命题与事实看作两件事，但也有人把它们看作一件事。它们的分别也应简单地说说。

1.命题似乎逃不出人们创作的符号，寻常大都以语言表示之。事实则不受此限制。

2.真理的定义颇不易说，但在此处我们可以冒一次险说真的命题是与它所代表的事实结合起来成一件事实的事实。

3.命题有真假而不是命题的事实无真假。

4.“势有必至，理有固然”这句话似乎要改一改才行。如果所谓“势”者代表一时一地的事实，则势无必至；如果所谓“理”者代表命题的关系则理仍有固然。

5.命题有对与不对的问题，但它对与不对与事实不必发生关系。

6.命题不一定根据于事实，事实当然也不一定用命题表示。

F.事实与真理的分别

真理有两意义，一是真话，一是真理；前者是具真理的命题,后者是真命题的性质。

1.事实与真话的分别:

a.真话与它所代表的事实成一件事实,真话的本身(以曾经说出或写出为限)也是事实,但事实不限于真话的意义及真话的本身。

b.说真话固然是事实,说假话也是事实。

c.假话与它所代表的事实不成一件事实,但假话(以曾经说出或写出为限)也是事实。

2.事实与真理的分别:

a.事实是一种情形的名词,真理是一种命题的形容词;前者是情形,后者是性质。

b.事实不限于语言,而真理限于语言。

c.真理可以视为一种性质的概念,而事实大都不过是一种情形的类称;前者可以极抽象,而后者似乎免不了要有具体的一件一件的事体才能成其为类称。

G.事实与实在的分别

1.实在在哲学上与在常识上的意义不同,而在哲学上也无一定的意义。普遍一点的思想是把"实在"看作一种包罗万象的形容词。如果我引用有这样意义的实在,那么实在包含事实而事实不包含实在。

2.凡寻常所认为不是事实的"东西"都是实在。我用的这支"笔",我们普通不称它为事实,但它既是存在的东西它也就是实在。

3.不存在也不是事实的东西可以是实在。"贾宝玉"(这

三字所代表的人）既不存在，也不是事实，但是他是一个“实在”（所谓“实在”者当然不是说“实在的人”）。

4.至少有一观点可以使我们说宇宙间所有的一切都是实在，所以“非实在”仅有相对的意义，而非事实有绝对的意义。

以上的话都是要表示事实不是什么，以下我们要说几句事实是什么的话。

二、事实是什么

“事实不是什么”比较地容易说，“事实是什么”就不大容易说了。但是我们可以分以下几条讨论。

A.必具的条件

1.事实至少要有关系。这句话稍微混沌一点。所有一切既然逃不了关系，事实当然也逃不了关系，而有关系的也不必是事实。事实不但要有关系而且事实的重要部分之一是关系。有好些东西从全体方面说是我们寻常的“东西”，但从它的部分的关系说，它是事实。这本“书”是一个“东西”，但“这本书的第一章比第二章长”这句话所代表的情形可以是事实。对于一个“东西”的书我们所注意的是全体，对于一件事实我们所注意的是它的部分的关系。

2.事实包含多数关系者。事实差不多都是关系事实，那就是说不但有关系而且有关系者。关系者的性质与种类都无一定。它可以是“东西”，也可以是事体，也可以是事实，差不多可以是任何事物。但有一根本条件不能不说明。多数关系者之中，至少有一关系者，或者本身是官觉所能得到的事物，或者可以分析到官觉所能得到的事物。这是事实的极根本的情形，如果这个条件不能满足，事实将无以异于其他各种各类的情形。

同时一件事实也可以做另外一件事实的关系者。所以事实可以极简单，也可以极复杂。“欧战”是一件事实但它包含千件万件事实。“这支笔有六寸长”也是一件事实但它所包含的事实比较简单。

3.事实大都可以用语言表示，十有九我们用话表示而不用字表示。有时用字表示，但似乎是例外。用字表示的时候大都是因为我们把一件事实当作一件事体，“欧战”似乎就是这种情形的例子。其所以要用话表示者，大都是注重事实中的关系。有好些事实似乎不容易用语言表示，尤其是感情方面的“事实”，但这些情形是否是事实颇有问题。本文所讨论的事实限于可以用语言(或符号)表示的事实。

4.事实要与我们发生知觉的关系。对于这一层以后要从长讨论。在此处我们可以说一种情形要我们知道它是事实我们才能说它是事实，但用不着要我们知道它是某种情形它才是某种情形。在知识之外有情形，而这情形可以是事实，但我们不能说它们是事实。等到我们能说它们是事实的时候，我们已经知道它们是事实。这等于说知识与事实的关系是发现的关系不是创造的关系。但发现两字所代表的情形不是简单的情形，所包含的有一部分是人类对付自然界的种种工具。各种事实的复杂程度不相等，事实愈复杂，所包含的工具愈多，那就是说人事知觉成分愈多；但知觉的成分无论若何之多

总不能创造其余的成分。本文所注意的不是可以是事实的情形，是我们可以的的确确能说它是事实的事实，那就是说，本文所注重的是有知觉成分的事实。没有知觉成分的情形我们既不能说它是事实，我们当然不能把它当作事实看待。

B.事实的定义

我们以"F"代表事实，以"φ"代表一复杂的情形或关系如"是"、"等于"、"可以缩小"、"可以放大"等等，以"X"、"Y"代表宽义自然界的事物，以"R"代表关系，以"K"代表知能。

1.我们可以用下列的符号表示事实

$F = \{\varphi(X\cdots\cdots R\cdots\cdots Y\cdots\cdots)\}\hat{R}K$

2.X、Y 既然是事物，(X……R……Y……)当然是实在。我在讨论知觉现象那篇文章里曾经想法说明我们怎样得到对于外物的思想，此处不再提及。应请读者注意的地方是 X 与 Y 等不代表事物的成分，代表事物。"X"是由许多事物成分 $x_1\cdots\cdots x_2\cdots\cdots x_n\cdots\cdots$ 等综合而来的，Y 也是由许多事物成分 $y_1\cdots\cdots y_2\cdots\cdots y_n\cdots\cdots$ 等综合而来的。它们是常识中绝对实在的东西。

3."$\hat{R}K$"代表知识关系。这就是表示本文所讨论的事实是我们知道它是事实的事实。$\{\varphi(X\cdots\cdots R\cdots\cdots Y\cdots\cdots)\}RK$ 可以写成 $\varphi(X_{sp}\cdots\cdots R_{sp}\cdots\cdots Y_{sp}\cdots\cdots)$。$X_{sp}$ 与 Y_{sp} 代表知觉现象。

4."φ"最要紧，它可以代表"缩小"也可以代表"放大"，所以事实不仅是 X，也不仅是 Y，也不仅是 XRY；它可以是而不必仅是 $(X\cdots R\cdots Y\cdots)\hat{R}K$。事实可以分作三类，一是不够官觉程度,二是够官觉程度,三是超过官觉程度的事实。第一种可以放大到(X……R……Y……)$\hat{R}$K,第二种本身就是(X……R……Y……)$\hat{R}$K,而第三种可以缩小到(X……R……Y……)$\hat{R}$K。

C.R 与 $\hat{R}$ 的分别

1.“$\hat{R}$K”是知识关系,“$\hat{R}$”代表外在关系。关于外在关系的种种见哲学评论第二卷第三期。

2.至于“R”(X 与 Y 中间之“R”),则其性质与种类不能预定。它可以是外在关系,也可以是内存关系,可以是直觉得到的关系,也可以是由经验得来的关系,可以是自然界本来的关系也可以是人类创造的关系,我们可以说它差不多可以是任何的关系,但因为有“φ”的情形我们要注意以下两点:

a.如果有一种事实是超过官觉程度的事实,则其中所包含的种种关系不必是“R”所代表的种种关系,但分析起来,可以分析到“R”所代表的种种关系。

b.如果有一种事实是够官觉程度的事实,则其中所包含的种种关系大都就是“R”所代表的种种关系。在我们经验中的事实大都是这类事实。

c.如果有一种事实是不够官觉程度的事实,则其中所包含的种种关系不必是而大都也不是“R”所代表的关系,但放大起来,可以综合到“R”所代表的关系。

D.事实中的关系者的种类

“X”与“Y”(以后简称 X)所代表的事物其种类与性质也

不能预定，我们可以代表任何事物。但我们知觉到它，它就是知觉现象，简称之为 X_{sp}。事实中的关系者可以分作三大类而这种分类法也就是根据于"φ"的情形。

1.超过官觉程度的事实。此等事实的关系者不必是 X_{sp}，但可以分析到 X_{sp}。此等事实的关系者可以是事体，可以是命题，也可以是事实，所以关系者大都不是简单的"东西"。但是它的情形无论如何复杂，我们总可以分析到 X_{sp}、Y_{sp} 等。

2.够官觉程度的事实。此等事实的关系可以是事体，可以是命题，也可以是事实，与以上的情形一样。但它也可以是"东西"，可以本身就是 X_{sp}。

3.不够官觉程度的事实。此等事实的关系者大都是"科学事物"，大都是用科学方法得来的事物而不是我们的五官所能感觉得到的事物。但这些事物如果放大的时候可以综合到 X_{sp}。

以上三种不同的事实都是事实，虽受我们官觉的能力的程度不同，而我们不能说任何一种事实比较实在些。普通的人以为够官觉程度的事实比较实在些，他们的态度固然不对。现在有一部分的科学家以为不够官觉程度的事实比较实在些，我以为这态度同以上的态度一样的说不过去。

三、知觉成分与固有

在本节我们要讨论事实中所包含的知觉成分。事实不仅是一种情形与我们的知能发生外在关系而且它的关系者，或者本身是知觉现象，或者可以放大到知觉现象，或者可以缩小到知觉现象。既然如此一件事实的关系者不必是狭义的自然界的事物,而可以是一种以自然界的事物为材料而以知觉成分为工具的复杂情形。这种情形当然有两大成分:一是固有的、本来的、自然界的成分;一是应付那成分的工具。这种工具可以暂且分作几大类:一是度量类,一是记事类,一是组织类。三类之外或者还有其他种类:分类法不同的时候,种类大约也就不同;各种各类的全体可以总称为文化但如果我们另外给它一个新名称也没有什么要紧。这三大类有互助的关系,同时它们似乎都离不开语言。

A.度 量

自然科学似乎离不开度量,度量似乎是应付实在最靠得住的工具。我们或者应注意以下数点。

1.被量的东西虽是自然界的东西,而度量的单位不必是自然界的单位。一只羊与一尺布根本不同。纯粹自然界有一只羊而没有一尺布。"尺"一定要包含一种公认的标准才能成其为"尺"。谈度量就不能不谈到标准单位,这种单位既不必是自然的单位而是人类应付实在的一种工具,度量也就是应付实在的工具。

2.度量的标准大都不是自然的标准,大都是人造的标准;既然如此,度量就免不了有武断的成分,世界上当然不必有尺,而标准的尺当然也不必是那样长。但武断的成分似乎是在"定标准"而不在"标准";标准定了之后,所谓一"尺"布者不是我们武断地说它是一尺它就是一尺,是照某种标准它是一尺我们才能说它是一尺。

3.自然界既没有尺，则所谓“一尺布”、“一尺地”等等者岂不是人造的事实吗？关于度量所得来的事实人类的确是有贡献，但所贡献的是尺不是尺所代表的量。没有尺的时候，一尺布不能是一“尺”布，但它长还是那样长。度量的用处就在这里。如果“尺”能够改变布的长短，它就没有用了。

4.由此我们可以说度量的标准都是一种形容词。它们所形容的是长短、轻重、前后等等的情形。它们既是形容词则与被形容的事物发生关系。这种关系断不能是创造的关系，那就是说被形容的绝不能因被形容而改变它的性质，因为如果被形容的因为被形容而改变它的性质，我们用不着形容而所谓形容者已不成其为形容矣。

5.如果有疋布，我们说“这疋布有三十尺长”，那么这句话所代表的事实就有知觉成分，就有人类所贡献的成分。人类所贡献的成分既不创造固有的成分，则一事实之中，人类所贡献的成分无论若何之大，总是可以分析到固有成分。“这疋布有三十尺”所代表的事实可以分析到一疋布与一块木板而它们的长短比较是三十与一的比较。

6.但是我们对于以上的事实还是分析到“布”、“木板”等等。我们对于事实中固有的成分除以语言文字形容外似乎没有更好的办法。固有的成分对于人类似乎是不假辞色，对于人类的便利与经济，似乎是居于中立地位。同时我们形容事实也不是为事实而作嫁衣裳，我们的宗旨也不过是为我们本身生活求便利而已。

7.所有的度量权衡的标准都可以说是人类应付实在的最便利的工具。如果没有这些工具，自然界的种种复杂情形，我们不容易精确地形容,因此就不容易应付环境。自然科学似乎离不了度量权衡的标准。现在的趋势似乎是推广这些标准的用途,用途愈推广,精确的事实愈多,知识愈靠得住。

B.记 事

这一类的工具可以分作二大类,一是度量,一是名称。

1.时空的度量。

a.在记事方面空间的度量比较少,但这也要看时代,时代愈古空间度量的记载愈多。现在地图如此发达,地名也大都固定,谈到空间的度量的时候比较少。

b.时代的度量比较困难一点。年、季、月、日、时,似乎都可以有问题发生。度量的方法既可以不一致,记事也就不会一致。在新历未用之前,中国人所谓三千年与西洋人所称为三千年者,严格地说起来,不必代表同样的时期。记岁数方法也是中西互异。二十岁的中国人照西洋算法常常只有十九岁多。那么说他二十岁代表事实呢?说他十九岁代表事实呢?讨论度量的标准的时候就有这问题,不过没有提及而已。对于这问题,我们似乎可以有以下各方面不同态度。

甲,从事实中固有的成分方面说,所谓"一岁"者不过形容人们所经过的"时间",但个人所经过的时间不必是我们公共记事的时间。个人所经过的时间有物理学上、化学上及生理学上所能发现的种种不一致的情形。火车上的茶房既日在行动中,他所经验的时间与在公事房办文案的时间不同。发育早的与发育迟的在生理上的时间也可以说不同。在历书上可以说二十岁的人在物理学上、化学上及生理学上不必是

“二十岁”。

乙，但从公共记事的时间方面着想，西洋可以说一个二十岁的中国人在“事实”上只有十九岁多。中国人也可以说一个十九岁多的西洋人在“事实”上已经有二十岁了。

丙，这样看来，计算的方法不同，“事实”也就不同了。普通我们总以为一种情形不能发生两种不同的事实。这个态度也对。如果我们讨论事实与理论，我们要提及这一层，现在可以不管。我们在此处要注意的就是“事实”的意义。这两字的意义在本节包含固有的成分与知觉工具的成分。从事实中固有的成分与任何一种计算的方法方面说，一种自然界的情形只有一种事实。但如果我们不从任何一种计算的方法方面说话，一种自然界固有的情形可以发生任何种数的“事实”。

2.名称。如果我尽量讨论由名称所牵扯出来的问题，要说的话或者太多。我们所注意的仅有以下诸点。

a.名称大都可以追根到它们所指的东西，或事体，或事实，等等。人地的名称有同样的情形。

b.名称是一种便利的工具。如果我们不用它们的时候，我们对于我们的环境就难免发生现在所难想到的困难情形。

c.名称虽形容而不能尽量地形容它们所指的东西，或事体，或事实，等等。我们虽可以“闻其名而想见其为人”，而想见的人终不能尽量地代表其人。

d.名称有时包含感情的成分。感情的成分离狭义自然界固有的事物较远，我们由感情的成分追根到自然界的事物比较困难。

e.但无论如何，由记事得来的事实依然可以缩小到第二节的公式。

3.由记事得来的事实虽然可以缩小到第二节的公式，而这种事实里的“X”与“Y”等大都不是我们现在所能经验的。那就是说历史事实中的固有成分大都不能发生于现在的世界。例外的情形当然是有的。考古学所发现的事实就可以说是例外，这些事实中的固有的成分就能发现于现在的世界。对于大多数的历史事实我们似乎应该注意以下诸点。

a.第二节中的公式中的“X”、“Y”等可以代表事物的类也可以代表个体的事物。它们可以代表已经经验的事物，而同时可以再经验的事物，也可以代表已经经验的事物而同时不能再经验的事物。

b.如果公式中的“X”、“Y”等代表个体的事物而这些事物是已经经验而不能再经验的事物，则包含这样固有成分的事实是历史事实。

c.严格地说，我们可以说在经验中没有个体的事物，因为严格地说个体的事物仅能发生于“空点——时点”（point-instant）所以不能发生于经验范围之中。此处所说的个体是时间与空间单位上的个体，所以不是严格的个体。

d.如果公式中的“X”、“Y”等代表事物的类，已经经验而可以再经验的事物，则包含这类固有成分的事实不是历史事实。

e.自然科学与历史学的一个大分别就是它们所研究的事实不同。卡来尔曾说过“某某今天由这里经过，这是事实。这事实比许多虚玄的理论重要得多”。卜应筛雷的批评是这样的事实，科学家对之毫无兴趣，因为它既不普遍则我们不能

得到任何重要的推论。科学所注意的是“b”条的事实。

f.一件非历史事实可以有极多数的历史事实。

C.组　织

组织类的工具有以下特点。

1.事物的集团。自然界的事物,有好些在自然界本来是有集团的,另外有好些在自然界本来没有集团的;前者用不着我们去组织,后者有人类的组织工作。这些具人类组织的事物集团大约可以分几大类,政治、法律、经济、社会等等。政治、法律、经济、社会的组织看起来虽复杂而分析起来依然可以分析到自然界的事物。普通我们不从这一方面着想,因为事物虽是自然界的事物而组织是我们的组织,包含二者的事实似乎不能分析到属于一方面的事物。但这问题似乎不是“方面”的问题,如果我们从“方面”着想,这问题就免不了推论到绝对的心与物。如果我们推到绝对的心与物的时候,有好些问题就不能讨论下去了。人类与自然界至少不必居于对待的地位,所谓组织者不过是介绍新因果系统而已,所介绍的新因果系统中的事物依然是自然界的事物。

2.组织的事物集团,从固有的成分看起来,大都是事物的类,那就是说一集团的成分不限于一时一地的事物。一时一地的事物是具体的、单个的、历史的、一去不复返的事物。如果具人类组织的事物集团所包含的事物限于一时一地的事物,则集团的本身也是限于那一时一地而不能超过时空。有些事物集团当然是这样,但是大多数的情形是不限于一时一地的。具组织的事实中所包含的“X”、“Y”等大都是类而不是具体的个体。这是就组织事实的本身方面说的话,但是我们前此已经说过记事类的事实也包含组织事实的成分。本身为记事事实的成分的组织事实依然是具体的个体的事实。美国宪法上的"总统"是事物的类,而美国史中所说到的"总统"大都是个体的具体的事物,前者是后者的类,后者是前者的具体的分子。这些分子是自然界的事物,假使没有人类所介绍的新因果系统,他们不会属于"总统"类,但他们不因为属于"总统"类就变为非自然的事物。组织事实中的固有成分大都是事物的类,但这些类还是有自然界的事物做它们的分子。

3.具组织的事实中的类与度量事实中的标准一样。狭义的自然界无尺,但有尺所代表的量;狭义的自然界无组织事实中的类,但有这些类所代表的分子。前面已经说过,尺没有武断的成分,定尺为标准有武断的成分;组织事实中的类也没有武断的成分。定任何类为标准的时候似乎免不了武断的成分。在组织事实中的武断的成分似乎比以上两大类事实中的武断的成分比较的多。

四、人事成分与固有

如果我们把事实限制到够官觉程度的事实,我们所研究的对象差不多完全是自然界固有的事物;但是我们不能不承认不够官觉程度与超过官觉程度的事实,我们既承认这类的事实,我们就不能不讨论上节所讨论的情形。我们似乎可以说:离人类官觉愈远的事实,人类知觉工具的成分愈多;但是我们似乎不能接着说固有的成分愈少,我们似乎只能说固有的成分愈杂。固有的成分既是自然界的事物，照我们传统的假设——我们不能创造与消灭自然界的物与力——看起来，它们不能因人事而减少或增加。我们对于固有与人事的界限似乎要稍微讨论一下才行。至少有以下诸点要讨论。

A.所谓固有者不是没有推论的成分

为本文的便利起见我们可以暂把推论分为两大类，一是生理的推论，一是思想的推论。

1.生理的推论可以说是生理上的反感。如果我们听见一声响，看见许多人乱跑，我们跟着就跑，这就是一种行为上的推论。如此一类的情形是我们所能经验的，所以并不是例外，不过成人的人在现在的世界比较的少一点而已。

a.这种情形是一种推论，因为我们没有直接看见或听见什么危险，而我们的举动是避危险的举动。那就是说，我们仅有耳闻目见所得到的情形，虽没有论理学所称为推论的工作，而我们在事实上居然有可以称为推论的举动。

b.此类举动似乎没有思索的成分，如果我们想一想的时候，我们或者没有这类举动。

c.如果我们把运用思想以节制我们的行为当作人类的特性，则以上的推论是动物的、生理学的推论，所以根本就是自然界的情形。

d.自然界本来就有推论，所谓“固有”者当然不是没有推论的成分。

2.思想的推论其来源大约也是生理的，但我们现在所注意的不是来源而是它所包含的要求。它的要求一是经验，二是论理，三是运用论理以已往的经验引用到现在所发生的情形。这样的推论似乎就有非狭义自然或非纯粹自然的成分在里面。

a.非狭义自然或非纯粹自然的成分可以说是介绍新因果系统而不是创造新因果系统中的自然界的事物。我们或者可以说这系统“不——自然”的发生，但发生后其所包含的事物不中止其为自然事物。

b.所谓“‘不——自然’的发生”者是说新因果系统事实上是我们所介绍的，不是说如果我们不介绍新因果系统它不会发生。如果自然两字的意义极狭，不包含人类与其生活，则新因果系统“不自然”的发生。如果自然两字的意义极广，包含人类与其生活状态度，则新因果系统也就是自然地发生。所谓“新”、所谓“不自然”者，不过是说从物理、化学、天文学、地质学方面看来我们所介绍的系统是例外的系统。

c.照以上两条看来，我们似乎只能说新因果系统事实上是人介绍的，我们不能说如果没有人，新因果系统就不会发生。那就是说，事实中的固有成分不必有思想的推论，而不是不能有思想的推论。这两种推论，所谓“固有”者都可以容纳于其中而不失其为固有。

B.所谓固有者不是没有人事成分

事实与命题一样，有层次问题。“他读书”所代表的情形可以是事实；如果是事实，“我看他读书”所代表的情形也可以是事实；如果这第二情形是事实，“李先生不要我看他读书”的情形也可以是事实。如果这三个情形都是事实，这三

件事实就代表三层不同的事实。每一层事实，大略言之，有那一层的固有成分，每一层事实的固有成分在上一层不必是固有的成分。在“李先生不要我看他读书”，这事实中，“我看他读书”是固有的成分；李先生对于这固有的成分可以“要”，也可以“不要”；如果李先生决定“不要”的时候他就可以介绍一种新情形。但是“我看他读书”虽是第三层事实中的固有成分，而不是第二层事实中的固有成分。第二层事实中的固有成分是“他读书”。那就是说，每一层事实中的固有成分在上一层不必是固有的成分。此处的人事成分比以上所讨论的知觉成分范围来得广。知觉成分是人事成分中之一，而人事成分不必是知觉成分。知觉成分与所知觉的因有成分的关系是外在关系。人事成分与它平行的固有成分有各种各类的关系的可能。它们不必彼此独立。

我们曾经把事实分作三大类，一是不够官觉程度的事实，二是够官觉程度的事实，三是超过官觉程度的事实。

1.在不够官觉程度与超过官觉程度的事实中，事实的层次多，所以固有的成分愈杂。在这类事实中的固有成分一方面是相对的，因为一层事实有那一层的固有成分；另一方面是绝对的，因为几种层次不同的事实可以有共同的固有成分。这种共同的固有成分分析到最后一步就是｛φ（X…R…Y…）｝R̂K 公式中的“X”、“Y”、“R”等。但每一层事实中所包含的特别的固有成分与共同的固有成分情形不同，有以下特别情形。

a.事实的层次愈低，它的固有成分愈杂而且也愈多（所谓“低”者指超过官觉的程度而言）。

b.每层事实中的固有成分在那一层看起来虽有人事成分,而亦自然。

c.每一层事实中的固有成分在下一层的事实方面看起来虽有人事的工具或成分,而这些成分都是自然。

d.每一层事实中的固有成分在上一层的事实方面看起来可以有非自然的人事成分。

e.下一层的事实中的固有成分在上一层看起来,如有人事成分,就是非自然的成分。层次愈多或离官觉愈远或不够官觉愈甚。层次最多的事实或者完全超过官觉程度或者完全不够官觉程度。不高不低的层次其事实中的固有成分差不多完全是够官觉程度的成分。

2.够官觉程度的事实中的固有成分,分析到最后一步,就是官觉现象与其关系而它们又可以分析到外物与其关系。外物与关系是绝对的固有。所有的事实都可以分析到绝对的固有。由够官觉程度的事实分析到绝对的固有就是认识论的大问题。本文不讨论这问题,但请注意以下数点。

a.够官觉程度的事实,其固有成分一部分是知觉现象(percept)。知觉现象有人事的成分。知觉现象中人事成分与固有成分的关系,在讨论知觉现象那篇文章中已经讨论过此处不再提及。

b.知觉现象中的固有成分一部分是官觉现象。官觉现象有人事成分。官觉现象中的人事成分与固有成分的关系别处已经讨论此处也不讨论。

c.官觉现象的固有成分一部分是外物。有些外物本来就没有人事成分,有些外物有人事成分而可以分析到没有人事成分的外物。

d.从狭义自然界方面说，官觉事实中的官觉关系不是固有的关系。从官觉事实方面看起来，官觉是固有的关系而知觉关系不是固有的关系。

e.狭义自然界的人与官觉者及知觉者的人也有层次问题，其固有的成分也有绝对的固有与相对的固有。

3.如果我们离开事实的层次说话，我们可以说没有人事的固有是绝对的固有成分；但大多事实中的固有是相对的固有，而相对的固有有人事的成分。

C.固有与人事成分的关系不能固定

1.固有与人事成分没有必然的关系。如果我们把人事成分限制到知觉或知识，则固有与人事成分彼此独立。但是我们前此已经说过，人事成分比知觉的范围广，所以它与固有可以发生种种关系事实，因此可以有种种不同的关系。但事实既有层次问题，我们对于事实中的关系的态度也因层次不同而稍有分别。

a.一层事实的固有成分，在下一层的眼光看来，无论有人事成分与否总是固有。所以所谓固有者不是没有人事成分。如果这个固有有人事成分，则它的原来的固有与它本身的人事成分虽然理论上没有固定的关系而实际上有已定的关系，虽然可以有任何种关系的可能而只有某关系的实现。我们研究这个关系的态度是研究事实的态度。

b.一层事实的固有成分，在上一层的眼光看来，总不是完全的固有，无论有人事成分与否，总有非固有成分。如果这个固有有人事成分,则它的原来的固有与它本身的人事成分既没有必然的关系,也还没有适然的关系。我们研究这个关系的态度是研究或有的态度。

2.具人事成分的固有可与其他任何事物(除论理学与物理学所发现的限制外)发生任何关系事实,所以可以有任何的关系。

a.人事成分与固有既可以有任何关系,则人可以介绍新因果系统。如果介绍新因果系统是创造事实,则人可以创造事实。

b.人所创造的事实与其他的事实一样也可以创造事实,因为人所创造的事实与其他的事实可以发生任何的关系事实。

c.知识关系($\hat{R}$)虽是外在关系,而我们知道一种事物或事实的那一件事实($X\hat{R}K$)可以与任何事物或事实发生任何的关系。知觉事实($X\hat{R}K$)也可以创造事实。知识之所以改变世界的面目者在此。

d.在此处可以总结一句,所谓固有者,既不是没有推论也不是没有人事成分。这当然不是说所有的固有都有人事成分。

五、固有与非固有

第三节所讨论的是知觉成分,第四节所讨论的是普遍的人事成分。人事成分(包括知觉成分)可以是固有,也可是非固有,要看层次如何。同时为讨论的便利起见,我们把人事成分与狭义的自然事物看作对待的情形。但从另外一方面看来，人也是自然界事物之一，宽义的自然界有人。如果我们所讨论的问题的背景是宽义的自然界，则所谓“固有”者，其意义当然改变，它可以有人事成分也可以没有人事成分，而所谓非固有者亦如是。以官觉事实为起点而定事实的层次，则绝对的固有没有人事成分。以时间的先后为事实的层次，则绝对的固有可以有人事成分。总而言之本节所要讨论的固有与非固有，无论绝对与相对，其分别不是“天”、“人”的分别。普通的“天”与“人”的分别，是把“天”、“人”看作两相对待的东西，既然如此，则无论用什么方法，分析到最后一步，依然有“天”与“人”、物与心，两相对待而彼此无路可通的情形发生。“牛马四足”，从我们眼光看来是“天”，也是固有；但“络马首牵牛足”，有本文所提出的层次问题，在上一层事实看来，“络”与“牵”皆人事，在下一层事实看来，它们都变成固有。可见所谓固有者不必是“天”。从氢氧二气两面看来，水非固有。可见所谓非固有者不必是“人”。

本文似乎有“人”、“天”合一的思想，但也有“人”、“天”不合一的思想，所以最好还是把“人”、“天”两字丢开，仅讨论固有与非固有的性质。我们要记得上节所说的话：固有与非固有的关系不是必然的关系，它们彼此都不能推论到一个共同的前提。

A.任何一起点的“时点——空点”的自然界

所谓起点者不是历史上的最初，也不是理论上的最根本，不过是本节讨论自然界的起点而已。我们可以假设（甲）一个学科学的神，(乙)这个神在"时点——空点"可以有我们这样的官觉事实发生，(丙)它所研究的宇宙就是我们所要研究的宇宙。这个神所能发现的可以说是有以下诸点：

1.在任何官觉事实中有神的成分与固有的成分。神的成分是怎样的成分我们可以不管，我们在本段所注意的是固有成分。但是我们要记得神的成分与固有的成分是独立的。固有成分有以下诸情形。

a.有关系如 R_1、R_2、R_3 等。

b.有关系者如 A、B、C 等。

c.有关系结合体如 ARB、BRC、DRE 等。

d.人是一关系者也是一关系结合体。

2.如果我们所提出的神是科学家，且有以往的经验，他大约会知道以下诸点：

a.各种关系有各种不同的性质，各种关系者也有各种关系者的特别性质，各种关系结合体有各种关系结合体的特别性质。

b.各种关系者因其性质不同可以有各种不同的关系，各种关系因其性质不同可以实现于各种不同的关系者。

c.关系者可以是上一层的关系结合体，关系结合体可以是下一层的关系者。

d.人既是这自然界的一个关系者当然也有以上各条所提出的情形。那就是说，人与其他万事万物的关系与其万事万物本身彼此的关系差不多。它们彼此的关系既不一致，人与它们的关系也不一致。

3.可是如果本文所假设的神是研究人学的专家，想在任

何一“时点——空点”的立场上，根据以往的知识，推论到任何次一“时点——空点”自然界的景况，这个研究人学的专家就不免有困难问题发生（我们要知道我们所假设的神是科学化的神，他的工具是理智的工具）。

a.如 A、B、C 等的关系者的数目非常之大，如 ARB、BRC、DRK 等的关系结合体的数目也非常之大。这两数相加的总数暂以“n”代表之。

b.关系的种类的数目也非常之大，可以有 m_1、m_2、m_3 等。从任何一种关系方面看来，次一“时点——空点”的自然界所能发生的新情形（即新关系结合体，或下一层的事实）就有“m_1^n”之多。

c.如果我们以 M 代表各种关系的总数目，则次一“时点——空点”的自然界所能发生的新情形（即下一层的事实）其总数至少当为“M^n”类。这样的数目我们的语言似乎无法形容，只得摇头叹气说一声“大矣哉”而已。

d.人与万事万物相接触所能发生的新情形，其数目也就是不少，简直可以说非常之大。我们所假设的神既不是人，他研究人的态度也就是我们研究电子、原子、草木、鸟兽，等等的态度。次一“时点——空点”的自然界所能发生的新情形，我们既不以为是电子、原子、草木鸟兽等等所创造的世界，那么，从神的眼光看来，也就不是人所创造的世界。

e.如果我们所假设的神要知道将来，他用不着对付“M^n”这样多类的新情形。“M^n”不过是一个总数，其中有事实上不可能的；可能的范围之中，又有或者不会发生的；在或者会发生之中，又有实现的程度高低的问题。但是如果我们的神仅仅致力于实现程度高的新情形，他还是有困难问题。

4.可能的范围，或有的范围，实现程度很高的范围要定了之后，才能有预先知道将来的问题发生。要定这些范围，须知道已往的万事万物；要预先知道将来的世界是怎样的世界，不特须在将来尚未发生之前，完完全全地知道万事万物而且要预知的工作能完成于所欲预知的事实发生之前。

a.无论在那一“时点——空点”立场上，我们所假设的这位神不能完全知道以往的万事万物。因为有好些以往所发生的情形在那一“时点——空点”还没有出现，要预知将来的第一条件就不能成立。

b.即令(a)条所说的条件是可能的，我们这个科学化的神也不能预先知道将来。预知有预知的工具，也有它的工作，等到这些工作完了的时候，大部分的将来不但已经“来”而且已经“过去”了（近有美国人主张此说见去年的 *Journal of Philosophy*）。

c.从以上两条的情形看来，在一“时点——空点”的立场上我们不能预先知道任何次一“时点——空点”的世界。但这不过是说知识本身有限制。我们可以更进一步说一“时点——空点”的世界与另一“时点——空点”的世界根本就没有必然的关系。即令我们有预知的本能，我们也不能预知，因为根本就没有可以预知的关系。

d.上条所要说的话不过是要表示事实相承无必然的关系。一“时点——空点”的自然界，自次一“时点——空点”的立场看来，都是固有。那就是说，前一“时点——空点”的“n”所代表的关系者与关系事实及“m”所代表的关系都是固有。

从一“时点——空点”的立场看来，次一“时点——空点”所能有的“m”数的新情形都是非固有。从这科学化的神的眼光看来，所谓固有者有人及其他万事万物，所谓非固有者亦有人及其他万事万物，在一“时点——空点”的自然界内，万事万物的将来，势无必至，所以如果人有自由，则万事皆有自由；万事万物的已往既不能变，则势有适然，所以如果万事万物居于被动的地位，人也居于被动的地位。在这起点的“时点——空点”的自然界内，如果我们引用“人”、“天”两字，我们可以说：“人”即是“天”，可是次一“时点——空点”的新情形中虽有“天”而“天”亦非固有。

B.一“时期地方”的自然界，我们现在可以把神丢开而代之以人

在一“时点——空点”的自然界只有我们所假设的神有官觉事实发生，而在一“时期——地方”的自然界人也可以有官觉事实发生，所以我们用不着神。一“时期——地方”的自然界与一“时点——空点”的自然界大致相同。本段所要讨论的是不同点。但在未讨论之前，我们所求于人的就是要他忘记他自己，要把神待他的态度对待他自己。

1.最低限度的时间的自然界。所谓限度者，是官觉的限度，而所谓最低官觉限度的时间是官觉事实所能发生的最短的时间。在这样时间内人可以发现在一“时点——空点”神所能发现的情形。只要人能忘记他自己，他对于他自己的态度也就是他对于其他万事万物的态度。他自己虽是官觉者而他不以此而自别于其他的万事万物。这一层办到则在上段我

们所说的神能发现的情形，人在这最低限度内也可以发现。不特如此，他还可以发现一“时点——空点”所不能有的情形。

2.变迁。在一“时点——空点”的自然界不能有任何变迁，因为变迁是有量时期中的事。在这最低限度的时间内自然界有变迁。变迁包含动作。从次一最低限度的时间看来，前一最低限度的自然界内有变与动，所谓固有者不仅是 n 数的关系者与关系事实，也是 m 数的关系而且包含动与变。

3.趋势。仅有变与动不能有趋势。如果全体都变都动而变与动的程序一致，还是没有趋势。有些东西变，有些不变，有些动有些不动，有些变动得快，有些变动得慢，所以“M”类的新情形中有些已经发生。新情形中既有些已经发生我们可以推论到继此而发生的哪些情形能发生的成分大，哪些能发生的成分比较的小，所以有趋势。

4.固有与非固有。一时期可以分做好些个最低官觉限度的时间。从一时间看来，前一时间的自然界(包含变动与趋势)都是固有，而后一时间的新情形都是非固有。固有与非固有之间仍没有必然的关系。但既有趋势则固有与非固有之间当然有“或者能发生”的关系与“大约要发生”的关系。

5.以上所说的趋势，用之于类与用之于具体的个体不同。用之于类，趋势有统计的性质。如果统计靠得住，类的关系似乎可以预知，而个体的举动似乎不容易预知。如果一个人能忘记自己，他可以把人类看同万事万物；如果人类有自由万事万物皆有自由，如果万事万物受制于趋势，人类也就受制于趋势。但是，人如果不能忘记他自己的时候，个人行动之不能预

定者,他或者就以为人的意志自由而以此自别于其他万事万物。

6.无论如何,照(4)条所说的情形看来,所谓固有者有人,所谓非固有者亦有人。固有与非固有的分别不是天与人的分别,是一时间的万事万物与另一时间的万事万物(人当然在内)的分别。二者有或然的关系而无必然的关系。

C.一"时期——地方"的事实

1.一时期的自然界可以有官觉事实与知觉事实。以时间为层次,则上一时间的官觉事实与知觉事实都是固有,也是本节宽义的自然。

a.官觉与知觉的关系(不以人的为限)是一时期的自然界内"M"数种关系中的关系而不是"M"数种关系之外的关系。官觉与知觉关系有特别性质,在人生虽有特别权利而在自然界无特别位置。

b.在一时期的自然界内"n"数关系者与关系结合体中,有些有官觉本能,有些有知觉本能可以与本身及其他关系者及关系结合体发生官觉事实与知觉事实。有这种本能的关系者或关系结合体我们称之为官觉者或知觉者(不限制于人)。

c.一时期的自然界内"n"数关系者与关系结合体之中,凡可以与官觉者或知觉者发生官觉事实或知觉事实都可以是官觉现象或知觉现象(当然不除开人)。

d.一时期的自然界既是次一时期的固有,则一时期的官觉事实、知觉事实、官觉者与知觉者、官觉现象与知觉现象都是次一时期的固有。

2.不是官觉现象或知觉现象的关系者或关系结合体可以放大或缩小到官觉现象或知觉现象。为什么要这个放大或缩小的可能呢?

a.因为任何一官觉者在它的官觉事实中的唯一对象是官觉现象,任何一知觉者在它的知觉事实中的对象是知觉现象与官觉现象。

b.任何一知觉者对于自然界的知识的来源与标准是那个知觉者经验中的官觉现象与知觉现象。

c.不能或未曾放大或缩小到官觉现象或知觉现象的关系者或关系结合体虽可以是自然界的情形而不是官觉者或知觉者所发现的事实。

d.一时期的自然界的情形或者是或者可以缩小或者可以放大到官觉现象与知觉现象。

3.一时期的各种事实

a.一时期自然界的情形既或者是或者可以缩小或者可以放大到官觉现象与知觉现象,那么一时期的自然界就可以有$\varphi(X_{sp}\cdots\cdots R_{sp}\cdots\cdots Y_{sp}\cdots\cdots)$的表示。“φ”的意义就第二节提出的意义。

b.上面的公式可以变成$\{\varphi(X\cdots\cdots R\cdots\cdots Y\cdots\cdots)\}\hat{R}K$。那就是说一时期的自然界的情形可以是事实。非事实与反事实以后再提出讨论。

c.一时期的未成事实与不是事实的自然界的万事万物我们可以总称之为那一时期的自然界的情形。一时期的自然界万事万物的总数等于这种情形与在那一时期所发生的事实相加的总数。

d.普遍的事实不属于任何时期，只要它是一件普遍的事实。它也是任何一时期的事实。单个的事属于一时期，在那一时期是事实而在任何前一时期不是事实。但从另一方面看来，“某一时期有某件单个的事实”是一件永远的事实；只要它是事实，在发生后任何时期“它在它发生的时期是事实”总是事实。

e.一时期的事实包含以往的事实与普遍的事实，所以不仅限于在那一时期所发生的事实。但在一时期所发生的事实，既经发生，即是固有，而未来的情形无论如何均不是事实。我们可以说所有的事实都是固有。

4.一时期的固有与非固有

a.在任何一时期中前一时期的事实与不是事实或未成事实的自然界的情形都是固有。后一时期的自然界的情形都是非固有。本时期中有固有亦有非固有。如果我们把时期缩小到最低限度的时间我们可以得同样的情形。

b.一时期的固有不必有官觉事实或知觉事实。如果没有它的时候，一时期的固有仅有自然界的情形。未有生物或动物之前的世界似乎是没有官觉事实的世界。这表示自然界的情形与官觉知觉无必然的关系。

c.一时期自然界的情形不必发生次一时期的情形。那就是说，固有与非固有无必然的关系。这也可以说是表示一时期的事实与次一时期的情形无必然的关系。

d.普遍事实所代表的情形与时空的关系是外在关系，而这种情形的部分的关系又大都是内存的关系，所以一时期的事实与次一时期的情形有或然关系。这一层论归纳法时，当详细讨论,本文可以不提。

e.事实的本身,无论普遍与个体,都是本节所讨论的固有,其成分都有四节所提出的绝对固有。两个固有的意义不同。说事实是固有者是说它是宽义自然界已经实现的情形,即令有“人”而不失其为“天”;说它有固有者是说它的成分之中,无论有“人”与否,总有狭义自然界的“天”。说“人”、“天”合一,照本文看起来,是说所有的事实都是本节所讨论的固有;说“天”、“人”不一,是说事实中有的固有(上节所提出的)没有人事成分。

六、事实与知识

以上数节一部分给事实下一定义,一部分是分析它的成分,一部分是讨论它在宽义自然界的位置。我们现在要改变方向,讨论事实与其他的情形如知识、命题、实在,等等的关系。最初要提出的就是事实与知识的关系。事实的定义就包含知识成分,既然如此事实当然不能离开知识。现在的问题就是有没有未曾知道的事实?这问题可以有两种问法,(一)有没有未曾知道的事实?(二)有没有未曾知道的“甲”事实?这两个问题的情形不同所以答案也不一致。

A.有没有未曾知道的事实

1.这问题似乎不是问有没有未曾知道的事实,因为既未曾知道则不是事实。如果这问题不矛盾的时候它的意义或者不是这句话表面上所有的意义。

a.这问题似乎是问有没有与事实相类的情形，如果我们知道它的时候，它就是事实。这问题是问有没有与事实相类的情形。

b.事实的部分也是事实。{φ(X……R……Y……)} R̂K 是事实则 φ(X……R……Y……)也是事实。有没有未曾知道的事实似乎就是问有没有 φ(X……R……Y……)。

c.但是，是事实的部分的 φ(X……R……Y……)是事实，而未曾知道的（那就是说非事实的部分的）φ(x……R……Y……)不是事实，不过是自然界的情形而已。

d.所以本条的问题似乎是有没有 φ(X…R…Y…)这样的情形，如果我们知道它的时候，它就是事实。问题既是这样，就没有矛盾的情形。对于这问题似乎可以有两种答案。

2.如果在知识中的 φ(X……R……Y……)是事实的类，有没有 φ(x……r……a……)的情形是我们所未曾知道的？那就是问：如果我们知道一普遍的事实有没有具体的表现是我们所未曾知道的具体的情形？这问题与归纳法有关系，它等于问：如果我们知道"人是会死的"，世界上有没有"我们"所未曾知道的具体的人而他是会死的。对于这问题我们应注意以下诸点。

a.普遍的情形既经发现为事实，则无论有没有我们所未曾知道的单个的具体的情形，一定有我们所已经知道的单个的具体的情形，所以普遍的事实总是事实。

b.但是我们虽然知道有人类而我们不能由人类而推论到我们所未曾知道的单个的具体的人。我们虽然知道"人是会死的"这句话所代表的情形是事实，而我们不能由这普遍的事实推论到我们所未曾知道的具体的情形。

c.我们至多只能推论到如果有我们所未曾知道的单个的具体的人,这个人大约也是会死的。从论理方面着想,我们不能肯定地说有我们所未曾知道的具体的人,当然我们也不能肯定地说没有。所以这问题变成一“大约性”的程度问题。根据以往的经验,我们可以说“大约有我们所未曾知道的单个的具体的人”。

d.如果在知识中 φ(X……R……Y……)是普遍的事实,有没有我们所未曾知道的具体的情形如 φ(x……r……y……),我们知道它的时候,它就是事实?对于这问题,我们的答案是“大约有”。并且我们还可以补充一句说这“大约”的程度很高。

d.反过来说如果知识中的 φ(x……r……y……)是具体的单个的事实,有没有我们所未曾知道普遍的情形如 φ(X……R……Y……)我们知道它的时候,它就是普遍的事实?对于这问题我们根据同样的理由回答说“或者有”,不过或有的程度不很高而已。

3.有没有我们所未曾知道的普遍或单个的情形,我们知道它的时候,它就成为普遍的或单个的事实?这问题与上条的问题差不多,不过推论更不直接,而大约的程度比较的低。

总而言之,“有没有未曾知道的事实”是矛盾的问题。为免除矛盾起见,我们不能不加以解释。我们的解释是这问题是问有没有未曾知道的情形如果我们知道它的时候,它就是事实。对于这问题我们的答案是“大约有”。

还有一问题与以上的问题差不多。那就是“有没有未来

的事实”？既云未来当然不是事实。所以这问题也就是“有没有未来的情形如果实现而我们知道它的时候，它就成为事实”。对于这个问题我们的答案也是“大约有”。

B.有没有未曾知道的“甲”事实

这问题与以上的问题大不相同，似有以下数点应使我们注意。

1.这问题可以分成部分。所谓“甲”事实者包含两种情形，而这两种情形都是事实：(一)有“甲”；(二)“甲”是，或等于，或能分析到，或能放大到 φ(X……R……Y……)。这两种情形既都是事实，则所谓“有甲”者就是我们知道有甲，而“甲 φ(X……R……Y……)”者就是我们知道“甲 φ(X……R……Y……)”。

a.这样说来这问题有矛盾。“甲”事实既是我们所知道的“甲”事实，当然就不是我们所未曾知道的。我们不能问有没有未曾知道的已经知道的情形。

b.“甲”无论是普遍也好，单个也好，它总是具体的而同时是我们知道的。如果我们不知道它的时候，我们就不能说它是“甲”，而既然能说它是“甲”的时候，我们就不能说未曾知道它。

c.这问题不能解释作“有没有“像”“甲”的情形，如果我们知道它的时候，它就是与“甲”相似的事实？因为这样一来我们所问的是另外一情形，虽与“甲”相似而不是“甲”本段这问题与 A 段所说的那个问题不同；那个问题可以加以解释以免矛盾，而本段所提出的问题不能加以同样的解释而免除矛盾。

2.本段所问的是一件一件的具体的事实，是我们所知道的情形而证明其为事实的事实，不是空空洞洞的情形。本段的“甲”就包含“甲”$\hat{R}$K，那也就是说“甲”是φ（X……R……Y……）。一件一件的事实总有知识成分。事实与真理有相似的地方，可以分三条讨论，（一）一种情形本身是事实，（二）我们知道它是事实，（三）我们说它是事实。

a.一句话本身是真的，一种情形本身是事实。一句话要本身是真的，我们才能发现它是真的，不然其所以真者自发现始。一种情形要本身是事实我们才能知道它是事实，不然其所以为事实者自发现始。

b.一句话要我们知道或发现它是真的，我们才能说它是真的；一种情形要我们知道它是事实我们才能说它是事实。不然，假话我们可以说它是真话，不是事实的情形而我们也可以说它是事实。

c.这样看来，一种情形要本身是事实才能知道它是事实，要知道它是事实才能说它是事实。所以一种情形本身是事实与我们说它是事实须有知识的媒介。事实既以“甲”称，或者“甲”既以事实称，当然有知识成分；既然有知识成分，当然就不是我们所未曾知道的。我们对于本段所提出的问题的答案是“不能有未曾知道的‘甲’事实”。

C.知识的关系是什么样的关系呢

我们讨论外在关系的时候就假设知识关系是外在关系。理由在此处可以不提。我们现在要注意的仅有以下数点。

1.知识既是外在关系,则事实不以其被知而变更其性质。一件一件的事实虽必有知识成分,然它有知识成分的时候其性质等于没有知识成分。

a.那就是说 $\varphi(X\cdots\cdots R\cdots\cdots Y\cdots\cdots)$ 与 $\{\varphi(X\cdots\cdots R\cdots\cdots Y\cdots\cdots)\}\hat{R}K$ 仅有关系上的不同而没有性质上的不等。这样看来,知识不创造事实,事实虽有知识成分,而不以此而失其本来面目。

b.知识虽不能创造事实而可为事实中的固有成分。知识虽不能创造其所知,而人(万事万物之一)可以因其所知而介绍新因果系统。寻常所谓"自由"者大概就是介绍新因果系统的意思。

c.万事万物都可以介绍新因果系统,所以如果人"自由",万事万物皆"自由"。所谓介绍新因果系统者是说在"$\overset{n}{M}$"类新情中有些情形发生,有些情形不发生,发生者之所以发生而不发生者之所以不发生,万事万物(人亦在内)皆与有力。

d.如果所谓"创造"者就是介绍新因果系统,那么,人可以创造事实。人虽可以创造事实而知识仍不能创造其所知。那就是说:如果有"甲"、"乙"两情形,X、Y 两事实,人可以因"甲 $\hat{R}K$ 与乙 $\hat{R}K$ 而介绍{("甲"RX)R("乙"RY));而 K 仍不能创造"甲"与"乙"。

e."甲"情形虽要有 K 我们才能说它是事实,而 K 既不创造"甲"也不变更其性质,所以"甲"事实等于"甲"情形。如果我们用寻常的话我们可以简单地说"甲"事实就是"甲"情形。这不过是回到本条最初的一句话:知识关系是外在关系。

2.知识关系不过是一件事实的一个关系。所谓一个关系者当然不是说知识是简单的关系，是说除这个关系之外，一件事实与其他差不多无数的事实，有各种不同的差不多无数的关系。从一时间的自然界看来，我们不能说这一个关系比其余的关系重要，也不能说它不若其他关系的重要。如果我们有"天人合一"的态度，我们一方面不会看重知识关系而轻视其他关系，另一方面也不至于轻视知识关系而看重其他关系。厚"人"薄"天"，慢慢地走到唯心思想上去与厚"天"薄"人"一步一步地推论到唯物思想上去似乎有同样的毛病。

a.以上是说我们不应看重知识关系而轻视其他关系。这不是说知识关系没有特性，也不是说我们不应注重知识关系而不注重其他关系。

b.知识关系之有特性与其他关系之有特性是一样的。知识关系有特性，但我们要记得化学作用、上、下、同、等、左、右、结婚、进、退等等都有特性。这是说从特性方面看来知识关系不比其他关系重要，这当然不是说一件知识事实不能比另外一件知识事实重要，也不是说一件事实不能比另外一件事实重要。

c.我们可以注重知识关系而不看重知识关系，我们可以不注重其他关系而不轻视其他关系。注重与不注重是兴趣问题或者是利害问题。研究知识论的人当然注重知识关系，但不应看重知识关系而轻视牙医学。研究牙医学的人当然注重牙医学中所有的各种关系，但不应看重这些关系而轻视知识关系。

D.知觉与事实

知觉与知识不同，所以知觉与事实的关系不是或不必是

知识与事实的关系。我们虽不能说有未曾知道的事实而似乎可以说有未曾知觉得到的事实；我们虽不必知觉一情形之为事实而后说它是事实，而我们似乎不能说一件事实中没有知识成分。

1.知觉与知识的分别。

a.知觉的对象是官觉现象，而知识的对象不限制于官觉现象。知觉的对象可以是官觉所能发现的事实，那就是说够官觉程度的事实，而知识的对象可以包含不够官觉程度与超过官觉程度的事实。

b.这样看来离官觉愈远的事实，离知觉也愈远，但是离官觉远的事实不因此而远于知识。知识似乎没有离官觉远近的问题，而知觉的确有离官觉远近的问题。离官觉近的事实，知觉靠得住，离官觉远的事实，知觉就不很靠得住。

c.知觉当然有推论，不然无以自别于官觉。知觉虽有推论而我们对于知觉的信仰是直接的。这信仰是直觉的或生理的信仰而不是理论的信仰。我们相信知觉是自然而然的，没有多大的理由可说；我们相信它似乎是我们相信理论上的前提一样而与我们相信理论上的结论大不相同。

d.知识则不然。我们对于它的信仰有直接的亦有间接的，有直觉的亦有理论的。对于够官觉程度的事实我们的知识是直接的，对于不够官觉程度与超过程度的事实，我们的知识有直觉成分，而同时亦有理论成分。有好些知识简直没有直觉成分。

2.知觉与知识既不同，知觉与事实的关系不必就是知识与事实的关系。事实总是我们所知道的，所以不能有未曾知道的事实，但照以上的话看来，可以有未曾知觉的事实。

a.不够官觉程度的事实大都是我们未曾知觉的事实。现在物理学与化学发现好些事实都是关于原子与电子的事实，而这些事实似乎都不够官觉程度所以都是我们所未曾知觉的事实。

b.超过官觉程度的事实也大都是我们所未曾知觉的事实。“地球是圆的”、“地球绕日而行”、“欧战”、“美国政府继续酒禁”等等事实似乎都是超过官觉程度的事实，也是我们未曾知觉得到的事实。

c.普遍的事实当然不是个体的事实，所以也就不是官觉所能发现的事实。它既可以不是或不仅是官觉所发现的事实，当然也是知觉范围以外的事实。自然律所代表的情形大都是普遍的事实，我们仅能知觉这类事实的个体与具体的表现而不能知觉这类事实的本身。

d.抽象的事实当然不是具体的事实，所以也就不是官觉所能发现的事实。既然如此它也就不是或不仅是知觉所发现的事实。现在物理学中似乎有一部分的自然律只能以公式表示而不能以意象（image）传达。这类自然律所代表的事实似乎是我们不能知觉得到的。

3.但是所有的事实都有知觉成分。我们虽可以有未曾知觉的事实而仍不能说有毫无知觉成分的事实。这就是说，一件事实的全体虽可以是我们所未曾知觉的情形，而一件事实的部分不能不有知觉成分在内。

a.不够官觉程度与超过官觉程度的事实可以放大与缩小到够官觉程度的事实。事实的部分仍是事实，超过官觉程度的事实的部分既可以有官觉成分，这部分也就有知觉成分。

事实的集团仍是事实，不够官觉程度的事实的集团既可以有官觉成分，这集团也就有知觉成分。

b.普遍的事实，大部分自然律所代表的事实都是事物的类的关系。类的全体虽是我们所不能知觉得到的，而类的具体的分子是我们所能知觉的；我们虽不能知觉"人类"的全体而我们能知觉一个一个的"人"。普遍事实虽不是我们所能知觉的，而它的具体的表现是我们所能知觉得到的。

c.抽象的事实，可以公式表示而不能以意象传达的事实，似乎是事物的概念的关系。有些事物（发现于物理学所研究的情形者居多），可以用试验的方法、算学的符号、度量的标准及其他种种科学的工具提出环境背景之外而归纳到抽象的概念。这种概念与它们的关系不是我们所能知觉的，而它们背后的事物及其关系是我们所能知觉的。

d.总而言之，所有的事实都有知觉成分。所有的事实都有相对固有的成分，而相对固有的成分一步一步地推上去（或者推下去），可以推到官觉事实或知事实的固有成分。对于这类的固有，知识就是知觉。

七、事实与命题

在本节我们要讨论事实与命题及事实与实在的关系。先讨论命题与事实的关系。

A.命题本身的关系

所谓命题者是一群具特别组织使其有本身之外的意义的

符号。这是比较狭义的命题，因为照这样说法符号一定要代表事物，如果不代表事物就不会有本身之外的意义。宽义的命题似乎不受此限制。

1.命题（无论宽义与狭义）有它们本身的关系。它们本身的关系就是论理学所研究的对象。这样看来，论理学不必研究心理，也不必讨论事实。它所研究的是命题与命题的关系；它不必研究命题所代表的事实（命题根本就可以不代表事实），它也不必讨论命题所包含的心理（命题根本就可以没有心理的成分）。命题的关系似乎有两种根本不同的情形。

a.命题间有必然的关系。一意义可以有无定数的命题表示，同一意义的命题有必然的关系，彼此可以互相推论。研究这类关系的学问就是论理学中的演绎法。

b.命题间有或然的关系。命题不以其意义相同才发生关系，意义不同的命题也有关系，不过是或然的关系而已。研究这或然关系的学问就是论理学中的归纳法。

2.看作事实的命题。命题不仅是一群有组织的符号，它也是占时空位置的事实。它虽然可以代表不够官觉程度与超过官觉程度的事实，而它自己本身如果是事实，总是够官觉程度的事实。

a.一命题不因其说出来或写出来才是一命题，但因其说出来或写出来才是事实。那就是说一命题从命题方面看来，写出时与未写出时相等，说出时与未说出时相等；而从事实方面看来，写出时与未写出时不相等，说出时与未说出时不相等。

b.与我们发生关系的命题大都是写出来了或说出来了的命题，所以这类命题大都同时也是事实。

c.说出来的命题是我们能听得见的事实。

d.写出来的命题是我们能看得见的事实。既然如此我们当然也有同时看得见与听得见的命题。

e.现在还有摸得着的命题，这似乎是瞎子的独享品。

3.命题与命题的关系有时也就是事实与事实的关系。

a.是事实的命题可以介绍新因果系统，例如你说一句话我也就说一句话。两个人辩论不仅是命题与命题的关系，也就是事实与事实的关系。

b.两个辩论不仅有对不对的问题，有时还有真不真的问题。对与不对是由命题的关系而发生的问题。

c.真与不真是由是事实的命题与另外一事实的关系而发生的问题。一命题可以代表一件事。一个命题，如果它本身同时是事实时，一件事实可以代表另外一件事实。一命题的真假问题就是问那一个是事实的命题能不能代表它的对象的事实。

B.事实与事实的关系

1.事实与事实的关系有实质的与形势的。实质的关系就是大多数科学所研究的关系。这种关系的种类非常之多，本文不必讨论，也不能讨论，因为要讨论它们似乎要引用种种科学方法才能得到可靠的结果。

2.形势的关系具有理论性质。事实与事实有同时并立与不能同时并立的问题。简单言之，几件事实之间有融洽与不融洽的问题。

a.有不能融洽的事实。不能融洽的事实当然不以其不能融洽而失其为事实。一个假命题就是一件与其余事实不相融洽的事实,但是它不因此就变成非事实。不能融洽的事实是有的,我们似乎不能不承认。但是如果有这种情形发生的时候,我们大都用方法解决这个困难。一是改变我们的思想以减少事实的冲突,一是发现新事实,或者否认误认为事实的事实。

b.彼此不相融洽的事实不能集合起来成一件事实。这也可以说事实间融洽性的定义。绝对的时空、光的速度与地球的速度不能总结起来成一件事实。绝对的时空有一时我们似乎承认是事实,地球之有速度既是事实则光的速度应因向地球与背地球而变更。但光的速度在任何情形之下总是一样。这三种情形不能集合起来成一件事实。现在的办法是否认绝对时空是事实。同时相对的时空与以上关于地球与光的两件事实能够集合起来成一件事实。

c.各科学似乎都有一根本的假设:如果发现的事实有不相融洽的地方,我们的知识大约有错误,此处的“错误”两字包括种种不同的情形:或者是我们的理论不对或者是我们的观察不精,或者我们误认假命题为真命题,或者我们把不是事实的情形当作事实等等。科学的目标当然是推广知识,但推广知识途径中一部分的工作是发现新事实减少不相融洽的事实使真理一致,知识无矛盾。这个根本的假设是否有理论上的根据或事实上的需要,颇不易说,但它给我们极大的便利,而同时与我们的经验相符。

C.事实与命题的关系

事实大都可以用命题代表。所谓代表者,普遍一点地说,

就是以符号(语言文字在内)形容事实。但是最简单的事实是够官觉程度的事实。如果我们的讨论限制于够官觉程度的事实,我们可以说一命题能代表一件事实,如果那一命题所引出的印象与那件事实相符合。

1.本段的问题就是一事实“F”与代表它的那命题“P”是否符合。真假命题的分别就在这地方,关于真假之定义的种种主张,本文不必讨论,本文的主张是常识的主张。常识的主张似乎说得过去,似乎没有,或者不必有,说不通的地方。我们从前以为它说不通的理由或者是因为我们把事实看得太呆板。如果我们改变我们对于事实的思想,这个常识的主张似乎可以说得过去。详细的说法等专论真假的时候再说,此处不提。

此处所要提出仅此一点:一件事实 F 与一命题 P 是否符合要看 FRP 是否是事实,“R”在此处代表事实间的形式的关系而不代表实质的关系。如果 FRP 是事实则 P 是真命题,那就是说 F 与 P 符合;如果 FRP 不是事实则 P 是假命题,那就是说 F 与 P 不符合。

2.一命题不但是命题而且是事实,它或者是能听见的事实,或者是能看见的事实,只要说出来了或写出来了它总是事实。

a.把它当命题看,它是 φ(X……R……Y……)$\hat{R}$K。不过此处的“X”、“Y”等代表名称,说出或写出的名称。只要这些名称所代表的事物,是够官觉程度的事物,这命题就能引出相当的印象。

b.如果我们把这个命题当作事实看,它也是 φ(X……

R……Y……)R̂K,不过这里的“X”、“Y”等是占时空位置的官觉与知觉现象。这些现象既同时是名称也就引出相当的印象。

c.不但有P事实还有F事实,F事实也有“X”、“Y”等,而这些“X”、“Y”等也是官觉现象。为便利起见,本文所讨论的F限制于现在事实。它当然不必是现在的事实。

d.既有P事实与F事实,P与F集合起来是否能成一事实就是我们所要提出的问题。

3.事实与命题的符合问题。命题的真假要看它能不能代表事实,而它能不能代表事实要看它能不能与事实符合。但严格地从一方面说,符合与否是不解问题,因为命题与事实的范围既不同,当然没有比较的可能。本文的主张是说明一命题不但是命题而且是一件事实,所以一命题与一事实符合与否变成两件事实融洽与否的问题。

a.一命题P与一件事实F符合与否要看FRP是不是事实,而这一问题又要看看F与P两件事实是否融洽。如不融洽则FRP不是事实而P是假命题,如融洽则FRP是事实而P是真命题。

b.两件事实融洽与否或者是直觉,或者是经验或者是试验的问题。我们现在所讨论的F既是现在的事实而同时又是够官觉程度的事实,我们的问题比较简单。F与P两事实之融洽与否是直觉问题。

c.假如F是“今天天晴”的事实,P是“今天落雨”的命题。F所包含的官觉现象是我们所直觉得到的,P的官觉现象也是我们所能直觉得到的,但“落雨”所引出的印象与“天

晴”的现象不相融洽，我们能感觉到一种莫名其妙不很舒服的心理状态，因而联想到B段C条所说的错误。我们能直觉到FRP不是件事实。

d.F与P同时都是事实，我们不能说任何一件不是事实。P是事实，但同时它也是命题。我们既不能否认它是事实也不能否认它是命题；我们说它虽然是事实是命题，而它是一个假命题。假命题的定义，最简单的说法，是一件与被代表事实(represented fact)不相融洽的代表事实(representing fact)。真命题反是。

e.不但事实有层次，命题有层次，真命题也有层次。代表不够官觉程度与超过官觉程度的真命题，其情形与本段所讨论的不同，在此处不必讨论。

D.事实与实在

实在是一极空泛的名称，也是没有多大意义的形容词。心理上的意义非常之杂。习以为常者有人谓之实，根本者有人谓之实，不就人们的范围者亦有人谓之实。在中文方面实与虚为对待名称，所以其中无有者不能谓之实。但非实在者，既必“实在”是“非实在”，也就是实在。虚实的实与非实在的实不能互相为理。有人谓“自然”二字的意义将近五十之多，恐怕实在二字的意义，其数目或者相似。

1.实在二字有一意义似乎是大家公认的意义，那就是“本身”的意义。一个东西本身是什么，它就实在是什么。

a.本身二字的意义也不精确，至少有两个看法或说法。一是同一的意义，如甲是甲。这可以说是思想律中之同一律的背景。这当然不是说甲所代表的东西本身是甲,这是说甲本身是甲,如果实在的意义是这样本身的意义,则非实在所否认的似乎不是实在所承认的,而实在与非实在就不是彼此互相否认的名称。这样说来非实在或者没有意义,或者它的意义不是否认实在。

b.本身二字还有一个意义:那是说"甲本来是乙,不是别的事物使它是乙"。这意义与以上所说的那个意义当然不同。以上那种说法可以仅包含一个单位,就是一种事物或一件事实的本身,本条的说法包含两种肯定的事物或两件肯定的事实与一件未肯定的事实或事物。如果实在的意义是本条所说的本身的意义,则非实在的意义是说"甲本来不是乙,而是另外一种事物或事实使它是乙"。这样说来实在与非实在是彼此否认的名称。

c.照以上的说法,世界上没有离开事物而自为实在的实在,只有是事物而同时是实在的东西。我们也可以说实在两字根本不是名词而是形容词。把实在当作名词解似乎说不通而把他当作形容词解似乎又没有多大的意义。恐怕最好的办法是把这名称根本取消"永不叙用"。

d.但数千年的积习不容易打破。如果我们要用本身的思想去解释实在,我们似乎要用相对的本身。如果实在的意义是上面第二说"本身"的意义,自然界有实在似乎就没有非实在。本体论有实在,似乎就没有非实在。严格地说起来,在自然方面,有非实在的时候,就不能有实在。"本身"二字似乎要有第三意义才行。如果 A 受 B 的影响,未受 B 的影响之前的 A 对于 B 是 A 的本身。这是一种相对的本身的意义。

2.事实与非事实都是实在。

a.一件事实的部分是实在，一件事实的整体是实在，一件事实可以是另外一件事实的部分，所以一件事实也可以是另外一实在的部分。

b.一件事实不仅是一件事实，同时也是一种实在。但是一件事实的部分一定要彼此融洽，如果不融洽的时候，那些部分就不能成一件事实。彼此不相融洽的事实虽不能成一件事实而可以成一种实在的情形，所以非事实的情形不是事实而是实在。

c.非事实当然不是事实，但“有非事实”这句话所代表的情形，我们大都承认其为事实。事实有层次，不是非事实，但“有事实”这句话所代表的情形我们也大都承认其为事实。但事实、非事实、有事实有非事实，都是实在。

3.事实与实在符合与否。这问题从一方面看起来没有多大的意义。我们当然不是问事实是否是事实，实在是否是实在。我们所问的是事实与它所代表的情形是否相符。但知识既是外在关系，这个问题也就不成问题。这问题另有一意义，那就要看实在是不是绝对的实在。我们所讨论的事实是与人类相对的事实，我们所讨论的实在也是与人类相对的实在。如果我们把实在当作绝对的实在我们就有以下的问题：与人相对的事实是否与绝对的实在相符。相对与绝对是极易发生误会的名称。读者请注意与人类相对的事实对于个人可以是绝对的事实，与人类相对的实在对于个人可以是绝对的实在。“一九三〇年一月十七日天晴”对于人类是相对的事实对于个人是绝对的事实。绝对的实在也不是与人类没有关系的实在，是与所有动物相对待的一种共同的实在。谈到与万事万物没有关系的实在，最妥当的办法是不谈下去。至少在此处我们可以不必讨论下去。

八、反事实与非事实

在本节我们要提出反事实与非事实的问题。事实有正反，所以反事实也是事实；非事实既不是事实，当然不是反事实。反事实与非事实均有问题值得讨论。

A.反事实的性质与种类

1.反事实至少有两种，一是普遍的，一是单个的。普遍的如“世界上没有鬼”所代表的情形，单个的如“王先生不在南京”这句话所代表的情形。

a.反事实既是事实，它也是｛φ（X……R……Y……）$\hat{R}$K｝。如果以上的例是反事实，它们也就是事实，也就可以用以上的公式代表。

b.反事实既是事实，同正事实一样；要我们知道它是反事实，我们才能说它是反事实。

c.但是“没有鬼”不是知觉现象，也不是官觉现象；“不在南京”不是知觉现象也不是官觉现象。既然如此，它们当然不是公式中的“X”与“Y”。

d.那么所谓反者是反什么呢？它似乎不是否认事实之为事实，因为否认事实之为事实，就变成非事实。“反”的成分既不在（X……R……Y……）中，似乎应在“φ”中。如果在

"φ"中，又要怎样说法才行呢？

2.如果以上所举的反事实是反事实，而反事实既是事实，以上的例也就是关系者与关系的集合。反事实或者是反事实中的关系者或者是反事实中的关系。

a.如果反事实是反事实中的关系者，则"没有鬼"变成"有非鬼"而"不在南京"变成"在（非——南京）"。"非鬼"可以是知觉现象，"（非一南京）"似乎也可以是知觉现象。但它们的具体的表现均是有量的，所以我们虽能知觉得到"非鬼"，而我们永远不能知道"世界上没有鬼"这件事实。

b.如果反事实是反事实中的关系，则"世界上没有鬼"等于"非（世界上有鬼）"而"王先生不在南京"等于"非（王先生在南京）"。如果这两件反事实是反事实，则"世界上有鬼"与"王先生在南京"不是事实，那就是说，是"非事实"。但是"非事实"也是不定的、无量的，我们怎样可以经验得到呢？一件事实可以有无量数件非筝实，我们怎样可以经验得到一件非事实呢？

c.反事实既不是反关系者当然是反关系；如果是反关系，照上条所说，就是反非事实。如果我们能经验得反事实，我们就应该能够经验得到非事实。寻常的非事实似乎都是间接得来的，而它的来源有二：

甲，我们已经经验了一件正事实。

乙，我们心理上的盼望未曾实现。

B.两种非事实

非事实有普遍与单个的分别，但与其这样分别不如根据以上所说的两种情形而分别。一种非事实是我们经验了一件事实的结果，再一种是我们的盼望未曾实现的结果。大多数的情形，两种条件兼而有之。

1.经验了一件正事实的非事实。这是比较起来容易证实一点的非事实。

a.假如“王先生在南京”是一件非事实，我们能知道它是非事实的理由有的时候是因为我们经验了“王先生在北平”的事实。

b.“一个人不能同时在两个不同的地方”是一种大家所承认的普遍情形。这个普遍的情形与“王先生在北平”那一件事连合起来与“王先生在南京”那情形冲突，我们说“王先生在南京”不是事实是非事实。

c.为什么说“王先生在南京”不是事实呢？我们既可以有彼此不能融洽的事实，则“王先生在北平”与“王先生在南京”不过是不相融洽而已，不见得前者既是事实后者就不是事实。但是我们的确可以说，如果“王先生在北平”是事实，则他在南京不是我们所能官觉得到的情形，所以是“非事实”。

d.但是为什么提出“王先生在南京”这件非事实出来呢？如果“王先生在北平”是事实，则他在上海，他在天津，等等均非事实。一件事实可以有无量数件非事实，不必使我们想到一件单个的特别的非事实。我们提出一件非事实出来，还是有心理上的盼望使我们注重一件特别的非事实而不注重其余的非事实。

2.心理上有盼望而未曾实现的非事实。

a.我们盼望王先生在南京而我们没有看见他在南京。这当然不是说我们盼望王先生在南京而在南京我们看见“非王先生”。我们可以在南京看见一百万“非王先生”而不能得到“王先生在南京”的非事实。

b.盼望之外似乎还有推论。如果王先生在南京，我们盼望他在一特别的地方，如果他不在那特别的地方，大约他就不在南京。在极狭范围之内，一种盼望与推论可以使我们于盼望失败的时候推论到一种非事实。如果同时我们经验了一件正事实可以证明这件非事实是非事实，那么我们的的确确可以说那件非事实是非事实。

c.但有些反事实是普遍的反事实是无量数的非事实集合起来的反事实。而这些非事实似乎不能有正事实做它们的佐证。“世界上有鬼”（假设它是非事实）是许多非事实集合起来的非事实。一方面我们既不能经验到“世界之外有鬼”的事实，再一方面我们也不能经验到“这里有鬼”的非事实与那里有鬼的非事实。如果“世界上有鬼”是一件非事实，它是由于“甲处有鬼”、“乙处有鬼”等等的单个的非事实推而普及于世界的一种普遍的非事实。这样的非事实似乎没有一件正事实做它的佐证使我们可以的的确确的说它是非事实。

d.但是为什么提出“世界上有鬼”的非事实而不提出“世界上有龙，有‘嘉伯洼克’，有北海若”等等及其他无量数的非事实呢？这个问题在理论上似乎没有法子对付，它包含心理上的特别情形，至于这情形是怎样得来的简直是另外一个问题与本文所讨论的问题没有多大的关系。

C.反事实与非事实的关系

1.在本段最初所要提出的问题就是层次问题。

a.一件事实在上一层或下一层可以是事实也可以是非事实，一件事实是关系者与关系的集合，本身可以做关系者。一件事实可以与另外一件事实或事体，或东西发生关系，当然也可以不发生关系。所以一件事实在下层的关系中发生是事实与非事实的问题。

b.一件非事实也有以上所说的同样的问题。在所有的关系中，有一种特别的关系，那就是承认与否认的关系，或肯定与否定的关系。承认一件事实可以是事实，如果是事实的时候，它与原来的事实层次不同。否认与承认有同样的情形。

c.否认与承认大都包含官觉者或知觉者。这官觉者或知觉者不必是人，我们也不必讨论到人，不过我们所讨论的碰巧是人而已。

2.反事实与非事实的关系。

a.如果“ARB”是事实，则“它是事实”也是一件事实。

如果“ARB”是事实，则“它不是事实”是一件非事实。

b.如果“ARB”不是事实，则“它是事实”是一件非事实。如果“ARB”不是事实，则“它不是事实”是一件事实。

c.第一种情形可以称之为正事实，第二种情形可以称它为反非事实，第三种情形可以称它为正非事实，第四种情形可以称它为反事实。

d.照以上说法，“世界上没有鬼”、“王先生不在南京”，如果是反事实的时候，都是否认一件非事实为事实的情形。反事实者不是反事实之为事实，是反非事实之为事实。“世界上没有鬼”是说“世界上有鬼”这情形不是事实，那就是否认它是事实。“王先生不在南京”是否认“王先生在南京”这情

形（或这件非事实）是事实。

3.为什么不用反事实解释非事实而以非事实解释反事实呢？对于这问题我们似可以注意以下诸点。

a.反事实与非事实的确不同。如果相同我们当然不能以其一解释其二。它们的不同点根本就是：反事实是事实而非事实不是事实。反事实表示一件事实不是正事实，非事实表示一种情形不是事实。

b.从心理方面或经验方面说，反事实与非事实没有先后的问题。它们似乎都包含未实现的心理上的盼望。在经验上不见得先得了非事实然后再到反事实，也未必先得了反事实然后才推到非事实。经验上我们以非事实解释反事实似乎是没有什么益处的。

c.但在理论上非事实比反事实根本。（甲）我们方才已经说过，非事实与事实对待，反事实与正事实对待，正事实既不若事实之根木，所以反事实也不若非事实的根本。（乙）反事实既否认一件非事实之为事实，它与它所否认的那件非事实的层次不同。它的层次低，所以它所否认的那件非事实在理论上比它根本。

d.既然如此，无论心理与经验方面的情形如何，在理论上我们应该用根本的去解释比较不根本的，那就是说应该用非事实去解释反事实。

D.反事实与非事实在自然界的位置

1.自然界这三字自少有一极宽的意义，与一极狭的意义。

a.如果我们把所有的一切都认为自然，则自然界三字的意义是极宽的意义。这样的自然界包含人。知识论的对象就是这样的自然界,如果不是,我们似乎无法研究知识论,理由在此处且不讨论。在这极宽义的自然界中,反事实与非事实都是自然。

b.如果我们把自然界的范围限制到天文学、地质学、物理学与无机化学所研究的对象,则自然界三字的意义是极狭的意义。在这极狭义的自然界中,反事实与非事实不是自然。

2.反事实与非事实都是实在。反事实既是事实当然是实在。

a.在极狭义的自然界中,反事实与非事实都是实在,但此处实在两字的意义是表示思想律中之同律的背后的情形。那就是说实在二字的意义极抽象。

b.在以上所说的极宽义的自然界中,反事实与非事实也都是实在。实在二字的意义在此处比较着实。反事实与非事实不仅它们各是它们自己的本身而且没有它们因果系统之外的力量或东西使它们成其为反事实与非事实。

c.那就是说一种反事实物观地是反事实,非事实物观地是非事实。但任何一件非事实与反事实有它那一种的因果系统之外的成分使我们提出那一件而不提出同种之中另外一件非事实与反事实。这就是以上所说的,我们提出一件反事实与非事实因为我们对于它们有一种心理上的盼望。这心理上的盼望是例外的,属于一时一地的因果系统。关于这种因果系统,论"知觉现象"时,已经提及,此处不再讨论。

d.一时一地的因果系统仅影响到"提出"一件反事实与非事实而不影响到所提出的那一件反事实与非事实。一件反

事实与非事实也就物观地是反事实与非事实，也就是(b)条所说的实在。

3.反事实及非事实与知识、命题、真理等有关系。反事实既是事实，它与各种情形的关系已经讨论过，可以不再提及。

a.非事实与知识的关系是外在关系。以上已经说过，非事实虽有心理成分而心理成分仅影响到提出一件非事实而不影响到所提出的那件非事实。

b.非事实可以有知觉成分。知觉成分与它所代表的固有成分的关系是外在关系。

c.非事实可以有人事成分。如果介绍新因果系统是创造事实，那么人可以创造事实，如果人能创造事实，同时也就创造差不多无量数件的非事实。非事实与人事成分无固定的关系。

d.假命题是一件与“被代表事实”不相融洽的“代表事实”。如果被代表的情形是一件非事实，则与那件非事实相融洽的“代表事实”是一个假命题。

同·等与经验*

这篇文章可以说是讨论论理之必要的文章,但“论理”之必要可以从许多方面谈起,范围太广。本文只论同、等与经验的关系。先说同。此处所谓同者是英文中的 identity 不是英文中的 similarity。中文中有“同”、有“一样”有“差不多”的分别。“差不多”者,不尽同也,与本文的题目不相干。本文之所谓同者,是完全的同、绝对的同、没有异的同、不能分别的同。这样的同,(一)在经验中是否是一种事实;(二)在论理中是否能得理论上的证明;(三)如不必是事实而同时又不能证明,我们是否应用屋干雉刀把这个思想割去;都是本文所要讨论的问题。

一

甲

在经验中是否是事实一问题,我们所应注意的,最初就是“经验中”三字。在经验外是否有事实,如果有事实,是否有

---

* 原刊于《哲学评论》第 1 卷第 5 期,1927 年 11 月。——编者注

绝对的完全的同，都不在本段范围之内。

本文专论经验中的事实问题。问题是在经验中是否有完全的绝对的同。对于此问题我们可以先谈相同，次谈自同。我们所以能说相同时，十有九就包含多数事物，至少两事两物。问题是甲乙两事或两物之间是否有完全的绝对的同？对于此问题，我们似乎可以很简单地说没有。在经验中，甲乙无论若何相同，他们总有不相同的地方。如果我们承认两物不能同时在一地方的话，那么（一）空间的地点就不同。甲乙既为两事或两物，那么自然就不是一事一物，既然不是一事一物，我们可以说甲一乙二，也可以说乙一甲二，（二）甲乙的数目就不同。我们的本身也是一种事物，也不能同时在两地方，所以我们对于甲与乙不能同时得相同的观点，既然不能同时得相同的观点，（三）甲乙在我们的经验中，就不能完全相同。即令我们在两时期中可以得相同的观点，而时期不同，（四）我们对于甲乙的经验也就不同。我们观察愈精愈微的时候（五）十有九甲乙的颜色、形式等等不同的点愈多。如果我们觉得五官的经验不精不微，因而利用试验室的器具如显微镜等，（六）五官经验中甲乙相同的地方又十有九不同。我们可以说在经验中甲乙不能完全的相同、绝对的相同，也可以说在经验中没有这完全相同、绝对相同这回事。

现在再说自同。此处所谓自同者仍是相同，不过不是两事两物的相同，是一事或一物与它自己的相同。此段的同与上段的同有分别之必要，没法想只得名之为自同。至于自同两字在理论上是否有根据，现在暂且不论。问题是经验上是否有自同的事实？我们所应注意的约有以下数端。

（一）我们的经验是一种事实发生时间的关系。无论从哪方面看来，经验是有始有终的事实。此处所谓经验者是常识中的经验，是根据五官的经验、科学试验室中的经验。这样的经验是有量的，不是无量的。一生的经验在有量时期中间，一分一秒钟的经验也在有量时间中间。我们可以说经验有始终，所以它经过的时间不能无量，也可以说它经过的时间不能无量所以一定有始有终。但无论怎样说法，经验似乎是大家所承认为有始有终的事实。

（二）经验既有始终，经验中所得的事实也有始终，经验所谓“物”者也可以说是“事”。所谓一支笔者，可以说它是东西，也可以说它是事。事之始与事之终就有分别之必要，因为它们在时间上的位置不同。无论从他方面看来，一件事是否与它自己相同，而它的始与它的终在时间上的位置既然不同，这一件事就有分作两件事的必要。那么我们似乎不能逃出两个结论：（a）所谓一件东西与它自己相同者就是在一件事的历史中，其始与其终无异（始终之外历史的程序此处不论）；而所谓“自同”者，在经验中仍是“相同”，（b）一件事的始终在时间上的位置既然不同，所以一件东西与它自己不能完全全相同、绝对相同。

（三）至于在经验外的事实，是否发生完全自同、绝对自同的情形，我们可以说：（a）这种自同与经验无关，因为它是在经验之外，（b）假设有这类的情形，我们在经验中不能知道有这类的情形，更不能证明有这类情形；（c）即令在经验之外有这种完全自同、绝对自同的情形，我们对于这类情形的思想，也就不能从经验中得来。

（四）时间在经验中虽是有量，而我们可以超过经验之外，大用其空想、幻想、玄想的工夫，先把时间分析到无始无终无量的刹那，再想到刹那的情形。我们可以说在一刹那（"一"字在此不通，但不得不用"一"字的道理，也就是本文全篇所要说明的道理），有完全自同、绝对自同的情形，因为刹那既是无始无终无量，一个东西在时间上就没有位置问题，既没有位置问题，就不能有时间上的分别，既没有时间的分别，就不能说没有完全自同、绝对自同情形。对于这一层我们应注意以下数点：（a）虽然时间上没有分别，我们不能知道与证明，从他方面看来，一个东西是否有完全自同、绝对自同的情形；（b）即令有这类情形，而照以上已经说的理论看来，这类情形与经验无关，它既然不在经验范围之内，我们自然不能从经验中知道它、证明它。

照以上的道理看来，完全的同、绝对的同，无论自同与相同，都与经验无关。但是在理论方面，这类的"同"有根据没有呢？在理论上没有根据的东西，在经验中不见得没有根据，而在经验中没有根据的东西，在理论上也不见得没有根据。在乙段我们要从论理方面讨论这问题。

乙

从理论方面讨论这完全的同、绝对的同的问题，我们似乎应该注意以下数点。

（一）命题不能成立。如果我们说"甲与甲自同"，我们可以问所谓自同者是完全自同呢还是比较的、相对的、相同呢？如果是比较的、相对的相同，那么这种相同与本文无关。如果是完全的、绝对的自同，那么，这句话不能成立，因为第一个甲与第二个甲就不同。写在纸上，这两个"甲"的地位不同，用在话里，它们的时间不同。而从文法字句方面看来，它们又不能不有分别。结果是如果这个命题的意义是要说甲与甲完全自同、绝对自同，这个命题既然发生许多甲与甲不同的地方，它自己就不能成立，因为它的本身与它的意义相冲突。

（二）自同仍是相同。所谓自同者是自己与自己相同，结果仍是相同，这是很容易明白的。我们可以说我们谈到同，至少就包含"二"的思想，因为"同"是一种关系，而关系者不能不是多数。虽然从经验方面看来甲可以是一个东西，或者是一件事体，或者是一种事实，而在甲与甲相同的关系中，甲不能不分为两部，不然无关系可言。我们也可以说同既然是一种关系，自同就是相同，自同既是相同，那么相同者就不能不有分别。既有分别，就不能完全相同、绝对相同。

（三）命题与事实的关系。这关系应该作若何的解释，我们在本文可以不问。很普通的一种思想是说命题要代表事实，与事实符合才能算为真的命题。现在不管这种思想可以说得通说不通，我们暂且把它当作一种标准，同时假定甲段第四条所幻想的情形为事实，看那种事实是否可以用命题来代表。幻想得到的刹那的完全自同、绝对自同，似乎是没有分别的可能，没有半点不同的地方；而我们的命题，又如本段第一条所说，不能不有不同的地方；那么我们的命题就与事实相反，就不能代表事实。虽然我们可以说命题中甲与甲的不同，是语言文字上的不同，与甲的本身没有关系；而不同终是不同，与完全的、绝对的同冲突，我们依然可以说我们的命题不

能代表我们所假定的事实。我们可以想方法，我们可以说“除命题中的不同外，甲与甲完全自同、绝对自同”。但这样一来，我们虽然不能不承认这个命题可以代表假定的事实，而从另外一方面看来，我们又免不了承认这命题中的“完全”与“绝对”就不完全不绝对了。照以上的道理看来，如果命题要代表事实才能算是真的，那么我们所讨论的命题，不能代表我们所假定的事实，我们只得当它作假命题了。

（四）不能从论理推理出来。推论的方法可以说有正面，也可以说是有反面。反面的命题大约有两，一是，“甲与乙不完全自同、绝对自同”。这命题所包含的命题可以说是无量数的，而在这无量数命题中没有一个是我们要得到的命题。二是甲与甲不自同。这命题不自相矛盾，所以在理论上不能证明它的反面是真命题。从正面更是推论不到。正面的推论完全看我们的前提。如果我们的前提包含自同，我们用不着推论，而自同之不能证明与从前一样，如果我们的前提不包含自同，我们无论怎样推论，无论怎样想方法，都是没有用，我们不能推论到自同。

丙

照以上的理论看起来，一方面我们不能从经验中找完全自同、绝对相同的事实，再一方面又不能从论理上得完全自同、绝对相同的思想，那么我们谈到完全与绝对的同，我们岂不是做梦吗？做梦也是有趣味的事，我们睡在床上可以做梦，谈哲学的时候也就不能说完全不能做梦。但是做梦的范围非常之广，如我们不加限制，让我们在梦里寻生活，我们不醒则已,醒的时候,就不免有困难的问题发生。如果我们要找一种限制的方法,我们可以用什么标准呢?如果我们以经验为标准,举凡经验所不能得到的,我们都可以丢开置之不理,那么自同的思想当然也在被否认之列。我们既知经验中没有完全自同绝对自同的事实,而我们何以要保存这种思想呢?

我们要保存这种思想的道理,简单言之就是要对付经验。我们要对付经验,就不能不条而理之,就不能不组织经验。语言文字也就是对付经验的一种方法,如果没有语言文字,我们对于我们的经验,就不容易对付。如果我们没有完全与绝对的同,我们的语言文字就没有意义,就失了功用,既失了功用,我们就不容易对付经验了。我们在本段,应注意以下数点。

(一)如果我说以下极寻常的话:(1)“这张桌子是方的”,(2)“这本书是红的”。“方”是形式,第一句话之所以能有意义者就是那张桌子既然是方的,就不是圆的;“红”是颜色,第二句话之所以有意义者就是那本书既然是红的,它就不能不是红的。这一类的话非常之多,可以都变成“甲是乙”的形式。甲是乙之所以有意义者,可以从两方面说,一方面甲不是非甲,如果甲可以是非甲,那么,甲是乙这句话就等于“丙丁等等是乙”而所谓甲者就没有一定的范围,而这句话就没有意义。乙也就不能是非乙,如果乙可以是非乙,甲是乙这句话也没有意义。从再一方面看来,甲既然不是非甲,那么甲就是甲;乙既然不是非乙,那么乙就是乙。“甲是乙”这句话之所以有意义者就是“甲是甲”、“乙是乙”。

(二)“是”字有点问题,甲是甲与甲是乙两句话中的是字的意义不同,甲是乙这句话与完全的、同绝对的同无关。甲是

甲这句话就包含完全与绝对自同的意义。如果甲与甲不完全的绝对的自同，我们就不能说甲是甲。我们对于此问题似乎应该注重以下两点。(a)我们说甲是甲的时候，似乎是把甲当作一种抽象的东西，把它提出时间空间范围之外，因为不如此就有时间与空间上不同的点发生而甲就可以不一定是甲。(b)受时间空间范围的甲，我们就不能简简单单地称它为甲，我们一定要称它为某时某地的甲而某时某地的甲就不必与另一时另一地的甲相同。经验中或者只有一甲而理论上，就有两甲，我们可以说此甲是彼甲，我们也可以说彼甲非此甲。(c)照上段的话看来，甲是甲这句话之所以有意义者，因为甲既是甲就不是非甲。可见甲是甲这句话包含甲与甲完全自同的意义，因为不完全自同，甲就可以是"非甲"，如果甲可以是"非甲"，甲是甲这句话就没有意义。

(三)如果没有完全自同、绝对自同的思想，我们所说的话就没有意义，如果我们所说的话没有意义，语言文字就失了它们的功用，我们也就不容易对付经验。如果我们可以指鹿为马，不但所谓马者不必为马而所谓鹿者也就不必为鹿；如果马可以不必为马，鹿不必为鹿，就是有人指鹿为马，我们也不能用言语来形容这种事实；如果我们说"他指鹿为马"我们所说的话等于"指狗为猪"、"指人为鬼"。马既可以为鹿，就可以为非马，而所谓马者就没有意义了。

综合以上的讨论，我们可以说语言文字是一种对付经验的工具，语言文字要有意义才能对付经验，如果要语言文字有意义，我们要有完全自同、绝对自同的思想。这种思想虽然不能从理论上推论出来，也不能从经验归纳出来，而我们既然要用这种思想，我们只得假定有这回事。我们可以说完全自同、绝对自同是一种经验的要求而不能不假定的思想。下节论等与经验的关系。

二

甲

本文之所谓等是完全的等、绝对的等。如果是大小的相等，就没有大小的分别，如果是长短的相等，就没有长短的分别，如果是轻重的相等，就没有轻重的分别。可以长短相等而轻重不相等，轻重相等而大小不相等。等的范围小，同的范围大，但是不因为等的范围比较的小问题就因之比较的简单。等的问题似乎比同的问题还要复杂一点。

等的问题也可以分两层讨论，(一)自等，(二)相等。自等比较的简单，所以先谈自等。

(一)自等仍是相等，所谓自等者，自己与自己相等，所以仍是相等，但是为便利讨论起见，我们可以暂且分别作为两类的等。完全自等、绝对自等，是否可以在经验中实验得来呢？在此处我们又要声明，我们的问题不是世界上有完全自等的事实与否，我们的问题是经济问题。世界上或者有完全自等的情形，但是我们无法经验这种情形，我们不能知道有这类的情形，我们既然不能经验这种情形，我们对于这种情形的思想就不能从经验中得来。

但是完全自等似乎是很寻常的事，何以见得我们不能经验它呢？对于这问题我们也可以分作两层讨论：(一)在刹那

的自等；(二)在有量时期中的自等。刹那不是经验中的事，在一刹那是否有完全自等的情形我们不能知道，就是有这种情形，就是我们幻想有这种情形，我们也不能经验这种情形。我们可以说在刹那的自等，与经验无关。

对于有量时期中的自等，我们应注意以下数点。(a)有许多东西在长时期中不自等，铁路上的铁轨夏天涨冬天缩，在夏冬两季就不自等。(b)自等似乎没有标准。如果我说甲与甲自等，别人问我怎样知道这一回事，我就没有办法。至多我只能拿乙来量甲，但是乙自己若是不自等，我们就不能用它来量甲。不用乙、丙、丁等我们就没有标准使我们知道甲与甲相等。而乙又不能用，因为我们不知道它自己是否自等。如果我们不以为它自等，我们势必要另外找标准，因而求助于丙于丁，而求之于无量数之丙丁，我们也不能得一种标准。但是如果我们假设乙与乙自等，我们又无须于乙，我们可以以同样态度对付甲，我们也可以假设甲与甲自等。我们虽然可以说我们所以要这种假定的理由是从经验中来的，而我们不能说这种假定是经验中得来的。(c)自等没有一定的意义。所谓自等者是自己与自己的体量相等呢，还是一物一事与众物众事的比例相同呢？自等至少有以上两种意义而我们谈话时，大都不注明是哪一种意义。如果我说我这个大西瓜有30斤，上午是30斤，下午也是30斤(靠得住否在此不论)，我可以说他自等。但是如果上帝寻开心，在12点钟的时候，把世界上所有的东西都加重一倍，我的西瓜固然上午仍是30斤，下午也仍是30斤，但是自等与否呢？从事物上的比例看起来，我们可以说它自等，而从时间上的变化看起来，我们也可以说它不自等。如果上帝把世界的东西都加重一倍,只余西瓜仍旧,我们又怎样办法呢?我们可以说西瓜自等,也可以说它不自等。有两种说法的可能,就没有一种说法的必要,而自等的意义就不清楚。(d)但是以上的变化不是经验中的事,与经验无关,所以在经验中的自等不是自己与自己的体量相等,而是事物的比例相同。既然是比例相同,自等就是相等。那就是说所谓甲与甲自等者,是甲的体量在一时期内与乙、丙、丁等等的体量有不变的比例。自等既是由比例得来,它的问题也就是相等的问题。如果我们在经验中不能得完全相等,在经验中也就不能得完全自等。在下段我们讨论经验中的相等问题。

乙

世界上或者有完全相等的事实,而在经验中我们找不出这种事实。经验中的相等是差不多的相等,不是完全相等。

(一)如果有甲、乙、丙、丁四东西,我们用手拿起来,比较它们的轻重,我们或者得到以下的结果:甲与乙相等,乙与丙相等,丙与丁相等。但是如果我们不照以上的次序,用手拿甲和丁来比较,我们或者得甲与丁不相等的结果。我们当然要想到我们的手靠不住,如果我们用精巧的秤,不但可以找出甲与丁不相等,而且可以知道甲与乙、乙与丙、丙与丁都不相等。我们的手固然靠不住,但是我们可以问这精巧的秤就靠得住吗?我们用同样的秤可以找出一个A来与甲相等,找出一个B来与乙相等,找出一个C来与丙相等,找出一个D来与丁相等。我们可以问甲与A完全相等吗?恐怕我们制造一种

更精巧的秤后，我们可以证明甲与A不相等。我们的手固然靠不住，我们所制造的工具也就不见得靠得住。如果一步一步地追上去，经验中之所谓相等者，我们也可以经验中证明它不相等，而经验中所得的最后的相等，我们也就不能当它做完全相等。

(二)经验中既不完全相等，经验就不免有上段说过的情形：

甲=乙，乙=丙，丙=丁，而甲≠丁。

这情形亨利卜应加雷曾讨论过它，以为这情形有矛盾的地方。我以为不见得。(a)以上的结果不是

甲=乙=丙=丁，而甲≠丁。

如果仅仅是甲等于乙等于丙，甲没有与丙相等之必要。经验中既没有完全的相等，只有差不多的等，我们似乎可以把"等"当作形容词，而当作一种普通的形容词后，甲丙可以同等于乙而彼此不相等。"你是人"与"他是人"这两句不能使我们得到"你是他"的结果，何以见得甲等于乙，丙等于乙，甲与丙一定相等呢？(b)即令以上所说的结果可以用以下的方式说明，

甲=乙=丙=丁，而甲≠丁；

也不一定有矛盾的地方，因为甲等于乙等于丙等于丁是一事，而甲不等于丁又是一事。这当然也看我们的看法怎样。如果我们注重次序，而次序不能颠倒，那么这两句话当然没有冲突。我们可以说，徐世昌是"不学无术"不是"无术不学"，也不是"不术无学"，更不是"无学不术"，因为字句的次序变了之后，意义也就变了。如果我们注重次序，甲可以等于乙等于

丙等于丁,而同时不等于丁。

（三）其所以说经验中的结果有矛盾的情形者,因为我们无形之中已经应用几何上的原则“甲乙同等于丙,则甲乙相等”。我们要知道几何中的等是完全的等,不是差不多的等,经验中的等是差不多的等,不是完全的等。照几何的道理讲起来,甲乙差不多与丙相等的时候,甲乙不能彼此相等,因为差不多的程度不一样。如果差不多的程度是一样,那么甲乙就不是差不多与丙相等,而是完全与丙相等了。几何中的等与经验中的等是两件事。如果在经验中我们不用几何中的等,经验的结果,就不至于有冲突。在几何中不承认经验中的等是等,才有以上所举的几何中的原则。这两种等不必同时并用的,何以我们一定要一律保存呢?如果我们不用几何中的等我们就不能对付经验吗?

丙

我们在这一段可以注意以下数点。

（一）经验中虽然只有差不多的相等,而实用方面也不见得十分不便当,我们仍然可以计划。如果有一匹布,我用尺量一量是 30 尺,我虽然知道经验中没有完全的相等,所以我们的布不是完全的、绝对的 30 尺,我所用的尺也不能说完全的、绝对的是 10 寸,而所有的尺的$\frac{1}{10}$也不能说是完全的、绝对的是 10 分,然而我可以说我那匹布是 30 尺。在这种差不多相等的情形之下,所有的计量也就是差不多,所谓一匹布是 30 尺者,不过是说那匹布不是 29 尺 9 寸 9 分,也不是 30 尺零 1 分,如果我们再追求下去,我们可以说,那匹布不是 29 尺 9 寸

9分半，也不是30尺零半分。如果我国计量的程度到这地步，已经可以说是极精细的了，寻常日用，已经有余，不必再求精细。

（二）各种事物体量的比例，与我们对于等的思想没有多大的关系。我们固然不能说这种比例一定不变，也不能说这种比例一定要变，我们固然不能保"上帝"不和我们寻开心，也不能说他一定要和我们寻开心。同时即令这种比例时常变更，我们不见得就可以知道。如果经验不出常轨，我们就不能知道有变更；如果经验反常，我们知道事物体量的比例，发生了变更的事实，我们对于这种新事实我们也还是要用经验中能办得到的方法来对付它。那就是说，即令事物体量的比例时常变更，我们也不能用几何中的等来权衡经验，因为几何中的等不是经验中所能应用的。照以上的讨论看来，即令我们不用几何中的等，我们从寻常日用方面着想，似乎也可以对付经验。同时引用完全的等，又有困难问题发生。

（三）完全的等、绝对的等，既然不是经验中事，第一困难问题就是要用怎样的方法才可以用它来对付经验。它与经验只能发生理论上的关系，不能发生经验上的关系。理论上的关系，在此处可以不论，没有经验上的关系，是定义问题，显而易见也用不着说。即令我们想了方法，也就免不了经验与理论相违的问题。一方面我们说一匹布是三十尺，另一方面我们又说那匹布不能完全的、绝对的是三十尺。经验中的尺，不定是理论上的"尺"，而理论上的"尺"在经验中又寻找不着。如果我们专靠经验，我们只有经验上的困难问题，如果我们引两种标准，除原有问题之外，我们又加了两类标准混合的问题。

（四）如果两物差不多的相等，一定就有不等者在，如果两物完全相等，就不能有不等者存乎其间。在经验中，等是经验问题，不等也是经验问题，只要从经验中找不出不等的地方，两物就可以说是相等。但是从理论方面着想，经验中的等既不一定是“等”就难免有不等的地方。所谓“等”者既是完全的、绝对的，凡是理论所称为不相等的东西，都是相差量，这种相差量无论若何之小，只要有它，就不能发生完全相等的情形。如果我们要引用完全的等与绝对的等，我们就不能不讨论这种相差量，给它一种理论的解释，而这问题在理论上也就不是一个简单的问题。

（五）经验中的不相等不发生连接问题。甲与乙不相等，甲乙之间一定有丙比甲大比乙小。理论上不相等发生连接问题，甲与乙不相等，甲与丙之间也一定有丁比甲大比丙小，甲与丁之间，一定有戊比甲大比丁小。照此一步一步地推论上去，就免不了推论到连接的问题。连接问题也是一个很难的问题。如果我们要用完全的等与绝对的等，我们似乎不能不讨论这个问题，给它理论上的解释。

本段所举讨论的结果是（一）不用完全的等的思想，在寻常生活中不一定发生不便的情形，（二）用完全的等的思想反引出许多困难问题。那么，免难就易，我们似乎不应该引用完全的等、绝对的等了。我们有什么理由要用它呢？引用它的道理，有一部分与引用同的道理一样，有一部分不一样。

丁

引用完全的等虽然有以上的困难问题发生，而我们还是

要用他者，似乎有以下的理由。

（一）如果不用完全的等，所谓等者，没有绝对的意义，因为它是差不多的相等，所谓不等者也没有绝对的意义，因为从另外一方面看来，它可以成为差不多的相等。如果有两匹布，一匹三十尺，一匹二十五尺，这两匹布相差有五尺，我们说它们不相等；如果有两条路，一条是一千里零十尺，一条是一千里零五尺，这两条路相差也有五尺，而我们说它们相等。等与不等只有相对的意义：那就是说离开一种特别情形，一种特别范围，等与不等就没有意义。我们不能说甲与乙相等，我们似乎一定要把详细的情形说出来，在某种情形之下，从某些方面看来，它与乙可以说是相等。总而言之，如果我们不加限制、不加说明，就差不多无所谓等与不等。

（二）几何上的原则是完全相等的原则，不是差不多相等的原则。如果我们引用完全相等的思想，我们方可以说“甲乙与丙相等时甲与乙相等”，如果我们只承认差不多的相等我们不能说“甲乙与丙相等时甲乙彼此相等”。这道理极容易明白。甲与乙虽然同时与丙差不多的相等而差不多的程度不能一样，因为差不多的程度充其量也就是差不多相等。程度既不一样，那么甲与乙可以同时与丙相等而彼此不必相等。彼此可以差不多相等，也可以不相等，有两种说法的可能，就没有一种的必要。如果我们仅仅承认差不多的相等，不承认完全的相等，我们不能引用几何中的原则。

（三）如果我们不能引用几何中的原则，推论的范围就缩小，恐怕不但缩小，而且消灭。甲、乙、丙、丁虽然同时与A差不多的相等而我们对于甲、乙、丙、丁彼此的关系，简直没有话可以说。甲、乙、丙、丁的体量的关系可以有数万种,甚而至于无量数种,我们非一个一个的试验不能找出它们彼此等与不等的关系出来,未试验之前半句话都不能说。那就是说没有推论的可能。如果我们承认完全的等,我们可以引用几何中的原则,我们可以说甲、乙、丙、丁与 A 相等时,甲、乙、丙、丁彼此都相等,我们用不着一个一个地试验。理论上的推论一大部分是得力于完全相同,科学上的推论,很有一部是得力于完全相等。

(四)前节所讨论的同也与推论有极密切的关系。就从极老式的论理方面着想,两命题之所以能得一结论者一定要有它们的共同的名词(middle term)。如果这个共同名词的意义在两命题中不完全相同,我们就不能得结论。那就是说,如果我们不假定一种完全的绝对的同,在理论上的推论也就要受很大的限制。照第三、第四两段看来,完全的等与完全的同都是推论所需要的条件。我们可以说打倒它们,也就打倒推论,至少也要限制论理中的间接的推论。

(五)科学也可以说是组织经验的一种工具。如果推论受限制,科学也就要受限制。科学中的推论与"等"的关系似乎是非常之深。我对于科学没有研究,不敢有所讨论,但从普通方面着想,科学中的方程式似乎大都包含完全相等的意义,科学家或者不承认事实上有完全相等的情形,而理论上他们似乎不能不引用完全相等的假设。事实上的计量或者是统计的,免不了一种"平均"的性质,而理论上科学家似乎要把这种平均的计算当作绝对的标准。光的速度好像有这种情形。物理、化学既免不了这类的方法,其他自然科学更是要引用这

类的方法。科学愈精密的地方引用数学似乎愈多，引用数学的地方既多，引用完全相等的思想的地方也就多了。

（六）几何、教学似乎非引用完全相等的思想不成。如果没有完全相等的假设，数学方程式似乎没有意义。数学方程式之所以有意义者，在它的推论的可能性，限制推论，或者消灭推论恐怕方程式的意义也受了限制，或者得了无形的消灭。如果我们不假定单位是完全相同或者完全相等，4×4 的面积与 2×8 的面积就没有多大的关系。如果单位不完全相同绝对相等，在理论上 4x4 就不必等于 16，而 2×4 也就不必等于 16，即令他们相等而第一面积的 16 与第二面积的 16 也可以不相等。我们对于这两面积，不但不能得相当的结论，而且方程式也不能成立。

三

以上两节的讨论似乎有以下的结论：

甲，完全的同、绝对的等都不是从经验中得来的，在论理中也没有理论上的来源。

乙，为对付经验起见，我们似乎不能不用完全的同、绝对的等。

前此已经说过，本文也可以说是讨论论理之必要。理论与经验也有以上讨论的情形。从历史方面看来，论理或者是从经验得来的，而从理论方面着想，不是从经验中得来的。论理既然是理论的本身，当然没有论理上的根据。既不是从经验中得来，又没有理论上的根据，我们何以要用论理呢？我们在历史上何必千方万法从经验中推论到一种不完备的论理格式来呢？大多数人的意见或者不免把论理当作一种极无味、极笨的东西，同时与人情事物又没有多大的关系；如果我们致力于此道，我们不免虚耗光阴。我以为我们对于这问题的答案与以上所讨论的结果一样：我们要研究论理，也就是要对付经验。以上的讨论当然仅仅限于“同”写“等”而严格地说起来，所得的结果也就是限于这两端。但论理范围大，不是一两篇文章所能讨论的，我们只得举出一二点来代表其他。如果同与等的问题可以代表论理的问题，那么我们所得的结论，也就可以引用到论理本身上去。

论 手 术 论*

一、前 言

在天文学及物理学中的原子论研究的对象，大都不是我们普通所谓能直接经验的东西。量一星与另一星的距离，说它是几亿几兆英里，所量者不过是天文台或试验中的现象，或举动，或事实。原子论的情形一样，说电子的半径等于 2×10^{-13}厘米。从试验方面的证实着想，也不过是形容试验室中的某种举动或某种手术与表示由此种举动或此种手术所能得到的结论。这种情形是事实。

手术论就是把这种事实变成学理。为达到此目的起见，一方面把感觉世界中的事物，另一方面把思想世界中的概念，均视为我们在研究程序中所运用的手术。这个办法与常识相反，与普通哲学思想也相反。它似乎有以下的便利。

自然与我们对于自然的知识打成一片，没有所谓"符合"的问题。这个问题虽未解决，而实取消。

我们对于自然界所得的知识，其真假问题只有手术方面

* 原刊于《清华学报》第 11 卷第 1 期，1936 年 1 月。——编者注

的相融，或概念方面的一致，事实上知识的可靠性反因此而严格。

在非感觉世界，即天文学或电子学世界，这样的学理可以免除玄而又玄的思想；可是，这一层不必要求把习惯变成学理，只要承认严格的手术习惯，毫无根据的思想就自然而然地取消。

手术论虽有以上的便利，也有很大的困难，根本问题还是要看我们的看法如何。本文提出一种看法所有的困难，所以也是对于手术论的一种批评。在未提出批评之前，我们要把批评的对象弄清楚。手术论虽持之者众，而最初把它提出来作理论化的研究者，据我所知，就只有哈佛大学的 Bridgman 氏。以下的批评完全是由他的 *Logic of Modern Physics* 而引起的。在这本书中，手术论的中坚思想有以下一句话表示："一个概念就是与它相应的一套手术。"本文的批评虽由 Birdgman 的书而引起，可是所批评的不必就是他的手术论。读者请注意以下诸点。

（一）本文所批评的不是手术，而是一种手术论。在物理学与天文学方面，手术的引用必有其事实上的理由；研究物理学与天文学的人们，根据他们的理论，或经验，或工具，或研究的对象，对于各种手术不免有所批评、有所选择、有所取舍；局外人因为没有相当的训练，对于这种手术似乎没有批评的理由或根据。我既是局外人，我对于这两门学问所引用的手术，不敢有所批评。

（二）本文所批评的不是物理学与天文学范围之内的手术论而是普遍的手术论。关于这一层，Birdgman 的思想似乎有界限不清楚的毛病。有时他所说的似乎是物理学、天文学范围之内的手术论,有时他似乎又把手术论推广到这两门科学范围之外。即以他所说的 physical concepts 而论,如果这是物理学的概念,concepts in physics,我也不敢有所批评,但 Birdgman 又以为 physical concepts 与 mental concepts 是两种不同而又相对待的概念,果然如此则所谓 physical concepts 就不仅是物理学的概念了。无论如何,以下所批评的不是限于一两门科学的手术论,而是普遍的手术论。

(三)研究物理学与天文学似乎不能离开手术,这似乎是一件事实。物理学与天文学是否包含(contain)限于这两门科学范围之内的手术论,我可不知道。这问题似乎是物理学家与天文学家的事体,我们弄哲学的人们似乎不能过问。本文所要表示的是:物理学与天文学虽可以包含狭义的手术论,而不能蕴涵广义的,或普遍的手术论。那就是说这两门科学可以说得通,而普遍的手术论不必就说得通;普遍的手术论说不通,这两门科学不必就说不通。

普遍的手术论仍以 Bridgman 的那句话为中坚思想:“一个概念就是与它相应的一套手术”;不过所谓“一个概念”者是任何概念,而不是一门学科中的概念而已。本文假设 Bridgman 的手术论是普遍的手术论,分以下诸点讨论。

二、唯一的手术

普遍的手术论要以手术去定任何概念的意义。以手术去定概念的意义,非有唯一的手术不成,这一点是 Birdgman 所承认的。但他的所谓“唯一”似乎有两层意思:(1)是一套手

术与另一套手术的分别，而每一套均为唯一，例如以触觉去量长度与以视觉去量长度，所运用的手术根本不同，所以概念亦因此而异；（2）是在某一套手术中，具某种条件的手术是唯一手术，否则不是。前一层意思本文视为不必讨论，后一层意思则非提出讨论不可。

A.唯一手术的要求

唯一的手术有以下的要求。

a.一套手术之中，事实上每一次所运用的手术，因为它是具体的占时空的事体与另一次所运用的手术至多只能相似，不会完全相同。执任何事实上所运用的手术以定一概念的意义断然不成，因为在一套事实上所运用的手术之中，有比较近实际或比较合标准的程度不同的问题。

b.既然如此，我们在一套手术之中，用哪一次所运用的手术去定一概念的意义呢？有选择，就有标准问题。没有标准，就只有武断。定标准可以武断，用标准绝对不能武断。选择既不能免，所引用的标准是怎样的标准呢？

c.无论所用的标准是什么，在主张普遍手术论的人们所用的标准也要有手术方面的根据才行，不然，手术论或者根本不是学理，或者虽是学理而不是普遍的学理。这一点在不主张手术论的人们没有问题。

B.唯一的手术标准

a.唯一手术的标准免不了是一大堆的“如果——则”的命题，而这一堆“如果——则”的命题之中，“如果”部分之下列举手术方面的条件。例如量这张桌子的长度，虽量十次，其中不必就有一次是唯一的手术。可是如果所用的是标准“尺”，运用尺的路线是“直线”，运用时尺与尺的相接毫无“间隔”，房子里没有影响尺的长短的“温度”等等，则所运用的手术是唯一的手术。

b.从历史方面、事实方面，或习惯方面着想，不持普遍的手术论，这个说法没有什么问题。我们可以采取步步为营的办法，承认最初的起点是武断的，不必是正确的，但手术虽不必正确，而长度的印象，或“长”的概念不因此就模糊；同时概念正确，手术可以渐次进步，慢慢地逼近正确。

c.从理论方面着想，同时又持普遍的手术论，这个历史上的起点就发生问题。这个起点也是手术。但是，它是什么样的手术呢？它能不能做一概念的定义呢？它是不是唯一的手术呢？它既是武断的起点，当然不是满足某种标准的手术，当然不是唯一的手术；以之为定义未尝不可，但所得的概念可不是满足普遍手术论的条件的概念。

C.唯一手术的循环

如果手术论是普遍的，所有的概念都要有唯一的手术，如此则唯一手术不免循环。关于循环，我们似乎要特别注重以下诸点。

a.概念的循环或者是不能免的。但在不主张普遍手术论的人们，这方面的循环没有多大的问题，因为我们知道概念，或我们对于概念的知识，不因此就循环。概念的定义是一件事，而某具体事物能以某概念去摹状或形容又是一件事；对于

后者的认识不必根据对于前者的知识。用一句很普通的话表示,我们可以知某事物之然,而不知其所以然。设以 A、B、C,…… 代表概念,箭头代表它们的循环,$x_1x_2x_3$…… $y_1y_2y_3$……$z_1z_2z_3$……,代表个体;我们可以用以下方法表示普通所谓概念的循环。

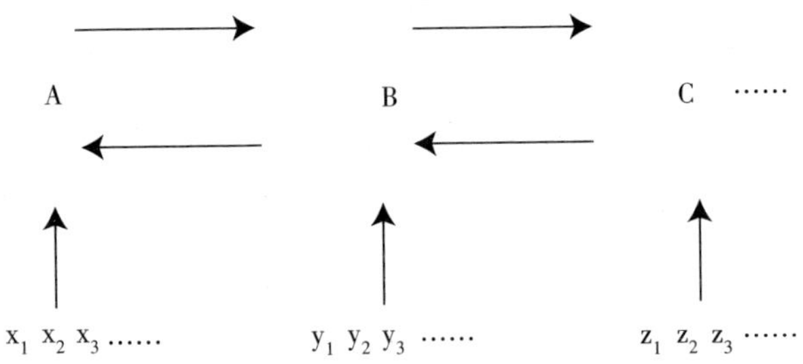

这方法表示:A、B、C,……概念虽循环,而 $x_1x_2x_3$……是 A,$y_1y_2y_3$……是 B,$z_1z_2z_3$……是 C,至少不跟概念的循环而循环。

b.持普遍的手术论,情形就不同。$x_1x_2x_3$……$y_1y_2y_3$……$z_1z_2z_3$……不是普通的东西,而是运用的手术;A、B、C,……不仅是概念,而且是一套唯一的手术;同时最重要的问题就是 $x_1x_2x_3$……之中,哪一手术是 A 套的唯一手术? $y_1y_2y_3$……之中,哪一手术是 B 套的唯一手术? $z_1z_2z_3$……之中,哪一手术是 C 套的唯一手术? 如果我们不知道 $x_1x_2x_3$……之中,哪一手术是 A 套的唯一手术,我们不知道 A 概念的定义,如果我们不知道 A 概念的定义,我们当然不知道 $x_1x_2x_3$……之中,哪一手术是 A 套的唯一手术。概念与我们对于它的知识是一件事。在此情形之下,不懂 A、B、C 等循环,而 $x_1x_2x_3$……之中，哪一手术是 A 套的唯一手术，$y_1y_2y_3$……之中，哪一手术是 B 套的唯一手术，$z_1z_2z_3$……之中，哪一手术是 C 套的唯一手术等也都循环。下图表示此处所说的两方面的循环。

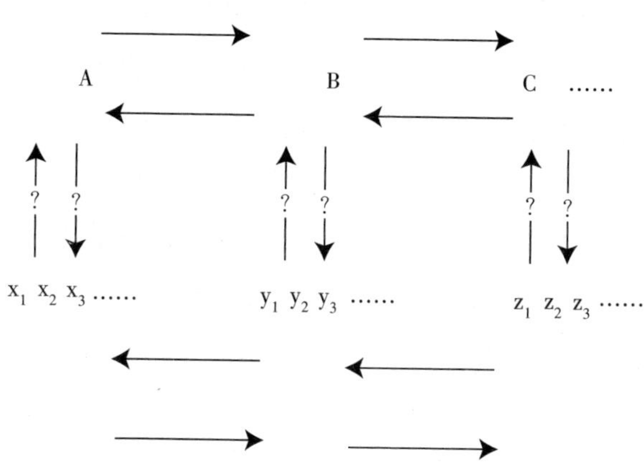

c.(b)条的情形有害与否，要看手术论是否普遍。如果手术论不是普遍的而是一门学科的手术论，则(b)条的循环可以因内外的不同而免除。那就是说，一门学科范围之内的概念虽均须满足手术论的条件，而范围之外的概念（不必满足手术论条件的概念）仍可以利用以为那一门学问的起点，好像几何学利用宽长厚以定"点"的意义一样。这样一来，无论概念是否循环，知识有先后，概念有秩序，一门学科的系统可以形成，而(b)条的循环可以取消。如果手术论是普遍的，则概念与我们对于它的知识是一件事，(b)条的循环使我们感觉到所需要的唯一手术在理论上永不能得到。

D.唯一手术之永不能得

a.照普遍的手术论看来，任何的概念均要有一套唯一的

手术去定那概念的意义。普遍的手术论之说得通与否，最低限度当然要靠任何唯一手术之能得到与否。如果我们能用一无乖于手术论的方法，得到唯一的手术，手术论至少在这一点上不至于发生问题；如果用同样的方法不能得到唯一的手术，则普遍的手术论在这一点上就说不通。所谓无乖于手术论的方法，从正面说就是满足手术论的要求，从反面说，就是取消随随便便抓一手术说它是唯一手术那样的方法。

b.照以上 C 段(b)(c)两条看来，在持普遍手术论的条件之下，唯一手术是理论上所不能得到的手术。其所以不能得到的道理，一方面因为手术论要严格，另一方面因为它是普遍的。要严格，所以不能随随便便找出一套手术说它是唯一的手术。从这一方面着想，这个随随便便的方法的错处就是模糊。要普遍，所以也不能随随便便找出一套手术说它是唯一的手术。从普遍这一方面着想，这个随随便便的方法的错处是手术论的内部会因此不一致。既然如此，每一概念要有一套唯一的手术，每一套唯一的手术要有它所以能称为唯一的标准，而这标准就是其他的许许多多套的唯一手术。这样一来，一步一步地推下去，欲得一套唯一的手术，非先得无定数套的唯一手术不成。那就是说唯一的手术根本就得不到。

c.严格的唯一手术既得不到，则以之为定义的概念当然就不严格。事实上这种概念之不严格似乎是 Bridgman 之所承认的，概念既不严格，则根据严格的概念才能说得通的推论当然是说不通。很进步的科学中的推论不仅是普通所谓“归纳”的，也是普通所谓“演绎”的；无论归纳推论的情形如何，演绎推论非有严格的概念不成。这一层我在别的地方讨论过，此处不重行讨论。要严格概念才能说得通的推论如果说不通，则以之为基本工具之一的科学是否在理论上能站得住脚，就发生问题。天文学与物理学的原子论，似乎是最要利用这种推论以为工具的科学，同时它们又是最注重或者最需要手术的科学。如果我们主张普遍的手术论，最需要手术的科学反因普遍的手术论而发生在理论上能否站得住脚的问题。

三、正确问题

A.正确的意义

这里所谈的正确是经验中手术方面的正确。兹特从以下诸点讨论。

a.从常识方面着想，我们大都假设自然是固定的。“固定”两字在此处没有不变的意思。我们所要表示的是英文中的“precise”，例如这条路，当我们量它的时候，有一固定的长度。如果我们量了好些次，其结果相等，我们说度量靠得住，所得的长度就是那条路的长度。从经验方面着想，结果相等是度量正确与否的标准，相等就正确，不相等就不正确。从自然方面着想，固定的长度（仍以路为例）是结果相等的理由，我们可以说前者是后者的必要条件。这不是说那固定的长度不能变，如果它变了，变的原因是自然界的原因，而不是经验方面的原因。这个假设说得通与否是另一问题。

b.除以上假设之外，我们大都也假设概念是绝对的。这不过表示在常识方面逻辑家之所谓“同一律”是大多数人无形之中所承认的。某事物是不是绝对地四方是一问题，而四

方绝对地是四方似乎是大家所承认的。不仅如此，即“相对”也绝对地是“相对”。我们可以用绝对的概念做标准，看我们的试验或经验是否正确。在这一方面我们大都不盼望经验或试验方面的正确性能够达到概念方面的绝对正确性；虽然如此，经验愈近概念，正确的程度也愈高。

c.这两个假设大都兼用，不过用的时候，哪一假设比较地重视，哪一假设比较地不重视，很有分别。直接研究事物的时候，大都注重第一假设；计算与推论的时候，大都注重第二假设。人事与学问复杂化之后，这两假设大都同样重视。兹特分别讨论。

B.自然的固定与正确

a.假设自然有固定，只要我们没有故意弄出来的错误，试验的结果大都不至于相差很远。同时多数次的平均结果，一定比较地逼近自然的固定事实。自然界的固定是平均结果的比较可靠性的根据。那就是说，因为自然界有所固定，所以我们的经验或试验有达于均衡的趋势。例如量一疋布，几次之后得大同小异的结果；从常识的理论着想，其所以大同者因为那疋布有固定的长度，其所以小异者因为每一次度量均有它的特殊情形。

b.为什么不把平均的手术视为普遍手术论所要求的唯一手术呢？假设自然有固定，试验数次即可中止，说这几次试验之中其平均结果靠得住，是一句有根据的话。不假设自然有所固定，而直接以平均的手术为唯一的手术，情形就大不相同了。试验的次数愈多愈好，而平均结果之靠得住与否本身即为问题，因为平均结果可以因试验的次数不同而不同，所以把任何平均的结果视为唯一手术所能得到的结果本身即为一假设，并且没有本身之外的根据。

c.在不持普遍的手术论的人们的立场上，假设自然界有固定，这一个办法是否说得通，是否没有困难是一问题。在主张普遍的手术论的人们的立场上，不假设自然有所固定，而以平均手术为唯一的手术，这一办法之有困难，似乎是毫无问题。假设自然有固定，我们有标准可以使我们把离大多数试验太远的试验置之不理。没有这个假设，就没有这个标准，而离大多数试验太远的试验，我们没有理由把它撇开，而平均结果反因此而靠不住。如果要平均结果靠得住，势必要每一次的试验靠得住，如果每一次试验有靠得住与否的标准，那就用不着平均结果了。自然固定的标准虽可以不用，别的标准仍不能不用。主张普遍手术论的人们既不用这个标准，那么，用什么标准呢？

d.自然有固定是常识方面的假设，在耳闻目见的事物范围之内，这个假设似乎没有多大的问题。但知识推广到天文学世界与电子论及原子论的世界，知识的对象没有五官合作所能给我们的一种直接的实在性，情形就大不相同了。对于这类事物最重要的知识工具是推论，而推论这一工具的引用，非有绝对的概念不成。

C.绝对的概念与正确

a.推论非绝对的概念不成。即以同与等而论，不绝对则无传递质（transitivity），无传递质则不能引用根据此传递质的

推论。关于这一点，卜荫加雷似乎讨论过，这里从略。所谓不能推论者，是说推论说不通，不是说若勉强而推论之，其结果一定不符事实。我们有时或者可以用不通的推论，碰巧得到可靠的知识；可是，知识虽有时可以碰巧得到，而推论之说不通仍为问题。

b.普遍手术论的概念是否绝对呢？似乎不能。这一点，即在主持手术论的人们似乎也不至于反对。如果手术论的概念是绝对的，则概念的定义之所以形成，似乎有非手术论的成分在内，那就是说在一大堆的"如果——则"的命题之中，一定有不靠唯一手术以为定义的概念在内。这样一来，手术论就不是普遍的手术论了。

c.手术不是不能变更的事实，不仅如此，它既是具体的事体，没有两次完全相同的手术。唯一手术不仅不能得到，即能得到，而它在实际上的情形也不能例外。既然如此，用之以为概念的定义，那概念就不能绝对。绝对的概念绝不能从不绝对的手术得到。以概念为绝对，则概念与手术之中，至少有一为绝对可以用之以为推论的工具。以手术定概念的意义，两者之中无一为绝对。即令在事实上推论的可靠性虽因种种手术而增加，在理论上，推论反因普遍的手术论而说不过去。

d.这里所批评的不是物理学或天文学。在各种科学中，物理学的知识大都是我们所承认为最正确的知识。这里所批评的也不是手术，手术与手术论不同。物理学似乎因手术的正确而正确，但是否因手术论而正确就有问题。这里所批评的也不仅是手术论，而是普遍的手术论。此处的问题完全为理论问题。事实上知识的正确与否受手术的影响，不受手术论的影响;手术愈正确,知识也愈正确。理论上知识的正确与否,受普遍手术论的影响。如果主张普遍的手术论,则一方面自然有固定这一假设取消,另一方面概念的绝对性不能得到理论上的标准取消,则因引用手术而得到的正确知识,反因普遍的手术论,而失其正确的根据。

四、自然与对于自然之知识

主张普遍的手术论,则概念与我们对于概念的知识不能分开。这一层,前面已经讨论过。不仅如此,即自然与我们对于自然的知识也不能分开。本文以为前者非分不可,后者也非分不可。

A.时间方面的先后问题

a.根据我们对于自然界的知识,我们可以得到自然界的先后。假设 x_1 代表离地球三光年外的一件事实,x_2 代表我们现在才能经验的 x_1。x_2 发生之后,根据我们的知识,我们说"x_1 在三光年前已经发生了"。可是 x_1 虽在三光年前已经发生,而我们在三光年前不知道它发生。这里的三光年前是自然界的三光年前,不是知识历史中的三光年前。兹以甲乙两图表示此内容不同的时间。乙的已往没有 x_1 这一件事,可是根据 x_2 这件事实,我们说 x_1 在甲的世界三光年前已经发生。兹以丙图表示之。

b.如果自然与我们对于自然的知识混而为一,问题就大不相同了。我们的世界就只有乙那样的世界。(乙那样的世

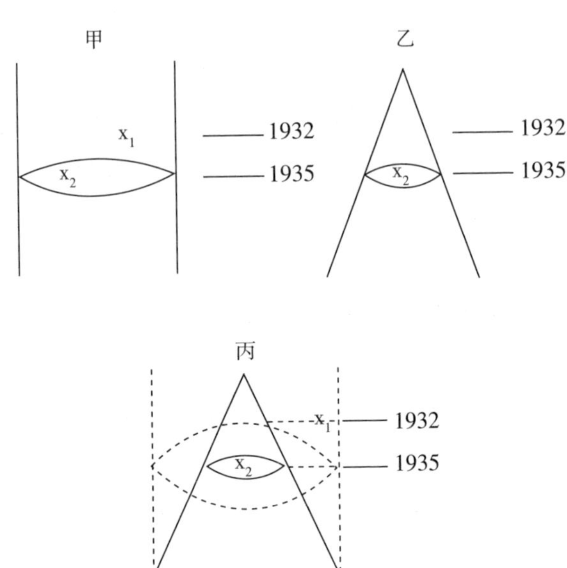

界当然老是在那里膨胀的世界,这样的膨胀世界是手术论的一部分的思想,不是天文学家与物理学家所讨论的宇宙膨胀论)。如果只有乙那样的世界,我们对于 x_1 怎样安插呢?如果我们以知识历史的时间为时间,我们绝对不能说 x_1 在“三光年前”已经发生;如果我们能说 x_1 在“三光年前”已经发生,我们所谓时间一定不是知识历史的时间。在表面上我们似乎有两个办法:一个是说 x_1 与 x_2 根本没有时间上的关系;一个说它们同时。如果从后说,则所谓“x_1 在 x_2 发生三光年之前已经发生”,不过是说“x_1 在离开 x_2 发生的地点三光年那样远的地方发生”。前说不容易用图形表示,后说可以表示如下。

c.以上两说均有问题。第一说法根本否认 x_1 与 x_2 为两件事体或一件事体的两端,所以根本说不通。即退一步着想,

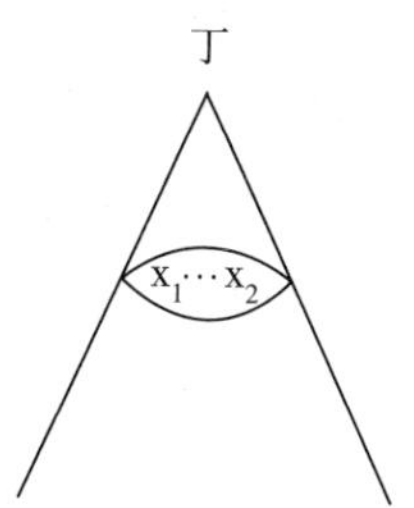

假设此说能通，也没有用处。因为 x_1 与 x_2 在知识历史上有时间关系，说它们在自然界没有时间上的关系等于说自然界与我们对于自然的知识在时间上不能混在一块。第二说法也说不通。如果 x_1 与 x_2 同时，则由 x_1 到 x_2 的光根本不能动，如果由 x_1 到 x_2 的光根本不能动，则 x_2 当然没有发生。如果 x_2 已经发生，则由 x_1 到 x_2 的光至少已经动了；光既动了，x_1 与 x_2 不能没有时间的先后。

总而言之，x_1 与 x_2 既不能没有时间方面的关系，也不能同时发生。时间方面的先后既不能免，(b)条的问题总要发生。(b)条的问题发生，自然界与知识界不能相混。

B."动"概念等等

不持普遍的手术论，不把我们对于自然的知识当作自然，"动"概念虽不与动的东西同时"动"，没有什么可以批评的地方。虽然有少数人盼望"风"概念能够刮起北平的土来，这样的人究竟是少数。可是，如果把知识与自然合而为一，这少数人的盼望就变成理论与事实两方面的问题了。

a.velocity 的定义，照 Bridgrnan 看来有两个，但无论所用的是哪一个，根据手术论，定义总是一套唯一的手术。这一套唯一的手术虽本身同时是一件动的事件，可是它的动法不是有 velocity 的东西那样“动”法。如果把自然与知识合而为一，velocity 概念与五官经验中的手术二者之中，一定有不相融洽的地方。批评五官的经验是现在所常有的一件平常的事；若根本否认五官的经验，恐怕科学的大本营也就根本取消。

b.“动”概念的情形与以上所说的一样。物理学家量动的东西的手术，虽然也是动的事体，但不随所量的动的东西而动。即以量动的电车而论，Bridgman 所说的那个办法，虽然免不了有举动在内，而这种举动没有跟着电车而跑到别的地方去。最显而易见的是量光的速度的手术。光的速度虽可量，而量此速度的手术没有跟着光一直飞到天文世界里去。

c.总而言之，照普通的眼光看来，动的东西虽然动，而“动”概念无所谓动与不动；有 velocity 的东西虽然有 velocity，而 velocity 这一概念无所谓有无 velocity。在持手术论的人们，“动”概念就是一套动的手术，表面上看起来不仅动的东西动，而且“动”概念也动，其实这完全是两件动法不同的事体。无论概念能动与否，这两件动法不同的事体总得要分别清楚：一件是手术，一件不是；一件是知识方面的事体，一件不是。这两件事既要分别清楚，自然与我们对于自然的知识也就不能混而为一。

五、证实的理解

证实是科学所不能缺乏的；此处的问题是对于证实的

理解。

A.证实的意义

a.常识对于证实的意见可以分为两层:一是从意义着想,一是从工具着想。从意义着想,常识以为证实的意义就是思想与事实符合;从工具着想,常识以为证实就是表示此符号的举动或手术。符合或者有绝对的,或者没有绝对的,而只有程度或高或低的符合。关于这一点,我们不必讨论。无论如何,手术愈精,符合的程度愈高。这意见说得通与否是另一问题。

b.如果我们主张普遍的手术论,证实的意义就不是符合。知识与自然合一,我们对于一套手术所问的问题不是它与自然符合与否,而是它是否是一套唯一的手术。我们根本既没有离开知识的自然,也没有离开手术的自然;既没有离开手术的自然,当然没有手术与自然是否符合的问题。我们既然没有符合问题,证实的意义当然不是符合。证实的意义既不是符合,又是什么呢?

c.证实的意义既不是符合,那么,照普通的眼光看来,它或者是许许多多套的手术的融洽,或者是命题的一致。在持普遍手术论的人们,这两个说法不同的标准就是一个标准。概念既就是手术,命题当然也是手术命题方面的一致,当然也就是手术方面的融洽。既然如此,我们只说手术的融洽已经够了。问题是手术的融洽是否能视为证实的意义。

B.独立的证据

证实中的证据,其可贵处在独立。所谓独立的证据者就

是说证据不是思想所蕴涵的，或者证据不是思想所产生的。

a.以上所说的常识方面的意见，无论有毛病与否，的确使我们能说证实中的证据是独立的证据。我们的思想或者与自然符合，或者不符合。我们的手术或者能够表示此符合，或者不能，但无论如何符合与我们的手术是独立的。至少照普通的眼光看来，独立的证据是科学所不能缺乏的。

b.如果我们持普遍的手术论，我们能不能说手术的融洽给我们的思想一种独立的证据呢？这问题当然不是科学中的手术能不能供给我们以独立的证据。事实上我们不能不承认精确的手术对于科学是非常之有用的。我们的问题是在主张普遍手术论条件之下，手术的融洽在理论上我们能不能说它给我们的思想任何独立的证据。仅仅是一致的思想，是逻辑方面的思想、算学方面的思想，没有独立的证据，这样的思想决不能视为自然科学方面的知识。即持手术论者也有分别物理意义与算学意义的必要。

c.什么是物理意义呢？主张手术论者的说法以为思想之有物理意义就是说它有物理手术为根据，思想之有算学意义就是说它有“心”（mental 不是 psychological）的手术为根据。物理手术，追根穷源，仍是视觉、触觉、听觉等方面的事体。从常识着想这些事体不是思想。若以物理手术定思想的意义，这些事体同样的是思想。经验方面的融洽就变成了思想上的一致。物理手术的融洽没有物理手术范围之外的标准。说某思想有物理意义仍不过是说它与其他的思想一致而已。物理手术的融洽不能给思想任何独立的证据。

C.符合呢？一致呢

a.持手术论的人们有时也说算学概念有时有物理意义，有时没有物理意义。所谓"有"是怎样的"有"呢？如果算学概念有绝对性，而此绝对性非任何物理手术之所能达，则算学概念不能就"是"物理手术。它们的关系不是一致或融洽，而是某程度的符合。如此，"有"物理意义的算学概念就是与物理手术相符合的概念。可是，这样的解释又把符合的思想引进来了。在持普遍手术论的条件之下，我们没有符合的问题，"有"物理意义不能作本条的解释。

b.算学概念之"有"物理意义，既不能视为与物理手术相符合，我们似乎只能把"有物理意义"当作"等于某种物理手术"。可是如果我们有这样的解释，另外一问题发生，那就是"无"物理意义的问题。算学概念与物理手术为什么不老是合一的呢？不主张普遍的手术论，这个问题不成问题，因为手术与概念本来是两件事。这问题发生，我们只有一个答案。我们只能说物理手术没有算学概念那样自由。同时我们似乎也得要承认这比较不自由的情形不是从手术方面来的，而是从物理方面来的。算学概念也是手术。比较自由或不自由当然不根据于手术之为手术，而实根据于物理之为物理。

c.如果物理手术与算学概念同样地自由，则算学概念老是有物理意义的；如果算学概念仅有时有物理意义，则物理手术与算学概念不同样地自由。两相比较，我们似乎可以说物理手术比较地不自由。既然如此，算学概念与物理手术不属于一个范围之内。二者之间，如果有证实问题发生，证实的意义仍是符合，而不是融洽或一致。这样话又说回来了。如果证实的意义是符合，则自然与我们对于自然的知识要分别，概念与我们对于概念的知识要分别；果然如此，则普遍的手术论，从五段看来，也说不通。

以上二、三、四、五四点不是对于物理学或天文学的批评，不是对于手术的批评，不是对于限于一两门科学范围之内的手术论的批评，而是对于普遍手术论的批评。对于 Bridgman 的思想，本文是否批评，我不敢说，因为这位先生的手术论究竟是普遍的手术论与否，颇不易说。但对于 Jeans 的思想，本文似乎是一个早就应该提出的批评，因为他的手术论无疑是普遍的手术论。

关于真假的一个意见*

本文所讨论的“真”是真假命题的真。如果有其他的真，那些真不在本文范围之内。“真的人”、“真的恋爱”、“真的宋画”，等等本文均不讨论。可是，如果所谓“真的人”者是说 x 是人是真的，所谓“真的恋爱”者是说 y 恋爱 z 是真的，所谓“真的宋画”者是说 w 是宋画是真的，则所谓“真”者当然在本文范围之内。

本文分以下部分：

一、关于事实；

二、关于命题；

三、关于证实；

四、关于证明；

五、关于真假的定义。

---

* 原刊于《哲学评论》第 6 卷第 1 期，1935 年 3 月。作者原注曰：“这是一篇赶出来的文章，或有以下毛病。(一)所表示的意见大都近结论式的意见，理由大都没有写出；意见之能通与否，不容易知道。(二)作者对于名词素来不讲究，而在急不暇择的情形之下，恐怕好些名词免不了不能达意的毛病。”——编者注

一、关于事实

从人类的眼光看来，事实是感觉现象的“function”。这个字的意义约略如下。如果有 A、B，……为关系分子，R 为关系，ARB 为关系体，事实对于人类是一种关系体，其关系分子可以就是人类的感觉现象，可以不是直接的感觉现象，而能分析到感觉现象，或者不是直接的感觉现象，而能综合到感觉现象。如为前者，则为感觉事实；如为第二，则为上感觉事实（如天文方面的事实）；如为后者，则为下感觉事实（如原子、电子方面的事实）。这里已经有三层的事实，除此以外，当有其他的层次。关于层次我们不必假设它有始有终，所以用不着谈到无外与无内。这里的无外不指至大，无内也不指至小。电子对于人类或者是至小，而层次不始于电子层次。天文学家的宇宙或者是人类的至大，而层次不终于这种宇宙层次。对于任何感觉者有一“n”层次，为那一类感觉者的感觉事实层次。如“m”层次为人类的感觉层次，则所有的事实，与“m”层次为对，上感觉事实可以分析到“m”层次，下感觉事实可以综合到“m”层次。这就是“function”那个字的意义。

以上是与感觉类为相对的层次。除此以外，当有其他的层次。这些层次与感觉类没有以上所形容的关系。这些层次之中有两层次是我们所特别注意的，一为历史层次，一为平削层次。

先谈历史层次。兹以 x 事实在 n 层次为 x(n-1)、x(n-2)、x(n-3)……与 x(n+1)、x(n+2)、x(n+3)……之和。

任何 x(n+m) 或任何 x(n-1) 均为 x 事实的平削，由任何 x(n-1) 到任何 x(n+m) 均为 x 事实的历史。x(n+m)、x(n-1) 叫作成分。这些成分连成一系，此系即 x 事实。x 事实也可以视为 x 成分在历史上的路线。x 路线也就是由 x(n-1) 到 x(n+m) 的历史层次。普遍的历史层次无所谓始，无所谓终，但在历史层次中，x 路线既能以 x 称，始于能以 x 相称的成分，终于不能再以 x 相称的成分。由各成分的历史层次看来，x 事实是一件"事体"。

但在普遍的历史层次中，x 不过是一条路线而已，除此以外尚有旁的路线如 y、z 等等。在历史层次中，有不相对称而传递的关系如包含。设 y 包含 x，在 y 的有历史层次中，开始能以 x 成分相称的 x(n-1) 适发生于 y(n-p)，则 x 始于 y(n-p)。不能再以 x 成分相称的 x(n+m) 适发生于 y(n+q)，则 x 终于 y(n+q)。此处表示 x 事实不仅始于其始，而且始于 y 事实之 y(n-p) 成分；不仅终于其终，而且终于 y 事实之 y(n+q) 成分。事实的历史层次就是时候。根据各路线在历史层次上的包含关系，我们能度量时候使成时间。各路线之中，可以提出从各方面看来一最便利的路线以为标准。成标准的路线，数理化、抽象化之后成一绵延的系统，事实上与一感觉类所能推到的历史层次同终始，而理论上无终无始。

x 在 n 层次上不仅是 x 历史层次中的一成分，它也是一个平削成分，一方面是别的平削成分的关系分子，另一方面也有别的平削成分为它的关系分子。平削层次与历史层次一样，无所谓始终。如以 x 成分为起点，在历史层次中的 n 层次上，由 x 起点往外推出去，可以有甲$^{+}$、乙$^{+}$、丙$^{+}$、丁$^{+}$等等层次；

往内推进去，可以有甲⁻、乙⁻、丙⁻、丁⁻等等层次。平削层次虽无所谓始终，而 x 成分既能以 x 称，则 x 成分始于能以 x 相称的层次，终于不能以 x 相称的层次。这就是说，x 有界限。用上段对于时间所用的方法，设有 y 成分包含 x 成分，我们也可以说 x 始于 y 成分的某一层次。我们也可以提出一成分作为标准以量平削层次使成我们之空间。此标准数理化、抽象化之后，也成一绵延的系统，事实上与一感觉类所能推到的平削层次同界限，而理论上无界限，或无终始。在平削层次上之 x、y、z、w 平削成分，我们大都视为“东西”。“我们”二字表示本文所注重的感觉类是人类。

事实既为关系体，它有它的关系分子的关系，它既又是别的关系体的关系分子，它与别的事实也有关系。“事实”二字的意义比较模糊，而本文用这名词者理由有三：（一）它可以包含事体与东西；（二）范围的大小与它不相干，宇宙与电子均是事实；（三）它特别使人注重关系。事实的关系有内在与外在两种。由内在关系我们可以推论到关系分子所得的关系质与性质，由外在关系我们仅能推论到关系分子所得的关系质，而不能推论到关系分子所得的性质。事实虽莫不彼此关联，而我们能经验到某种或某程度的秩序，因而能得相当的知识者，因为事实的关系有内在与外在的分别。

事实可以分为事实个体与事实类。对于这样的分法，有三点要特别注意。（一）事实个体的存在似乎无问题，无论如何本文假设它存在。事实类可不同了。我们是否能说它存在，发生问题；即令我们能说它存在，而存在两字的意义也与事实个体之存在两字的意义不同。本文不必假设它有事实个体所有的存在。(二)事实个体与事实类有普遍与特殊的问题。在各种层次的情形之下,普遍与特殊为相对而非绝对。各种层次既无所谓始终,个体的成分比个体更为特殊,而大类比小类更为普遍。但在某一类感觉者的感觉层次上,所谓个体仍有比较确定的范围。这里所说的是一般的事实个体与事实类,而不是同时为命题的事实与事实类,详见下节。(三)事实类既为事实的类不至于没有分子,这当然不是说名词所代表的类没有空类。这一点要注意,同时我们也要注意到为便利起见,我们取消只有一个事实个体为其分子的类。既然如此,事实类总有多数事实个体为它的分子。

事实个体既有层次,它或在 n,或在 m,或在 i 等等层次。在 n 层次的事实有 n-1 层次的下事实(atomic facts 与下感觉事实不同),为此事实之关系分子,也有 n+1 层次的上事实(molar fact 与上感觉事实不同),而此事实为其关系分子。事实类成于多数性质相同或相似的个体事实。个体事实占特殊位置,或者说占特殊时空;用上段的话,我们也可以说,它们有不是性质的特殊关系质。但个体事实能属于一类者,不仅因为它们有不是性质的特殊的关系质,而且因为它们有相同或相似的、而又是性质的关系质。如果我们取消只有一个个体的事实类,每一事实类当然有多数个体为那一类的分子。一事实类有多数个体为它的分子,就是说,同类的个体分子占不同的时空。所谓同类分子占不同的时空,无非是说它们不限于历史层次与平削层次中的任何一层次。从关系方面着想,这也就是说个体事实要它们的下事实彼此的关系有些是内在关系,而它们与它们的环境的关系有些是外在关系。事实之

能有类，一方面靠内在关系，一方面靠外在关系。

事实虽有秩序，而事实的秩序不是一个整个有机体的秩序。如果事实的秩序是一个整个有机体的秩序，事实与事实之间就没有外在关系；没有外在关系，即有事实个体，也不能说有事实类。事实的秩序虽不是一整个的秩序，而事实不能无秩序。如果事实无秩序，则事实与事实之间不仅没有外在关系，即有内在关系而我们也不能知其为内在关系。总而言之，事实一方面总是有秩序的，另一方面总是无秩序的。所谓一方面总是有秩序者是说，如果我们分门研究，我们可以得各种不同的类学系统，所谓另一方面无秩序者是说，各种不同的类学系统不能组织成一整个系统。无论怎样好的百科全书不是一个整个的类学系统。

事实有无秩序是一不成问题的问题，因为问题既包含秩序的意义，而同时无论秩序的意义如何，至少要有有那种意义的秩序这问题才能成问题，所以这问题是一只有正面答案的问题。事实有多少秩序是一无意义的问题。多少要有标准，若一方面无标准，另一方面即有标准而无所用之，则多少的问题根本不能有答案。

二、关于命题

所有的命题都是事实类。即个人想象中没有说出或没有写出的符号集团，只要它是命题，它必有社会性，所以除他个人想象之外，一定有事实个体为这没有写出或没有说出的命题的分子。是命题的事实类与不是命题的事实类不同，它们虽然也有事实个体为它们的分子,而这些事实个体除本身为事实个体之外,同时亦为符号:那就是说,同时亦为与它们本来毫不相干的事实个体的代表。说出来、写出来、印出来、刻出来的命题都是命题的 token,而命题的 token 都占特殊时空,都是事实个体,都是命题的事实类的分子。命题即命题 type,而命题 type 是这些事实个体而同时又是符号的事实类。这里所表示的也是说命题也是感觉现象的 function。

命题有两方面,一方面是事实类,一方面是符号集团。从前一方面着想,它老是普遍的;从后一方面着想,它不老是普遍的。后一方面有意义问题,有意思问题。对于意义(meaning)问题,我们注意以下诸点:(一)有意义的符号集团不必是命题,不是命题的符号集团无所谓真假,至少无所谓命题的真假;(二)是命题的符号集团,其意义是两方面的,一方面本文称之为摹状,另一方面本文称之为摹规(此两名词得之于申府先生与荫麟先生)。指出一个 x,说 x 是红的,一方面把 x 视为事实个体,而这句话摹 x 的形色状态;另一方面把 x 视为普遍的符号,定"红"的意义以之为经验的标准或规律。摹状与摹规两成分,从时间先后方面着想不能分开。以名词为例,或者容易清楚一点。若"红"不"先"摹状,不能为经验的标准;不"先"摹规,也不能不摹事物之状态。从单位方面着想,这两成分不便分开,因为单位上分开,一句话要有两种符号,一表示其摹状,一表示其摹规,而作文的工作就因此愈麻烦。但从性质方面着想,我们不能不表示它们的分别。这里的意见与 *Principia Mathematica* 的意见似不一致。但如果说得过去的时候,除必然命题之外,一命题一方面总有摹状的

成分，那就是说，总有经验方面的问题，或证实问题；另一方面总有摹规成分，那就是说总有系统方面的问题，或证明问题。

所谓意思（significance）问题是能否有意义的问题，而不是有无意义的问题。此问题为根本法则的问题。根本法则是否同时为“jusnaturale”或“lex naturalis”，在本文范围之内我们可以不必谈到，但照前此的讨论似乎为“jus naturale”。无论如何这些根本法则是语言文字之能有用与否的根本条件。研究这些条件的学问就是逻辑。有意义则必有意思，不能不真者，必有意思；无意思者不能有意义，而不能真者无意思。若以不能不真的命题加以条理、加以组织使成系统，此种系统一方面即为符号集团能否有意义的标准，合乎此标准的符号集团始有意义问题。另一方面此种系统亦为其他任何系统的骨架。此种系统的命题既为不能不真的命题，而此种命题又为命题与命题之间有无可逃避的关系因而联合起来的命题，则这种命题必有部分。反过来任何命题也必是这种命题的部分。提出任何一命题 p，就有许多旁的命题 q、r 等等与此 p 命题联合起来成必然的命题。这就是普通所谓“q、r……命题跟着 p”。任何系统的组织至少有一方面不能不根据于这种命题与命题的关系。这就是说逻辑是骨架。

以上的讨论表示如果我们提出任何 p_1、p_2、p_3、p_4……命题，这些命题必有系统为它们的背景。同时根据于命题的摹规成分，我们也可以说表示这些命题的语言其所以为 p_1、p_2、p_3、p_4 等等命题者，因为它们都是这系统背景的成分。从意义方面说，研究这个系统背景可以补充我们对于这些命题的意义的知识。我们对于某几个命题或者有某种见解，可是研究系统之后,有时我们会发现原来见解的错误。从真假方面说,研究系统背景有时增加我们对于事实的知识。对于原来的命题,我们或者不知其为真为假,可是研究系统之后,我们可以根据于推出来的命题的真假,而知道原来的命题是否为真为假。我们一方面可以根据事实的秩序以求命题的系统,另一方面也可以根据命题的系统以求事实的秩序。

从知识论方面着想,所谓"文化演进"者可以用以下命题表示:"在任何时代,前于此时代的时候,根据事实的秩序以发现命题的系统与根据命题的系统以发现事实的秩序,假设其比率为 n 与 m,后于此时代的时候,知识果有进步,则 n 减少,而 m 增加。"

这句话或者佶屈聱牙。我们可以说,科学在知识的地位与实业革命在经济的地位差不多。实业革命之后,生产力的增加可以说是几何式的比率;科学发达之后,知识的增加也是几何式的比率。实业革命之后,不但生产力增加,而生产力增加的速度也增加;科学发达之后,不但知识增加,而知识增加的速度也因之而增加。这是大家所公认的情形,大多数人所未注意的情形就是无论哪一时代都有实业革命那样的事实发生,无论哪一时代都有科学那样治学方法的渐次引用。归纳起来,就是上面说的那个佶屈聱牙的命题。此所以研究理论的工作在任何时代均为重要。所谓研究理论者即研究命题在意义方面的系统而已。

事实类与事实个体有一点根本不同。普通所谓"世界老在那里变"者,就是说事实个体无一不在变迁之中。事实类无所谓变,既不能说它变,也不能说它不变。可是我们对于它的态度，我们对于它的信仰，我们对于它的动作等等均可以变。命题亦然。命题的 token 亦无不在变迁之中。汉朝石刻的碑，从命题的 token 方面着想，我们固然知道它在两千年来老在那里变。既然如此，黑板上写的字的 token 也在那里变。但字与命题均无所谓变。命题无所谓变好像道德无所谓红，但理由并不一致。命题无所谓变者，因为命题不能变。如果命题能变，则语言文字不能公，而普通谈话以及文章图籍都是废话。语言文字能公，则命题不能变。系统亦然，欧克里几何没有变成非欧克里几何，而牛顿的物理也没有变成爱因斯坦的物理。我们对于欧克里几何与牛顿的物理的态度可真是变了。欧克里几何无历史，我们对于它的态度有历史。即在普通社会上的谈话中，如果一个人前后谈了两句不相符的话，严格地说起来，我们不能说“他说的那句话变了”，我们只能说“他变了他的话”。我们在这里提出这一点的理由，就是要表示命题既无所谓变，真命题亦无所谓变，而所谓“永久的真理”不过是真命题而已。

为讨论真假起见，命题可以分为普遍与特殊两种。此处之所谓普遍不是传统逻辑中 A、E 的普遍，此处之所谓特殊，也就不是传统逻辑中 I、O 的特殊。在本文，表示事实个体的命题为特殊命题，其他皆普遍命题。普遍命题分为以下三种：一为规律的假设，二为事实隐示的假设，三为归纳的假设（postulates）。有些为不能不真的命题，如逻辑系统中的基本命题；有些为不能直接证实的而同时知其为真的命题如“归纳原则”；有些为一系统的基本命题，我们不求它们本身的证实，只求由它推论出来的命题我们可以设法证实。事实隐示的假设(hypothesis)用途非常之广,它们不限于普遍命题。这种假设都是从事实的隐示得来,而不直接表示事实。学术系统化之后,事实的隐示愈多,而这种假设的引用乃愈勤。其所以然者,显而易见。甲事实所隐示的乙、丙、丁,等等,虽或为一时实验与观察之所不能及,而表示甲事实的命题,引起许多旁的命题。这些命题之中,因为学术系统化之后,有些淘汰,有些或然性小,而以某一范围之内固有的知识为背景,有些差不多是表示甲事实那一命题的结论,而同时又为表示乙、丙、丁,等等的命题。这些命题就是事实隐示的假设。如果观察或试验发现乙、丙、丁,等等为事实,则这些假设证实。证实之后,其他条件满足,这些假设就不是假设了。归纳的普遍命题或者是证实了的假设,或者是由观察或试验直接得到的命题。这三种普遍命题,其证明与证实的问题有不同的情形,以后再提及。

真的特殊命题肯定一事实个体,真的普遍命题肯定一事实类。研究前者为个体学,研究后者为类学,个体学为现在所称为史学那样的学问的一部分,现在所称为科学那样的学问均为类学。在个体学中求真的普遍的命题,仍为研究类学;在类学中求真的特殊的命题仍为研究个体学。但类学不是个体学,个体学也不是类学。这当然不是说个体学家一定不是类学家,也不是说类学家一定不是个体学家。所有的学问,其目的均为真。伦理学的对象虽即是善(能以善称的事实类),而研究伦理学所求的仍为真;美学的对象虽即是美(或能以美称的事实类),而研究美学所求的仍为真;知识论的对象虽即是知识(或能以知识称的事实类),而研究知识论所求的仍为真。这些学问都是类学，它们是否能成为现在所称为科学那样的学问是一问题，而这些学问所求的即均为真的普遍命题，它们当然是类学。只有各大学所设的哲学系那样的哲学，或哲学史所述的那样的哲学似乎有特别的情形。研究这种哲学所求的不是单个的真命题，而是各类学的真命题的联络。它所求的不仅是真，而且是通，是类系统的通，不仅是命题的真。所谓“一以贯之”者似乎就是本文所谓“通”。

三、关于证实

判断是事实，它是普通所谓事体的事实，不是普通所谓东西的事实。它也有个体与类的分别。每一个判断都是三种事实的相交：(一)感觉者本身这一件事实个体，(二)感觉者所感觉到的事实个体，(三)表示第二件事实个体的命题(在判断发生的时空，此命题为事实个体，但既为命题另一方面又为事实类)。这种事体或为公或为私，如为公，则是可以听见或可以看见的事实；如为私，则或不能听见或看见。命题总是公的，而判断可以私。命题无史，而判断有史，普通所谓思想史是人类或个人的判断史，而不是命题史。每一判断均有其第一件事实个体的特殊情形，每一时代的判断均有那一时代的特殊情形，每一地方的判断也有那一地方的特殊情形。各种学问所研究的对象，这种既是判断而又是事实的个体均应有尽有。严格地说来，每一个判断均有物理、心理、生理、化学、等等，语言文字、史地经济、风俗习尚等等为背景。一时代一区域的判断史的背景更是复杂。

兹特用"是"、"非"两字以为判断的质。命题有真假而判断有是非。判断的是非当然是随我的判断而俱来。判断的是非与命题的真假根本不同。从事实方面着想,判断虽可以集为一类,而我们所注意的是事实个体;而从事实方面着想,命题老是事实类。事实既没有一整个的秩序,事实个体没有完全相似的环境。命题无所谓往来,而判断川流不息。一时一地的一判断,在另一时另一地可以是另一判断。判断的是非在历史上不必一致,而命题既无历史,其真假不能随时地而变迁。普通所谓"一命题有时为真有时为假"者,实在是说同样的判断有时为是有时为非。一时为是的判断,另一时不必为是;一时为非的判断,另一时不必为非。命题则不然,只要它真,无论何时都真;只要它假,无论何时都假。

在人类的直接感觉经验中,判断的是非不必为我们经验。我们经验是非的时候,又有直接经验与间接经验的分别,在直接经验是非的时候与其说经验"是",不如说经验"非"。在直接判断经验中,一判断为"是",我们大都不觉其为"是",大都不停流地又顾而之他。但如果在经验中,我们感觉到所感觉的事实与所得命题的反感有不融洽的情形,我们就感觉到错误,而我们的判断为"非"。这种不融洽的情形非常之复杂,理由不一致。有时我们所感觉的"事实"不是事实而是我们的盼望,所得命题方面的反感与此盼望相融洽,而与事实不相融洽。例如大门开了,我盼望李先生,说"李先生来了",而其实李先生未来,我这句话与我的盼望相融洽,而与事实不相融洽。这里所谓直接经验,不是没有联想或推论的经验。我们经验不融洽的情形的时候,似乎总有联想或推论夹杂其间。

此处所谓直接经验者，不过是表示在这种经验中所经验的事实与命题既同在感觉层次之中，且同在一历史层次之上，我们没有想方设法求判断的证实而已。可是虽没有想方设法求判断的证实，而我们仍可以经验到不融洽的情形。如果我与朋友在屋子里辩论，很自然地撑起雨伞，走到阴天的院子去继续辩论，我可以根据于干衣服、干地及其他情形，而知道我对于天气的反感为错误。如果我喝茶，头一口就使我吐出来，而同时眉头一皱提起杯子来细看，我经验了一种不相融洽的情形。如果在判断经验中，我们经验这种不相融洽的情形，我们也就经验那判断之为非。

以上当然是特别简单的情形，但这种情形可以表示我们在直接经验之中，根据于不相融洽的情形而经验到判断之非，不是根据于相融的情形而经验到判断之是。如果经验中没有不相融洽的情形发生，我们不至想到判断的是非。在这种直接经验中，既没有想方设法以求判断的证实，对于判断中的命题，没有所谓"workable"与"unworkable"的问题。"workability"至少是在求证实之后的问题，而不是直接经验中的问题。即在直接判断经验之中我们不能说经验相融表示判断之是，只能说经验"不相融"表示判断之为非，因为"经验相融"（coherent experience）未必就经验"相融"（experience coherence）。有时有不相融洽的情形，而我们心不在焉，根本没有注意，所以从经验着想，我们可以用"相融"二字形容；而从对象方面着想，我们既没有经验"相融"，也没有经验"不相融"。经验"相容"似乎是"是""非"问题发生之后的事体，在问题未发生之前，只有经验"不相融"才能使我们意识到判断之为

"非",经验相融不能使我们意识到判断之是。

一命题的真假,与我们对于它的信仰是两件事。我们相信它真,它不必就真,我们相信它假,它也不必就假,这恐怕是大家早已承认的。但承认一真命题之为真,我们要有信仰。在知识不甚发达的时候,信仰是我们承认一命题的充分的理由;在现在我们信仰一命题之为真,别的条件不计外,第一个要求似乎就是证实,要表示判断经验中没有"不相融"的情形。命题既为事实类,而且又是同时为符号的事实类,所以命题无论何时均可以感觉得到。但命题所表示的事实可以是事实的个体,如果是事实个体,则发生之时地外,别的时地感觉不到;命题所表示的事实也可以是事实类,如为事实类,有时可以感觉得到,有时不能,而这些事实与命题相融与否有待于我们的观察;命题所表示的事实有些为特别的事实类,而这些事实类,因为我们有近代的设备,我们可以利用事实个体使这些事实类无论何时均可以实现,这些事实类与命题的融洽与否有待于我们的经验。在各种不同的情形中,证实问题当然也有不同之处。

在直接的判断经验中,即有证实的问题发生,差不多也是举手可得,因为所感觉的事实与所得的命题为同时的事实。如果命题的 token 与它表示的事实为不同时的事实个体,则判断的证实问题就非常之麻烦。设一事实个体发生于两千年之前,我们不能感觉它;可是我们虽不能感觉它,而我们判断的对象,有时是这样的事实。这不过是说有时我们承认这样的对象为事实,有时我们否认。这个我们可以称之为我们对于已往的判断,或者历史方面的判断。对于历史方面的判断,

我们既不能感觉判断的对象，所以如果证实问题发生，我们只能求间接的证据。直接经验中的“相融”或“不相融”的情形，根本就不会发生。间接的证据约有以下三项：（一）记载，（二）古物，（三）类学所给于我们的普遍知识。前二者的用处显而易见，用之之道当然不是容易的事情。第三项的用处不免为多数人所忽略，而它的用处非常之大。它的用处可以分以下两途：（a）根据逻辑方面的普遍法则，看记载一致与否，如记载不一致，必有失实的毛病，因为事实不能因其为既往就可以彼此不相融；（b）根据其他类学所给与我们的自然律，看所记载的事实在当时情形之下是否为可能的事实。可是虽有以上三项证据我们仍可以说，如果我们要证实我们历史方面的判断，而判断中的命题是特殊命题，那就是说所表示的是“实事个体”，我们既不能有直接经验中对于“相融”或“不相融”的直接经验，也不能有对于事实类周而复始，重重复复的观察或试验。其结果是这种判断的证实，总是临时的，总是有待于将来。

如果在判断经验中，我们所经验的，一方面是事实类，另一方面所提出的是普遍命题，情形就大不相同了。事实类的分子是事实个体。我们既然取消只有一分子的事实类，所谓事实类者其分子不限于一时一地。大多数的事实类的分子可以重现于不同的时地。这些可以重现的分子，从它们本身为事实个体的一方面着想，它们也是往而不返；但从它们为一事实类的分子一方面着想，我们可以利用任何 M^{th}、N^{th}、L^{th} 事实个体为事实类的代表而加以研究，看我们所提出的命题是否与那一事实类融洽。这些事实类的分子，有些有待于自然的周而复始,有些我们可以利用特别的设备强迫它们重复发现。对于前者我们只能观察,看我们所提出的命题与所研究的事实类在经验方面是否融洽;对于后者,我们可以试验,可是试验之后,根本标准仍是在经验方面的融洽。标准虽仍是融洽,而融洽与不融洽的内容与前几页所说的大不相同,这里所说的融洽内容丰富。"融洽"与"不融洽"的情形或者是大多数没有特殊训练的人所不能经验的,因为要经验它们,不仅五官有特殊训练,而且须特别知识,同时又富于那种知识范围之内的推论。

在讨论事实的时候,我们曾说过有好些事实是不在感觉层次的事实。这种事实,我们只能经验它们在感觉层次方面的"function",而不能经验它们本身。对于这些事实,我们仍可以试验,仍可以观察,我们对于它们的判断仍有是非问题,判断中的普遍命题仍可以证实。可是判断中的命题直接表示这种事实,而我们所经验的情形不过是这种事实的"function"。这就是说,这里的判断经验不是直接经验,判断中的命题与事实不同在一感觉层次。命题与它所表示的事实既不同在一感觉层次,则它们彼此在经验上融洽与否,要看命题与那件事实在经验上的"function"融洽与否。表示上下层事实(上层事实是在感觉层次之上的事实,下层事实是在感觉层次之下的事实)的命题有所谓行(workable)与不行(unworkabIe)的问题。所谓行者,就是说这样的命题与它所表示的事实的"function"在经验上融洽,所谓不行者反是。虽归根结底依旧是经验方面的融洽或不融洽,而我们经验此"融洽"或"不融洽"的过程中无一处不利用命题的系统。有些系统

代表一范围之内，同行所共同承认的方法，有些代表证实时所用工具的意义；有些是普遍的推论，有些是根据于一范围之内的特别知识的推论。如果在这样经验的过程中一命题在各种系统中不能通行无碍，则我们经验"不融洽"，那就是说那一命题所表示的情形，自其感觉层次上的"function"而观之不是事实。反之，如一命题在各种系统中通行无碍，则它所表示的情形，自其感觉层次上的"function"而观之，大概是事实。

所谓证实，一方面是证判断之是，一方面是证判断中的命题之真。头一方面的宗旨达到不一定是，而大都也不是第二方面的宗旨达到。得一时一地的证实，那一时一地的判断为是，判断虽证实而判断中的命题是否为真仍为问题，则它的证实可以表示命题的证实。以上所讨论的可以总结如下：

甲，在大多数判断经验中，只有经验"不融洽"才使我们感觉判断之非，否则大都没有证实问题发生。

乙，在判断经验中，有时有证实的问题发生。证实的基本条件为经验的融洽。判断既有以下的不同的情形，证实问题亦因之而异。（一）设判断经验中所经验的事实为事实个体，而此事实个体与判断经验同时发生，则证实问题举手可得，至少没有多大的困难。（二）设判断经验中所经验的事实为事实个体，而此事实个体的发生远在判断经验之前，则判断虽在一时一地可以认为证实，而判断中之命题究竟为真与否似乎总有待于将来，即在将来恐怕也没有法子使我们知其究竟为真为假。

丙，设判断经验中，所经验的事实为事实类的分子，而我们所注意的是事实类，则判断经验有以下两种不同的情形。

（一）在感觉层次的事实类，我们可以利用那一事实类的任何事实个体，加以观察与试验，判断可以随时证实。判断可以随时证实，判断之是隐示判断中命题之真。（二）不在感觉层次的事实类在感觉层次上均为那一类的"function"，命题与它所表示的事实融洽与否的问题变成了命题与那一事实类的"function"融洽与否的问题，而这问题就是上面所说的"行"与"不行"的问题。在这样的判断经验中，判断既随时可以证实，判断的"是"也隐示判断中命题的真。

四、关于证明

对于证明，我们最初一点意见，就是要表示我们在此处用不着提到判断的问题。这不是说我们在证明一命题的时候，我们没有判断的经验，判断的经验恐怕无时不有。在经验上我们也不能把证明与判断分开。此处所谓证明，不是指经验中一种工作，不是"proving"。经验中的证明工作是具体的事体，与其他事体一样有一时一地的情形，平常所说的证明如"某人在某时某地证明了某一学说"是具体的事体。这样的事体当然不能离开判断，而这里的判断一样有以上的证实问题。本段所要讨论的证明，不是"proving"是"proof"，不是证明所包含的工作，是工作的结果。我们所讨论的对象完全是法则方面的问题，完全是系统方面的问题。法则与系统均无所谓时空，根本就不能是事体。

任何一真命题 p 不仅有以上所讨论的证实问题，而且有以下所要讨论的证明问题。证实不过是一真命题在经验中两

个征兆中之一征兆。还有一个征兆就是命题之证明。证明既完全是系统方面的问题，我们要表示一命题与系统的关系，任何一命题 p 至少有两种不同的系统为 p 的背景。最初是代表这命题的工具的系统。此处所谓系统是普遍的有法则的命题方面的组织。代表命题的工具不一，最大的或范围最广的系统是语言文字。语言文字虽不只一种，而任何一种均有它的法则，说 p 是命题就等于说代表 p 的工具遵守一种语言文字的法则，不遵守法则的话没有意义，不能代表命题。语言文字的法则是否为一句话所遵守似乎也是反面使人注意，而正面不使人注意。那就是说对于有意义的话，我们未必感觉它遵守语言文字的法则，但不遵守语言文字法则的话，我们总会感觉它无意义。

语言文字之外还有本段文字所说的系统的背景。政府出一宣言，军队下一命令，议会开一辩论，或一个人写一篇文章、演一次说、讨论一普通的问题等等，其中均有系统为背景，有些比较清楚，有些比较不清楚，有些比较严格，有些比较不严格，但无论如何，一命题“p”在这样环境之中，有这样的系统为背景。除语言文字系统外，“p”命题在这样系统中也有它的特别的情形，所谓“p”命题者是这样系统中的“p”命题，此所以对于一句话我们不能断章取义，因为断章之后，完全同样的话有时就不是那系统中的“p”命题了。例如有甲乙两群人，甲讨论政治，乙讨论体育，“希望特拉的力量很大”这一句话在甲乙两群人的谈话中不必代表一个命题。假设这句话表示(甲)(乙)两个不同的命题，则(甲)命题有甲系统为背景，(乙)命题有乙系统为背景。这里所要表示的无非是说明一句话不仅要遵守语言文字的法则才能代表命题，而且要有本段所说的系统为背景才能代表命题。

这样的系统有些比较的严格，有些比较的不严格。在日常的经验中，它们大都不严格。在各种专门学问范围之内的书籍学报，则大都比较的严格。在比较严格的系统中，系统方面的种种也就比较清楚。系统有法则，有保留与淘汰的标准，有秩序，有结构。假设S系统为类学，则系统的秩序与结构就是那一类学所研究的事实类的秩序与结构。S系统的保留与淘汰的标准均为S系统的摹规成分。有些命题是S系统所保留的，有些是S系统所淘汰的。假设一"p"命题与S系统中的q、r，……联合起来成必然命题或不能不真的命题，则"p"是S所保留的。所谓证明"p"(prove"p")者就是找q、r，……那样命题的工作；所谓"p"的证明(proof of"p")者就是这种工作成功后所发现的一种秩序。后面的证明完全是系统方面的、法则方面的。有时一命题之证实表示它属于某一类学，而在某一类学的系统方面反为那一系统所淘汰的命题，则必另有一系统以代原来系统。有时一命题在系统方面已经证明，而在经验中适得反证，则原来的系统或者根本不是类学，或者是类学而范围不适用，无论如何也必有另一系统以代原来的系统。

要表示系统是类学，其命题须证实，要表示类学是系统，其命题须证明。逻辑系统也是类学，它似乎只有证明问题而没有证实问题者，因为事实既不能逃出它的圈子之外，逻辑系统中的命题只要能证明，不能不证实。其他类学系统则不然，在通的系统中，证明与证实虽只是一件事，而在我们求知的过

程中,通的系统尚未达到的时候,证明与证实是两件事。在求知的过程中,类学系统可以比电影的片子:在一时一地我们所用的那一系统,不必就是前此所用的系统。系统无历史,而用系统有历史。设在甲时地用 S_1 系统,在乙时地用 S_2 系统,在丙时地用 S_3 系统等等。S_1 系统中之"p_1"命题有 S_1 系统的证明,而为事实所反证,则 S_1 系统之为类学与否就有问题;S_2 系统中的"P_2"命题已经证实,而在 S_2 系统中无证明,则 S_2 类学之是否为通的系统就发生问题……这表示在求知的过程中,未得通的系统之前,证明与证实是两件事。如果在过程中,有"p_n"命题,无时不能证实而随时均有证明,则必有 S_n 系统为通的类学系统。这个通的类学系统果然发现,则其命题必可证实,必有证明。

如果一命题"p_n"无论何时均可以证实,随时均有证明,其理由一方面我们可以说因为宇宙间老有"p_n"所肯定的事实,另一方面我们也可以说"p_n"有至当不移的意义。一范围之内的事实类只有一种秩序,而此秩序就是研究此范围内事实类的类学系统的秩序。对于一范围内的事实类,即令有不同而又皆通的类学系统,而它们或者相等,或者可以对译,所以它们仍只表示一种秩序。这种通的类学系统,一方面有摹状成分,另一方面也有摹规成分。"p_n"随时均有证明,就表示它的意义至当不移,也就表示它的摹规成分不容有误会的余地,也就表示它在它的类学系统中有一定的位置或职责,也就表示它的系统是通的系统。若除此以外,"p_n"命题无时不能证实,则它所肯定的事实类,在证实的时候,一定有那一类的事实个体为证实的工具,这就是说它无时可以为事实所否证,这也就是说它的摹状成分在经验上不容有误会的余地。由这一方面着想“P_n”的背景系统不仅是通的系统而且是通的类学。

反过来说有通的类学系统,其命题必可证实也必有证明。设有“S_n”为通的类学系统,其中一命题“p_n”之有证明,显而易见,不必提出讨论。但为什么“p_n”一定也可以证实呢?在通的类学系统中,摹规的成分即严,摹状的成分乃不能不切。即以“四方”为例:所谓四方其始虽出自经验,而意义严格化之后,模模糊糊的四方,我们即不至于经验其为严格化的“四方”,而严格化的“四方”决不至于为经验所否证。几何不仅是系统,而且是类学,那就是说它不仅摹规,而且摹状。我们即不能直接经验严格化的“四方”,我们总可以经验到它的“fnuction”,证实的工具愈精,这种“fnuction”愈足以代表严格化的“四方”。我不敢说,可是我疑心牛顿物理学对于层次的事实是通的类学系统,但对上下感觉事实是不通的类学。如果牛顿物理学对于感觉层次是通的类学系统,则在感觉层次上牛顿物理学的命题无论何时均可以证实,随时均有证明。

其所以如此者理由如下。一通的类学系统,从其摹规方面着想,大都是一本身无自备推论法则的逻辑系统。它本身虽不包含推论法则,而它有它的定义,它的命题都是补充它所能用的名词的意义。通的系统是一完整的意义的结构,也是一有机的意义的结构。它所用的名词都有内在的关联,他所有的命题都有彼此在逻辑上无可逃避的关系。通的系统老是通的,类学,除逻辑之外,不老是通的,因为它有范围问题。通的类学系统不仅是系统而且是类学。所谓是类学者,就是说,

它的定义，从摹规方面说，虽是定义，而从摹状方面说，它是一范围之内的普遍命题。它与逻辑系统不同的地方，别的不计，这一点也就够重要。它的联合命题对于事实虽无“积极性”（利用沈有鼎先生之名词），而它的单个命题对于一范围之内的事实有积极性。从系统方面着想，它的联合命题是必然的命题，如 p⊃q⊃・～q⊃～p，可是从类学方面着想，这种联合命题的部分也是命题。那就是说，它不仅肯定 p⊃q⊃・～q⊃～p 这样的命题，而且因为 p、q，等等均有一定的值，它也肯定 p、q、p⊃q，这样的命题。这样的命题在相干范围之内，决不至于为经验所反证，所以一定可以（可以与能够不同）证实。

以上表示证明已证实的命题，或证实已证明的命题，其证明与证实均非常之重要。仅能证明的命题可以为经验所反证，仅能证实的命题也可以为经验所反证。既证明而又证实的命题决不至于为经验所反证。同时说一命题不至于为经验所反证者，也就是说如果我们有经验上证实一通的类学系统中的任何一命题，则我们不能不承认此系统中任何其他的命题。但是大多数的类学，至少在现在，或者不是通的系统，或者尚是我们不知其能通与否的系统。既然如此，在求知的过程中，我们一方面求事实的启示，另一方面求命题的含义；一方面摹事实的状态求命题的证实，另一方面定经验之标准，求命题之证明。最不发达的类学系统，也就是我们最不理解的系统，这种系统中的命题差不多只有证实问题。比较发达的类学系统，也就是我们比较能理解的系统，这种系统的命题渐次有证明的问题。最发达的系统也就是我们最理解的系统，这种类学系统的命题有似逻辑系统的命题,决不至于为经验所反证。几何与算术似乎是发达的类学系统,从系统方面着想,其联合命题为必然的命题,但所以异于逻辑系统者,其单个命题仍限于某范围之内,而为某范围的类学:

五、关于真假的定义

关于真假的定义有以下诸说:(一)符合,(二)融洽,(三)可行,(四)一致。这些名词恐怕不达意。符合说似乎是最早、最普遍,而同时为大多数人在不知不觉中所承认的学说。此处所谓符合即英文中的 correspondence,而这一说似乎最受攻击。符合的意义不容易说,最自然的反感就是把它当作拍照或绘画的符合。这样的符合说似乎说不通,经验方面也不能知道命题与事实有这种符合与否。其余三说似乎都是对于符合说的批评。详细的说法,作者不知道,在本文范围之内也不必有详细的报告。就批评这一方面着想,它们似乎都有特长。但执任何一说,以之为符合之代替者,则又把任何一说视为普遍的真理学说,又似乎言之不能成理。符合说最囫囵,可是最普通、最持久;即持其他任何一说者,在正式文章中虽反对符合说,然在不经意中有时流露的下意识的主张仍为符合说。符合说既然中于人心,不见得毫无道理,不过怎样符合不容易说而已。

真假的定义与我们相信真假的标准似乎要分开。即就本文前几节的讨论而言,也有融洽、可行、一致的问题。它们似乎都不是真假的定义,而是我们相信真假与否的标准。本文

之“融洽”不必就是主张融洽说者所主张的“coherence”，本文之“可行”不必就是主张可行说者所主张的“workability”，本文之一致，也不必就是主张一致说者所主张的“consistency”。但照本文的说法，一命题在经验方面相融者不必是真命题，不相融者是假命题；可行者不必是真命题，不可行者是假命题；一致者不必是真命题，不一致者是假命题。如果主张“融洽”说者其融洽是本文的融洽，则融洽不是真假的定义；如果主张“可行”说者其可行是本文的可行，则可行不是真假的定义；如果主张“一致”说者其一致是本文的一致，则一致也不是真假的定义。如果这些都是定义，不仅反面表示假，正面也不表示真。正面既不表示真，它们当然不是定义。

融洽、可行、一致，虽然都不是定义，而它们是我们对于真假命题的信仰的标准。用普通逻辑教科书的话，它们是真命题的必要条件。融洽与可行都是证实方面的问题。从事实方面着想，它们无分别的必要，有分别的好处。事实既有上感觉层次、感觉层次、下感觉层次的分别，证实问题对于各种不同感觉层次的事实也有分别。对于感觉层次的事实命题与之融洽与否虽不必都是直接的，而大都是直接；对于上感觉层次与下感觉层次的事实，一命题与之融洽与否总不是直接的。可行与不可行就是这种间接的融洽。这样的条件达到，命题虽不必真，而我们对于命题的信仰的确因此条件之达到而增加。同时从命题的意义方面，即系统方面着想，有证明问题。一命题证明虽不必真，而证明之后，我们对于那一命题的信仰的确增加。

符合似乎是真假的定义，而不是我们相信真假的标准。

此说如通,则符合说与其他学说根体不同。把它当作我们相信命题的标准,其余学说对于它的批评,似乎都对;但是如果它根本就不是信仰的标准,而是真假的定义,则其余学说对于它的批评或者根本就没有抓住中心问题。照像式的符合虽说不同,不见得别的解释也说不通。中国地图对于中国虽非照像,而可以说符合;图书馆的目录对于图书馆的书虽非照像,而可以说符合。究竟它们符合与否,我们也有法子知道,而我们所用的法子也不外乎证实与证明。仅有定义,而没有定义所列各条件的满足与否的标准,这定义也不会有实际的效用。从这一方面着想,以上所举的学说,如其所用的名词是本文所用的名词,则它们似乎应该联合起来成一整个的真假学说。

这一点似乎值得特别注意一下。从命题的本身着想,它无所谓时空,无所谓变更。事实个体虽老在那里川流不息地变,而在某时某地有某件事实的事实不能变。孔夫子与马克思虽早已物化,而在某一时地有孔夫子那么一个人,在另一时地有马克思那么一个人,这两件事实不会物化。既然如此,则不仅命题不能变,而命题的真假值也不能变,可是我们对于一真命题或一假命题的信仰可以变。其次,引用二分法的真假是不相容而又无遗漏的真假,不是信仰真就是信仰假。真假与我们对于它们的信仰不能不分,那就是说,真假的定义与我们信仰真假的标准不能不分。但从另一方面着想,真假与我们对于它们的信仰有事实上连带关系。真命题事实上大都是我们信仰其真的命题。假命题亦如是。所以定义与标准虽要分别,而事实上不能分开,所以在一完整的真假学说中,定义与标准须兼而有之。

本文对于真假定义的主张如下：真命题是可以证明而又可以证实的命题，假命题是不可以证明或不可以证实的命题。此处的“可以”与“能够”不同。“可以”的意思是不为逻辑所淘汰的意思，而“能够”的意思是办得的意思。可以证明、证实与否的问题是定义方面的问题，能够证明、证实与否的问题是标准方面的问题。“符合”的思想，有可以说得通的说法，不取消也可以，但既有种种误会的可能，取消它不见得没有好处。无论如何，为删繁就简起见以取消为宜。

可以证明而又可以证实的命题，其可以为真命题的定义的道理，在以上三、四两章已经有充分的表示。可以证实的命题或者是已经证实，或者是能够证实，或者是通的类学系统中的命题，而此类学系统中其他相关的命题或者已经证实，或者是能够证实，所以如果有相当的工具一定可以证实的命题。无论如何，可以证实的命题是事实上没有反证的命题，可以证明的命题是没有矛盾的命题。没有矛盾的命题必有相当系统为背景，而在此系统中是可以证明的命题。可以证明的命题范围非常之广泛，但既有可以证实的限制，就不广泛了。

反过来，不可以证实或不可以证明的命题是假命题。在这里我们似乎有三个可能如下：

(a)不可以证明而可以证实

(b)不可以证明亦不可以证实

(c)可以证明，不可以证实

(a)、(b)两条所称为“命题”者均不是命题，所以只有(c)条的可能。假命题就是可以证明而不可以证实的命题，不是不能够证实的命题。不能够证实的命题或者有时地的限制，或者有工具的限制，或者有知识的限制，或者有其他的限制。不能够证实的命题，不必为假。不可以证实的命题一定是因为有事实上的反证才不可以证实。具这种命题的判断或者是感觉上的错误，或者是引一系统的命题而用之于那一系统范围之外的事实，或者是推论的错误，或者是命题的意义根本没有弄清楚；无论如何事实上总是所谓“accidents”，如果宇宙间没有“accidents”也不至于有假命题，但宇宙既是有“accidents”的宇宙，则发现假命题是求知过程中一种重要的工作。

但大多数判断经验中，有些是能证实而不能证明的命题，有些是能证明而不能证实的命题，也有少数是既能证明而又能证实的命题。不能证明的命题不见得就是不可以证明的命题，不能证实的命题不见得就是不可以证实的命题。能证实而不能证明的命题在经验方面似乎为数不少。能证明而不能证实的命题似乎也不少，在哲学方面恐怕很多。既不能证实又不能证明的命题，我们似乎也不能马上就否认其为真命题，更不能马上就否认其为命题。对于这些样的命题，我们多少有些信仰，虽然信仰程度之高低不定，而其理由也甚复杂。若一命题既能证明，又能证实，我们即令有种种理由不愿相信其为真，而仍不能相信其为真。同时既能够证明又能够证实，必定是既可以证明又可以证实。在别的方面真假的定义与我们对于真假的信仰不是一件事，而在这一点上信仰的标准满足，真假的定义也满足。